한 번에 합격, 자격증은 이기적

이렇게 기막힌 적중률

KB191243

자격증 독학, 어렵지 않다!
수험생 합격 전담마크

이기적 스터디 카페

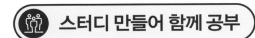 스터디 만들어 함께 공부

 전문가와 1:1 질문답변

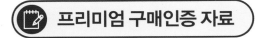 프리미엄 구매인증 자료

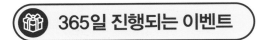 365일 진행되는 이벤트

이기적 스터디 카페

인증만 하면, 고퀄리티 강의가 무료!

100% 무료 강의

STEP **1**
이기적
홈페이지
접속하기

>

STEP **2**
무료동영상
게시판에서
과목 선택하기

>

STEP **3**
ISBN 코드
입력 & 단어
인증하기

>

STEP **4**
이기적이 준비한
명품 강의로
본격 학습하기

영진닷컴 이기적 🔍

1년 365일 이기적이 쏜다!

365일 진행되는 이벤트에 참여하고 다양한 혜택을 누리세요.

EVENT ❶
기출문제 복원

- 이기적 독자 수험생 대상
- 응시일로부터 7일 이내 시험만 가능
- 스터디 카페의 링크 클릭하여 제보

이벤트 자세히 보기 ▶

EVENT ❷
합격 후기 작성

- 이기적 스터디 카페의 가이드 준수
- 네이버 카페 또는 개인 SNS에 등록 후
  이기적 스터디 카페에 인증

이벤트 자세히 보기 ▶

EVENT ❸
온라인 서점 리뷰

- 온라인 서점 구매자 대상
- 한줄평 또는 텍스트 & 포토리뷰 작성 후
  이기적 스터디 카페에 인증

이벤트 자세히 보기 ▶

EVENT ❹
정오표 제보

- 이름, 연락처 필수 기재
- 도서명, 페이지, 수정사항 작성
- book2@youngjin.com으로 제보

이벤트 자세히 보기 ▶

N Pay
네이버페이
포인트 쿠폰
20,000원

영진닷컴 쇼핑몰
30,000원

컴퓨터활용능력 1급 필기

- N페이 포인트 5,000~20,000원 지급
- 영진닷컴 쇼핑몰 30,000원 적립
- 30,000원 미만의 영진닷컴 도서 증정

※이벤트별 혜택은 변경될 수 있으므로 자세한 내용은 해당 QR을 참고하세요.

이렇게
기막힌
적중률

컴퓨터활용능력 2급
필기 최신문제집

"이" 한 권으로 합격의 "기적"을 경험하세요!

YoungJin.com Y.
영진닷컴

▶ **합격 강의 제공** 표시된 부분은 동영상 강의가 제공됩니다. 동영상 강의는 이기적 홈페이지(license.youngjin.com)에 접속하여 시청할 수 있으며 강의 제공은 1판 1쇄 기준 2년간 유효합니다.

해설과 함께 보는 상시 기출문제

- 각 문항을 문제의 난이도 등급에 따라 상·중·하로 분류 하였습니다.
- 중요✓ 표시가 있는 문제는 출제 빈도가 높은 문제입니다.
- 문제의 이해도에 따라 ○△✕ 체크하여 완벽하게 정리 하세요.
- 동영상 강의가 제공되는 문제는 QR 코드를 스캔하여 동 영상 강의를 이용하세요.
- 이기적 스터디 카페에서 구매인증하면 추가 CBT 모의고 사 5회분 PDF를 드립니다. PDF 사용 기간은 1판 1쇄 기 준 2년간 유효합니다.

해설과 따로 보는 상시 기출문제

- 각 문항을 문제의 난이도 등급에 따라 상·중·하로 분류 하였습니다.
- 중요✓ 표시가 있는 문제는 출제 빈도가 높은 문제입니다.
- 문제의 이해도에 따라 ○△✕ 체크하여 완벽하게 정리 하세요.
- 동영상 강의가 제공되는 문제는 QR 코드를 스캔하여 동 영상 강의를 이용하세요.

핵심이론 POINT 103선

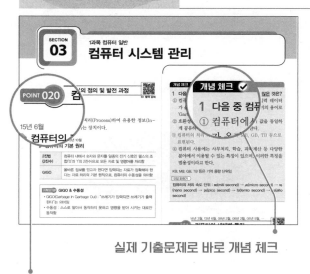

103가지 포인트로 빠르게 이론 정리

실제 기출문제로 바로 개념 체크

자주 출제되는 기출문제 120선

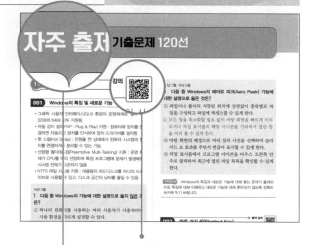

철저한 분석으로 대표 기출문제 엄선

QR 코드로 동영상 강의 바로 접속 가능

해설과 함께 보는 상시 기출문제

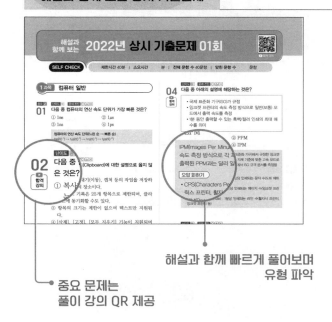

중요 문제는
풀이 강의 QR 제공

해설과 함께 빠르게 풀어보며
유형 파악

해설과 따로 보는 상시 기출문제

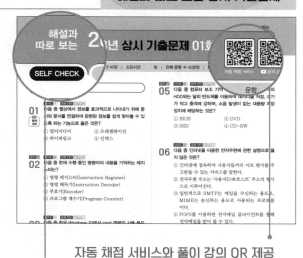

해설과 따로 실전처럼 풀이

자동 채점 서비스와 풀이 강의 QR 제공

시험의 모든 것

자격검정
응시 절차 안내

시험 절차 및 내용은
반드시 시행처를 다시 한 번 확인하세요.

Step 01 응시 자격 조건

남녀노소 누구나 응시 가능

Step 02 시험 원서 접수하기

- 대한상공회의소 자격평가사업단(license.korcham. net)에서 접수
- 상시 검정 : 시험장 조회 후 원하는 날짜와 시간에 응시

Step 03 필기 시험 응시

- 수신분증과 수험표 지참
- 시험은 컴퓨터로만 진행되는 CBT(Computer Based Test) 형식으로 진행됨

Step 04 필기 합격자 발표

다음날 오전 10시 license.korcham.net에서
합격자 발표

Step 05 실기 시험 접수하기

- 대한상공회의소 자격평가사업단(license.korcham. net)에서 접수
- 상시 검정 : 시험장 조회 후 원하는 날짜와 시간에 응시

※ 시험과 관련된 사항은 시행처를 다시 한 번 확인하세요.

01 응시 자격

제한 없음

02 원서 접수

필기 : 20,500원, 실기 : 25,000원

(인터넷 접수 시 수수료 1,200원이 가산되며, 계좌 이체 및 신용카드 결제 가능)

03 합격 기준

필기 시험	매 과목 100점 만점에 과목당 40점 이상, 평균 60점 이상
실기 시험	100점 만점에 70점 이상(1급은 두 과목 모두 70점 이상)

04 합격자 발표

• 대한상공회의소 홈페이지(license.korcham.net)에서 발표
• 상시 검정 필기 : 시험일 다음날 오전 10:00 이후 발표

05 자격증 수령

• 휴대할 수 있는 카드 형태의 자격증 발급
• 취득(합격)확인서를 필요로 하는 경우 취득(합격)확인서 발급

형태	• 휴대하기 편한 카드 형태의 자격증 • 신청자에 한해 자격증 발급
신청 절차	인터넷(license.korcham.net)을 통해 자격증 발급 신청
수수료	• 인터넷 접수 수수료 : 3,100원 • 우편 발송 요금 : 3,000원
우편 수령	방문 수령은 진행하지 않으며, 우편 등기배송으로만 수령할 수 있음
신청 접수 기간	자격증 신청 기간은 따로 없으며 신청 후 10~15일 후 수령 가능

06 출제 기준(적용 기간 : 2024.01.01~2026.12.31.)

• 컴퓨터 일반

컴퓨터 시스템 활용	운영체제 사용, 컴퓨터 시스템 설정 변경, 컴퓨터 시스템 관리
인터넷 자료 활용	인터넷 활용, 멀티미디어 활용, 최신 정보통신기술 활용
컴퓨터 시스템 보호	정보 보안 유지, 시스템 보안 유지

* 운영체제 : Windows 10버전 적용

• 스프레드시트 일반(Microsoft 엑셀 2021 버전)

응용 프로그램 준비	프로그램 환경 설정, 파일 관리, 통합 문서 관리
데이터 입력	데이터 입력, 데이터 편집, 서식 설정
데이터 계산	기본 계산식, 고급 계산식
데이터 관리	기본 데이터 관리, 데이터 분석
차트 활용	차트 작성, 차트 편집
출력 작업	페이지 레이아웃 설정, 인쇄 작업
매크로 활용	매크로 작성

시험 출제 경향

1과목 컴퓨터 일반

1과목 컴퓨터 일반은 컴퓨터의 발달 과정별 특징을 물어보며 정보처리 시스템의 종류, 자료의 표현 단위 등의 내용이 출제되고 있습니다. 중앙 처리 장치와 기억 장치별 기능과 특징이 자주 출제되며, 운영체제의 기초와 파일 탐색기, 설정도 중요하므로 실습을 통한 이해가 필요합니다. 소프트웨어의 개념, 인터넷 서비스, 컴퓨터 범죄, 멀티미디어의 운용 등에서 출제 비율이 높은 경향을 보이고 있습니다.

※ 운영체제는 Windows 10버전에서 출제됨

- 운영체제 사용 **20%**
- 컴퓨터 시스템 설정 변경 **10%**
- 컴퓨터 시스템 관리 **34%**
- 인터넷 자료 활용 **15%**
- 멀티미디어의 개념 및 운용 ... **10%**
- 정보 통신 일반 **4%**
- 컴퓨터 시스템 보호 **7%**

2과목 스프레드시트 일반

2과목 스프레드시트 일반은 엑셀에서 저장 가능한 파일 형식과 저장 옵션의 기능, 데이터를 입력하고 편집하는 방법이 자주 출제되고 있습니다. 함수를 이용한 결과 값의 산출을 묻는 문제가 비중 있게 출제되므로 실습을 통해 익혀두는 것이 좋습니다. 아울러 필터, 부분합, 데이터 표, 데이터 통합의 기능, 정렬 및 피벗 테이블, 목표값 찾기, 차트 작성의 기본과 편집, 매크로 실행 방법도 높은 출제율을 보이고 있습니다.

※ 스프레드시트 프로그램의 경우 기술 발달 및 산업 현장의 수요에 따라 Microsoft Office 2021 버전으로 업데이트 되었음

- 스프레드시트 개요 **6%**
- 데이터 입력 및 편집 **20%**
- 수식 활용 **25%**
- 데이터 관리 및 분석 **19%**
- 출력 **9%**
- 차트 생성 및 활용 **13%**
- 매크로 작성 **8%**

CBT 가이드

CBT

CBT란?

CBT는 시험지와 필기구로 응시하는 일반 필기 시험과 달리, 컴퓨터 화면으로 시험 문제를 확인하고 그에 따른 정답을 클릭하면 네트워크를 통하여 감독자 PC에 자동으로 수험자의 답안이 저장되는 방식의 시험입니다.
오른쪽 QR코드를 스캔해서 큐넷 CBT를 체험해 보세요!

큐넷 CBT
체험하기

CBT 응시 유의사항

- 수험자마다 문제가 모두 달라요. 문제은행에서 자동 출제됩니다!
- 답지는 따로 없어요!
- 문제를 다 풀면, 반드시 '제출' 버튼을 눌러야만 시험이 종료되어요!
- 시험 종료 안내방송이 따로 없어요.

CBT 진행 순서

단계	설명
좌석 번호, 수험자 정보 확인	수험자 접속 대기 화면에서 본인의 좌석 번호를 확인한 후, 시험 감독관이 수험자의 신분을 확인합니다. 신분 확인이 끝나면 시험이 시작됩니다.
안내사항, 유의사항 확인	시험 안내사항을 확인하고, 다음을 클릭하면 시험 관련 유의사항을 확인합니다.
문제풀이 메뉴 설명	시험을 볼 때 필요한 메뉴에 대한 설명을 확인합니다. 메뉴를 이용해 글자 크기와 화면 배치를 조정할 수 있습니다. 남은 시간을 확인하며 답을 표기하고, 필요한 경우 아래의 계산기를 이용할 수 있습니다.
문제풀이 연습	시험 보기 전, 연습해 보는 단계입니다. 직접 시험 메뉴화면을 클릭하며, CBT가 어떻게 진행되는지 확인합니다.
시험 준비 완료	문제풀이 연습을 모두 마친 후 [시험 준비 완료] 버튼을 클릭하면 시험 감독관의 지시에 따라 시험이 시작됩니다.
시험 시작	시험이 시작되었습니다. 수험자는 제한 시간에 맞추어 문제 풀이를 시작합니다.
답안 제출, 최종 확인	시험을 완료하면 [답안 제출] 버튼을 클릭합니다. 답안 수정을 위해 시험화면으로 돌아가고 싶으면 [아니오] 버튼을 클릭합니다. 답안 제출 메뉴에서 [예] 버튼을 클릭하면, 수험자의 실수를 방지하기 위해 한 번 더 주의 문구가 나타납니다. 완벽히 시험 문제 풀이가 끝났다면 [예] 버튼을 클릭하여 최종 제출합니다.
합격 발표	CBT 시험이 모두 종료되면, 퇴실할 수 있습니다.

이제 완벽하게 CBT 필기 시험에 대해 이해하셨나요?
그렇다면 이기적이 준비한 CBT 온라인 문제집으로 학습해 보세요!
이기적 온라인 문제집 : https://cbt.youngjin.com

이기적 CBT
바로가기

QUESTION

컴퓨터활용능력 필기 합격 유효 기간은 어떻게 되나요?

필기 합격 유효 기간은 필기 합격 발표일을 기준으로 만 2년입니다. 예를 들어 컴퓨터활용능력 1급 필기를 2024년 12월 30일에 합격하시면 필기 합격 유효 기간은 2026년 12월 29일입니다. 본인의 정확한 필기 합격 유효 기간은 대한상공회의소 자격평가사업단 홈페이지(http://license.korcham.net) 회원 가입 후 [마이페이지-취득 내역]에서 확인할 수 있습니다.

QUESTION

컴퓨터활용능력 필기 합격 유효 기간을 연장할 수 있나요?

필기 합격 유효 기간은 국가기술자격법 시행령에 의하여 시행되는 것으로 기간의 변경이나 연장이 되지 않습니다.

QUESTION

자격증 신청은 어떻게 하나요?

자격증은 신청하신 분에 한하여 발급하고 있습니다. 자격증 신청 기간은 따로 없으며 필요할 때 신청하면 됩니다(단, 신청 후 10~15일 사이 수령 가능). 또한 자격증 신청은 인터넷 신청만 있으며, 홈페이지(license.korcham.net)의 자격증 신청 메뉴에서 가능합니다. 스캔 받은 여권 사진을 올리셔야 하며 전자 결제(신규 3,100원, 재발급 3,100원)를 하여야 합니다. 자격증 신청 시 수령 방법은 우편 등기 배송만 있으며, 배송료는 2,800원입니다.

QUESTION

컴퓨터활용능력 자격증 취득 시 자격 특전이 있을까요?

컴퓨터활용능력 자격증 취득 시 자격 특전은 다음과 같습니다.
- 공무원 채용 가산점
  - 소방공무원(사무관리직) : 컴퓨터활용능력 1급(3%), 컴퓨터활용능력 2급(1%)
  - 경찰공무원 : 컴퓨터활용능력 1, 2급(2점 가점)
- 학점은행제 학점 인정 : 1급 14학점, 2급 6학점
- 300여개 공공기관 · 공기업 등 채용 · 승진 우대

컴퓨터활용능력 시험 공식 버전 안내
- **컴퓨터활용능력 시험 공식 버전** : Windows 10, MS Office LTSC 2021
- **Office Professional 2021** : 가정이나 직장에서 사용하기 위해 한 대의 PC에 기본 Office 앱과 전자 메일을 설치하려는 가족 및 소규모 기업용을 위한 제품입니다.
- **Office LTSC** : 상용 및 공공기관 고객을 위한 Microsoft 365의 최신 영구 버전으로, 두 플랫폼(Windows 및 Mac)에서 모두 이용 가능한 일회성 "영구" 구매로 사용할 수 있는 디바이스 기반 라이선스입니다.
- **MS Office Professional 2021** 프로그램의 업데이트 버전을 사용하는 경우, LTSC 버전과 일부 명칭 및 메뉴가 다를 수 있습니다. 본 도서는 시험장에서 사용하는 LTSC 버전으로 작성되었으며, 일반 사용자 프로그램인 MS Office Professional 2021의 업데이트 버전을 사용하고 계신 경우 업데이트는 계속될 수 있으며, 이후 추가되는 업데이트로 인해 내용이 달라질 수 있음을 알려드립니다.

※ 더욱 자세한 사항은 대한상공회의소 자격평가사업단 홈페이지(license.korcham.net)를 참고하시기 바랍니다.

핵심이론

POINT 103선

CONTENTS

18년 9월

POINT 001 운영 체제의 개요

▶합격 강의

24년 상시, 23년 상시, 19년 8월, 18년 3월
▶ 운영 체제의 정의

시스템 소프트웨어로 OS(Operating System)라 하며 컴퓨터의 하드웨어와 소프트웨어적인 자원을 효율적으로 운영, 관리하여 사용자에게 편리함을 제공한다.

24년 상시, 23년 상시, 18년 9월, 16년 10월
▶ 운영 체제의 목적(성능 평가 요소)

신뢰도	주어진 문제를 얼마나 정확하게 처리하는가의 정도
사용 가능도	시스템을 얼마나 빠르게 사용할 수 있는가의 정도
처리 능력	일정 시간 동안 처리하는 일의 양으로 시스템의 생산성을 나타내는 단위임
응답 시간	컴퓨터 시스템에서 결과가 얻어질 때까지의 시간

> **기적의TIP 운영 체제의 목적**
> 신뢰도, 사용 가능도, 처리 능력은 높은 개념의 표현(향상, 증대)이 좋은 것이며, 응답 시간은 빠른 개념(단축, 최소화)의 표현이 좋은 것임

17년 3월, 09년 2월, 07년 7월
▶ 운영체제의 발달 과정✱

일괄 처리 시스템 → 실시간 처리 시스템 → 다중 프로그래밍 시스템

→ 시분할 처리 시스템 → 다중 처리 시스템 → 분산 처리 시스템

24년 상시, 18년 3월, 17년 3월, 16년 10월
▶ 운영체제의 구성✱

- 운영체제는 제어 프로그램(Control Program)과 처리 프로그램(Process Program)으로 구성된다.
- 제어 프로그램 : 감시 프로그램, 작업 관리 프로그램, 데이터 관리 프로그램
- 처리 프로그램 : 언어 번역 프로그램, 서비스 프로그램, 문제 처리 프로그램

개념 체크 ✓

1 다음 중 시스템 소프트웨어에 대한 설명으로 옳지 <u>않은</u> 것은?
① 컴퓨터와 사용자 사이에서 중계자 역할을 하는 소프트웨어이다.
② 운영체제의 도움을 받아 컴퓨터를 사용할 수 있게 하는 소프트웨어이다.
③ 컴퓨터 시스템을 효율적으로 운영해 주는 소프트웨어이다.
④ 시스템 소프트웨어는 제어 프로그램과 처리 프로그램으로 구분된다.

운영체제의 도움을 받아 컴퓨터를 사용하여 각종 업무를 처리할 수 있게 하는 소프트웨어는 응용 소프트웨어임

2 다음 중 운영체제를 구성하는 제어 프로그램의 종류에 해당하지 <u>않는</u> 것은?
① 감시 프로그램
② 언어 번역 프로그램
③ 작업 관리 프로그램
④ 데이터 관리 프로그램

- 제어 프로그램의 종류 : 감시 프로그램, 작업 관리 프로그램, 데이터 관리 프로그램
- 감시 프로그램 : 시스템 전체의 동작 상태를 감독하고 지원하며 제어 프로그램의 중추적 역할을 담당함
- 작업 관리 프로그램 : 어떤 작업을 처리하고 다른 작업으로의 자동적 이행을 위한 준비와 처리를 수행함
- 데이터 관리 프로그램 : 주기억 장치와 외부 보조 기억 장치 사이의 데이터 전송, 입출력 데이터와 프로그램의 논리적 연결, 파일 조작 및 처리 등을 담당함

> **오답 피하기**
> 처리 프로그램의 종류 : 언어 번역 프로그램, 서비스 프로그램, 문제 처리 프로그램

3 다음 중 컴퓨터를 이용한 자료 처리 방식을 발달 과정 순서대로 옳게 나열한 것은?
① 실시간 처리 시스템-일괄 처리 시스템-분산 처리 시스템
② 일괄 처리 시스템-실시간 처리 시스템-분산 처리 시스템
③ 분산 처리 시스템-실시간 처리 시스템-일괄 처리 시스템
④ 실시간 처리 시스템-분산 처리 시스템-일괄 처리 시스템

일괄 처리 → 실시간 처리 → 다중 프로그래밍 → 시분할 처리 → 다중 처리 → 분산 처리

POINT 002 한글 Windows의 개요

▶ 합격 강의

22년 상시, 21년 상시, 16년 6월, 14년 3월/6월, 12년 9월, 11년 3월/7월/10월, ⋯

▶ 한글 Windows의 특징 및 새로운 기능

- 그래픽 사용자 인터페이스(GUI) : 마우스로 아이콘이나 메뉴를 사용하여 명령을 내리고 작업을 수행할 수 있다(MS –DOS는 CUI 환경).
- 선점형 멀티태스킹(Preemptive Multi–Tasking) : 운영체제가 CPU를 미리 선점하여 각 응용 소프트웨어의 CPU 사용을 통제하고 관리하여 안정성이 높아 원활한 멀티태스킹(다중 작업)이 가능하다.
- PnP(Plug & Play)의 지원 : 컴퓨터에 장치를 연결하면 자동으로 장치를 인식하여 설치 및 환경 설정을 용이하게 하므로 새로운 주변 장치를 쉽게 연결할 수 있다.
- 핫 스왑(Hot Swap) 지원 : 컴퓨터의 전원이 켜져 있는 상태에서 시스템에 장치를 연결하거나 분리할 수 있다.
- 64비트 지원 : 32비트의 최대 메모리는 4GB이지만, 64비트는 최대 메모리가 128GB(Home 버전)까지 지원되므로 처리 속도가 빠르다(32비트 프로세서는 x86, 64비트 프로세서는 x64로 표시).
- NTFS 지원 : 파일 및 폴더에 대한 액세스 제어를 유지, 디스크 관련 오류의 자동 복구 기능, 대용량 하드디스크 지원 및 보안 강화(사용 권한, 암호화), 하드디스크의 공간 낭비를 줄이고 시스템의 안정성을 향상, 최대 255자의 긴 파일 이름 지원과 공백 사용, 최대 파일 크기는 16TB이며 파티션(볼륨)의 크기는 256TB까지 지원된다.
- 에어로 피크(Aero Peek) : 작업 표시줄에서 실행 중인 프로그램의 아이콘에 마우스 포인터를 위치시키면 축소 형태의 미리 보기가 나타나거나 작업 표시줄 오른쪽 끝의 [바탕 화면 보기]에 마우스 포인터를 위치시키면 바탕 화면이 일시적으로 나타나는 것(■+,.)으로 [바탕 화면 보기]를 클릭하면 모든 창이 최소화되면서 바탕 화면이 표시되고 다시 클릭하면 모든 창이 나타난다(■+D).
- 에어로 스냅(Aero Snap) : 창을 화면의 가장자리로 끌면 열려 있는 창의 크기가 조정되는 기능(■+←, →, ↑, ↓)이다.
- 에어로 쉐이크(Aero Shake) : 창의 제목 표시줄을 클릭한 채로 마우스를 흔들면 현재 창을 제외한 열린 모든 창이 순식간에 사라졌다가 다시 흔들면 원래대로 복원되는 기능(■+Home)이다.

- 라이브러리 : 여러 개의 폴더에 분산되어 저장된 위치에 상관없이 문서, 비디오, 사진, 음악 등의 기타 파일을 하나의 폴더처럼 구성하여 사용한다.

개념 체크 ✓

1 다음 중 한글 Windows에서 하드웨어 장치를 추가할 때 사용자가 직접 설정하지 않고, 시스템이 자동으로 설정해 주는 기능을 무엇이라고 하는가?
① 파일 탐색기
② 마법사(Wizard)
③ 플러그 앤 플레이(Plug and Play)
④ 드래그 앤 드롭(Drag and Drop)

PnP(Plug & Play) : 컴퓨터에 장치를 연결하면 자동으로 장치를 인식하여 장치 드라이버를 설치하므로 새로운 주변 장치를 쉽게 연결할 수 있음

2 다음 중 컴퓨터의 전원이 연결된 상태에서 장치를 연결하거나 분리할 수 있도록 하는 기능을 의미하는 것은?
① 플러그 앤 플레이(Plug and Play)
② 핫 스와핑(Hot Swapping)
③ 채널(Channel)
④ 인터럽트(Interrupt)

핫 스와핑(Hot swapping) : 컴퓨터가 작동 중일 때 실행에 지장을 주지 않고 주변 장치나 디스크 등의 제거나 설치가 가능한 기능

오답 피하기
- 플러그 앤 플레이(Plug and Play) : 자동 감지 설치 기능
- 채널(Channel) : CPU의 처리 효율을 높이고 데이터의 입출력을 빠르게 할 수 있게 만든 입출력 전용 처리기
- 인터럽트(Interrupt) : 컴퓨터가 정상 작동 중일 때 특수한 상태가 발생하여 현재 실행 중인 프로그램을 일시 중지하고 그 특수한 상태를 처리한 후 다시 원래의 프로그램으로 복귀하여 정상적으로 처리하는 것

3 다음 중 Windows의 에어로 피크(Aero Peek) 기능에 대한 설명으로 옳은 것은?
① 파일이나 폴더의 저장된 위치에 상관없이 종류별로 파일을 구성하고 파일에 액세스할 수 있게 한다.
② 모든 창을 최소화할 필요 없이 바탕 화면을 빠르게 미리 보거나 작업 표시줄의 해당 아이콘을 가리켜서 열린 창을 미리 볼 수 있게 한다.
③ 바탕 화면의 배경으로 여러 장의 사진을 선택하여 슬라이드 쇼 효과를 주면서 번갈아 표시할 수 있게 한다.
④ 작업 표시줄에서 프로그램 아이콘을 마우스 오른쪽 단추로 클릭하여 최근에 열린 파일 목록을 확인할 수 있게 한다.

에어로 피크(Aero Peek) : 작업 표시줄 오른쪽 끝의 [바탕 화면 보기]에 마우스를 위치시키면 바탕 화면이 나타나며 클릭하면 모든 창을 최소화하는 기능으로 바탕 화면 일시적으로 미리 보기와 열린 창 미리 보기가 가능함

POINT 003 바로 가기 키(Shortcut Key) *

24년 상시, 23년 상시, 22년 상시, 21년 상시, 19년 3월, …

▶ **합격 강의**

▶ 기능키*

바로 가기 키	기능
F2	선택한 항목 이름 바꾸기
F3	파일 탐색기에서 파일 또는 폴더 검색
F4	파일 탐색기에서 주소 표시줄 목록 표시
F5	활성창 새로 고침(Ctrl + R)
F6	창이나 바탕 화면의 화면 요소들을 순환
F10	활성 앱의 메뉴 모음 활성화

▶ 파일 관리*

바로 가기 키	기능
Ctrl + C	선택한 항목 복사(Ctrl + Insert)
Ctrl + V	선택한 항목 붙여넣기(Shift + Insert)
Ctrl + X	선택한 항목 잘라내기
Ctrl + A	문서나 창에 있는 모든 항목 선택
Ctrl + D	선택한 항목을 삭제하고 휴지통으로 이동(Delete)
Ctrl + F4	활성 문서 닫기

▶ 캡처 기능*

바로 가기 키	기능
Print Screen	화면 전체 내용을 클립보드에 복사
Alt + Print Screen	현재 사용 중인 활성 창을 클립보드에 복사
⊞ + Print Screen	스크린샷 자동 저장
⊞ + Shift + S	화면 부분의 스크린샷을 생성

▶ 종료 기능

바로 가기 키	기능
Esc	현재 작업을 중단하거나 나가기
Alt + F4	활성 항목을 닫거나 활성 앱을 종료
Ctrl + Shift + Esc	작업 관리자 열기([프로세스] 탭에서 [작업 끝내기]로 작업 종료)
Ctrl + Alt + Delete	잠금, 사용자 전환, 로그아웃, 암호 변경, 작업 관리자

▶ Ctrl 을 이용하는 기타 기능

바로 가기 키	기능
Ctrl + Z	액션 실행 취소
Ctrl + Y	액션 다시 실행
Ctrl + Esc	시작 화면 열기(⊞)
Ctrl + Alt + Tab	화살표 키를 사용해 열려 있는 모든 앱 사이를 전환
Ctrl + 휠 단추 드래그	아이콘 크기 변경

▶ Alt 를 이용하는 기타 기능*

바로 가기 키	기능
Alt + P	파일 탐색기에서 미리 보기 창 표시 및 숨기기
Alt + Shift + P	파일 탐색기에서 세부 정보 창 표시 및 숨기기
Alt + Tab	열려 있는 앱 간 전환
Alt + Esc	열린 순서대로 항목 순환
Alt + Enter	선택한 항목에 대해 속성 표시
Alt + Space Bar	활성창의 창 조절(바로 가기) 메뉴 표시

▶ Shift 를 이용하는 기타 기능

바로 가기 키	기능
Shift + F10	선택한 항목에 대한 바로 가기 메뉴 표시
Shift + Delete	휴지통을 사용하지 않고 완전 삭제
Shift + CD 삽입	Shift 를 누르고 CD를 삽입하면 자동 실행 기능이 해제

▶ ⊞ 를 이용하는 기능*

바로 가기 키	기능
⊞	시작 화면 열기 및 닫기(Ctrl + Esc)
⊞ + D	바탕 화면 표시 및 숨기기
⊞ + E	파일 탐색기 열기
⊞ + L	PC 잠금 또는 계정 전환
⊞ + M	모든 창 최소화
⊞ + Shift + M	바탕 화면에서 최소화된 창 복원
⊞ + R	실행 대화 상자 열기
⊞ + T	작업 표시줄의 앱을 순환(Enter 를 누르면 실행)
⊞ + U	접근성 센터 열기

⊞+V	클립보드 열기([시작]–[설정]–[시스템]–[클립보드] 를 선택한 다음 '클립보드 검색 기록' 아래의 토글을 켜서 활성화함)
⊞+Pause Break	시스템 속성 대화 상자 표시
⊞++	돋보기를 이용한 확대
⊞+−	돋보기를 이용한 축소
⊞+Esc	돋보기 끝내기

개념 체크 ✅

1 다음 중 Windows의 작업 표시줄에서 열려 있는 프로그램의 미리 보기를 차례대로 표시하는 바로 가기 키는?

① ⊞+L ② ⊞+D
③ ⊞+T ④ ⊞+F

⊞+T : 작업 표시줄에 있는 프로그램이 순서대로 미리 보기 창이 보이면서 이동함

오답 피하기
• ⊞+L : PC 잠금 또는 계정 전환
• ⊞+D : 열려진 모든 창을 최소화하거나 이전 크기로 열기
• ⊞+F : 피드백 허브 열기

2 한글 Windows에서 특정 폴더 내의 모든 파일이나 폴더를 선택하는 단축키는 무엇인가?

① Ctrl+C ② Ctrl+V
③ Ctrl+A ④ Ctrl+B

Ctrl+A : 문서나 창에 있는 모든 항목 선택(A는 All을 의미)

오답 피하기
• Ctrl+C : 선택한 항목 복사(Ctrl+Insert)
• Ctrl+V : 선택한 항목 붙여넣기(Shift+Insert)
• Ctrl+B : 선택한 텍스트를 굵게 표시

3 다음 중 Windows 바탕 화면에서 아래 그림과 같이 열려 있는 모든 창들을 미리 보기로 보면서 활성 창을 전환할 수 있는 바로 가기 키는?

① Alt+Tab ② ⊞+Tab
③ Ctrl+Esc ④ Alt+Esc

Alt+Tab : 열려 있는 프로그램(앱) 간에 미리 보기 형태로 전환

오답 피하기
• ⊞+Tab : 작업 보기 열기
• Ctrl+Esc : 시작 화면 열기(⊞)
• Alt+Esc : 열린 순서대로 항목 순환

21년 상시, 18년 9월, 17년 9월, 15년 3월, 11년 7월, …

POINT 004 바로 가기 아이콘(Shortcut Icon)

▶️ 합격 강의

▶ 바로 가기 아이콘의 기능

작업하고자 하는 프로그램(앱)을 보다 빠르고 간편하게 실행시킬 수 있는 기능으로, 바로 가기 아이콘의 왼쪽 아래에는 화살표 모양의 그림이 표시된다.

▶ 바로 가기 아이콘(Shortcut Icon)의 특징

• 바로 가기의 확장자는 .lnk이다.
• 바로 가기는 여러 개 만들 수 있다.
• 바로 가기를 삭제해도 원본 프로그램에는 영향을 미치지 않는다.
• 원본 프로그램을 삭제하면 바로 가기 아이콘을 실행할 수 없다.
• 원본 프로그램의 위치와 상관없이 만들 수 있다.
• 바로 가기는 실행 파일, 파일, 드라이브, 폴더, 프린터 등 모든 개체에 대해 만들 수 있다.

▶ 바로 가기 아이콘의 [속성] 창

• 대상 파일, 대상 형식, 대상 위치 등에 관한 연결된 항목의 정보 확인
• 바로 가기 키 지정
• 바로 가기 아이콘에 할당된 디스크 크기 확인
• 만든 날짜, 수정한 날짜, 액세스한 날짜 등을 확인

개념 체크 ✅

1 다음 중 Windows에서 사용하는 바로 가기 아이콘에 관한 설명으로 옳지 않은 것은?

① 하나의 원본 파일에 대하여 하나의 바로 가기 아이콘만 만들 수 있다.
② 바로 가기 아이콘을 실행하면 연결된 원본 파일이 실행된다.
③ 다른 컴퓨터나 프린터 등에 대해서도 바로 가기 아이콘을 만들 수 있다.
④ 원본 파일이 있는 위치와 관계없이 만들 수 있다.

하나의 원본 파일에 대하여 여러 개의 바로 가기 아이콘을 만들 수 있음

2 다음 중 바로 가기 아이콘에 대한 설명으로 옳지 <u>않은</u> 것은?

① 바로 가기 아이콘을 삭제해도 해당 프로그램은 지워지지 않는다.

② 바로 가기 아이콘은 폴더, 디스크 드라이버, 프린터 등 모든 항목에 대해 만들 수 있다.

③ 바로 가기 아이콘은 실제 프로그램이 아니라 응용 프로그램의 경로를 기억하고 있는 아이콘이다.

④ 바로 가기 아이콘은 확장자는 '*.exe'이다.

바로 가기 아이콘의 확장자는 *.lnk임

3 다음 중 한글 Windows의 바탕 화면에 있는 바로 가기 아이콘에 관한 설명으로 옳지 <u>않은</u> 것은?

① 바로 가기 아이콘의 왼쪽 아래에는 화살표 모양의 그림이 표시된다.

② 바로 가기 아이콘의 이름, 크기, 항목 유형, 수정한 날짜 등의 순으로 정렬하여 표시할 수 있다.

③ 바로 가기 아이콘의 속성 창에서 연결된 대상 파일을 변경할 수 있다.

④ 바로 가기 아이콘을 삭제하면 연결된 실제의 대상 파일도 삭제된다.

바로 가기 아이콘을 삭제하더라도 연결된 실제의 대상 파일은 삭제되지 않음

22년 상시, 21년 상시, 19년 8월, 18년 9월, 17년 9월, …

POINT 005 작업 표시줄(Task Bar)

▶ 합격 강의

- 현재 수행 중인 프로그램(앱)들이 표시되는 부분으로 응용 프로그램 간 작업 전환이 한 번의 클릭으로 가능하다.
- 시작 단추, 검색 창, 작업 보기, 작업 표시줄, 숨겨진 아이콘 표시, 시스템 아이콘, 입력 도구 모음, 시간/날짜, 알림 센터, 바탕 화면 보기 등으로 구성된다.
- 작업 표시줄의 위치를 상하좌우 자유롭게 배치할 수 있다.
- 화면의 반 정도(50%)까지 크기 조절이 가능하다.
- 자동 숨김 기능이 있다(작업 표시줄 설정에서 '데스크톱 모드에서 작업 표시줄 자동 숨기기'가 '켬'인 경우).
- 작업 표시줄을 이동하거나 크기를 변경하고자 할 때는 작업 표시줄의 빈 공간에서 마우스 오른쪽 버튼을 클릭한 다음 [작업 표시줄 잠금]의 설정을 취소해야 한다.
- 작업 표시줄의 실행 중인 프로그램 위에 마우스 포인터를 위치시키면 작은 미리 보기 화면이 표시되고 작은 미리 보기 화면에 마우스를 올려 놓으면 화면에 창이 바로 표시되며 클릭하면 열리게 된다.

- 작업 표시줄 및 시작 메뉴의 앱에서 마우스 오른쪽 단추를 클릭하면 점프 목록이 나타난다.
- 작업 표시줄의 바로 가기 메뉴 : 도구 모음, 검색, 작업 보기 단추 표시, 작업 표시줄에 피플 표시, Windows lnk 작업 영역 단추 표시, 터치 키보드 단추 표시, 계단식 창 배열, 창 가로 정렬 보기, 창 세로 정렬 보기, 바탕 화면 보기, 작업 관리자, 작업 표시줄 잠금, 작업 표시줄 설정 등이 있다.

개념 체크 ✓

1 다음 중 Windows에서 작업 표시줄의 바로 가기 메뉴에서 설정할 수 있는 항목으로 옳지 <u>않은</u> 것은?

① 계단식 창 배열
② 창 가로 정렬 보기
③ 작업 표시줄 잠금
④ 아이콘 자동 정렬

아이콘 자동 정렬은 [바탕 화면]의 바로 가기 메뉴 [보기]에 있음

2 다음 중 한글 Windows에서 [작업 표시줄]의 바로 가기 메뉴에 있는 [도구 모음]에서 선택할 수 있는 항목으로 옳지 <u>않은</u> 것은?

① 바탕 화면
② 링크
③ 주소
④ 알림 영역

[작업 표시줄]의 바로 가기 메뉴에 있는 [도구 모음]에는 주소, 링크, 바탕 화면, 새 도구 모음 등이 있음

POINT 006 시작 메뉴

▶ 합격 강의

- 모든 작업이 시작되는 곳으로 내 PC에 저장된 폴더와 파일, 프로그램(앱), 설정 등을 모두 시작 메뉴에서 찾을 수 있으며 실행하는 기능을 수행한다.
- 내 PC에 설치되어 있는 앱과 프로그램을 시작 화면이나 작업 표시줄에 고정시키고 파일의 위치를 열 수 있으며 제거까지 가능하다.
- 시작 메뉴의 크기 조정이 가능하므로 앱과 프로그램이 많아서 공간이 필요한 경우 크기를 넓힐 수 있다.

▶ 시작 메뉴의 실행

방법 1	⊞ 누름
방법 2	Ctrl + Esc 를 누름
방법 3	작업 표시줄에서 [시작] 단추(⊞)를 클릭함

07년 2월, 04년 5월, 03년 2월, 01년 8월

POINT 007 시작 프로그램

- 시작 프로그램에 들어 있는 프로그램들은 Windows가 시작될 때 자동으로 실행된다.
- 사용자가 자동으로 실행되기를 원하는 프로그램(앱)이나 파일을 시작 프로그램에 복사해 놓으면 된다.
- 실행 방법

방법 1	[시작()]-[Windows 시스템]-[실행]에서 열기란에 "shell:startup"을 입력하고 [확인]을 클릭함
방법 2	파일 탐색기(■+ E)의 주소 표시줄에 "shell:startup"을 입력하고 Enter 를 누름

- 시작프로그램 폴더가 열리면 Windows가 시작 시 자동으로 실행되기를 원하는 파일이나 프로그램(앱)을 복사하여 폴더에 넣으면 된다.
- 시작프로그램 폴더는 "내 PC 〉 로컬 디스크(C:) 〉 사용자 〉 사용자 이름 〉 AppData 〉 Roaming 〉 Microsoft 〉 Windows 〉 시작 메뉴 〉 프로그램 〉 시작프로그램"에 위치한다.
- 자동 실행을 원치 않을 경우 작업 관리자(Ctrl + Shift + Esc)의 [시작프로그램] 탭에서 [사용 안 함] 단추를 이용하여 자동 실행을 해제한다.
- Windows가 시작할 때 시작 프로그램 오류 메시지가 나타나거나 더 이상 자동 실행을 원치 않을 경우 시작프로그램 폴더에서 해당 프로그램(앱)이나 파일을 선택한 다음 마우스 오른쪽 단추를 클릭, [삭제]를 클릭하여 삭제한다.

24년 상시, 22년 상시, 15년 10월, 12년 6월, 06년 2월, …

POINT 008 레지스트리(Registry) ＊

- Windows에서 사용하는 환경 설정 및 각종 시스템과 관련된 정보가 저장되어 있는 계층 구조식 데이터베이스이다.
- 실행 방법

방법 1	[시작(■)]-[Windows 시스템]-[실행]에서 열기란에 'regedit'를 입력하고 [확인]을 클릭함
방법 2	[실행] 열기란에 'msconfig'를 입력한 다음 [시스템 구성]의 [도구] 탭에서 [레지스트리 편집기]를 선택한 후 [시작]을 클릭함

- 레지스트리 키와 레지스트리 값을 추가 및 편집하고, 백업으로부터 레지스트리를 복원한다.
- 레지스트리에 이상이 있을 경우 Windows 운영체제에 치명적인 손상이 생길 수 있다.
- 레지스트리는 Windows의 부팅 이외에 응용 프로그램 실행에도 참조되며, 레지스트리 편집기를 이용하여 Windows 등의 프로그램 환경을 설정할 때에도 사용된다.
- 레지스트리는 IRQ, I/O 주소, DMA 등과 같은 하드웨어 자원과 프로그램 실행 정보와 같은 소프트웨어 자원을 관리한다.

2 다음 중 한글 Windows에서 DMA, IRQ 등과 같은 하드웨어 정보와 소프트웨어 실행 정보를 관리하는 곳은?

① FLOPS   ② Protocol
③ Registry   ④ WAIS

레지스트리는 IRQ, I/O 주소, DMA 등과 같은 하드웨어 자원과 프로그램 실행 정보와 같은 소프트웨어 자원을 관리함

---

1 다음 중 한글 Windows의 [작업 관리자] 창에서 할 수 있는 작업으로 옳지 <u>않은</u> 것은?

① 실행 중인 응용 프로그램의 작업 끝내기를 할 수 있다.
② CPU와 메모리의 사용 현황을 알 수 있다.
③ 사용자의 CPU, 메모리, 디스크, 네트워크 사용 정보를 알 수 있다.
④ 실행 중인 응용프로그램의 실행 순서를 변경할 수 있다.

실행 중인 응용프로그램의 실행 순서를 변경할 수는 없음

19년 3월, 13년 6월, 09년 2월

POINT 009 작업 관리자

- 내 PC에서 실행되고 있는 프로그램(앱)들에 대한 프로세스(앱, 백그라운드 프로세스, Windows 프로세스), 성능(CPU, 메모리, 디스크, 이더넷), 앱 기록(리소스 사용량), 시작 프로그램(상태, 사용 안 함 설정), 사용자(CPU, 메모리, 디스크, 네트워크 사용 정보), 세부 정보(실행 파일의 상태, 사용자 이름, CPU와 메모리 사용 정보), 서비스(이름, 상태) 등에 대한 정보를 제공해 준다.

- 실행 방법

방법 1	[시작(⊞)]–[Windows 시스템]–[작업 관리자]를 클릭함
방법 2	작업 표시줄의 빈 영역에서 마우스 오른쪽 단추를 클릭한 다음 [작업 관리자]를 클릭함
방법 3	[시작] 단추(⊞)에서 마우스 오른쪽 단추 클릭한 후 [바로 가기 메뉴]에서 [작업 관리자(T)]를 클릭함
방법 4	[Windows 검색 상자]에 '작업 관리자'를 입력한 다음 결과에서 [작업 관리자]를 클릭함
방법 5	[시작(⊞)]–[Windows 시스템]–[실행](⊞+R)에서 'taskmgr'을 입력하고 [확인]을 클릭함
방법 6	[실행] 열기란에 'msconfig'를 입력한 다음 [시스템 구성]의 [도구] 탭에서 [작업 관리자]를 선택한 후 [시작]을 클릭함
방법 7	Ctrl+Alt+Delete 를 누른 후 [작업 관리자]를 클릭함
방법 8	Ctrl+Shift+Esc
방법 9	⊞+X, T

- [프로세스] 탭에서 응답하지 않는 프로그램이나 실행 중지를 원하는 프로그램이 있을 경우 해당 프로그램을 선택한 다음 [작업 끝내기] 단추를 사용하여 해당 프로세스를 중지할 수 있다.
- [성능] 탭에서 CPU, 메모리, 디스크, 이더넷의 성능을 모니터링할 수 있다.
- [앱 기록] 탭에서 앱의 리소스 사용량(CPU 시간, 네트워크, 타일 업데이트 등) 정보를 확인하고 사용 현황을 삭제할 수 있다.

17년 9월, 14년 10월, 12년 9월, 07년 5월, 05년 2월/10월, …

POINT 010 파일 탐색기

▶ **파일 탐색기의 기본**

- 파일 탐색기는 사용자가 사용할 수 있는 시스템에 장착된 모든 디스크 드라이브 및 폴더 관리 등 시스템의 전반적인 정보를 갖는다.
- 파일 탐색기는 새로운 폴더의 생성과 자료의 이동, 복사, 삭제 등의 작업을 손쉽게 할 수 있는 파일 관리 프로그램이며 계층적 디렉터리 구조를 갖고 있다.
- 왼쪽에 탐색 창이 표시되며 오른쪽에는 폴더 내용 창이 표시된다.
- 파일 탐색기가 열리면서 기본적으로 표시되는 [바로 가기]는 자주 사용하는 파일과 폴더, 가장 최근 사용한 파일과 폴더를 표시하므로 이를 찾기 위해 여러 폴더를 검색할 필요가 없다.
- [바로 가기]에 표시된 폴더에서 마우스 오른쪽 단추를 클릭하고 [바로 가기에서 제거]를 선택하면 바로 가기에서 제거된다.
- [파일]–[폴더 및 검색 옵션 변경]을 클릭, [폴더 옵션] 창의 [일반] 탭에서 [파일 탐색기 열기]를 '바로 가기'에서 '내 PC'로 변경할 수 있다.
- 클라우드 서비스인 OneDrive가 파일 탐색기에 포함되어 표시되며 바로 파일을 공유할 수 있다.

- 실행 방법

방법 1	작업 표시줄에서 [파일 탐색기](🖿)를 클릭함
방법 2	[시작(⊞)]–[Windows 시스템]–[파일 탐색기]를 클릭함
방법 3	[시작] 단추(⊞)에서 마우스 오른쪽 단추 클릭한 후 [바로 가기 메뉴]에서 [파일 탐색기(E)]를 클릭함
방법 4	[Windows 검색 상자]에 '파일 탐색기'를 입력한 다음 결과에서 [파일 탐색기]를 클릭함

방법 5	[시작(⊞)]-[Windows 시스템]-[실행](⊞+R)에서 'explorer' 을 입력하고 [확인]을 클릭함
방법 6	⊞+E
방법 7	⊞+X, E

> **기적의 TIP** 내 PC
>
> Windows 10에서는 기본적으로 바탕 화면에 표시되지 않음

▶ 리본 메뉴의 구성

• 리본 메뉴는 여러 개의 탭으로 구성되며 각 탭은 명령 단추와 옵션으로 이루어진 여러 그룹으로 구성된다.
• 파일 탐색기는 기본적으로 [파일] 탭, [홈] 탭, [공유] 탭, [보기] 탭이 표시된다.
• 선택된 항목에 따라 드라이브는 [드라이브 도구] 탭, 사진 파일은 [사진 도구] 탭, 비디오 파일은 [비디오 도구] 탭, 음악 파일은 [음악 도구] 탭, 압축 파일은 [압축 폴더 도구] 탭, 검색은 [검색] 탭, 내 PC는 [컴퓨터] 탭, 휴지통은 [휴지통 도구] 탭, 라이브러리는 [라이브러리 도구] 탭이 표시된다.

▶ 탐색 창에서 하위 폴더 열기 및 감추기

• 탐색 창에서 >는 하위 폴더가 존재한다는 의미이며 클릭하면 하위 폴더가 열리면서 ⌄로 바뀐다.
• 하위 폴더를 감추기 위해서는 ⌄을 클릭하면 된다.

>	하위 폴더를 포함하고 있으며 현재 그 하위 폴더를 표시하지 않은 상태임
⌄	현재 포함되어 있는 하위 폴더를 표시함
*	숫자 키패드의 *를 누르면 현재 선택한 폴더 내의 모든 하위 폴더를 표시함

24년 상시, 21년 상시, 15년 3월, 04년 2월

▶ 파일 탐색기에서 항목의 선택

한 개의 항목만을 선택하는 경우	불연속적으로 항목을 선택하는 경우	연속적인 영역의 항목을 선택하는 경우	전체 항목을 선택하는 경우
해당 항목을 클릭	Ctrl+클릭	영역의 첫 항목을 클릭한 후 Shift 를 누른 상태로 마지막 항목을 클릭	Ctrl+A

1 다음 중 파일 탐색기에서 파일이나 폴더를 선택하는 방법으로 옳은 것은?

① 폴더 내의 모든 항목을 선택하려면 Alt+A를 누른다.
② 선택한 항목 중에서 하나 이상의 항목을 제외하려면 Ctrl을 누른 상태에서 제외할 항목을 클릭한다.
③ 연속되어 있지 않은 파일이나 폴더를 선택하려면 Shift를 누른 상태에서 선택하려는 각 항목을 클릭한다.
④ 연속되는 여러 개의 파일이나 폴더 그룹을 선택하려면 첫째 항목을 클릭한 다음 Ctrl을 누른 상태에서 마지막 항목을 클릭한다.

> **오답 피하기**
> • 폴더 내의 모든 항목을 선택하려면 Ctrl+A를 누름
> • 연속되어 있지 않은 파일이나 폴더를 선택하려면 Ctrl을 누른 상태에서 선택하려는 각 항목을 클릭함
> • 연속되는 여러 개의 파일이나 폴더 그룹을 선택하려면 첫째 항목을 클릭한 다음 Shift를 누른 상태에서 마지막 항목을 클릭함

2 다음 중 Windows의 파일 탐색기에 대한 설명으로 옳지 않은 것은?

① 컴퓨터에 설치된 디스크 드라이브, 파일 및 폴더 등을 관리하는 기능을 가진다.
② 폴더와 파일을 계층 구조로 표시하며, 폴더 앞의 > 기호는 하위 폴더가 있음을 의미한다.
③ 현재 폴더에서 상위 폴더로 이동하려면 바로 가기 키인 Home을 누른다.
④ 검색 상자를 사용하여 파일이나 폴더를 찾을 수 있으며, 검색은 입력을 시작함과 동시에 시작된다.

> Back Space : 현재 폴더에서 상위 폴더로 이동

> **오답 피하기**
> Home : 현재 창의 맨 위를 표시

15년 3월, 08년 10월, 03년 5월

 POINT 011 파일 및 폴더

▶합격 강의

▶ 파일(File)

• 컴퓨터에서 사용되는 자료 저장의 기본 단위이며 파일명과 확장자로 구성된다.
• 파일명은 255자까지 사용이 가능하며 공백 포함이 허용되고 확장자는 그 파일의 성격을 나타낸다.
• *, ?, :, /, ₩, 〈, 〉, ", ㅣ 등은 폴더명이나 파일명으로 사용할 수 없다.

▶ 폴더(Folder)

- 서로 관련 있는 파일들을 저장하는 장소로 파일들을 효율적이고 체계적으로 관리할 수 있다.
- 폴더의 구조를 볼 수 있는 폴더 창이나 바탕 화면, 파일 탐색기에서 새 폴더의 생성 및 삭제가 가능하다.
- 폴더는 바로 가기 아이콘, 복사나 이동, 찾기, 이름 바꾸기, 삭제 등 파일에서 가능한 작업을 할 수 있다.
- 동일한 폴더 안에 같은 이름의 파일은 존재할 수 없다.

▶ 폴더 만들기

리본 메뉴	• [홈] 탭–[새로 만들기] 그룹–[새 폴더]를 클릭함 • [홈] 탭–[새로 만들기] 그룹–[새 항목]–[폴더]를 클릭함
바로 가기 메뉴	파일 목록창이나 바탕 화면의 바로 가기 메뉴에서 [새로 만들기]–[폴더]를 클릭함
빠른 실행 도구	파일 탐색기에서 상단의 빠른 실행 도구 모음의 ▦(새 폴더)를 클릭함
바로 가기 키	Ctrl + Shift + N

03년 7월/9월
▶ 이름 바꾸기

- 파일이나 폴더의 이름을 바꿀 때는 Windows에서 사용하는 모든 글자를 사용할 수 있다(단, *, ?, :, /, ₩, <, >, ", | 는 제외).
- 이름을 바꾸는 도중에 Esc를 누르면 이름 바꾸기가 취소된다.
- Windows 내에서 이름을 바꿀 때는 여러 개를 동시에 바꿀 수는 없다.

리본 메뉴	파일 탐색기에서 항목을 선택한 후 [홈] 탭–[구성] 그룹–[이름 바꾸기]를 클릭함
바로 가기 키	항목을 선택한 후 F2를 누름
바로 가기 메뉴	항목을 선택한 후 바로 가기 메뉴의 [이름 바꾸기]를 선택함
마우스	항목을 선택한 후 잠시 기다렸다가 다시 클릭함

> **기적의TIP 휴지통 안의 파일 이름 변경**
> 휴지통 안에 있는 파일의 이름은 변경할 수 없음

22년 상시, 20년 7월, 12년 6월
▶ 복사 방법 ✱

리본 메뉴	• 항목을 선택한 후 [홈] 탭–[구성] 그룹–[복사 위치]에서 [위치 선택]을 클릭, [항목 복사]에서 복사할 위치를 선택 후 [복사]를 클릭함(새 폴더 생성 가능) • 항목을 선택한 후 [홈] 탭–[클립보드] 그룹에서 [복사], 붙여넣기할 폴더 선택 후 [붙여넣기]를 클릭함
바로 가기 메뉴	항목을 선택한 후 바로 가기 메뉴에서 [복사], 붙여넣기할 폴더 선택 후 [붙여넣기]를 클릭함
바로 가기 키	항목을 선택한 후 Ctrl + C를 눌러 복사한 후 붙여넣기 할 곳으로 이동하여 Ctrl + V를 누름
같은 드라이브	Ctrl을 누른 상태에서 마우스 왼쪽 버튼으로 드래그 앤 드롭
다른 드라이브	아무 키도 누르지 않거나 Ctrl을 누른 상태에서 마우스 왼쪽 버튼으로 드래그 앤 드롭

▶ 이동 방법

리본 메뉴	• 항목을 선택한 후 [홈] 탭–[구성] 그룹–[이동 위치]에서 [위치 선택]을 클릭, [항목 이동]에서 이동할 위치를 선택 후 [이동]을 클릭함(새 폴더 생성 가능) • 항목을 선택한 후 [홈] 탭–[클립보드] 그룹에서 [잘라내기], 붙여넣기할 폴더 선택 후 [붙여 넣기]를 클릭함
바로 가기 메뉴	항목을 선택한 후 바로 가기 메뉴에서 [잘라내기], 붙여넣기할 폴더 선택 후 [붙여넣기]를 클릭함
바로 가기 키	항목을 선택한 후 Ctrl + X를 눌러 잘라내기 후 붙여넣기 할 곳으로 이동하여 Ctrl + V를 누름
같은 드라이브	아무 키도 누르지 않거나 Shift를 누른 상태에서 마우스 왼쪽 버튼으로 드래그 앤 드롭
다른 드라이브	Shift를 누른 상태에서 마우스 왼쪽 버튼으로 드래그 앤 드롭

> **기적의TIP 복사와 이동**
> - 복사, 이동, 붙여넣기를 할 때는 클립보드(Clipboard)를 사용함
> - 마우스로 드래그하여 복사할 때에는 마우스 포인터 옆에 ➕ 표시가 나타남
> - 이동을 하면 원래의 위치에 있던 원본은 삭제됨

24년 상시, 22년 상시, 21년 상시, 14년 10월, 12년 3월, 11년 7월, 10년 10월, …
▶ 폴더 옵션 ✱

- 폴더 옵션에서 파일 및 폴더가 작동하는 방식과 컴퓨터에 항목을 표시하는 방법을 변경하고 폴더에 관한 각종 옵션을 지정하는 곳이다.

• 실행 방법

방법 1	[파일] 탭–[폴더 및 검색 옵션 변경]을 클릭함
방법 2	[보기] 탭–[옵션]–[폴더 및 검색 옵션 변경]을 클릭함
방법 3	[Windows 검색 상자]에 '파일 탐색기 옵션'을 입력한 다음 결과에서 [파일 탐색기 옵션]을 클릭함
방법 4	[시작(⊞)]–[Windows 시스템]–[제어판]–[파일 탐색기 옵션]을 클릭함

▶ [폴더 옵션]의 [일반] 탭

• 파일 탐색기를 열 때 [바로 가기]와 [내 PC] 중에서 선택한 것으로 시작한다.

> **기적의TIP 바로 가기 및 내 PC**
> • 바로 가기 : 자주 사용하는 폴더와 최근에 사용한 파일
> • 내 PC : 컴퓨터에 설치된 폴더, 장치 및 드라이브

• 폴더를 찾아 열 때 같은 창에서 폴더 열기를 할지 새 창에서 폴더 열기를 할지 설정한다.
• 마우스로 항목을 클릭할 때 한 번 클릭해서 열기를 할지 두 번 클릭해서 열기를 할지 설정한다.
• 바로 가기에 최근에 사용된 파일과 폴더의 표시 여부를 설정하고 [지우기]로 기록을 지울 수 있다.
• 기본 값으로 복원시켜 준다.

▶ [폴더 옵션]의 [보기] 탭

• 폴더 보기는 현재 폴더에서 사용하는 보기를 모든 폴더에 적용할지의 여부를 설정한다.
• 탐색 창에 [라이브러리 표시], [모든 폴더 표시], [확장하여 폴더 열기] 여부를 설정한다.
• 공유 마법사 사용(권장), 드라이브 문자 표시 여부를 설정한다.
• [보호된 운영 체제 파일 숨기기(권장)], [상태 표시줄 표시] 여부를 설정한다.
• 숨김 파일 및 폴더 또는 드라이브의 표시 여부를 설정한다.
• 알려진 파일 형식의 파일 확장자 숨기기 여부를 설정한다.
• 확인란을 사용하여 항목 선택 여부를 설정한다([Ctrl]을 사용하지 않고 불연속적인 항목의 선택이 가능).

> **기적의TIP 보호된 운영체제에서 숨길 수 있는 파일**
> boot.ini, io.sys, autoexec.bat

1 다음 중 Windows의 폴더에 대한 설명으로 옳지 않은 것은?
① 폴더는 일반 항목, 문서, 사진, 음악, 비디오 등의 유형을 선택하여 각 유형에 최적화된 폴더로 사용할 수 있다.
② 폴더는 새로 만들기, 이름 바꾸기, 삭제, 복사 등이 가능하며, 파일이 포함된 폴더도 삭제할 수 있다.
③ 하나의 폴더 내에 같은 이름의 파일이나 폴더가 존재할 수 있으나 이름에 ₩, /, :, *, ?, ", <, >, | 등의 문자는 사용할 수 없다.
④ 폴더의 [속성] 창에서 해당 폴더에 포함된 파일과 폴더의 개수를 확인할 수 있다.

하나의 폴더 내에 같은 이름의 파일이나 폴더가 존재할 수 없음

2 다음 중 한글 Windows의 [폴더 옵션] 창에서 할 수 있는 작업으로 옳지 않은 것은?
① 선택된 폴더에 암호를 설정할 수 있다.
② 한 번 클릭해서 창 열기를 하도록 설정할 수 있다.
③ 새 창에서 폴더 열기를 할 수 있게 설정할 수 있다.
④ 알려진 파일 형식의 파일 확장명 숨기기를 설정할 수 있다.

한글 Windows의 [폴더 옵션] 창에서 선택된 폴더에 암호를 설정하는 기능은 지원되지 않음

24년 상시, 23년 상시, 22년 상시, 20년 7월, 19년 8월, …

POINT 012 휴지통

▶ 합격 강의

• 작업 도중 삭제된 자료들이 임시적으로 보관되는 장소로, 필요한 경우 복원이 가능하다.
• 각 드라이브마다 따로 설정이 가능하다.
• 복원시킬 경우, 경로 지정을 하지 않아도 자동으로 원래 위치로 복원한다.
• 휴지통 내에서의 파일의 실행 작업과 항목의 이름 변경은 불가능하다.
• 휴지통의 바로 가기 메뉴의 [이름 바꾸기]나 [F2]를 이용하여 '휴지통' 자체 이름을 변경할 수 있다(단, 휴지통 안에 있는 파일의 이름은 변경할 수 없음).
• 휴지통의 폴더 위치는 C:₩$Recycle.Bin이다.
• 휴지통에 있는 파일을 삭제하더라도 메모리(RAM)의 용량 부족 문제는 해결되지 않는다.

▶ 휴지통 열기

방법 1	바탕 화면의 휴지통을 더블클릭하여 실행함
방법 2	바탕 화면의 휴지통의 바로 가기 메뉴에서 [열기]를 클릭함
방법 3	[Windows 검색 상자]에 '휴지통'을 입력한 다음 결과에서 [휴지통]을 클릭함

▶ 휴지통에 보관되지 않고 완전히 삭제되는 경우✱

• 휴지통 비우기를 한 경우
• [Shift]+[Delete]로 삭제한 경우
• 같은 이름의 항목을 복사/이동 작업으로 덮어 쓴 경우
• 파일 탐색기의 [홈] 탭−[구성] 그룹−[삭제]에서 [완전히 삭제]로 삭제한 경우
• 플로피 디스크나 USB 메모리, DOS 모드, 네트워크 드라이브에서 삭제한 경우
• [휴지통 속성]의 [파일을 휴지통에 버리지 않고 삭제할 때 바로 제거] 선택한 경우

개념 체크 ✓

1 다음 중 한글 Windows에서 [휴지통]에 관한 설명으로 옳지 <u>않은</u> 것은?

① [휴지통 비우기]를 실행한 파일은 [휴지통]에서 다시 복구할 수 있다.
② [휴지통]에 있는 파일의 아이콘을 정렬하여 표시할 수 있다.
③ [휴지통]에 있는 파일을 바탕 화면 또는 다른 폴더에 끌어놓기를 하여 파일을 복구할 수 있다.
④ [모든 항목 복원]은 선택한 항목을 휴지통에서 사용자 컴퓨터의 원래 위치로 이동시킨다.

휴지통에 보관되지 않는 경우
• 플로피 디스크나 USB 메모리, DOS 모드, 네트워크 드라이브에서 삭제한 경우
• [휴지통 비우기]를 실행한 경우
• [Shift]+[Delete]로 삭제한 경우
• [휴지통 속성]에서 '파일을 휴지통에 버리지 않고 삭제할 때 바로 제거'를 선택한 경우

2 다음 중 Windows에서 휴지통에 관한 설명으로 옳지 않은 것은?

① 작업 도중 삭제된 자료들이 임시로 보관되는 장소로 필요한 경우 복원이 가능하다.
② 각 드라이브마다 휴지통의 크기를 다르게 설정하는 것이 가능하다.
③ 원하는 경우 휴지통에 보관된 폴더나 파일을 직접 실행할 수도 있고 복원할 수도 있다.
④ 지정된 휴지통의 용량을 초과하면 가장 오래 전에 삭제되어 보관된 파일부터 지워진다.

휴지통에 보관된 폴더나 파일은 복원 후에 실행 가능함

3 다음 중 Windows의 휴지통에 대한 설명으로 옳지 <u>않은</u> 것은?

① 휴지통은 지워진 파일뿐만 아니라 시간, 날짜, 파일의 경로에 대한 정보까지 저장하고 있다.
② 휴지통은 파일 탐색기(Windows 탐색기) 창으로 열려, 파일의 보기 방식도 같은 방법으로 변경하여 볼 수 있다.
③ 휴지통에 들어 있는 파일은 명령을 통해 되살리거나 실행할 수 있다.
④ 휴지통에 파일이나 폴더가 없으면 휴지통 아이콘은 빈 휴지통 모양으로 표시된다.

휴지통에 들어 있는 파일은 [관리] 탭−[복원] 그룹의 [모든 항목 복원]이나 [선택한 항목 복원]에서 복원하며 복원 후에 실행할 수 있음

POINT 013 16년 10월 **라이브러리**
▶합격 강의

▶ 라이브러리(Library)

• 내 PC에 저장된 위치에 상관없이 여러 위치에 있는 같은 유형의 폴더를 모아 구성하고 관리할 수 있는 기능이다.
• 한 라이브러리에는 최대 50개까지 폴더를 포함할 수 있다.
• 파일 탐색기의 [보기] 탭−[창] 그룹의 [탐색 창]에서 [라이브러리 표시]를 클릭하면 라이브러리가 표시된다.
• 기본 라이브러리로 문서, 비디오, 사진, 음악이 있으며 삭제 시 바로 가기 메뉴의 [기본 라이브러리 복원]으로 복원시킬 수 있다.

▶ 새 라이브러리 만들기

기본 라이브러리 외에 기타 다른 모음에 대한 새 라이브러리도 바로 가기 메뉴의 [새로 만들기]−[라이브러리]에서 생성할 수 있다.

▶ 라이브러리에 폴더 추가하기

리본 메뉴	파일 탐색기의 파일 목록창에서 라이브러리에 추가할 폴더를 선택한 다음 [홈] 탭−[새로 만들기] 그룹−[빠른 연결]에서 [라이브러리에 포함]을 클릭한 후 포함시킬 라이브러리를 선택함
바로 가기 메뉴	라이브러리에 포함시킬 해당 폴더의 바로 가기 메뉴에서 [라이브러리 포함]을 클릭한 후 포함시킬 라이브러리를 선택함
라이브러리 도구	파일 탐색기의 탐색 창에서 라이브러리 폴더를 선택. [관리]−[라이브러리 도구] 탭−[관리] 그룹−[라이브러리 관리]를 클릭하고 [추가]를 실행함

라이브러리에 폴더를 추가하면 라이브러리에서 파일을 볼 수 있지만 실제 파일은 원래 위치에 저장되어 있다.

▶ 라이브러리에서 폴더 제거하기

- 파일 탐색기의 탐색 창에서 라이브러리 폴더를 선택, [관리]-[라이브러리 도구] 탭-[관리] 그룹-[라이브러리 관리]를 클릭한 다음 [제거]를 클릭하여 제거한다.
- 제거는 폴더를 삭제하는 것이 아닌 라이브러리와의 연결을 끊는 작업이다.
- 라이브러리를 삭제하면 라이브러리 자체가 휴지통으로 이동되며 복원이 가능하다.
- 단, 주의할 부분은 라이브러리에 포함된 폴더나 파일을 삭제하면 원본 폴더의 파일도 삭제됨에 주의해야 된다(완전 삭제가 아닌 경우 휴지통에서 복원이 가능함).
- 라이브러리에 폴더를 포함하고 원래 위치에서 폴더를 삭제하면 라이브러리에서 해당 폴더에 더 이상 액세스할 수 없다.
- 이동식 미디어(CD, DVD)는 라이브러리에 포함할 수 없다.
- 단, USB 플래시 드라이브는 탐색 창의 [내 PC]에서 장치 및 드라이브 섹션에 장치가 나타나 있는 경우만 가능하다.

개념 체크 ✔

1 다음 중 Windows의 라이브러리 기능에 대한 설명으로 옳은 것은?

① 시작 메뉴의 검색 입력상자가 포함되어 프로그램이나 문서, 그림 등 파일을 신속하게 검색할 수 있다.
② 폴더와 달리 실제로 항목을 저장하지 않고 여러 위치에 저장된 파일 및 폴더의 모음을 표시함으로써 보다 신속하고 편리하게 파일을 관리할 수 있도록 한다.
③ 작업표시줄 프로그램 단추에 마우스 오른쪽 단추를 클릭하면 최근 작업한 프로그램 내용을 보여준다.
④ 자녀들이 컴퓨터를 사용하는 시간뿐만 아니라 프로그램 사용여부 등을 제한하여 안전한 컴퓨터 사용을 유도한다.

라이브러리(Library) : 내 PC에 저장된 위치에 상관없이 여러 위치에 있는 같은 유형의 폴더를 모아 구성하고 관리할 수 있는 기능으로 한 라이브러리에는 최대 50개까지 폴더를 포함할 수 있음

POINT 014 Windows 보조 프로그램

▶ 합격 강의

24년 상시, 22년 상시, 19년 3월, 14년 10월, 12년 3월, 09년 4월, 07년 2월/5월/10월, …

▶ 메모장 ✱

- 서식이 없는 간단한 문서 또는 웹 페이지를 만들 때 사용할 수 있는 기본 텍스트 편집기이다.
- 기본 확장자는 *.txt이다.
- 그림, 차트, OLE 관련 개체는 삽입할 수 없다.

기적의TIP OLE(Object Linking & Embedding)
- Windows 환경의 각종 응용 프로그램 간에 데이터 교환을 위하여 서로의 데이터를 공유하는 것
- 데이터를 제공하는 프로그램에서 데이터를 수정/편집하면 데이터를 제공받는 프로그램에서도 자동으로 반영되는 데이터 공유 방법

- 웹 페이지용 HTML 문서를 만들 때 사용할 수 있다.
- Windows 메모장은 64KB 이상의 문서 편집이 가능하다.
- [보기]-[상태 표시줄]을 실행하여 설정하면 상태 표시줄이 추가되어 나타나 현재 커서의 라인과 컬럼 번호를 알 수 있다.
- 문서의 첫 줄 왼쪽에 .LOG(대문자)를 입력하고 저장한 다음 다시 그 파일을 열기하면 시간과 날짜가 자동으로 삽입된다(시간/날짜 삽입 바로 가기 키 : F5).
- 글꼴, 글꼴 스타일, 크기는 변경이 가능하나 글자색은 지원되지 않는다.
- 서식 변경은 문서 전체 단위로 이루어지며 부분적인 변경은 지원되지 않는다.
- 자동 줄 바꿈 기능, 찾기, 바꾸기 기능을 제공한다.
- 용지, 방향, 여백, 머리글, 바닥글, 미리 보기의 설정이 가능하다('단 나누기' 기능은 제공되지 않음).
- 문서의 내용이 많은 경우 [편집]-[이동(Ctrl + G)]을 실행하면 문서에 줄 번호가 표시되지 않은 상태라도 특정 줄로 이동할 수 있다(단, [서식]-[자동 줄 바꿈]이 설정된 경우에는 [이동] 명령을 사용할 수 없음).
- 실행 방법

방법 1	[시작(⊞)]-[Windows 보조프로그램]-[메모장]을 클릭함
방법 2	[실행](⊞+R)에서 'notepad'를 입력하고 [확인]을 클릭함
방법 3	텍스트 파일(*.txt)을 더블클릭함
방법 4	[파일 탐색기]에서 텍스트 파일(*.txt)을 선택한 후 [홈] 탭-[열기] 그룹에서 [열기]를 클릭함
방법 5	[Windows 검색 상자]에 '메모장'을 입력한 다음 결과에서 [메모장]을 클릭함

1 메모장에서 저장된 텍스트 문서를 열 때마다 시스템 클럭을 참조하여 현재의 시간과 날짜를 삽입하고자 한다. 다음 중 옳은 것은?

① 문서의 첫 행 맨 왼쪽에 대문자로 .LOG라고 입력한다.

② 메모장의 [삽입]–[시간/날짜]를 이용한다.

③ 문서를 작성한 후 [파일]–[인쇄 미리 보기]–[시간/날짜]를 이용한다.

④ 시스템 트레이에 있는 시간을 마우스 왼쪽 버튼을 이용하여 문서의 원하는 위치에 놓는다.

메모장에서 시간과 날짜를 자동으로 삽입하려면 문서의 첫 줄 왼쪽에 『.LOG』를 입력함

오답 피하기
② : [시간/날짜]는 [편집] 메뉴에서 제공되는 기능임

2 다음 중 메모장에서 현재 시스템의 시간과 날짜를 자동으로 추가하려고 할 때 사용하는 방법으로 옳은 것은?

① 작업 표시줄 가장 오른쪽에 있는 시스템 트레이의 시간을 끌어다 문서의 원하는 위치에 놓는다.

② 시간과 날짜를 입력할 곳에 커서를 두고 F5를 누른다.

③ =Now( ) 함수를 입력한다.

④ [삽입] 메뉴에서 [시간/날짜]를 선택한다.

메모장에서 시간과 날짜를 자동으로 삽입하려면 문서의 첫 줄 왼쪽에 『.LOG』를 입력하거나 F5를 누름

3 다음 중 Windows의 [메모장]에 대한 설명으로 옳지 <u>않</u>은 것은?

① 작성한 문서를 저장할 때 확장자는 기본적으로 .txt가 부여된다.

② 특정한 문자열을 찾을 수 있는 찾기 기능이 있다.

③ 그림, 차트 등의 OLE 개체를 삽입할 수 있다.

④ 현재 시간을 삽입하는 기능이 있다.

그림, 차트 등의 OLE 개체를 삽입할 수 없음

▶ 그림판

• Windows에서 기본으로 제공되는 그림 편집 프로그램이다.

• 기본 확장자는 *.png이다.

• 비트맵(Bitmap) 형식의 그림 파일을 작성, 수정 등 편집과 인쇄가 가능하다.

기적의TIP 비트맵(Bitmap)

• 래스터(Raster) 이미지라고도 함

• 점(Pixel, 화소) 형식으로 제공되는 그림으로 무수히 많은 점이 모여 형태를 표현함

• 각각의 점들은 독립된 정보를 가지고, 세밀한 표현을 할 수 있음

• 확대하면 계단식으로 표현되고 거칠어짐(계단 현상(Alias) 발생)

• 확장자가 *.jpg, *.gif, *.tif, *.bmp, *.dib인 파일을 열기하여 편집할 수 있다.

• 작성한 그림은 저장한 상태에서 바탕 화면 배경으로 설정(채우기, 바둑판식, 가운데)할 수 있다.

• Shift 를 누르고 선을 그리면 수평선, 수직선, 45°의 대각선, 정원, 정사각형, 정삼각형 등을 쉽게 그릴 수 있다.

• 3차원 그림을 그릴 수 있는 [그림판 3D 열기]가 지원된다.

• 실행 방법

방법 1	[시작(⊞)]–[Windows 보조프로그램]–[그림판]을 클릭함
방법 2	[실행](⊞+R)에서 'mspaint' 또는 'pbrush'를 입력하고 [확인]을 클릭함
방법 3	[Windows 검색 상자]에 '그림판'을 입력한 다음 결과에서 [그림판]을 클릭함

---

1 다음 중 확장자가 .txt인 텍스트 파일을 편집할 수 있는 프로그램이 <u>아닌</u> 것은?

① 그림판   ② 워드패드

③ 흔글   ④ 메모장

그림판의 기본 확장자는 *.png이며, 확장자가 *.jpg, *.gif, *.tif, *.bmp, *.dib인 파일을 열기하여 편집할 수 있음

POINT 015 명령 프롬프트

합격 강의

- 대 · 소문자 상관없이 MS-DOS 명령이나 기타 명령을 실행할 수 있다.
- [명령 프롬프트] 창에서 복사할 내용이 있을 때 왼쪽의 조절 메뉴 단추(▣)를 클릭한 다음 [편집]-[표시]([Ctrl]+[M])를 클릭하면 마우스로 드래그하여 범위를 설정할 수 있으며, [Enter]를 눌러 복사하면 메모장이나 워드프로세서 등에서 붙여 넣을 수 있다.
- [명령 프롬프트] 창에서 'exit'를 입력하고 [Enter]를 누르거나 [닫기] 단추(⊠)를 클릭하면 [명령 프롬프트] 창이 종료된다.
- 실행 방법

방법 1	[시작(▦)]-[Windows 시스템]-[명령 프롬프트]를 클릭함
방법 2	[실행]([▦]+[R])에서 'cmd'를 입력하고 [확인]을 클릭함
방법 3	[Windows 검색 상자]에 '명령 프롬프트'를 입력한 다음 결과에서 [명령 프롬프트]를 클릭함

기적의TIP 전체 화면 모드
Windows 10은 [Alt]+[Enter]를 사용하여 창을 전체 모드로 확대할 수 있음

개념 체크 ✓

1 다음 중 Windows의 [명령 프롬프트]에 관한 설명으로 옳지 않은 것은?
① MS-DOS 명령 및 기타 컴퓨터 명령을 텍스트 기반으로 실행한다.
② [명령 프롬프트] 창에서 표시되는 텍스트를 복사하여 메모장에 붙여 넣을 수 있다.
③ [실행]에서 'command'를 입력하여 실행할 수도 있다.
④ [명령 프롬프트] 창에서 'exit'를 입력하여 종료할 수 있다.

[실행]에서 'cmd'를 입력하여 실행할 수 있음

POINT 016 인쇄

24년 상시, 22년 상시, 19년 3월, 16년 10월, 15년 6월, 13년 10월, 11년 3월/7월, …
기본 프린터
- 프로그램에서 사용할 프린터를 지정하지 않고 인쇄 명령을 선택했을 때 컴퓨터가 자동으로 문서를 보내는 프린터이다. 즉, 인쇄 시 프린터를 따로 지정하지 않아도 설정되는 기본 프린터로 곧바로 인쇄된다.
- 현재 인쇄를 담당하고 있는 기본 프린터의 프린터 아이콘에는 ☑ 표시가 나타난다.
- 기본 프린터는 한 대만 지정할 수 있으며, 기본 프린터로 설정된 프린터도 제거할 수 있다.
- 기본 프린터는 로컬 프린터와 네트워크로 공유한 프린터 모두 설정이 가능하다.
- 설치 시 [로컬 프린터]를 선택한 경우 연결할 프린터의 포트를 지정하고, [네트워크 프린터]를 선택한 경우는 네트워크에 연결되어 있는 프린터 목록 중에서 하나를 선택하면 된다.
- 기본 프린터로 지정하고자 하는 프린터를 선택한 다음 [Alt]를 누른 뒤 [파일]-[기본 프린터로 설정]을 클릭하여 지정하거나 바로 가기 메뉴에서 [기본 프린터로 설정]을 클릭하여 지정할 수 있다.

24년 상시, 23년 상시, 22년 상시, 13년 3월/6월, 09년 2월/10월
인쇄 관리자 사용✱
- 인쇄가 실행될 때 인쇄 작업 내용을 보려면 작업 표시줄의 알림 영역에 프린터 모양의 아이콘을 더블 클릭하여 인쇄 관리자 창을 연다. 인쇄가 완료되면 아이콘은 사라진다.
- 인쇄 관리자는 인쇄 대기열에 있는 문서의 인쇄 순서를 변경할 수 있으며, 취소 및 일시 중지 등의 작업을 수행할 수 있다.
- 현재 인쇄 중인 문서가 인쇄가 완료되기 전에 다른 문서의 인쇄가 있을 경우 인쇄 대기열에 쌓이게 된다.
- 인쇄 작업에 들어간 것도 중간에 강제로 종료시킬 수 있다.

▶ 프린터 스풀(SPOOL)＊

- 장치의 이용 효율을 높이기 위해 중앙 처리 장치(CPU)의 처리 동작과 저속의 입출력 장치의 동작이 동시에 이루어지도록 하는 처리 형태이다. 스풀이 설정되면 인쇄 도중에도 다른 작업을 할 수 있는 병행 처리 기능을 의미한다.
- 프린터에서 인쇄를 하기 전에 인쇄 내용을 하드디스크에 임시로 보관하는 것이다.
- 스풀 기능을 사용하려면 스풀에 사용될 디스크의 추가 용량이 필요하다.
- 인쇄 속도는 스풀 설정 이전보다 오히려 느려진다.
- [파일] 탭-[열기]-[프린터 사용자 지정]을 더블클릭하여 실행한 다음 [고급] 탭에서 설정한다.
- 프린터를 선택한 다음 Alt 를 누른 뒤 [파일]-[프린터 속성]을 클릭하거나 바로 가기 메뉴의 [프린터 속성]을 클릭한 다음 [고급] 탭에서 설정한다.

▶ 프린터 공유＊

- 프린터를 선택한 다음 Alt 를 누른 뒤 [파일]-[프린터 속성]을 클릭하거나 바로 가기 메뉴의 [프린터 속성]을 클릭한 다음 [공유] 탭에서 설정한다.
- 프린터 한 대를 공유하여 여러 대의 컴퓨터에서 사용할 수 있다. 즉, 기본 프린터로 설정된 프린터를 네트워크상의 다른 컴퓨터도 사용 가능하다(자동으로 네트워크 공유가 설정되는 것이 아니라 사용자가 직접 공유를 설정해야 함).
- 같은 네트워크 내에서 여러 대의 프린터를 공유할 수 있다.
- 공유된 프린터를 클릭하여 선택하면 상태에 공유된 아이콘(상태: ✅👥) 모양이 표시된다.
- 프린터 속성에서 공유, 프린터 포트, 최대 해상도, 사용 가능한 용지, 스풀 등 속성 설정 작업을 할 수 있지만 인쇄 중인 문서 이름은 알 수 없다.

개념 체크 ✅

1 다음 중 Windows에서 [프린터 속성] 대화 상자의 [고급] 탭에서 설정할 수 <u>없는</u> 항목은?

① 인쇄된 문서 보관
② 기본 값으로 인쇄
③ 인쇄를 빨리 끝낼 수 있도록 문서 스풀
④ 보안을 위한 사용 권한 설정

보안을 위한 사용 권한 설정은 [보안] 탭에서 설정할 수 있음

[오답 피하기]

[고급] 탭에서 스풀 기능을 사용하지 않고 인쇄, 짝이 맞지 않는 문서는 보류, 스풀된 문서를 먼저 인쇄, 고급 인쇄 기능 사용 등도 설정 가능함

2 다음 중 Windows의 인쇄 기능에 대한 설명으로 옳지 <u>않</u>은 것은?

① 기본 프린터란 인쇄 시 특정 프린터를 지정하지 않아도 자동으로 인쇄되는 프린터를 말한다.
② 프린터 속성 창에서 공급용지의 종류, 공유, 포트 등을 설정할 수 있다.
③ 인쇄 대기 중인 작업은 취소시킬 수 있다.
④ 인쇄 중인 작업은 취소할 수는 없으나 잠시 중단시킬 수 있다.

모든 문서 취소 및 인쇄 일시 중지가 가능함

3 다음 중 프린터의 스풀 기능에 관련된 설명으로 옳지 <u>않</u>은 것은?

① 프린터와 같은 저속의 입출력 장치를 CPU와 병행하여 작동시켜 컴퓨터의 전체 효율을 향상시켜 준다.
② 프린터가 인쇄 중이라도 다른 응용 프로그램을 실행할 수 있다.
③ 인쇄 대기 중인 문서의 용지 방향, 용지 종류, 인쇄 매수 등의 설정을 변경할 수 있다.
④ 기본적으로 모든 사용자는 자신의 문서에 대해 인쇄 일시 중지, 계속, 다시 시작, 취소를 할 수 있다.

인쇄 대기 중인 문서의 용지 방향, 용지 종류, 인쇄 매수 등의 설정은 변경할 수 없음

POINT 017 **Windows 설정**

▶합격 강의

설정의 개념

- Windows 운영체제의 작업 환경에 도움이 되는 여러 가지 컴퓨터 시스템의 환경 설정 작업 및 변경을 수행하는 기능을 제공한다.
- 데스크톱 PC 외 태블릿이나 터치 환경에서도 쉽게 사용할 수 있다.
- [시스템 설정], [장치 설정], [전화 설정], [네트워크 및 인터넷 설정], [개인 설정], [앱 설정], [계정 설정], [시간 및 언어 설정], [게임 설정], [접근성 설정], [검색 설정], [개인 정보 설정], [업데이트 및 보안 설정] 등을 지원한다.

• **설정 실행 방법**

방법 1	[시작(⊞)]-[설정]
방법 2	⊞+Ⅰ
방법 3	[시작] 단추(⊞)에서 마우스 오른쪽 버튼을 클릭한 다음 [설정]을 클릭함

- 설정에서 자주 사용되는 항목은 마우스 오른쪽 버튼을 클릭한 후 [시작 화면에 고정]을 클릭하여 시작 화면에 고정시킬 수 있다.
- 설정에서 지원되는 각 항목들을 사용자가 임의로 제거할 수 없다.
- 백스페이스(Back Space)를 누르면 설정 홈 페이지로 돌아간다.

17년 9월, 16년 3월, 15년 6월, 14년 3월, 13년 10월, 12년 3월/6월, 10년 3월/10월, …

앱 및 기능

- 앱을 가져올 위치를 선택할 수 있다.
- [선택적 기능]을 이용하여 앱을 [제거]하거나 [관리]할 수 있으며 기능을 추가할 수도 있다.
- [앱 실행 별칭]을 이용하여 명령 프롬프트에서 앱을 실행하는 데 사용되는 이름을 선언할 수 있으며 동일한 이름을 사용하는 경우 사용할 앱 하나를 선택한다.
- 앱을 [이동] 및 [수정]하거나 [제거]할 수 있으며 드라이브별로 검색, 정렬 및 필터링이 가능하다.

• **실행 방법**

방법 1	[설정]-[앱]-[앱 및 기능]을 클릭함
방법 2	[시작] 단추(⊞)에서 마우스 오른쪽 버튼을 클릭한 다음 [앱 및 기능]을 클릭함

14년 3월, 13년 3월/10월, 12년 3월/6월, 11년 10월, 10년 3월/10월, …

개인 설정

- [배경], [색], [잠금 화면], [테마], [글꼴], [시작], [작업 표시줄] 등에 대해 설정할 수 있다.

• **실행 방법**

방법 1	[설정]-[개인 설정]을 클릭함
방법 2	[바탕 화면]의 [바로 가기 메뉴]에서 [개인 설정]을 클릭함

- [배경] : 바탕 화면의 배경 화면을 설정(사진, 단색, 슬라이드 쇼)하고 [맞춤 선택]에서 나타내는 유형(채우기, 맞춤, 확대, 바둑판식 배열, 가운데, 스팬)을 선택할 수 있다.
- [색] : [색 선택(밝게, 어둡게, 사용자 지정)], [투명 효과(켬, 끔)] 등을 설정할 수 있다.
- [잠금 화면] : 잠금 화면 배경을 설정(Windows 추천, 사진, 슬라이드 쇼)할 수 있고 [화면 보호기 설정]에서 화면 보호기와 전원 설정 변경 등을 할 수 있다.
- [테마] : [배경], [색], [소리], [마우스 커서] 등의 설정으로 사용자 지정 테마를 저장할 수 있고 관련 설정의 [바탕 화면 아이콘 설정]에서 바탕 화면에 표시할 아이콘(컴퓨터, 휴지통, 문서, 제어판, 네트워크)을 설정하고 [아이콘 변경]과 [기본 값 복원]이 가능하다.

24년 상시, 15년 6월, 10년 3월/10월, 09년 4월/10월, 08년 8월, 07년 7월, …

시스템 정보

- [정보] : PC가 모니터링되고 보호되는 상황(바이러스 및 위협 방지, 방화벽 및 네트워크 보호, 웹 및 브라우저 컨트롤, 계정 보호, 장치 보안 등)에 대해 알 수 있다.
- [장치 사양] : 디바이스 이름, 프로세서(CPU), 설치된 RAM, 장치 ID, 제품 ID, 시스템 종류(32/64비트 운영체제), 펜 및 터치 등에 대해 알 수 있다.
- [이 PC의 이름 바꾸기] : 현재 설정되어 있는 PC의 이름을 변경할 수 있으며, 변경 후 시스템을 다시 시작해야 완전히 변경된다.
- [Windows 사양] : 에디션, 버전, 설치 날짜, OS 빌드, 경험 등을 알 수 있다.

- [제품 키 변경 또는 Windows 버전 업그레이드] : 정품 인증 및 제품 키 업데이트(제품 키 변경), Microsoft 계정 추가를 할 수 있다.
- 실행 방법

방법 1	[설정]–[시스템]–[정보]를 클릭함
방법 2	[시작] 단추(⊞)에서 마우스 오른쪽 버튼을 클릭한 다음 [시스템]을 클릭함
방법 3	⊞+X, Y

> **기적의TIP 설정 외 [시스템 정보] 보기**
> - 실행(⊞+R)에서 'msinfo32'를 입력한 다음 [확인]을 클릭함
> - 명령 프롬프트창('cmd')에서 'systeminfo'를 입력한 다음 Enter 를 누름
> - ⊞+Pause (시스템 속성 대화 상자 표시)를 누름

- 32비트(x86) 운영체제인지 64비트(x64) 운영체제인지 확인하는 방법

방법 1	[시작(⊞)]–[설정]–[시스템]–[정보]
방법 2	[시작(⊞)]–바로 가기 메뉴의 [시스템]
방법 3	⊞+X(시작 버튼의 오른쪽 클릭 메뉴 열기/닫기), Y(시스템)
방법 4	⊞+Pause(시스템 속성 대화 상자 표시)

09년 2월
▶ 관리 도구
- 관리 도구는 제어판의 폴더이며 Windows 관리를 위한 도구로 시스템 구성 및 정보, 고급 사용자용 도구가 포함되어 있다.
- 실행 방법

방법 1	검색 상자에 "관리 도구"라고 입력한 다음 [Windows 관리 도구] 앱을 실행함
방법 2	[제어판]의 [관리 도구]를 클릭함(보기 기준 : 큰 아이콘/작은 아이콘)

- [컴퓨터 관리]의 [저장소]–[디스크 관리]에서 드라이브의 바로 가기 메뉴에서 [열기], [탐색], [파티션을 활성 파티션으로 표시], [드라이브 문자 및 경로 변경], [포맷], [볼륨 확장], [볼륨 축소], [미러 추가], [볼륨 삭제] 등의 작업이 가능하다.

17년 3월/9월, 14년 6월, 13년 6월, 10년 6월
▶ 사용자 계정 정보
- 계정에 대한 사용자 정보(계정 이름, 계정 유형)를 알 수 있으며 [사진 만들기]에서 '카메라'나 '찾아보기'로 사용자 사진을 만들 수 있다.
- 실행 방법

방법	[설정]–[계정]–[사용자 정보]를 클릭함

> **기적의TIP 계정 유형**
> - 표준 : 컴퓨터에 설치된 대부분의 소프트웨어를 사용할 수 있으며, 다른 사용자나 컴퓨터의 보안에 영향을 주지 않는 시스템 설정을 변경할 수 있음
> - 관리자 : 컴퓨터에 대한 모든 제어 권한을 가지며 컴퓨터를 완전하게 제어할 수 있으며, 모든 설정을 변경하고 컴퓨터에 저장된 모든 파일 및 프로그램에 액세스할 수 있음

개념 체크 ✓

1 다음 중 Windows의 [설정]–[앱]–[앱 및 기능]에 대한 설명으로 옳지 **않은** 것은?
① [Microsoft Store에서 더 많은 테마 보기]를 선택하여 Microsoft 사에서 제공하는 다양한 테마를 추가 설치할 수 있다.
② 앱을 가져올 위치를 사용자가 선택할 수 있다.
③ 설치되어 있는 앱 목록을 드라이브별로 검색하거나 정렬 및 필터링할 수 있다.
④ Windows에 설치되어 있는 앱을 수정하거나 제거할 수 있다.

[설정]–[개인 설정]–[테마]에서 [Microsoft Store에서 더 많은 테마 보기]를 선택하여 Microsoft 사에서 제공하는 다양한 테마를 추가 설치할 수 있음

2 다음 중 Windows의 사용자 계정을 통해 사용할 수 있는 기능으로 옳지 **않은** 것은?
① 관리자 계정의 사용자는 다른 계정의 컴퓨터 사용 시간을 제어할 수 있다.
② 관리자 계정의 사용자는 다른 계정의 등급 및 콘텐츠, 제목별로 게임을 제어할 수 있다.
③ 표준 계정의 사용자는 컴퓨터 보안에 영향을 주는 설정을 변경할 수 있다.
④ 표준 계정의 사용자는 컴퓨터에 설치된 대부분의 프로그램을 사용할 수 있고, 자신의 계정에 대한 암호 등을 설정할 수 있다.

표준 계정의 사용자는 컴퓨터 보안에 영향을 주는 설정을 변경할 수 없음

19년 3월, 18년 9월, 16년 6월, 14년 6월, 13년 6월, …

POINT 018 **기타 설정 항목**

▶합격 강의

항목	기능
Microsoft Defender 바이러스 백신	• [설정]–[업데이트 및 보안]–[Windows 보안]–[바이러스 및 위협 방지]에서 실행함 • [Microsoft Defender 바이러스 백신 옵션]에서 주기적 검사를 '켬'으로 설정함 • 스파이웨어, 바이러스, 맬웨어(악성 코드)를 검색하고 치료해 주는 백신으로 실시간 보호 기능을 제공함
글꼴★	• [설정]–[개인 설정]–[글꼴]을 클릭함 • 텍스트의 가독성을 향상시켜주는 ClearType 사용이 가능함 • 현재 설치된 글꼴을 미리 보거나 삭제하고 표시하거나 숨길 수 있음 • C:\Windows\Fonts 폴더에 설치됨 • 글꼴 파일의 확장자는 ttf, ttc, fon 등이 있음 • TrueType, OpenType 글꼴이 제공되며 프로그램이나 프린터에서 동작함 • 글꼴 스타일은 보통, 기울임꼴, 굵게, 굵게 기울임꼴 등이 있음
키보드	• [설정]–[장치]–[입력]을 클릭하여 실행함 • AI가 사용자에게 도움을 주는 방식인 [입력 인사이트]을 설정함 • 입력할 때 추천 단어 표시, 입력할 때 철자가 틀린 단어 자동 고침 설정 • 입력 중인 인식 언어를 기준으로 텍스트 제안 표시 • 키보드 포커스를 쉽게 볼 수 있도록 설정(포인트 크기 및 색 변경)함 • 고급 키보드 설정(기본 입력 방법 재설정, 입력 방법 전환 등)이 가능함
날짜 및 시간	• [설정]–[시간 및 언어]–[날짜 및 시간]을 클릭하여 실행함 • 컴퓨터의 날짜, 시간, 표준 시간대를 설정함
국가 또는 지역	• [설정]–[시간 및 언어]–[지역]을 클릭하여 실행함 • 국가 또는 지역, 사용지역 언어, 사용지역 언어 데이터, 데이터 형식 변경 등
색인 옵션	• [설정]–[검색]–[Windows 검색]–[고급 검색 인덱서 설정]을 클릭하여 실행함 • 검색할 방법이나 위치 또는 검색할 파일 형식을 미세하게 조정할 수 있음 • PC의 콘텐츠를 인덱싱하면 파일, 전자 메일 또는 기타 로컬 콘텐츠를 검색할 때 검색 결과를 더 빠르게 검색할 수 있음

개념 체크 ✓

1 다음 중 Windows의 [글꼴]에 관한 설명으로 옳지 <u>않은</u> 것은?

① 글꼴에는 기울임꼴, 굵게, 굵게 기울임꼴과 같은 글꼴 스타일이 있다.
② 시스템에서 사용하는 글꼴은 C:\Windows\Fonts 폴더에 파일 형태로 저장되어 있다.
③ TrueType 글꼴과 OpenType 글꼴을 제공하며, 프린터 및 프로그램에서 작동한다.
④ 글꼴 파일은 .rtf 또는 .inf의 확장자를 가지고 있다.

글꼴 파일의 확장자는 .TTF, TTC, FON 등이 있음

POINT 019 **유 · 무선 네트워크 설정**

▶합격 강의

08년 10월

▶ **네트워크(Network)의 개념**★

• 네트워크(Network)란 여러 컴퓨터나 단말기들을 통신 회선으로 연결한 컴퓨터의 이용 형태이다.
• Windows에서는 데이터, 드라이브, 프로그램과 주변 장치 등을 공유하기 위하여 네트워크를 구성한다.
• 공유가 되어 있는 폴더라도 해당 폴더를 삭제할 수 있다.

▶ **무선 랜(WLAN : Wireless Local Area Network) 시스템의 주요 구성 요소**

AP (Access Point)	• 기존 유선 네트워크와 무선 네트워크 사이에서 중계기 역할을 담당하는 기기임 • 전파의 송수신을 위한 내장 안테나가 내장되어 있으며 확장 안테나로 전송 거리를 확장할 수 있음
무선 랜카드	• 무선으로 네트워크에 연결시키기 위한 기본 장비임 • 전송 속도와 인터페이스 규격에 따라 여러 종류가 있음
안테나 (Antenna)	• 무지향성 확장 안테나 : 무선 랜을 사용할 수 있는 도달 영역을 확장시키기 위해 모든 방향으로 전파를 확장하는 기능 • 지향성 안테나 : 특정 지점 사이를 연결시키는 기능

24년 상시, 12년 6월, 11년 7월, 10년 10월, 09년 2월/7월, 04년 8월, 03년 7월

▶ **인터넷 프로토콜 TCP/IP 설정**★

• [이더넷 상태] 대화 상자의 [일반] 탭에서 [속성]을 클릭하면 [이더넷 속성] 대화 상자가 나타난다.
• '인터넷 프로토콜 버전 4(TCP/IPv4)'를 선택한 다음 [속성]을 클릭하면 [인터넷 프로토콜 버전 4(TCP/IPv4) 속성] 대화 상자가 표시된다.

① 자동으로 IP 주소 받기	IP 설정이 자동으로 할당됨(유동 IP 방식)
② 다음 IP 주소 사용	네트워크 관리자에게 IP 설정값을 부여받아야 함(고정 IP 방식)
③ IP 주소	• 현재 컴퓨터에 설정된 IP 주소임 • 네트워크 주소와 호스트 주소로 구성됨 • 32비트 주소를 8비트씩 점(.)으로 구분함 • 호스트 PC에서 사용한 IP 주소 맨 끝에 숫자를 하나 늘려줌
④ 서브넷 마스크	• 네트워크 ID와 호스트 ID를 구분해 주는 역할을 함 • 서브넷은 여러 개의 LAN에 접속하는 경우 하나의 LAN을 의미함 • IP 수신자에게 제공하는 32비트 주소임 • 대부분 255.255.255.0의 C 클래스(Class)로 정의됨
⑤ 기본 게이트웨이	• 프로토콜이 서로 다른 통신망을 상호 접속하기 위한 장치임 • 호스트 PC에서 사용하는 IP 주소를 사용함 • 일반적으로 라우터(Router)의 주소임
⑥ DNS 서버 주소	• 도메인 네임(문자 형식)을 숫자로 된 IP 주소로 변환하는 DNS 서버의 IP 주소임 • 일반적으로 백업(Backup)의 목적으로 2개가 할당됨

23년 상시, 21년 상시, 18년 9월, 14년 3월, 13년 6월, 12년 6월, 09년 2월/4월, …

▶ 네트워크 명령어✱

• [시작(⊞)]-[Windows 시스템]-[명령 프롬프트]를 클릭하거나 [실행] 열기란에 'cmd'를 입력하고 [확인]을 클릭한다.
• 명령어는 대 · 소문자 상관없이 사용할 수 있다.

IPCONFIG	사용자 자신의 컴퓨터 IP 주소를 확인하는 명령
PING	네트워크의 현재 상태나 다른 컴퓨터의 네트워크 접속 여부를 확인하는 명령
TRACERT	네트워크에 연결된 컴퓨터의 경로(라우팅 경로)를 추적할 때 사용하는 명령
NSLOOKUP	• URL 주소로 IP 주소를 확인하는 명령 • DNS의 동작 여부를 확인할 수 있음
NETSTAT	• 현재 자신의 컴퓨터에 연결된 다른 컴퓨터의 IP 주소나 포트 정보를 확인할 수 있음 • 활성 TCP 연결 상태, 컴퓨터 수신 포트, 이더넷 통계 등을 표시함
NBTSTAT	IP 주소가 중복되어 충돌되는 경우 충돌 지점을 알아내는 명령
FINGER	특정 네트워크에 접속된 사용자의 정보를 확인할 때 사용하는 명령
NET VIEW	특정 컴퓨터 시스템에 공유되어 있는 현황을 보여주는 명령

1 다음 중 인터넷 서버까지의 경로를 추적하는 명령어인 'Tracert'의 실행 결과에 관한 설명으로 옳지 않은 것은?

① IP 주소, 목적지까지 거치는 경로의 수, 각 구간 사이의 데이터 왕복 속도를 확인할 수 있다.
② 특정 사이트가 열리지 않을 때 해당 서버가 문제인지 인터넷망이 문제인지 확인할 수 있다.
③ 인터넷 속도가 느릴 때 어느 구간에서 정체를 일으키는지 확인할 수 있다.
④ 현재 자신의 컴퓨터에 연결된 다른 컴퓨터의 IP 주소나 포트 정보를 확인할 수 있다.

• ④ : netstat 명령으로 실행 가능함
• netstat : net(network)+stat(statistics)

오답 피하기

tracert : 네트워크에 연결된 컴퓨터의 경로(라우팅 경로)를 추적할 때 사용하는 명령

2 다음 중 고정 IP 주소를 설정하여 인터넷 서비스를 사용하려고 한다. 한글 Windows의 [인터넷 프로토콜 버전 4(TCP/IPv4) 속성] 창에서 설정해야 하는 항목으로 옳지 않은 것은?

① IP 주소　　　　　　② 서브넷 마스크
③ 홈페이지 주소　　　④ 기본 게이트웨이

[인터넷 프로토콜 버전 4(TCP/IPv4) 속성]은 인터넷에 접속하기 위한 TCP/IP 정보를 입력하는 곳으로 홈페이지 주소 설정과는 무관함

오답 피하기

[인터넷 프로토콜 버전 4(TCP/IPv4) 속성]에서 IP 주소, 서브넷 마스크, 기본 게이트웨이, 기본 설정 DNS 서버, 보조 DNS 서버, WINS 서버 정보를 입력하거나 DHCP로 설정할 수 있음

3 다음 중 인터넷 서비스에서 PING(Packet InterNet Groper)의 기능에 관한 설명으로 옳은 것은?

① 인터넷상에서 채팅을 할 수 있도록 하는 기능이다.
② 인터넷 속도가 느릴 경우에 어느 구간에서 정체가 있는가를 알기 위하여 인터넷 서버까지의 경로를 추적하는 기능이다.
③ 원격 컴퓨터가 현재 인터넷에 연결되어 정상적으로 네트워크가 작동하고 있는지 파악할 수 있는 서비스이다.
④ 여러 지역에 분산되어 있는 데이터베이스로부터 정보를 검색할 수 있게 하는 서비스이다.

Ping : 특정 네트워크가 정상적으로 작동 중인지 확인할 때 사용하는 명령

오답 피하기

• IRC : 인터넷상에서 채팅을 할 수 있도록 하는 기능
• TRACERT : 인터넷 속도가 느릴 경우에 어느 구간에서 정체가 있는가를 알기 위하여 인터넷 서버까지의 경로를 추적하는 기능
• WAIS : 여러 지역에 분산되어 있는 데이터베이스로부터 정보를 검색할 수 있게 하는 서비스

1과목 컴퓨터 일반

컴퓨터 시스템 관리

POINT 020 컴퓨터의 정의 및 발전 과정

▶합격 강의

15년 6월
▶ 컴퓨터의 정의
입력된 자료(Data)를 처리(Process)하여 유용한 정보(Information)로 출력하는 장치이다.

24년 상시, 15년 6월, 13년 10월
▶ 컴퓨터의 기본 원리

2진법 (2진수)	컴퓨터 내에서 숫자와 문자를 일종의 전기 신호인 펄스의 조합('0'과 '1'의 2진수)으로 모든 자료 및 명령어를 처리함
GIGO	올바른 정보를 얻고자 한다면 입력되는 자료가 정확해야 한다는 자료 처리의 기본 원칙으로, 컴퓨터의 수동성을 의미함

기적의TIP GIGO & 수동성
- GIGO(Garbage In Garbage Out) : "쓰레기가 입력되면 쓰레기가 출력된다"는 의미임
- 수동성 : 스스로 알아서 동작하지 못하고 명령을 받아 시키는 대로만 동작함

24년 상시, 13년 10월, 03년 7월
▶ 컴퓨터의 특징
자동성, 정확성, 신속성, 호환성, 대용량성, 범용성 등이 있다(단, 창조성은 없음).

기적의TIP 호환성과 범용성
- 호환성 : 서로 다른 기종의 컴퓨터 간에도 프로그램이나 자료의 공유가 가능
- 범용성 : 일부분에 국한되지 않고 다목적(사무처리, 과학, 교육, 게임 등)으로 사용

24년 상시, 16년 3월
▶ 컴퓨터의 발전 과정
- 기계식 계산기 : 파스칼의 치차(톱니바퀴)식 계산기 → 라이프니츠의 사칙연산 계산기 → 배비지의 차분 기관(삼각함수 계산) → 배비지의 해석 기관(현재 디지털 컴퓨터의 모체) → 홀러리스의 천공 카드 시스템(PCS) → 에이컨의 Mark-1(최초의 기계식 자동 계산기)

- **전자식 계산기 ✱** 08년 2월, 07년 2월, 05년 2월, 04년 11월

구분	특징
에니악(ENIAC)	최초의 전자식 계산기, 프로그램 외장 방식
에드삭(EDSAC)	최초로 프로그램 내장 방식을 도입
유니박(UNIVAC-1)	최초의 상업용 전자계산기, 국세 조사 및 미국 인구의 통계 조사에 사용
에드박(EDVAC)	폰 노이만 제작, 프로그램 내장 방식을 완성, 2진 연산 방식 적용

기적의TIP 프로그램 내장 방식(Stored Program)
- 폰 노이만(J. Von. Neumann)에 의해 고안된 방식이다.
- 프로그램을 2진수로 코드화하여 기억 장치에 저장해 두고 명령에 따라 컴퓨터가 순서대로 해독하면서 처리하는 방식이다.

기적의TIP 컴퓨터의 연산 속도 단위(느린 것에서 빠른 순서대로)
ms(밀리세컨, 10^{-3}) → μs(마이크로세컨, 10^{-6}) → ns(나노세컨, 10^{-9}) → ps(피코세컨, 10^{-12}) → fs(펨토세컨, 10^{-15}) → as(아토세컨, 10^{-18})

개념 체크 ✓

1 다음 중 컴퓨터의 특징에 관한 설명으로 옳지 않은 것은?
① 컴퓨터에서 사용되는 용어 중 'GIGO'는 입력 데이터가 옳지 않으면 출력 결과도 옳지 않다는 의미의 용어로 'Garbage In Garbage Out'의 약자이다.
② 호환성은 컴퓨터 기종에 상관없이 데이터 값을 동일하게 공유하여 처리할 수 있는 것을 의미한다.
③ 컴퓨터의 처리 속도 단위는 KB, MB, GB, TB 등으로 표현된다.
④ 컴퓨터 사용에는 사무처리, 학습, 과학계산 등 다양한 분야에서 이용될 수 있는 특징이 있으며, 이러한 특징을 범용성이라고 한다.

KB, MB, GB, TB 등은 기억 용량 단위임

오답 피하기
컴퓨터의 처리 속도 단위 : ms(milli second) → μs(micro second) → ns (nano second) → ps(pico second) → fs(femto second) → as(atto second)

2 다음 중 폰 노이만의 프로그램 내장 방식을 이용한 최초의 전자 계산기는 무엇인가?

① 유니박-I(UNIVAC-I)   ② 에드박(EDVAC)
③ 에니악(ENIAC)   ④ 에드삭(EDSAC)

에드삭(EDSAC) : 최초의 프로그램 내장 방식을 도입했으며 윌키스가 제작함

오답 피하기
- 유니박-I(UNIVAC-I) : 최초의 상업용 전자 계산기로, 국세 조사 및 미국 인구의 통계 조사 등에 사용되었으며 에커트와 모클리가 제작함
- 에드박(EDVAC) : 폰 노이만이 제작했으며 프로그램 내장 방식을 완성, 이진법을 채택함
- 에니악(ENIAC) : 에커트와 모클리가 제작한 최초의 전자식 계산기이며 외부 프로그램 방식임

3 다음 중 컴퓨터의 발전 과정에 관한 설명으로 옳지 않은 것은?

① 파스칼의 계산기는 사칙연산이 가능한 최초의 기계식 계산기이다.
② 천공카드시스템은 홀러리스가 개발한 것으로 인구통계 및 국세 조사에 이용되었다.
③ EDSAC은 최초로 프로그램 내장 방식을 도입하였다.
④ UNIVAC-1은 최초의 상업용 전자계산기이다.

파스칼의 치차식 계산기는 사칙연산이 아닌 가감산만 가능함

14년 3월, 13년 6월, 08년 2월, 06년 2월, 05년 5월, …

POINT 021 컴퓨터의 세대별 특징

▶ 합격 강의

세대	주요소자	사용 언어	설명
1세대	진공관 (Vacuum Tube)	기계어, 어셈블리어	• 하드웨어 개발 중심 • 부피에 비해 신뢰도가 떨어짐 • 일괄 처리 시스템
2세대	트랜지스터 (TR)	포트란, 코볼, 알골	• 소프트웨어 개발 중심 • 고급 언어 개발 • 운영체제 도입 • 온라인 실시간 처리 시스템
3세대	집적 회로 (IC)	파스칼, LISP, 구조화 언어	• 중앙 처리 장치의 소형화 • 시분할 처리 시스템, 다중 처리 시스템 • OMR, OCR, MICR, 경영 정보 시스템(MIS) 도입
4세대	고밀도 집적 회로 (LSI)	C, ADA, 문제 지향 언어	• 시뮬레이션 기술의 확립 • 마이크로프로세서와 개인용 컴퓨터 등장 • 네트워크의 발전
5세대	초 고 밀 도 집적 회로 (VLSI)	객체 지향 언어	• 인공 지능 개념 등장 • OA, FA, HA, 전문가 시스템 • FUZZY 이론 • 패턴 인식 등장

인간의 지능을 컴퓨터와 접목시킨 개념의 시스템으로, 컴퓨터의 처리 능력을 향상시키기 위한 시스템

개념 체크 ✔

1 다음 중 컴퓨터 세대와 주요 회로를 연결이 **틀리게** 연결된 것은?

① 1세대 – 진공관
② 2세대 – 트랜지스터
③ 3세대 – 자기드럼
④ 4세대 – 고밀도 집적 회로

3세대 : 주요 회로와 주기억 장치로 집적 회로(IC)를 사용함

2 다음 중 컴퓨터의 발전 과정을 세대별로 구분할 때, 5세대 컴퓨터의 특징으로 볼 수 **없는** 것은?

① 퍼지 컴퓨터
② 인공 지능
③ 패턴 인식
④ 집적 회로(IC) 사용

집적 회로(IC) 사용 : 3세대

POINT 022 컴퓨터의 분류

▶ 합격 강의

24년 상시, 23년 상시, 22년 상시, 18년 9월, 17년 3월, 15년 10월, 14년 3월/6월, …

▶ 데이터 종류에 따른 분류 ✱

- 디지털 컴퓨터 : 숫자나 문자처럼 연속적이지 않은 데이터를 처리하는 컴퓨터이다.
- 아날로그 컴퓨터 : 전압이나 전류처럼 연속적으로 변하는 아날로그 데이터를 처리하는 컴퓨터이다.
- 하이브리드 컴퓨터 : 아날로그와 디지털 컴퓨터의 장점을 결합하여 만든 컴퓨터이다.

기적의TIP 아날로그 신호의 특성 요소
- 아날로그 신호의 특성 요소는 연속적인 속성을 지닌 진폭, 파장, 위상 등이 해당됨
- 연속적인 속성의 반대 개념은 이산적(비연속적)임

기적의TIP 샘플링(Sampling)
- 아날로그의 연속적인 소리 신호를 일정한 주기로 측정한 다음 그 값을 디지털화하는 작업
- 샘플링 레이트(Sampling Rate)가 높을수록 원음에 가까움
- 샘플링 레이트는 초당 샘플링 횟수를 의미
- 샘플링 레이트의 단위는 Hz(헤르츠)를 사용

항목	디지털 컴퓨터	아날로그 컴퓨터
입력 형식	숫자, 문자	온도, 전압, 전류
출력 형식	숫자, 문자	그래프, 곡선
연산 종류	사칙 연산, 논리 연산	병렬 연산(미적분)
계산 형식	이산적인 데이터(비연속적인 데이터)	연속적인 데이터
회로 형태	논리 회로	증폭 회로
프로그래밍	필요	불필요
연산 속도	느림	빠름
기억 기능	기억이 용이하며 반영구적	기억에 제약이 있음
정밀도	필요한 한도까지(높음)	제한적(낮음)
용도	범용성(광범위)	과학적 연구

▶ 사용 목적에 따른 분류

- 전용 컴퓨터 : 한 가지 업무만을 수행하기 위해 설계된 컴퓨터이다.
- 범용 컴퓨터 : 다양한 용도로 사용되는 컴퓨터로 일반적인 디지털 컴퓨터이다.

15년 3월, 06년 5월/7월, 03년 7월

▶ 처리 능력에 따른 분류

- 마이크로 컴퓨터(소형 컴퓨터) : 소량의 집적 회로로 구성된 CPU를 이용하여 구성한 소형 컴퓨터이다.
- 미니 컴퓨터(중형 컴퓨터) : 개인용 컴퓨터보다 주기억 장치와 보조 기억 장치의 용량이 큰 컴퓨터이다.
- 메인 프레임 컴퓨터(대형 컴퓨터) : 여러 개의 단말기를 네트워크로 연결하여 많은 사람들이 동시에 사용할 수 있도록 해 주는 컴퓨터이다.
- 슈퍼 컴퓨터(초대형 컴퓨터) : 벡터 계산 전용 프로세서를 갖춘 초고속 컴퓨터로 높은 정밀도와 정확한 계산이 필요한 분야에 사용되는 컴퓨터이다.

> **기적의TIP 기타 분류**
> - 개인용 컴퓨터의 크기 순 분류 : 데스크톱 〉 랩톱 〉 노트북 〉 팜톱
> - 휴대가 가능한 컴퓨터 : 노트북, 랩톱, 팜톱
>
> 손바닥 위에 올려놓고 사용할 수 있는 전자수첩 크기의 개인용 컴퓨터

개념 체크 ✓

1 다음 중 디지털 컴퓨터의 특성을 설명한 것으로 옳지 않은 것은?
① 부호화된 숫자와 문자, 이산 데이터 등을 사용한다.
② 산술논리 연산을 주로 한다.
③ 증폭 회로를 사용한다.
④ 연산속도가 아날로그 컴퓨터보다 느리다.

증폭 회로 : 연속적인 물리량을 사용하는 아날로그 컴퓨터의 구성 회로임

2 다음 중 디지털 컴퓨터에 대한 설명으로 옳지 않은 것은?
① 입력 형태는 부호화된 숫자, 문자, 이산자료 등이다.
② 출력 형태는 곡선, 그래프 등 연속된 자료 형태이다.
③ 자료처리를 위해서는 프로그래밍이 필요하다.
④ 우리가 일상생활에서 사용하는 대부분의 컴퓨터이다.

출력 형태가 곡선, 그래프 등 연속된 자료 형태는 아날로그 컴퓨터임

3 디지털 컴퓨터와 아날로그 컴퓨터의 차이점에 관한 설명으로 옳은 것은?
① 디지털 컴퓨터는 전류, 전압, 온도 등 다양한 입력 값을 처리하며, 아날로그 컴퓨터는 숫자 데이터만을 처리한다.
② 디지털 컴퓨터는 증폭 회로로 구성되며, 아날로그 컴퓨터는 논리회로로 구성된다.
③ 아날로그 컴퓨터는 미분이나 적분 연산을 주로 하며, 디지털 컴퓨터는 산술이나 논리 연산을 주로 한다.
④ 아날로그 컴퓨터는 범용이며, 디지털 컴퓨터는 특수 목적용으로 많이 사용된다.

[오답 피하기]
- ① 디지털 컴퓨터 : 셀 수 있는 데이터(숫자, 문자 등) / 아날로그 컴퓨터 : 연속적인 물리량(전류, 전압, 온도, 속도 등)
- ② 디지털 컴퓨터 : 논리 회로 / 아날로그 컴퓨터 : 증폭 회로
- ④ 아날로그 컴퓨터 : 특수 목적용 / 디지털 컴퓨터 : 범용

24년 상시, 23년 상시, 13년 3월, 11년 3월, 09년 10월, 07년 2월

POINT 023 정보 처리 방식 ✳

▶합격 강의

일괄 처리 시스템✳	발생된 자료를 일정 기간 모아 두었다가 한꺼번에 처리하는 방식
시분할 시스템	한 CPU를 여러 사용자가 사용하는 경우 사용권을 일정 시간(Time Slice) 동안 할당하여 혼자 독점하여 사용하는 것처럼 하는 기법
실시간 처리 시스템✳	발생된 자료를 바로 처리하는 방식으로 예약이나 조회 업무 등이 해당됨
다중 프로그래밍 시스템	하나의 CPU로 동시에 여러 개의 프로그램을 처리하는 기법
다중 처리 시스템✳	두 개 이상의 CPU로 동시에 여러 개의 프로그램을 처리하는 기법

> **기적의 TIP 다중 프로그래밍 시스템과 다중 처리 시스템의 차이**
> • 다중 프로그래밍 시스템 : CPU가 1개
> • 다중 처리 시스템 : CPU가 2개 이상

> **기적의 TIP 듀얼 시스템과 듀플렉스 시스템**
> • 듀얼 시스템(Dual System) : 두 개의 CPU가 동시에 같은 업무를 처리하는 방식
> • 듀플렉스 시스템(Duplex System) : 두 개의 CPU 중 한 CPU가 작업 중일 때 다른 하나는 예비로 대기하는 시스템

개념 체크 ✓

1 다음 중 처리할 데이터를 일정한 분량이 될 때까지 모아서 한꺼번에 처리하는 시스템으로 옳은 것은?
① 일괄 처리 시스템
② 실시간 처리 시스템
③ 시분할 시스템
④ 분산 처리 시스템

일괄 처리 시스템(Batch Processing System) : 발생된 자료를 일정 기간 모아 두었다가 한꺼번에 처리하는 방식

오답 피하기
• 실시간 처리 시스템 : 발생된 자료를 바로 처리하는 시스템
• 시분할 시스템 : 다수의 이용자가 여러 개의 입출력 장치를 동시에 사용할 수 있는 방식
• 분산 처리 시스템 : 각 지역별로 발생된 자료를 분산 처리하는 방식

2 두 개 이상의 CPU를 가지고 동시에 여러 개의 작업을 처리하는 방식은?
① 일괄 처리 시스템(Batch Processing System)
② 다중 처리 시스템(Multiprocessing System)
③ 듀플렉스 시스템(Duplex System)
④ 다중 프로그래밍 시스템(Multiprogramming System)

다중 처리 시스템 : 두 개 이상의 CPU로 동시에 여러 개의 프로그램을 처리하는 기법

3 다음 중 컴퓨터를 이용한 자료처리 방식에 관한 설명으로 옳지 <u>않은</u> 것은?
① 중앙 처리 시스템은 모든 자료의 처리를 오프라인으로 처리하는 특징이 있다.
② 일괄 처리 시스템은 자료처리 작업을 일정한 양이나 시간 동안 모아서 한꺼번에 처리하는 방식이다.
③ 실시간 처리 시스템은 은행이나 여행사의 좌석 예약 조회 서비스 등에 이용된다.
④ 분산 처리 시스템은 각 지역의 컴퓨터가 통신 회선으로 연결되어 서로 간에 데이터를 공유할 수 있다.

중앙 처리 시스템은 모든 자료의 처리를 온라인으로 처리하는 특징이 있음

22년 상시, 16년 3월, 09년 7월/10월, 07년 10월, …

POINT 024 정보 처리 시스템*

▶ 합격 강의

비집중 처리 시스템	• 자료가 발생되는 곳에 처리할 컴퓨터를 설치하는 시스템 • 업무량이 증가함에 따라 처리할 컴퓨터의 수가 늘어남
집중 처리 시스템	• 현장에서 발생한 자료를 중앙의 컴퓨터로 집중시켜 처리하는 시스템 • 중앙으로의 집중 처리로 인한 시스템의 과부하와 시스템 장애 시 정보 처리가 중단되는 현상이 발생함
분산 처리 시스템	• 지역별로 발생된 자료를 분산 처리하는 방식 • 시스템의 과부하를 방지할 수 있으며 시스템의 안정성, 유연성, 신뢰성, 확장성 등에서 유리함 • 클라이언트/서버 시스템 등이 있음
동배간 처리 (P2P : Peer To Peer) 시스템	• 네트워크상의 모든 컴퓨터가 동등한 위치에서 자료를 교환할 수 있는 시스템 • 개인 PC 또는 워크스테이션으로 서버나 클라이언트 역할을 각기 수행하며 고속의 LAN 환경이 요구됨

개념 체크 ✓

1 다음 중 여러 대의 컴퓨터들에 의해 작업들을 나누어 처리하고 그 내용이나 결과를 통신망을 이용하여 상호 교환되도록 연결되어 있는 시스템으로 옳은 것은?
① 오프라인 시스템
② 일괄 처리 시스템
③ 중앙 집중 처리 시스템
④ 분산 처리 시스템

분산 처리 시스템 : 각 지역별로 발생된 자료를 분산 처리하는 방식, 시스템의 과부하를 방지할 수 있으며 시스템의 안전성, 유연성, 신뢰성, 확장성 등에서 유리함

2 다음 중 정보통신과 관련하여 분산 처리 환경에 가장 적합한 네트워크 운영 방식은?
① 중앙 집중 방식
② 클라이언트/서버 방식
③ 피어 투 피어 방식
④ 반이중 방식

분산 처리 환경에 가장 적합한 네트워크 운영 방식은 클라이언트/서버 시스템 등이 있음

POINT 025 자료의 표현✱

▶합격 강의

⌐‥‥‥‥○ 컴퓨터에 입력되는 기초 자료로, 처리 이전 상태의 문자나 수치, 그림 등

자료의 크기는 비트(Bit) 〈 니블(Nibble) 〈 바이트(Byte) 〈 워드(Word) 〈 필드(Field) 〈 레코드(Record) 〈 파일(File) 〈 데이터베이스(Database) 순으로 커진다.

비트(Bit)	• Binary Digit(2진수)의 약어로 0과 1을 나타냄 • 컴퓨터에서 자료를 표현하고 처리하는 기본 단위
니블(Nibble)	4비트로 구성되며, 2^4(=16)개의 정보를 표현할 수 있음
바이트(Byte)	• 문자를 표현하는 최소 단위 • 바이트는 8비트이며, 1바이트는 2^8(=256)개의 정보를 표시함
워드(Word)	• 컴퓨터에서 한 번에 처리할 수 있는 데이터의 양 • 각종 명령을 처리하는 기본 단위
필드(Field)	• 사람이 알 수 있는 의미 있는 정보를 표현하는 최소 단위 • 여러 개의 워드가 모여 구성됨. 항목이라고도 함
레코드(Record)	• 연관된 여러 개의 필드가 모여 구성됨. 하나의 완전한 정보를 표현할 수 있는 최소 단위 • 논리 레코드와 물리 레코드로 분류함
파일(File)	• 연관된 여러 개의 레코드가 모여 구성됨 • 프로그램을 구성하는 단위로서 컴퓨터에 정보를 저장하는 단위로 사용됨
데이터베이스(Data Base)	상호 관련된 파일들을 모아 완전한 정보로서 구성된 데이터 집단

※ 데이터 마이닝(Mining) : 마이닝(Mining)은 '캐다, 채굴하다'의 의미로 대량의 데이터를 분석하여 일정한 패턴을 찾아내고, 이를 토대로 의사 결정을 위한 가치 있는 정보를 추출하는 기술

개념 체크 ✓

1 다음 중 자료의 단위가 작은 것부터 큰 순으로 바르게 나열된 것은?

① Bit – Byte – Item – Record – Word
② Bit – Byte – Word – Item – Record
③ Bit – Byte – Item – Word – Record
④ Bit – Byte – Word – Item – Nibble

Bit → Nibble(4비트) → Byte(8비트) → Word → Field(Item) → Record → File → DataBase

2 다음 중 4비트로 나타낼 수 있는 정보 단위는?

① Character   ② Nibble
③ Word   ④ Octet

니블(Nibble) : 4개의 Bit로 구성, 2^4(=16)개의 정보를 표현할 수 있음

오답 피하기

Word : 컴퓨터 내부의 명령 처리 단위, 한 번에 처리할 수 있는 데이터의 양을 의미함

3 다음 중 컴퓨터의 중앙처리장치가 한 번의 연산 처리에서 사용하는 데이터의 단위를 나타내는 것으로 옳은 것은?

① BIT
② BYTE
③ WORD
④ BPS

WORD : 컴퓨터 내부의 명령 처리 단위, 한 번에 처리할 수 있는 데이터의 양을 의미함

오답 피하기

• BIT : 정보 표현의 최소 단위로 2진수 0 또는 1을 나타냄
• BYTE : 문자를 표현하는 기본 단위로, 8개의 비트로 구성됨
• BPS(Bit Per Second) : 1초에 전송되는 비트 수

POINT 026 코드

▶합격 강의

▶ 문자 데이터 표현 방식✱

BCD 코드 (2진화 10진)	• 2세대 컴퓨터에서 대부분 사용하는 기본 코드로 6bit로 구성됨 • 64가지의 문자 표현이 가능함 • 영문자의 대소문자를 구별하지 못함
ASCII 코드 (미국 표준)	• 미국에서 추진된 정보 교환용으로 7bit로 구성됨 • 128가지의 문자 표현이 가능함 • 영문자의 대소문자의 구별이 가능함 • 데이터 통신용과 개인용 컴퓨터에 주로 사용됨 • 확장 ASCII 코드는 8비트를 사용하여 256가지의 문자를 표현함
EBCDIC 코드 (확장 2진화 10진)	• 표준 2진화 10진 코드를 확장한 코드로 8bit로 구성됨 • 256가지의 문자 표현이 가능함 • 확장된 BCD 코드로 대형 컴퓨터에서 사용됨
유니코드 (Unicode)	• 국제 표준으로 제정된 2byte의 만국 공통의 국제 문자 부호 체계 • 문자당 영어, 비영어 공통적으로 16bit로 구성함 • 완성형에 조합형을 반영하여 현대 한글의 모든 표현이 가능함

▶ 에러 검출 코드 ✱

패리티 체크 비트	• 에러 검출을 목적으로 원래의 데이터에 1비트를 추가함 • 짝수 패리티와 홀수 패리티가 있음 • 오류 검출만 가능하고 교정은 할 수 없음
해밍 코드 (Hamming Code)	에러 검출 및 교정이 가능한 코드
순환 중복 검사 (CRC)	프레임 단위의 데이터가 전송될 때 미리 정해진 다항식을 적용하여 오류를 검출함
블록합 검사 (BSC)	패리티 검사의 단점을 보완한 코드로, 전송 데이터의 각 문자당 패리티 검사 비트와 데이터 블록의 모든 문자열에 대한 블록합 검사 문자를 함께 전송함
정 마크 부호 방식	• 패리티 검사가 코드 자체적으로 이루어지는 방식 • 사용되는 코드는 2 out of 5 코드나 비퀴너리(Bi-quinary) 코드 등이 있음

개념 체크 ✓

1 다음 중 컴퓨터의 문자 표현 코드인 ASCII 코드의 특징으로 옳은 것은?

① BCD 코드를 확장한 코드로 대형 컴퓨터에서 사용한다.
② 확장 ASCII 코드는 8비트를 사용하여 256가지의 문자를 표현한다.
③ 2진화 10진 코드라고도 하며, 하나의 문자를 4개의 Zone 비트와 4개의 Digit 비트로 표현한다.
④ 에러 검출 및 교정이 가능한 코드로 2비트의 에러 검출 코드가 포함되어 있다.

ASCII 코드
• 7비트(Zone은 3비트, Digit는 4비트)로, 128가지의 표현이 가능
• 확장 ASCII 코드는 8비트를 사용하여 256가지의 문자를 표현
• 일반 PC용 컴퓨터 및 데이터 통신용 코드로 대소문자 구별이 가능

오답 피하기

EBCDIC 코드
• 8비트(Zone은 4비트, Digit는 4비트)로, 256가지의 표현이 가능
• 확장된 BCD 코드로 대형 컴퓨터에서 사용되는 범용 코드

해밍(Hamming) 코드
• 에러 검출과 교정이 가능한 코드로, 최대 2비트까지 에러를 검출하고 1비트의 에러 교정이 가능한 방식
• 일반적으로 8421 코드에 3비트의 짝수 패리티를 추가해서 구성

2 다음 중 컴퓨터에서 사용하는 코드와 관련하여 패리티 비트(Parity Bit)에 대한 설명으로 옳지 않은 것은?

① 에러가 발생한 비트를 의미한다.
② 에러 검출용 비트이다.
③ 짝수(Even)와 홀수(Odd) 등의 패리티 비트를 사용할 수 있다.
④ 패리티 비트는 1비트를 사용한다.

패리티 비트(Parity Bit)는 기존 코드 값에 1비트를 추가하여 에러 발생 여부를 검사하며 에러 검출만 가능함

POINT 027 진수 표현 및 보수

▶합격 강의

▶ 진수 표현

• 2진수 : 숫자 0과 1로 구성된 수
• 8진수 : 숫자 0~7 사이의 숫자로 구성된 수
• 10진수 : 숫자 0~9까지의 숫자로 구성된 수
• 16진수 : 숫자 0~15 사이의 숫자로 구성된 수(숫자 10~15의 수는 A~F로 표현)

10진수	10	11	12	13	14	15
16진수	A	B	C	D	E	F

예 10진수 13은 16진수로 D가 됨

▶ 보수(Complement) ✱

보수는 컴퓨터에서 보수를 취하고 가산하여 감산의 결과를 얻기 위해 사용한다.

1의 보수	방법	입력 값의 반전된 값(0→1, 1→0)
	예시	$A=(100110)_2$의 1의 보수 $\overline{A}=(011001)_2$
2의 보수	방법	1의 보수+1
	예시	$A=(100110)_2$의 2의 보수 먼저, 1의 보수를 구하면, $\overline{A}=(011001)_2$ $\therefore \overline{A}+1=(011010)_2$

※ 보수를 사용하는 이유
• 보수를 사용하지 않으면 가산기 이외에 감산기를 따로 두어야 하는데 보수를 사용하면 감산 과정을 가산으로 계산할 수 있기 때문이다.
• 컴퓨터 내에서의 감산(뺄셈)의 원리는 보수의 가산이다.

개념 체크 ✓

1 다음 중 십진수 13을 16진수로 올바르게 표현한 것은?

① 15   ② B
③ D   ④ 100

10진수	10	11	12	13	14	15
16진수	A	B	C	D	E	F

2 다음 중 이진수 (0110)의 2의 보수 표현으로 옳은 것은?

① 1001   ② 1010
③ 1011   ④ 1000

• 1의 보수 : 0은 1로, 1은 0으로 반전시킴(0110 → 1001)
• 2의 보수 : 1의 보수 + 1(1001 + 0001 = 1010)
• 0110을 1의 보수로 바꾸면 1001이 되며 1의 보수에 1을 더하면 2의 보수가 됨

3 다음 중 컴퓨터의 자료 표현과 관련하여 보수(Complement)를 사용하는 이유로 옳은 것은?

① 가산기를 이용하여 뺄셈을 처리하기 위하여
② 큰 수를 저장하기 위하여
③ 덧셈의 빠른 처리를 위하여
④ 지수를 저장하기 위하여

보수를 이용하여 가산함으로써 감산(뺄셈)의 결과가 되므로 컴퓨터에서 가산기만으로 감산기의 역할을 할 수 있게 함

15년 10월, 05년 7월, 03년 5월

POINT 028 중앙 처리 장치의 구성과 종류

▶합격 강의

▶ 중앙 처리 장치(CPU)

• 입력 장치로부터 자료를 받아 처리한 후 그 결과를 출력 장치로 보내는 과정을 제어하고 저장한다.
• 중앙 처리 장치의 구성 : 제어 장치, 연산 장치, 레지스터

24년 상시, 23년 상시, 18년 3월, 17년 3월, 16년 10월, 13년 10월, 11년 10월, …

▶ 레지스터(Register) ✱

• 중앙처리장치(CPU)에서 명령이나 연산 결과 값을 일시적으로 저장하는 임시 기억 장소이다.
• 레지스터의 크기는 한 번에 처리 가능한 데이터의 크기로 워드(Word) 크기 및 메모리 용량과 관계가 있다.
• 레지스터는 기본 소자인 플립플롭(Flip-Flop)이나 플립플롭의 기본 구성 요소인 래치(Latch)를 직렬이나 병렬로 연결한 구조이다.
• 메모리 중에서 레지스터가 가장 속도가 빠르다(레지스터 → 캐시 메모리 → 주기억 장치).

기적의 TIP 플립플롭(Flip-Flop)과 래치(Latch)
• 플립플롭(Flip-Flop) : 레지스터를 구성하는 기본 소자로 1비트(0또는 1)의 정보를 기억할 수 있는 최소의 기억 소자
• 플립플롭의 종류 : RS 플립플롭, JK 플립플롭, T 플립플롭, D 플립플롭, 주/종 플립플롭 등
• 래치(Latch) : 플립플롭의 기본 구성 요소로 한 비트의 정보를 상태가 바뀌기 전까지 계속 유지하는 회로

기적의 TIP 중앙 처리 장치(CPU)의 성능 평가 단위
• 클럭(Clock) : 컴퓨터는 전류가 흐르는 상태(ON)와 흐르지 않는 상태(OFF)가 반복되어 작동하는데, ON/OFF의 전류 흐름에 의해 CPU가 작동하고 이 전류의 흐름을 클럭 주파수(Clock Frequency)라 함(클럭 주파수가 높을수록 연산 속도가 빠름)
• 밉스(MIPS) : 1초에 몇 백만 개의 명령어를 처리할 수 있는지 나타냄
• 헤르츠(Hz) : 시스템의 클럭 속도, CPU가 1초에 발생시키는 주파수 사이클
• 플롭스(FLOPS) : 1초당 수행할 수 있는 부동 소수점 연산 횟수

개념 체크 ✓

1 다음 중 레지스터에 관한 설명으로 옳지 <u>않은</u> 것은?

① 명령 레지스터는 현재 수행 중인 명령어를 가지고 있다.
② 메모리 중에서 가장 빠른 속도로 접근이 가능하다.
③ 프로그램 카운터는 다음번에 실행할 명령어의 주소를 가지고 있다.
④ 운영체제의 시스템 정보를 기억하고 관리한다.

• 레지스터(Register) : 중앙처리장치(CPU)에서 명령이나 연산 결과 값을 일시적으로 저장하는 임시 기억 장소
• 명령 레지스터(IR : Instruction Register) : 현재 수행 중인 명령어를 기억하는 레지스터
• 프로그램 카운터(Program Counter) : 다음에 수행할 명령어의 번지(주소)를 기억하는 레지스터
• 메모리 중에서 레지스터가 가장 속도가 빠름(레지스터 → 캐시 메모리 → 주기억 장치 → 보조 기억 장치)

오답 피하기

레지스트리(Registry) : 운영체제의 시스템 정보를 기억하고 관리하는 것으로 Windows에서 사용하는 환경 설정 및 각종 시스템과 관련된 정보가 저장되어 있는 계층 구조식 데이터베이스임

2 다음 중 프로세서 레지스터에 대한 설명으로 옳은 것은?

① 하드디스크의 부트 레코드에 위치한다.
② 하드웨어 입출력을 전담하는 장치로 속도가 빠르다.
③ 주기억 장치보다 큰 프로그램을 실행시켜야 할 때 유용한 메모리이다.
④ 중앙 처리 장치에서 사용하는 임시 기억 장치로 메모리 중 가장 빠른 속도로 접근 가능하다.

레지스터(Register)
• 1 비트를 저장할 수 있는 플립플롭의 모임으로, 중앙 처리 장치 내에 있는 소규모의 임시 기억 장소임
• 레지스터의 크기는 워드(Word) 크기 및 메모리 용량과 관계가 있음

POINT 029 제어 장치와 연산 장치

24년 상시, 23년 상시, 22년 상시, 21년 상시, 18년 9월, …

제어 장치(CU)

프로그램의 명령을 해독하여 각 장치에 보내고 처리하도록 지시하는 역할을 담당한다.

명령 레지스터(IR)	현재 수행 중인 명령어를 기억하는 레지스터
○ = 명령 계수기 프로그램 카운터(PC)✱	다음에 수행할 명령어의 번지를 기억하는 레지스터
메모리 주소 레지스터 (MAR)	기억 장치로부터 오는 데이터의 주소를 기억하는 레지스터
메모리 버퍼 레지스터 (MBR)	기억 장치로부터 오는 데이터 자체를 기억하는 레지스터
부호기(Encoder)	명령 해독기에서 전송된 명령어를 제어에 필요한 신호로 변환하는 회로
명령 해독기(Decoder)	명령 레지스터에 있는 명령어를 해독하는 회로

연산 장치(ALU)

산술 논리 장치라고도 하며, 연산에 필요한 자료를 입력받아 산술 연산 및 논리 연산을 수행한다.

누산기(Accumulator)✱	연산된 결과를 일시적으로 저장하는 레지스터
가산기(Adder)	두 개 이상의 수를 입력하여 합을 출력하는 레지스터
보수기(Complementor)	뺄셈을 수행하기 위하여 입력된 값을 보수로 변환하는 회로
상태 레지스터 (Status Register)	모든 레지스터의 상태를 감독하는 레지스터

개념 체크 ✓

1 다음 중 산술 논리 연산 장치(Arithmetic and Logic Unit)의 구성 요소가 아닌 것은?
① 상태 레지스터
② 누산기
③ 프로그램 카운터
④ 보수기

프로그램 카운터는 다음에 수행할 명령어의 번지를 기억하는 레지스터로 제어 장치에 속함

오답 피하기
산술 논리 연산 장치에는 누산기, 가산기, 보수기, 상태 레지스터가 있음

2 다음 중 컴퓨터 구조에서 제어 장치(Control Unit)의 구성 요소로 옳지 않은 것은?
① 부호기(Encoder)
② 프로그램 카운터(Program Counter)
③ 보수기(Complementor)
④ 명령 해독기(Instruction Decoder)

보수기(Complementor)는 보수를 구해 주는 기능으로 가산기, 누산기(ACC), 데이터 레지스터, 상태 레지스터 등과 함께 연산 장치(Arithmetic & Logic Unit)의 구성 요소임

3 다음 중 컴퓨터의 연산장치에 있는 누산기(Accumulator)에 관한 설명으로 옳은 것은?
① 연산 결과를 일시적으로 기억하는 장치이다.
② 명령의 순서를 기억하는 장치이다.
③ 명령어를 기억하는 장치이다.
④ 명령을 해독하는 장치이다.

누산기(Accumulator) : 중간 연산 결과를 일시적으로 기억하는 레지스터

오답 피하기
• ② : 프로그램 카운터(Program Counter) → 다음에 수행할 명령어의 번지(주소)를 기억하는 레지스터
• ③ : 명령 레지스터(IR : Instruction Register) → 현재 수행 중인 명령어를 기억하는 레지스터
• ④ : 명령 해독기(Instruction Decoder) → 수행해야 할 명령어를 해석하여 부호기로 전달하는 회로

POINT 030 마이크로프로세서

21년 상시, 12년 9월, 11년 10월, 06년 9월

• 제어 장치(CU)와 연산 장치(ALU)가 하나로 통합된 집적 회로이다.
• 몇 개의 트랜지스터를 집적시켰느냐에 따라 기본적인 처리 속도가 결정된다.
• 설계 방식에 따라 CISC 방식과 RISC 방식으로 구분된다.
• 모바일 스마트 기기나 웨어러블(Wearable) 디바이스, 임베디드 시스템, 개인용 컴퓨터(PC), 소형(Mini) 컴퓨터, 대형(Main Frame) 컴퓨터, 슈퍼(Super) 컴퓨터 등 여러 분야에서 다양하게 응용되고 있다.
• 최초의 32Bit 처리 프로세서는 80386DX이다(내부, 외부 모두 32Bit 처리).

구분	CISC 마이크로프로세서	RISC 마이크로프로세서
명령어 수	많음	적음
목적	1개의 명령어로 최대의 동작	시간의 최소화
처리 속도	느림	빠름

36 핵심이론 POINT 103선(1과목 컴퓨터 일반)

전력 소모	많음	적음
프로그램 복잡도	단순함	복잡함
레지스터	적음	많음
용도	일반 PC	서버, 워크스테이션
생산 가격	고가	저가

개념 체크 ✅

1 다음 중 CPU에 관한 설명으로 옳지 <u>않은</u> 것은?
① CPU의 성능을 나타내는 단위 중 MIPS는 1초당 100만 개 단위의 명령어를 연산하는 것을 의미하는 단위이다.
② 연산 장치는 산술연산과 논리연산을 수행하는 장치로 가산기, 보수기, 누산기 등으로 구성된다.
③ 제어 장치는 컴퓨터의 모든 동작을 지시, 감독, 제어하는 장치이다.
④ CISC는 범용 마이크로프로세서의 명령세트를 축소하여 설계한 컴퓨터 방식으로 주로 고성능의 워크스테이션이나 그래픽용 컴퓨터에서 사용된다.

RISC가 성능이 좋은 그래픽용이나 워크스테이션에서 사용됨

2 다음 중 RISC(Reduced Instruction Set Computer) 설계 방식에 대한 설명으로 옳지 <u>않은</u> 것은?
① 전력 소모가 적다.
② 처리 속도가 빠르다.
③ 프로그래밍이 간단하다.
④ 명령어 종류가 적다.

적은 명령어로 프로그램 구현이 어려움

09년 2월, 08년 10월, 06년 5월/7월

POINT 031 주기억 장치(Main Memory)
🔲 합격 강의

23년 상시, 21년 상시, 17년 9월, 11년 3월/7월, 09년 10월, 05년 5월, 04년 5월, 03년 7월

> **RAM(Random Access Memory)** ✱

휘발성 메모리로 읽기와 쓰기가 가능하다.

항목	SRAM(Static RAM)	DRAM(Dynamic RAM)
주용도	캐시 메모리	주기억 장치
재충전	불필요	필요
집적도	낮음	높음
구조	복잡	단순
접근 속도	빠름	느림
가격	고가	저가
소비 전력	많음	적음

22년 상시, 21년 상시, 16년 3월, 09년 2월, 08년 10월

> **ROM(Read Only Memory)** ✱

비휘발성 메모리로 읽기만 가능하다.

Mask ROM	제조 과정에서 미리 내용을 기억시킨 ROM으로, 사용자가 수정할 수 없음
PROM	사용자가 ROM Writer를 이용하여 한 번만 데이터를 기록할 수 있음
EPROM	기억된 내용을 자외선을 이용하여 여러 번 데이터를 수정하거나 기록할 수 있음
EEPROM	기억된 내용을 전기를 이용하여 여러 번 데이터를 수정하거나 기록할 수 있음

24년 상시, 23년 상시, 16년 6월, 11년 7월

> **펌웨어(Firmware)** ✱

- 하드웨어와 소프트웨어의 중간적인 특성을 지닌다.
- ROM에 소프트웨어를 저장한 것으로 하드웨어의 교체없이 소프트웨어의 업그레이드만으로 시스템의 성능을 높이기 위한 목적으로 사용된다.

개념 체크 ✅

1 다음 중 컴퓨터의 주기억 장치인 RAM에 관한 설명으로 옳은 것은?
① 전원이 공급되지 않더라도 기억된 내용이 지워지지 않는다.
② 시스템에서 사용하는 BIOS, POST 등이 저장된다.
③ 현재 사용 중인 응용 프로그램이나 데이터가 저장된다.
④ 주로 하드디스크에서 사용되는 기억 장치이다.

RAM : 실행 중인 프로그램이나 데이터를 저장하며, 자유롭게 읽고 쓰기가 가능한 주기억 장치

2 다음 중 컴퓨터에서 사용하는 기억 장치와 관련하여 EPROM(Erasable Programmable ROM)에 관한 설명으로 옳은 것은?
① 전기적인 방법을 이용하여 기록된 내용을 여러 번 수정하거나 새로운 내용을 기록할 수 있는 ROM이다.
② 자외선을 이용하여 기록된 내용을 여러 번 수정하거나 새로운 내용을 기록할 수 있는 ROM이다.
③ 특수 프로그램을 이용하여 한 번만 기록할 수 있으며 이후에는 읽기만 가능한 ROM이다.
④ 제조 과정에서 미리 내용을 기억시켜 놓아 사용자가 임의로 수정할 수 없는 ROM이다.

EPROM : 기록된 내용을 자외선을 이용하여 반복해서 여러 번 정보를 기록할 수 있는 ROM

3 다음 중 컴퓨터의 롬(ROM)에 기록되어 하드웨어를 제어하며, 하드웨어의 성능 향상을 위해 업그레이드 할 수 있는 마이크로프로그램의 집합을 의미하는 것은?

① 프리웨어(Freeware)
② 셰어웨어(Shareware)
③ 미들웨어(Middleware)
④ 펌웨어(Firmware)

펌웨어(Firmware) : 비휘발성 메모리인 ROM에 저장된 프로그램으로 하드웨어의 교체 없이 소프트웨어의 업그레이드만으로 시스템의 성능을 높일 수 있고 하드웨어의 동작을 지시하는 소프트웨어이지만 하드웨어적으로 구성되어 하드웨어의 일부분으로도 볼 수 있음

오답 피하기
- 프리웨어(Freeware) : 공개 소프트웨어로 개발자가 무료로 자유로운 사용을 허용한 소프트웨어
- 셰어웨어(Shareware) : 정식 프로그램의 구매를 유도하기 위해 기능이나 사용 기간에 제한을 두어 무료로 배포하는 프로그램
- 미들웨어(Middleware) : 시스템 소프트웨어와 응용 소프트웨어 중간에서 두 소프트웨어의 중개 역할을 담당하는 프로그램

POINT 032 보조 기억 장치

▶합격 강의

▶ 보조 기억 장치의 특징

- 주기억 장치의 한정된 기억 용량을 보조하기 위해 사용하는 메모리이다.
- 전원이 차단되어도 기억된 내용이 유지되는 비휘발성 매체로 반영구적으로 데이터를 기억시킬 수 있다.
- 주기억 장치에 비해 속도가 느리다.
- 대용량으로 구성되며, 단위당 가격이 저렴하다.

22년 상시, 12년 6월/9월, 11년 3월/10월, 09년 2월/4월, 07년 10월, 05년 2월, …
▶ 하드디스크(Hard Disk)

- 자기 디스크를 이용한 저장 장치로, 개인용 컴퓨터에서 보조 기억 장치로 주로 사용된다.
- 저렴한 가격에 대용량을 이용할 수 있다.
- 전력 소비가 크며 발열이 심하다.
- 연결(Interface) 방식에 따라 IDE, EIDE, SCSI, RAID 방식으로 구분된다.
- 충격에 약하여 본체 내부에 고정시켜 사용하기 때문에 이동이 불편하다.
- 최근에는 이동이 편한 외장형 하드디스크가 개발되어 널리 사용되고 있다.

기적의 TIP **하드디스크의 파티션(Partition)**
- 하드디스크는 논리적인 영역 확보를 위해 디스크 내부를 분할(파티션, Partition)하여 사용할 수 있음
- 파티션 작업을 실행한 후에는 반드시 포맷을 실행하여야 하드디스크를 사용할 수 있음
- 각 파티션 영역에는 다른 운영체제를 설치할 수 있음
- 하나의 파티션에 한 개의 파일 시스템만 사용할 수 있음
- 하나의 물리적인 하드디스크를 여러 개의 논리적 영역으로 분할하거나 다시 합치는 작업

▶ 하드디스크 연결 방식✱

IDE(Intelligent Drive Electronics)	• 저가에 안정적이지만 연결할 수 있는 주변 장치의 수가 2개로 한정됨 • 용량은 최대 528M까지 사용 가능함
EIDE (Enhanced IDE)	• IDE의 확장판으로, 종전의 단점을 보완하여 주변 기기를 4개까지 연결함 • LBA 모드를 지원하기 때문에 8.4GB 용량의 하드디스크의 사용이 가능함
SCSI (Small Computer System Interface)	• 시스템 구분 없이 주변 장치를 7개에서 최대 15개까지 연결함 • 빠른 전송 속도로 주변 장치의 데이터를 컴퓨터로 전달함 • 별도의 컨트롤러가 필요하며, 컨트롤러 자체에 프로세서가 장치되어 있어 CPU에 무리를 주지 않고 데이터 처리가 가능함
RAID(Redundant Array of Inexpensive Disks)	• 여러 드라이브의 집합을 하나의 저장 장치처럼 취급함 • 장애가 발생했을 때 데이터를 잃어버리지 않게 하며 각각에 대해 독립적으로 동작할 수 있도록 하는 시스템 • 여러 개의 HDD(하드디스크)를 하나의 Virtual Disk로 구성하므로 대용량 저장 장치 구축이 가능함

기적의 TIP **RAID의 목적**
전송 속도의 향상, 안전성 향상, 데이터 복구 용이

기적의 TIP **RAID의 저장 방식**
- 스트리핑(Striping) 방식 : 분산 저장 방식으로 하나의 자료를 여러 디스크에 분산시키므로 입출력은 빠르나 장애 시 복구가 어려움(RAID 0)
- 미러링(Mirroring) 방식 : 거울 저장 방식으로 같은 자료를 2개의 디스크에 동일하게 기록하므로 장애 시 복구가 용이하며 읽는 속도가 빠름(RAID 1)
- 패리티(Parity) 방식 : 스트리핑 방식에 패리티 정보를 따라 기록 저장하므로 장애 시 패리티를 사용하여 복구할 수 있으며 가장 많이 사용됨(RAID 5)

- 직렬 ATA로 하드디스크 또는 광학 드라이브와의 전송을 위해 만들어진 버스의 한 종류
- SATA 어댑터와 디바이스들은 직렬로 연결이 되고 CRC가 적용되어 속도와 신뢰도 면에서 효율적인 방식
- Master/Slave 설정이 필요 없고 핫 플러그 인 기능이 있으며, 케이블이 얇아서 냉각 효과도 갖추고 있음

24년 상시, 23년 상시, 22년 상시, 21년 상시, 19년 3월, 18년 9월, 16년 6월, 14년 3월, ⋯

❯ SSD(Solid State Drive)✱

- 하드디스크를 대체할 무소음, 저전력, 소형화, 경량화, 고효율의 속도를 지원하는 차세대 반도체 보조 기억 장치이다.
- 기억 매체로 플래시 메모리나 DRAM을 사용하나 DRAM은 제품 규격이나 휘발성, 가격 등의 문제로 많이 쓰이지는 않는다.
- HDD보다 외부로 부터의 충격에 강하며, 기계적인 디스크가 아닌 반도체 메모리에 데이터를 저장하므로 배드 섹터(Bad Sector)가 생기지 않는다.
- HDD에 비해 저장 용량 당 가격 면에서 SSD가 더 비싸다.

06년 2월/7월, 05년 2월/10월, 04년 11월

❯ 광 디스크(Optical Disk)

CD-ROM (Compact Disc Read Only Memory)	• 콤팩트 디스크(CD)에 기록되어 있는 데이터를 읽고 이들 데이터를 컴퓨터로 전송할 수 있도록 설계된 읽기 전용 디스크 드라이브 • 650MB 이상의 데이터를 저장할 수 있는 멀티미디어 저장 매체
CD-R (Compact Disk Recordable)	• 데이터를 한 번 기록할 수 있으며, 많은 양의 데이터를 백업할 때 사용함 • WORM(Write Once Read Memory) CD라고도 함
CD-RW (CD-Rewritable)	• 여러 번에 걸쳐 기록과 삭제를 할 수 있는 CD • 데이터를 담기 위해서는 CD-R/W 드라이브가 필요함
DVD (Digital Versatile Disk)	• 기존의 다른 매체와는 달리 4.7GB의 기본 용량(최대 17GB)을 가짐 • 1배속은 초 당 1,200KB의 전송 속도임

- CD, DVD와 같은 크기로 짧은 파장을 갖는 레이저를 사용, 트랙의 폭이 가장 좁으며 단층 구조는 25GB, 듀얼 레이어는 50GB까지 데이터 저장이 가능
- 최근에는 한 장의 블루레이 디스크에 3층, 4층으로 데이터 기록이 가능하여 100GB에서 128GB까지의 용량을 저장할 수 있음

개념 체크 ✓

1 다음 중 컴퓨터에서 사용하는 하드디스크의 파티션에 대한 설명으로 옳지 <u>않은</u> 것은?

① 하나의 물리적인 하드디스크를 여러 개의 파티션으로 나눌 수 있다.
② 파티션을 나눈 후에 하드디스크를 사용하기 위해서는 포맷을 해야 한다.
③ 하나의 하드디스크 내의 모든 파티션에는 동일한 운영 체제만 설치할 수 있다.
④ 하나의 파티션에는 한 가지 파일 시스템만을 설치할 수 있다.

각 파티션 영역에 다른 운영 체제를 설치할 수 있음

2 다음 중 컴퓨터에서 사용하는 일반 하드디스크에 비하여 속도가 빠르고 기계적 지연이나 에러의 확률 및 발열 소음이 적으며, 소형화, 경량화할 수 있는 하드 디스크 대체 저장 장치로 옳은 것은?

① DVD
② HDD
③ SSD
④ ZIP

SSD(Solid State Drive) : 기존 HDD에서 발생하는 기계적 소음이 없는 무소음이며, 소비 전력이 저전력이고, 고효율의 속도를 보장해 주는 차세대 보조 기억 장치

3 다음 중 HD급 고화질 비디오를 저장할 수 있는 차세대 광학 장치로, 디스크 한 장에 25GB 이상을 저장할 수 있는 것은?

① CD-RW
② DVD
③ Blu-ray 디스크
④ ZIP 디스크

블루레이(Blu-ray) 디스크 : 디스크 한 장에 25GB 이상 저장 가능하며 듀얼 레이어는 50GB까지 데이터 저장이 가능함

오답 피하기

- CD-RW : 여러 번에 걸쳐 기록과 삭제를 할 수 있는 CD
- DVD : 디지털 다기능 디스크로 기존의 다른 매체와는 달리 4.7GB의 기본 용량(최대17GB)을 가짐
- ZIP 디스크 : 플로피 디스크 약 70장에 해당하는 분량의 크기인 100MB 크기의 데이터를 담을 수 있음

POINT 033 기타 기억 장치

▶합격 강의

캐시 메모리* (Cache Memory)	• CPU와 주기억 장치 사이에 존재하는 고속 메모리로서 메모리 참조의 국한성에 기반을 둠 • 빠른 처리 속도의 CPU와 상대적으로 느린 주기억 장치 사이의 병목 현상을 해결함 • CPU가 찾고자 하는 데이터가 L1 캐시에 없을 때 다음으로 L2 캐시에서 찾음
버퍼 메모리 (Buffer Memory)	동작 속도, 접근 속도 등에 차이가 나는 두 장치 사이에 위치하여 두 장치 간의 속도 차이를 줄일 때 사용하는 임시 기억 장치
가상 메모리* (Virtual Memory)	보조 기억 장치를 주기억 장치처럼 사용하여 주기억 장치 용량의 기억 용량을 확대하여 사용하는 방법
플래시 메모리* (Flash Memory)	• 전기적 성질을 이용하여 데이터의 기록 및 삭제를 수행할 수 있는 비휘발성 메모리(블록 단위로 기록) • 디지털 카메라, MP3 Player 등 디지털 기기에서 널리 사용함 • 플래시 메모리를 보다 발전시킨 기억 장치로는 스마트 미디어 카드, 멀티미디어 카드, 메모리 스틱 등이 있음
연관 메모리 (Associative Memory)	• 데이터를 가져올 때 주소 참조가 아닌 내용의 일부를 이용하여 데이터를 읽어오는 메모리 • 캐시 메모리에서 특정 내용을 찾는 방식 중 매핑 방식에 주로 사용됨

개념 체크 ✓

1 다음 중 컴퓨터에서 사용하는 캐시 메모리(Cache Memory)에 대한 설명으로 옳지 않은 것은?

① 기억 용량은 작으나 속도가 빠른 버퍼 메모리이다.
② 가능한 최대 속도를 얻기 위해 소프트웨어로 구성한다.
③ 기본적인 성능은 히트율(Hit Ratio)로 표현한다.
④ CPU와 주기억 장치 사이에 위치한다.

캐시 메모리(Cache Memory) : 휘발성 메모리로 속도가 빠른 CPU와 상대적으로 속도가 느린 주기억 장치 사이에 있는 고속의 버퍼 메모리로 SRAM이 사용됨

2 다음 중 주기억 장치의 크기보다 큰 프로그램을 실행하기 위해 디스크의 일부 영역을 주기억 장치처럼 사용하게 하는 메모리 관리 방식으로 옳은 것은?

① 캐시 메모리
② 버퍼 메모리
③ 연관 메모리
④ 가상 메모리

가상 메모리 : 보조 기억 장치(하드디스크)의 일부를 주기억 장치처럼 사용하는 메모리로 주기억 장치보다 큰 프로그램을 로드하여 실행할 경우 유용함

3 다음 중 플래시 메모리에 대한 설명으로 옳지 않은 것은?

① 소비전력이 작다.
② 휘발성 메모리이다.
③ 정보의 입출력이 자유롭다.
④ 휴대전화, 디지털카메라, 게임기, USB 메모리 등에 널리 이용된다.

플래시 메모리(Flash Memory) : 기억된 내용은 전원이 나가도 지워지지 않고(비휘발성) 쉽게 쓰기가 가능함

POINT 034 입출력 장치

▶합격 강의

▶ 입출력 장치

입력 장치	키보드, 마우스, 카드 판독 장치, 광학 문자 판독 장치(OCR), 광학 마크 판독 장치(OMR), 자기 잉크 문자 판독 장치(MICR), 바코드 판독 장치(BCR), 터치 스크린, 태블릿, 스캐너, 디지털 카메라
출력 장치	모니터, 프린터, 플로터, 마이크로 필름 출력 장치(COM), 스피커

▶ 표시 장치의 용어*

픽셀(Pixel)*	• 화면을 이루는 최소의 단위, 그림의 화소 • 픽셀 수가 많을수록 해상도가 높아짐
재생률 (Refresh Rate)	픽셀들이 밝게 빛나는 것을 유지하도록 하기 위한 1초당 재충전 횟수
점 간격(Dot Pitch)	픽셀들 사이의 공간을 나타내는 것으로 간격이 가까울수록 선명함
해상도* (Resolution)	모니터 화면의 선명도를 나타내는 것으로, 가로/세로 픽셀의 밀도를 표시함
화면의 크기	화면의 대각선의 길이를 인치(Inch) 단위로 표시함
백화 현상	주로 모니터의 AD보드나 액정 상의 불량 문제로 백라이트만 켜지고 영상이 나타나지 않는 증세로 모니터의 화면이 하얗게 표시되는 현상을 의미함

※ 눈의 피로를 줄이기 위해서는 '깜박거림이 없는' 플리커 프리(Flicker Free)가 적용된 모니터가 좋음

> **기적의 TIP 픽셀의 색상 표현**
> • 1bit는 픽셀이 담고 있는 정보를 검정과 흰색으로 나타냄
> • 1픽셀의 색상 표현색 : 8bit는 256색상($=2^8$), 24bit는 16,777,216색상($=2^{24}$)을 나타냄

※ DPI(Dots Per Inch) : 1인치에 인쇄되는 점의 수로 해상도 단위로 사용됨

1 다음 중 컴퓨터에서 사용되는 입력장치에 해당되지 <u>않는</u> 것은?

① 키보드(Keyboard)
② 스캐너(Image Scanner)
③ 터치 스크린(Touch Screen)
④ 펌웨어(Firmware)

펌웨어(Firmware) : 비휘발성 메모리인 ROM에 저장된 프로그램으로, 하드웨어의 교체 없이 소프트웨어의 업그레이드만으로 시스템의 성능을 높일 수 있음. 하드웨어의 동작을 지시하는 소프트웨어이지만 하드웨어적으로 구성되어 하드웨어의 일부분으로도 볼 수 있음

2 다음 중 컴퓨터에 연결하여 사용하는 모니터에 관한 설명으로 옳지 <u>않은</u> 것은?

① 출력 장치의 하나로 문자나 그림을 화면에 표시해 주는 장치이다.
② 비디오 어댑터와 관계없이 모니터는 영상을 표현하기 위하여 도트(Dot)라는 화소 단위를 사용한다.
③ 모니터의 해상도가 높을수록 모니터에 나타나는 영상은 선명하다.
④ 모니터는 표현 방식에 따라 PDP, LCD, CRT, LED 등으로 분류된다.

모니터 화면을 이루는 최소 단위는 픽셀(Pixel)이며, 그 픽셀의 숫자를 해상도라고 함

3 다음 중 모니터 화면의 이미지를 얼마나 세밀하게 표시할 수 있는가를 나타내는 정보로 픽셀수에 따라 결정되는 것은?

① 재생률(Refresh Rate)
② 해상도(Resolution)
③ 색깊이(Color Depth)
④ 색공간(Color Space)

해상도(Resolution) : 디스플레이 모니터 내에 포함되어 있는 픽셀의 숫자를 말하는데, 일반적으로 그래픽 화면의 선명도를 나타내는 것으로, 픽셀의 수가 많아질수록 해상도는 높아짐

POINT 035 메인보드(Mainboard)

▶합격 강의

········o 컴퓨터를 구성하는 여러 가지 부품들을 하나로 이어주는 역할을 하는 주기판임

▶ **확장 슬롯(Slot)**

• 카드형의 주변 장치를 장착하는 곳으로 지원되는 버스에 따라 구분한다.
• 버스 방식 발전 순서 : ISA → EISA → VESA LOCAL → PCI → <u>AGP</u> → PCI-Express

o
그래픽 카드에 주로 사용하는 슬롯

22년 상시

▶ **칩셋(Chipset)**

메인보드에서 부품들 간의 데이터 흐름을 제어하는 것으로 메인보드에서 가장 중요한 역할을 담당한다.

22년 상시, 07년 10월, 10년 6월, 13년 3월, 14년 10월, 18년 9월

▶ **롬 바이오스(ROM BIOS)**

컴퓨터 전원을 켤 때 컴퓨터 제어와 기본 작업을 처리하는 프로그램으로, 컴퓨터의 부팅에 대한 방법이나 컴퓨터 운영의 기본 정보가 등록되어 있다.

·······o 컴퓨터와 주변 장치를 연결하기 위한 접속 부분

24년 상시, 23년 상시, 22년 상시, 20년 2월, 16년 10월, 12년 3월, 07년 2월, 06년 9월, …

▶ **포트(Port)**

직렬 포트	• 한 번에 한 비트씩 전송하거나 수신하는 방식 • 마우스 또는 모뎀을 연결함
병렬 포트	• 한 번에 8비트씩 전송하거나 수신하는 방식 • 프린터 또는 Zip 드라이브를 연결함
USB 포트*	• 허브(Hub)를 사용하면 최대 127개의 주변기기 연결이 가능한 범용 직렬 버스 장치 • USB 방식의 마우스와 키보드, PC 카메라, 디지털 카메라, 모니터, 프린터 등이 연결되는 포트 • 직렬 포트나 병렬 포트보다 빠른 속도로 데이터를 전송함 • 핫 플러그 인, 플러그 앤 플레이를 지원함 • USB 1.0에서는 1.5Mbps, USB 1.1에서는 최대 12Mbps, USB 2.0에서는 최대 480Mbps, USB 3.0에서는 최대 5Gbps, USB 3.1에서는 10Gbps로 빨라짐 • USB 2.0의 포트 색깔은 검정색 또는 흰색이며 USB 3.0의 포트 색깔은 파랑색임
IEEE 1394 포트	• 미국전기전자학회(IEEE)가 표준화한 매킨토시용 직렬 인터페이스(Serial Interface) • 컴퓨터 주변 장치 및 비디오 카메라, 오디오 제품, 텔레비전, VCR 등의 가전 기기를 PC에 접속하는 인터페이스를 사용함 • Firewire 또는 i.Link 라고도 함
PS/2 포트	6핀으로 구성되며 마우스와 키보드를 연결함

---

1 다음 중 PC에서 사용하는 BIOS(Basic Input Output System)에 관한 설명으로 옳지 <u>않은</u> 것은?

① 기본 입출력장치나 메모리 등 하드웨어 작동에 필요한 프로그램이다.
② 전원이 켜지면 POST를 통해 컴퓨터를 점검하고 사용 가능한 장치를 초기화한다.
③ RAM에 저장되며, 펌웨어라고도 한다.
④ 칩을 교환하지 않고도 업그레이드를 할 수 있다.

BIOS(Basic Input Output System) : 컴퓨터의 기본 입출력 시스템으로 부팅과 컴퓨터 운영에 대한 정보를 보유하고 있으며 ROM이나 플래시 메모리 등에 저장됨

2 다음 중 USB 인터페이스에 대한 설명으로 옳지 <u>않은</u> 것은?

① 직렬포트보다 USB 포트의 데이터 전송 속도가 더 빠르다.
② USB는 컨트롤러당 최대 127개까지 포트의 확장이 가능하다.
③ 핫 플러그인(Hot Plug In)과 플러그 앤 플레이(Plug & Play)를 지원한다.
④ USB 커넥터를 색상으로 구분하는 경우 USB 3.0은 빨간색, USB 2.0은 파란색을 사용한다.

USB 2.0의 포트 색깔은 검정색 또는 흰색이며, USB 3.0의 포트 색깔은 파란색임

3 미국의 애플(Apple)사와 TI(Texas Instrument)사가 공동으로 디자인한 'Firewire'를 미국전기전자학회가 표준화한 것으로 컴퓨터와 디지털 가전 기기를 연결해 데이터를 교환할 수 있게 하는 직렬(Serial) 인터페이스 방식은?

① IEEE 1394
② USB
③ IDE
④ SCSI

오답 피하기
• USB(Universal Serial Bus) : 범용 직렬 버스로 컴퓨터와 주변기기의 인터페이스를 공통화하기 위한 규격
• IDE(Intelligent Drive Electronics) : 하드디스크 인터페이스의 규격으로 저가에 안정적이지만 연결할 수 있는 주변 장치의 수가 2개로 한정됨
• SCSI(Small Computer System Interface) : 소형 컴퓨터와 주변 기기를 시스템의 구분 없이 주변 장치를 7개에서 15개까지 연결할 수 있는 표준 인터페이스

POINT 036 **하드웨어 관련 용어**

▶ 합격 강의

24년 상시, 22년 상시
▶ 채널(Channel)
데이터 처리의 고속성을 위하여 입출력만을 목적으로 만든 처리기로 IOP(Input Output Processor)라고도 한다(CPU와 I/O 장치 사이의 속도 차이를 해결).

24년 상시, 13년 3월, 12년 3월, 04년 2월
▶ 인터럽트(Interrupt)✱
• 컴퓨터에서 정상적인 프로그램을 처리하는 도중 특수한 상태가 발생하였을 때 현재 실행하고 있는 프로그램을 잠시 중지하고, 그 특수한 상태를 처리한 후 다시 원래의 프로그램을 처리하는 과정이다.
• 인터럽트 종류에는 외부 인터럽트, 내부 인터럽트, 소프트웨어 인터럽트가 있다.

• 외부 인터럽트는 입출력 장치, 전원 등 외부적인 요인에 의해 발생한다.
• 내부 인터럽트는 불법적 명령이나 데이터 사용할 때 발생하며 트랩(Trap)이라고도 한다.
• 소프트웨어 인터럽트는 프로그램 처리 중 명령의 요청에 의해 발생한다.

▶ IRQ
• 컴퓨터 주변 장치에서 CPU의 관심을 끌기 위해 발생하는 신호로서 장치 중 우선순위가 가장 높다.
• 두 개 이상의 하드웨어가 동일한 이것을 사용하면 충돌이 발생한다.

10년 3월, 03년 9월
▶ DMA
CPU를 거치치 않으므로 주기억 장치와 입출력 장치 사이에서 데이터를 직접 주고받아 고속으로 대량의 데이터를 전송할 수 있으며, CPU의 부하를 줄여준다.

▶ 데드락(Deadlock, 교착 상태)
동일한 자원을 공유하고 있는 두 개의 컴퓨터 프로그램들이 상대방이 자원에 접근하는 것을 서로 방해함으로써 두 프로그램 모두 기능이 중지되는 결과이다.

개념 체크 ✓

1 다음 중 컴퓨터의 인터럽트에 관한 설명으로 옳지 <u>않은</u> 것은?
① 프로그램 실행 중에 현재의 처리 순서를 중단시키고 다른 동작을 수행하도록 하는 것이다.
② 인터럽트 수행을 위한 인터럽트 서비스 루틴 프로그램이 따로 있다.
③ 하드웨어 결함이 생긴 경우에는 인터럽트가 발생하지 않는다.
④ 인터럽트 서브루틴이 끝나면 주프로그램으로 돌아간다.

하드웨어의 결함이 생긴 경우라도 인터럽트는 발생되며 기계가 고장인 경우도 해당됨

2 다음 설명과 관련 있는 용어로 알맞은 것은?

• CPU의 간섭 없이 주기억 장치와 입출력 장치 사이에서 직접전송이 이루어지는 방법
• 고속으로 대량의 데이터를 전송하여 입출력이 이루어짐

① 교착 상태(Dead Lock)
② DMA(Direct Memory Access)
③ 인터럽트(Interrupt)
④ IRQ(Interrupt Request)

DMA(Direct Memory Access) : 입출력은 CPU의 레지스터를 경유하지 않고 전송되며 CPU의 간섭 없이 주기억 장치와 입출력 장치 사이에서 직접 전송함

오답 피하기

- 교착 상태(Dead Lock) : 자원은 한정되어 있으나 각 프로세서들이 서로 차지하려고 무한정 대기하는 상태
- 인터럽트(Interrupt) : 정상 작동 중 예기치 않은 일이 발생했을 때 처리 후 원래대로 복귀하는 것
- IRQ(Interrupt Request) : 주변기기에서 발생하는 인터럽트 신호

24년 상시, 23년 상시, 22년 상시, 21년 상시, 20년 2월, …

POINT 037 **저작권에 따른 소프트웨어**

 합격 강의

컴퓨터를 운영하거나 사용자가 편하게 이용할 수 있도록 개발된 프로그램

상용 소프트웨어	돈을 받고 판매하는 소프트웨어로 허가 없이 사용하면 안 됨
공개 소프트웨어 (Freeware)	개발자가 무료로 자유로운 사용을 허용한 소프트웨어
셰어웨어★ (Shareware)	일정 기간이나 일정한 기능을 무료로 사용할 수 있는 소프트웨어로 구매를 하면 기간이나 기능에 제한 없이 사용할 수 있음
알파 버전★ (Alpha Version)	베타 테스트를 하기 전에 제작 회사 내에서 테스트할 목적으로 제작하는 프로그램
베타 버전★ (Beta Version)	정식 버전의 소프트웨어가 출시되기 전 프로그램에 대한 일반인의 평가를 수행하고자 제작한 소프트웨어
데모 버전 (Demo Version)	프로그램의 홍보를 위해 정식 소프트웨어의 일정한 기능만을 제공하는 소프트웨어
번들(Bundle)	특정한 소프트웨어나 하드웨어를 구매하였을 때 끼워주는 소프트웨어
패치 프로그램★ (Patch)	판매되거나 공개된 프로그램의 기능 향상을 위하여 프로그램의 일부분을 빠르게 수정하기 위한 프로그램
에드웨어 (Adware)	광고가 소프트웨어에 포함되어 이를 보는 조건으로 무료로 사용할 수 있는 소프트웨어
트라이얼 버전 (Trial Version)	상용 소프트웨어를 일정 기간 동안 사용해 볼 수 있는 체험판 소프트웨어

기적의 TIP **오픈 소스 소프트웨어(Open Source Software)**
소스 코드가 오픈되어 수정 및 변경이 가능한 소프트웨어

개념 체크 ✓

1 다음 중 아래의 ㉠, ㉡, ㉢에 해당하는 소프트웨어의 종류를 올바르게 짝지어 나열한 것은?

홍길동은 어떤 프로그램이 좋은지 알아보기 위해 ㉠ 누구나 임의의 용도로 사용할 수 있는 프로그램과 ㉡ 주로 일정 기간 동안 일부 기능을 제한한 상태로 사용하는 프로그램을 먼저 사용해 보고, 가장 적합한 ㉢ 프로그램을 구입하여 사용하려고 한다.

① ㉠ – 프리웨어, ㉡ – 셰어웨어, ㉢ – 상용 소프트웨어
② ㉠ – 셰어웨어, ㉡ – 프리웨어, ㉢ – 상용 소프트웨어
③ ㉠ – 상용 소프트웨어, ㉡ – 셰어웨어, ㉢ – 프리웨어
④ ㉠ – 셰어웨어, ㉡ – 상용 소프트웨어, ㉢ – 프리웨어

- ㉠ : 누구나 임의의 용도로 사용할 수 있는 프로그램 → 프리웨어
- ㉡ : 주로 일정 기간 동안 일부 기능을 제한한 상태로 사용하는 프로그램 → 셰어웨어
- ㉢ : 프로그램을 구입하여 사용 → 상용 소프트웨어

2 다음 중 상용 소프트웨어가 출시되기 전에 미리 고객들에게 프로그램에 대한 평가를 수행하고자 제작한 소프트웨어로 옳은 것은?

① 알파(Alpha) 버전
② 베타(Beta) 버전
③ 패치(Patch) 버전
④ 데모(Demo) 버전

오답 피하기

- 알파(Alpha) 버전 : 베타 테스트를 하기 전에 제작 회사 내에서 테스트할 목적으로 제작하는 프로그램
- 패치(Patch) 버전 : 이미 제작하여 배포된 프로그램의 오류 수정이나 성능 향상을 위하여 프로그램 일부를 변경해 주는 프로그램
- 데모(Demo) 버전 : 정식 프로그램의 기능을 홍보하기 위해 사용 기간이나 기능을 제한하여 배포하는 프로그램

3 다음 중 버전에 따른 소프트웨어에 대한 설명으로 옳지 않은 것은?

① 트라이얼 버전(Trial Version)은 특정한 하드웨어나 소프트웨어를 구매하였을 때 무료로 주는 프로그램이다.
② 베타 버전(Beta Version)은 소프트웨어의 정식 발표 전 테스트를 위하여 사용자들에게 무료로 배포하는 시험용 프로그램이다.
③ 데모 버전(Demo Version)은 정식 프로그램을 홍보하기 위해 사용기간이나 기능을 제한하여 배포하는 프로그램이다.
④ 패치 버전(Patch Version)은 이미 제작하여 배포된 프로그램의 오류 수정이나 성능 향상을 위해 프로그램의 일부 파일을 변경해 주는 프로그램이다.

트라이얼 버전(Trial Version) : 상용 소프트웨어를 일정 기간 동안 사용해 볼 수 있는 체험판 소프트웨어

오답 피하기

번들 프로그램(Bundle Program) : 특정한 하드웨어나 소프트웨어를 구매하였을 때 무료로 끼워주는 프로그램

POINT 038 언어 번역 과정

▶ 합격 강의

······○ 일반적인 프로그래밍 언어는
사용자 중심의 영문 형태로 기술되기 때문에
컴퓨터가 이해할 수 있는 기계어로 변환해야 함

언어 번역 과정

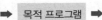 원시 프로그램 ➡ 목적 프로그램 ➡ 로드 모듈 ➡ 실행

사용자가 작성한   실행 가능한
프로그램   기계어 번역   프로그램   결과

번역(Compiler)   연계 편집(Linker)   적재(Loader)

원시 프로그램	사용자가 텍스트 형태로 작성하여 기계어로 번역하기 이전의 프로그램 형태
언어 번역기	특정 프로그래밍 언어로 작성된 내용을 컴퓨터가 이해할 수 있는 기계어로 바꾸어 주는 프로그램(Compiler, Assembler, Interpreter)
목적 프로그램	컴파일러를 통해 원시 프로그램을 컴퓨터가 이해할 수 있는 기계어로 번역한 것
연계 편집 (Linker)	번역된 목적 프로그램을 실행 가능한 형태로 만드는 과정으로 링커라고도 함
로드 모듈	목적 프로그램을 실행 가능하게 만든 프로그램
적재(Loder)	프로그램을 실행하기 위해 주기억 장치에 적재하는 것

기적의 TIP 버그와 디버깅

- 버그(Bug) : 사용자가 프로그램을 작성해서 실행하는 도중에 문법상의 오류나 논리적인 오류가 발생되는 것
- 디버깅(Debugging) : 에러가 발생된 부분을 찾아내서 수정하는 과정

24년 상시, 23년 상시, 22년 상시, 13년 10월, 11년 10월, 10년 6월, 09년 10월, …

언어 번역기

어셈블러 (Assembler)	어셈블리어로 작성한 프로그램을 컴퓨터가 직접 해독할 수 있는 기계어로 변환하기 위한 프로그램
컴파일러 (Compiler)	• 전체 프로그램을 한 번에 처리하여 목적 프로그램을 생성하는 번역기 • 기억 장소를 차지하지만 실행 속도가 빠름 • 컴파일러를 사용하는 언어에는 ALGOL, PASCAL, FORTRAN, COBOL, C, PL/I 등이 있음
인터프리터 (Interpreter)	• 목적 프로그램을 생성하지 않고 필요할 때마다 기계어로 번역하여 실행하는 방식 • 인터프리터를 사용하는 언어에는 BASIC, LISP, APL 등이 있음

18년 3월

컴파일러와 인터프리터의 차이점

구분	컴파일러	인터프리터
번역 단위	프로그램 전체를 한 번에 번역	프로그램의 행 단위 번역
번역 속도	전체를 번역하므로 느림	행 단위 번역이므로 빠름
해당 언어	FORTRAN, COBOL, PL/1, PASCAL, C언어 등	BASIC, LISP, SNOBOL, APL 등
목적 프로그램	생성함	생성하지 않음
실행 속도	목적 프로그램이 생성되므로 빠름	느림

개념 체크 ✓

1 다음 중 컴퓨터에서 고급 언어로 프로그래밍하는 과정의 순서로 옳은 것은?

가. 원시 프로그램 작성	나. 로딩(Loading)
다. 링킹(Linking)	라. 번역(Compile)
마. 프로그램 실행	

① 가 - 라 - 다 - 나 - 마
② 가 - 다 - 라 - 나 - 마
③ 가 - 나 - 다 - 라 - 마
④ 가 - 라 - 마 - 다 - 나

원시 프로그램 → 번역(Compile) → 목적 프로그램 → 링킹(Linking) → 로드 모듈 → 로딩(Loading) → 프로그램 실행

2 다음 중 컴퓨터에서 사용하는 언어 번역 프로그램으로 옳지 **않은** 것은?

① 인터프리터
② 유틸리티
③ 컴파일러
④ 어셈블러

유틸리티(Utility) : 컴퓨터를 보다 효율적으로 사용하기 위한 프로그램(⑩ 압축 소프트웨어)

오답 피하기

- 인터프리터(Interpreter) : 대화식 언어로 작성된 프로그램을 필요할 때마다 매번 기계어로 번역하여 실행하는 프로그램
- 컴파일러(Compiler) : 고급 언어를 기계어로 번역하는 프로그램
- 어셈블러(Assembler) : 어셈블리 언어를 기계어로 번역하는 프로그램

3 다음 중 언어 번역 프로그램인 컴파일러와 인터프리터의 차이점에 대한 설명으로 옳지 **않은** 것은?

① 컴파일러는 프로그램 전체를 번역하고, 인터프리터는 한 줄씩 번역한다.
② 컴파일러는 목적 프로그램을 생성하고, 인터프리터는 생성하지 않는다.
③ 컴파일러는 실행 속도가 빠르고, 인터프리터는 실행 속도가 느리다.
④ 컴파일러는 번역 속도가 빠르고, 인터프리터는 번역 속도가 느리다.

컴파일러는 프로그램 전체를 번역하므로 번역 속도가 느리며, 인터프리터는 한 줄씩 번역하므로 번역 속도가 빠름

▶ 합격 강의

24년 상시, 21년 상시, 19년 3월, 17년 9월, 12년 9월, 11년 7월, 08년 5월, 05년 10월, …

객체 지향 프로그래밍(Object-Oriented Programming) 기법

- 프로그램에서 사용하는 데이터 구조의 데이터형과 사용하는 함수까지 정의하는 프로그래밍 기법이다.
- 객체 지향 언어에는 C++, Actor, SmallTalk, JAVA 등이 있다.
- 객체 지향 프로그래밍에서 공통적인 기능과 속성을 가진 객체를 클래스(Class)라 한다.
- 객체 지향 프로그래밍에서 객체가 수행하는 실제 기능을 기술한 코드를 메서드(Method)라 한다.
- 메서드의 상속과 재사용이 가능하고 시스템의 확장성이 높다.
- 객체 지향 프로그래밍에서 객체의 고유 성질이나 속성을 프로퍼티(Property)라 한다.
- 객체 지향 언어의 특징 : 추상화, 캡슐화, 계층성, 모듈성, 다형성(오버로딩), 정보 은폐, 상속성, 재사용성 등이 있다(단, 구조화는 아님).

24년 상시, 22년 상시, 16년 3월/6월, 08년 2월/10월, 07년 7월, 04년 11월

웹 프로그래밍 언어

HTML* (HyperText Markup Language)	홈페이지를 작성하는데 사용되는 생성 언어로, 문자 뿐만 아니라 화상이나 음성, 영상을 포함하는 페이지로 표현할 수 있는 구조화된 언어
DHTML (Dynamic HTML)	동적 HTML로 스타일 시트(Style Sheets)를 도입하여 텍스트의 폰트와 크기, 색상, 여백 형식 등 웹 페이지 관련 속성을 지정할 수 있음
VRML(Virtual Reality Modeling Language)	작성된 가상 현실 모델링 언어(VRML) 파일을 웹 서버에 저장하여 입체적인 이미지를 갖는 3차원의 가상적 세계를 인터넷상에 구축하는 언어
Perl (Practical Extraction and Reporting Language)	• 1980년대 초반에 Lary Wall에 의해 개발된 인터프리터 언어 • 사용하기 쉽고 크기가 작기 때문에 CGI 프로그램을 작성하는 데 널리 이용됨
CGI (Common Gateway Interface)	웹 서버에 있어 사용자의 요구를 응용 프로그램에 전달하고 그 결과를 사용자에게 되돌려 주기 위한 표준적인 방법으로 카운터, 방명록, 게시판과 같이 방문자 상호 간의 정보를 주고받는 기능을 추가함
SGML(Standard Generalized Markup Language)	• 국제 표준화 기구(ISO)에서 1986년 국제 표준으로 채택한 문서 생성 언어 • 인터넷의 월드 와이드 웹 홈페이지에 사용되는 하이퍼텍스트 생성 언어(HTML)의 바탕이 되었음

자바* (Java)	• 자바의 원시 코드를 고쳐 쓰거나 재컴파일할 필요가 없기 때문에 기종이나 운영체제와 무관한 응용프로그램의 개발 도구로 각광받고 있음 • 특정 컴퓨터 구조와 무관한 가상 바이트 머신 코드를 사용하므로 플랫폼이 독립적이고 바이트 머신 코드를 생성함
자바 스크립트 (Java Script)	• 스크립트 언어로, 웹 브라우저에서 실행하는 스크립트 언어를 기술함 • 스크립트는 HTML 문서 속에 직접 기술함
XML (eXtensible Markup Language)	• 기존 HTML 단점을 보완하여 문서의 구조적인 특성들을 고려하여 문서들을 상호 교환할 수 있도록 설계된 프로그래밍 언어 • 인터넷뿐만 아니라 전자 출판, 의학, 경영, 법률, 판매 자동화, 디지털 도서관, 전자상거래 등에서 이용하고 있음 • 사용자가 새로운 태그(Tag)를 정의할 수 있음
ASP* (Active Server Page)	• Windows 환경에서 동적인 웹 페이지를 제작할 수 있는 스크립트 언어 • HTML 문서에 명령어를 삽입하여 사용하며, 자바 스크립트와는 달리 서버측에서 실행됨
PHP* (Professional Hypertext Preprocessor)	• 웹 서버에서 작동하는 스크립트 언어로, UNIX, Linux, Windows 등의 환경에서 작동함 • C, Java, Perl 등의 언어와 문법이 유사하고, 배우기가 쉽기 때문에 웹 페이지 제작에 많이 사용되며 다양한 데이터베이스와 연동할 수 있음
JSP (Java Server Page)	• ASP, PHP와 동일하게 웹 서버에서 작동하는 스크립트 언어 • Java의 장점을 그대로 수용하였기 때문에 강력한 기능을 제공함 • 자바 서블릿 코드로 변환되어 실행되며 여러 운영체제에서 실행 가능함 • HTML 문서 내에서는 ⟨%…%⟩와 같은 형식으로 작성됨
UML (Unified Modeling Language)	객체 지향 방법론에서 분석 및 설계를 위해 사용하는 모델링 언어
WML (Wireless Markup Language)	무선 접속을 통하여 휴대폰이나 PDA 등에 웹 페이지의 텍스트와 이미지 부분이 표시될 수 있도록 해 주는 웹 프로그래밍 언어

> **기적의 TIP** HTML5
>
> 액티브X나 플러그인 등의 프로그램 설치 없이 동영상이나 음악 재생을 실행할 수 있는 웹 표준 언어

1 다음 중 객체 지향 프로그래밍 언어가 <u>아닌</u> 것은?

① COBOL

② JAVA

③ SmallTalk

④ C++

COBOL : 최초로 개발된 고급 언어로 사무 처리용 언어이며 객체 지향 프로그래밍 언어에 해당하지 않음

2 다음 중 HTML의 단점을 보완하여 이미지의 애니메이션을 지원하며, 사용자와의 상호 작용에 따른 동적인 웹페이지의 제작이 가능한 언어는?

① JAVA

② DHTML

③ VRML

④ WML

DHTML(Dynamic HTML) : 동적 HTML로 스타일 시트(Style Sheets)를 도입하여 동적인 기능의 적용이 가능한 HTML 언어

3 다음 중 W3C에서 제안한 표준안으로 문서 작성 중심으로 구성된 기존 표준에 비디오, 오디오 등 다양한 부가 기능과 최신 멀티미디어 콘텐츠를 액티브X 없이 브라우저에서 쉽게 볼 수 있도록 한 웹의 표준 언어는?

① XML

② VRML

③ HTML5

④ JSP

HTML5(HyperText Markup Language 5) : 인터넷의 정보 검색 시스템인 월드 와이드 웹(WWW)의 홈페이지를 작성하는 데 사용되는 생성 언어로, 문자뿐만 아니라 화상이나 음성, 영상을 포함하는 페이지로 표현할 수 있는 구조화된 언어

POINT 040 PC 유지와 보수

▶ 합격 강의

16년 3월, 15년 3월, 10년 6월, 08년 8월, 07년 7월, 04년 5월

▶ 각종 증상과 문제 해결 방법 ✱

하드디스크의 속도 저하	Windows의 디스크 조각 모음을 수행하여 분산된 파일들을 연속 공간으로 재배열함
하드디스크의 인식 불능	• 하드디스크의 정보를 CMOS Setup에서 설정 확인 또는 하드디스크 케이블 연결과 Master/Slave 점퍼 설정을 확인함 • 바이러스에 의한 CMOS의 변경일 경우, 백신 프로그램으로 바이러스를 치료함 • 하드디스크의 전원과 컨트롤러 연결 상태 및 점퍼 설정을 확인함 • CMOS SETUP에서 하드디스크 설정 상태를 확인함 • 하드디스크 파티션 설정 오류일 경우, FDISK로 하드디스크를 재설정함
CD-ROM 드라이브 인식 불능	운영체제에 맞는 구동 드라이브를 설치 또는 케이블의 연결 상태를 확인함

기적의 TIP CMOS 셋업 시 비밀 번호를 잊어 버린 경우

메인보드의 배터리를 뽑았다가 다시 장착함(CMOS 내용이 초기화 됨)

11년 10월, 04년 2월, 03년 2월

▶ 전원 관리 장치

무정전 전원 공급 장치 (UPS)	정전이 발생한 경우 사용자가 작업 중인 데이터를 잃어버리지 않도록 시스템에 일정 시간 동안 전원을 공급함
자동 전압 조절기(AVR)	입력 전압의 변동에 관계없이 항상 일정한 출력 전압을 유지함
정전압 정주파 장치 (CVCF)	전압과 주파수를 항상 일정하게 유지함
서지 보호기 (Surge Protector)	전압이나 전류의 갑작스런 증가에 의한 손상을 보호함

24년 상시, 19년 8월, 18년 3월, 13년 3월, 08년 2월

▶ PC 업그레이드(Upgrade) ✱

업그레이드란 컴퓨터를 구성하는 하드웨어나 소프트웨어를 변경하여 시스템의 성능을 높이는 모든 작업을 말한다.

• CPU 업그레이드 : 현재 사용 중인 메인보드가 교체하고자 하는 CPU를 지원하는지 확인한다.

• 램 업그레이드 : 메인보드의 램 소켓에 여유가 있는지 살펴보고, 램을 512MB로 구성할 때는 256MB짜리 램을 두 개 사용하는 것보다 512MB짜리 하나로 구성하도록 한다. 램(RAM)은 접근 속도의 단위인 ns(나노 초)의 수치가 작을수록 성능이 좋다.

• 하드디스크 업그레이드 : 마스터와 슬레이브를 설정해준다 (단, S-ATA 방식의 하드디스크는 설정하지 않음). 하드디스크는 RPM의 수치가 큰 것이 성능이 좋다.

개념 체크 ✓

1 다음 중 컴퓨터 시스템을 안정적으로 사용하기 위한 관리 방법으로 적절하지 <u>않은</u> 것은?
① 컴퓨터를 이동하거나 부품을 교체할 때에는 반드시 전원을 끄고 작업하는 것이 좋다.
② 직사광선을 피하고 습기가 적으며 통풍이 잘되고 먼지 발생이 적은 곳에 설치한다.
③ 시스템 백업 기능을 자주 사용하면 시스템 바이러스 감염 가능성이 높아진다.
④ 디스크 조각 모음에 대해 예약 실행을 설정하여 정기적으로 최적화시킨다.

시스템 백업 기능을 자주 사용한다고 해서 시스템 바이러스 감염 가능성이 높아지는 것은 아님

2 다음 중 컴퓨터 작업 도중 갑작스러운 정전 발생 시 일정 시간 동안 전원을 공급해 주는 장치로 옳은 것은?
① UPS
② AVR
③ CVCF
④ 항온 항습 전원 장치

UPS : 정전 시 전원을 공급해 주는 무정전 전원 공급 장치

3 다음 중 컴퓨터를 업그레이드하는 경우 수치가 클수록 좋은 것에 해당하지 <u>않는</u> 것은?
① 하드디스크의 용량
② RAM의 접근 속도
③ CPU의 클럭 속도
④ DVD의 배속

RAM의 접근 속도 단위는 ns(나노 초)로 접근 속도 단위가 작은 것이 성능이 좋음

POINT 041 Windows에서 PC관리

▶합격 강의

18년 9월, 06년 5월
▶ 디스크 검사
• 파일과 폴더 및 디스크의 논리적, 물리적인 오류를 검사하고 수정한다.
• 잃어버린 클러스터, FAT, 오류 등 디스크의 논리적인 오류 및 디스크 표면을 검사하여 실제 드라이브의 오류나 불량 섹터를 검사한다.
• CD-ROM과 네트워크 드라이브는 디스크 검사를 할 수 없다.
• 드라이브를 검사하는 동안 드라이브를 계속 사용할 수 있으며 오류가 발견되면 수정 여부를 결정할 수 있다.
• [파일 탐색기]에서 검사할 드라이브의 바로 가기 메뉴 중 [속성]을 선택하여 [속성] 대화 상자를 표시한 다음 [도구] 탭의 오류 검사 항목에서 [검사]를 클릭한다.

24년 상시, 19년 3월, 16년 10월, 12년 3월, 08년 5월, 05년 7월
▶ 디스크 포맷
• 하드디스크를 트랙과 섹터로 구성하는 작업이다.
• [파일 탐색기]에서 포맷할 드라이브를 선택한 다음 [관리] 탭-[관리] 그룹에서 [포맷]을 클릭하거나 바로 가기 메뉴의 [포맷]을 클릭한다.
• 용량, 파일 시스템, 할당 단위 크기, 장치 기본 값 복원, 볼륨 레이블, 빠른 포맷 등을 설정할 수 있다(단, 파티션 제거(볼륨 삭제), 볼륨 확장, 볼륨 축소 작업은 디스크 관리에서 실행함).

11년 7월/10월, 09년 10월, 06년 2월/7월
▶ 시스템 최적화 관리
• Windows에서 제공하는 시스템 최적화를 위한 시스템 유지 관리 프로그램에는 디스크 정리, 디스크 조각 모음 및 최적화 등이 있다.
• 컴퓨터를 효율적으로 관리하기 위해서는 가급적 불필요한 프로그램을 설치하지 않도록 하며, 정기적으로 시스템 최적화 프로그램을 사용하여 점검한다.

▶ 디스크 정리

- [시작(🔲)]-[Windows 관리 도구]-[디스크 정리]를 클릭하여 실행한다.
- Windows에서 디스크의 사용 가능한 공간을 늘리기 위하여 불필요한 파일들을 삭제하는 작업이다(디스크의 전체 크기와는 상관없음).
- 디스크 정리 대상에 해당하는 파일은 임시 파일, 휴지통에 있는 파일, 다운로드한 프로그램 파일, 임시 인터넷 파일, 오프라인 웹 페이지 등이다.

▶ 드라이브 조각 모음 및 최적화✱

- [시작(🔲)]-[Windows 관리 도구]-[드라이브 조각 모음 및 최적화]를 클릭하여 실행한다.
- 디스크에 단편화되어 저장된 파일들을 모아서 디스크를 최적화한다.
- 비율이 10%를 넘으면 디스크 조각 모음을 수행해야 한다.
- 단편화를 제거하여 디스크의 수행 속도를 높여준다.
- 처리 속도면에서는 효율적이나 총 용량이 늘어나지는 않는다.
- CD-ROM 드라이브, 네트워크 드라이브, Windows가 지원하지 않는 형식의 압축 프로그램 등은 디스크 조각 모음을 할 수 없다.

개념 체크 ✓

1 다음 중 Windows의 디스크 포맷에 관한 설명으로 적절하지 않은 것은?

① 하드디스크의 트랙 및 섹터를 초기화하는 작업이다.
② 포맷 요소 중 파일 시스템은 문자 파일, 영상 파일, 데이터 파일 등을 관리하기 위한 기능이다.
③ 포맷을 실행하면 디스크의 모든 데이터가 지워진다.
④ 빠른 포맷은 하드디스크에 새 파일 테이블을 만들지만 디스크를 완전히 덮어쓰거나 지우지 않는 포맷 옵션이다.

포맷 요소 중 파일 시스템은 Windows에서 사용하는 'NTFS(기본 값)'를 선택하면 됨

2 다음 중 Windows에서 [디스크 정리]를 수행할 때 정리 대상 파일로 옳지 않은 것은?

① 임시 인터넷 파일
② 사용하지 않은 폰트(*.TTF) 파일
③ 휴지통에 있는 파일
④ 다운로드한 프로그램 파일

디스크 정리 : 임시 인터넷 파일, 휴지통에 있는 파일, 다운로드한 프로그램 파일, 임시 인터넷 파일 등이 제거됨

3 다음 중 한글 Windows에서 하드디스크에 저장된 파일을 다시 정렬하는 단편화 제거 과정을 통해 디스크의 파일 읽기/쓰기 성능을 향상시키는 프로그램으로 옳은 것은?

① 디스크 검사
② 디스크 정리
③ 디스크 포맷
④ 드라이브 조각 모음 및 최적화

드라이브 조각 모음 및 최적화 : 디스크에 프로그램이 추가되거나 제거되고 파일들이 수정되거나 읽기, 쓰기가 반복되면서 디스크에 비연속적으로 분산 저장된 단편화된 파일들을 모아서 디스크를 최적화함

오답 피하기

- 디스크 검사 : 파일과 폴더 및 디스크의 논리적, 물리적인 오류를 검사하고 수정함
- 디스크 정리 : 디스크의 사용 가능한 공간을 늘리기 위하여 불필요한 파일들을 삭제하는 작업
- 디스크 포맷 : 하드디스크나 플로피 디스크를 초기화하는 것으로 트랙과 섹터로 구성하는 작업

POINT 042 인터넷 주소 체계

▶합격 강의

24년 상시, 23년 상시, 22년 상시, 21년 상시, 19년 3월, 18년 3월, 17년 3월, 16년 10월, …

▶ IP 주소(IP Address) *

• 인터넷에 연결된 컴퓨터의 고유한 주소이다.

• IPv4 주소 체계 : 32비트를 8비트씩 4부분으로 나누어 각 부분을 점(.)으로 구분하며, 10진 숫자로 표현하고 각 자리는 0부터 255까지의 숫자를 사용한다.

• A Class(국가나 대형 통신망), B Class(중대규모 통신망), C Class(소규모 통신망), D Class(멀티 캐스팅용), E Class(실험용)로 분류된다.

• IPv4의 32비트 주소 체계로는 전 세계의 증가하는 호스트에 주소를 할당하기 어렵기 때문에, 1994년부터 개발하기 시작한 128비트의 주소 체계 IPv6이 사용된다.

• IPv6 주소체계 : 128비트를 16비트씩 8부분으로 나누어 각 부분을 콜론(:)으로 구분한다.

• IPv6은 IPv4와 호환이 되며 16진수로 표기, 각 블록에서 선행되는 0은 생략할 수 있으며 연속된 0의 블록은 ::으로 한 번만 생략 가능하며 지원되는 주소 개수는 약 43억의 네제곱이다.

• IPv6 주소 체계는 일대일 통신의 유니캐스트(Unicast), 일대다 통신의 멀티캐스트(Multicast), 일대일 통신의 애니캐스트(Anycast)와 같이 할당되므로 주소의 낭비 요인을 줄일 수 있다.

23년 상시, 22년 상시, 17년 9월, 15년 10월, 12년 3월/6월, 11년 7월, 09년 2월/4월, …

▶ 도메인 네임(Domain Name) *

• 숫자로 구성된 IP 주소를 사람들이 기억하고 이해하기 쉽도록 문자로 바꾸어 표현한 것으로 전 세계적으로 고유하게 존재해야 한다.

• 영어 알파벳과 숫자 및 한글을 사용할 수 있다.

• 단어와 단어 사이는 dot(.)으로 구분한다.

• 인터넷에 연결된 컴퓨터를 네 자리로 구분된 문자로 표현한다. ┈┈ 도메인 네임을 컴퓨터가 인식할 수 있는 IP 주소로 변환해 주는 컴퓨터 체계

• 사용자가 도메인 네임을 입력하면 도메인 네임 시스템(DNS)이 IP Address로 번역(매핑)해 준다.

• 국내 도메인은 KRNIC에서 관리하지만 전 세계 IP 주소는 ICANN이 총괄해서 관리한다.

24년 상시, 23년 상시, 20년 2월, 18년 3월, 15년 6월, 13년 3월, 05년 10월, 04년 2월, …

▶ URL(Uniform Resource Locator) *

• 인터넷상의 각종 자원에 접근하기 위한 표준 주소 체계로, 인터넷에 존재하는 정보 자원을 어떻게 접속할 수 있는지를 나타내는 방법이다.

• 형식 : "프로토콜://도메인네임[:포트번호]/디렉터리/파일명"
　　　　┈┈○HTTP는 80, FTP는 21, TELNET은 23, News는 119, Gopher는 70임

개념 체크 ✓

1 다음 중 인터넷에서 사용하는 IPv6에 관한 설명으로 옳은 것은?

① IPv4의 주소 부족 문제를 해결하기 위하여 개발되었다.
② 64비트의 주소 체계를 가진다.
③ IPv4와는 호환성이 낮아 상호 전환이 어렵다.
④ IPv4에 비해 자료 전송 속도가 느리다.

IPv6 : 128비트를 16비트씩 8부분으로 나누어 각 부분을 콜론(:)으로 구분하며 IPv4와 호환되며 자료 전송 속도와는 무관함

2 다음 중 인터넷에서 사용하는 도메인 네임에 관한 설명으로 옳은 것은?

① IP 주소를 사람이 이해하기 쉬운 숫자 형태로 표현한 것이다.
② 소속 국가명, 소속 기관명, 소속 기관 종류, 호스트 컴퓨터명의 순으로 구성된다.
③ 퀵돔(QuickDom)은 2단계 체제와 같이 도메인을 짧은 형태로 줄여 쓰는 것을 말한다.
④ 국가가 다른 경우에는 중복된 도메인 네임을 사용할 수 있다.

퀵돔(QuickDom) : 2단계 영문 kr 도메인의 브랜드로 nida.kr과 같은 짧은 형태의 도메인을 의미함

오답 피하기

• 도메인 네임(Domain Name) : 숫자로 구성된 IP 주소를 사람이 이해하기 쉬운 문자 형태로 표현한 것
• [호스트 컴퓨터명].[소속 기관명].[소속 기관 종류].[소속 국가명] 순으로 구성됨
• 국가가 다른 경우라도 중복된 도메인 네임을 사용할 수 없음

3 다음 중 인터넷에 존재하는 정보나 서비스에 대해 접근 방법, 존재 위치, 자료 파일명 등의 요소를 표시하는 것은?

① DHCP
② CGI
③ DNS
④ URL

URL(Uniform Resource Locator) : 인터넷에서 정보의 위치를 알려 주는 표준 주소 체계, 인터넷의 정보에 대한 접근 방법, 위치, 파일명 등으로 구성됨

[오답 피하기]

• DHCP(Dynamic Host Configuration Protocol) : IP주소를 자동으로 할당해 주는 동적 호스트 설정 통신 규약
• CGI(Common Gateway Interface) : 웹 서버에 있어 사용자의 요구를 응용 프로그램에 전달하고 그 결과를 사용자에게 되돌려 주기 위한 표준적인 방법
• DNS(Domain Name System) : 문자 형태로 된 도메인 네임을 컴퓨터가 인식할 수 있는 숫자로 된 IP어드레스로 변환해 주는 컴퓨터 체계

14년 10월, 12년 6월, 03년 7월

POINT 043 인터넷 프로토콜

▶ 합격 강의

⋯o 두 대 이상의 컴퓨터가 통신을 수행하기
24년 상시, 18년 3월, 14년 10월, 08년 8월   위한 통신 규약 및 규칙

▶ TCP/IP

• TCP/IP는 인터넷에 연결된 다른 종류의 컴퓨터끼리 상호 데이터를 주고받을 수 있도록 한 인터넷 표준 프로토콜이다.
• TCP/IP는 응용 계층(데이터 송수신), 전송 계층(신뢰성 있는 통신), 인터넷 계층(주소 지정, 경로 설정), 링크 계층(프레임 송수신)으로 구성된다.

TCP	데이터를 패킷(Packet)으로 나누고 묶는 역할을 수행함
IP	명령이 올바로 전송되도록 하며 전달되지 못한 패킷은 재전송함

24년 상시, 19년 3월, 17년 3월, 16년 6월, 10년 6월, 08년 10월, 05년 7월/10월, …
                         문서와 문서 간에 링크가 되어 관련 정보를
▶ 기타 프로토콜   쉽게 찾을 수 있는 비선형 구조의 텍스트

HTTP(HyperText Transfer Protocol)	인터넷상에서 하이퍼텍스트를 주고받기 위한 프로토콜
UDP(User Datagram Protocol)	인터넷상에서 정보를 주고받을 때 한쪽에서 일방적으로 보내는 방식의 프로토콜
SLIP/PPP	전화선이나 ISDN 등을 통해 인터넷에 연결할 때 필요한 프로토콜
ARP(Address Resolution Protocol)	이더넷에서 인터넷 주소(IP Address)를 물리적 하드웨어 주소(MAC Address)로 변환하는 프로토콜
RARP(Reverse Address Resolution Protocol)	근거리 통신망 내에 자신의 IP 주소를 알아내기 위한 확인 요청을 하는 데 사용되는 프로토콜

ICMP(Internet Control Message Protocol)*	TCP/IP에 접속된 컴퓨터나 네트워크 기기 간에 상태를 확인하기 위해 에러 메시지나 제어 메시지를 전송하는 프로토콜
SNMP(Simple Network Management Protocol)*	네트워크 장비를 관리 감시하기 위한 목적으로 TCP/IP 상에 정의된 응용 계층 프로토콜
DHCP (Dynamic Host Configuration Protocol)	• IP 주소를 자동으로 할당해 주는 동적 호스트 설정 통신 규약 • 어드레스 자동 취득 프로토콜을 의미하며 복잡한 설정 작업을 자동화하는 프로토콜 • 단말기 작동 시 동적으로 IP 어드레스를 할당함으로써 어드레스의 설정에 따라 작업상의 문제를 해결함

기적의TIP 통신 속도 단위

• BPS(Bits Per Second) : 초당 전송할 수 있는 비트 수를 의미함
• Baud : 초당 일어나는 신호 변환 속도를 의미하며 1초에 한 번의 신호 변환이 이루어진다면 BPS와 동일함
• CPS(Characters Per Second) : 초당 전송할 수 있는 문자 수를 의미하며 1CPS는 8BPS임

개념 체크 ✓

1 다음 중 인터넷 서비스를 위한 프로토콜로 웹페이지와 웹 브라우저 사이에서 하이퍼텍스트 문서를 전송하기 위한 것은?

① TCP/IP
② HTTP
③ FTP
④ WAP

HTTP(HyperText Transfer Protocol) : 인터넷상에서 하이퍼텍스트를 주고받기 위한 프로토콜

[오답 피하기]

• TCP/IP(Transmission Control Protocol/Internet Protocol) : 네트워크로 연결된 시스템 간의 데이터 전송을 위해 인터넷에서 사용하는 표준 프로토콜
• FTP(File Transfer Protocol) : 파일 전송 프로토콜로, 파일을 전송하거나 받을 때 사용하는 서비스
• WAP(Wireless Application Protocol) : 이동 통신 단말기에서 유선 인터넷 서버에 접속할 수 있도록 변환하여 주는 프로토콜

2 다음 중 ISP(Internet Service Provider) 업체에서 각 컴퓨터의 IP 주소를 동적으로 할당해 주는 프로토콜은?

① HTTP
② TCP/IP
③ SMTP
④ DHCP

DHCP(Dynamic Host Configuration Protocol) : IP 주소를 자동으로 할당해 주는 동적 호스트 설정 통신 규약으로 어드레스 자동 취득 프로그램을 의미하여 복잡한 설정 작업을 자동화하는 프로토콜

[오답 피하기]

SMTP(Simple Mail Transfer Protocol) : 전자 우편을 송신하기 위한 프로토콜

3 다음 중 인터넷에 대한 설명으로 적절하지 않은 것은?

① URL은 인터넷상에 있는 각종 자원의 위치를 나타내는 표준 주소 체계이다.

② 인터넷은 TCP/IP 프로토콜을 통해 연결된 상업용 네트워크로 중앙통제기구인 InterNIC에 의해 운영된다.

③ IP주소는 인터넷에 연결된 모든 컴퓨터 자원을 구분하기 위한 고유의 주소이다.

④ www는 웹 브라우저를 통해 인터넷을 효과적으로 사용할 수 있게 하는 서비스이다.

인터넷은 중앙 통제 기구가 없으며, 사용권의 제한이 없음

오답 피하기

InterNIC : 국제인터넷정보센터로 com, net, org 등 최상위 도메인을 유지 관리하던 조직이었으나, 1988년 10월 비영리 기구인 ICANN이 새롭게 최상위 도메인 관리자로 지정됨

24년 상시, 20년 2월, 15년 3월

POINT 044 OSI 참조 모델★

▶합격 강의

• 개방형 시스템 간의 상호 접속을 위한 참조 모델이다.
• 1977년 국제 표준화 기구(ISO : International Standards Organization)에서 제정했다.
• 서로 다른 컴퓨터나 정보 통신 시스템들 간에 원활하게 정보를 교환하고 서로 연결하기 위한 표준화된 절차를 의미한다.

▶ 물리 계층(Physical Layer) : 1계층

• 허브나 리피터 등의 전기적 신호를 재발생시키는 장비로, 시스템 간의 물리적인 접속을 제어한다.
• ITU-T의 V.24, EIA의 RS-232C 통신 규격을 사용한다.
• 전송 방식, 데이터 부호화 방식, 케이블의 형태, 데이터 충돌 감지 방식, 신호 형식, 변조 방식 등을 정의한다.
• 기능적, 기계적, 전기적, 절차적인 특성으로 정의된다.

▶ 데이터 링크 계층(Data Link Layer) : 2계층

• 이웃한 통신 기기 사이의 연결 및 데이터 전송 기능과 관리를 규정한다.
• 동기화, 오류 제어, 흐름 제어 등의 기능을 사용한다.
• 데이터 블록을 인접 노드 간에 오류 없이 전송한다.
• 정보의 프레임화 및 순서 제어, 전송 확인, 오류 검출 및 복구, 흐름 제어, 데이터 링크의 접속과 단절 등의 기능을 수행한다.
• 데이터 링크 계층에서는 스위치, 랜 카드, 브리지 같은 장비가 사용된다.

▶ 네트워크 계층(Network Layer) : 3계층

• 응용 프로세스가 존재하는 시스템 간 데이터의 교환 기능이다.
• 복수 망인 경우 중계 시스템에 대한 경로 선택 및 중계 기능을 제공한다.
• 패킷 관리와 경로 배정(Routing) 등의 기능을 수행한다(라우터).
• 네트워크 계층의 대표적 프로토콜 : ITU-T의 X.25

▶ 전송 계층(Transport Layer) : 4계층

• 종단 간 투명하고 신뢰성 있는 데이터의 전송을 제공한다.
• 상하위 계층 간의 중간 인터페이스 역할을 제공한다(게이트웨이).
• 데이터 전송에 대한 오류 검출, 오류 복구, 흐름 제어 등의 기능을 수행한다.

▶ 세션 계층(Session Layer) : 5계층

• 사용자와 전송 계층 간의 인터페이스를 위한 연결이다.
• 세션 접속 설정, 데이터 전송, 세션 접속 해제 등의 기능을 수행한다.
• 반이중과 전이중 통신 모드의 설정을 결정한다.

▶ 표현 계층(Presentation Layer) : 6계층

• 네트워크 내에서 응용 프로그램의 구문상 차이 없이 연결 가능하다.
• 데이터의 재구성, 코드 변환, 구문 검색 등의 기능을 수행한다.

▶ 응용 계층(Application Layer) : 7계층

• OSI 참조 모델의 최상위 레벨로 특정한 서비스(데이터베이스, 전자 사서함 등)를 제공한다.
• 응용 프로그램과의 인터페이스 기능(파일 처리, 파일 전송) 및 통신을 수행한다.
※ 프로토콜의 기능 : 단편화와 재조합, 주소 지정, 순서 지정, 캡슐화, 연결 제어, 오류 제어, 동기화, 데이터 흐름 제어, 멀티플렉싱, 전송 서비스 등

1 다음 중 국제 표준화 기구에서 네트워크 통신의 접속에서부터 완료까지의 과정을 구분하여 정의한 통신규약 명칭은?

① Network 3 계층
② Network 7 계층
③ OSI 3 계층
④ OSI 7 계층

OSI 7 계층
• 1977년 국제 표준화 기구(ISO : International Standards Organization)에서 제정함
• 물리 계층, 데이터 링크 계층, 네트워크 계층, 전송 계층, 세션 계층, 표현 계층, 응용 계층

 POINT 045 웹 브라우저 사용법

▶합격 강의

19년 8월, 14년 10월, 12년 6월, 11년 3월, 06년 5월, 05년 5월, 03년 2월/5월

▶ 웹 브라우저(Web Browser)

• 웹 서버와 HTTP 프로토콜로 통신하여 사용자가 요구한 홈페이지에 접근하여 웹 문서를 사용자에게 보여주는 프로그램이다.
• 별도의 플러그 인(Plug-In)을 설치하여 다양한 멀티미디어 데이터를 처리할 수 있다.
• 전자우편 발송 및 HTML 문서 편집이 가능하다.
• 최근에 접속한 사이트와 URL을 저장할 수 있는 '기록(History)' 기능을 지원한다.
• 자주 방문하는 URL을 저장 및 관리할 수 있는 '즐겨찾기' 기능을 지원한다.
• 웹 브라우저 프로그램 : 마이크로소프트 엣지, 크롬, 네이버 웨일, 인터넷 익스플로러, 넷스케이프, 파이어폭스, 사파리, 오페라, 핫 자바, 크롬 등

> **기적의TIP 쿠키(Cookie)** ✱
> 인터넷 웹 사이트의 방문 정보를 기록하는 텍스트 파일로, 인터넷 사용자가 웹 사이트에 접속한 후 이 사이트 내에서 어떤 정보를 읽고 어떤 정보를 남겼는지에 대한 정보가 사용자의 PC에 저장되며, 고의로 사용자의 정보를 빼낼 수 있는 통로 역할을 할 수도 있음

14년 6월, 08년 2월, 07년 2월/10월, 06년 9월, 04년 2월

▶ 인터넷 정보 검색

인터넷 검색 엔진은 로봇, 스파이더, 에이전트, 웜, 크롤러 등 정보 수집 프로그램을 이용해 대량으로 정보를 수집하고 하이퍼텍스트 기법을 통해 정보를 찾아갈 수 있도록 한다.

주제별 검색 엔진	예술, 정치, 경제, 스포츠, 등 분야별로 분류되어 있는 항목을 마우스로 클릭하여 원하는 정보를 검색함
키워드형 검색 엔진	찾으려는 정보에 대한 키워드를 입력하여 정보를 검색함
메타 검색 엔진	로봇 에이전트를 이용하여 여러 검색 엔진을 참조해 정보를 검색함

1 다음 중 인터넷을 사용하기 위한 웹 브라우저에 해당하지 않는 것은?

① 파이어폭스 　　② 사파리
③ 구글 　　④ 오페라

구글 : 웹 검색 서비스를 제공하는 검색 엔진

[오답 피하기]
웹브라우저에는 인터넷 익스플로러, 넷스케이프, 파이어폭스, 모자이크, 링스, 오페라, 아라크네, 삼바, 핫자바, 사파리 등이 있음

2 다음 중 사용자의 기본 설정을 사이트가 인식하도록 하거나, 사용자가 웹 사이트로 이동할 때마다 로그인해야 하는 번거로움을 생략할 수 있도록 사용자 환경을 향상시키는 것은?

① 쿠키(Cookie)
② 즐겨찾기(Favorites)
③ 웹 서비스(Web Service)
④ 히스토리(History)

쿠키(Cookie) : 인터넷 웹 사이트의 방문 정보를 기록하는 텍스트 파일로, 인터넷 사용자가 웹 사이트에 접속한 후 이 사이트 내에서 어떤 정보를 읽고 어떤 정보를 남겼는지에 대한 정보가 사용자의 PC에 저장되며, 고의로 사용자의 정보를 빼낼 수 있는 통로 역할을 할 수도 있음

3 다음 중 인터넷을 이용한 자체 검색 기능은 가지고 있지 않으나, 한 번의 검색어 입력으로 여러 개의 검색 엔진에서 정보를 찾아 주는 검색 엔진은?

① 디렉터리형 검색 엔진
② 키워드형 검색 엔진
③ 메타 검색 엔진
④ 하이브리드형 검색 엔진

메타 검색 엔진 : 자체적으로 데이터베이스를 가지고 있지 않고 사용자가 검색어를 입력하면 여러 검색 엔진을 한꺼번에 사용하여 검색 기능을 수행함

[오답 피하기]
• 디렉터리형(주제별) 검색 엔진 : 검색하고자 하는 정보를 주제에 따라 분류한 검색 엔진
• 키워드형(단어별) 검색 엔진 : 사용자가 입력한 특정 검색어를 기준으로 검색함
• 하이브리드형 검색 엔진 : 주제별, 단어별, 메타 검색을 실시하는 검색 엔진

22년 상시, 13년 3월, 12년 9월, 08년 5월/10월

POINT 046 인터넷 서비스

월드 와이드 웹 (WWW)	하이퍼링크를 이용하여 인터넷상에 있는 정보를 통일된 방법으로 찾아볼 수 있도록 해 주는 세계적인 인터넷망
전자우편(E-mail)	인터넷을 이용한 메시지의 송수신 서비스
텔넷(Telenet)	원격의 컴퓨터에 접속할 수 있도록 해 주는 서비스
FTP*	원격의 컴퓨터 간에 파일 송수신을 할 수 있도록 해 주는 서비스
유즈넷(Usenet)	특정한 주제나 관심사에 대한 의견을 나눌 수 있는 인터넷 게시판 서비스
IRC*	인터넷을 통한 채팅 서비스
아키(Archie)*	익명 FTP 서버에 있는 파일을 검색하는 서비스
고퍼(Gopher)*	메뉴 선택 방식으로 각종 정보를 손쉽게 검색할 수 있도록 해 주는 서비스
베로니카(Veronica)	고퍼 서버들을 검색해서 조건에 알맞은 자료만 찾아주는 서비스
웨이즈(WAIS)*	키워드를 이용한 데이터베이스를 검색함

개념 체크 ✓

1 다음 중 인터넷에서 제공되는 서비스로 옳지 않은 것은?

① FTP
② TELNET
③ USB
④ WWW

USB(Universal Serial Bus) : 범용 직렬 버스

오답 피하기

• FTP : 파일 전송 프로토콜
• TELNET : 멀리 있는 컴퓨터를 마치 자신의 컴퓨터처럼 사용할 수 있는 원격 접속 시스템
• WWW : 하이퍼텍스트를 기반으로 멀티미디어 정보를 검색할 수 있는 서비스

2 다음 중 인터넷상에서 실시간으로 다른 사람과 채팅을 할 수 있도록 지원하는 서비스는?

① FTP
② ASP
③ XML
④ IRC

IRC(Internet Relay Chat) : 인터넷 채팅으로 인터넷에 연결된 다른 사용자와 실시간으로 채팅함

3 다음 중 인터넷 서비스에 대한 설명으로 옳지 않은 것은?

① 전자우편 : E-mail이라고 하며 다른 인터넷 사용자들과 편지를 주고받을 수 있는 서비스
② IRC : 게시판과 같은 역할을 하며 공통된 주제에 대하여 정보나 의견을 나눌 수 있는 서비스
③ Telnet : 멀리 떨어진 곳에 위치한 호스트 컴퓨터에 접속할 때 사용하는 서비스
④ FTP : 파일전송 프로토콜(File Transfer Protocol)의 약자로 인터넷에서 파일을 송수신할 때 사용되는 서비스

유즈넷(Usenet) : 뉴스 그룹이라고도 하며, 공통 관심사를 갖는 사람들끼리 그룹을 구성하여 게시판에서 관련 정보를 교환, 조회할 수 있는 서비스

인터넷을 통해 전 세계 어디든지 실시간으로 텍스트, 이미지, 사운드, 동영상, 문서 파일을 전송할 수 있는 기능

24년 상시, 23년 상시, 22년 상시, 20년 2월, 19년 3월, …

POINT 047 전자우편(E-mail)*

전자우편 서비스는 편지를 받는 컴퓨터(POP)와 편지를 보낼 때 사용하는 컴퓨터(SMTP)로 구성된다(형식 : ID@ 도메인 네임).

POP 서버	수신된 전자우편의 헤더와 본문을 모두 PC로 전송할 때 사용되는 프로토콜
SMTP 서버	한 컴퓨터에서 다른 컴퓨터로 전자우편 메시지를 전송할 때 사용되는 프로토콜
IMAP 방식	전자우편의 제목을 읽을 때 해당 내용을 전송하기 위해 사용하는 프로토콜
MIME	웹 브라우저가 지원하지 않은 각종 멀티미디어 파일의 내용을 확인하고 실행시켜 주는 프로토콜

기적의 TIP 전자우편 용어

• 답장(Reply) : 메일을 보낸 발송자에게 메일을 전송하는 기능
• 전달(Forward) : 받은 메일을 원본 그대로 다른 이에게 전달하는 기능
• 첨부(Attachment) : 메일에 파일을 덧붙여 보내는 기능
• 동보(Broadcast) : 동일한 메일을 여러 사람에게 전송하는 기능

기적의 TIP 불건전 메일

• Opt-In mail : 사전에 허가를 받고 보내는 광고성 이메일
• 스팸 메일 : 불특정 다수에게 동의 없이 보내는 광고성 메일, 정크 메일(Junk Mail)이라고도 함
• 폭탄 메일 : 상대방에게 지속적으로 크기가 큰 메일을 보내는 것으로, 메일 서버를 마비시킬 수도 있어 법적으로 처벌을 받게 됨

1 다음 중 인터넷을 이용한 전자 우편에 관한 설명으로 옳지 <u>않은</u> 것은?

① 기본적으로 8비트의 유니코드를 사용하여 메시지를 전달한다.
② 전자 우편 주소는 '사용자ID@호스트 주소'의 형식으로 이루어진다.
③ SMTP, POP3, MIME 등의 프로토콜을 사용한다.
④ 보내기, 회신, 첨부, 전달, 답장 등의 기능이 있다.

전자 우편은 기본적으로 7비트의 ASCII 코드를 사용하여 전송함

2 다음 중 전자우편에서 사용하는 POP3 프로토콜에 관한 설명으로 옳은 것은?

① 이메일을 전송할 때 필요로 하는 프로토콜이다.
② 원격 서버에 접속하여 이메일을 사용자 컴퓨터로 가져오기 위한 프로토콜이다.
③ 멀티미디어 이메일을 주고받기 위한 프로토콜이다.
④ 이메일의 회신과 전체 회신을 가능하게 하는 프로토콜이다.

POP3 : 메일 서버에 도착한 E-mail을 사용자 컴퓨터로 가져올 수 있도록 메일 서버에서 제공하는 전자우편을 수신하기 위한 프로토콜

오답 피하기

SMTP : 사용자의 컴퓨터에서 작성한 메일을 다른 사람의 계정이 있는 곳으로 전송해 주는 전자우편을 송신하기 위한 프로토콜

3 다음 중 전자우편과 관련하여 스팸(SPAM)에 관한 설명으로 옳은 것은?

① 바이러스를 유포시키는 행위이다.
② 수신인이 원하지 않는 메시지나 정보를 일방적으로 보내는 행위이다.
③ 다른 사용자의 개인 정보를 허락없이 가져가는 행위이다.
④ 고의로 컴퓨터 프로그램 파일이나 데이터를 파괴시키는 행위이다.

스팸(SPAM) 메일 : 수신자의 의지와 관계없이 일방적으로 전달되는 광고성 전자우편으로 발신자의 신원을 교묘하게 감춘 채 불특정 다수의 사람에게 보내기 때문에 피해를 당해도 대처하기가 쉽지 않음

22년 상시, 18년 3월, 16년 10월, 15년 6월/10월, …

POINT 048 파일 전송 프로토콜(FTP)

▶ 합격 강의

▶ FTP(File Transfer Protocol) ✱

• 파일 전송 프로토콜로, 파일을 전송하거나 받을 때 사용하는 서비스이다.
• 파일 전송은 바이너리(Binary) 모드와 아스키(ASCII) 모드로 구분된다. 바이너리(Binary) 모드는 그림 파일, 동영상 파일이나 실행 파일의 전송에 이용되고, 아스키(AS-CII) 모드는 아스키 코드의 텍스트 파일 전송에 이용된다.
• 파일의 업로드나 다운로드 서비스를 제공하는 컴퓨터를 FTP 서버, 파일을 제공받는 컴퓨터를 FTP 클라이언트라고 한다.
• 계정(Account) 없이 FTP를 사용할 수 있는 서버를 Anonymous FTP 서버라 한다. 일반적으로 Anonymous FTP 서버의 아이디(ID)는 Anonymous이며 비밀번호는 자신의 E-Mail 주소로 설정한다.

> **기적의 TIP** **FTP 프로그램 수행 작업**
> 서버로 파일 업로드, 서버에서 파일 다운로드, 서버의 파일 이름 바꾸기, 서버의 파일 삭제(단, 서버의 응용 프로그램의 실행은 수행 안됨)

개념 체크 ✅

1 다음 중 인터넷 환경에서 파일을 송수신할 때 사용되는 원격 파일 전송 프로토콜로 옳은 것은?

① DHCP
② HTTP
③ FTP
④ TCP

FTP(File Transfer Protocol) : 파일 전송 프로토콜로 파일을 전송하거나 받을 때 사용하는 서비스

오답 피하기

• DHCP(Dynamic Host Configuration Protocol) : IP 주소를 자동으로 할당해 주는 동적 호스트 설정 통신 규약
• HTTP(HyperText Transfer Protocol) : 인터넷상에서 하이퍼텍스트를 주고받기 위한 프로토콜
• TCP(Transmission Control Protocol) : 인터넷 표준 프로토콜로 메시지를 송수신의 주소와 정보로 묶어 패킷 단위로 나눔

2 다음 중 인터넷에서 사용하는 FTP 프로토콜에 관한 설명으로 옳지 <u>않은</u> 것은?

① FTP 서비스를 사용하기 위해서는 일반적으로 해당 사이트의 계정을 가지고 있어야 한다.
② 파일의 업로드, 다운로드, 삭제, 이름 변경 등의 작업을 할 수 있다.
③ FTP 서버에 있는 응용 프로그램들을 실행할 수 있다.
④ 데이터 전송을 위하여 Binary 모드와 ASCII 모드를 제공한다.

FTP 서버에 있는 응용 프로그램들을 다운로드받은 후에 실행할 수 있음

3 다음 중 FTP 프로그램으로 수행할 수 <u>없는</u> 작업은?

① 원격지에 있는 FTP 서버로 파일 업로드
② 원격지에 있는 FTP 서버에서 파일 다운로드
③ 원격지에 있는 FTP 서버의 응용 프로그램 실행
④ 원격지에 있는 FTP 서버의 파일 삭제

원격지에 있는 FTP 서버의 응용 프로그램을 다운받은 후에 실행 가능함

049 인터넷 관련 용어

▶합격 강의

미러 사이트 (Mirror Site)	특정 사이트에 동시에 많은 이용자들이 접속을 시도할 경우 다운되는 것을 방지하기 위해 동일한 내용을 복사해서 다수의 이용자가 보다 빨리 자료를 다운받을 수 있도록 해 주는 사이트
인트라넷 (Intranet)	• 기업의 내부 네트워크와 외부 인터넷을 하나로 연결하여 저렴한 비용으로 필요한 네트워크를 구축하는 것 • 외부의 허가받지 않은 사람이 내부 네트워크에 접근하는 것을 막기 위해 반드시 방화벽이 필요함
엑스트라넷 (Extranet)	몇 개의 인트라넷이 연결되어 사업자들이 고객이나 다른 사업파트너와 정보를 공유할 수 있는 시스템
포털 사이트 (Portal Site)	인터넷에서 검색할 때 거쳐야 하는 관문 사이트로서 전자우편, 정보 검색 다양한 뉴스, 동호회 등 여러 가지 서비스를 한 번에 제공하는 종합 사이트
그룹웨어	기업 내에서 업무에 활용되는 전자결재, 전자우편, 게시판 등 네트워크 소프트웨어
웹 호스팅 (Web Hosting)	서버의 일정 부분을 임대하여 사용자가 직접 웹 서버를 이용하여 웹 사이트를 운영하는 것과 같은 효과를 낼 수 있도록 해 주는 서비스
넷미팅 (Netmeeting)	인터넷에 연결되어 있는 친구와 화상통신을 하며 정보를 주고받을 수 있도록 해 주는 통신 서비스
아바타	가상사회에서 자신의 분신을 뜻하는 말로, 사이버 게임이나 인터넷 채팅에서 자신을 나타내는 애니메이션 인물
크랙커 (Cracker)	고의로 다른 사람의 컴퓨터 시스템에 침입하여 자료를 파괴하거나 불법적으로 자료를 가져가는 행위를 하는 사람
유비쿼터스 (Ubiquitous)✱	사용자가 컴퓨터나 네트워크를 의식하지 않고 장소에 관계없이 자유롭게 네트워크에 접속할 수 있는 환경
Web 2.0	• 사용자가 제공하는 데이터를 이용하여 다양한 서비스를 생산해 낼 수 있는 웹 환경 • 사용자들의 정보 제공과 참여를 통해 사용자 간에 정보를 공유하는 환경 • Web 2.0 대표적인 기술 : XML, RSS, AJAX • 대표적인 예 : 블로그 등을 이용하여 사용자와 정보 공유, 자료에 사용자가 입력한 태그 정보를 통한 검색, UCC를 이용한 사용자 간의 정보 참여
네티켓	인터넷상에서 지켜야 할 예의범절
VoIP✱	인터넷 프로토콜을 이용하여 데이터뿐 아니라 음성을 함께 전송할 수 있도록 지원하는 프로토콜(원거리 통화 시 PSTN보다 요금이 높지 않으며 일정 수준의 통화 품질이 보장되지 않음)
WLL✱	무선 가입자 회선으로 전화국과 사용자 단말 사이를 무선으로 연결하여 구성하는 방식
블루투스 (Bluetooth)✱	무선 기기(이동 전화, 컴퓨터, PDA 등) 간 정보 전송을 목적으로 하는 근거리 무선 접속 프로토콜로 IEEE 802.15.1 규격을 사용하는 PANs(Personal Area Networks)의 산업 표준

지그비(Zigbee)	저가, 저전력의 장점이 있는 무선 매쉬 네트워킹의 표준임. 반경 30m 내에서 데이터를 전송(20~250kbps)하며, 최대 255대의 기기를 연결함
텔레매틱스 (Telematics)	통신망을 통해 확보된 위치 정보를 기반으로 교통 안내, 긴급 구난, 물류 정보 등을 제공하는 이동형 정보 활용 서비스
RFID	전파를 이용하여 정보를 인식하는 기술로 출입 관리, 주차 관리, 제품 식별 등에 주로 사용(사물에 부착된 전자 태그를 감지하는 센서 기술)

개념 체크 ✔

1 다음 중 인터넷 전화와 가장 관련이 있는 기술은?
① IPTV
② ASP
③ VoIP
④ WTP

VoIP(Voice over Internet Protocol) : 음성 데이터를 인터넷 프로토콜 데이터 패킷으로 변환하여 인터넷 망으로 일반 데이터 망에서 음성 통화를 가능하게 해 주는 통신 서비스 기술

오답 피하기
• IPTV(Internet Protocol TV) : 초고속 인터넷을 이용한 TV로 방송 등 다양한 콘텐츠를 제공받는 TV
• ASP(Active Server Page) : Windows 환경에서 동적인 웹페이지를 제작할 수 있는 스크립트 언어
• WTP(Wireless Transaction Protocol) : 데이터그램 서비스의 상단에서 수행되는 프로토콜

2 다음 중 인터넷 기술을 적용한 인트라넷에 관한 설명으로 옳은 것은?
① 핸드폰, 노트북 등과 같은 단말장치의 근거리 무선 접속을 지원하기 위한 통신 기술이다.
② 인터넷 기술을 기업 내의 전자우편, 전자결재 등과 같은 정보시스템에 적용한 것이다.
③ 납품 업체나 고객 업체 등 관련있는 기업들 간의 원활한 통신을 위한 시스템이다.
④ 분야별 공통의 관심사를 가진 인터넷 사용자들이 서로의 의견을 주고 받을 수 있게 하는 서비스이다.

인트라넷(Intranet) : 인터넷의 기술을 기업 내 정보 시스템에 적용한 것, 전자우편 시스템, 전자 결재 시스템 등을 인터넷 환경으로 통합하여 사용하는 것

오답 피하기
① : 블루투스, ③ : 엑스트라넷, ④ : 유즈넷

3 다음 중 인터넷을 이용할 때 자주 방문하게 되는 웹 사이트로 전자우편, 뉴스, 쇼핑, 게시판 등 다양한 서비스를 통합하여 제공하는 사이트를 의미하는 것은?
① 미러 사이트
② 포털 사이트
③ 커뮤니티 사이트
④ 멀티미디어 사이트

인터넷 이용 시 반드시 거쳐야 된다는 의미의 '관문 사이트'로 한 사이트에서 '정보 검색, 전자우편, 쇼핑, 채팅, 게시판' 등의 다양한 인터넷 서비스를 제공하는 사이트

SECTION 05

1과목 컴퓨터 일반

멀티미디어의 개념 및 운용

23년 상시, 18년 3월, 15년 10월, 14년 6월, 13년 3월, …

POINT 050 멀티미디어 개요

▶ 합격 강의

▶ 멀티미디어 기본 개념

• 문자, 그림, 음악, 이미지, 영상 등의 여러 가지 정보가 통합되어 하나의 정보로 전달되는 것을 말한다.
• Multi(다중)와 Media(매체)의 합성어로 다양한 매체를 통해 정보를 전달한다는 의미이다.
• 멀티미디어 데이터를 전송할 경우 비동기 전송(ATM) 방식이 적당하다.

24년 상시, 23년 상시, 20년 2월, 17년 3월, 16년 10월, 15년 6월, 14년 3월, 12년 3월, …

▶ 멀티미디어의 특징 ✽

통합성	문자, 그래픽, 사운드 등의 다양한 매체를 통합함
디지털화	다양한 데이터 형식을 컴퓨터가 인식하도록 디지털로 변환함
쌍방향성	사용자와 제공자 간에 서로 정보를 주고받음
비선형성	사용자의 선택에 따라 정보를 처리함

24년 상시, 23년 상시, 22년 상시, 21년 상시, 18년 9월, 17년 9월, 15년 6월, 14년 6월, …

▶ 멀티미디어의 활용

가상 현실(VR) (Virtual Reality)	컴퓨터를 이용하여 특정 상황을 설정하고 구현하는 기술인 모의실험(Simulation)을 통해 실제 주변 상황처럼 경험하고 상호 작용하는 것처럼 느끼게 할 수 있는 인터페이스 시스템
증강현실(AR) ✽ (Augmented Reality)	사람이 눈으로 볼 수 있는 실세계와 관련된 3차원의 부가 정보를 제공받을 수 있는 기술
주문형 비디오(VOD) ✽ (Video On Demand)	사용자의 주문에 의해 데이터베이스로 구축되어 있는 영화나 드라마, 뉴스 등의 비디오 정보를 실시간으로 즉시 전송해 주는 서비스
MOD (Music On Demand)	주문형 음악 서비스로 초고속 무선 인터넷의 발달로 다운로드받지 않고도 스트리밍 방식으로 음악 파일이나 음원을 주문하여 실시간으로 들을 수 있음
화상 회의 시스템 ✽ (VCS : Video Conference System)	원거리에 있는 사람들끼리 TV 화면을 통한 화상을 통해 원격으로 회의를 할 수 있는 시스템
CAI(Computer Assisted Instruction)	컴퓨터를 응용한 학습 지원 시스템으로 많은 수의 사람을 동시에 교육할 수 있으며 개인에 따른 맞춤형 교육까지 가능한 자동 교육 시스템

키오스크(Kiosk)	'정보 안내기'로 특정한 정보의 전달에만 사용되는 컴퓨터이며 고속도로에 설치된 교통 안내, 건물의 입구에 설치되어 입주한 기업의 안내용으로 만들어진 컴퓨터 등이 대표적임

> **기적의 TIP 하이퍼미디어와 하이퍼텍스트**
> • 하이퍼미디어(Multimedia) : 하이퍼텍스트가 확장된 개념으로 월드 와이드 웹처럼 문자 외에 소리, 그래픽, 움직이는 영상으로 정지 영상 등을 링크하는 기능으로 비선형 구조임
> • 하이퍼텍스트(Hypertext) : 특정 문자, 그림 등에 마우스를 클릭하여 연관성 있는 페이지로 이동하는 기능임

24년 상시, 21년 상시, 17년 9월, 07년 10월, 06년 2월/5월/9월

▶ 멀티미디어 관련 기술

광 매체 기술	CD-ROM, DVD 등을 이용하여 대량의 데이터를 보다 저렴한 가격으로 저장할 수 있음
영상 압축 기술	• JPEG : 정지 영상을 압축하여 저장하기 위한 기술 • MPEG : 동영상을 압축하여 저장하기 위한 기술
사운드 압축 기술	MP3 기술이 대표적임
멀티미디어 데이터 전송 기술	스트리밍은 인터넷을 통해 전송받으면서 실시간으로 재생이 가능한 기술로, 데이터를 모두 다운로드하지 않고 몇 초간만 데이터를 버퍼링하면 바로 재생할 수 있다는 장점을 가짐 예 *.ra, *.ram, *.viv, *.wmv, *.asf, *.asv)
코덱(CODEC)	아날로그 신호를 디지털 신호로 또는 디지털 신호를 아날로그 신호로 변환하는 장치
DMB	방송과 통신이 결합된 차세대 이동 멀티미디어 방송 서비스

> **기적의 TIP HCI 기술**
> • HCI는 인간과 컴퓨터의 상호작용을 연구하는 분야이다.
> • 컴퓨터 시스템 설계 시 인간의 요소를 고려하여 효율성을 높이기 위한 기술이다.
> • 문자 명령이 아닌 이미지를 이용한 입력 방식인 GUI 기술, 음성 인식 및 영상 인식 기술이 대표적인 예이다.
>   └ Graphical User Interface

1 다음 중 멀티미디어에 대한 설명으로 옳지 않은 것은?

① 멀티미디어 데이터는 다양한 하드웨어와 소프트웨어 환경에서 생성, 처리, 전송, 이용되므로 상호 호환되기 위한 표준이 필요하다.

② 멀티미디어는 텍스트, 이미지, 사운드, 애니메이션, 동영상 등의 데이터를 아날로그화시킨 복합 구성 매체이다.

③ 가상현실, 전자출판, 화상회의, 방송, 교육, 의료 등 사회 전 분야에서 활용되고 있다.

④ 사용자는 정보 제공자와의 상호작용을 통해 어떤 정보를 언제 어떠한 형태로 얻을 것인지 결정하여 데이터를 전달받을 수도 있다.

멀티미디어는 텍스트, 이미지, 사운드, 애니메이션, 동영상 등의 데이터를 디지털화시킨 복합 구성 매체임

2 정보화 시대, 인터넷 시대에 중요한 요소로 자리하고 있는 멀티미디어의 특징과 그에 대한 설명으로 옳지 않은 것은?

① 디지털화 : 다양한 아날로그 데이터를 디지털 데이터로 변환하여 통합 처리한다.

② 쌍방향성 : 정보 제공자와 사용자 간의 의견을 통한 상호 작용에 의해 데이터가 전달된다.

③ 정보의 통합성 : 텍스트, 그래픽 사운드, 동영상, 애니메이션 등의 여러 미디어를 통합하여 처리한다.

④ 선형성 : 데이터가 일정한 방향으로 처리되고 순서와 관계없이 원하는 선택쪽으로 처리한다.

멀티미디어는 사용자의 선택에 따라 정보를 처리하는 비선형 구조임

3 다음 중 지하철이나 버스 정류장에서 지역과 관련된 지도나 주변 상가 정보 또는 특정 정보를 인터넷과 연결하여 효과적으로 전달하는 입간판 형태의 정보안내 기기는?

① 주문형 비디오(VOD)

② CAI(Computer Assisted Instruction)

③ 키오스크(Kiosk)

④ 화상 회의 시스템(VCS)

키오스크(Kiosk) : 무인 자동화 정보 안내 시스템으로 주로 공공장소에 설치되며 터치 스크린 방식을 이용함

오답 피하기

• 주문형 비디오(VOD; Video On Demand) : 사용자의 주문에 의해 데이터베이스로 구축되어 있는 영화나 드라마, 뉴스 등의 비디오 정보를 실시간으로 즉시 전송해 주는 서비스

• CAI(Computer Assisted Instruction) : 컴퓨터를 응용한 학습 지원 시스템으로 많은 수의 사람을 동시에 교육할 수 있으며 개인에 따른 맞춤형 교육까지 가능한 자동 교육 시스템

• 화상 회의 시스템(VCS; Video Conference System) : 원거리에 있는 사람들끼리 TV 화면을 통한 화상을 통해 원격으로 회의를 할 수 있는 시스템

POINT 051 멀티미디어 데이터

▶합격 강의

24년 상시, 22년 상시, 20년 2월, 14년 10월, 12년 6월, 08년 2월, 07년 2월/5월, …

▶ 사운드 파일 형식 ✱

WAVE 형식	• 아날로그 신호를 디지털화하여 나타내는 것으로, 소리의 파장이 그대로 저장됨 • 직접 재생이 가능한 파일 형식 • 자연의 음향과 사람의 음성 표현이 가능함 • 음질이 뛰어나기 때문에 파일의 용량이 큼(MIDI보다 큼) • Windows의 오디오 파일 형식으로 사용 • 확장자 : *.wav
MIDI 형식	• Musical Instrument Digital Interface의 약어로, 전자 악기 사이의 데이터 교환을 위한 규약 • 음의 강도, 악기 종류 등과 같은 정보를 기호화하여 코드화한 방식 • 용량이 작으며 사람의 목소리나 자연음은 재생할 수 없음 • 확장자 : *.mid
MP3 형식	• Moving Picture Experts Group Audio Layer-3의 약어로, 오디오 데이터를 압축하기 위한 방식 • 기존 데이터를 음질의 저하 없이 약 1/10 정도로 압축할 수 있음 • CD에 저장된 음악 파일을 MP3 형식으로 변환할 수 있음 • MP3 파일을 재생하기 위해서는 별도의 전용 플레이어가 필요함 • 확장자 : *.mp3 • 파일 크기 : 표본 추출률(Hz), 샘플 크기(bit), 재생 방식(Mono, Stereo) 등의 요소에 의해 결정됨

19년 3월, 18년 3월/9월, 14년 10월, 11년 7월, 10년 6월/10월, 09년 7월, 07년 2월, …

▶ 그래픽 데이터의 표현 방식

비트맵(Bitmap) ✱	• 이미지를 점의 집합으로 표현하는 것으로, 이미지를 확대할 때 계단 현상(앨리어싱)이 발생함 • 고해상도 이미지를 표현하는데 편리함 • 확장자 : *.bmp, *.jpg, *.pcx, *.tif, *.png, *.gif
벡터(Vector) ✱	• 선분과 도형의 집합으로 이미지를 표현하는 것으로, 이미지를 확대해도 계단 현상은 발생하지 않음 • 고해상도 이미지를 표현하기에는 적합하지 않음 • 확장자 : *.wmf, *.eps, *.ai, *.cdr

24년 상시, 23년 상시, 22년 상시, 21년 상시, 16년 3월/6월, 15년 3월, 14년 3월, …

▶ 그래픽 파일 형식

BMP ✱	압축을 하지 않기 때문에 고해상도의 이미지를 표현할 수 있지만 용량이 커지는 단점이 있음
GIF	비손실 압축 방법을 사용하기 때문에 이미지의 손상은 없지만 압축률이 좋지 않음
JPEG ✱	정지 영상 압축 기술에 관한 표준화 규격으로, 비손실 압축과 손실 압축 모두 지원함
PNG	GIF와 JPEG의 장점만을 조합하여 만든 형식

24년 상시, 23년 상시, 19년 8월, 16년 3월/10월, 15년 10월, 09년 10월, 03년 7월
그래픽 관련 용어

인터레이싱＊	이미지를 줄별로 서서히 나타나게 만드는 기법
디더링＊	색상 표현을 할 수 없을 경우 컴퓨터 프로그램을 이용하여 다른 색상들을 섞어 비슷한 색상으로 표현하는 작업
안티앨리어싱	이미지의 가장자리 부분에 발생한 계단 현상을 제거하는 것
모핑＊	어떤 화상에서 다른 화상으로 매끄럽게 변화시키는 기술
렌더링＊	2차원 또는 3차원 물체의 모형에 색상, 농도, 명암, 그림자 등의 효과를 주어 사실감을 추가하는 기법
프로그레시브	이미지를 저해상도에서 고해상도로 서서히 나타나게 해 주는 기법

23년 상시, 19년 3월, 16년 3월, 13년 6월, 10년 6월, 09년 4월, 08년 8월/10월, …
동영상 데이터

MPEG＊	• 음성과 영상을 압축하여 실시간으로 재생이 가능한 동영상 표준 압축 기법으로, 일부 데이터가 손실되어도 이용 목적에 문제가 되지 않는 손실 압축 방법을 이용하여 최대 압축률은 50:1 정도임 • MPEG1, MPEG2, MPEG4, MPEG7, MPEG21이 존재함 • 확장자 : *.mpg
ASF	• 마이크로소프트사 통합 멀티미디어 형식으로 스트리밍을 위한 표준 기술 규격 • 확장자 : *.asf, *.wmv
DivX＊	• 동영상 압축이 우수한 비규격 파일 형식으로 MPEG4 화질과 MP3 음질을 제공함 • 확장자 : *.avi
AVI＊	• Windows의 표준 동영상 파일 형식으로, 화질이 우수하나 파일 크기가 큼 • 확장자 : *.avi
Quick Time Mov	• Apple 사에서 개발한 동영상 압축 기술로, JPEG 압축 방식을 사용함 • 확장자 : *.mov

23년 상시, 21년 상시, 19년 3월, 16년 6월, 12년 9월, 11년 3월, 09년 2월, 08년 8월, …
MPEG(Moving Picture Experts Group)의 규격＊

1988년 설립된 동화상 전문가 그룹을 의미하는 Moving (Motion) Picture Experts Group의 약자로 동영상을 압축하는 방법을 연구하고 표준안을 제정하고 있다.

MPEG-1	• 비디오 CD나 CD-I의 규격 • 저장 매체나 CD 재생의 용도로 이용함 • 동영상과 음향을 최대 1.5Mbps로 압축하여 저장함
MPEG-2＊	• 디지털 TV, 대화형 TV, DVD 등 높은 화질과 음질을 필요로 하는 분야의 압축 기술 • 디지털로 압축된 영상 신호의 데이터 구조를 정의한 것으로 상업 수준의 디지털 방송 및 DVD 영상에 주도적으로 사용함
MPEG-4＊	• 멀티미디어 통신을 위해 만들어진 영상 압축 기술 • 낮은 전송률(매초 64Kbps, 19.2Kbps)로 동영상을 보내고자 개발된 데이터 압축과 복원 기술 • 동영상의 압축 표준안 중에서 IMT-2000 멀티미디어 서비스, 차세대 대화형 인터넷 방송의 핵심 압축 방식으로 비디오/오디오를 압축하기 위한 표준
MPEG-7＊	• 인터넷상에서 멀티미디어 동영상의 정보 검색이 가능함 • 정보 검색 등을 효율적으로 사용하기 위한 콘텐츠 저장 및 검색을 위한 표준
MPEG-21＊	MPEG 기술을 통합한 디지털 콘텐츠의 제작, 유통, 보안 등 모든 과정을 관리할 수 있는 규격
H.264	• 높은 압축률이 지원되는 디지털 비디오 코덱 표준 기술 • 현재 국내 지상파 DMB 및 위성 DMB의 비디오 기술 표준 • 높은 화질 및 음질의 지원으로 디지털 방송이나 모바일 동영상 플레이어에 효율적임 • MPEG-4 Part 10 또는 MPEG-4 AVC(Advanced Video Coding)라고도 함

기적의 TIP **MHEG**

Multimedia and Hypermedia information coding Experts Group의 약자로 멀티미디어 콘텐츠에서 각 객체의 배치나 출력의 타이밍, 사용자의 조작에 대한 응답 방법 등을 기술하는 언어의 표준을 책정하는 ISO의 전문가 위원회의 명칭 및 규격명

※ 사운드의 압축 및 복원 관련 기술 : FLAC(Free Lossless Audio Codec), AIFF(Audio Interchange File Format), WAV(WAVeform Audio Format) 등이 있음

개념 체크 ✓

1 다음 중 JPEG 표준에 대한 설명으로 옳지 않은 것은?

① JPEG은 정지 화상을 위해서 만들어진 손실 압축 방식의 표준이며, 비손실 압축 방식도 규정되어 있으나 이 방식은 특허 문제나 압축률 등의 이유로 잘 쓰이지 않는다.

② JPEG 표준을 사용하는 파일 형식에는 jpg, jpeg, jpe 등의 확장자를 사용한다.

③ JPEG은 웹상에서 사진 등의 화상을 보관하고 전송하는데 가장 널리 사용되는 파일 형식이다.

④ 문자, 선, 세밀한 격자 등 고주파 성분이 많은 이미지의 변환에서는 GIF나 PNG에 비해 품질이 매우 우수하다.

용량 면이나 전송 시간 면에서는 효율적이나 GIF나 PNG에 비해 품질이 매우 우수하지는 않음

2 다음 중 영상의 표현과 압축 방식들에 대해서는 관여하지 않으며 특징 추출을 통해 디지털 방송과 전자도서관, 전자상거래 등에서 멀티미디어 데이터를 효과적으로 검색할 수 있는 영상 압축 기술은?

① MPEG 1   ② MPEG 4
③ MPEG 7   ④ MPEG 21

MPEG-7 : 인터넷상에서 멀티미디어 동영상의 정보 검색이 가능, 정보 검색 등을 효율적으로 사용하기 위한 콘텐츠 저장 및 검색을 위한 표준

SECTION 06

1과목 컴퓨터 일반
정보 통신 일반

24년 상시, 19년 8월, 16년 10월, 13년 6월

POINT 052 **정보 통신망의 구성 형태와 특징**

▶합격 강의

스타(Star)형*	• 허브에 모든 노드를 직접적으로 연결하는 가장 일반적인 방식 • 문제 파악과 수리가 쉽지만, 허브가 고장나면 네트워크가 마비됨
버스(Bus)형*	• 모든 네트워크 노드를 하나의 케이블로 연결함 • 케이블의 종단에는 종단 장치가 있어야 함
링(Ring)형*	• 모든 컴퓨터를 하나의 링으로 연결함 • 통신 제어가 간단하고 신뢰성이 높으나 문제 파악 및 수리가 어려움
트리(Tree)형	• 하나의 컴퓨터에 네트워크를 연결하여 확장하는 형태 • 네트워크 구축은 쉬우나 확장이 많을 경우 트래픽이 가중될 수 있음
망(Mesh)형	• 네트워크상의 노드들이 서로 간에 연결하는 방식으로 WAN에 주로 사용됨 • 특정 노드에 이상이 생겨도 전송이 가능하나 구축하기 어려움

기적의 TIP 정보 전송 방식

- 단방향 방식(Simplex) : 한쪽 방향으로만 송신 또는 수신이 가능한 형태(예 TV, 라디오)
- 반이중 방식(Half Duplex) : 양방향으로 송수신이 가능하며, 동시에 송수신은 불가능한 형태(예 무전기)
- 전이중 방식(Full Duplex) : 동시에 양방향으로 송수신이 가능한 형태(예 전화)

개념 체크 ✓

1 다음 중 중앙의 주 컴퓨터에 이상이 발생하면 시스템 전체의 기능이 마비되는 통신망 형태는?

① 버스(Bus)형　　　　② 트리(Tree)형
③ 성(Star)형　　　　④ 메시(Mesh)형

성(Star)형 : 중앙에 컴퓨터와 단말기들이 1 : 1로 연결되어 있는 형태로 주 컴퓨터에 이상이 발생하면 시스템 전체의 기능이 마비됨

오답 피하기

- 버스(Bus)형 : 한 통신 회선에 여러 대의 단말기가 접속되는 형태로 한 노드의 고장은 다른 노드에 영향을 주지 않음
- 트리(Tree)형 : 중앙의 컴퓨터와 일정 지역의 단말기까지는 하나의 통신 회선으로 연결되어 이웃 단말기는 이 단말기로부터 근처의 다른 단말기로 회선이 연장되는 형태
- 메시(Mesh)형 : 모든 단말기와 단말기들을 통신 회선으로 연결 시킨 형태로 통신 회선의 전체 길이가 가장 길어짐

2 다음 중 무전기와 같이 한 번에 한 방향으로만 통신이 가능한 방식을 무엇이라 하는가?

① Z모뎀 방식(Zmodem)
② 단방향 방식(Simplex)
③ 반이중 방식(Half Duplex)
④ 전이중 방식(Full Duplex)

반이중(Half Duplex) 방식 : 양쪽 방향에서 데이터를 전송하지만 동시 전송은 불가능함(예 무전기)

오답 피하기

- 단방향(Simplex) 방식 : 한쪽 방향으로만 데이터를 전송함(예 라디오, TV 방송)
- 전이중(Full Duplex) 방식 : 양쪽 방향에서 동시에 데이터를 전송함(예 전화)

24년 상시, 23년 상시, 17년 9월, 15년 6월, 14년 6월/10월, …

POINT 053 **정보 통신망의 종류**

▶합격 강의

구내망(PBX)	회사에 설치된 구내전화 교환기로서 교환원에 의해 수동으로 연결되는 방식
근거리 통신망* (LAN)	자원 공유를 목적으로 전송 거리가 짧은 학교, 연구소, 병원 등의 구내에서 사용하는 통신망으로 WAN보다 속도가 빠름
부가 가치 통신망* (VAN)	특정 서비스를 제공하는 통신망(Network)으로, 일반적인 공중 네트워크에서는 쉽게 찾을 수 없는 정보나 서비스를 유료로 제공하는 통신망
광역 통신망 (WAN)	전 세계에 걸친 넓은 지역의 수많은 컴퓨터를 서로 연결하여 정보를 송수신할 수 있도록 해 주는 통신망
도시 통신망 (MAN)	도서 또는 지역으로 연결한 통신망
종합 정보 통신망 (ISDN)	문자, 음성, 동영상 등 다양한 데이터를 통합하여 디지털화된 하나의 통신 회선으로 전송하는 통신망
B-ISDN	광대역 네트워크에서 데이터, 음성, 고해상도의 동영상 등 다양한 서비스를 디지털 통신망을 이용해 제공하는 고속 통신망
IMT-2000	이동 통신의 문제점인 지역적 한계와 고속 전송에 대한 기술적 한계를 극복하고, 각 나라마다 다른 이동 통신 방식을 통일하여, 한 대의 휴대용 전화기로 전 세계 어디서나 통화할 수 있게 하는 규격
ADSL	전화 회선을 통해 높은 주파수 대역으로 고속으로 정보를 전송하는 기술로 다운로드와 업로드 속도가 다른 비대칭 구조를 가지며 같은 회선에 음성 데이터와 디지털 데이터를 동시에 보내는 서비스 기술

개념 체크 ✓

1 다음 중 네트워크에서 사용하는 용어의 설명으로 옳지 않은 것은?

① LAN : 전송거리가 짧은 건물 내에서 사용하는 통신망

② WAN : 국가 간 또는 대륙 간의 넓은 지역을 연결하는 통신망

③ B-ISDN : 초고속으로 대용량 데이터를 전송하며 아날로그 방식의 통신 방식을 사용하는 통신망

④ VAN : 통신 회선을 빌려 단순한 전송 기능 이상의 정보 축적이나 가공, 변환 처리 등의 부가가치를 부여한 정보를 제공하는 통신망

B-ISDN(Broadband Integrated Service Digital Network) : 초고속으로 대용량 데이터를 전송하며 아날로그 방식이 아닌 디지털 통신 방식을 사용하는 광대역 종합정보통신망

2 다음 중 근거리 통신망(LAN)에 관한 설명으로 옳지 않은 것은?

① 비교적 전송 거리가 짧아 에러 발생률이 낮다.

② 반이중 방식의 통신을 한다.

③ 자원 공유를 목적으로 컴퓨터들을 상호 연결한다.

④ 프린터, 보조 기억 장치 등 주변 장치들을 쉽게 공유할 수 있다.

반이중(Half Duplex) 통신 : 양쪽 방향에서 데이터를 전송하지만 동시에 전송이 불가능한 방식으로 무전기 등에서 사용됨

3 다음 중 네트워크 규모에 따른 통신망의 종류로 적절하지 않은 것은?

① MAN

② WAN

③ PCM

④ LAN

PCM(Pulse Code Modulation)

• 정보 신호 변환 방식으로 아날로그 신호를 디지털 펄스로 변환하여 전송하고 수신측에서 이를 다시 본래의 아날로그 신호로 환원시키는 방식

• 음성 데이터를 디지털 데이터로 표현할 때 사용하는 방식

오답 피하기

• MAN(Metropolitan Area Network) : 도시권 정보 통신망

• WAN(Wide Area Network) : 광역 통신망

• LAN(Local Area Network) : 근거리 통신망

• 정보 통신망의 범위 : LAN → MAN → WAN

POINT 054 네트워크 접속 장비*

▶ 합격 강의

허브(Hub)	근거리 통신망에서 여러 대의 단말기를 접속하는 장치
스위칭 허브* (Switching Hub)	여러 대의 컴퓨터를 연결하는 장치로, 더미 허브(Dummy Hub)와는 달리 노드가 늘어나도 속도에는 변화가 없음 (노드가 늘어나면 데이터 충돌이 많아져 속도가 저하됨)
라우터(Router)*	• 랜을 연결하여 정보를 주고받을 때 송신 정보에 포함된 수신처의 주소를 읽고 가장 적절한 통신통로를 이용하여 다른 통신망으로 전송하는 장치 • 서로 다른 프로토콜로 운영되는 인터넷을 접속할 때는 반드시 필요한 장비
게이트웨이* (Gateway)	서로 다른 네트워크를 상호 접속하거나 다른 프로토콜을 사용하는 경우에 변환 작업을 수행하는 장치
리피터 (Repeater)*	디지털 방식의 통신 선로에서 전송 신호를 재생시키거나 출력 전압을 높여 전송하는 장치
브리지(Bridge)*	• 두 개의 근거리 통신망(LAN) 시스템을 이어주는 접속 장치 • 양방향으로 데이터의 전송만 해줄 뿐 프로토콜 변환 등 복잡한 처리는 불가능함 • 네트워크 프로토콜과는 독립적으로 작용하므로 네트워크에 연결된 여러 단말들의 통신 프로토콜을 바꾸지 않고도 네트워크를 확장할 수 있음
백본 (Backbone)	등뼈 또는 척추의 뜻으로 브랜치 랜(Branch LAN) 사이를 연결하도록 설계한 고속 네트워크
네트워크 인터페이스 카드(NIC)	• 컴퓨터와 컴퓨터 또는 컴퓨터와 네트워크를 연결하는 장치 • 정보 전송 시 정보가 케이블을 통해 전송될 수 있도록 정보 형태를 변경함 • 이더넷 카드(LAN 카드) 혹은 어댑터라고 함

개념 체크 ✓

1 다음 중 정보통신에서 네트워크 관련 장비에 대한 설명으로 옳지 않은 것은?

① 라우터 : 네트워크를 구성하기 위해 반드시 필요한 장비로 정보 전송을 위한 최적의 경로를 찾아 통신망에 연결하는 장치

② 허브 : 네트워크를 구성할 때 여러 대의 컴퓨터를 연결하고, 각 회선들을 통합 관리하는 장치

③ 브리지 : 네트워크를 구성할 때 디지털 신호를 아날로그 신호로 변환하여 전송하고 다시 수신된 신호를 원래대로 변환하기 위한 전송 장치

④ 게이트웨이 : 한 네트워크에서 다른 네트워크로 들어가는 입구 역할을 하는 장치로 근거리통신망(LAN)과 같은 하나의 네트워크를 다른 네트워크와 연결할 때 사용되는 장치

브리지(Bridge) : 독립된 두 개의 근거리 통신망(LAN)을 연결하는 접속 장치

오답 피하기

모뎀(MODEM) : 디지털 신호를 아날로그 신호로 변환하는 변조 과정과 아날로그 신호를 디지털 신호로 변환하는 복조 과정을 수행하는 장치

2 다음 중 정보 통신 장비와 관련하여 리피터(Repeater)에 관한 설명으로 옳은 것은?

① 적절한 전송 경로를 선택하여 데이터를 전달하는 장비이다.

② 프로토콜이 다른 네트워크를 결합하는 장비이다.

③ 감쇠된 전송 신호를 증폭하여 다음 구간으로 전달하는 장비이다.

④ 같은 프로토콜을 사용하는 독립적인 2개의 근거리 통신망에 상호 접속하는 장비이다.

리피터(Repeater) : 네트워크에서 디지털 신호를 일정한 거리 이상으로 전송시키면 신호가 감쇠가 발생하므로 장거리 전송을 위해 신호를 새로 재생하거나 출력 전압을 높여 전송하는 장치

오답 피하기

① : 라우터(Router), ② : 게이트웨이(Gateway), ④ : 브리지(Bridge)

3 다음 중 네트워크 연결 장치와 관련하여 패킷의 헤더 정보를 보고 목적지를 파악하여 다음 목적지로 전송하기 위한 최선의 경로를 선택할 수 있는 것으로 옳은 것은?

① 허브(Hub)

② 브리지(Bridge)

③ 스위치(Switch)

④ 라우터(Router)

라우터(Router) : 데이터 전송을 위한 최적의 경로를 선택함

24년 상시, 20년 2월/7월, 18년 3월/9월, 17년 3월/9월

POINT 055 모바일 기기 관련 용어

▶합격 강의

• LTE(Long Term Evolution) : 3세대 이동통신(3G)과 4세대 이동통신(4G)의 중간에 해당하는 기술로, 최대 20MHz 대역폭에서 하향 링크 최대 전송 속도 100Mbps, 상향 링크 50Mbps의 전송 속도를 지원한다.

• m-VoIP : 무선 모바일 인터넷을 이용하여 휴대폰으로 인터넷 전화를 할 수 있는 기술이다.

• N 스크린(N-screen) : 하나의 콘텐츠를 스마트폰 · PC · 스마트TV · 태블릿PC · 자동차 등 다양한 디지털 정보기기에서 공유할 수 있는 컴퓨팅 · 네트워크 서비스이다.

• NFC(Near Field Communication) : 무선태그(RFID) 기술 중 하나로 비접촉식 근거리 무선통신 모듈이며, 10cm 이내의 가까운 거리에서 다양한 무선 데이터를 주고받는 통신 기술이다.

• SNS(Social Networking Service) : 온라인상에서 이용자들이 관심사를 공유하고 친밀도를 높여 인맥을 확장할 수 있게 하는 서비스이다.

• UX(User Experience) : 사용자가 시스템, 제품, 서비스를 이용하면서 느끼고 생각하게 되는 총체적 경험으로 기술을 효용성 측면뿐만 아니라 사용자의 삶의 질을 향상시키는 방향으로 이해하려는 접근법이다.

• Wi-Fi(Wireless-Fidelity) : 2.4GHz대를 사용하는 무선 랜(WLAN) 표준으로 무선 접속 장치(AP : Access Point)가 설치된 곳에서 일정 거리 안에서 무선 인터넷을 할 수 있는 근거리 통신망이다.

• 블루투스(Bluetooth) : 휴대폰, 노트북, 이어폰, 헤드폰 등의 모바일 기기를 서로 연결하여 정보를 교환할 수 있게 하는 근거리 무선 기술 표준으로 주로 10미터 안팎의 최단 거리에서 사용한다.

• 앱스토어(App Store) : 애플리케이션 스토어(Application Store)의 준말로 스마트폰이나 태블릿 PC를 통해 다양한 애플리케이션(응용 프로그램)을 판매하는 모바일 콘텐츠 장터를 말한다.

• 와이브로(Wibro : Wireless Broadband Internet) : 무선 광대역 인터넷 서비스로 언제 어디서나 이동하면서 인터넷을 이용할 수 있다. 이론적으로 최대 전송 속도는 10Mbps, 최대 전송 거리는 1km이며, 시속 120km/h로 이동하면서 사용할 수 있다.

• 클라우드 서비스(Cloud Service) : 영화, 사진, 음악 등 미디어 파일 문서 주소록 등 사용자의 콘텐츠를 서버에 저장해 두고 스마트폰이나, 스마트TV를 포함한 어느 기기에서든 다운로드 후 사용할 수 있는 서비스이다.

• 핫스팟(Hot Spot) : 전파를 중계하는 무선 랜 기지국으로 초고속 데이터 전송 속도를 내지만, 응답 반경이 최대 200m 정도밖에 되지 않아 사람이 많이 몰리는 도시의 중심가나 대학 도서관 등 한정된 지역을 중심으로 설치할 수밖에 없다.

• 테더링(Tethering) : 인터넷이 가능한 스마트기기의 통신 중계기 역할로 PC의 인터넷 접속을 가능하게 하고 모바일 데이터 연결을 공유한다.

- 사물 인터넷(IoT : Internet of Things) : 인간 대 사물, 사물 대 사물 간에 인터넷으로 연결되어 정보의 소통이 가능한 기술로서 개인별 맞춤형 스마트 서비스를 지향하며 정보 보안 기술의 적용이 중요하다. 개방형 아키텍처로 스마트 센싱 기술과 무선 통신 기술을 융합한 실시간 송수신 서비스를 제공한다(IoT 네트워크를 이용할 경우 사물마다 네트워크가 연결되므로 통신 비용이 증가하며 성능과 형태가 모두 다른 이기종 간의 사물인터넷마다 정보보안기술을 적용하기가 용이하지 않음).
- 3D 프린터(Printer) : X축(좌우), Y축(앞뒤), Z축(상하)을 이용하여 작성된 3D 도면을 이용하여 3차원의 입체물을 만들어내는 프린터이다. 잉크젯 프린터의 인쇄 원리와 같으며 제작 방식에 따라 층(레이어)으로 겹겹이 쌓아 입체 형상을 만들어내는 적층형과 큰 덩어리를 조각하듯이 깎아내는 절삭형으로 나뉜다.
- 웨어러블(Wearable) 컴퓨터 : 컴퓨터 칩이 내장되어 있는 입거나 몸에 착용 가능한 형태의 기기나 액세서리(시계, 안경 등)로 인터넷이 가능하며 스마트기기와의 정보 공유가 가능한 서비스를 제공하는 컴퓨터나 디바이스를 의미한다.
- LBS(Location Based Service) : 위치 기반 서비스로 스마트폰에 내장된 칩(Chip)이 각 기지국(셀 방식)이나 GPS(위성 항법 장치)와 연결되어 위치 추적이 가능하며 위치 정보에 따른 특정 지역의 기상 상태나 교통 및 생활 정보 등을 제공받을 수 있다.

기적의 TIP IPTV(Internet Protocol Television)
컴퓨터 모니터와 마우스 대신 텔레비전 수상기와 리모콘을 이용하여 초고속 인터넷을 사용하는 것으로 정보 검색, 온라인 쇼핑, 홈뱅킹, 동영상 콘텐츠 등의 다양한 인터넷 서비스를 제공받을 수 있음

개념 체크 ✓

1 다음 중 모든 사물을 네트워크로 연결하여 인간과 사물, 사물과 사물 간에 언제 어디서나 서로 소통할 수 있게 하는 새로운 정보통신 환경을 의미하는 것은?
① 클라우드 컴퓨팅(Cloud Computing)
② RSS(Rich Site Summary)
③ IoT(Internet of Things)
④ 빅 데이터(Big Data)

IoT(Internet of Things) : 인간 대 사물, 사물 대 사물 간에 인터넷으로 연결되어 정보의 소통이 가능한 기술

- 클라우드 컴퓨팅(Cloud Computing) : 언제 어디서나 인터넷이 연결된 장소에서 정보의 저장 및 처리가 가능한 컴퓨터 환경
- RSS(Rich Site Summary) : 자동 수집 기능으로 사이트의 방문 없이도 원하는 최신 정보를 볼 수 있으며 주로 블로그 사이트나 뉴스 등에서 콘텐츠를 표현할 때 사용함
- 빅 데이터(Big Data) : 다양한 종류의 대규모 데이터를 분석, 처리하는 과정을 통해 원하는 결과를 도출하여 효율적으로 이용하기 위한 것으로 빅 데이터의 크기는 수십 테라에서 페타 바이트까지 존재함

2 다음 중 소형화, 경량화를 비롯해 음성과 동작 인식 등 다양한 기술이 적용되어 장소에 구애받지 않고 컴퓨터를 활용할 수 있도록 몸에 착용하는 컴퓨터를 의미하는 것은?
① 웨어러블 컴퓨터
② 마이크로 컴퓨터
③ 인공지능 컴퓨터
④ 서버 컴퓨터

웨어러블(Wearable) 컴퓨터 : 웨어러블 디바이스(Wearable Device)라고도 불리우며 몸에 착용이 가능하므로 항상 컴퓨터나 디바이스의 활용이 편리하고 가능하며 안경이나 시계, 모자, 의복 등에서 응용 개발되고 있음

3 다음 중 초고속 인터넷을 이용하여 동영상 콘텐츠, 정보 서비스 등 기본 텔레비전 기능에 인터넷 검색이 가능하게 한 서비스는?
① VoIP   ② IPTV
③ IPv6   ④ TCP/IP

IPTV(Internet Protocol Television) : 컴퓨터 모니터와 마우스 대신 텔레비전 수상기와 리모콘을 이용하여 초고속 인터넷을 사용하는 것으로 정보 검색, 온라인 쇼핑, 홈뱅킹, 동영상 콘텐츠 등의 다양한 인터넷 서비스를 제공받을 수 있음

4 다음 중 사물 인터넷(IoT)에 대한 설명으로 옳지 않은 것은?
① IoT 구성품 가운데 디바이스는 빅데이터를 수집하며, 클라우드와 AI는 수집된 빅데이터를 저장하고 분석한다.
② IoT는 인터넷 기반으로 다양한 사물, 사람, 공간을 긴밀하게 연결하고 상황을 분석, 예측, 판단해서 지능화된 서비스를 자율 제공하는 제반 인프라 및 융복합 기술이다.
③ 현재는 사물을 단순히 연결시켜 주는 단계에서 수집된 데이터를 분석해 스스로 사물에 의사결정을 내리는 단계로 발전하고 있다.
④ IoT 네트워크를 이용할 경우 통신 비용이 절감되는 효과가 있으며, 정보보안기술의 적용이 용이해진다.

IoT 네트워크를 이용할 경우 사물마다 네트워크가 연결되므로 통신 비용이 증가되며 성능과 형태가 모두 다른 기종 간의 사물인터넷마다 정보보안기술을 적용하기가 용이하지 않음

컴퓨터 시스템 보호

15년 10월, 07년 7월

POINT 056 저작권 보호

▶ 합격 강의

저작권법

저작자의 권리와 이에 인접하는 권리를 보호하고 저작물의 공정한 이용을 도모함으로써 문화 및 관련 사업의 향상 발전에 이바지함을 목적으로 한다.

04년 2월

저작권의 보호 기간

- 저작 재산권은 저작자의 생존 기간과 사망 후 70년간 존속하는 것을 원칙으로 하고 있다.
- 공동저작물인 경우에는 맨 마지막으로 사망한 저작자를 기준으로 사후 70년간 존속한다(저작자의 사망 시점을 알 수 없는 경우에는 이러한 원칙을 적용할 수 없음).
- 무명 또는 이명 저작물인 경우, 업무상 저작물인 경우, 영상 저작물인 경우에 이에 해당된다. 이러한 경우에는 공표된 시점을 기준으로 70년간 존속한다.
- 이러한 저작재산권의 보호 기간은 저작자가 사망하거나 저작물을 공표한 다음해 1월 1일부터 기산한다.
- 저작 재산권 보호기간이 70년으로 연장되어 시행되는 시점은 2013년 7월 1일부터이다.

개념 체크 ✓

1 저작권의 보호 기간을 설명한 것 중 잘못된 것은?

① 저작 재산권은 저작자의 생존 기간과 사망 후 70년간 보호된다.

② 우리 나라의 프로그램 저작권은 프로그램이 창작된 때로부터 발생하는데 반드시 공표할 의무를 갖는다.

③ 저작자가 사망 후에 공표된 저작물로 생전에 공표된 저작물과 같이 사후 70년간 보호된다.

④ 보호 기간을 산정할 때는 초년을 포함하지 않는다.

프로그램 저작권은 프로그램이 창작된 때로부터 발생하는데 반드시 공표할 의무는 갖지 않음

2 다음 중 인터넷에서의 저작권에 대한 설명으로 옳지 않은 것은?

① 다른 사람의 초상 사진을 사용하기 위해서는 사진 작가와 본인의 승낙을 동시에 받아야 하는 것이 원칙이다.

② 사람의 이름이나 단체의 명칭 또는 저작물의 제호 등은 사상 또는 감정의 창작적 표현이라고 볼 수 없기 때문에 저작물이 되지 않는다.

③ 국가 또는 지방자치단체의 홈페이지에 게시된 고시 · 공고 · 훈령 등은 저작권법의 보호를 받는다.

④ 원저작물을 번역, 편곡, 변경, 각색, 영상제작 그 밖의 방법으로 작성한 창작물은 독자적인 저작물로 보호된다.

국가 또는 지방자치단체의 홈페이지에 게시된 고시 · 공고 · 훈령 등은 공표를 목적으로 하기 때문에 저작권법의 보호를 받지 않음

24년 상시, 23년 상시, 18년 3월, 14년 3월, 13년 10월, …

POINT 057 컴퓨터 범죄

▶ 합격 강의

24년 상시, 22년 상시, 21년 상시, 17년 3월/9월, 16년 3월/6월/10월, 12년 3월/9월, …

인터넷 부정 행위★

도청(Wiretapping)	통신 회선상에서 전송 중인 자료나 정보를 몰래 빼내는 행위
스니핑(Sniffing)★	특정한 호스트에서 실행되어 호스트에 전송되는 정보(계정, 패스워드 등)를 엿보는 행위
스푸핑(Spoofing)★	'속임수'의 의미로 어떤 프로그램이 정상적으로 실행되는 것처럼 위장하는 것
웜(Worm)	• 감염 대상을 갖고 있지는 않으나 연속적으로 자신을 복제하여 시스템의 부하를 증가시키는 프로그램 • 바이러스 형태로 침입해서 시스템 성능을 저하시키고 다운시킴
트로이 목마 (Trojan Horse)	어떤 허가되지 않은 행위를 수행시키기 위해 시스템에 다른 프로그램 코드로 위장하여 침투시키는 행위로 '백오리피스'가 대표적인 프로그램임
백도어(Back Door)★	시스템 관리자의 편의를 위한 경우나 설계상 버그로 인해 시스템의 보안이 제거된 통로를 말하며, 트랩 도어(Trap Door)라고도 함
DoS (Denial of Service)	일시에 대량의 데이터를 한 서버에 집중, 전송시켜 특정 서버를 마비시키는 것

ⓞ 사용자 정보를 빼내는 해킹 프로그램

DDoS✱ (Distributed Denial of Service)	• 분산 서비스 거부 공격 • 여러 분산된 형태로 동시에 DoS(서비스 거부) 공격을 하는 기법으로 공격의 근원지를 색출하기가 어려움
War Driving	차량으로 이동하면서 노트북을 이용하여 타인의 취약한 무선 구내 정보 통신망에 불법으로 접속하는 행위
Key Logger✱	악성 코드에 감염된 시스템의 키보드 입력을 저장 및 전송하여 개인 정보를 빼내는 크래킹 행위

24년 상시, 23년 상시, 20년 2월, 16년 3월, 15년 10월, 05년 10월, 04년 8월

▶ 데이터 보안 침해 형태

가로막기(Interruption)	• 데이터의 전달을 가로막아 수신자측으로 정보가 전달되는 것을 방해하는 행위 • 정보의 가용성(Availability)을 저해함
가로채기(Interception)✱	• 전송되는 데이터를 가는 도중에 도청 및 몰래 보는 행위 • 정보의 기밀성(Secrecy)을 저해함
변조/수정(Modification)	• 원래의 데이터가 아닌 다른 내용으로 수정하여 변조시키는 행위 • 정보의 무결성(Integrity)을 저해함
위조(Fabrication)✱	• 사용자 인증과 관계되어 다른 송신자로부터 데이터가 온 것처럼 꾸미는 행위 • 정보의 무결성(Integrity)을 저해함

기적의 TIP 생체 인식 보안 시스템

지문, 홍채, 음성

개념 체크 ✓

1 다음 중 컴퓨터 범죄의 유형에 해당하지 <u>않는</u> 것은?

① 전산망을 이용한 개인 정보의 유출과 공개
② 컴퓨터 바이러스 백신의 제작과 유포
③ 저작권이 있는 웹 콘텐츠의 복사와 사용
④ 해킹에 의한 정보의 위/변조 및 유출

백신은 주기억 장치나 보조 기억 장치에 침투된 바이러스를 치료 및 예방하는 프로그램으로 컴퓨터 바이러스 백신의 제작과 유포는 컴퓨터 범죄의 유형에 해당하지 않음

2 다음 중 정보 보안을 위협하는 형태에 대한 설명으로 옳은 것은?

① 스니핑(Sniffing) : 검증된 사람이 네트워크를 통해 데이터를 보낸 것처럼 데이터를 변조하여 접속을 시도한다.
② 피싱(Phishing) : 적절한 사용자 동의 없이 사용자 정보를 수집하는 프로그램을 설치하여 사생활을 침해한다.
③ 스푸핑(Spoofing) : 실제로는 악성 코드로 행동하지 않으면서 겉으로는 악성코드인 것처럼 가장한다.
④ 키로거(Key Logger) : 키보드상의 키 입력 캐치 프로그램을 이용하여 개인 정보를 빼낸다.

키로거(Key Logger) : 악성 코드에 감염된 시스템의 키보드 입력을 저장 및 전송하여 개인 정보를 빼내는 크래킹 행위

오답 피하기

• 스니핑(Sniffing) : 특정한 호스트에서 실행되어 호스트에 전송되는 정보(계정, 패스워드 등)를 엿보는 행위
• 피싱(Phishing) : 금융기관 등을 가장해 불특정 다수에게 E-Mail을 보내 개인 정보를 몰래 불법으로 알아내어 사기에 이용하는 해킹 수법
• 스푸핑(Spoofing) : 어떤 프로그램이 정상적으로 실행되는 것처럼 위장하는 것

3 다음 중 정보의 기밀성을 저해하는 데이터 보안 침해 형태는?

① 가로막기(Interruption)
② 가로채기(Interception)
③ 위조(Fabrication)
④ 수정(Modification)

가로채기(Interception) : 전송되는 데이터를 가는 도중에 도청 및 몰래 보는 행위, 정보의 기밀성(Secrecy)을 저해함

오답 피하기

• 가로막기(Interruption) : 정보의 가용성(Availability)을 저해함
• 위조(Fabrication) : 정보의 무결성(Integrity)을 저해함
• 수정(Modification) : 정보의 무결성(Integrity)을 저해함

20년 2월, 14년 6월, 13년 6월, 10년 10월, …

POINT 058 **시스템 보안**

▶합격 강의

24년 상시, 21년 상시, 20년 2월, 19년 8월

▶ 방화벽(Firewall)

• 방화벽은 인터넷의 보안 문제로부터 특정 네트워크를 격리시키는 데 사용되는 시스템으로, 내부망과 외부망 사이의 상호 접속이나 데이터 전송을 안전하게 통제하기 위한 보안 기능이다.
• 외부의 불법 침입으로부터 내부의 정보 자산을 보호하고 외부로부터 유해 정보 유입을 차단하기 위한 정책과 이를 지원하는 하드웨어 및 소프트웨어를 총칭한다.
• 외부에서 내부 네트워크로 들어오는 패킷은 내용을 엄밀히 체크하여 인증된 패킷만 통과시키는 구조이다.
• 외부로부터의 침입을 막을 수는 있지만 내부에서 일어나는 해킹은 막을 수 없다.
• 일반적으로 방화벽은 네트워크를 보호하기 위한 다양한 보안 장치의 구조와 보안 기능을 포괄적으로 나타내는 용어로 사용된다.
• 역추적 기능이 있어서 외부의 침입자를 역추적하여 흔적을 찾을 수 있다.

인터넷을 사용하는 기관 등에서 PC 사용자와 인터넷 사이의 중계자 역할을 수행하는 서버로 캐시와 방화벽의 기능을 가짐

개념 체크 ✅

1 컴퓨터 범죄의 예방 대책으로 가장 옳지 않은 것은?

① 방화벽의 설치로 네트워크의 정보가 보호되므로 바이러스를 예방하기 위한 백신의 설치는 전혀 필요 없게 된다.
② 가입자에게 과다한 정보를 요구하는 웹사이트는 가급적 가입하지 않는다.
③ 정보 유출에 대한 지속적인 보안교육과 패스워드의 주기적인 갱신이 필요하다.
④ 네트워크 내부에 방화벽을 설치하며 중요한 정보는 인증을 통해서 접근하도록 한다.

방화벽은 인터넷의 보안 문제로부터 특정 네트워크를 격리시키는 데 사용되는 시스템이지만 전자 메일 바이러스 등의 감염을 예방할 수는 없으므로 바이러스 예방을 위한 백신 설치는 필요함

2 다음 중 컴퓨터 범죄 예방에 대한 설명으로 옳지 않은 것은?

① 해킹 방지를 위해 패스워드는 가급적 변경하지 않는다.
② 정보 누출이나 해킹 방지를 위해 방화벽 체제를 정비한다.
③ 암호는 가급적이면 알파벳과 숫자, 특수문자 등을 섞어서 만든다.
④ 지속적인 해킹 감시 및 접근 통제 도구를 개발한다.

정보 누출이나 해킹 방지를 위해 방화벽 체제를 정비하더라도 해킹 방지를 위한 패스워드는 주기적인 변경이 필요함

 24년 상시, 19년 8월, 14년 6월

POINT 059 암호화(Encryption)

▶ 합격 강의

데이터에 암호 알고리즘을 적용하여 허가 받지 않은 사람들이 정보를 쉽게 이해할 수 없도록 데이터를 암호문이라고 불리는 형태로 변환하는 기법을 말한다.

24년 상시, 23년 상시, 07년 5월, 05년 5월
▶ 암호화 기법 ★

비밀키(대칭키, 단일키) 암호화	• 송신자와 수신자가 서로 동일(대칭)한 하나(단일)의 비밀키를 가짐 • 암호화와 복호화의 속도가 빠름 • 단일키이므로 알고리즘이 간단하고 파일의 크기가 작음 • 사용자가 많아지면 관리할 키의 개수가 늘어남 • 대표적인 방식은 DES가 있음

공개키(비대칭키, 이중키) 암호화	• 암호화키와 복호화키가 서로 다른(비대칭) 두 개(이중키)의 키를 가짐 • 암호화와 복호화의 속도가 느림 • 암호화는 공개키로, 복호화는 비밀키로 함 • 이중키이므로 알고리즘이 복잡하고 파일의 크기가 큼 • 암호화가 공개키이므로 키의 분배가 쉽고, 관리할 키의 개수가 줄어듦 • 대표적인 방식으로는 RSA가 있음

▶ 암호화 시스템의 종류

DES(Data Encryption Standard)	• 데이터 암호화 표준(DES)은 비밀키 방식의 일종으로 56비트의 키를 사용하여 64비트의 평문 블록을 암호화하는 방식 • 동일키(단일키)로 정보 암호화와 복호화를 수행함 • 대표적인 단일키(대칭키) 암호화 시스템
RSA(Rivest Shamir Adleman)	• 1978년에 MIT 공과 대학의 Rivest, Shamir, Adleman 등 3인이 공동 개발한 RSA법(RSA scheme)이라는 암호화 알고리즘을 사용함 • 공개키 암호 방식 • 암호화와 사용자 인증을 동시에 수행하는 대표적인 이중키(비대칭키) 암호 시스템

개념 체크 ✅

1 인터넷의 보안에 대한 해결책으로 공개키(Public Key)를 이용한 암호화 기법이 있다. 이 기법에서는 암호키(Encryption Key)와 해독키(Decryption Key) 두 개의 키를 사용하는데, 공개 여부에 대한 설명으로 맞는 것은?

① 암호키와 해독키를 모두 공개한다.
② 암호키와 해독키를 모두 비공개한다.
③ 암호키는 공개하고 해독키는 비공개한다.
④ 해독키는 공개하고 암호키는 비공개한다.

공개키(비대칭키, 이중키) 암호화 : 암호키(암호화)는 공개키로, 해독키(복호화)는 비밀키로 함

오답 피하기

비밀키(대칭키, 단일키) 암호화 : 송신자와 수신자가 서로 동일(대칭)한 하나(단일)의 비밀키를 갖음

2 다음 중 컴퓨터 보안과 관련된 기술에 해당하지 않는 것은?

① 인증(Authentication) ② 암호화(Encryption)
③ 방화벽(Firewall) ④ 브리지(Bridge)

브리지(Bridge) : 독립된 두 개의 근거리 통신망(LAN)을 연결하는 접속 장치

오답 피하기

• 인증(Authentication) : 네트워크 보안 기술로 전송된 메시지가 확실히 보내졌는지 확인하는 것과 사용자 또는 발신자가 본인인지 확인하는 것
• 암호화(Encryption) : 데이터에 암호 알고리즘을 적용하여 허가받지 않은 사람들이 정보를 쉽게 이해할 수 없도록 데이터를 암호문이라고 불리는 형태로 변환하는 기법
• 방화벽(Firewall) : 인터넷의 보안 문제로부터 특정 네트워크를 격리시키는 데 사용되는 보안 기능

POINT 060 24년 상시, 22년 상시, 18년 9월, 17년 3월, 11년 3월/10월, ...

바이러스 예방과 치료

▶ 합격 강의

컴퓨터 바이러스(Computer Virus)

컴퓨터에서 실행되는 일종의 프로그램으로, 사용자 몰래 자기 자신을 복제하고 디스크나 프로그램 등에 기생하면서 컴퓨터의 운영체제나 기타 응용 프로그램의 정상적인 수행을 방해하는 불법 프로그램을 말한다.

바이러스 감염 시 나타나는 현상

- 부팅이 되지 않거나 평소보다 부팅 시간이 오래 걸린다.
- CMOS의 내용이 파괴되거나 삭제된다.
- 디스크의 볼륨 레이블이 변경되거나 불량 섹터가 발생한다.
- 파일의 전체 크기나 속성이 변경된다.
- 시스템이 느려지거나 갑자기 정지한다.
- 실행 파일의 속도가 현저히 느려진다.
- 사용할 수 있는 메모리의 공간이 줄어든다.
- 폴더나 파일이 새로 생성되거나 삭제된다.

> **기적의TIP 바이러스(Virus)의 특징**
> 복제 기능, 은폐 기능, 파괴 기능(단, 치료 기능은 없음)

> **기적의TIP 파일 바이러스 종류**
> - 기생형 바이러스 : 프로그램의 손상 없이 프로그램의 앞, 뒤 부분에 위치(기생)하는 바이러스
> - 겹쳐쓰기형 바이러스 : 프로그램의 일부분에 겹쳐 쓰기 되어 원파일을 파괴하는 바이러스
> - 산란형 바이러스 : 확장자가 EXE인 실행 파일의 감염 없이 확장자가 COM인 같은 이름의 파일을 생성(산란)시키는 바이러스로 COM이 먼저 실행되어 바이러스가 실행됨
> - 연결형 바이러스 : 파일 감염 없이 파일의 시작 위치를 바이러스의 시작 위치로 변경하는 바이러스로 파일 실행 시 바이러스 시작 위치로 연결됨

23년 상시, 20년 7월, 19년 3월, 18년 9월, 17년 9월, 15년 6월, 13년 6월, 10년 6월, ...

바이러스의 예방 및 치료 ✱

- 프로그램 디스크에는 쓰기 방지를 설정한다.
- 다운로드 받은 프로그램은 반드시 바이러스 검사 후 실행한다.
- 최신 백신 프로그램으로 정기적인 바이러스 검사를 수행한다.
- 정품 소프트웨어를 사용하며, 출처가 불분명한 전자메일은 삭제한다.
- 중요한 자료들은 백업(Backup)하여 둔다.

> **기적의TIP 악성 코드(Malicious Code)**
> - 말웨어(Malware, Malicious Software) 또는 악성 프로그램(Malicious Program)이라고도 함
> - 백신 프로그램으로 제거할 수 없는 스파이웨어나 웜, 트로이 목마 같은 악의적인 코드

개념 체크 ✔

1 컴퓨터 바이러스의 기능적 특징이 가장 아닌 것은?
① 자기 복제 기능
② 은폐 기능
③ 자기 치료 기능
④ 파괴 기능

컴퓨터 바이러스는 기능적으로 자기 자신을 치료하는 기능이 없음

오답 피하기
컴퓨터 바이러스 : 자기 복제, 은폐, 파괴 기능을 가진 프로그램

2 다음 중 컴퓨터 바이러스에 대한 설명으로 가장 적절하지 않은 것은?
① 사용자가 인지하지 못한 사이 자가 복제를 통해 다른 정상적인 프로그램을 감염시켜 해당 프로그램이나 다른 데이터 파일 등을 파괴한다.
② 보통 소프트웨어 형태로 감염되나 메일이나 첨부 파일은 감염의 확률이 매우 적다.
③ 인터넷의 공개 자료실에 있는 파일을 다운로드하여 설치할 때 감염될 수 있다.
④ 온라인 채팅이나 인스턴트 메신저 프로그램을 통해서 전파되기도 한다.

컴퓨터 바이러스나 악성 코드 등은 메일이나 첨부 파일에 의해 감염될 확률이 매우 높음

3 다음 중 컴퓨터의 악성 코드에 대한 설명으로 옳지 않은 것은?
① 악의적인 용도로 사용될 수 있는 유해 프로그램을 말한다.
② 외부침입을 탐지하고 분석하는 프로그램으로 잘못된 경보를 남발할 수 있다.
③ 때로는 실행하지 않은 파일이 저절로 삭제되거나 변형되는 모습으로 나타난다.
④ 대표적인 악성 코드로는 스파이웨어와 트로이 목마 등이 있다.

방화벽(Firewall) : 외부의 불법 침입을 탐지하고 분석하여 내부의 정보 자산을 보호하고 외부로부터 유해 정보 유입을 차단하기 위한 정책과 이를 지원하는 하드웨어 및 소프트웨어를 총칭함

SECTION 08

2과목 스프레드시트 일반

스프레드시트 개요

24년 상시, 23년 상시, 22년 상시, 21년 상시, 18년 3월, …

POINT 061 엑셀의 화면 구성

▶ 합격 강의

[파일] 탭	• [파일] 탭을 클릭하면 Microsoft Office Backstage 보기로 표시됨 • Backstage는 새로 만들기, 열기, 정보, 저장, 다른 이름으로 저장, 인쇄, 공유, 내보내기, 게시, 닫기, 계정, 피드백, 옵션 등의 기능을 제공
빠른 실행 도구 모음	실행을 빠르게 하기 위해 자주 사용하는 명령 단추를 모아 놓은 곳으로, 기본적으로 [저장], [취소], [다시 실행]이 있으며, [빠른 실행 도구 모음 사용자 지정](⯆) 단추를 클릭하여 등록함
리본 메뉴 탭	• 리본은 기존의 메뉴와 도구 모음 기능을 대신하는 것으로 [파일], [홈], [삽입], [페이지 레이아웃], [수식], [데이터], [검토], [보기], [개발 도구], [Power Pivot] 탭으로 구성됨 • [파일] 탭-[옵션]-[Excel 옵션]에서 [리본 사용자 지정]-[개발 도구] 확인란을 체크하면 [개발 도구] 탭이 나타남 • [개발 도구] 탭-[추가 기능] 그룹의 [COM 추가 기능]을 실행한 다음 [COM 추가 기능] 대화 상자에서 [Microsoft Power Pivot for Excel] 확인란을 체크하면 [Power Pivot] 탭이 나타남
리본 메뉴 최소화/확장 아이콘	• 리본 메뉴에 탭 이름만 표시하여 최소화하거나 확장함([Ctrl]+[F1], [︿]) • [파일] 탭을 제외한 리본 탭을 마우스로 더블클릭하여 최소화하거나 확장할 수도 있음 • 각 탭에서 마우스 오른쪽 버튼 누른 다음 [리본 메뉴 축소]를 클릭함 • [제목 표시줄] 오른쪽의 [리본 메뉴 표시 옵션](▭) 단추를 클릭하여 [리본 메뉴 자동 숨기기], [탭 표시], [탭 및 명령 표시]를 실행할 수 있음
그룹	각 탭에 해당하는 유사한 기능들을 모아 놓아 도구들을 그룹화함
이름 상자	현재 선택한 셀의 주소나 이름을 표시함
수식 입력줄	사용자가 셀에 입력한 데이터 및 수식이 표시되는 영역
행 번호	행 머리글로 워크시트를 구성하고 있는 행을 아라비아 숫자로 표시한 것으로 1,048,576개의 행(1~1048576)이 있음
열 문자	열 머리글로 워크시트를 구성하고 있는 열을 알파벳 문자로 표시한 것으로 16,384개의 열(A~XFD)이 있음
셀(Cell)	행과 열이 만나서 이루는 사각형 모양의 작은 칸으로 사용자가 데이터나 수식을 입력하는 공간
워크시트	17,179,869,184개의 셀(1,048,576행×16,384열)로 이루어진 작업 공간(작업지)으로 엑셀 실행 시 1개의 워크시트가 기본적으로 표시됨
셀 포인터	여러 개의 셀 중에서 현재 작업 중인 셀을 활성 셀이라고 하며 셀 포인터(Cell Pointer)를 이동하여 활성 셀을 변경함
채우기 핸들★	• 셀 포인터의 오른쪽 밑의 작은 점으로 수식이나 데이터의 복사 시 이용함 • [파일]-[옵션]-[Excel 옵션]-[고급]-'채우기 핸들 및 셀 끌어서 놓기 사용'을 해제하면 채우기 핸들 기능이 사라짐
시트 탭 이동 단추	통합 문서에 포함되어 있는 시트가 많아 시트 탭에 이름이 모두 표시되지 않을 때 보이지 않는 시트 이름이 있는 곳으로 이동하기 위하여 사용함
시트 탭★	• 현재 통합 문서에 포함되어 있는 시트 이름을 표시하며 시트 이름을 클릭하여 작업할 시트를 선택함 • 시트의 이름 변경, 이동, 복사, 삽입, 삭제 등의 작업을 수행할 수 있음
워크시트 삽입 아이콘	현 워크시트 뒤에 새로운 워크시트를 삽입함(바로 가기 키 : [Shift]+[F11])
상태 표시줄★	• 현재 작업 상태에 대한 정보를 표시하는 곳으로 '준비', '입력' 등의 메시지와 Num Lock, Scroll Lock, Caps Lock 등의 상태를 표시함 • 마우스 오른쪽 단추를 클릭하여 나타나는 [상태 표시줄 사용자 지정] 메뉴에서 변경 및 설정 가능함 • 평균, 개수, 숫자 셀 수, 최소값, 최대값, 합계를 선택하면 자동으로 계산되어 나타남

개념 체크 ✔

1 다음 중 엑셀의 화면 구성에 대한 설명으로 옳지 않은 것은?

① 화면 상단의 '제목 표시줄'은 현재의 작업 상태나 선택한 명령에 대한 기본적인 정보가 표시되는 곳이다.

② '리본 메뉴'는 엑셀의 다양한 명령들을 용도에 맞게 탭과 그룹으로 분류하여 아이콘으로 표시되는 곳이다.

③ 자주 사용하는 도구들을 모아 두는 곳이 '빠른 실행 도구 모음'이며, 원하는 도구를 추가하거나 제거할 수 있다.

④ '이름 상자'는 현재 작업 중인 셀의 이름이나 주소를 표시하는 부분으로 차트 항목이나 그리기 개체를 선택하면 개체의 이름이 표시된다.

제목 표시줄 : 엑셀의 이름과 현재 작업 중인 문서의 이름을 표시하며 처음 실행 시 '통합 문서1'로 표시됨

오답 피하기

상태 표시줄 : 현재 작업 상태에 대한 정보를 표시하는 곳으로 '준비', '입력' 등의 메시지와 NumLock, Caps Lock, Scroll Lock 등의 상태를 표시함

2 다음 중 엑셀의 화면 구성 요소를 설명한 것으로 옳지 <u>않</u>은 것은?

① 엑셀에서 열 수 있는 통합 문서 개수는 사용 가능한 메모리와 시스템 리소스에 의해 제한된다.
② 워크시트란 숫자, 문자와 같은 데이터를 입력하고 입력된 결과가 표시되는 작업공간이다.
③ 각 셀에는 행 번호와 열 번호가 있으며, [A1] 셀은 A행과 1열이 만나는 셀로 그 셀의 주소가 된다.
④ 하나의 통합 문서에는 최대 255개의 워크시트를 포함할 수 있다.

[A1] 셀에서 A는 열을 의미하며 1은 행을 의미하므로 A열 1행이 됨

3 다음 중 사용자가 자주 사용하거나 원하는 기능에 해당하는 명령들을 버튼으로 표시하며, 리본 메뉴의 윗쪽이나 아래에 표시하는 엑셀의 화면 구성 요소는?

① [파일] 탭
② 빠른 실행 도구 모음
③ 리본 메뉴
④ 제목 표시줄

빠른 실행 도구 모음
실행을 빠르게 하기 위해 자주 사용하는 명령 단추를 모아놓은 곳으로, 기본적으로 [저장], [취소], [다시 실행]이 있으며, [빠른 실행 도구 모음 사용자 지정]() 단추를 클릭하여 등록함

POINT 062 파일 열기/저장

▶ 파일 열기(Ctrl + O)
• 암호가 설정된 통합 문서의 경우 암호를 입력해야만 해당 문서를 열 수 있다.
• 여러 개의 파일을 선택한 다음 [열기] 단추를 클릭하면 선택한 파일들이 모두 열린다.

15년 3월/6월, 14년 10월, 12년 6월, 11년 3월, 08년 2월, 06년 9월, 04년 2월/11월
▶ 저장 가능한 파일 형식 ✱

파일 형식	확장자	파일 형식	확장자
Excel 통합 문서	*.xlsx	Excel 97-2003 통합 문서	*.xls
서식 파일	*.xltx	유니코드 텍스트	*.txt
백업 파일	*.xlk	텍스트 (공백으로 분리)	*.prn

기타 엑셀 파일	*.xlsm, *.xlsb, *.xml, *.xltm	텍스트 (탭으로 분리)	*.txt
DIF(Data Interchange Format)	*.dif	CSV (쉼표로 분리)	*.csv
SYLK(Symbolic Link)	*.slk	웹 페이지 파일	*.htm, *.html

24년 상시, 17년 3월, 15년 6월, 10년 3월, 09년 2월, 07년 5월/7월, 06년 5월/9월, …
▶ 파일 저장(Ctrl + S , Shift + F12) ✱
• 새 통합 문서를 처음 저장할 경우 [파일]-[저장]을 실행한 다음 [다른 이름으로 저장] 대화 상자에서 저장 위치와 파일 이름, 형식 등을 지정한다.
• 한 번 이상 저장한 문서를 다른 이름으로 저장할 경우 [파일]-[다른 이름으로 저장]을 실행한 다음 이름을 변경해서 저장하면 된다.
• 저장 옵션 : [다른 이름으로 저장] 대화 상자에서 [도구]-[일반 옵션]을 클릭한 후 다음과 같은 저장 옵션을 설정할 수 있다.

백업 파일 항상 만들기	백업 파일의 확장자는 '*.xlk'가 됨
열기 암호	문서를 열 때 물어볼 암호를 지정함. 열기 암호가 지정된 파일은 암호를 모르면 문서를 열 수 없음
쓰기 암호	쓰기 암호를 모르더라도 파일은 열 수 있지만 수정한 내용은 같은 이름으로 저장할 수 없음
읽기 전용 권장	문서를 열 때 읽기 전용으로 열 것인지 물어봄

개념 체크 ✓

1 다음 중 Excel에서 지원하는 파일 형식으로 옳지 <u>않은</u> 것은?

① .xlsx : Excel 통합 문서
② .xltm : Excel 매크로 사용 통합 문서
③ .xlsb : Excel 바이너리 통합 문서
④ .xls : Excel 97-2003 통합 문서

*.xltm : Excel 매크로 사용 서식 파일

[오답 피하기]
*.xlsm : Excel 매크로 사용 통합 문서

2 다음 중 통합 문서 저장 시 설정할 수 있는 [일반 옵션]에 대한 설명으로 옳지 않은 것은?

[일반 옵션 대화상자]
일반 옵션   ?   ×
☐ 백업 파일 항상 만들기(B)
파일 공유
열기 암호(O): [ ]
쓰기 암호(M): [ ]
☐ 읽기 전용 권장(R)
[확인] [취소]

① '백업 파일 항상 만들기'에 체크 표시한 경우에는 파일 저장 시 자동으로 백업 파일이 만들어진다.
② '열기 암호'를 지정한 경우에는 열기 암호를 입력해야 파일을 열 수 있고 암호를 모르면 파일을 열 수 없다.
③ '쓰기 암호'가 지정된 경우에는 파일을 수정하고 다른 이름으로 저장 시 '쓰기 암호'를 입력해야 한다.
④ '읽기 전용 권장'에 체크 표시한 경우에는 파일을 열 때 읽기 전용으로 열지 여부를 묻는 메시지가 표시된다.

'쓰기 암호'가 지정된 경우라도 파일을 수정하고 다른 이름으로 저장하는 경우는 '쓰기 암호'를 입력하지 않아도 됨

3 [다른 이름으로 저장] 메뉴 중 [도구]−[일반 옵션] 메뉴에서 설정할 수 있는 기능이 아닌 것은?

① 백업 파일 항상 만들기
② 열기/쓰기 암호 설정
③ 읽기 전용 권장
④ 통합 문서 보호

통합 문서 보호는 [검토] 탭−[보호] 그룹−[통합 문서 보호]에서 설정할 수 있음

POINT 063 워크시트 작업

▶합격 강의

▶ 워크시트 기본

워크시트 탭 구성	기본적으로 1개의 워크시트(Sheet1)가 생성되며 사용자가 새로운 시트를 추가하거나 삭제할 수 있음
워크시트의 최대 개수	[파일]−[옵션]의 [일반] 탭에서 최대 255개까지 변경할 수 있음
워크시트의 셀 크기	1,048,576행과 16,384(XFD)열
워크시트 확대/축소 범위	10~400%

24년 상시, 22년 상시, 18년 9월, 15년 6월, 11년 7월
▶ 워크시트의 선택 ✱

연속된 워크시트의 선택	[Shift]를 누른 채 클릭함
떨어져 있는 워크시트의 선택	[Ctrl]을 누른 채 클릭함
모든 시트 선택	시트 탭에서 마우스 오른쪽 단추를 클릭한 후 [모든 시트 선택]을 클릭함

24년 상시, 21년 상시, 13년 6월, 09년 2월, 06년 7월, 03년 5월
▶ 워크시트 그룹 ✱

• 여러 개의 시트를 선택하면 제목 표시줄의 파일 이름 옆에 [그룹] 표시가 나타난다.
• 여러 개의 시트를 선택하고 데이터 입력 및 편집 등의 명령을 실행하면 그룹으로 설정된 모든 시트에 동일하게 명령이 실행된다.
• 그룹으로 묶은 시트에서 복사하거나 잘라낸 모든 데이터는 다른 한 개의 시트에 붙여 넣을 수 없다.

24년 상시, 18년 9월, 07년 7월/10월, 05년 2월
▶ 워크시트 추가 ✱

• 여러 개의 시트를 선택하고 바로 가기 메뉴에서 [삽입]−[워크시트]를 실행하면 선택된 개수만큼의 워크시트가 한 번에 삽입된다.
• [Shift]+[F11]을 누르면 현재 시트의 앞에 비어 있는 시트가 바로 삽입된다.

24년 상시, 15년 10월
▶ 워크시트 삭제

삭제한 시트는 취소 명령으로 되살릴 수 없으므로 삭제 시 주의해야 한다.

방법 1	[홈] 탭−[셀] 그룹−[삭제]−[시트 삭제]를 실행함
방법 2	시트 탭 바로 가기 메뉴에서 [삭제]를 선택함

21년 상시, 13년 3월, 04년 11월
▶ 워크시트 숨기기/숨기기 취소

• 워크시트 숨기기 : 숨길 워크시트를 선택하고 [홈]−[셀]−[서식]−[숨기기 및 숨기기 취소]−[시트 숨기기]를 선택하거나 숨길 워크시트 탭의 바로 가기 메뉴에서 [숨기기]를 선택한다.
• 워크시트 숨기기 취소 : [홈]−[셀]−[서식]−[숨기기 및 숨기기 취소]−[시트 숨기기 취소]를 선택하거나 워크시트 탭의 바로 가기 메뉴에서 [숨기기 취소]를 선택한다.

개념 체크 ✓

1 다음 중 워크시트 작업 및 관리에 대한 설명으로 옳지 않은 것은?

① 시트 삭제 작업은 실행을 취소할 수 없다.

② Shift + F10을 누르면 현재 시트의 뒤에 새 워크시트가 삽입된다.

③ 그룹화된 시트에서 데이터 입력 및 편집 등의 작업을 실행하면 그룹 내 시트에 동일한 작업이 실행된다.

④ 연속된 시트의 선택은 Shift를 사용하면 편리하다.

> Shift + F11을 누르면 현재 시트의 앞에 비어 있는 시트가 바로 삽입됨

2 다음 중 시트 탭에 관한 설명으로 옳지 않은 것은?

① 시트 탭의 색을 변경할 수 있으나 각 시트의 색은 반드시 다른 색으로 설정해야 한다.

② 시트 탭을 더블클릭하여 시트 이름을 변경할 수 있다.

③ 시트 탭의 바로 가기 메뉴에서 [모든 시트 선택]을 클릭하여 전체 시트를 그룹 설정할 수 있다.

④ 시트 탭의 바로 가기 메뉴에서 [삭제]를 클릭하여 시트를 삭제할 수 있다.

> 시트 탭의 색을 같은 색으로 변경할 수 있음

3 다음 중 워크시트에 대한 설명으로 옳지 않은 것은?

① 새 통합 문서에는 [Excel 옵션]에서 설정한 시트 수만큼 워크시트가 표시되며, 최대 255개까지 워크시트를 추가할 수 있다.

② 워크시트의 이름은 공백 문자를 포함하여 최대 31자까지 사용할 수 있으나 /, ₩, ?, *, [,] 등의 기호는 사용할 수 없다.

③ 선택한 워크시트를 현재 통합 문서 또는 다른 통합 문서에 복사하거나 이동시킬 수 있다.

④ 시트의 삽입 또는 삭제 시 Ctrl + Z로 실행 취소 명령을 실행하여 복구할 수 있다.

> 시트의 삽입 또는 삭제 작업은 취소 명령으로 실행을 복구할 수 없음

POINT **064** 시트 및 통합 문서 보호

▶ 합격 강의

24년 상시, 23년 상시, 20년 2월/7월, 17년 9월, 15년 3월, 13년 6월, 09년 7월

▶ 시트 보호 ✱

• 시트에 작성되어 있는 내용이나 차트 등을 변경할 수 없도록 보호하는 기능이다.

• 시트 보호 내용 : 잠긴 셀 선택, 잠기지 않은 셀 선택, 셀(열) 서식, 행(열) 서식, 행(열) 삽입, 하이퍼링크 삽입, 행(열) 삭제, 정렬, 자동 필터 사용, 피벗 테이블 보고서 사용, 개체 편집, 시나리오 편집

• 보호된 워크시트에는 행이나 열을 삽입하거나 삭제할 수 없다.

• [홈]−[셀]−[서식]−[시트 보호]를 실행하거나 [검토]−[보호]−[시트 보호]를 실행한다.

20년 2월, 06년 2월, 03년 7월/9월

▶ 통합 문서 보호 ✱

• 통합 문서를 보호하는 것으로 시트에 관련된 작업을 할 수 없게 만든다.

• 보호할 대상으로는 구조가 있으며, 암호를 입력할 수 있다.

• [검토]−[보호]−[통합 문서 보호]−[구조 및 창 보호]를 실행한다.

개념 체크 ✓

1 다음 중 시트 보호에 관한 설명으로 옳지 않은 것은?

① 차트 시트의 경우 차트 내용만 변경하지 못하도록 보호할 수 있다.

② '셀 서식' 대화 상자의 '보호' 탭에서 '잠금'이 해제된 셀은 보호되지 않는다.

③ 시트 보호 설정 시 암호의 설정은 필수 사항이다.

④ 시트 보호가 설정된 상태에서 데이터를 수정하면 경고 메시지가 나타난다.

> 암호는 선택 사항이므로 암호를 지정하지 않으면 누구든지 시트 보호를 해제하고 보호된 요소를 변경할 수 있음

2 다음 중 시트 보호와 통합 문서 보호에 대한 설명으로 옳지 않은 것은?

① 시트 보호에서 '잠긴 셀 선택'을 허용하지 않으려면 시트 보호 설정 전 [셀 서식] 대화 상자의 [보호] 탭에 '숨김' 항목이 선택되어 있어야 한다.

② 시트 보호 시 시트 보호 해제 암호를 지정할 수 있으며, 암호를 설정하지 않으면 모든 사용자가 시트의 보호를 해제하고 보호된 요소를 변경할 수 있다.

③ 통합 문서 보호는 시트의 삽입, 삭제, 이동, 숨기기, 이름 바꾸기 등의 작업을 할 수 없도록 보호하는 것이다.

④ 통합 문서 보호에서 암호는 선택 사항(옵션)이며 암호를 제공하지 않으면 모든 사용자가 통합 문서 보호를 해제하고 문서를 변경할 수 있다.

• '잠김 셀'은 [셀 서식] 대화 상자의 [보호] 탭에서 '잠금' 확인란이 선택된 셀을 의미함
• [시트 보호]에서 '잠김 셀 선택'을 허용하지 않으려면 [워크시트에서 허용할 내용] 항목 중 '잠김 셀 선택'의 확인란을 클릭하여 선택을 해제하면 됨

24년 상시, 22년 상시, 20년 2월, 19년 8월, 18년 9월, …

 POINT 065 **셀 포인터 이동**＊

▶ 합격 강의

바로 가기 키	기능
↑/↓/←/→	상하좌우 한 칸씩 이동함
Page Down, Page Up	한 화면 위, 아래로 셀 포인터를 이동함
Tab, Shift+Tab	한 셀 오른쪽, 왼쪽으로 셀 포인터를 이동함
Ctrl+(↑/↓/←/→)	현재 영역의 상하좌우 마지막 셀로 이동함
Home	해당 행의 [A] 열로 이동함
Ctrl+Home	워크시트의 시작 위치([A1] 셀)로 이동함
Ctrl+End	연속하여 입력된 데이터의 마지막 셀로 이동함
F5 또는 Ctrl+G	[이동] 대화 상자에서 이동할 셀 주소를 입력해서 이동함
Ctrl+Back Space	셀 포인터가 있는 화면으로 이동함(스크롤 막대로 이동한 경우)
Ctrl+Page Up / Ctrl+Page Down	활성 시트의 앞/뒤 시트로 이동함
Ctrl+F6, Ctrl+Tab	다음 통합 문서로 이동함
Ctrl+Shift+F6, Ctrl+Shift+Tab	이전 통합 문서로 이동함
Alt+Page Up / Alt+Page Down	한 화면 좌/우로 이동함

 개념 체크 ✓

1 다음 중 셀에 데이터를 입력하는 방법에 대한 설명으로 옳지 않은 것은?

① [A1] 셀에 값을 입력하고 Esc를 누르면 [A1] 셀에 입력한 값이 취소된다.

② [A1] 셀에 값을 입력하고 오른쪽 방향키 →를 누르면 [A1] 셀에 값이 입력된 후 [B1] 셀로 셀 포인터가 이동한다.

③ [A1] 셀에 값을 입력하고 Enter를 누르면 [A1] 셀에 값이 입력된 후 [A2] 셀로 셀 포인터가 이동한다.

④ [C5] 셀에 값을 입력하고 Home을 누르면 [C5] 셀에 값이 입력된 후 [C1] 셀로 셀 포인터가 이동한다.

[C5] 셀에 값을 입력하고 Home을 누르면 [C5] 셀에 값이 입력된 후 [A5] 셀로 셀 포인터가 이동함

2 다음 중 워크시트에서 셀 포인터의 이동 및 범위를 설정하는 방법에 대한 설명으로 옳지 않은 것은?

① [A1] 셀로 이동할 경우에는 Alt+Home을 누른다.

② 행이나 열 단위를 지정할 경우에는 행 번호나 열 문자를 누른다.

③ Shift를 누른 채로 방향키를 이동하면 연속된 범위를 설정할 수 있다.

④ F5를 누른 후 이동할 셀 주소를 입력하여 셀 포인터를 이동할 수 있다.

Ctrl+Home : 워크시트의 시작 위치([A1] 셀)로 이동함

POINT 066 · 15년 3월
데이터 입력 ✱

▶합격 강의

24년 상시, 23년 상시, 21년 상시, 19년 8월, 10년 3월, 08년 8월
▶ 문자 데이터 ✱

• 기본적으로 셀의 왼쪽으로 정렬된다.
• 한 셀에 두 줄 이상의 데이터를 입력할 때는 Alt + Enter 를 눌러 줄을 바꾼다.
• 범위로 설정한 모든 셀에 동일한 데이터를 입력할 때는 데이터를 입력하고 Ctrl + Enter 를 누른다.
• 숫자 데이터 앞에 인용 부호(')를 입력하거나 숫자와 문자가 혼합된 데이터는 문자 데이터로 인식한다.
• 같은 열에 이미 입력된 데이터를 다시 입력하려면 마우스 오른쪽 단추를 클릭한 다음 [드롭다운 목록에서 선택]을 클릭하거나 Alt + ↓ 를 누른다.

기적의 TIP Enter 와 Shift + Enter

• Enter : 데이터를 입력하고 아래 행으로 셀 포인터를 이동
• Shift + Enter : 데이터를 입력하고 윗 행으로 셀 포인터를 이동

20년 7월, 12년 6월, 08년 10월, 05년 2월, 04년 5월
▶ 숫자 데이터

• 기본적으로 셀의 오른쪽으로 정렬된다.
• 0~9까지의 숫자와 + − ( ) , ₩ $ % . E e 기호 등을 사용한 데이터이다.
• 분수의 경우 중간에 공백을 입력한다(예 1/2 입력 시 → 0 1/2).
• 음수 앞에는 − 기호를 입력하거나 괄호( )로 묶는다.
• 입력한 숫자가 열 너비보다 길면 지수 형식이나 '#####'로 표시된다.

24년 상시, 22년 상시, 20년 2월, 19년 3월, 17년 9월, 13년 6월, 10년 3월, 09년 10월, …
▶ 날짜/시간 데이터 ✱

• 기본적으로 셀의 오른쪽으로 정렬된다.
• 날짜 데이터 : 하이픈(−)이나 슬래시(/)를 이용하여 연, 월, 일을 구분한다.
• 시간 데이터 : 콜론(:)을 이용하여 시, 분, 초를 구분한다.
• 연도를 두 자리로 입력하는 경우 연도가 30 이상이면 1900년대로, 연도가 29 이하이면 2000년대로 인식한다.

• 오늘 날짜는 Ctrl + ; , 현재 시간은 Ctrl + Shift + ; 를 눌러 입력한다.
• 날짜의 경우 '일, 평일, 월, 연' 단위 채우기가 지원된다.

▶ 수식

• 수식을 입력할 때는 = 또는 + 기호를 먼저 입력한 후 입력해야 한다.
• [수식]−[수식 분석]−[수식 표시]를 선택하면 셀에 입력한 수식이 그대로 표시된다(Ctrl + ~).
• 수식 입력 후 F9 를 누르면 상수로 변환된다.

12년 6월
▶ 한자 및 특수 문자

• 한자 : 한글을 입력한 후 한자 를 누른다.
• 특수 문자 : 한글의 자음을 입력하고 한자 를 누르면 특수 문자 목록 상자가 하단에 표시된다.

개념 체크 ✓

1 다음 중 데이터 입력에 대한 설명으로 옳지 않은 것은?
① 데이터를 입력하는 도중에 입력을 취소하려면 Esc 를 누른다.
② 셀 안에서 줄을 바꾸어 데이터를 입력하려면 Alt + Enter 를 누른다.
③ 텍스트, 텍스트/숫자 조합, 날짜, 시간 데이터는 셀에 입력하는 처음 몇 자가 해당 열의 기존 내용과 일치하면 자동으로 입력된다.
④ 여러 셀에 동일한 데이터를 입력하려면 해당 셀을 범위로 지정하여 데이터를 입력한 후 Ctrl + Enter 를 누른다.

텍스트, 텍스트/숫자 조합은 셀에 입력하는 처음 몇 자가 해당 열의 기존 내용과 일치하면 자동으로 입력되지만 날짜, 시간 데이터는 자동으로 입력되지 않음

2 다음 중 워크시트의 데이터 입력에 관한 설명으로 옳지 않은 것은?
① 문자열 데이터는 셀의 왼쪽에 정렬된다.
② 수치 데이터는 셀의 오른쪽으로 정렬되며 공백과 '&' 특수문자를 사용할 수 있다.
③ 기본적으로 수식 데이터는 워크시트상에 수식 결과 값이 표시된다.
④ 특수문자는 한글자음(ㄱ, ㄴ, ㄷ 등)을 입력한 후 한자 를 눌러 나타나는 목록상자에서 원하는 문자를 선택하여 입력할 수 있다.

수치 데이터는 셀의 오른쪽으로 정렬되나 공백이나 '&'는 사용할 수 없음

3 다음 중 날짜 및 시간 데이터에 관한 설명으로 옳지 <u>않은</u> 것은?

① 날짜를 입력할 때 일을 입력하지 않으면 자동으로 해당 월의 1일로 입력된다.
② 셀에 4/9를 입력하고 Enter 를 누르면 셀에 04월 09일로 표시된다.
③ 날짜 및 시간 데이터는 자동으로 왼쪽을 기준으로 정렬된다.
④ Ctrl + ; 를 누르면 시스템의 오늘 날짜, Ctrl + Shift + ; 를 누르면 현재 시간이 입력된다.

날짜 및 시간 데이터는 자동으로 오른쪽을 기준으로 정렬됨

14년 6월, 13년 10월, 11년 7월, 07년 5월

POINT 067 데이터 수정/삭제

▶합격 강의

21년 상시, 19년 3월, 18년 9월, 11년 10월, 10년 10월

▶ [Excel 옵션] 대화 상자 ✱

• [파일] 탭-[옵션]을 클릭하여 실행한다.
• 일반, 수식, 데이터, 언어 교정, 저장, 접근성, 언어, 고급, 리본 사용자 지정, 빠른 실행 도구 모음, 추가 기능, 보안 센터 등에 대한 옵션 설정이 가능하다.

일반	• Excel 작업에 대한 일반 옵션 • 선택 영역에 미니 도구 모음 표시, 실시간 미리 보기 사용 • Office 테마(색상형, 어두운 회색, 검정, 흰색, 시스템 설정 사용), 화면 설명 스타일, 다음 글꼴 사용, 글꼴 크기 • 새 시트의 기본 보기, 포함할 시트 수(1~255), 사용자 이름
수식	• 수식 계산, 성능 및 오류 처리 관련 옵션을 변경 • 통합 문서 계산(자동, 데이터 표만 수동, 수동), R1C1 참조 스타일 • 수식 자동 완성 사용, 수식에 표 이름 사용, 오류 검사, 오류 검사 규칙
고급	• Excel에서 사용하는 고급 옵션 • 편집 옵션, 잘라내기/복사/붙여넣기, 이미지 크기 및 품질, 인쇄, 차트, 표시, 이 통합 문서의 표시 옵션, 이 워크시트의 표시 옵션, 수식, 이 통합 문서의 계산 대상, 일반(사용자 지정 목록 편집), 데이터, Lotus 호환성, Lotus 호환성 설정 대상
리본 사용자 지정	• 리본 메뉴를 사용자가 지정함 • 리본 메뉴 사용자 지정 목록을 사용하여 탭, 그룹, 명령을 추가 및 제거하고 이름과 순서를 바꿀 수 있음 • 리본 메뉴에 사용자가 [새 탭], [새 그룹], [이름 바꾸기], [원래대로], [가져오기/내보내기]를 사용하여 설정함 • [개발 도구]를 선택하면 리본 메뉴에 [개발 도구] 탭이 표시됨 • [Power Pivot]을 선택하면 리본 메뉴에 [Power Pivot] 탭이 표시됨

보안 센터	• 문서 및 컴퓨터를 안전하고 보안이 유지된 상태로 관리함 • [보안 센터 설정]의 [매크로 설정]의 매크로 설정 선택 항목 　– 알림이 없는 매크로 사용 안 함 　– 알림이 포함된 VBA 매크로 사용 안 함 　– 디지털 서명된 매크로를 제외하고 VBA 매크로 사용 안 함 　– VBA 매크로 사용(권장 안 함, 위험한 코드가 시행될 수 있음)

• [일반] 탭

선택 영역에 미니 도구 모음 표시	텍스트를 선택할 때 미니 도구 모음을 표시
실시간 미리 보기 사용	워크시트에서 선택한 옵션(글꼴, 크기 등)의 효과를 실시간으로 미리보기 하여 나타내 줌
다음을 기본 글꼴로 사용	• 새 워크시트 및 통합 문서의 기본 글꼴로 사용할 글꼴을 선택함 • 엑셀을 다시 시작하고 워크시트나 통합 문서를 새로 만들 때 이 글꼴이 적용됨
글꼴 크기	기본 글꼴의 크기를 설정함
새 시트의 기본 보기	• 기본적으로 표시할 보기를 선택함 • 기본 보기, 페이지 나누기 미리 보기, 페이지 레이아웃 보기 등
포함할 시트 수	통합 문서를 새로 만들 때 사용할 워크시트 수 (1~255)를 설정함
사용자 이름	엑셀에서 사용할 사용자 이름을 설정함

• [고급] 탭

편집 옵션	• 〈Enter〉 키를 누른 후 다음 셀로 이동(아래쪽, 오른쪽, 위쪽, 왼쪽), 소수점 자동 삽입(소수점 위치), 채우기 핸들 및 셀 끌어서 놓기 사용, 셀에서 직접 편집 허용 • 셀 내용을 자동 완성(단, 날짜는 자동으로 입력되지 않음) • IntelliMouse로 화면 확대/축소, 시스템 구분 기호 사용 등을 설정
차트	마우스가 위치하면 차트 요소 이름 표시 및 데이터 요소 값 표시 설정
표시	• 표시할 최근 통합 문서 수(0~50), 눈금자 단위(기본 단위, 인치, 센티미터, 밀리미터), 수식 입력줄 표시, 함수 화면 설명 표시 • 메모가 있는 셀 표시('메모와 표식 모두 표시 안 함', '표식만, 마우스가 위치하면 메모 표시', '메모와 표식'), 기본 방향(오른쪽에서 왼쪽, 왼쪽에서 오른쪽) 등을 설정
이 통합 문서의 표시 옵션	가로 스크롤 막대 표시, 세로 스크롤 막대 표시, 시트 탭 표시, 자동 필터 메뉴에서 날짜 그룹화, 개체 표시 등을 설정
이 워크시트의 표시 옵션	• 행 및 열 머리글 표시, 계산 결과 대신 수식을 셀에 표시, 시트 방향 바꾸기 • 페이지 나누기 표시, 0값이 있는 셀에 0 표시, 윤곽을 설정한 경우 윤곽 기호 표시, 눈금선 표시(눈금선 색 지정) 등을 설정
일반	정렬 및 채우기 순서에서 사용할 목록 만들기 : [사용자 지정 목록 편집]

21년 상시, 11년 7월

▶ 데이터 수정

─○ 사용자가 셀에 입력한 데이터 및 수식이 표시되는 영역

- F2를 누르거나 수식 입력줄에서 마우스로 클릭하여 커서를 표시한 후 데이터를 수정하고 Enter를 누른다.
- 여러 셀을 한번에 똑같은 데이터로 수정하려면 여러 셀을 선택하고 데이터를 입력한 후 Ctrl + Enter를 누른다.
- [파일]–[옵션]–[고급] 탭에서 '셀에서 직접 편집 허용'의 체크를 해제하면 마우스를 더블클릭하여 셀의 내용을 수정할 수 없다.
- 셀에 입력된 수식을 간단히 값으로 변경하려면 해당 셀의 편집 상태에서 F9를 누른다.

22년 상시, 20년 2월, 18년 9월, 14년 6월, 13년 10월, 07년 5월

▶ 데이터 삭제

내용 지우기	[홈]–[편집]–[지우기]–[내용 지우기]를 선택하거나 Delete, ←를 눌러 셀에 입력된 내용만 지움
서식 지우기	[홈]–[편집]–[지우기]–[서식 지우기]를 선택하여 셀에 적용된 서식만 지움
모두 지우기	[홈]–[편집]–[지우기]–[모두 지우기]를 선택하여 셀 내용과 서식, 메모 등을 한 번에 지움

개념 체크 ✓

1 일반적으로 새 통합 문서를 열면 1개의 워크시트가 나타난다. 이것을 10개로 조정하려고 할 때 옳은 것은?

① [Excel 옵션]의 [일반]에서 '포함할 시트 수'를 10으로 고친다.

② [보기] 탭–[창] 그룹–[새 창]에서 '새 통합 문서의 시트 수'를 10으로 고친다.

③ [창] 그룹–[새 창]에서 새 창을 추가로 7개 만든다.

④ 시트 탭을 오른쪽 마우스로 눌러 코드 보기를 하여 ThisWorkbook을 10번 복사한다.

- [파일] 탭–[옵션]을 클릭하여 실행함
- [Excel 옵션] 대화 상자의 [일반]에서 '포함할 시트 수'를 10개로 조정한 후 [확인]을 누름

2 셀에서 직접 셀의 내용을 편집하거나 수식 입력줄에서 셀의 내용을 편집할 수 있도록 셀을 편집 모드로 전환하는 과정으로 옳지 않은 것은?

① 편집하려는 데이터가 들어 있는 셀을 두 번 클릭한다.

② 편집하려는 데이터가 들어 있는 셀을 클릭하고 수식 입력줄을 클릭한다.

③ 편집하려는 데이터가 들어 있는 셀을 클릭하고 F5를 누른다.

④ 편집하려는 데이터가 들어 있는 셀을 클릭하고 F2를 누른다.

F5 또는 Ctrl + G : 이동 대화 상자가 실행됨

3 다음 중 데이터가 입력된 셀에서 Delete를 눌렀을 때의 상황에 대한 설명으로 옳지 않은 것은?

① 셀에 설정된 메모는 지워지지 않는다.

② 셀에 설정된 내용과 서식이 함께 지워진다.

③ [홈]–[편집]–[지우기]–[내용 지우기]를 실행한 것과 동일한 결과가 발생한다.

④ 바로 가기 메뉴에서 [내용 지우기]를 실행한 것과 동일한 결과가 발생한다.

Delete를 누르면 내용은 지워져도 서식은 지워지지 않음

21년 상시, 18년 9월, 16년 6월, 15년 10월

POINT 068 선택하여 붙여넣기*

▶ 합격 강의

- 복사한 데이터를 여러 가지 옵션을 적용하여 붙여넣는 기능으로, [잘라내기]를 실행한 상태에서 실행할 수 없다.
- 데이터를 복사한 다음 바로 가기 메뉴의 [선택하여 붙여넣기]를 실행하거나 [파일]–[옵션]–[리본 사용자 지정] 메뉴에서 [선택하여 붙여넣기]를 '빠른 실행 도구 모음 사용자 지정'으로 추가한 다음 해당 도구를 클릭해 실행할 수 있다.
- 데이터를 복사한 후 붙여넣을 곳에서 [홈]–[클립보드]–[붙여넣기]–[선택하여 붙여넣기]를 선택한다(클립보드는 임시 기억 장소로 최대 24개 항목을 저장함).

붙여넣기	• 모두 : 원본 데이터를 그대로 복사함(=일반 붙여넣기) • 수식 : 서식은 제외하고, 수식만 복사함 • 값 : 서식은 제외하고, 화면에 표시된 값만 복사함 • 서식 : 입력된 데이터는 복사하지 않고 설정된 셀 서식만 복사함([서식 복사] 도구를 이용해 선택한 셀의 서식만 복사하거나 더블클릭해서 연속해서 서식을 적용시킬 수 있음) • 메모 : 삽입된 메모만 복사함 • 유효성 검사 : 설정된 유효성 검사만 복사함 • 원본 테마 사용 : 원본 데이터에 적용된 테마를 복사 • 테두리만 제외 : 테두리만 제외하고 나머지 전부 복사 • 열 너비 : 복사한 셀에 적용되어 열 너비만 선택한 셀에 적용함 • 수식 및 숫자 서식 : 수식과 숫자 모두 복사함 • 값 및 숫자 서식 : 값과 숫자 모두 복사함
연산	복사한 데이터와 붙여넣고자 하는 셀에 입력되어 있는 데이터를 지정한 연산자로 연산한 후 결과를 표시함
내용 있는 셀만 붙여넣기	복사한 셀에 빈 셀이 포함되어 있을 때 붙여넣고자 하는 셀에 이미 데이터가 입력되어 있다면, 복사한 셀을 무시하고 기존의 셀 내용을 그대로 유지함
행/열 바꿈	여러 셀을 복사했을 때 행과 열을 바꾸어 붙여넣음
연결하여 붙여넣기	• 복사한 셀을 연결하여 붙여넣는 것으로 원래 셀의 내용이 변경되면 자동으로 붙여넣은 셀의 내용이 변하게 함 • [A1] 셀의 내용을 복사한 경우 =$A$1과 같이 붙여줌

개념 체크 ✓

1 다음 중 [선택하여 붙여넣기] 대화 상자에 대한 설명으로 옳지 않은 것은?

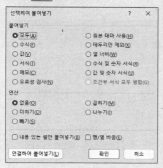

① 복사한 데이터를 여러 가지 옵션을 적용하여 붙여넣는 기능으로, [잘라내기]를 실행한 상태에서는 사용할 수 없다.
② [붙여넣기]의 '서식'을 선택한 경우 복사한 셀의 내용과 서식을 함께 붙여넣는다.
③ [내용 있는 셀만 붙여넣기]를 선택하면 복사할 영역에 빈 셀이 있는 경우 붙여넣을 영역의 값을 바꾸지 않는다.
④ [행/열 바꿈]을 선택한 경우 복사한 데이터의 열을 행으로, 행을 열로 변경하여 붙여넣기가 실행된다.

[붙여넣기]의 '서식'을 선택한 경우 복사한 셀의 서식만 복사하여 붙여넣음

POINT 069 데이터 자동 채우기*

▶ 합격 강의

·····o 자동 채우기 기능은 채우기 핸들을 드래그하여 데이터를 입력하는 기능

문자 데이터	데이터가 복사됨
숫자 데이터	• 1개의 셀을 드래그하면 데이터가 복사됨 • 2개의 셀을 범위로 설정하여 드래그하면 두 셀의 차이 값만큼 증가함 • Ctrl 을 누른 채 드래그하면 1씩 증가함
혼합 데이터 (문자+숫자)	문자는 복사되고 숫자는 1씩 증가함. 숫자가 2개 이상 섞여 있을 경우 마지막 숫자만 1씩 증가함(Ctrl 을 누른 채 드래그하면 복사됨)
날짜/시간 데이터	• 1개의 셀을 드래그하면 날짜는 1일 단위로, 시간은 1시간 단위로 증가함 • 2개의 셀을 범위로 설정하여 드래그하면 두 셀의 차이 값만큼 증가함
사용자 지정 목록 데이터	[파일]-[옵션]-[고급]-[사용자 지정 목록 편집]에 등록된 순서에 따라 채워짐

※ Ctrl + R : 왼쪽 셀의 내용과 서식을 복사
※ Ctrl + D : 위쪽 셀의 내용과 서식을 복사
※ Ctrl + Q : 빠른 분석(서식, 차트, 합계, 테이블, 스파크라인)

개념 체크 ✓

1 다음 중 아래 워크시트에서 [A1:B1] 영역을 선택한 후 채우기 핸들을 이용하여 [B3] 셀까지 드래그했을 때 [A3] 셀, [B3] 셀의 값으로 옳은 것은?

◢	A	B
1	가-011	01월15일
2		
3		
4		

① 다-011, 01월17일
② 가-013, 01월17일
③ 가-013, 03월15일
④ 다-011, 03월15일

• 문자와 숫자가 혼합된 데이터는 채우기 핸들을 끌면 문자는 복사되고 숫자는 1씩 증가함 → 가-011, 가-012, 가-013
• 날짜는 1일 단위로 증가함 → 01월15일, 01월16일, 01월17일

◢	A	B
1	가-011	01월15일
2	가-012	01월16일
3	가-013	01월17일

2 다음 중 아래 워크시트에서 [A1:A2] 영역을 선택한 후 Ctrl을 누른 채 채우기 핸들을 아래쪽으로 드래그하는 경우 [A5] 셀에 입력되는 값은?

▲	A	B
1	10	
2	8	
3		
4		
5		

① 2
② 16
③ 8
④ 10

[A1:A2] 영역을 선택한 후 Ctrl을 누른 채 채우기 핸들을 아래쪽으로 드래그하는 경우 10과 8이 복사되므로 [A5] 셀에 입력되는 값은 10이 됨

▲	A	B
1	10	
2	8	
3	10	
4	8	
5	10	
6		

오답 피하기

Ctrl을 누르지 않고 드래그하는 경우는 두 데이터 사이의 차이에 의해 10, 8, 6, 4, 2처럼 감소하면서 채워짐

3 다음 중 채우기 핸들을 이용하여 데이터를 입력하는 방법으로 옳지 않은 것은?

① 인접한 셀의 내용으로 현재 셀을 빠르게 입력하려면 위쪽 셀의 내용은 Ctrl+D, 왼쪽 셀의 내용은 Ctrl+R을 누른다.
② 숫자와 문자가 혼합된 문자열이 입력된 셀의 채우기 핸들을 아래쪽으로 끌면 문자는 복사되고 숫자는 1씩 증가한다.
③ 숫자가 입력된 셀의 채우기 핸들을 Ctrl을 누른 채 아래쪽으로 끌면 똑같은 내용이 복사되어 입력된다.
④ 날짜가 입력된 셀의 채우기 핸들을 아래쪽으로 끌면 기본적으로 1일 단위로 증가하여 자동 채우기가 된다.

숫자가 입력된 셀의 채우기 핸들을 Ctrl을 누른 채 아래쪽으로 끌면 1씩 증가함

24년 상시, 23년 상시, 19년 8월, 18년 3월/9월, …

POINT 070 데이터 찾기/바꾸기★

▶합격 강의

▶ 데이터 찾기(Ctrl+F, Shift+F5)
[홈]-[편집]-[찾기 및 선택]-[찾기]를 실행하여 데이터를 검색한다.

찾을 내용	• 시트에서 찾고자 하는 내용을 입력하며 +, -와 같은 특수 문자도 찾을 수 있음 • *, ?와 같은 와일드 카드 문자를 사용할 수 있음
범위	시트인지 통합 문서인지 검색 범위를 지정함
찾는 위치	'수식', '값', '메모'로 검색 위치를 지정함
기타 검색 조건	대/소문자 구분, 전체 셀 내용 일치, 전자/반자를 구분함

┌ 와일드 카드 문자 자체를 찾을 경우는 ~기호를 와일드 카드 문자 앞에 사용하면 됨

▶ 데이터 바꾸기(Ctrl+H)
• 찾을 내용을 검색해 내용에 입력한 값으로 바꾼다.
• 기본 옵션 설정은 찾기와 동일하다.

개념 체크 ✓

1 다음 중 [찾기 및 바꾸기] 대화 상자의 각 항목에 대한 설명으로 옳지 않은 것은?

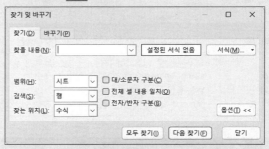

① 찾을 내용 : 검색할 내용을 입력하는 곳으로 와일드카드 문자를 검색 문자열에 사용할 수 있다.
② 서식 : 숫자 셀을 제외한 특정 서식이 있는 텍스트 셀을 찾을 수 있다.
③ 범위 : 현재 워크시트에서만 검색하는 '시트'와 현재 통합 문서의 모든 시트를 검색하는 '통합 문서' 중 선택할 수 있다.
④ 모두 찾기 : 검색 조건에 맞는 모든 항목이 나열된다.

특정 서식이 있는 숫자 셀도 찾을 수 있음

2 다음 중 [찾기 및 바꾸기] 대화 상자에서 설정 가능한 기능으로 옳지 않은 것은?

① 대/소문자를 구분하여 찾을 수 있다.
② 수식이나 값을 찾을 수 있지만, 메모 안의 텍스트는 찾을 수 없다.
③ 이전 항목을 찾으려면 Shift를 누른 상태에서 [다음 찾기] 단추를 클릭한다.
④ 와일드카드 문자인 '*' 기호를 이용하여 특정 글자로 시작하는 텍스트를 찾을 수 있다.

찾는 위치에서 '메모'를 선택하면 메모 안의 텍스트도 찾을 수 있음

19년 3월/8월, 17년 9월, 16년 10월, 15년 3월, 14년 3월/10월, 13년 6월/10월, …

이름 정의 ✱

- 셀 범위 이름을 정의하여 이동하거나 셀 범위 지정 및 수식에서 이름으로 사용한다.
- 영역을 지정하여 선택한 후 [수식]-[정의된 이름]-[이름 정의]를 실행하여 이름을 지정한다(절대 참조로 정의됨).
- 첫 글자는 문자(영문, 한글)나 밑줄 또는 'W' 중 하나로 시작해야 하며 숫자로 시작될 수 없다.
- 공백을 포함할 수 없으며, 셀 주소의 형식이 될 수 없다.
- 최대 255자까지 지정할 수 있으며, 대소문자를 구분하지 않는다.
- 수식에 사용된 이름을 지우거나 인식할 수 없는 텍스트를 수식에 사용하면 오류(#NAME? 오류)가 발생한다.

24년 상시, 21년 상시, 16년 3월/6월, 15년 10월, 14년 3월, 13년 3월, 10년 6월, …

메모 입력(Shift + F2) ✱

- 셀에 입력된 내용에 대한 보충 설명을 기록할 때 사용하며, 모든 셀에 입력할 수 있다.
- 셀의 위치가 변경되면 메모의 위치도 같이 변경된다.
- [검토]-[메모]-[새 메모] 또는 바로 가기 메뉴에서 [메모 삽입]을 실행해서 메모를 삽입한다.
- 메모가 삽입된 셀에는 빨간색 표식이 표시되며 셀에 마우스 포인터를 위치시키면 메모의 내용이 표시된다.
- [검토]-[메모]-[메모 표시/숨기기]에서 메모 표시 유무를 설정할 수 있다.
- 셀에 입력된 데이터를 삭제해도 메모는 삭제되지 않으므로, 메모를 삭제하려면 바로 가기 메뉴에서 [메모 삭제]를 선택하거나 [검토]-[메모]-[삭제]를 실행한다.

24년 상시, 23년 상시, 11년 7월, 08년 5월, 04년 5월

윗주 입력 ✱

- 셀 데이터의 보충 설명으로, 문자 데이터에만 입력할 수 있다.
- [홈]-[글꼴]-[윗주 필드 표시/숨기기]-[윗주 편집]을 실행하여 윗주를 입력한다.
- [홈]-[글꼴]-[윗주 필드 표시/숨기기]를 실행해야 표시된다.
- 윗주가 표시되는 만큼 행의 높이도 조절된다.
- 윗주의 수평 맞춤 방식과 글꼴 서식을 변경할 수 있다.
- 윗주에 입력된 내용은 내용 전체에 대해서만 서식을 변경할 수 있다.
- 셀의 데이터를 삭제하면 윗주도 함께 사라진다.

24년 상시, 22년 상시, 21년 상시, 14년 3월, 13년 3월/6월, 12년 3월/6월, …

하이퍼링크 입력(Ctrl + K) ✱

- 텍스트나 그래픽 개체에 차트나 다른 파일 또는 웹 페이지로 연결되게 하는 기능이다.
- 연결 대상에는 기존 파일/웹 페이지, 현재 문서, 새 문서 만들기, 전자메일 주소가 있다.
- 개체를 선택한 후 [삽입]-[링크]-[링크]를 실행한다.

개념 체크 ✓

1 다음 중 참조의 대상 범위로 사용하는 이름 정의 시 이름의 지정 방법에 대한 설명으로 옳지 <u>않은</u> 것은?
① 이름의 첫 글자로 밑줄(_)을 사용할 수 있다.
② 이름에 공백 문자는 포함할 수 없다.
③ 'A1'과 같은 셀 참조 주소 이름은 사용할 수 없다.
④ 여러 시트에서 동일한 이름으로 정의할 수 있다.

같은 통합 문서에서 동일한 이름을 중복하여 사용할 수 없음

2 다음 중 메모에 관한 설명으로 옳지 <u>않은</u> 것은?
① 메모를 삭제하려면 메모가 삽입된 셀을 선택한 후 [검토] 탭 [메모] 그룹의 [삭제]를 선택한다.
② [서식 지우기] 기능을 이용하여 셀의 서식을 지우면 설정된 메모도 함께 삭제된다.
③ 메모가 삽입된 셀을 이동하면 메모의 위치도 셀과 함께 변경된다.
④ 작성된 메모의 내용을 수정하려면 메모가 삽입된 셀의 바로 가기 메뉴에서 [메모 편집]을 선택한다.

[서식 지우기] 기능을 이용하여 셀의 서식을 지워도 설정된 메모가 함께 삭제되지 않음

3 다음 중 하이퍼링크에 대한 설명으로 옳지 <u>않은</u> 것은?
① 단추에는 하이퍼링크를 지정할 수 있지만 도형에는 하이퍼링크를 지정할 수 없다.
② 다른 통합 문서에 있는 특정 시트의 특정 셀로 하이퍼링크를 지정할 수 있다.
③ 특정 웹사이트로 하이퍼링크를 지정할 수 있다.
④ 현재 사용 중인 통합 문서의 다른 시트로 하이퍼링크를 지정할 수 있다.

도형이나 그림 등에 하이퍼링크를 지정할 수 있음

08년 10월

POINT 072 일러스트레이션

 ▶ 합격 강의

▶ 도형 그리기

Shift	• 정사각형, 정원, 수평, 수직 • 45° 단위 간격선, 15° 단위 도형 회전 • 수평, 수직으로 도형 이동 가능
Ctrl	• 개체의 중심에서부터 도형 그리기 • 개체의 중심을 그대로 유지한 채 크기 조정 • 도형을 Ctrl+드래그하여 복사하기
Alt	셀 눈금선에 맞게 그리기

▶ 그리기 개체 편집

개체 선택	• 단일 개체 : 마우스로 개체를 클릭하여 선택함 • 다중 개체 : 여러 개의 개체를 선택하려면 Shift 나 Ctrl 을 누른 채 선택하려는 개체를 차례로 클릭함 • 선택 취소 : Shift 나 Ctrl 을 누른 채 선택되어 있는 개체를 다시 클릭함 • 모든 개체의 선택을 취소할 때는 Esc 를 누르거나 개체 밖의 아무 곳이나 클릭함
개체 이동	• 개체를 선택하고 마우스로 드래그함 • Shift 를 누른 채 드래그하면 수평 또는 수직 방향으로만 이동할 수 있음
개체 복사	• Ctrl 을 누른 채 선택한 개체를 드래그함 • Ctrl+Shift 를 누른 채 드래그하면 수평 또는 수직 방향으로만 복사할 수 있음

▶ 그림 도구

• [삽입]-[일러스트레이션] 그룹에서 이 디바이스, 스톡 이미지, 온라인 그림, 도형, SmartArt, 스크린샷을 선택할 수 있다.
• [온라인 그림]을 선택하면 나타나는 [온라인 그림] 작업창에서 원하는 그림을 검색하여 찾을 수 있다.
• [도형]에서 [순서도]를 이용하면 일의 흐름을 작성하기 위한 플로우 차트를 그릴 수 있다.
• 기본 도형, WordArt는 회전 또는 대칭 기능을 사용할 수 있다.
• [삽입]-[텍스트] 그룹의 [WordArt]를 이용해서 다양한 글씨, 그림을 그릴 수 있다.

개념 체크 ✓

1 다음 중 그리기 도구 모음에 관련된 설명으로 옳은 것은?

① Alt 를 누른 채 도형을 그리면 가로/세로 비율이 동일한 도형이 그려진다.
② 직선을 그릴 때 Ctrl 을 누른 채 선을 그리면 각도가 정확한 수평선/수직선이 그려진다.
③ Shift 를 누른 채 사각형의 크기를 조절하면 정사각형이 된다.
④ Shift 를 누른 채 도형을 드래그하고 마우스 단추에서 손을 떼면 해당 도형이 복사된다.

Shift 를 누른 채 도형을 그리면 정사각형, 정삼각형, 정원, 수평, 수직으로 그려짐

오답 피하기
• Alt 를 누른 채 도형을 그리면 셀의 크기에 도형이 맞추어져서 그려짐
• 직선을 그릴 때 Shift 를 누른 채 선을 그리면 수평선/수직선이 그려짐
• Ctrl 을 누른 채 도형을 드래그하고 마우스 단추에서 손을 떼면 해당 도형이 복사됨

23년 상시, 18년 3월, 14년 6월, 11년 3월, 09년 10월, …

POINT 073 셀 서식*

 ▶ 합격 강의

o [셀 서식]은 선택한 셀에 대한 표시 형식, 맞춤, 글꼴, 테두리 등의 속성을 지정함

04년 5월
▶ [표시 형식] 탭

숫자	소수점 이하 자릿수, 1000단위 구분 기호(콤마), 음수의 표기 형식을 설정하고 음수의 경우 빨간색으로 표시되게 하거나 괄호로 표시함 예 소수 자릿수를 2로 지정 : 123456789 → 123456789.00)
통화	소수점 이하 자릿수, 통화 기호, 음수의 표시 형식을 설정함 예 소수 자릿수를 3, 기호를 ₩로 지정 : 123456789 → ₩123,456,789.000)
회계	소수점 이하 자릿수와 통화 기호를 설정함 예 소수 자릿수를 2, 기호를 ₩로 지정 : 123456789 → ₩ 123,456,789.00)
분수	셀에 입력된 소수를 분수 데이터로 표시하고자 할 때 사용함 예 형식을 한 자릿수 분모로 지정 : 0.5 → 1/2)
텍스트	입력한 숫자에 텍스트 서식을 적용하여 입력한 그대로 표시함 예 123456789 → 123456789)
기타	우편번호, 전화번호, 주민등록번호 등에 형식에 맞게 표시함 예 형식을 전화번호 (국번3자리)로 지정 : 123456789 → (012) 345-6789)
사용자 지정	기존의 형식을 직접 수정해서 사용함

- 통화 서식과 회계 서식은 통화 기호의 표시 위치가 다르며 통화 서식만 음수의 표기 형식이 지원됨
- 0을 입력하고 통화 기호(₩)를 지정하면 0 앞에 ₩ 기호가 표시됨
- 0을 입력하고 회계 기호를 지정하면 0 대신 -(하이픈)으로 표시됨

21년 상시, 20년 2월, 03년 2월

▶ [맞춤] 탭 – 텍스트 조정

자동 줄 바꿈	셀의 내용이 한 줄로 모두 표시되지 않을 경우 여러 줄로 나누어 표시함
셀에 맞춤	셀의 내용이 한 셀에 모두 표시되지 않는 경우 글자의 크기를 줄여 모든 내용이 셀 안에 표시되도록 설정함
셀 병합*	선택한 여러 셀을 하나의 셀로 병합함. 선택한 범위의 첫 번째 셀 또는 맨 위 셀의 데이터만 남고 나머지는 모두 지워짐

07년 7월

▶ [글꼴] 탭

- 선택한 텍스트의 글꼴 종류, 스타일, 크기 및 기타 서식 옵션을 지정한다.
- [파일]–[옵션]–[일반] 탭에서 표준 글꼴과 크기를 설정할 수 있다.

기적의TIP 셀 서식 관련 바로 가기 키
- Ctrl + 1 : 셀 서식
- Ctrl + 2 : 굵게 적용 및 취소
- Ctrl + 3 : 기울임꼴 적용 및 취소
- Ctrl + 4 : 밑줄 적용 및 취소
- Ctrl + 5 : 취소선 적용 및 취소

▶ [테두리] 탭

- 선택한 셀의 외곽 테두리를 지정한다.
- 선의 종류와 색상을 선택한 후 테두리 단추나 미리 설정 단추를 클릭하여 테두리를 그린다.

▶ [채우기] 탭

- 선택한 셀의 배경에 색 또는 무늬를 채운다.
- '색' 항목에서 셀의 배경에 채울 색을 선택하고 '무늬' 항목에서 배경 무늬와 배경 무늬 색을 지정한다.

▶ [보호] 탭

- [검토]–[보호]–[시트 보호]를 실행해서 시트 보호를 하기 전에 해당 셀의 잠금을 해제해 두어야 한다.
- 시트가 보호된 상태에서 Tab 을 누르면 잠금이 해제된 다음 셀로 이동한다.

잠금	셀의 내용이나 서식의 변경, 셀 데이터의 이동 등을 할 수 없도록 설정함
숨김	수식 입력줄에 입력한 내용이 표시되지 않도록 설정함

개념 체크 ✓

1 다음 중 [셀 서식] 대화 상자에서 '표시 형식'의 각 범주에 대한 설명으로 옳지 않은 것은?
① '일반' 서식은 각 자료형에 대한 특정 서식을 지정하는 데 사용된다.
② '숫자' 서식은 일반적인 숫자를 나타내는 데 사용된다.
③ '회계' 서식은 통화 기호와 소수점에 맞추어 열을 정렬하는 데 사용된다.
④ '기타' 서식은 우편번호, 전화번호, 주민등록번호 등의 형식을 설정하는 데 사용된다.

일반 : 설정된 표시 형식을 엑셀의 기본 값으로 되돌리며, 특정 서식을 지정하지 않음

2 다음 중 셀 서식의 표시 형식에 대한 설명으로 옳지 않은 것은?
① 일반 형식으로 지정된 셀에 열 너비 보다 긴 소수가 '0.123456789'와 같이 입력될 경우 셀의 너비에 맞춰 반올림한 값으로 표시된다.
② 통화 형식은 숫자와 함께 기본 통화 기호가 셀의 왼쪽 끝에 표시되며, 통화 기호의 표시 여부를 선택할 수 있다.
③ 회계 형식은 음수의 표시 형식을 별도로 지정할 수 없고, 입력된 값이 0일 경우 하이픈(-)으로 표시된다.
④ 숫자 형식은 음수의 표시 형식을 빨강색으로 지정할 수 있다.

통화 형식은 기본 통화 기호(₩)가 숫자 바로 앞에 표시됨

◢	A	B
1	₩1,230,000	
2		

오답 피하기
회계 형식은 기본 통화 기호(₩)가 셀의 왼쪽 끝에 표시됨

◢	A	B
1	₩ 1,230,000	
2		

3 아래 그림과 같이 문자열을 입력한 뒤, [셀 서식]−[맞춤]의 '텍스트 조정'에서 '셀에 맞춤'을 지정(체크표시)하면 어떻게 정렬되는가?

A1	▼	:	×	✓	*fx*	컴퓨터활용능력시험

	A	B	C	D	E	F
1	컴퓨터활용능력시험					
2						

① 문자의 크기가 현재의 A1 셀 너비에 맞게 작아지면서 A1 셀 안에 문자열 전체가 표시된다.
② A1 셀의 너비는 현 상태를 유지하면서 높이가 아래쪽으로 커져 문자열이 여러 줄로 표시된다.
③ A1 셀의 너비가 문자열의 길이에 맞게 오른쪽으로 커지면서 셀 속에 문자열 전체가 표시된다.
④ A1 셀의 너비가 현 상태를 유지하기 때문에 '능력시험'이 B1 셀에 가려서 보이지 않는다.

셀에 맞춤
• 선택한 셀의 모든 데이터가 열에 맞게 표시되도록 글꼴의 문자 크기를 줄임
• 열 너비를 변경하면 문자 크기가 자동으로 조정됨
• 적용된 글꼴 크기는 바뀌지 않음

A1	▼	:	×	✓	*fx*	컴퓨터활용능력시험

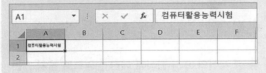

24년 상시, 23년 상시, 22년 상시, 19년 3월/8월, 18년 9월, …

POINT 074 **사용자 지정 서식** ✱

▶합격 강의

[홈]−[셀]−[서식]−[셀 서식]을 실행하고 [셀 서식] 대화 상자의 [표시 형식] 탭에서 [사용자 지정]을 선택하여 서식을 사용자가 직접 지정하여 사용할 수 있다.

24년 상시, 23년 상시, 20년 7월, 19년 3월/8월, 18년 9월, 16년 6월, 13년 6월, …

▶ 숫자 서식 ✱

#	하나의 자릿수를 의미하며 해당 자릿수에 숫자가 없을 경우는 표시하지 않음 (예) ##.## : 123.456 → 123.46)
0	하나의 자릿수를 의미하며 해당 자릿수에 숫자가 없을 경우는 0을 표시함 (예) 000.00 : 12.3 → 012.30)
?	소수점 이하의 자릿수를 정렬하거나 분수 서식을 설정함 (예) ???.??? : 123 → 123.)
,	천 단위 구분 기호로 ,(쉼표) 이후에 더 이상 기호를 사용하지 않으면 천 단위 배수로 표시함(예) #,###, : 1234567 → 1,235)
%	숫자에 100을 곱한 다음 %를 붙임(예) % : 123 → 12300%)

13년 6월, 09년 4월, 08년 5월/8월, 05년 5월, 04년 2월/11월

▶ 날짜 서식 ✱

연도	• yy : 연도를 끝 두 자리만 표시함(예) 09) • yyyy : 연도를 네 자리로 표시함(예) 2009)
월	• m : 월을 1에서 12로 표시함(예) 8) • mm : 월을 01에서 12로 표시함(예) 08) • mmm : 월을 Jan에서 Dec로 표시함(예) Aug) • mmmm : 월을 January에서 December로 표시함(예) August)
일	• d : 일을 1에서 31로 표시함(예) 5) • dd : 일을 01에서 31로 표시함(예) 05)
요일	• ddd : 요일을 Sun에서 Sat로 표시함(예) Wed) • dddd : 요일을 Sunday에서 Saturday로 표시함(예) Wednes-day) • aaa : 요일을 월에서 일로 표시함(예) 수) • aaaa : 요일을 월요일에서 일요일로 표시함(예) 수요일)

13년 6월, 09년 4월, 08년 8월

▶ 시간 서식

○ 경과된 시간은 [h], 경과된 분은 [m], 경과된 초는 [s]로 표시함

시간	• h : 시간을 0부터 23으로 표시함(예 1) • hh : 시간을 00부터 23으로 표시함(예 01)
분	• m : 분을 0부터 59로 표시함(예 3) • mm : 분을 00부터 59로 표시함(예 03)
초	• s : 초를 0부터 59로 표시함(예 4) • ss : 초를 00부터 59로 표시함(예 04)
오전/오후	AM/PM : 시간을 12시간제로 표시함

24년 상시, 20년 7월, 18년 9월, 13년 6월, 09년 2월/4월, 08년 8월, 06년 7월/9월, …

▶ 문자 서식*

@	특정한 문자를 항상 붙여서 표기할 때 사용함
*	* 기호 다음에 있는 특정 문자를 셀의 너비만큼 반복하여 채움
_	공백을 만듦. '_' 다음에 '_' 이외에 다른 기호를 사용해도 됨
[색상 이름]	글자의 색상을 지정함

22년 상시, 08년 8월

▶ 기타 서식

입력 값	사용자 지정 서식	형식	결과
123	[DBNum1]	숫자(한자)	一百二十三
	[DBNum2]	숫자(한자-갖은자)	壹百貳拾參
	[DBNum3]	없음	百2十3
	[DBNum4]	숫자(한글)	일백이십삼

▶ 조건 지정

• 조건이 없을 경우 : '양수;음수;0값;문자' 순으로 네 가지의 표시 형식을 지정할 수 있다.
• 조건이 있을 경우 : 조건에 해당하는 표시 형식 순으로 지정된다(예 #,###;(#,###);0.00;@"개" → 양수일 경우 세 자리에 콤마를 표시, 음수일 경우 괄호를 표시하고 세 자리에 콤마를 표시, '0'일 경우 '0.00'으로 표시, 문자일 경우 뒤에 '개'를 붙임).
• 조건이나 글꼴 색의 지정은 대괄호([ ]) 안에 입력한다.

개념 체크 ✓

1 다음 중 입력 자료에 셀 서식의 표시 형식을 지정한 결과로 옳지 않은 것은?

① 입력자료 : 2006/5/4
표시형식 : yy.m.d
결과 : 06.5.4

② 입력자료 : 0.57
표시형식 : 0#.#
결과 : 0.6

③ 입력자료 : 우리
표시형식 : @사랑
결과 : 우리사랑

④ 입력자료 : 8:5
표시형식 : hh:mm:ss
결과 : 00:08:05

hh:mm:ss : 시분초가 설정되므로 결과는 08:05:00이 됨

오답 피하기
• yy.m.d : 연도 2자리, 월 1자리, 일 1자리로 설정
• 0#.# : 0은 유효하지 않은 자릿수를 0으로, #은 유효 자릿수만 나타내고, 유효하지 않은 0은 표시하지 않음
• @ : 문자 뒤에 특정한 문자열을 함께 나타나게 함

2 다음 워크시트에서 [A]열에 [셀 서식]-[표시 형식]-[사용자 지정] 형식을 이용하여 [C]열과 같이 나타내고자 한다. 다음 중 입력해야 할 사용자 지정 형식으로 옳은 것은?

▲	A	B	C	D
1	김대일		김대일님	
2	김보람	→	김보람님	
3	홍길동		홍길동님	
4	남일동		남일동님	
5				

① G/표준님
② @'님'
③ G/표준'님'
④ @님

• @ : 문자 뒤에 특정한 문자열을 함께 나타나게 함
• @님 → 김대일님

오답 피하기
@'님' → 김대일'님'

3 어떤 셀에 데이터 123을 입력하여, 다음과 같은 결과로 나타내려 한다면 사용자 정의 서식을 다음 중 어느 것으로 설정해야 하는가?

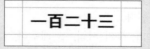

① [DBNum1]G/표준
② [DBNum2]G/표준
③ [DBNum3]G/표준
④ [DBNum4]G/표준

[DBNum1] : 一百二十三

오답 피하기
• [DBNum2] : 壹百貳拾參
• [DBNum3] : 百2十3
• [DBNum4] : 일백이십삼

POINT 075 기타 서식 ✱

🔲 합격 강의

24년 상시, 22년 상시, 19년 8월, 18년 3월/9월, 17년 3월/9월, 16년 3월/10월, …

▶ **조건부 서식** ✱

- 특정한 규칙을 만족하는 셀에 대해서만 각종 서식, 테두리, 셀 배경색 등의 서식을 설정한다(서식 스타일에는 데이터 막대, 색조, 아이콘 집합 등이 있음).
- [홈]-[스타일]-[조건부 서식]에서 선택하여 적용한다.
- 여러 개의 규칙이 모두 만족할 경우 지정한 서식이 충돌하지 않으면 규칙이 모두 적용되며, 서식이 충돌하면 우선순위가 높은 규칙의 서식이 적용된다.
- 규칙으로 설정된 해당 셀의 값들이 변경되어 규칙을 만족하지 않을 경우 적용된 서식이 해제된다.
- 규칙의 개수에는 제한이 없다.
- 서식이 적용된 규칙으로 셀 값 또는 수식을 설정할 수 있다. 규칙을 수식으로 입력할 경우 수식 앞에 반드시 등호(=)를 입력해야 한다.

▶ **표 서식**

- 표 모양의 셀 범위에 빠르게 적용할 수 있도록 미리 만들어둔 서식이다.
- [홈]-[스타일]-[표 서식]에서 선택하여 적용한다.
- 사용자가 새로운 표 서식을 추가로 등록할 수 있고, 기존의 서식은 삭제할 수 없다.
- [테이블 디자인] 탭의 [표 스타일 옵션]과 [표 스타일] 그룹에서 옵션과 스타일을 변경할 수 있다.
- [데이터] 탭의 [정렬 및 필터] 그룹에서 필터를 설정하거나 해제할 수 있다.

▶ **셀 스타일**

- 한 단계에서 여러 서식을 적용하고 셀의 서식이 일관되도록 하려면 셀 스타일을 사용한다.
- 셀 스타일은 글꼴과 글꼴 크기, 숫자 서식, 셀 테두리, 셀 음영 등의 정의된 서식 특성 집합이다.
- [홈] 탭-[스타일] 그룹에서 [스타일 갤러리]의 자세히 드롭다운 화살표(▾)를 클릭하고 적용하려는 셀 스타일을 선택한다.
- 특정 셀을 다른 사람이 변경할 수 없도록 셀을 잠그는 셀 스타일을 사용할 수도 있다.
- 셀 스타일을 수정하거나 복제하여 사용자 지정 셀 스타일을 직접 만들 수도 있다.

- 사용 중인 셀 스타일을 수정한 경우 해당 셀에는 셀 스타일을 다시 적용하지 않아도 자동으로 수정한 서식이 반영된다.
- 미리 정의되거나 사용자 지정 셀 스타일을 삭제하여 사용 가능한 셀 스타일 목록에서 제거할 수 있다(셀 스타일을 삭제하면 서식이 지정된 모든 셀에서도 제거됨).
- 표준 셀 스타일은 삭제할 수 없다.

개념 체크 ✅

1 다음 중 조건부 서식을 이용하여 [A2:C5] 영역에 EXCEL과 ACCESS 점수의 합계가 170 이하인 행 전체에 셀 배경색을 지정하기 위한 수식으로 옳은 것은?

	A	B	C
1	이름	EXCEL	ACCESS
2	김경희	75	73
3	원은형	89	88
4	나도향	65	68
5	최은심	98	96

① =B$2+C$2<=170
② =$B2+$C2<=170
③ =$B$2+$C$2<=170
④ =B2+C2<=170

- [A2:C5] 영역을 마우스로 드래그하여 범위를 설정한 다음 [홈] 탭-[스타일] 그룹-[조건부 서식]-[새 규칙]을 선택하여 실행함
- [새 서식 규칙] 대화 상자에서 '수식을 사용하여 서식을 지정할 셀 결정'을 선택한 다음 "=$B2+$C2<=170"을 입력하고 서식을 지정하고 [확인]을 클릭함
- 행 전체에 셀 배경색을 지정하기 위해 열(B, C)은 절대참조($)로, 행은 상대참조로 함

2 다음 중 조건부 서식 설정을 위한 [새 서식 규칙] 대화 상자의 '규칙 유형 선택' 항목에 해당하지 않는 것은?

① 임의의 날짜를 기준으로 셀의 서식 지정
② 셀 값을 기준으로 모든 셀의 서식 지정
③ 다음을 포함하는 셀만 서식 지정
④ 고유 또는 중복 값만 서식 지정

규칙 유형 선택에 '임의의 날짜를 기준으로 셀의 서식 지정'은 지원되지 않음

POINT 076 수식의 기본과 함수

09년 4월, 08년 8월, 07년 2월, 06년 5월
수식

- 셀 안을 클릭한 다음 수식을 입력하여 구성한다.
- 먼저 =, + 기호를 입력하고 수식을 입력한다.
- 수식은 산술 연산자, 비교 연산자, 텍스트 연산자, 참조 연산자를 사용해서 계산한다.
- 문자열을 입력할 때는 큰따옴표(" ")로 묶어준다.

21년 상시, 08년 10월
산술 연산자

+	더하기	−	빼기	*	곱하기
/	나누기	%	백분율	^	거듭제곱

비교 연산자

〉	크다(초과)	〉=	크거나 같다(이상)	=	같다
〈	작다(미만)	<=	작거나 같다(이하)	〈〉	같지 않다

기적의 TIP &(문자열 연산자)
&는 두 개의 문자 데이터를 하나로 연결함(예 ="대한" & "민국" → 대한민국)

12년 3월
참조 연산자
셀 범위를 지정하거나 여러 개의 셀을 하나로 결합한다.

:(콜론)	범위 연산자	연속적인 범위의 영역을 하나의 참조 영역으로 지정함 (예 A1:A5 → A1셀에서 A5셀까지를 의미함)
,(쉼표)	구분 연산자	• 쉼표로 구분한 참조 영역을 하나의 참조 영역으로 지정함 • 함수 등에서 서로 떨어진 범위를 참조할 때 사용함 (예 A1,A3,C1:C5 → A1셀과 A3셀, C1셀부터 C5셀까지를 의미함)
공백	교점 연산자	두 참조 영역의 교차 지점에 있는 참조 영역을 지정함 (예 A1:A3, A2:B2 → 두 범위의 교차 지점 A2 셀을 참조함)
#	분산 범위 연산자	• 동적 배열 수식에서 전체 범위를 참조하는 데 사용됨 • 분산 범위를 자동으로 선택함 (예 =SUM(A2#) → [A2] 셀을 기준으로 분산 범위의 합계를 구함)

24년 상시, 23년 상시, 09년 10월, 06년 2월, 05년 2월, 03년 7월
수식 보기★

- Ctrl+~를 눌러 수식 보기와 수식의 결과 보기 상태로 전환할 수 있다.
- [파일] 탭-[옵션]-[Excel 옵션]-[고급]-[이 워크시트의 표시 옵션]의 '계산 결과 대신 수식을 셀에 표시' 항목을 선택한다.
- [수식] 탭-[수식 분석] 그룹의 [수식 표시]를 선택하면 수식이 입력된 셀에 결과 값이 표시되는 대신 실제 수식 내용이 표시된다.
- [셀 서식] 대화 상자의 [보호] 탭에서 '숨김'을 선택하고 워크시트를 보호했을 경우에는 수식 입력줄에 원본 수식이 나타나지 않는다.
- 수식이 입력된 셀을 더블클릭한 다음 수식 일부를 블록으로 지정하고 F9를 누르면 선택한 부분의 결과를 미리 확인할 수 있으며 수식은 결과 값으로 변경된다.

24년 상시, 23년 상시, 22년 상시, 21년 상시, 16년 6월, 15년 10월, 14년 3월, 13년 3월, …
셀 참조★
수식에서 다른 셀에 입력된 데이터를 사용할 경우 실제 데이터 대신 셀 주소를 사용함

상대 참조	상대 참조로 입력된 셀 주소는 복사를 하면 원래의 셀에서 현재 셀까지의 거리만큼 참조된 셀의 주소가 자동으로 변경됨. 참조하는 셀과 수식이 입력되는 셀과의 관계를 상대적으로 나타내어 참조하는 것으로 단순히 셀의 주소만을 입력하는 것(예 F2)
절대 참조	셀 참조를 입력한 후 다른 셀로 복사해도 참조하고 있는 셀의 주소가 절대로 변경되지 않고 항상 고정되는 형태의 셀 참조(예 $F$2)
혼합 참조	수식에서 $A1과 같이 열만 절대 참조하는 경우와 A$1과 같이 행만 절대 참조하는 경우가 있음(예 $F2, F$2)
다른 워크시트의 셀 참조	• 셀 주소 앞에 워크시트 이름을 표시하고 워크시트 이름과 셀 주소 사이는 느낌표(!)로 구분함 (예 =A5*Sheet2!A5) • 워크시트 이름이 공백을 포함하는 경우 워크시트 이름을 작은 따옴표(' ')로 감쌈(예 =A5*'성적 일람'!A5)
다른 통합 문서의 셀 참조	• 통합 문서의 이름을 대괄호([ ])로 둘러싸고, 워크시트 이름과 셀 주소를 입력함(예 =A5*[성적 일람표.xlsx]Sheet1!A5) • 통합 문서의 이름이 공백을 포함하는 경우 통합 문서와 워크시트 이름을 작은 따옴표(' ')로 감쌈(예 =A5*'[성적 일람표.xlsx]Sheet1'!A5)

3차원 참조	• 통합 문서의 여러 워크시트에 있는 같은 위치의 셀이나 셀 범위를 참조함 • 예를 들어 '=SUM(Sheet1:Sheet5!A1)'은 Sheet1에서 Sheet5까지 포함되어 있는 모든 워크시트의 [A1] 셀의 합계를 구함 • 배열 수식에는 3차원 참조를 사용할 수 없음

기적의 TIP F4 셀 주소 변환키

• 셀 주소를 입력한 다음 F4를 누르면 키를 누를 때마다 자동으로 주소의 형태가 변경됨
• 변경 순서 : A5 → $A$5 → A$5 → $A5

14년 10월, 13년 6월

이름 사용

• 셀이나 특정 영역에 알아보기 쉬운 이름을 정의해 두고, 이 이름을 사용하여 수식을 작성하면 수식의 구성을 더욱 쉽게 알아볼 수 있다.
• 셀이나 범위 이외에 상수나 수식에도 이름을 정의할 수 있다.

19년 3월, 17년 9월, 16년 10월, 15년 3월, 14년 3월, 13년 10월, 12년 3월, 09년 10월, …

이름 작성 규칙✽

• 이름의 첫 글자는 문자나 밑줄(_), ₩만 사용할 수 있다.
• 나머지 글자는 문자, 숫자, 마침표(.), 밑줄(_)을 사용할 수 있다.
• 셀 주소와 같은 형태의 이름은 사용할 수 없다.
• 공백을 사용할 수 없으며, 낱말을 구분하려면 밑줄이나 마침표를 사용한다.
• 최대 255자까지 지정할 수 있으며, 대/소문자를 구분하지 않는다.
• 같은 통합 문서에서 동일한 이름을 중복하여 사용할 수 없다.
• 이름은 기본적으로 절대 참조로 정의된다.

04년 8월

이름 정의하기

방법 1	• 이름을 정의할 영역을 범위로 지정한 후 이름 상자에 원하는 이름을 입력하고 Enter를 누름 • 이미 정의된 이름을 입력하면 해당 영역을 선택해 줌
방법 2	[수식] 탭–[정의된 이름] 그룹–[이름 정의]를 실행한 후 원하는 이름과 참조 영역을 지정하고 [확인]을 클릭하면 목록에 추가됨

기적의 TIP Ctrl + F3

[이름 관리자] 바로 가기 키로 [새로 만들기], [편집], [삭제], [필터] 등의 기능이 지원됨

24년 상시, 23년 상시, 22년 상시, 21년 상시, 18년 3월/9월, 17년 9월, 16년 6월, …

수식의 오류 값✽

정상적인 결과를 출력할 수 없을 때 발생한다.

#####	숫자 데이터의 길이가 셀보다 길 때
#NULL!	교차하지 않는 두 영역의 교점을 지정했을 때
#DIV/0!	특정한 숫자를 0으로 나누는 수식을 입력했을 때
#VALUE!	잘못된 인수 또는 피연산자를 사용했을 때
#REF!	유효하지 않은 셀 참조를 지정했을 때
#NAME?	인식할 수 없는 문자열을 수식에 사용했을 때 또는 참조하고 있는 이름을 삭제했을 때
#NUM!	수식이나 함수에 숫자와 관련된 문제가 있을 때
#N/A	함수나 수식에 사용할 수 없는 값을 지정했을 때
#SPILL!	동적 배열 수식에서 반환 셀 개수가 부족할 때 발생하며, 입력 값을 삭제하여 오류를 해결하면 됨
#CALC!	중첩 배열 오류는 두 번째 배열 제거로, 빈 배열 오류는 조건 변경이나 인수 추가로 해결할 수 있음

15년 10월, 04년 11월

함수의 개념

함수의 괄호에 입력되는 값으로, 함수의 규칙에 적합한 값을 입력해야 함. 인수를 사용하지 않는 함수도 있음

• 이미 만들어진 수식에 의해 계산하는 것이다.
• 수식과 같이 등호(=)로 시작한다.
• 함수는 함수 이름, 괄호, 인수, 쉼표로 구성된다(예 =SUM (10,20)).
• 함수 안에 또 다른 함수를 사용하는 중첩 함수도 가능하다.
• 사용할 함수와 인수 값들을 직접 입력해도 되지만 함수 마법사를 사용하여 쉽게 함수를 이용할 수 있다.

24년 상시, 14년 3월

함수 마법사(Shift + F3)

• [수식]–[함수 라이브러리]–[함수 삽입]을 선택하거나 수식 입력줄의 [함수 삽입](fx)을 클릭하여 실행한다.
• 다양한 함수들이 범주에 따라 나누어져 있다.
• 함수를 선택하면 함수에 대한 설명과 필요한 인수에 대한 설명이 나온다.

1 다음 중 셀 참조에 관한 설명으로 옳은 것은?

① 수식 작성 중 마우스로 셀을 클릭하면 기본적으로 해당 셀이 절대 참조로 처리된다.

② 수식에 셀 참조를 입력한 후 셀 참조의 이름을 정의한 경우에는 참조 에러가 발생하므로 기존 셀 참조를 정의된 이름으로 수정한다.

③ 셀 참조 앞에 워크시트 이름과 마침표(.)를 차례로 넣어서 다른 워크시트에 있는 셀을 참조할 수 있다.

④ 셀을 복사하여 붙여 넣은 다음 [붙여넣기 옵션]의 [연결하여 붙여넣기] 명령을 사용하여 셀 참조를 만들 수도 있다.

오답 피하기

• ① : 수식 작성 중 마우스로 셀을 클릭하면 기본적으로 해당 셀이 상대 참조로 처리됨
• ② : 수식에 셀 참조를 입력한 후 셀 참조의 이름을 정의한 경우에는 참조 에러가 발생하지 않음
• ③ : 셀 참조 앞에 워크시트 이름과 느낌표(!)를 차례로 넣어서 다른 워크시트에 있는 셀을 참조함

2 다음 중 참조의 대상 범위로 사용하는 이름 정의 시 이름의 지정 방법에 대한 설명으로 옳지 않은 것은?

① 이름의 첫 글자로 밑줄(_)을 사용할 수 있다.

② 이름에 공백 문자는 포함할 수 없다.

③ 'A1'과 같은 셀 참조 주소 이름은 사용할 수 없다.

④ 여러 시트에서 동일한 이름으로 정의할 수 있다.

같은 통합 문서에서 동일한 이름을 중복하여 사용할 수 없음

3 다음 중 수식에 잘못된 인수나 피연산자를 사용한 경우 표시되는 오류 메시지는?

① #DIV/0!   ② #NUM!
③ #NAME?   ④ #VALUE!

#VALUE! : 수치를 사용해야 할 장소에 다른 데이터를 사용하는 경우나 함수의 인수로 잘못된 값을 사용한 경우

오답 피하기

• #DIV/0! : 0으로 나누기 연산을 시도한 경우
• #NUM! : 숫자가 필요한 곳에 잘못된 값을 지정한 경우나 숫자의 범위를 초과한 경우
• #NAME? : 함수 이름이나 정의되지 않은 셀 이름을 사용한 경우나 수식에 잘못된 문자열을 지정하여 사용한 경우

POINT 077 **수학/삼각 함수★**

▶ 합격 강의

=SUM(인수1, 인수2)	인수들의 합계를 구함
=SUMIF(검색 범위, 조건, 합계 범위)	• 검색 범위에서 조건을 검사하여 조건을 만족할 경우 합계 범위에서 대응하는 셀의 합계를 계산 • SUMIF 함수의 합계 범위를 생략하면 검색 범위와 동일하게 인식됨
=SUMIFS(합계 범위, 셀 범위1, 조건1, 셀 범위2, 조건2,…)	• 조건이 여러 개일 경우, 셀 범위1에서 조건1이 만족하고 셀 범위2에서 조건2가 만족되면 합계 범위에서 합을 산출함 • 조건은 최대 127개까지 지정 가능함
=ROUND(인수, 자릿수)	인수를 지정한 자릿수로 반올림함
=ROUNDUP(인수, 자릿수)	인수를 지정한 자릿수로 올림함
=ROUNDDOWN(인수, 자릿수)	인수를 지정한 자릿수로 내림함
=ABS(인수)	인수의 절대값을 구함
=INT(인수)	인수를 소수점을 버리고 가장 가까운 정수로 구함
=MOD(인수1, 인수2)	인수1을 인수2로 나눈 나머지를 구함
=RAND( )	0과 1 사이의 난수(정해져 있지 않은 수)를 구함
=RANDBETWEEN(최소 정수, 최대 정수)	지정한 두 수 사이의 임의의 수를 반환함
=ODD(수)	주어진 수에 가장 가까운 홀수로, 양수인 경우 올림하고 음수인 경우 내림함
=EVEN(수)	주어진 수에 가장 가까운 짝수로, 양수인 경우 올림하고 음수인 경우 내림함
=POWER(인수, 제곱값)	인수의 거듭 제곱값을 구함
=TRUNC(수1, 수2)	• 수1을 무조건 내림하여 자릿수(수2)만큼 반환함 • 수2를 생략하면 0으로 처리됨
=PRODUCT(인수1, 인수2, …)	인수를 모두 곱한 값을 구함
=SIGN(인수)	인수의 부호값(양수이면 1, 0이면 0, 음수이면 −1)을 구함

개념 체크 ✓

1 다음 중 수식의 결과 값이 옳지 <u>않은</u> 것은?

① =RIGHT("Computer",5) → puter

② =ABS(−5) → 5

③ =TRUNC(5.96) → 5

④ =AND(6〈5, 7〉5) → TRUE

=AND(6〈5, 7〉5) → FALSE : AND 함수는 두 조건이 모두 만족할 때만 TRUE가 됨

오답 피하기

• =RIGHT("Computer",5) → puter : 오른쪽에서 5개를 추출

• =ABS(−5) → 5 : 절대값을 구함

• =TRUNC(5.96) → 5 : =TRUNC(수1, 수2)는 수1을 무조건 내림하여 수2만큼 반환함, 수2 생략시 0으로 처리되므로 5가 됨

2 다음 중 수식의 실행 결과가 다르게 나타나는 것은?

① =POWER(2, 5)

② =SUM(3, 11, 25, 0, 1, −8)

③ =MAX(32, −4, 0, 12, 42)

④ =INT(32.2)

=MAX(32, −4, 0, 12, 42) → 42 : 최대값을 구함

오답 피하기

• =POWER(2, 5) → 32 : 거듭제곱 값을 구함

• =SUM(3, 11, 25, 0, 1, −8) → 32 : 합을 구함

• =INT(32.2) → 32 : 정수값을 구함

3 다음 중 [A7] 셀에 수식 '=SUMIFS(D2:D6,A2:A6,"연필",B2:B6,"서울")'을 입력한 경우 결과 값으로 옳은 것은?

	A	B	C	D
1	품목	대리점	판매계획	판매실적
2	연필	경기	150	100
3	볼펜	서울	150	200
4	연필	서울	300	300
5	볼펜	경기	300	400
6	연필	서울	300	200
7				

① 100   ② 500

③ 600   ④ 750

• =SUMIFS(합계 범위, 셀 범위1, 조건1, 셀 범위2, 조건2)

• 조건이 여러 개일 경우 셀 범위1에서 조건1이 만족하고 셀 범위2에서 조건2가 만족되면 합계 범위에서 합을 산출함

• 조건은 127개까지 지정 가능함

• =SUMIFS(D2:D6,A2:A6,"연필",B2:B6,"서울") : A2 : A6에서 "연필", B2 : B6에서 "서울"인 두 조건을 만족하는 경우의 판매실적의 합은 300+200이므로 결과는 500이 됨

A7	▼	:	×	✓	fx	=SUMIFS(D2:D6,A2:A6,"연필",B2:B6,"서울")	
	A	B	C	D	E	F	
1	품목	대리점	판매계획	판매실적			
2	연필	경기	150	100			
3	볼펜	서울	150	200			
4	연필	서울	300	300			
5	볼펜	경기	300	400			
6	연필	서울	300	200			
7	500						
8							

POINT 078 날짜/시간 함수 ✱

▶ 합격 강의

=NOW( )	현재 컴퓨터 시스템의 날짜와 시간을 반환함
=TODAY( )	현재 컴퓨터 시스템의 날짜만 반환함
=DATE(연, 월, 일)	연, 월, 일에 해당하는 날짜 데이터를 반환함
=YEAR(날짜), =MONTH(날짜), =DAY(날짜)	날짜의 연도, 월, 일자 부분만 따로 추출함
=TIME(시, 분, 초)	시, 분, 초에 해당하는 시간 데이터를 반환함
=HOUR(시간), =MINUTE(시간), =SECOND(시간)	시간의 시, 분, 초 부분만 따로 추출함
=WEEKDAY(날짜, 반환값의 종류)	날짜의 요일 번호를 반환함
=DAYS(종료 날짜, 시작 날짜)	두 날짜 사이의 일 수를 반환함
=EDATE(시작 날짜, 전후 개월 수)	• 시작 날짜를 기준으로 전, 후 개월 수를 반환함 • 월과 일이 같은 만기일이나 기한을 계산함
=EOMONTH(시작 날짜, 전후 개월 수)	• 시작 날짜를 기준으로 전, 후 개월의 마지막 날을 반환함 • 달의 마지막 날에 해당하는 만기일을 계산함
=WORKDAY(시작 날짜, 전후 주말/휴일 제외 날짜 수, 휴일)	• 시작 날짜의 전후 날짜 수(주말, 휴일 제외한 평일)를 반환함 • 작업 일수, 배달일, 청구서 기한일 등을 계산함

기적의TIP =WEEKDAY(날짜, 반환 값의 종류)

• 1 또는 생략 : 1(일요일)에서 7(토요일) 사이의 숫자

• 2 : 1(월요일)에서 7(일요일) 사이의 숫자

• 3 : 0(월요일)에서 6(일요일) 사이의 숫자

• 11 : 1(월요일)에서 7(일요일) 사이의 숫자

• 12 : 1(화요일)에서 7(월요일) 사이의 숫자

• 13 : 1(수요일)에서 7(화요일) 사이의 숫자

• 14 : 1(목요일)에서 7(수요일) 사이의 숫자

• 15 : 1(금요일)에서 7(목요일) 사이의 숫자

• 16 : 1(토요일)에서 7(금요일) 사이의 숫자

• 17 : 1(일요일)에서 7(토요일) 사이의 숫자

1 다음 중 입사일이 1989년 6월 1일인 직원의 오늘 현재까지의 근속 일수를 구하려고 할 때 가장 적당한 함수 사용법은?

① =TODAY()-DAY(1989, 6, 1)

② =TODAY()-DATE(1989, 6, 1)

③ =DATE(1989, 6, 1)-TODAY()

④ =DAY(1989, 6, 1)-TODAY()

근속 일수는 오늘(TODAY()) 날짜에서 입사일(DATE(1989, 6, 1))을 빼면 되므로 =TODAY()-DATE(1989, 6, 1)처럼 수식을 작성함

2 다음 중 엑셀의 날짜 및 시간 데이터 관련 함수에 대한 설명으로 옳지 않은 것은?

① 날짜 데이터는 순차적인 일련번호로 저장되기 때문에 날짜 데이터를 이용한 수식을 작성할 수 있다.

② 시간 데이터는 날짜의 일부로 인식하여 소수로 저장되며, 낮 12시는 0.5로 계산된다.

③ TODAY 함수는 셀이 활성화되거나 워크시트가 계산될 때 또는 함수가 포함된 매크로가 실행될 때마다 시스템으로부터 현재 날짜를 업데이트한다.

④ WEEKDAY 함수는 날짜에 해당하는 요일을 구하는 함수로 Return_type 인수를 생략하는 경우 '일월화수목금토' 중 해당하는 한 자리 요일이 텍스트 값으로 반환된다.

WEEKDAY 함수
• 날짜에 해당하는 요일을 반환. 기본적으로 요일은 1(일요일)에서 7(토요일) 사이의 정수로 제공됨
• Return_type 인수가 1이거나 생략한 경우 '일 → 1, 월 → 2, 화 → 3, 수 → 4, 목 → 5, 금 → 6, 토 → 7' 처럼 각 요일의 숫자를 반환함

3 다음 중 아래 워크시트에서 [D4] 셀에 입력한 수식의 실행 결과로 옳은 것은?(단, [D4] 셀에 설정되어 있는 표시형식은 '날짜'임)

D4		:	× ✓ fx	=EOMONTH(D2,1)		
◢	A	B	C	D	E	F
1	사원번호	성명	직함	생년월일		
2	101	구민정	영업과장	1980-12-08		
3						
4				=EOMONTH(D2,1)		
5						

① 1980-11-30   ② 1980-11-08

③ 1981-01-31   ④ 1981-01-08

• =EOMONTH(시작 날짜, 전후 개월 수) : 시작 날짜를 기준으로 전후 개월의 마지막 날을 반환함
• =EOMONTH(D2,1) : 1980-12-08부터 1개월 후 마지막 날이므로 1981-01-31이 결과로 산출됨
• 셀 서식을 [날짜]로 설정하면 "1981-01-31"처럼 표시됨

POINT 079 **통계 함수 ✱**

▶ 합격 강의

=MAX(인수1, 인수2, …)	인수 중에서 최대값을 구함
=MIN(인수1, 인수2, …)	인수 중에서 최소값을 구함
=MAXA(수1, 수2, …)	• 인수 중에서 최대값을 구함(논리 값, 텍스트로 나타낸 숫자 포함) • TRUE : 1로 계산 • 텍스트나 FALSE : 0으로 계산
=MINA(수1, 수2, …)	• 인수 중에서 최소값을 구함(논리 값, 텍스트로 나타낸 숫자 포함) • TRUE : 1로 계산 • 텍스트나 FALSE : 0으로 계산
=AVERAGE(인수1, 인수2, …)	인수들의 평균을 구함
=AVERAGEA(인수1, 인수2, …)	수치가 아닌 셀을 포함하는 인수의 평균 값을 구함
=AVERAGEIF(조건 범위, 조건, 평균 범위)	조건을 만족하는 셀들의 평균을 구함
=AVERAGEIFS(평균 범위, 조건1 관련 범위, 조건1, 조건2 관련 범위, 조건2, …)	여러 조건을 만족하는 셀들의 평균을 구함
=COUNT(인수1, 인수2, …)	인수 중 숫자의 개수를 구함
=COUNTA(인수1, 인수2, …)	인수 중 비어 있지 않은 셀의 개수를 구함
=COUNTBLANK(범위)	범위 중 비어있는 셀의 개수를 구함
=COUNTIF(범위, 조건)	범위에서 조건을 만족하는 셀의 개수를 구함
=COUNTIFS(조건1 관련 범위, 조건1, 조건2 관련 범위, 조건2, …)	여러 조건을 만족하는 셀의 개수를 구함
=VAR.S(인수1, 인수2, …)	분산을 구함
=STDEV.S(인수1, 인수2, …)	표준 편차를 구함
=MEDIAN(인수1, 인수2, …)	인수 중 중간값을 구함
=MODE.SNGL(인수1, 인수2, …)	인수 중 가장 많이 발생한 값을 구함
=LARGE(범위, n번째)	범위에서 n번째로 큰 값을 구함
=SMALL(범위, n번째)	범위에서 n번째로 작은 값을 구함

- 수치의 순위를 구함
- =RANK.EQ(순위 구할 수, 참조 범위, 순위 결정 방법)

순위 구할 수	순위를 구하려는 수
참조 범위	수 목록의 배열이나 참조 영역으로서, 숫자가 아닌 값은 무시됨(참조 범위는 절대 참조($)를 이용)
순위 결정 방법	• 순위 결정 방법을 정의하는 수 • 순위 결정 방법이 0이거나 생략되면 참조 범위가 내림차순으로 정렬된 목록처럼 순위를 부여함(⬛ 높은 수치가 1등이 되는 경우 : 성적, 멀리 뛰기 등) • 순위 결정 방법이 0이 아니면 참조 범위가 오름차순으로 정렬된 목록처럼 순위를 부여함(⬛ 낮은 수치가 1등이 되는 경우 : 달리기 기록 등)

C2	: × ✓ fx	=RANK.EQ(B2,$B$2:$B$6)			
	A	B	C	D	E	F
1	성명	점수	RANK.EQ			
2	김성근	100	1			
3	조윤진	100	1			
4	홍범도	60	5			
5	김선	70	4			
6	이예린	80	3			
7						

▲ 순위 결정 방법이 생략된 경우이므로 높은 점수가 상위 등수가 됨

- [C2] 셀 : =RANK.EQ(B2,$B$2:$B$6) → 김성근, 조윤진이 같은 순위이므로 높은 순위 1이 반환됨

D5	: × ✓ fx	=RANK.EQ(C5,$C$4:$C$8,1)			
	A	B	C	D	E	F
1	100미터 달리기 순위 현황					
2						
3	국가명	선수명	기록(초)	순위		
4	미국	벤존슨	11	2		
5	한국	이쏜살	10	1		
6	자메이카	너볼트	12	3		
7	중국	씨에씨에	13	4		
8	일본	아리가토	14	5		

▲ 순위 결정 방법이 0이 아닌 1이므로 100미터 기록이 가장 빠른 이쏜살 선수가 1등이 됨

- [D5] 셀 : =RANK.EQ(C5,$C$4:$C$8,1) → 100미터 달리기 기록(초)이므로 가장 빠른 10초가 가장 낮은 수치이지만 순위 결정 방법이 1이므로 1등이 됨

---

1 다음 중 인수 목록에서 공백이 아닌 문자열이나 숫자가 입력된 셀의 개수를 계산하는 함수는?

① COUNT 함수
② COUNTA 함수
③ COUNTIF 함수
④ COUNTBLANK 함수

COUNTA 함수 : 공백이 아닌 인수의 개수를 구함

오답 피하기

- COUNT 함수 : 인수 중에서 숫자의 개수를 구함
- COUNTIF 함수 : 검색 범위에서 조건에 만족하는 셀의 개수를 구함
- COUNTBLANK 함수 : 지정한 범위에 있는 공백 셀의 개수를 구함

2 다음 중 아래 워크시트에서 [E2] 셀의 함수식이 '=CHOOSE (RANK.EQ(D2, $D$2:$D$5), "천하", "대한", "영광", "기쁨")' 일 때 결과로 옳은 것은?

	A	B	C	D	E
1	성명	이론	실기	합계	수상
2	김나래	47	45	92	
3	이석주	38	47	85	
4	박명호	46	48	94	
5	장영민	49	48	97	

① 천하
② 대한
③ 영광
④ 기쁨

- =RANK.EQ(순위 구할 수, 참조 범위, 순위 결정 방법) : 참조 범위에서 순위 구할 수의 석차를 구함(순위 결정 방법이 0이거나 생략되면 참조 범위가 내림차순으로 정렬된 목록처럼 순위를 부여함)
- =CHOOSE(검색값, 값1, 값2, …) : 검색값이 1이면 값1, 2이면 값2, 순서로 값을 반환함
- RANK.EQ(D2, $D$2:$D$5) : [D2] 셀, 김나래의 합계 92점의 석차를 구함 → 3
- =CHOOSE(3, "천하", "대한", "영광", "기쁨") : 3번째 값인 "영광"을 선택하여 결과로 산출함

E2	: × ✓ fx	=CHOOSE(RANK.EQ(D2,$D$2:$D$5),"천하","대한","영광","기쁨")					
	A	B	C	D	E	F	G	H	I	J
1	성명	이론	실기	합계	수상					
2	김나래	47	45	92	영광					
3	이석주	38	47	85	기쁨					
4	박명호	46	48	94	대한					
5	장영민	49	48	97	천하					
6										

3 아래 시트에서 [A1:A2] 영역은 '범위1', [B1:B2] 영역은 '범위2'로 이름을 정의하였다. 다음 중 아래 시트를 이용하여 연산을 수행하였을 때 수식과 결과가 옳지 <u>않은</u> 것은?

	A	B
1	1	2
2	3	4

① =COUNT(범위1, 범위2) → 4
② =AVERAGE(범위1, 범위2) → 2.5
③ =범위1+범위2 → 10
④ =SUMPRODUCT(범위1, 범위2) → 14

- =범위1+범위2 → #VALUE!(+연산자는 수치 데이터를 더하므로)
- #VALUE! : 수치를 사용해야 할 장소에 다른 데이터를 사용하는 경우

오답 피하기
- =COUNT(범위1, 범위2) : 범위1과 범위2의 숫자의 갯수를 구하므로 결과는 → 4
- =AVERAGE(범위1, 범위2) : 범위1과 범위2의 평균을 구하므로 결과는 → 2.5
- =SUMPRODUCT(범위1, 범위2) : 합의 곱을 산출하므로(1*2+3*4) 결과는 → 14

24년 상시, 23년 상시, 21년 상시, 20년 2월, 17년 3월/9월, …

POINT 080 문자열 함수 ★

▶합격 강의

=LEFT(문자열, 추출할 개수)	문자열의 왼쪽부터 추출할 개수만큼 문자열을 표시함
=RIGHT(문자열, 추출할 개수)	문자열의 오른쪽부터 추출할 개수만큼 문자열을 표시함
=MID (문자열, 시작 위치, 추출할 개수)	문자열의 지정된 시작 위치부터 추출할 개수만큼 문자열을 표시함
=LOWER(문자열)	문자열을 모두 소문자로 표시함
=UPPER(문자열)	문자열을 모두 대문자로 표시함
=PROPER(문자열)	문자열에 있는 각 단어의 첫 글자만 대문자로 표시하고 나머지는 모두 소문자로 표시함
=TRIM(문자열)	문자열에 포함된 공백 중 단어 사이에 있는 한 칸의 공백을 제외하고 모든 공백을 삭제함
=EXACT (텍스트1, 텍스트2)	• 텍스트1과 텍스트2를 비교하여 일치하면 TRUE, 그렇지 않으면 FALSE를 반환함 • 영문의 경우 대소문자를 구분함

=REPT (반복할 텍스트, 반복 횟수)	• 반복 횟수(정수)만큼 반복할 텍스트를 표시함 • 결과는 32,767자 이하까지만 허용되며, 그렇지 않으면 #VALUE! 오류 값을 반환함
=FIND (찾을 텍스트, 문자열, 시작 위치)	• 문자열에서 찾을 텍스트의 시작 위치를 반환함 (시작 위치 생략 시 1로 간주함) • 찾을 텍스트가 없으면 #VALUE! 오류가 발생함 • 대소문자는 구분하나 와일드카드 문자(?, *)는 사용 못 함 • SBCS(싱글바이트 문자 집합)를 사용하는 언어에서 사용하며, 각 문자를 1로 계산함
=SEARCH (찾을 텍스트, 문자열, 시작 위치)	• 문자열에서 찾을 텍스트의 시작 위치를 반환함 (시작 위치 생략 시 1로 간주함) • 찾을 텍스트가 없으면 #VALUE! 오류가 발생함 • 대소문자는 구분하지 않으나 와일드카드 문자(?, *)는 사용 가능함 • SBCS(싱글바이트 문자 집합)를 사용하는 언어에서 사용하며, 각 문자를 1로 계산함
=REPLACE(텍스트1, 시작 위치, 바꿀 개수, 텍스트2)	시작 위치의 바꿀 개수만큼 텍스트1의 일부를 다른 텍스트2로 교체함
=SUBSTITUTE (텍스트, 찾을 텍스트, 새로운 텍스트, 찾을 위치)	텍스트에서 찾을 위치의 텍스트를 찾아서 새로운 텍스트로 대체함
=LEN(텍스트)	텍스트의 길이를 숫자로 구함
=TEXT(값, 서식)	값을 주어진 서식에 맞게 변환함
=FIXED(숫자, 나타낼 소수점 자릿수나 콤마의 표시 유무)	숫자를 나타낼 소수점 자릿수나 콤마의 표시 유무에 맞게 나타냄
=CONCAT (텍스트1, 텍스트2, 텍스트3)	텍스트를 연결하여 나타냄
=VALUE(숫자 형태의 텍스트)	숫자 형태의 텍스트를 숫자로 변경함

개념 체크 ✓

1 다음 중 문자열의 양끝 공백을 제거하는 함수는 무엇인가?
① LOWER( )
② UPPER( )
③ PROPER( )
④ TRIM( )

TRIM( ) : 단어 사이에 있는 한 칸의 공백을 제외하고, 문자열의 공백을 모두 삭제함

2 다음 중 아래 워크시트의 [A2] 셀에 수식을 작성하는 경우 수식의 결과가 <u>다른</u> 하나는?

	A
1	대한상공대학교
2	

① =MID(A1,SEARCH("대",A1)+2,5)
② =RIGHT(A1,LEN(A1)−2)
③ =RIGHT(A1,FIND("대",A1)+5)
④ =MID(A1,FIND("대",A1)+2,5)

③ =RIGHT(A1,FIND("대",A1)+5) → 한상공대학교
• =FIND("대",A1) → 1 : A1에서 "대"의 첫 검색 위치 값
• =RIGHT(A1,1+5) → 한상공대학교 : A1의 오른쪽에서 6개의 문자를 추출

오답 피하기
• =MID(A1,SEARCH("대",A1)+2,5) → 상공대학교
 − =SEARCH("대",A1) → 1 : A1에서 "대"의 첫 검색 위치 값
 − =MID(A1,1+2,5) → 상공대학교 : A1의 3번째부터 5번째까지의 문자를 추출
• =RIGHT(A1,LEN(A1)−2) → 상공대학교
 − =LEN(A1) → 7 : A1의 문자열 길이
 − =RIGHT(A1,7−2) → 상공대학교 : A1의 오른쪽에서 5개의 문자를 추출
• =MID(A1,FIND("대",A1)+2,5) → 상공대학교
 − =FIND("대",A1) → 1 : A1에서 "대"의 첫 검색 위치 값
 − =MID(A1,1+2,5) → 상공대학교 : A1의 3번째부터 5번째까지의 문자를 추출

3 다음 중 수식의 결과가 나머지 셋과 <u>다른</u> 것은?
① =SEARCH("A","Automation")
② =SEARCH("a","Automation")
③ =FIND("a","Automation")
④ =FIND("A","Automation")

• =FIND("a", "Automation") → 6 : FIND 함수는 대소문자를 구분하므로 6이 됨
• FIND(찾을 텍스트, 문자열, 시작 위치) : 문자열에서 찾을 텍스트의 시작 위치를 반환함(시작 위치 생략시 1로 간주, 대소문자 구분하나 와일드카드 문자(?, *)는 사용 못 함)
• SEARCH(찾을 텍스트, 문자열, 시작 위치) : 문자열에서 찾을 텍스트의 시작 위치를 반환함(시작 위치 생략시 1로 간주, 대소문자 구분하지 못하나 와일드카드 문자(?, *)는 사용 가능함)

오답 피하기
• ① =SEARCH("A","Automation") → 1 : SEARCH 함수는 대소문자 구분하지 않으므로 1이 됨
• ② =SEARCH("a","Automation") → 1 : SEARCH 함수는 대소문자 구분하지 않으므로 1이 됨
• ④ =FIND("A","Automation") → 1 : FIND 함수는 대소문자를 구분하므로 1이 됨

24년 상시, 22년 상시, 21년 상시, 20년 2월, 19년 3월, …

POINT 081 논리 함수 ✱

▶ 합격 강의

=AND(인수1, 인수2, …)	인수가 모두 참(TRUE)이면 참을 표시함
=OR(인수1, 인수2, …)	인수 중 하나만이라도 참(TRUE)이면 참을 표시함
=IF(조건, 인수1, 인수2)	조건이 참(TRUE)이면 인수1, 거짓(FALSE)이면 인수2를 표시함
=IFS(조건식1, 참인 경우 값1, 조건식2, 참인 경우 값2, ……)	하나 이상의 조건이 충족되는지 확인하고 첫 번째 TRUE 조건에 해당하는 값을 반환함
=SWITCH(변환할 값, 일치시킬 값 1…[2-126], 일치하는 경우 반환할 값 1…[2-126], 일치하는 값이 없는 경우 반환할 값)	값의 목록에 대한 하나의 값(식이라고 함)을 계산하고 첫 번째 일치하는 값에 해당하는 결과를 반환함
=FALSE( )	논리 값 FALSE를 되돌림
=NOT(인수)	인수에 대한 논리 값의 반대값을 표시함
=TRUE( )	논리 값 TRUE를 되돌림
=IFERROR (수식, 오류 발생 시 표시 값)	수식의 결과가 오류 값일 때 다른 값(공백 등)으로 표시함

개념 체크 ✓

1 어떤 시트의 [D2] 셀에 문자열 '123456−1234567'이 입력되어 있을 때 수식의 결과가 <u>다른</u> 하나는 무엇인가?
① =IF(MOD(MID(D2, 8, 1), 2)=1, "남", "여")
② =IF(OR(MID(D2, 8, 1)="2", MID(D2, 8, 1)="4"), "여", "남")
③ =IF(AND(MID(D2, 8, 1)=1, MID(D2, 8, 1)=3), "남", "여")
④ =CHOOSE(MID(D2, 8, 1), "남", "여", "남", "여")

③ =IF(AND(MID(D2, 8, 1)=1, MID(D2, 8, 1)=3), "남", "여") : AND(그리고)로 인해 1과 3 모두 만족해야 되므로 잘못된 수식임(결과는 "여")

오답 피하기
• ① : 8번째 한 자리가 1이고 1을 2로 나눈 나머지(MOD)가 1과 같으므로 참이 되어 결과는 "남"이 됨
• ② : 8번째 한 자리가 1이고 2 또는(OR) 4인 경우가 참, 아니면 거짓이므로 결과는 "남"이 됨
• ④ : 8번째 한 자리가 1이고 순번(CHOOSE)대로 결과는 첫 번째 "남"이 됨

2 아래의 워크시트에서 [F2] 셀의 함수식이 다음과 같이 설정되었다. [F2] 셀에서 [F4] 셀까지 채우기 핸들을 사용하여 채웠을 경우, 다음 중 F열의 각 필드 값으로 올바르게 짝지어진 것은?

▲	A	B	C	D	E	F
1	이름	국어	영어	수학	평균	평가
2	홍길동	85	90	95	90	=IF(E2>=80,"합격","불합격")
3	장길산	80	75	76	77	
4	김삼식	60	70	80	70	

① [F2] : 합격, [F3] : 불합격, [F4] : 합격
② [F2] : 불합격, [F3] : 합격, [F4] : 합격
③ [F2] : 합격, [F3] : 불합격, [F4] : 불합격
④ [F2] : 불합격, [F3] : 합격, [F4] : 불합격

- =IF(조건, 참, 거짓)이므로 E2의 평균이 80점 이상(>=)인 경우는 참이므로 "합격", 그렇지 않으면 거짓이므로 "불합격"으로 결과를 나타냄
- 90 → 합격, 77 → 불합격, 70 → 불합격

▲	A	B	C	D	E	F
1	이름	국어	영어	수학	평균	평가
2	홍길동	85	90	95	90	합격
3	장길산	80	75	76	77	불합격
4	김삼식	60	70	80	70	불합격

3 아래 워크시트에서 코드표[E3:F6]를 참조하여 과목 코드에 대한 과목명[B3:B5]을 구하되 코드표에 과목 코드가 존재하지 않으면 과목명을 공백으로 표시하고자 한다. 다음 중 [B3] 셀에 수식을 입력한 후 나머지 셀은 채우기 핸들을 이용하여 입력하고자 할 때 [B3] 셀의 수식으로 옳은 것은?

▲	A	B	C	D	E	F
1		시험 결과			코드표	
2	과목코드	과목명	점수		코드	과목명
3	W		85		W	워드
4	P		90		E	엑셀
5	X		75		P	파워포인트
6					A	액세스

① =IFERROR(VLOOKUP(A3,E3:F6,2,TRUE)," ")
② =IFERROR(VLOOKUP(A3,$E$3:$F$6,2,FALSE)," ")
③ =IFERROR("",VLOOKUP(A3,$E$3:$F$6,2,TRUE))
④ =IFERROR("",VLOOKUP(A3,E3:F6,2,FALSE))

- =IFERROR(VLOOKUP(A3,$E$3 : $F$6,2,FALSE)," ")
- =IFERROR(수식, 오류 발생 시 표시 값)
- 수식 → VLOOKUP(A3,$E$3:$F$6,2,FALSE) : A3셀의 값인 "W"를 $E$3 : $F$6의 첫 열에서 반드시 똑같은 값(FALSE에 의해)을 찾아서 같은 행의 2열 값인 "워드"를 검색
- 오류 발생 시 표시 값 → " " (과목 코드 X의 경우)

B3	▼	:	×	✓	fx	=IFERROR(VLOOKUP(A3,$E$3:$F$6,2,FALSE),"")	
▲	A	B	C	D	E	F	G	H
1		시험 결과			코드표			
2	과목코드	과목명	점수		코드	과목명		
3	W	워드	85		W	워드		
4	P	파워포인트	90		E	엑셀		
5	X		75		P	파워포인트		
6					A	액세스		
7								

POINT 082 찾기/참조 함수 ✱

▶ 합격 강의

=CHOOSE(찾을 인수의 번호, 인수 범위)	인수 범위에서 번호로 지정한 값을 찾음
=VLOOKUP(찾을 값, 범위, 열 번호, 찾을 방법)	범위에서 찾을 값에 해당하는 행을 찾은 후 열 번호에 해당하는 셀의 값을 구함
=HLOOKUP(찾을 값, 범위, 행 번호, 찾을 방법)	범위에서 찾을 값에 해당하는 열을 찾은 후 행 번호에 해당하는 셀의 값을 구함
=INDEX(범위, 행 번호, 열 번호)	범위에서 행 번호와 열 번호에 해당하는 데이터를 구함

개념 체크 ✓

1 다음 중 아래 시트에서 [C2:G3] 영역을 참조하여 [C5] 셀의 점수 값에 해당하는 학점을 [C6] 셀에 구하기 위한 함수식으로 옳은 것은?

▲	A	B	C	D	E	F	G
1							
2		점수	0	60	70	80	90
3		학점	F	D	C	B	A
4							
5		점수	76				
6		학점					
7							

① =VLOOKUP(C5,C2:G3,2,TRUE)
② =VLOOKUP(C5,C2:G3,2,FALSE)
③ =HLOOKUP(C5,C2:G3,2,TRUE)
④ =HLOOKUP(C5,C2:G3,2,FLASE)

- HLOOKUP : 표의 가장 첫 행에서 특정 값을 찾아, 지정한 행에 해당하는 열의 셀 값을 표시함
- 형식 : =HLOOKUP(찾을 값, 셀 범위 또는 배열, 행 번호, 찾을 방법)
- 찾을 값 : 표의 첫째 행에서 찾고자 하는 값 → [C5]
- 셀 범위 또는 배열 : 찾고자 하는 값이 있는 범위나 배열 → [C2 : G3]
- 행 번호 : 같은 열에 있는 값을 표시할 행 → 2
- 찾을 방법 → TRUE
  - 생략되거나 TRUE(=1)이면 셀 범위에 똑같은 값이 없을 때는 찾을 값의 아래로 근사값을 찾아주며, 이때 셀 범위 또는 배열은 첫 번째 행을 기준으로 왼쪽에서 오른쪽으로 오름차순 정렬이 되어 있어야 함
  - FALSE(=0)로 지정되면 정확한 값을 찾아주며, 만약 그 값이 없을 때는 #N/A 오류가 발생함

C6	▼		×	✓	fx	=HLOOKUP(C5,C2:G3,2,TRUE)	
▲	A	B	C	D	E	F	G
1							
2		점수	0	60	70	80	90
3		학점	F	D	C	B	A
4							
5		점수	76				
6		학점	C				
7							

오답 피하기

VLOOKUP : 표의 가장 왼쪽 열에서 특정 값을 찾아, 지정한 열에서 같은 행에 있는 셀의 값을 표시함

2 아래 워크시트에서 [B2:D6] 영역을 참조하여 [C8] 셀에 표시된 바코드에 대한 단가를 [C9] 셀에 표시하였다. 다음 중 [C9] 셀의 수식으로 옳은 것은?

	A	B	C	D	E
1		바코드	상품명	단가	
2		351	CD	1,000	
3		352	칫솔	1,500	
4		353	치약	2,500	
5		354	종이쪽	800	
6		355	케이스	1,100	
7					
8		바코드	352		
9		단가	1,500		
10					

① =VLOOKUP(C8,$B$2:$D$6,3,0)

② =HLOOKUP(C8,$B$2:$D$6,3,0)

③ =VLOOKUP($B$1:$D$6,C8,3,1)

④ =HLOOKUP($B$1:$D$6,C8,3,1)

=VLOOKUP(C8,$B$2:$D$6,3,0) : 배열($B$2 : $D$6)의 첫 열에서 값(C8 즉, 352)을 검색하여 지정한 열(3열, 단가)의 같은 행(2행)에서 데이터를 검색(1,500)함

C9	▼	:	× ✓	fx	=VLOOKUP(C8,$B$2:$D$6,3,0)	

	A	B	C	D	E	F	G
1		바코드	상품명	단가			
2		351	CD	1,000			
3		352	칫솔	1,500			
4		353	치약	2,500			
5		354	종이쪽	800			
6		355	케이스	1,100			
7							
8		바코드	352				
9		단가	1,500				
10							

3 아래의 워크시트에서 [B2:D5] 영역은 '점수'로 이름이 정의되어 있다. 다음 중 [A6] 셀에 수식 '=AVERAGE(INDEX(점수, 2, 1), MAX(점수))'을 입력하는 경우 결과 값으로 옳은 것은?

	A	B	C	D
1	성명	중간	기말	실기
2	오금희	85	60	85
3	백나영	90	80	95
4	김장선	100	80	76
5	한승호	80	80	85
6				

① 85　　　　　　② 90

③ 95　　　　　　④ 100

- =INDEX(점수, 2, 1) → 90 : 2행 1열의 값을 구함
- =MAX(점수) → 100 : 최대값을 구함
- =AVERAGE(90,100) → 95 : 인수로 지정한 숫자의 평균을 구함
- =AVERAGE(INDEX(점수, 2, 1), MAX(점수)) → 95

POINT 083 **데이터베이스 함수** ✱

▶ 합격 강의

=DSUM(범위, 열 번호, 조건)	조건에 만족하는 데이터들의 합계를 구함
=DAVERAGE(범위, 열 번호, 조건)	조건에 만족하는 데이터들의 평균을 구함
=DCOUNT(범위, 열 번호, 조건)	조건에 만족하는 데이터들 중 숫자의 개수를 구함
=DCOUNTA(범위, 열 번호, 조건)	조건에 만족하는 데이터들의 개수를 구함
=DMAX(범위, 열 번호, 조건)	조건에 만족하는 데이터 중 최대값을 구함
=DMIN(범위, 열 번호, 조건)	조건에 만족하는 데이터 중 최소값을 구함

개념 체크 ✓

1 다음 시트에서 직책이 '과장'인 직원들의 급여총액의 합을 구하려고 한다. [D14] 셀에 들어갈 함수식으로 옳은 것은?

	A	B	C	D	E
1		급여 현황			
2					단위 : 만원
3	사번	직책	기본급	수당	급여총액
4	10101	과장	250	50	300
5	10102	과장	190	50	240
6	10103	사원	150	30	180
7	10214	사원	145	30	175
8	10215	과장	195	50	245
9	10216	부장	300	70	370
10	10315	사원	160	30	190
11	10316	과장	200	50	250
12					
13			직책	급여총액	
14			과장		

① =DSUM(A3:E11,5,C13:C14)

② =DSUM(A3:E11,E3,C13:D13)

③ =DSUM(5,A3:E11,C13:C14)

④ =DSUM(A3:E11,C13:C14,E3)

- =DSUM(데이터베이스, 필드, 조건 범위) : 조건을 만족하는 필드의 평균을 구함
- =DSUM(A3:E11,5,C13:C14) : 직책이 '과장'인 직원들의 급여총액의 합을 구함
- 데이터베이스 → A3 : E11, 필드 → 5(급여총액), 조건 → C13 : C14(직책이 '과장')

2 다음 중 아래의 워크시트에서 수식 '=DAVERAGE(A4: E10, "수확량", A1:C2)'의 결과 값으로 옳은 것은?

▲	A	B	C	D	E
1	나무	높이	높이		
2	배	>10	<20		
3					
4	나무	높이	나이	수확량	수익
5	배	18	17	14	105
6	배	12	20	10	96
7	체리	13	14	9	105
8	사과	14	15	10	75
9	배	9	8	8	76.8
10	사과	8	9	6	45

① 15   ② 12

③ 14   ④ 18

- =DAVERAGE(데이터베이스, 필드, 조건 범위) : 조건을 만족하는 필드의 평균을 구함
- 데이터베이스 : A4 : E10
- 필드 : "수확량"
- 조건 범위 : A1 : C2 → 나무는 "배" 나무이면서 높이가 "10보다 크고 20 보다 작아야 하는" 조건(AND) 이므로 수확량 14와 10의 평균인 12가 결과로 산출됨

A12		:	×	✓	fx	=DAVERAGE(A4:E10,"수확량",A1:C2)	
▲	A	B	C	D	E	F	G
1	나무	높이	높이				
2	배	>10	<20				
3							
4	나무	높이	나이	수확량	수익		
5	배	18	17	14	105		
6	배	12	20	10	96		
7	체리	13	14	9	105		
8	사과	14	15	10	75		
9	배	9	8	8	76.8		
10	사과	8	9	6	45		
11							
12	12						
13							

3 다음 시트에서 [A7], [A8], [A9]셀에 입력된 함수식의 결과 값이 순서대로 바르게 나열된 것은?

▲	A	B	C	D	E
1	상품명	단가	수량		단가
2	축구화	30	15		>25
3	농구화	50	20		
4	등산화	20	7		
5	골프화	25	10		
6					
7	=DSUM(A1:C5,B1,E1:E2)				
8	=DMAX(A1:C5,B1,E1:E2)				
9	=DCOUNT(A1:C5,B1,E1:E2)				

① 80, 20, 0

② 80, 50, 2

③ 35, 20, 2

④ 25, 25, 2

- =DSUM(데이터베이스, 필드, 조건 범위) : 조건을 만족하는 필드의 합계를 구함
- =DMAX(데이터베이스, 필드, 조건 범위) : 조건을 만족하는 필드의 최대값을 구함
- =DCOUNT(데이터베이스, 필드, 조건 범위) : 조건을 만족하는 필드의 개수(수치)를 구함
- 데이터베이스 → A1 : C5, 필드 → B1(단가), 조건 → E1 : E2(25보다 큰 값)
- =DSUM(A1:C5,B1,E1:E2) → 80 : 25보다 큰 값 30, 50을 더함
- =DMAX(A1:C5,B1,E1:E2) → 50 : 최대값
- =DCOUNT(A1:C5,B1,E1:E2) → 2 : 25보다 큰 값 30, 50이므로 개수는 2 가 됨

▲	A	B	C	D	E
1	상품명	단가	수량		단가
2	축구화	30	15		>25
3	농구화	50	20		
4	등산화	20	7		
5	골프화	25	10		
6					
7	80				
8	50				
9	2				

24년 상시, 23년 상시, 22년 상시, 21년 상시, 19년 3월/8월, …

POINT 084 **데이터 정렬**★

▶ 합격 강의

- 목록의 데이터를 특정 필드의 크기 순서에 따라 재배열하는 기능이다.
- 정렬 방식에는 오름차순과 내림차순이 있으며, 셀 값에 따라 정렬이 수행된다.
- 공백(빈 셀)은 정렬 순서와 관계없이 항상 마지막으로 정렬된다.

오름차순 정렬	숫자 – 기호 문자 – 영문 소문자 – 영문 대문자 – 한글 – 공백 순서로 정렬함(단, 대/소문자 구분하도록 설정했을 때)
내림차순 정렬	한글 – 영문 대문자 – 영문 소문자 – 기호 문자 – 숫자 – 공백 순서로 정렬함(단, 대/소문자 구분하도록 설정했을 때)

- 정렬 조건을 최대 64개까지 지정할 수 있어 다양한 기준으로 정렬할 수 있다.
- 특정한 셀 범위를 설정하고 정렬을 실행하면 해당 범위만 정렬된다.
- 셀 범위를 지정하지 않고 정렬을 실행하면 현재 셀 포인터를 기준으로 인접한 데이터를 모든 범위로 자동 지정한다.
- 머리글 행에 있는 필드명은 정렬에서 제외할 수 있다.
- [데이터]–[정렬 및 필터]–[정렬]을 선택하여 [정렬] 대화 상자에서 정렬 순서를 추가하거나 삭제할 수 있으며, [내 데이터에 머리글 표시]를 체크하면 데이터 범위의 첫 번째 행이 정렬에서 제외된다.
- [정렬 옵션] 대화 상자에서 대/소문자 구분과 정렬 방향(위쪽에서 아래쪽, 왼쪽에서 오른쪽)을 지정할 수 있다.
  - 위쪽에서 아래쪽 : 데이터가 열을 기준으로 행 단위로 정렬한다.
  - 왼쪽에서 오른쪽 : 데이터가 행을 기준으로 열 단위로 정렬한다.
- 직접 만든 사용자 지정 목록(예 크게, 보통, 작게)을 기준으로 또는 셀 색, 글꼴 색 또는 조건부 서식 아이콘 집합을 비롯한 서식을 기준으로 정렬할 수도 있다.
- 셀 색, 글꼴 색 또는 조건부 서식 아이콘의 기본 정렬 순서는 없다. 각 정렬 작업에 대해 원하는 순서를 정의해야 한다.

- 숨겨진 열이나 행은 정렬 시 이동되지 않는다. 따라서 데이터를 정렬하기 전에 숨겨진 열과 행을 표시하는 것이 좋다.
- 표에 병합된 셀들이 포함되어 있는 경우 정렬 작업을 수행하려면 셀의 크기가 동일해야 된다.

개념 체크 ✓

1 다음 중 정렬 기능에 대한 설명으로 옳지 않은 것은?
① 워크시트에 입력된 자료들을 특정한 순서에 따라 재배열하는 기능이다.
② 정렬 옵션 방향은 '위쪽에서 아래쪽' 또는 '왼쪽에서 오른쪽' 중 선택하여 정렬할 수 있다.
③ 오름차순 정렬과 내림차순 정렬에서 공백은 맨 처음에 위치하게 된다.
④ 선택한 데이터 범위의 첫 행을 머리글 행으로 지정할 수 있다.

오름차순 정렬과 내림차순 정렬에서 공백은 맨 마지막에 위치하게 됨

2 다음 중 정렬에 대한 설명으로 옳지 않은 것은?
① 머리글의 값이 정렬 작업에 포함 또는 제외되도록 설정하거나 해제할 수 있다.
② 숨겨진 열이나 행도 정렬 시 이동되므로 데이터를 정렬하기 전에 숨겨진 열과 행을 표시하는 것이 좋다.
③ 사용자 지정 목록을 사용하여 사용자가 정의한 순서대로 정렬할 수 있다.
④ 셀 범위나 표 열의 서식을 직접 또는 조건부 서식으로 설정한 경우 셀 색 또는 글꼴 색을 기준으로 정렬할 수 있다.

정렬 전에 숨겨진 행 및 열 표시
• 숨겨진 열이나 행은 정렬 시 이동되지 않음
• 데이터를 정렬하기 전에 숨겨진 열과 행을 표시하는 것이 좋음

POINT 085 **자동 필터** ★

▶합격 강의

	A	B	C	D	E	F	G	H
1			상반기 직원 평가 시험					
2								
3	번호	이름	소속부서	성별	회화	논술	컴퓨터	총점
4	1	김철윤	개발부	남	87	89	85	261
5	2	박한나	영업부	여	88	93	89	270
6	3	남기진	기술부	남	98	94	92	284
7	4	강미림	총무부	여	92	87	91	270

- 셀 내용이 일치한다거나 단순한 비교 조건을 지정하여 쉽게 검색한다.
- 표를 선택하고 [데이터]-[정렬 및 필터]-[필터]를 클릭해서 실행한다.
- 셀에 입력되어 있는 값이나 [사용자 지정] 대화 상자를 이용하여 보다 쉽게 필터를 적용할 수 있도록 해준다.
- 하나의 열에 필터가 설정되어 있는 상태에서 새로운 열에 필터를 설정하면 두 열에 설정된 필터를 모두 만족하는 데이터만 표시된다(AND 조건).
- 자동 필터가 설정되어 특정한 행의 데이터만 표시된 상태에서 인쇄하면 현재 표시된 데이터만 인쇄된다.
- 상위 10 : 숫자 데이터에만 사용할 수 있고, 항목이나 백분율을 기준으로 500까지 표시할 수 있으며 지정한 범위 안에 들어가는 레코드만 추출할 수 있다.
- 사용자 지정 필터 : 한 필드를 대상으로 두 가지의 조건을 지정할 때 사용한다. AND나 OR 연산자와 비교 연산자(〉, 〈, 〉=, 〈=, =, 〈 〉)를 사용하여 조건에 만족하는 레코드만 표시할 수 있으며, 와일드 카드(?, ∗)를 이용하여 검색할 수 있다.

개념 체크 ✓

1 다음 중 자동 필터가 설정된 표에서 사용자 지정 필터를 사용하여 검색이 불가능한 조건은?
① 성별이 '남자'인 데이터
② 성별이 '남자'이고, 주소가 '서울'인 데이터
③ 나이가 '20'세 이하이거나 '60'세 이상인 데이터
④ 주소가 '서울'이거나 직업이 '학생'인 데이터

④ : 자동 필터가 설정된 표에서 사용자 지정 필터를 사용하여 검색할 때 서로 다른 열(주소, 직업)의 경우 "이거나"에 해당하는 데이터는 검색이 불가능함

2 다음 중 필터 기능에 대한 설명으로 잘못된 것은?
① 필터 기능은 워크시트에 입력된 자료들 중 특정한 조건에 맞는 자료만을 추출하여 나타내기 위한 기능이다.
② 자동 필터 기능은 조건에 맞는 자료들만을 다른 곳으로 추출할 수도 있고, 해당 시트에 표시할 수도 있다.
③ 자동 필터 기능은 두 개 이상의 열에 조건이 설정된 경우 AND 조건으로 결합시킬 수는 있지만, OR 조건으로 결합시킬 수는 없다.
④ 고급 필터를 사용할 때에는 먼저 조건을 시트에 입력해 두어야 한다.

자동 필터 기능은 조건에 맞는 자료들만을 다른 곳으로 추출할 수 없음

POINT 086 **고급 필터** ★

▶합격 강의

- 사용자가 직접 추출하고자 하는 조건을 수식으로 설정하여 검색하며 조건 범위가 있어 자동 필터보다 향상된 필터가 가능하다.
- 필터의 결과를 다른 위치로 복사할 수 있다.
- [고급 필터]를 실행하기 전에 필터 조건을 워크시트에 먼저 입력해야 한다.
- 기준 범위에 사용된 필드 이름은 목록에 있는 필드 이름과 같아야 한다.
- 조건 입력 시 같은 행에 입력된 조건은 '그리고(AND)'로 결합되고 다른 행에 입력된 조건은 '또는(OR)'으로 결합된다.
- 한 필드에 2개 이상의 조건을 지정할 수 있다.
- 중복되지 않게 고유 레코드만 추출할 수 있다.
- 수식이 포함된 논리식을 이용하여 레코드를 검색한다.
- [데이터]-[정렬 및 필터]-[고급]을 선택하여 [고급 필터] 대화 상자를 실행한다.

고급 필터	? ×
결과	
● 현재 위치에 필터(F)	
○ 다른 장소에 복사(O)	
목록 범위(L):	↑
조건 범위(C):	↑
복사 위치(T):	↑
□ 동일한 레코드는 하나만(R)	
확인	취소

결과	결과를 원본 데이터와 같은 위치에 표시하거나 다른 위치로 표시할지를 선택함
목록 범위	필터를 설정할 원본 데이터가 입력되어 있는 범위를 선택함
조건 범위	조건이 입력되어 있는 범위를 설정함. 이때 열 제목(레이블)도 함께 설정해 주어야 함
복사 위치	결과를 복사할 위치를 선택함
동일한 레코드는 하나만	필터링된 결과 중 중복되는 레코드가 있을 때는 하나만 표시할 때 설정함

개념 체크 ✅

1 고급 필터에서 다음과 같은 조건을 설정하면 어떤 결과가 나타나는가?

성별	시험성적	시험성적
남	>=80	<=90

① 성별이 남이고 시험성적이 80점 이상이고 90점 이하인 데이터가 추출된 결과가 표시된다.
② 성별이 남이고 시험성적이 80점 이상이거나 90점 이하인 데이터가 추출된 결과가 표시된다.
③ 성별이 남이거나 시험성적이 80점 이상이고 90점 이하인 데이터가 추출된 결과가 표시된다.
④ 성별이 남이거나 시험성적이 80점 이상이거나 90점 이하인 데이터가 추출된 결과가 표시된다.

AND 조건 : 첫 행에 필드명을 나란히 입력하고, 동일한 행에 조건을 입력하므로 성별이 남이고 시험성적이 80점 이상(>=)이고 90점 이하(<=)인 데이터가 추출된 결과가 표시됨

2 다음 중 아래 그림의 표에서 조건 범위로 [A9:B11] 영역을 선택하여 고급 필터를 실행한 결과의 레코드 수는 얼마인가?

	A	B	C	D
1	성명	이론	실기	합계
2	김진아	47	45	92
3	이은경	38	47	85
4	장영주	46	48	94
5	김시내	40	25	65
6	홍길동	49	48	97
7	박승수	37	43	80
8				
9	합계	합계		
10	<95	>90		
11		<70		

① 0   ② 3
③ 4   ④ 6

- AND 조건 : 첫 행에 필드명을 나란히 입력하고, 동일한 행에 조건을 입력함
- OR 조건 : 첫 행에 필드명을 나란히 입력하고, 서로 다른 행에 조건을 입력함
- 조건 범위 [A9:B11]에 의해 합계가 '90보다 크고 95보다 작은' 김진아(합계 92), 장영주(합계 94)와 '70보다 작은' 김시내(합계 65)가 필터되므로 결과의 레코드 수는 3이 됨

성명	이론	실기	합계
김진아	47	45	92
장영주	46	48	94
김시내	40	25	65

3 아래 시트에서 고급 필터 기능을 이용하여 TOEIC 점수 상위 5위까지의 데이터를 추출하고자 한다. 다음 중 고급 필터의 조건식으로 옳은 것은?

	A	B	C	D
1	학과명	성명	TOEIC	
2	경영학과	김영민	790	
3	영어영문학과	박찬진	940	
4	컴퓨터학과	최우석	860	
5	물리학과	황종규	750	
6	역사교육과	서진동	880	
7	건축학과	강석우	900	
8	기계공학과	한경수	740	
9				

①
TOEIC
=RANK.EQ(C2,$C$2:$C$8)<=5

②
TOEIC
=LARGE($C$2:$C$8,5)

③
점수
=RANK.EQ(C2,$C$2:$C$8)<=5

④
점수
=LARGE($C$2:$C$8,5)

TOEIC 점수 상위 5위까지 데이터를 추출하기 위한 조건식은 RANK.EQ 함수(=RANK.EQ(C2,$C$2:$C$8)<=5)를 이용하며, 조건식이 들어가는 고급 필터의 항목명은 입력되어 있는 TOEIC과 다르게 입력해야 함

19년 3월, 17년 3월, 14년 10월, 13년 6월, 11년 7월, …

POINT 087 텍스트 나누기

▶ 합격 강의

▶ 텍스트 나누기

- 워크시트의 한 셀에 입력되어 있는 데이터를 여러 셀로 분리시키는 기능이다.
- 범위에 포함되는 행 수는 제한을 두지 않지만, 열은 반드시 하나만 포함해야 된다.
- 선택한 열의 오른쪽에는 빈 열이 한 개 이상 있어야 하며, 없는 경우 선택한 열의 오른쪽에 있는 데이터가 덮어 써진다.

- [데이터]-[데이터 도구]-[텍스트 나누기]를 선택하면 [텍스트 마법사]가 실행되며, 3단계로 진행된다.

1단계	데이터 너비를 지정할 방법을 선택함
2단계	구분 기호 및 구분 영역을 설정함
3단계	구분된 각 열의 데이터 서식을 설정함

- [데이터 미리 보기]에서 나눠진 열을 선택한 후 드래그하여 열의 순서를 변경할 수는 없다.

개념 체크 ✓

1 아래의 왼쪽 워크시트에서 성명 데이터를 오른쪽 워크시트와 같이 성과 이름 두 개의 열로 분리하기 위해 [텍스트 나누기] 기능을 사용하고자 한다. 다음 중 [텍스트 나누기]의 분리 방법으로 가장 적절한 것은?

	A
1	김철수
2	박선영
3	최영희
4	한국인

➡

	A	B
1	김	철수
2	박	선영
3	최	영희
4	한	국인

① 열 구분선을 기준으로 내용 나누기
② 구분 기호를 기준으로 내용 나누기
③ 공백을 기준으로 내용 나누기
④ 탭을 기준으로 내용 나누기

- [A1 : A4] 범위를 선택한 다음 [데이터] 탭-[데이터 도구] 그룹의 [텍스트 나누기]를 클릭하여 텍스트 마법사를 실행함
- 3단계 중 1단계 : 각 필드가 일정한 너비로 정렬되어 있으므로 '너비가 일정함'을 선택함
- 3단계 중 2단계 : 마우스로 성과 이름 사이를 클릭하여 열 구분선을 지정함
- 3단계 중 3단계 : 열 데이터 서식을 '일반이나 텍스트' 중 하나를 선택한 다음 [마침]을 클릭함

2 다음 중 텍스트 나누기에 대한 설명으로 옳지 <u>않은</u> 것은?
① 각 필드가 일정한 너비로 정렬되어 있는 경우 사용자가 열 구분선 위치를 지정하여 데이터를 분리할 수 있다.
② 텍스트 마법사에서는 탭, 세미콜론, 쉼표, 공백 등의 구분 기호가 기본으로 제공되며, 사용자가 원하는 구분 기호를 지정할 수도 있다.
③ 데이터의 필드 사이에 두 가지 이상의 문자 구분 기호가 있는 경우에는 텍스트 나누기를 실행할 수 없다.
④ 텍스트 마법사 3단계에서는 분리된 데이터가 입력될 각 열의 데이터 서식을 설정할 수 있다.

데이터의 필드 사이에 두 가지 이상의 문자 구분 기호가 있는 경우 텍스트 나누기를 실행할 수 있음

POINT 088 부분합*

▶ 합격 강의

- 워크시트에 입력된 자료들을 그룹별로 분류하고 해당 그룹별로 특정한 계산을 수행하는 기능이다.
- 부분합 기능은 실행하기 전 기준이 되는 필드가 반드시 오름차순이나 내림차순으로 정렬되어 있어야 한다.
- 개요 기호를 이용하여 하위 목록의 데이터들을 표시하거나 표시하지 않을 수 있다.
- 그룹별로 계산된 항목을 해당 그룹의 위쪽에 표시하도록 할 수 있다.
- 많은 양의 데이터 목록에서 다양한 종류의 요약을 만들 수 있다.
- [데이터]-[개요]-[부분합]을 선택하여 [부분합] 대화 상자를 실행한다.

백분율, 중간값, 순위, 절대 표준
········○ 편차는 사용할 수 없음

그룹화할 항목	• 그룹으로 묶어 계산할 항목을 선택함 • 반드시 정렬의 기준이 된 열을 선택해야 함
사용할 함수	합계, 평균, 개수, 최대값, 최소값, 곱, 숫자 개수, 표본 표준 편차, 표준 편차, 표본 분산, 분산 중에서 선택할 수 있음
부분합 계산 항목	어떤 열을 계산할지 선택함
새로운 값으로 대치	부분합이 구해져 있는 상태에서 다시 부분합을 실행했을 경우 이전 값을 지우고 새로운 값으로 대치할지 여부를 선택함
그룹 사이에서 페이지 나누기	부분합이 적용된 각 그룹 사이에 페이지 나누기를 삽입하여 별도의 페이지로 분리할지 여부를 선택함
데이터 아래에 요약 표시	그룹별로 계산된 항목을 해당 그룹의 아래에 표시할지 여부를 선택함
모두 제거	부분합을 해제하고 원래의 목록으로 표시함

1 다음 중 부분합 기능을 이용하여 구할 수 있는 각 집단의 특성 값이 <u>아닌</u> 것은?

① 합계　　　　　　② 평균
③ 중앙값　　　　　④ 개수

오답 피하기

부분합에서 사용할 수 있는 함수 : 합계, 개수, 평균, 최대값, 최소값, 곱, 숫자 개수, 표본 표준 편차, 표준 편차, 표본 분산, 분산

2 다음 중 부분합을 실행했다가 부분합을 실행하지 않은 상태로 다시 되돌리려고 할 때의 방법으로 옳은 것은?

① [부분합] 대화 상자에서 [그룹화할 항목]을 '없음'으로 선택하고 [확인]을 누른다.
② [데이터] 탭의 [개요] 그룹에서 [그룹 해제]를 선택하여 부분합에서 설정된 그룹을 모두 해제한다.
③ [부분합] 대화 상자에서 '새로운 값으로 대치'를 선택하고 [확인]을 누른다.
④ [부분합] 대화 상자에서 [모두 제거]를 누른다.

[모두 제거] : 목록에 삽입된 부분합이 삭제되고, 원래 데이터 상태로 돌아감

오답 피하기

• [그룹화할 항목] : 부분합을 계산할 기준 필드, 미리 오름차순 또는 내림차순으로 정렬되어 있어야 함
• [그룹 해제] : [데이터] 탭-[개요] 그룹의 [그룹]에서 셀 범위를 축소하거나 확장할 수 있게 함께 묶어서 그룹화한 것을 해제하는 것으로 부분합에서 설정된 그룹이 해제되지 않음
• [새로운 값으로 대치] : 이미 부분합이 작성된 목록에서 이전 부분합을 지우고 현재 설정대로 새로운 부분합을 작성하여 삽입함, 여러 함수를 이용하여 부분합을 만들 경우 이 항목의 선택을 해제하고 만들어야 함

24년 상시, 23년 상시, 22년 상시, 20년 7월, 17년 9월, …

 POINT 089 **데이터 표**＊

▶합격 강의

• 워크시트에서 특정 데이터를 변화시켜 수식의 결과가 어떻게 변하는지 보여주는 기능이다.
• 데이터 표 기능을 이용하면 복잡한 형태의 상대 참조/혼합 참조 수식을 보다 편리하게 작성할 수 있다.
• 데이터 표를 실행한 후에 계산식이나 변화값이 바뀌면 데이터 표의 내용도 갱신된다.
• 데이터 표의 결과는 일부분만 수정할 수 없다.
• [데이터]-[예측]-[가상 분석]-[데이터 표]를 선택하여 [데이터 표] 대화 상자를 실행한다.

행 입력 셀	행에 입력되어 있는 변화값에 해당하는 셀 주소
열 입력 셀	열에 입력되어 있는 변화값에 해당하는 셀 주소

• 변화값 계열이 하나일 경우 행 또는 열에 하나만 입력한다.
• 계산식에 사용된 셀 주소를 입력해야 한다.

1 다음 중 아래 그림과 같이 연 이율과 월 적금액이 고정되어 있고, 적금기간이 1년, 2년, 3년, 4년, 5년인 경우 각 만기 후의 금액을 확인하기 위한 도구로 적합한 것은?

	A	B	C	D	E	F
1						
2		연이율	3%		적금기간(연)	만기 후 금액
3		적금기간(연)	1			6,083,191
4		월 적금액	500,000		1	
5		만기 후 금액	₩6,083,191		2	
6					3	
7					4	
8					5	
9						

① 고급 필터　　　　　② 데이터 통합
③ 목표값 찾기　　　　④ 데이터 표

데이터 표 : 워크시트에서 특정 데이터를 변화시켜 수식의 결과가 어떻게 변하는지 보여 주는 셀 범위를 데이터 표라고 함

오답 피하기

• 고급 필터 : 보다 복잡한 조건으로 검색하거나 검색 결과를 다른 데이터로 활용함
• 데이터 통합 : 하나 이상의 원본 영역을 지정하여 하나의 표로 데이터를 요약함
• 목표값 찾기 : 수식의 결과 값은 알고 있으나 그 결과 값을 얻기 위한 입력 값을 모를 때 이용함

2 다음 중 가상 분석 도구인 [데이터 표]에 대한 설명으로 옳지 <u>않은</u> 것은?

① 테스트할 변수의 수에 따라 변수가 한 개이거나 두 개인 데이터 표를 만들 수 있다.
② 데이터 표를 이용하여 입력된 데이터는 부분적으로 수정 또는 삭제할 수 있다.
③ 워크시트가 다시 계산될 때마다 데이터 표도 변경 여부와 관계없이 다시 계산된다.
④ 데이터 표의 결과 값은 반드시 변화하는 변수를 포함한 수식으로 작성해야 한다.

데이터 표 기능을 통해 입력된 셀의 일부분만 수정하거나 삭제할 수 없음

POINT 090 데이터 통합＊

▶합격 강의

- 통합(데이터 통합)은 여러 셀 범위를 통합하여 합계, 개수, 평균, 최대값, 최소값, 표준 편차 등을 계산할 수 있도록 해주는 기능이다.
- 통합(데이터 통합) 기능을 이용하면 여러 시트에 입력되어 있는 데이터들을 하나로 통합할 수 있으며, 다른 통합 문서에 입력되어 있는 데이터를 통합할 수도 있다.
- 사용할 데이터의 형태가 다르더라도 같은 이름표를 사용하면 항목을 기준으로 통합할 수 있다.
- 통합할 여러 데이터의 순서와 위치가 동일할 경우 위치를 기준으로 통합할 수 있다.
- [데이터]−[데이터 도구]−[통합]을 선택하여 [통합] 대화 상자를 실행한다.

	○ 통합할 데이터와 통합 결과가 작성될 위치가 같은 워크시트인 경우에는 '원본 데이터에 연결'을 설정할 수 없음. 따라서 '원본 데이터에 연결'은 반드시 다른 워크시트에서 작업해야 함

함수	• 통합할 표와 계산할 함수를 선택함 • 지원 함수 : 합계, 개수, 평균, 최대값, 최소값, 곱, 숫자 개수, 표본 표준 편차, 표준 편차, 표본 분산, 분산
참조	통합할 값 영역을 설정함
모든 참조 영역	참조로 설정한 영역을 추가시킴
사용할 레이블	통합할 표에 함께 사용할 레이블 위치를 선택함
원본 데이터에 연결	원본 데이터에 연결할지를 지정함

개념 체크 ✓

1 다음 중 데이터 통합에 관한 설명으로 옳지 <u>않은</u> 것은?
① 데이터 통합은 위치를 기준으로 통합할 수도 있고, 영역의 이름을 정의하여 통합할 수도 있다.
② '원본 데이터에 연결' 기능은 통합할 데이터가 있는 워크시트와 통합 결과가 작성될 워크시트가 같은 통합 문서에 있는 경우에만 적용할 수 있다.
③ 다른 원본 영역의 레이블과 일치하지 않는 레이블이 있는 경우에 통합하면 별도의 행이나 열이 만들어진다.
④ 여러 시트에 있는 데이터나 다른 통합 문서에 입력되어 있는 데이터를 통합할 수 있다.

원본 데이터에 연결 : 통합할 데이터가 있는 워크시트와 통합 결과가 작성될 워크시트가 같은 통합 문서에 있는 경우에는 설정할 수 없음

2 다음 대화 상자의 작업에 대한 설명으로 옳지 <u>않은</u> 것은?

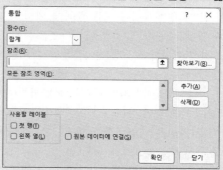

① [데이터]−[통합]을 실행하면 표시되는 대화 상자로 여러 시트에 입력되어 있는 데이터를 통합할 수 있다.
② 데이터를 통합하면서 사용할 함수로 합계, 최대값, 최소값 등의 함수를 선택할 수 있다.
③ '추가' 단추를 클릭하면 현재 워크시트의 데이터가 있는 모든 셀이 선택되어 '모든 참조 영역'에 셀 범위가 추가된다.
④ 다른 통합 문서의 셀 범위를 통합할 수 있다.

추가 : '참조'에서 설정한 데이터 범위를 추가함

POINT 091 피벗 테이블/피벗 차트*

▶합격 강의

- 많은 양의 자료를 효율적으로 분석하고 요약하는 기능으로, 피벗 차트를 함께 작성할 수 있다.
- 피벗 테이블 보고서는 각 필드에 다양한 조건을 지정할 수 있으며, 일정한 그룹별로 데이터 집계가 가능하다.
- 합계, 평균, 최대값, 최소값, 표준편차, 분산 등의 값을 구할 수 있다.
- 피벗 테이블은 행 레이블, 열 레이블, 보고서 필터 필드, 값 필드, 값 영역으로 구성된다.
- 한번 작성된 피벗 테이블의 필드 위치를 필요에 따라 삭제하거나 이동하여 재배치할 수 있다.
- '보고서 필터 필드'를 사용하면 전체 피벗 테이블 보고서를 필터링하여 한 개의 항목이나 모든 항목에 대해 데이터를 표시할 수 있다.
- 피벗 테이블로 작성된 목록에서 행 레이블을 열 레이블로 편집할 수 있다.
- 원본 데이터가 변경되었을 때 피벗 테이블에 반영하려면 [모두 새로 고침]을 실행해야 한다.
- 피벗 테이블 결과는 원본 데이터가 입력된 시트나 다른 시트 또는 새로운 시트에 작성할 수 있다.
- 피벗 테이블을 작성한 후에 사용자가 새로운 수식을 추가하여 표시할 수 있다.
- 먼저 피벗 테이블을 만든 후 나중에 피벗 차트를 추가할 수 있으며, 피벗 차트는 피벗 테이블을 만들지 않고는 만들 수 없다.
- 피벗 테이블과 피벗 차트를 함께 만든 후 피벗 테이블을 삭제하면 피벗 차트는 일반 차트로 변경된다.
- [피벗 테이블 옵션]에서 하위 수준 데이터의 확장/축소에 사용하는 [+], [−] 단추의 인쇄 여부를 설정할 수 있다.

개념 체크 ✓

1 다음 중 피벗 테이블에 대한 설명으로 옳지 <u>않은</u> 것은?

① 예상 값을 계산하는 데 유용하다.
② 원본 데이터가 변경되어도 피벗 테이블은 자동으로 변경되지 않는다.
③ 합계, 평균, 최대값, 최소값을 구할 수 있다.
④ 원본 데이터 목록의 행이나 열의 위치를 변경하여 다양한 형태로 표시할 수 있다.

예상 값을 계산하는 데 사용하는 것은 시나리오임

2 다음 중 피벗 테이블에 대한 설명으로 옳지 <u>않은</u> 것은?

① 값 영역의 특정 항목을 마우스로 더블클릭하면 해당 데이터에 대한 세부적인 데이터가 새로운 시트에 표시된다.
② 데이터 그룹 수준을 확장하거나 축소해서 요약 정보만 표시할 수도 있고, 요약된 내용의 세부 데이터를 표시할 수도 있다.
③ 행을 열로 또는 열을 행으로 이동하여 원본 데이터를 다양한 방식으로 요약하여 표시할 수 있다.
④ 피벗 테이블과 피벗 차트를 함께 만든 후에 피벗 테이블을 삭제하면 피벗 차트도 자동으로 삭제된다.

피벗 테이블과 피벗 차트를 함께 만든 후에 작성된 피벗 테이블을 삭제하면 피벗 차트는 일반 차트로 변경됨

POINT 092 목표값 찾기*

▶합격 강의

- 수식에서 원하는 결과 값은 알고 있지만 그 결과 값을 계산하기 위해 필요한 입력 값을 모를 경우 사용한다.
- 변수를 하나만 지정할 수 있으므로 결과에 영향을 미치는 변수가 하나일 때만 사용할 수 있다.
- [데이터]−[예측]−[가상 분석]−[목표값 찾기]를 선택하여 [목표값 찾기] 대화 상자를 실행한다.

목표값 찾기	?	×
수식 셀(E):		⬆
찾는 값(V):		
값을 바꿀 셀(C):		⬆
	확인	취소

수식 셀	• 수식이 입력되는 셀로 값을 바꿀 셀을 참조하고 있는 수식이 입력되어 있는 셀을 선택해야 함 • 사용자가 직접 수식을 입력할 수는 없고, 수식이 입력되어 있는 셀만 지정할 수 있음
찾는 값	• 수식의 결과로 얻고자 하는 값을 입력함 • 특정한 셀 주소를 지정할 수는 없고, 사용자가 특정한 값을 직접 입력해야 함
값을 바꿀 셀	• 변수가 입력되어 있는 셀 • 수식 셀에 입력한 수식에서 참조하고 있는 셀을 지정함

개념 체크 ✓

1 아래 견적서에서 총합계 [F2] 셀을 1,170,000원으로 맞추기 위해서 [D6] 셀의 할인율을 어느 정도로 조정해야 하는지 그 목표값을 찾고자 한다. 다음 중 [목표값 찾기] 대화 상자의 각 항목에 들어갈 내용으로 옳은 것은?

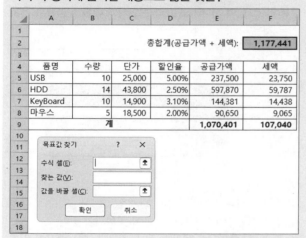

① 수식 셀: $F$2, 찾는 값: 1170000, 값을 바꿀 셀: $D$6
② 수식 셀: $D$6, 찾는 값: $F$2, 값을 바꿀 셀: 1170000
③ 수식 셀: $D$6, 찾는 값: 1170000, 값을 바꿀 셀: $F$2
④ 수식 셀: $F$2, 찾는 값: $D$6, 값을 바꿀 셀: 1170000

• 수식 셀 : 특정 값으로 결과가 나오기를 원하는 수식이 들어 있는 셀을 지정함 → 『총합계 [F2] 셀』
• 찾는 값 : 수식 셀의 결과로, 원하는 특정한 값을 숫자 상수로 입력함 → 『1,170,000원으로 맞추기 위해서』
• 값을 바꿀 셀 : 찾는 값(목표값)에 입력한 결과를 얻기 위해 데이터를 조절할 단일 셀로서, 반드시 수식에서 이 셀을 참조하고 있어야 함 → 『[D6] 셀의 할인율을 어느 정도로 조정해야 하는지』
• 따라서, 수식 셀은 [$F$2], 찾는 값은 1170000, 값을 바꿀 셀은 [$D$6]이 됨

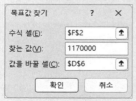

2 아래 워크시트에서 총이익[G12]이 500000이 되려면 4분기 판매수량[G3]이 얼마가 되어야 하는지 목표값 찾기를 이용하여 계산하고자 한다. 다음 중 [목표값 찾기] 대화 상자에 입력할 내용이 순서대로 바르게 나열된 것은?

	구분		1사분기	2사분기	3사분기	4사분기
	판매수량		1,380	1,250	960	900
	판매단가		100	100	120	120
	판매금액		138,000	125,000	115,200	108,000
		인건비용	3,000	3,100	3,100	3,200
	판매비	광고비용	3,200	4,200	3,000	3,100
		기타비용	1,900	1,980	2,178	2,396
	소계		8,100	9,280	8,278	8,696
	순이익		129,900	115,720	106,922	99,304
					총이익	451,846

① $G$12, 500000, $G$3
② $G$3, 500000, $G$12
③ $G$3, $G$12, 500000
④ $G$12, $G$3, 500000

• 목표값 찾기 : 수식의 결과 값은 알고 있으나 그 결과 값을 얻기 위한 입력 값을 모를 때 목표값 찾기 기능을 이용함
• 총이익[G12]이 → 수식 셀
• 500000이 되려면 → 찾는 값
• 4분기 판매수량[G3]이 얼마가 되어야 하는지 → 값을 바꿀 셀

POINT 093 **시나리오***
▶ 합격 강의

- 워크시트에 입력되어 있는 자료들에 대해 자료값이 변함에 따라 그 결과를 분석하고 예측하는 기능이다.
- [데이터]-[예측]-[가상 분석]-[시나리오 관리자]를 선택하여 작성한다.
- 변경 요소가 되는 값의 그룹을 변경 셀이라고 하며, 하나의 시나리오에 최대 32개까지 변경 셀을 지정할 수 있다.
- 결과 셀은 변경 셀 값을 참조하는 수식으로 입력되어야 한다.
- 주가 분석, 손익분기점 분석, 원가 분석, 이자율 분석 등에 사용할 수 있으며 여러 가지 상황에 따른 차트를 쉽게 작성할 수 있다.
- 주로 수식에서 참조되고 있는 셀의 값을 변경시켜서 수식의 결과가 어떻게 변하는지 살펴보는 용도로 사용한다.
- 분석 내용을 시나리오 요약 또는 피벗 테이블 보고서로 만들 수 있다.
- [시나리오 추가] 대화 상자에서 '설명'은 시나리오에 대한 추가적인 설명으로 입력하지 않아도 된다.
- [시나리오 추가] 대화 상자에서 '보호'의 체크 박스들은 [검토]-[보호]-[시트 보호]를 설정한 경우에만 적용되는 항목이다.

개념 체크 ✔

1 다음 중 다양한 상황과 변수에 따른 여러 가지 결과 값의 변화를 가상의 상황을 통해 예측하여 분석할 수 있는 도구는?

① 시나리오   ② 목표값 찾기
③ 부분합   ④ 통합

시나리오 : 변경 요소가 많은 작업표에서 가상으로 수식이 참조하고 있는 셀의 값을 변화시켜 작업표의 결과를 예측하는 기능

오답 피하기
- 목표값 찾기 : 수식의 결과 값은 알고 있으나 그 결과 값을 얻기 위한 입력 값을 모를 때 사용함
- 부분합 : 워크시트에 있는 데이터를 일정한 기준으로 요약하여 통계 처리를 수행하며 정렬 작업이 선행되어야 함
- 통합 : 데이터 통합은 하나 이상의 원본 영역을 지정하여 하나의 표로 데이터를 요약함

2 아래 그림의 시나리오 요약 보고서에 대한 설명으로 옳지 않은 것은?

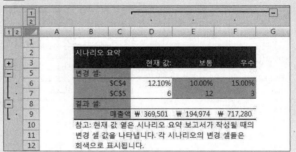

① 추가된 시나리오의 이름은 '현재 값', '보통', '우수'이다.
② 결과 셀은 "매출액"으로 이름이 정의되어 있다.
③ 결과 셀에는 [C4] 셀과 [C5] 셀을 참조하는 수식이 입력되어 있다.
④ 시나리오 요약 보고서가 있는 위 그림의 시트를 삭제해도 작성된 시나리오는 삭제되지 않는다.

추가된 시나리오의 이름은 '보통'과 '우수'임

24년 상시, 21년 상시, 19년 8월, 17년 9월, 16년 10월, …

POINT 094 **인쇄 미리 보기** Ctrl + P , Ctrl + F2 ＊

▶ 합격 강의

- 인쇄 시 사용할 [머리글], [바닥글], [여백] 등을 확인할 수 있다.
- [파일]-[인쇄]에서 [여백 표시](▦)를 선택하면 여백 경계선과 열 너비 경계선이 표시된다. 마우스로 드래그하여 여백과 열 너비를 조절하면 워크시트에도 그대로 적용된다.
- [페이지 설정]을 클릭하면 [페이지 설정] 대화 상자가 표시되는데 인쇄 제목 및 인쇄 영역에 관련된 사항은 설정할 수 없다.
- [페이지 확대/축소](▦)를 클릭하면 화면을 일정한 비율로 확대하여 표시해 주지만 인쇄 시에는 적용되지 않는다.
- 차트를 선택한 후 [파일]-[인쇄]를 선택하면 차트만 미리 볼 수 있다.
- 인쇄 미리 보기를 종료하려면 Esc 를 누른다.

개념 체크 ✔

1 다음 중 [인쇄 미리 보기]에 관한 설명으로 옳지 <u>않은</u> 것은?

① [인쇄 미리 보기] 창에서 셀 너비를 조절할 수 있으나 워크시트에는 변경된 너비가 적용되지 않는다.
② [인쇄 미리 보기]를 실행한 상태에서 [페이지 설정]을 클릭하여 [여백] 탭에서 여백을 조절할 수 있다.
③ [인쇄 미리 보기] 상태에서 '확대/축소'를 누르면 화면에는 적용되지만 실제 인쇄 시에는 적용되지 않는다.
④ [인쇄 미리 보기]를 실행한 상태에서 [여백 표시]를 체크한 후 마우스 끌기를 통하여 여백을 조절할 수 있다.

[인쇄 미리 보기] 창에서 셀 너비를 조절할 수 있으며, 셀 너비를 조절하면 워크시트에도 변경된 너비가 적용됨

---

2 다음 중 [인쇄 미리 보기] 상태에서의 [페이지 설정] 대화 상자에 대한 설명으로 옳은 것은?

① 눈금선이나 행/열 머리글의 인쇄 여부를 설정할 수 없다.
② 셀에 설정된 메모를 시트에 표시된 대로 인쇄하거나 시트 끝에 인쇄할 수 있도록 설정할 수 없다.
③ 인쇄 배율을 수동으로 설정할 수 있고, 배율은 워크시트 표준 크기의 10%에서 200%까지 가능하다.
④ [페이지] 탭에서 [배율]을 '자동 맞춤'으로 선택하고 '용지 너비'와 '용지 높이'를 1로 지정하는 경우 여러 페이지가 한 페이지에 출력되도록 확대/축소 배율이 자동으로 조정된다.

모든 자료를 한 장에 인쇄하기
'자동 맞춤'을 선택하고 용지의 너비와 높이를 각각 1로 설정하면 모든 자료가 한 장에 인쇄됨

[오답 피하기]

- ① : 눈금선이나 행/열 머리글의 인쇄 여부를 설정할 수 있음
- ② : 셀에 설정된 메모를 시트에 표시된 대로 인쇄하거나 시트 끝에 인쇄할 수 있도록 설정할 수 있음
- ③ : 인쇄 배율을 수동으로 설정할 수 있고, 배율은 워크시트 표준 크기의 10%에서 400%까지 가능함

24년 상시, 23년 상시, 19년 8월, 18년 3월, 14년 6월, …

POINT 095 **[페이지 설정] 대화 상자**

▶ 합격 강의

▶ [페이지] 탭

용지 방향	용지를 세로 또는 가로 방향으로 선택하여 용지 방향을 설정함
확대/축소 배율	워크시트를 지정한 배율로 축소 또는 확대하여 인쇄함(10~400%)
자동 맞춤	지정한 용지 너비와 용지 높이에 맞추어 자동으로 인쇄함
용지 크기	인쇄 용지의 크기를 설정함
인쇄 품질	인쇄 품질을 높일수록 더 선명한 출력물을 얻을 수 있음
시작 페이지 번호	인쇄되는 첫 페이지의 페이지 번호를 지정하며, "자동"으로 설정하면 1페이지부터 번호가 매겨짐
인쇄	[인쇄] 대화 상자가 나타남
인쇄 미리 보기	[인쇄 미리 보기]가 나타남
옵션	[프린터 등록 정보] 대화 상자가 나타남

> **기적의 TIP** 모든 자료를 한 장에 인쇄하기
> '자동 맞춤'을 선택하고 용지의 너비와 높이를 각각 1로 설정하면 모든 자료가 한 장에 인쇄됨

16년 6월
▶ [여백] 탭
- 여백과 머리글 및 바닥글 공간을 지정한다.
- 머리글이 데이터와 겹치지 않게 하려면 머리글 상자의 값이 위쪽 상자의 값보다 작아야 한다.
- 페이지 가운데 맞춤 : 가로와 세로 방향으로 가운데에 페이지를 인쇄할지를 지정한다.

24년 상시, 20년 2월, 17년 9월, 16년 3월, 15년 10월, 14년 10월, 13년 10월, 12년 3월, …
▶ [머리글/바닥글] 탭 ✱
- 매 페이지의 상단이나 하단에 머리글/바닥글을 설정한다.
- 머리글/바닥글 편집 단추를 이용하여 페이지 번호, 날짜, 시간, 파일 경로, 파일 이름, 시트 이름 등을 코드로 입력하면 실제 인쇄될 때 해당되는 내용으로 바뀌어 인쇄된다.

24년 상시, 22년 상시, 21년 상시, 19년 3월/8월, 17년 3월, 16년 6월, 13년 3월/6월, …
▶ [시트] 탭 ✱

인쇄 영역	인쇄할 영역을 지정함
인쇄 제목	• 반복할 행 : 매 페이지마다 반복해서 인쇄될 행을 지정함 • 반복할 열 : 매 페이지마다 반복해서 인쇄될 열을 지정함
눈금선	워크시트의 셀 구분선을 인쇄함
행/열 머리글	워크시트의 열문자와 행번호를 함께 인쇄함
간단하게 인쇄	셀 눈금선과 대부분의 그림 및 차트가 인쇄되지 않음
메모	• 시트에 표시된 대로 : 워크시트에 나타난 위치에 메모를 인쇄함 • 시트 끝 : 메모들을 워크시트 뒤에 모아서 인쇄함 • 없음 : 셀에 메모가 있더라도 인쇄되지 않음

> **개념 체크** ✓

1 다음 중 [페이지 설정] 대화 상자의 [시트] 탭에 관한 설명으로 옳지 않은 것은?
① '메모'는 시트에 포함된 메모의 인쇄 여부와 인쇄 위치를 지정한다.
② '눈금선'은 시트에 회색으로 표시된 셀 눈금선의 인쇄 여부를 지정한다.
③ '인쇄 영역'은 특정 부분만 인쇄하기 위해 범위를 지정하며, 인쇄 영역 내에 포함된 숨겨진 행과 열도 인쇄된다.
④ '간단하게 인쇄'는 워크시트에 입력된 차트, 도형, 그림 등 모든 그래픽 요소를 제외하고 텍스트만 인쇄한다.

인쇄 영역 내에 포함된 숨겨진 행과 열은 인쇄되지 않음

2 다음 중 [페이지 설정] 대화 상자에 대한 설명으로 옳지 않은 것은?
① '셀 오류 표시' 옵션을 이용하여 오류 값이 인쇄되지 않도록 할 수 있다.
② 인쇄할 내용이 페이지의 가로/세로의 가운데에 위치하도록 설정할 수 있다.
③ '시작 페이지 번호' 옵션을 이용하여 인쇄할 페이지의 시작 페이지 번호를 지정할 수 있다.
④ 설치된 여러 대의 프린터 중에서 인쇄할 프린터를 선택할 수 있다.

인쇄할 프린터는 [파일]-[인쇄]나 [페이지 설정]에서 [인쇄] 단추를 실행한 후 설정함

3 다음 중 [페이지 설정] 대화 상자의 [시트] 탭에 대한 설명으로 옳지 않은 것은?

① 셀에 삽입된 메모를 시트 끝에 인쇄되도록 설정할 수 있다.
② 셀 구분선이나 그림 개체 등은 제외하고 셀에 입력된 데이터만 인쇄되도록 설정할 수 있다.
③ 워크시트의 행/열 머리글과 눈금선이 인쇄되도록 설정할 수 있다.
④ 페이지를 기준으로 가운데에 인쇄되도록 '페이지 가운데 맞춤'을 설정할 수 있다.

'페이지 가운데 맞춤' 설정은 [여백] 탭에서 설정할 수 있음

22년 상시, 20년 2월/7월, 18년 9월, 16년 6월, …

POINT 096 워크시트의 인쇄

▶ **인쇄 영역 설정**

인쇄할 영역을 선택한 다음 [페이지 레이아웃]-[페이지 설정]-[인쇄 영역]-[인쇄 영역 설정]을 클릭해서 인쇄 영역을 설정할 수 있다.

▶ **페이지 나누기 미리 보기**

• [보기]-[통합 문서 보기]-[페이지 나누기 미리 보기]를 클릭하면 설정된 인쇄 영역이나 페이지 구성을 화면에 표시해 준다(수동은 실선, 자동은 파선으로 표시됨).
• 페이지 나누기 선을 마우스로 드래그하여 인쇄 영역을 다시 설정할 수 있다.
• 행 높이와 열 너비를 변경하면 자동 페이지 나누기 위치도 같이 변경된다.
• 수동으로 삽입한 경우 실선으로 표시되고 자동인 경우는 파선으로 표시된다.

▶ **페이지 나누기**

• 사용자가 강제로 페이지를 구분하려면 페이지를 구분할 셀을 선택하고 [페이지 레이아웃]-[페이지 설정]-[나누기]-[페이지 나누기 삽입]을 실행한다.
• 삽입한 페이지 나누기를 삭제하려면 페이지 나누기를 삽입한 셀을 선택하고 [페이지 레이아웃]-[페이지 설정]-[나누기]-[페이지 나누기 제거]를 실행한다.
• 현재 워크시트에 설정되어 있는 모든 페이지 나누기를 취소하고 원래대로 되돌리려면 [페이지 레이아웃]-[페이지 설정]-[나누기]-[페이지 나누기 모두 원래대로]를 실행한다.
• 행 높이와 열 너비를 변경하면 자동 페이지 나누기 구분선의 위치도 같이 변경된다.

▶ **[파일]-[인쇄]**

[파일]-[인쇄]를 선택하여 [인쇄]를 실행한다.

인쇄	• 인쇄 : 인쇄를 실행함 • 복사본 : 매 페이지를 몇 장씩 인쇄할 것인지 설정함
프린터	• 인쇄를 실행할 프린터를 선택함 • 파일로 인쇄 : 인쇄 파일로 만듦(확장자는 '*.prn')
설정	• 인쇄 범위 설정 : 인쇄할 대상을 선택 • 한 부씩 인쇄, 한 부씩 인쇄 안 함 • 용지 방향 설정 : 세로 방향, 가로 방향 • 용지 크기 설정 • 여백 설정 : 마지막 사용자 지정 설정, 기본, 넓게, 좁게, 사용자 지정 여백 설정 • 인쇄 배율 설정 : 현재 설정된 용지, 한 페이지에 시트 맞추기, 한 페이지에 모든 열 맞추기, 한 페이지에 모든 행 맞추기

▶ **기타 인쇄**

• 도형을 제외한 인쇄 : 도형의 바로 가기 메뉴에서 [크기 및 속성]을 선택한 다음 [속성]에서 '개체 인쇄'를 해제한다.
• 차트만 인쇄 : 차트를 선택한 다음 인쇄를 실행한다.
• 숨기기를 실행한 영역은 인쇄되지 않는다.

개념 체크 ✓

1 다음 중 '페이지 나누기' 기능에 관한 설명으로 옳지 않은 것은?

① '페이지 나누기 미리 보기' 상태에서는 데이터의 입력이나 편집을 할 수 없다.
② 페이지 구분선을 마우스로 드래그하여 구분선의 위치를 변경할 수 있다.
③ 수동으로 삽입된 페이지 나누기는 실선으로 표시되고 자동으로 추가된 페이지 나누기는 파선으로 표시된다.
④ 인쇄할 데이터가 많아 한 페이지가 넘어가면 자동으로 페이지 구분선이 삽입된다.

'페이지 나누기 미리 보기' 상태에서 데이터의 입력이나 편집 작업을 할 수 있음

2 다음 중 인쇄에 대한 설명으로 옳은 것은?

① 기본적으로 워크시트에서 숨기기를 실행한 영역도 인쇄된다.
② 인쇄 영역에 포함된 도형들을 함께 인쇄하려면 [인쇄] 대화 상자에서 '개체 인쇄'를 선택하여 인쇄한다.
③ 워크시트에 삽입된 차트만 인쇄하려면 차트가 선택된 상태에서 인쇄 명령을 실행한다.
④ 여러 시트를 한 번에 인쇄하려면 [인쇄] 대화 상자에서 '여러 시트'를 선택하여 인쇄한다.

워크시트에 삽입된 차트만 인쇄하려면 차트가 선택된 상태에서 인쇄 명령을 실행함

POINT 097 화면 제어

▶ 합격 강의

▶ 화면 확대/축소

- 현재 워크시트를 확대 또는 축소시킨다.
- [보기]-[확대/축소]-[확대/축소]를 실행한 후 [확대/축소] 대화 상자에서 배율을 선택한다.
- '사용자 지정' 옵션을 선택하고 배율을 10~400%까지 직접 지정할 수 있다.

▶ 창 정렬

- 창 정렬은 여러 개의 통합 문서를 배열하여 비교하면서 작업하는 기능이다.
- [보기]-[창]-[모두 정렬]을 실행하여 정렬한다.
- 창을 정렬하는 방식은 4가지(바둑판식, 가로, 세로, 계단식)가 있다.

▶ 창 나누기*

	A	B	C	D	E	F	G
1							
2			국어	영어	수학	과학	기술
3		유은지	80	80	70	80	90
4		임수진	70	80	90	85	80
5		장한길	60	60	50	92	
6							
7							

- 워크시트의 내용이 많아 하나의 화면으로 모두 표시하기가 어려워 불편할 때 멀리 떨어져 있는 데이터를 한 화면에 표시할 수 있도록 분할하는 기능이다.
- [보기]-[창]-[나누기]를 실행하면 선택한 셀 좌측 상단을 기준으로 분할선이 표시된다(화면에 표시된 창 분할 형태는 인쇄 시 적용되지 않음).
- 현재 화면을 수평이나 수직 또는 수평/수직으로 나눈다. 최대 4개로 분할 가능하다.
- 분할선을 마우스로 드래그해서 이동할 수 있다.
- 분할선을 워크시트 바깥쪽으로 이동하거나 더블클릭하면 삭제된다.
- 창 나누기가 설정된 상태에서 [보기]-[창]-[나누기]를 클릭하면 원래의 상태로 돌아간다.

▶ 틀 고정*

	A	B	C	D	E	F	G	H
1								
2			국어	영어	수학	과학	기술	
3		유은지	80	80	70	80	90	
4		임수진	70	80	90	85	80	
5		장한길	60	60	50	92		
6								
7								

- 워크시트에 입력된 내용이 많아 특정한 범위의 열 또는 행을 고정시켜 셀 포인터의 이동에 상관없이 항상 제목 행이나 제목 열을 화면에 표시하고자 할 때 사용한다.
- [보기]-[창]-[틀 고정]-[틀 고정]을 실행하면 선택한 셀 좌측 상단을 기준으로 행과 열을 동시에 고정시킬 수 있다.
- 틀 고정 위치는 틀 고정이 된 상태에서 수정할 수 없다. 따라서 틀고정 위치를 변경하려면 틀 고정 취소 후 다시 설정해야 한다.
- [보기]-[창]-[틀 고정]-[틀 고정 취소]를 실행하여 원래대로 되돌릴 수 있다.
- 화면에 틀이 고정되어 있어도 인쇄에는 영향을 끼치지 않는다.

▶ 창 숨기기

- [보기]–[창]–[숨기기]를 실행하여 현재 통합 문서를 보이지 않게 숨긴다.
- 숨기기를 실행하면 [시트] 탭들도 모두 사라진다.
- [보기]–[창]–[숨기기 취소]를 실행하여 숨긴 문서를 열 수 있다.
- 숨기기를 실행한 상태에서 엑셀을 종료해도 되돌릴 수 있다.
- 창 숨기기, 창 정렬, 창 나누기, 틀 고정은 실행 취소를 할 수 없다.

개념 체크 ✔

1 다음 중 [보기] 탭 [창] 그룹의 각 기능에 대한 설명으로 옳지 않은 것은?

① [새 창]은 현재 활성화되어 있는 문서를 새 창에 하나 더 열어서 두 개 이상의 창을 통해 볼 수 있게 해준다.
② [틀 고정] 기능으로 열을 고정하려면 고정하려는 열의 왼쪽 열을 선택한 후 틀 고정을 실행한다.
③ [나누기]는 워크시트를 여러 개의 창으로 분리하는 기능으로 최대 4개까지 분할할 수 있다.
④ [모두 정렬]은 [창 정렬] 창을 표시하여 화면에 열려있는 통합 문서 창들을 선택 옵션에 따라 나란히 배열한다.

[틀 고정] 기능으로 열을 고정하려면 고정하려는 열의 오른쪽 열을 선택한 후 틀 고정을 실행함

2 다음 중 틀 고정 및 창 나누기에 대한 설명으로 옳지 않은 것은?

① 화면에 나타나는 창 나누기 형태는 인쇄 시 적용되지 않는다.
② 창 나누기를 수행하면 셀 포인트의 오른쪽과 아래쪽으로 창 구분선이 표시된다.
③ 창 나누기는 셀 포인트의 위치에 따라 수직, 수평, 수직·수평 분할이 가능하다.
④ 첫 행을 고정하려면 셀 포인트의 위치에 상관없이 [틀 고정] – [첫 행 고정]을 선택한다.

창 나누기를 수행하면 셀 포인트의 왼쪽과 위쪽으로 창 구분선이 표시됨

3 아래 그림은 [보기] 탭 [창] 그룹의 일부이다. 이에 대한 설명으로 옳지 않은 것은?

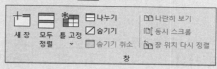

① [나란히 보기]를 클릭하면 두 개의 통합 문서를 한 화면의 위, 아래에 열어 놓고 비교할 수 있다.
② [숨기기]를 클릭하면 현재 통합 문서에서 선택된 워크시트만 숨겨진다.
③ [나누기]를 취소하려면 창을 나누고 있는 분할줄을 더블클릭한다.
④ [모두 정렬]은 창을 정렬하는 방식으로 바둑판식/가로/세로/계단식 중에서 선택할 수 있다.

[숨기기]를 클릭하면 현재 통합 문서를 보이지 않게 숨김

차트 생성 및 활용

POINT 098 24년 상시, 23년 상시, 22년 상시, 21년 상시, 19년 3월, …

차트 작성

▶ 차트의 구성 요소 ✱

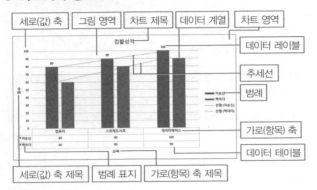

차트 영역	차트의 전체 영역을 의미하며 차트의 모든 구성 요소를 포함함
그림 영역	가로(항목) 축과 세로(값) 축으로 형성된 영역
차트 제목	차트의 제목을 표시함
데이터 계열	차트로 나타낼 값을 가진 항목으로 막대나 선으로 표현하며, 항목별 계열마다 서로 다른 색이나 무늬로 구분함
데이터 레이블	그려진 막대나 선이 나타내는 표식에 대한 데이터 요소 또는 값 등의 추가 정보를 표시함
가로(항목) 축	차트를 구성하는 데이터 항목을 나타냄
세로(값) 축	데이터의 계열을 포함하는 값을 숫자로 나타냄
범례	차트를 구성하는 데이터 계열의 무늬 및 색상과 데이터 계열의 이름을 표시함
데이터 테이블	차트의 원본 데이터를 표시함
추세선	데이터의 추세를 표시하는 선으로, 데이터를 분석하고 예측하는 데 사용됨

▶ 차트의 특징

- 워크시트에 입력된 데이터를 막대나 선, 도형, 그림 등을 사용하여 시각적으로 표현한 것으로 데이터의 상호 관계나 경향 또는 추세를 쉽게 분석할 수 있다.
- 차트는 2차원과 3차원 차트로 구분할 수 있다. 2차원 차트는 차트의 원근감, 상하 회전, 좌우 회전 등을 변경할 수 없고, 3차원 차트는 추세선 추가가 불가능하다.
- 차트는 현재 통합 문서에 있는 워크시트에 작성할 수 있고 새로운 차트 시트에 작성할 수도 있다.

▶ 차트 삽입(Alt + F1)

- 데이터 범위를 선택한 다음 [삽입]-[차트] 그룹에서 차트를 선택해 차트를 작성한다.
- 연속되지 않은 범위의 데이터로 차트를 작성하려면 Ctrl 을 누르고 범위를 선택해야 한다.
- 차트를 작성할 데이터를 시트에 입력하지 않고 빈 차트를 삽입한 후 [데이터 원본 선택] 대화 상자에서 직접 모든 원본 데이터를 입력할 수도 있다.
- 숨겨진 셀은 차트에 표시되지 않는다.
- 원본 데이터가 바뀌면 차트에 자동으로 반영된다.
- 원본 데이터를 삭제하면 차트의 데이터 계열이 삭제되지만, 차트에서 데이터 계열을 삭제하면 원본 데이터에는 아무런 영향을 미치지 않는다.
- 차트에 두 개 이상의 차트 종류를 사용하여 혼합형 차트를 만들 수 있다.
- 차트를 선택하면 [차트 디자인], [서식] 탭이 표시된다.
- 값 영역을 선택하고 F11 을 누르면 묶은 세로 막대형의 기본 차트가 별도의 차트 시트(Chart1, Chart2, … 등)에 만들어진다.
- 원통형 차트, 원뿔형 차트, 피라미드형 차트는 2차원 차트 모양으로는 만들 수 없고, 3차원 차트로만 만들 수 있다.
- 분산형 차트, 도넛형 차트, 주식형 차트는 3차원 차트로 작성할 수 없다.

개념 체크 ✓

1 다음 중 차트에 대한 설명으로 옳지 않은 것은?

① 기본적으로 워크시트의 행과 열에서 숨겨진 데이터는 차트에 표시되지 않는다.

② 차트 제목, 가로/세로 축 제목, 범례, 그림 영역 등은 마우스로 드래그하여 이동할 수 있다.

③ Ctrl 을 누른 상태에서 차트 크기를 조절하면 차트의 크기가 셀에 맞춰 조절된다.

④ 사용자가 자주 사용하는 차트 종류를 차트 서식 파일로 저장할 수 있다.

Alt 를 누른 상태에서 차트 크기를 조절하면 차트의 크기가 셀에 맞춰 조절됨

2 다음 중 아래 차트에 설정되어 있지 않은 차트 구성 요소는?

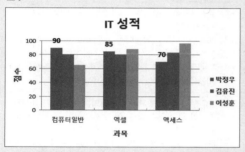

① 차트 제목
② 가로 (항목) 축 보조 눈금선
③ 데이터 레이블
④ 범례

가로 (항목) 축 보조 눈금선은 적용되지 않음

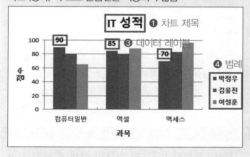

3 다음 중 아래 차트에 대한 설명으로 옳지 않은 것은?

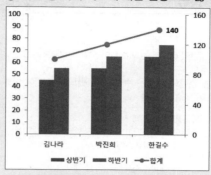

① '합계' 계열이 보조 축으로 설정된 이중 축 차트이다.

② 범례 위치는 '아래쪽'으로 설정되어 있다.

③ '하반기' 계열의 '한길수' 요소에 데이터 레이블이 표시되어 있다.

④ 보조 세로 (값) 축의 주 단위는 '40'으로 설정되어 있다.

'합계' 계열의 '한길수' 요소에 데이터 레이블이 표시되어 있음

오답 피하기

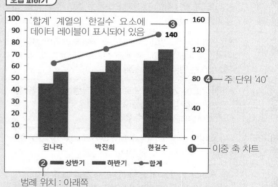

범례 위치 : 아래쪽

SECTION 13 차트 생성 및 활용 109

POINT 099 차트 종류*

▶ 합격 강의

세로 막대형 차트*	• 일정 기간의 데이터 변화를 보여주고 각 항목들을 비교할 때 사용함 • 범주는 수평으로, 값은 수직으로 구성되어 시간에 따른 변화를 강조할 수 있음
가로 막대형 차트*	• 개별 항목들을 비교할 때 사용함 • 범주는 수직으로 구성되고 값은 수평으로 구성되어, 비교하는 값들을 강조하며 시간은 강조하지 않음
꺾은선형 차트*	• 일정한 기간의 데이터 추세를 나타낼 때 사용함 • 데이터 계열 하나가 하나의 선으로 표시됨
원형 차트*	• 데이터 계열을 구성하는 항목을 항목 합계에 대한 크기 비율로 표시함 • 항상 한 개의 데이터 계열만을 가지고 있으므로 축이 없고, 중요한 요소를 강조할 때 유용함 • 원형 대 원형 차트 : 원형 차트 중 다중 계열을 가지고 있음
분산형 차트*	• 여러 데이터 계열 값들의 관계를 보여 주고 두 개의 숫자 그룹을 xy 좌표로 이루어진 한 계열로 그림으로 표시함 • 데이터의 불규칙한 간격이나 묶음을 보여 주고 주로 과학 데이터에 사용됨
영역형 차트	꺾은선형 차트와 거의 같은 용도로 사용되며 꺾은선형 차트가 시간에 따른 변화나 추세를 선으로 표시하는데 비해 영역형 차트는 영역으로 표시함
도넛형 차트*	• 원형 차트를 개선한 것으로 원형 차트는 하나의 계열을 가지는데 비해 다중 계열을 가질 수 있음 • 3차원 차트로 작성할 수 없음
방사형 차트*	• 각 범주의 중간 지점에서 뻗어 나가는 자체 값 축이 있음 • 같은 계열의 값은 모두 선으로 연결됨
표면형 차트*	• 두 데이터 집합에서 최적의 조합을 찾을 때 유용함 • 지형 지도에서 색과 무늬는 같은 값 범위에 있는 지역들을 나타냄
거품형 차트*	• 세 값의 집합을 비교할 때 사용되는 차트 유형 • 거품형 차트는 xy(분산형) 차트의 한 종류이며 데이터 표식의 크기는 3번째 변수의 값을 나타냄 • 데이터를 정렬하려면 x 값을 한 열이나 행에 놓은 후 대응하는 y 값과 거품 크기를 인접한 행이나 열에 입력함
주식형 차트*	• 고가–저가–종가 차트는 주식 가격을 나타내는데 사용함 • 온도 변화와 같은 과학 데이터를 나타내는데 사용되기도 함 • 주식 차트를 만들려면 데이터를 정확한 순서로 구성해야 함
트리맵 차트	• 데이터를 계층 구조 보기로 제공하므로 다른 범주 수준을 비교하기 간편함 • 색과 근접성을 기준으로 범주를 표시하며 다른 차트 유형으로 표시하기 어려운 많은 양의 데이터를 쉽게 표시할 수 있음 • 트리맵 차트는 계층 구조 안에 빈(공백) 셀이 있는 경우에만 그릴 수 있으며 계층 안에서 비율을 비교하는 데 유용함
선버스트 차트	• 계층적 데이터를 표시하는 데 적합하며, 계층 구조 내에 빈 셀이 있는 경우 그릴 수 있음 • 하나의 고리 또는 원이 계층 구조의 각 수준을 나타내며 가장 안 쪽에 있는 원이 계층 구조의 가장 높은 수준을 나타냄 • 계층 구조가 없는(하나의 범주 수준) 선버스트 차트는 도넛형 차트와 모양이 유사함 • 범주 수준이 여러 개인 선버스트 차트는 외부 고리와 내부 고리의 관계를 보여줌 • 선버스트 차트는 하나의 고리가 어떤 요소로 구성되어 있는가를 보여주는 데 가장 효과적임
히스토그램 차트	• 데이터는 분포 내의 빈도를 나타냄 • 계급 구간이라고 하는 차트의 각 열을 변경하여 데이터를 보다 세부적으로 분석할 수 있음 • 히스토그램(빈도 계급 구간으로 그룹화된 데이터 분포를 보여줌)과 파레토 차트(내림차순으로 정렬된 열과 총 누적 백분율을 나타내는 선을 모두 포함하는 순차적 히스토그램 차트)가 있음
상자 수염 차트	• 데이터 분포를 사분위수로 나타내며 평균 및 이상값을 강조하여 표시함 • 상자에는 수직으로 확장되는 "수염"이라는 선이 포함될 수 있음 • 서로 특정 방식으로 관계가 있는 여러 데이터 집합이 있는 경우에 사용함
폭포 차트	• 값이 더하거나 뺄 때 재무 데이터의 누계 합계가 표시됨 • 초기 값이 양의 양수 및 음수 값에 영향을 주는 방식을 이해하는 데 유용함 • 막대는 색으로 구분되므로 양수와 음수를 빠르게 구분할 수 있음
혼합 차트	• 여러 열과 행에 있는 데이터를 혼합 차트로 그릴 수 있음 • 특히 데이터 범위가 광범위한 경우 데이터를 쉽게 이해할 수 있도록 만들기 위해 두 개 이상의 차트 종류를 결합함 • 종류 ▶ 묶은 세로 막대형 – 꺾은선형 ▶ 묶은 세로 막대형 – 꺾은선형, 보조 축 ▶ 누적 영역형 – 묶은 세로 막대형 ▶ 사용자 지정 조합

기적의TIP 하위 차트 종류가 없는 차트

트리맵 차트, 선버스트 차트, 상자 수염 차트, 폭포 차트

개념 체크 ✓

1 다음 중 시간의 흐름에 따른 각 항목의 변화나 경향을 파악하고자 할 때 가장 적합한 차트는?

① 원형   ② 꺾은선형

③ 영역형   ④ 가로 막대형

꺾은선형 : 시간이나 항목에 따라 일정한 간격으로 데이터의 추세가 변화를 표시함

오답 피하기

• 원형 : 전체에 대한 각 값의 기여도를 표시함
• 영역형 : 일정한 시간에 따라 데이터의 변화 추세(데이터 세트의 차이점을 강조)를 표시함
• 가로 막대형 : 세로 막대형 차트와 유사한 용도로 사용되며, 값축과 항목 축의 위치가 서로 바뀌어 나타남

2 아래 시트를 이용하여 차트를 작성할 때 데이터를 제대로 표현할 수 없는 차트는 어느 것인가?

	A	B	C	D	E	F
1	분기	강남	강동	강서	강북	
2	1사분기	1,340	2,045	1,900	2,040	
3	2사분기	2,100	3,200	2,400	1,950	
4	3사분기	2,300	2,790	2,500	2,300	
5	4사분기	1,800	2,800	2,100	3,299	
6						

① 세로 막대 그래프
② 꺾은선형 그래프
③ 원형 차트
④ 도넛형 차트

원형 차트는 한 열이나 행에 있는 데이터만 차트로 작성하므로 분기별 지점 모두를 표현하기에 부적합함

3 다음 중 차트에 대한 설명으로 옳지 **않은** 것은?

① 표면형 차트는 두 개의 데이터 집합에서 최적의 조합을 찾을 때 사용한다.
② 방사형 차트는 분산형 차트의 한 종류로 데이터 계열 간의 항목 비교에 사용된다.
③ 분산형 차트는 데이터의 불규칙한 간격이나 묶음을 보여주는 것으로 주로 과학이나 공학용 데이터 분석에 사용된다.
④ 이중 축 차트는 특정 데이터 계열의 값이 다른 데이터 계열의 값과 현저하게 차이가 나거나 데이터의 단위가 다른 경우 주로 사용한다.

• 분산형 차트의 한 종류로 데이터 계열 간의 항목 비교에 사용되는 차트는 거품형 차트임
• 거품형 차트
  – 세 개의 데이터 계열이 필요함
  – 세 번째 데이터를 거품 크기로 표시함
  – 거품형 차트는 다른 차트와 혼합하여 표현할 수 없음

오답 피하기

방사형 차트
• 많은 데이터 계열의 합계 값을 비교할 때 사용함
• 각 항목마다 가운데 요소에서 뻗어나온 값 축을 갖고, 선은 같은 계열의 모든 값을 연결함(가로, 세로 축 없음)
• 3차원 차트로 작성할 수 없음

POINT 100 **차트의 편집** ✱

▶합격 강의

▶ **차트 디자인**

[차트 디자인] 탭에서 차트의 종류, 데이터, 차트 레이아웃, 차트 스타일, 위치 등을 선택할 수 있다.

종류	차트의 종류를 변경하거나 추천 차트를 선택할 수 있음
데이터	차트 데이터의 행과 열을 전환하거나 데이터의 범위를 선택할 수 있음
차트 레이아웃	차트 요소를 추가하거나 빠른 레이아웃을 선택할 수 있음
차트 스타일	차트를 구성하는 요소의 스타일이 적용되어 있는 차트 스타일 목록에서 선택할 수 있음
위치	차트의 위치를 새 시트나 워크시트로 이동할 수 있음

20년 2월

▶ **차트의 편집** ✱

• 선택 : 차트를 클릭하고 차트를 구성하는 요소를 클릭해서 특정 요소만 선택할 수 있다.
• 위치 : 차트를 선택하고 마우스로 드래그해서 위치를 조절할 수 있다.
• 크기 : 차트를 선택하고 조절점을 마우스로 드래그해서 크기를 조절할 수 있다.
• 삭제 : 차트나 특정한 요소를 선택하고 Delete 를 누르거나 [홈]–[편집]–[지우기]–[모두 지우기]를 선택한다.
• 데이터 계열을 선택해서 지울 수 있으며, 이때 원본 데이터는 삭제되지 않는다.
• 차트의 요소를 선택하고 [서식]–[현재 선택 영역]–[선택 영역 서식]을 클릭하면 나타나는 서식 대화 상자에서 요소의 속성을 변경할 수 있다.

기적의 TIP
• 일부 데이터를 차트에 표시하지 않으려면 해당하는 열이나 행을 [숨기기]로 지정함
• Alt 를 누른 상태에서 차트 크기를 조절하면 차트의 크기가 셀에 맞춰 조절됨
• Ctrl 을 누른 상태에서 차트 크기를 조절하면 차트의 중심을 그대로 유지한 채 크기가 조절됨

▶ 차트의 종류 변경
- 차트를 선택하고 [차트 디자인]-[종류]-[차트 종류 변경]을 클릭하거나 차트 영역의 바로 가기 메뉴에서 [차트 종류 변경]을 선택한다.
- 특정한 데이터 계열을 선택하고 차트 종류를 변경하면 선택한 데이터 계열만 차트 종류가 변경된다.

▶ 이중 축 차트
- 이중 축 차트는 특정 계열의 값이 다른 계열과 크게 차이 나는 경우에 주로 사용한다.
- 이중 축을 만들려면 특정한 데이터 계열을 선택한 후 바로 가기 메뉴에서 [데이터 계열 서식]을 선택하고 [계열 옵션]에서 '보조 축'을 지정하면 오른쪽의 세로 축으로 선택한 데이터 계열의 축이 설정되어 이중 축 차트가 만들어진다.

22년 상시, 16년 10월, 14년 6월, 12년 9월, 10년 3월, 08년 8월, 07년 10월, 06년 2월, …
▶ 원본 데이터 범위 변경✱
- 차트를 선택하고 [차트 디자인]-[데이터]-[데이터 선택]을 클릭하거나, 차트 영역의 바로 가기 메뉴에서 [데이터 선택]을 선택한다.
- 추가할 데이터를 범위로 지정하여 복사한 다음 차트를 선택하여 차트 영역 위에서 붙여넣기 한다.

▶ 차트의 옵션 변경
- 차트를 클릭한 후 [차트 디자인]-[차트 레이아웃] 그룹에서 차트 제목, 축 제목, 범례, 데이터 레이블, 데이터 표의 표시 여부와 위치를 설정할 수 있다.
- [차트 디자인]-[차트 레이아웃]-[차트 요소 추가]-[눈금선]에서 가로나 세로 눈금선을 설정할 수 있다.

▶ 차트 이동
- 차트를 클릭한 후 [차트 디자인]-[위치]-[차트 이동]을 실행한다. 설정한 워크시트로 차트 이동을 할 수 있을 뿐 아니라 새 시트를 생성할 수 있다.
- 차트 전체를 선택한 후 바로 가기 메뉴에서 [잘라내기]를 실행한 후 다른 시트로 이동하여 [붙여넣기]를 실행한다.

24년 상시, 23년 상시, 21년 상시, 20년 2월, 14년 6월, 13년 3월, 09년 4월, …
▶ 추세선✱
- 차트를 클릭한 후 [차트 디자인]-[차트 레이아웃]-[차트 요소 추가]-[추세선]을 실행한다.
- 특정 데이터 계열에 대한 변화 추세를 파악하기 위해 선으로 그린 것으로, 예측 문제 연구를 위해 사용되며 회귀 분석이라고도 한다.
- 추세선에 사용된 수식을 추세선과 함께 나타나게 할 수 있다.
- 추세선의 종류에는 선형, 로그, 다항식, 거듭 제곱, 지수, 이동 평균 등이 있다.

추세선을 사용할 수 있는 차트	꺾은선형, 분산형, 막대형, 영역형, 주식형, 거품형
추세선을 사용할 수 없는 차트	3차원, 표면형, 원형, 도넛형, 방사형

24년 상시
▶ 오차 막대
- 데이터 계열에 있는 각 데이터 표식의 잠정 오차나 불확실도를 그림으로 나타내는 막대이다.
- 2차원 영역형, 가로 막대형, 세로 막대형, 꺾은선형, 분산형, 거품형 차트 등의 데이터 계열에 Y 오차 막대를 추가할 수 있다.
- 3차원 차트는 오차 막대를 표시할 수 없다.

1 다음 중 차트 편집에 대한 내용으로 옳지 **않은** 것은?

① 차트의 데이터 범위에서 일부 데이터를 차트에 표시하지 않으려면 행이나 열을 '숨기기'로 지정한다.

② 3차원 차트는 혼합형 차트로 만들 수 없다.

③ F11을 눌러 차트 시트를 만들 수 있다.

④ 여러 데이터 계열을 선택하여 한 번에 차트 종류를 변경할 수 있다.

여러 데이터 계열을 선택하여 한 번에 차트 종류를 변경할 수 없음

2 다음 차트는 기대수명 20년에 대한 예측을 표시한 것이다. 이때 사용한 기능으로 옳은 것은?

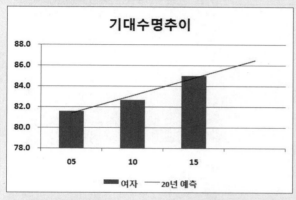

① 자동 합계

② 추세선

③ 오차 막대

④ 평균 구하기

• 추세선은 계열의 추세에 대한 예측 가능한 흐름을 표시한 것
• 추세선의 종류에는 지수, 선형, 로그, 다항식, 거듭제곱, 이동 평균 등 6가지 종류로 구성됨
• 방사형, 원형, 도넛형 차트에는 추세선을 사용할 수 없음
• 하나의 데이터 계열에 두 개 이상의 추세선을 동시에 사용할 수 있음

3 다음 중 막대형 차트에서 각 데이터 계열을 그림으로 표시하는 방법으로 옳지 **않은** 것은?

① 막대에 채워질 그림은 저장된 파일, 클립보드에 복사되어 있는 파일, 온라인에서 선택할 수 있다.

② 늘이기는 값에 비례하여 그림의 너비와 높이가 증가한다.

③ 쌓기는 원본 그림의 크기에 따라 단위/사진이 달라진다.

④ '다음 배율에 맞게 쌓기'는 계열 간의 원본 그림 크기가 달라도 단위/사진을 같게 설정하면 같은 크기로 표시된다.

• 늘이기는 값에 비례하여 그림의 너비와 높이가 증가하지 않음
• 늘이기는 옵션인 [오프셋 왼쪽], [오프셋 오른쪽], [오프셋 위쪽], [오프셋 아래쪽]을 이용하여 너비와 높이를 조절할 수 있음

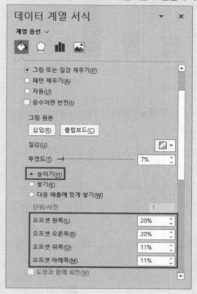

4 다음 중 아래 차트에 대한 설명으로 옳지 않은 것은?

구분	남	여	합계
1반	23	21	44
2반	22	25	47
3반	20	17	37
4반	21	19	40
합계	86	82	168

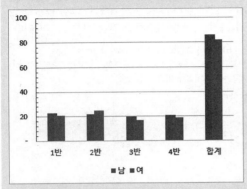

① 차트의 종류는 묶은 세로 막대형으로 계열 옵션의 '계열 겹치기'가 적용되었다.
② 세로 (값) 축의 [축 서식]에는 주 눈금과 보조 눈금이 '안쪽'으로 표시되도록 설정되었다.
③ 데이터 계열로 '남'과 '여'가 사용되고 있다.
④ 표 전체 영역을 데이터 원본으로 사용하여 차트를 작성하였다.

표 전체 영역을 데이터 원본으로 사용하여 차트를 작성하면 다음과 같이 작성됨

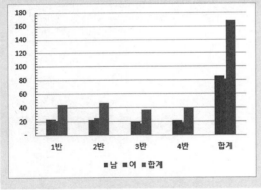

오답 피하기

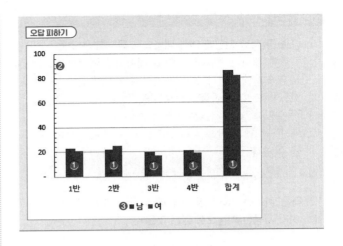

19년 3월, 15년 3월, 06년 5월/7월/9월

POINT 101 **매크로 기초**

▶ 합격 강의

19년 3월
▶ 매크로 개념

- 자주 사용하는 명령이나 반복적인 작업을 매크로로 기록하여 쉽고, 빠르게 작업을 수행할 수 있다.
- 매크로는 Visual Basic 언어를 기반으로 한다.
- 통합 문서에 첨부된 모듈 시트로 하나의 Sub 프로시저로 기록된다. Sub로 시작하고 End Sub로 끝난다.

24년 상시, 23년 상시, 22년 상시, 21년 상시, 20년 2월, 19년 3월, 18년 3월/9월, …

▶ 매크로 기록하기 ★
○ 매크로를 기록할 때 기본적으로 절대 참조가 사용됨
[개발 도구]–[코드]–[매크로 기록]을 실행한다.

매크로 이름 ★	• 매크로 이름은 자동으로 부여되지만 이름을 변경할 수도 있음 • 매크로 이름에는 공백이 포함될 수 없으며 첫 글자는 항상 문자로 시작하여야 함(영문자의 경우 대/소문자를 구분하지 않음) • #, @, $, %, & 등과 같은 문자와 공백은 매크로 이름으로 사용할 수 없음
바로 가기 키	• 기본적으로 Ctrl 이 지정되어 있으며 사용자는 조합키로 새로운 알파벳 문자를 지정할 수 있음 • 조합키로 대문자를 입력하면 자동으로 Shift 가 앞에 덧붙여짐 • 매크로 실행 바로 가기 키가 엑셀의 바로 가기 키보다 우선됨
매크로 저장 위치 ★	• 개인용 매크로 통합 문서 : 'Personal.xlsb'에 저장되는데 'Personal.xlsb'는 엑셀을 실행할 때 자동으로 항상 열리므로 이 문서에서 저장된 매크로는 항상 실행할 수 있음(XLSTART 폴더에 저장) • 새 통합 문서 : 문서 창에 매크로를 저장함 • 현재 통합 문서 : 현재 작업하고 있는 통합 문서에만 적용시킬 때 사용함

설명	• 매크로 실행과는 직접적인 관계가 없으며 소스에서는 주석으로 표시됨 • 사용자가 임의로 수정할 수 있음

개념 체크 ✓

1 다음 중 [매크로 기록] 대화 상자의 각 항목에 입력하는 내용으로 옳지 않은 것은?

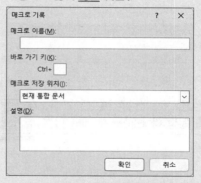

① 매크로 이름 : 공백을 사용할 수 없으므로 단어 구분 기호로 밑줄을 사용한다.
② 바로 가기 키 : 영문자만 사용할 수 있으며, 대문자 입력 시에는 Ctrl + Shift 가 조합키로 사용된다.
③ 매크로 저장 위치 : '현재 통합 문서'를 선택하면 모든 Excel 문서에서 해당 매크로를 사용할 수 있다.
④ 설명 : 매크로에 대한 설명을 기록할 때 사용하며, 매크로 실행에 영향을 미치지 않는다.

작성한 매크로를 엑셀을 실행할 때마다 모든 통합 문서에서 사용하려면 저장 위치를 "개인용 매크로 통합 문서"(Personal.xlsb)로 지정함

2 다음 중 매크로의 특징에 대한 설명으로 옳지 않은 것은?
① 키보드나 마우스 동작에 의해 매크로를 작성하면 VBA 언어로 작성된 매크로 프로그램이 자동으로 생성된다.
② 기록한 매크로는 편집할 수 없으므로 기능과 조작을 추가 또는 삭제할 수 없다.
③ 매크로 실행의 바로 가기 키가 엑셀의 바로 가기 키보다 우선이다.
④ 도형을 이용하여 작성된 텍스트 상자에 매크로를 지정한 후 매크로를 실행할 수 있다.

Visual Basic Editor(Alt + F11)를 이용하여 매크로 편집이 가능함

3 다음 중 매크로에 대한 설명으로 옳지 않은 것은?

① 매크로 이름은 대소문자를 구분하지 않으며, 공백이나 마침표를 포함하여 매크로 이름을 설정할 수 있다.

② 매크로를 실행할 Ctrl 키 조합 바로 가기 키는 매크로가 포함된 통합 문서가 열려 있는 동안 이와 동일한 기본 엑셀 바로 가기 키를 무시한다.

③ 매크로를 기록하는 경우 실행하려는 작업을 완료하는데 필요한 모든 단계가 매크로 레코더에 기록되며, 리본에서의 탐색은 기록에 포함되지 않는다.

④ 엑셀을 사용할 때마다 매크로를 사용할 수 있게 하려면 매크로 기록 시 매크로 저장 위치 목록에서 '개인용 매크로 통합 문서'를 선택한다.

> 매크로 이름은 대소문자를 구분하지 않으나, 공백이나 마침표, #, @, $, %, & 등의 기호를 사용할 수 없음

24년 상시, 23년 상시, 22년 상시, 20년 2월, 19년 3월/8월, …

POINT 102 매크로 실행과 편집(Alt + F8)*★

▶ **합격 강의**

▶ 매크로의 실행 ✱

• [파일]-[옵션]-[리본 사용자 지정] 탭에서 '개발 도구' 항목을 선택하여 리본 메뉴에 [개발 도구] 탭을 표시한다.

• [개발 도구]-[코드]-[매크로]를 선택하여 [매크로] 대화상자에서 매크로 이름을 선택한 후 실행한다.

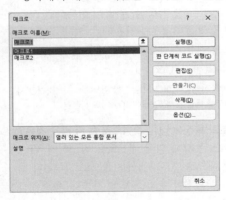

실행	엑셀 창에서 매크로를 실행함
한 단계씩 코드 실행	[Visual Basic Editor]가 실행되고 F8 을 눌러한 단계씩 실행시킬 수 있음
편집	[Visual Basic Editor]를 실행하여 매크로 기록 내용을 편집할 수 있음
삭제	매크로를 삭제할 수 있으며, 한 번 삭제하면 다시 되살릴 수 없음
옵션	매크로의 바로 가기 키와 설명을 수정할 수 있음(단, 매크로 이름은 수정할 수 없음)

• 도형, 차트, 그림 등 워크시트에 삽입되어 있는 모든 개체에 매크로를 지정하여 실행한다.

• [빠른 실행 도구 모음 사용자 지정] 메뉴 항목에 작성한 매크로를 연결하여 실행한다.

• [개발 도구]-[코드]-[Visual Basic](Alt + F11)을 선택한 후 매크로 구문에 커서를 위치시키고 [매크로 실행](▶ , F5)을 클릭하면 매크로가 바로 실행된다.

• 절대 참조로 기록된 매크로를 실행하면, 현재 셀의 위치에 상관없이 매크로를 기록할 때 지정한 셀에 매크로가 적용된다.

▶ 매크로의 편집

• 기록된 매크로는 비주얼 베이직 편집기(Visual Basic Editor)를 사용하여 편집한다.

• [개발 도구]-[코드]-[매크로]를 실행한 후 매크로를 선택하고 [편집]을 클릭하거나, [개발 도구]-[코드]-[Visual Basic]을 실행하여 [Microsoft Visual Basic] 창을 연다.

• 'Sub'와 'End' 사이에 VBA 명령어를 입력해서 작성한다.

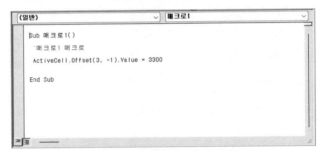

> **예** • ActiveCell.Offset(3,-1).Value = 3300 : 현재 셀에서 아래로 3, 왼쪽으로 1 셀로 이동한 위치에 3300을 입력함
> • Cells(5,4) : 5행 4열(D5) 셀을 의미함
> • Range("A1:A10,C1:C5") : [A1] 셀부터 [A10] 셀까지, [C1] 셀부터 [C5] 셀까지 두 개의 영역을 의미함
> • ActiveCell.Comment.Visible=True : 현재 셀의 메모가 항상 표시되는 설정을 의미함

• 작은따옴표(')가 붙은 문장은 주석문으로 처리되어 매크로 실행에 영향을 주지 않는다.

• 매크로는 모듈 시트에 기록되며, 모듈 시트의 이름은 Module1, Module2, … 순서대로 자동 설정된다. 모듈 시트의 이름은 속성 창을 이용하여 변경할 수 있다.

• 하나의 모듈 시트에 여러 개의 매크로가 기록될 수 있다.

- Auto_Open : 통합 문서를 열 때마다 특정 작업이 자동으로 수행되는 매크로 이름
- Auto_Close : 파일을 닫을 때 자동으로 수행되는 매크로 이름

개념 체크 ✅

1 다음 중 [매크로] 대화 상자에 대한 설명으로 옳지 <u>않은</u> 것은?

① 매크로 이름을 선택한 후 [실행] 단추를 클릭하면 매크로가 실행된다.

② [한 단계씩 코드 실행] 단추를 클릭하면 Visual Basic Editor에서 매크로 실행과정을 단계별로 확인할 수 있다.

③ [만들기] 단추를 클릭하면 빠른 실행 도구 모음에 매크로 실행 명령을 추가할 수 있다.

④ [옵션] 단추를 클릭하면 매크로 바로 가기 키를 수정할 수 있다.

[만들기] : 새로운 매크로를 작성하기 위해 Visual Basic Editor를 실행함

2 다음 중 아래의 괄호 안에 들어갈 단추명이 바르게 연결된 것은?

> 매크로 대화 상자의 (㉮) 단추는 바로 가기 키나 설명을 변경할 수 있고, (㉯) 단추는 매크로 이름이나 명령 코드를 수정할 수 있다.

① ㉮-옵션, ㉯-편집
② ㉮-편집, ㉯-옵션
③ ㉮-매크로, ㉯-보기 편집
④ ㉮-편집, ㉯-매크로 보기

- 옵션 : 매크로의 바로 가기 키나 설명을 편집할 수 있음
- 편집 : 선택한 매크로를 편집(매크로 이름이나 명령 코드를 수정)하기 위해 Visual Basic Editor를 실행함

3 다음 중 매크로와 관련된 바로 가기 키에 대한 설명으로 옳지 <u>않은</u> 것은?

① Alt + M 을 누르면 [매크로 기록] 대화 상자가 표시되어 매크로를 기록할 수 있다.

② Alt + F11 을 누르면 Visual Basic Editor가 실행되며, 매크로를 수정할 수 있다.

③ Alt + F8 을 누르면 [매크로] 대화 상자가 표시되어 매크로 목록에서 매크로를 선택하여 실행할 수 있다.

④ 매크로 기록 시 Ctrl 과 영문 문자를 조합하여 해당 매크로의 바로 가기 키를 지정할 수 있다.

Alt + M 를 누르면 [수식] 탭이 선택됨

POINT 103 프로그래밍

▶ 합격 강의

▶ VBA(Visual Basic Application)의 개념

- 매크로 작업 전용 언어이며, Visual Basic 언어와 동일한 문법을 사용한다.
- VBA는 Visual Basic 언어 성격이 강하지만 엑셀의 기능을 포함하고 있어 작업 범위가 폭넓다.
- VBE(Visual Basic Editor)를 사용하여 기록한다.

▶ 구성 요소

모듈	• 프로젝트를 구성하는 기본 단위 • 표준 모듈, 폼 모듈, 클래스 모듈로 구분함
프로시저	• 특정 기능을 수행하는 명령문들의 집합 • 사용자가 기록한 매크로가 하나의 프로시저 • Sub, Function, Property로 구분함
개체	• 작업 내용이 실제 적용되는 독립된 대상 • 통합 문서, 시트, 셀, 차트 및 폼을 구성하는 컨트롤 등을 의미함
속성	• 개체의 고유한 특성이나 기능 • 크기, 색, 위치와 같은 것
메서드	개체의 실제 동작이나 행위
이벤트	마우스 클릭이나 셀 이동과 같은 사건
컬렉션	개체들의 집합

▶ 기본 문법

① 제어문 : 특정 조건에 따라 프로그램의 순서를 변경(제어)하는 명령문이다.

If 조건식 Then
실행문
End If
	조건을 만족하면 실행함

If 조건식 Then
실행문1
Else
실행문2
End If
	조건을 만족하는 경우와 만족하지 않는 경우의 실행문

With 개체 이름 ✱ **실행문** End With	개체에 실행문을 적용해서 실행함
Select Case 수식 Case 조건1 **실행문** Case 조건2 **실행문** End Select	수식의 값에 알맞은 Case를 찾아 해당 실행문을 실행함

② 반복문 : 주어진 조건을 만족할 때까지 특정 부분을 반복, 처리하는 명령문이다.

Do While 조건식 실행문 Loop	조건식의 결과가 참인 동안 실행문을 반복 실행함
Do 실행문 Loop While 조건식	실행문을 실행한 후 조건식이 참인 동안 실행문을 반복 실행함
Do Until 조건식 실행문 Loop	조건식의 결과가 거짓인 동안 실행문을 반복 실행함
Do 실행문 Loop Until 조건식	실행문을 실행한 후 조건식이 거짓인 동안 반복 실행함
For 반복 변수 =* 시작값 To 최종값 [Step 증가값] 실행문 Next 반복 변수	시작값에서 최종값이 될 때까지 증가값 만큼씩 증가하면서 실행문을 반복 실행함
For Each 개체 변수 In 컬렉션 개체 실행문 Next 반복 변수	컬렉션 개체의 수만큼 명령 코드를 반복 실행함

기적의 TIP Visual Basic Editor에서 매크로를 실행하기 위한 바로 가기 키

- F5 : 매크로 실행
- F8 : 한 단계씩 코드 실행
- Shift + F8 : 프로시저 단위 실행
- Ctrl + F8 : 모듈 창의 커서 위치까지 실행

개념 체크 ✅

1 다음 중 현재 셀의 위치를 기준으로 아래로 3행, 왼쪽으로 1열 이동한 위치 셀에 데이터 3300을 입력하는 매크로 명령으로 옳은 것은?

① ActiveCell.Offset(3,1).Value = 3300
② ActiveCell.Offset(−3,−1).Value = 3300
③ ActiveCell.Offset(3,−1).Value = 3300
④ ActiveCell.Offset(−3,1).Value = 3300

Active.Cell.Offset(3, −1).Value = 3300 : 현재 셀 기준(Active.Cell) 아래로 3행, 왼쪽으로 1열(Offset(3, −1)) 이동한 위치 셀에 3300을 입력하는 매크로 명령

2 다음은 매크로 명령 중 반복 회수가 일정하지 않을 때 사용할 수 있는 반복 명령문으로 옳은 것은?

① Select ~ End Select
② Do ~ Loop
③ Sub ~ End Sub
④ If ~ End If

반복문
- 주어진 조건을 만족할 때까지 특정 부분을 반복, 처리하는 명령문
- For문(For ~ Next)의 경우 단계값이 1인 경우 생략할 수 있음
- Do While문(Do While ~ Loop)은 반복 전에 조건을 판단하므로 처음 조건식이 거짓인 경우 수행문은 한 번도 실행되지 않음

3 다음은 1부터 100까지 홀수의 합을 구하기 위한 프로그램이다. (㉮)와 (㉯)에 들어갈 내용으로 옳은 것은?

```
Sub ODD()
    For ( ㉮ )
        ( ㉯ )
    Next I
    MsgBox Sum
End Sub
```

① ㉮ I = 1 To 100 By 2   ㉯ Sum = Sum + 2
② ㉮ I = 0 To 100 Step 2 ㉯ Sum = I + Sum
③ ㉮ I = 1 To 100 Step 2 ㉯ Sum = Sum + I
④ ㉮ I = 1 To 100 By 2   ㉯ Sum = Sum + I

- For I = 1 To 100 Step 2 : 1, 3, 5, 7, ..., 99가 I에 대입됨
- Sum = Sum + I : 변수 I에 각 값이 대입되어 홀수의 합을 구함

자주 출제되는
기출문제
120선

자주 출제되는 기출문제 120선

1 과목 컴퓨터 일반

001 Windows의 특징 및 새로운 기능
▶ 합격 강의

- 그래픽 사용자 인터페이스(GUI) 환경의 운영체제로 설치 시 32Bit와 64Bit 모두 지원됨
- 자동 감지 설치(PnP : Plug & Play) 지원 : 컴퓨터에 장치를 연결하면 자동으로 장치를 인식하여 장치 드라이버를 설치함
- 핫 스왑(Hot Swap) : 전원을 켠 상태에서 컴퓨터 시스템의 장치를 연결하거나 분리할 수 있는 기능
- 선점형 멀티태스킹(Preemptive Multi-Tasking) 지원 : 운영 체제가 CPU를 미리 선점하여 특정 프로그램에 문제가 발생해도 시스템 전체가 다운되지 않음
- NTFS 파일 시스템 지원 : 대용량의 하드디스크를 하나의 드라이브로 사용할 수 있고, 디스크 공간의 낭비를 줄일 수 있음
- 사용자 전환 기능 : 현재 사용자가 로그오프하지 않아도 다른 사용자 이름으로 로그온할 수 있음
- 원격 지원, 시스템 복원, 방화벽 내장 기능이 있음
- 에어로 피크 (Aero Peek) : 작업 표시줄에서 실행 중인 프로그램의 아이콘에 마우스 포인터를 위치시키면 축소 형태의 미리 보기가 나타나거나 작업 표시줄 오른쪽 끝의 [바탕 화면 보기]에 마우스를 위치시키면 바탕화면이 나타나고 클릭하면 모든 창을 최소화하는 기능(⊞+D)

14년 3월
1 다음 중 Windows의 기능에 대한 설명으로 옳지 <u>않은</u> 것은?
① 하나의 컴퓨터를 사용하는 여러 사용자가 사용자마다 사용 환경을 다르게 설정할 수 있다.
② Windows Media Player를 이용하여 간단하게 동영상을 편집할 수 있다.
③ 소규모 네트워크를 구축할 수 있다.
④ 파일 시스템으로 FAT32와 NTFS 등을 지원한다.

Windows Media Player는 편집 기능은 제공되지 않음

15년 3월
2 다음 중 컴퓨터의 전원이 연결된 상태에서 장치를 연결하거나 분리할 수 있도록 하는 기능을 의미하는 것은?
① 플러그 앤 플레이(Plug and Play)
② 핫 스와핑(Hot swapping)
③ 채널(Channel)
④ 인터럽트(Interrupt)

20년 7월, 16년 6월
3 다음 중 Windows의 에어로 피크(Aero Peek) 기능에 대한 설명으로 옳은 것은?
① 파일이나 폴더의 저장된 위치에 상관없이 종류별로 파일을 구성하고 파일에 액세스할 수 있게 한다.
② 모든 창을 최소화할 필요 없이 바탕 화면을 빠르게 미리 보거나 작업 표시줄의 해당 아이콘을 가리켜서 열린 창을 미리 볼 수 있게 한다.
③ 바탕 화면의 배경으로 여러 장의 사진을 선택하여 슬라이드 쇼 효과를 주면서 번갈아 표시할 수 있게 한다.
④ 작업 표시줄에서 프로그램 아이콘을 마우스 오른쪽 단추로 클릭하여 최근에 열린 파일 목록을 확인할 수 있게 한다.

기적의TIP Windows의 특징과 새로운 기능에 대해 묻는 문제가 출제되므로 특징에 대해 이해하고 새로운 기능에 대해 혼동하지 않도록 정확히 숙지해 두기 바랍니다.

002 바로 가기 키(Shartcut Key)
▶ 합격 강의

F2	선택한 항목 이름 바꾸기
F3	파일 탐색기에서 파일 또는 폴더 검색
F4	파일 탐색기의 주소 표시줄 목록 표시
F5	활성 창 새로 고침
F6	창이나 바탕 화면의 화면 요소들을 순환
F10	활성 앱의 메뉴 모음 활성화
Alt + F4	활성 항목을 닫거나 활성 앱을 종료
Alt + Tab	열려 있는 앱 간 전환
Alt + Esc	항목을 열린 순서대로 선택
Alt + Enter	선택한 항목의 속성 창을 표시
Ctrl + Esc	시작 화면 열기
Ctrl + Shift + Esc	작업 관리자 열기
Shift + F10	선택한 항목에 대한 바로 가기 메뉴 표시
Shift + Delete	휴지통에 버리지 않고 바로 삭제
⊞	시작 화면 열기 또는 닫기
⊞ + Pause	시스템 속성 대화 상자 표시
⊞ + L	PC를 잠그거나 계정을 전환
⊞ + D	바탕 화면 표시 및 숨김

■+T	작업 표시줄의 앱을 순환
■+E	파일 탐색기 열기
■+R	실행 대화 상자 열기

10년 6월

4 다음 중 한글 Windows에서 사용하는 바로 가기 키에 대한 설명으로 옳지 <u>않은</u> 것은?

① Shift + F10 : 선택된 항목의 바로 가기 메뉴 표시
② Shift + Delete : 휴지통에 버리지 않고 바로 삭제하기
③ Ctrl + Esc : 실행 메뉴 부르기
④ Ctrl + Shift + Esc : 작업 관리자

14월 3월, 12년 3월

5 다음 중 Windows에서 Ctrl + Esc 를 눌러 수행되는 작업으로 옳은 것은?

① 시작 화면이 나타난다.
② 실행 창이 종료된다.
③ 작업 중인 항목의 바로 가기 메뉴가 나타난다.
④ 창 조절 메뉴가 나타난다.

15년 6월

6 다음 중 Windows의 작업 표시줄에서 열려 있는 프로그램의 미리 보기를 차례대로 표시하는 바로 가기 키는?

① ■+L
② ■+D
③ ■+T
④ ■+F

기적의TIP Windows 로고 키(■)에 대한 바로 가기 키의 꾸준히 출제가 예상됩니다. 실습을 통해 각 기능에 대해 반드시 익혀 두기 바랍니다.

---

003 바로 가기 아이콘 ▶합격 강의

• 원본 프로그램에 대한 연결 정보를 가지고 있는 아이콘으로 왼쪽 아래에 화살표가 표시됨

• 아이콘을 실행하면 연결된 프로그램이 실행되며, 바로 가기의 확장자는 '*.lnk'임
• 바로 가기를 삭제해도 연결된 프로그램은 삭제되지 않음
• 바로 가기 아이콘의 [속성]-[일반] 탭에는 바로 가기 아이콘의 위치, 이름, 크기, 수정된 날짜 등의 정보가 표시됨
• 바탕 화면에 바로 가기 아이콘을 만드는 방법 : [파일 탐색기] 창에서 실행 파일을 Ctrl + Shift 를 누른 상태로 바탕 화면에 드래그 앤 드롭

11년 7월

7 다음 중 한글 Windows의 바탕화면에 있는 바로 가기 아이콘에 관한 설명으로 옳지 <u>않은</u> 것은?

① 바로가기 아이콘의 왼쪽 아래에는 화살표 모양의 그림이 표시된다.
② 바로 가기 아이콘을 삭제하면 연결된 실제의 대상 파일도 삭제된다.
③ 바로 가기 아이콘의 속성 창에서 연결된 대상 파일을 변경할 수 있다.
④ 바로가기 아이콘의 이름, 크기, 형식, 수정한 날짜 등의 순으로 정렬하여 표시할 수 있다.

12년 9월

8 다음 중 한글 Windows에서 바탕 화면에 바로 가기 아이콘을 만들기 위한 방법으로 옳지 <u>않은</u> 것은?

① 바탕 화면의 바로 가기 메뉴에서 [새로 만들기] → [바로 가기]를 선택한 후에 실행 파일을 찾아 바로 가기 아이콘을 생성한다.
② [파일 탐색기] 창에서 실행 파일을 마우스 오른쪽 버튼으로 누른 상태에서 바탕 화면으로 드래그한 후에 표시되는 바로 가기 메뉴에서 [여기에 바로 가기 만들기]를 선택한다.
③ [파일 탐색기] 창에서 실행 파일을 Shift 를 누른 상태로 바탕 화면에 드래그 한다.
④ [파일 탐색기] 창에서 실행 파일의 바로 가기 메뉴에서 [바로 가기 만들기]를 선택한 후에 같은 폴더 안에 만들어진 해당 바로 가기 아이콘을 바탕 화면으로 드래그한다.

15년 3월

9 다음 중 Windows에서 사용하는 바로 가기 아이콘에 관한 설명으로 옳지 <u>않은</u> 것은?

① 하나의 원본 파일에 대하여 하나의 바로 가기 아이콘만 만들 수 있다.
② 바로 가기 아이콘을 실행하면 연결된 원본 파일이 실행된다.
③ 다른 컴퓨터나 프린터 등에 대해서도 바로 가기 아이콘을 만들 수 있다.
④ 원본 파일이 있는 위치와 관계없이 만들 수 있다.

하나의 원본 파일에 대하여 여러 개의 바로 가기 아이콘을 만들 수 있음

기적의TIP 바로 가기 아이콘을 만드는 방법과 특징에 대해 자세히 숙지해 두기 바랍니다. 특히, 바로 가기를 삭제해도 연결된 프로그램이 삭제되지 않는 점에 유의해야 합니다.

- 작업 도중 삭제된 자료들이 임시로 보관되는 장소로, 필요한 경우 복원이 가능함
- 각 드라이브마다 따로 설정이 가능
- 복원시킬 경우, 경로 지정을 하지 않아도 자동으로 원래 위치로 복원됨
- 휴지통 내에서의 데이터 실행 작업은 불가능
- 휴지통에 보관되지 않고 완전히 삭제되는 경우
  - 플로피 디스크나 USB 메모리, DOS 모드, 네트워크 드라이브에서 삭제한 경우
  - 휴지통 비우기를 한 경우
  - Shift + Delete 로 삭제한 경우
  - [휴지통 속성]의 [파일을 휴지통에 버리지 않고 삭제할 때 바로 제거]를 선택한 경우
  - 바로 가기 메뉴에서 Shift 를 누른 채 [삭제]를 선택한 경우
  - 같은 이름의 항목을 복사/이동 작업으로 덮어 쓴 경우

14년 3월

10 다음 중 Windows에서 휴지통에 관한 설명으로 옳지 <u>않은</u> 것은?

① 작업 도중 삭제된 자료들이 임시로 보관되는 장소로 필요한 경우 복원이 가능하다.

② 각 드라이브마다 휴지통의 크기를 다르게 설정하는 것이 가능하다.

③ 원하는 경우 휴지통에 보관된 폴더나 파일을 직접 실행할 수도 있고 복원할 수도 있다.

④ 지정된 휴지통의 용량을 초과하면 가장 오래전에 삭제되어 보관된 파일부터 지워진다.

14년 6월

11 다음 중 Windows의 휴지통에 대한 설명으로 옳지 <u>않은</u> 것은?

① 휴지통은 지워진 파일뿐만 아니라 시간, 날짜, 파일의 경로에 대한 정보까지 저장하고 있다.

② 휴지통은 Windows 파일 탐색기의 폴더와 유사한 창으로 열려, 파일의 보기 방식도 같은 방법으로 변경하여 볼 수 있다.

③ 휴지통에 들어 있는 파일은 명령을 통해 되살리거나 실행할 수 있다.

④ 휴지통에 파일이나 폴더가 없으면 휴지통 아이콘은 빈 휴지통 모양으로 표시된다.

20년 7월, 14년 10월

12 다음 중 파일 삭제 시 파일이 [휴지통]에 임시 보관되어 복원이 가능한 경우는?

① 바탕 화면에 있는 파일을 [휴지통]으로 드래그 앤 드롭하여 삭제한 경우

② USB 메모리에 저장되어 있는 파일을 Delete 로 삭제한 경우

③ 네트워크 드라이브의 파일을 바로 가기 메뉴의 [삭제]를 클릭하여 삭제한 경우

④ [휴지통 속성]의 [파일을 휴지통에 버리지 않고 삭제할 때 바로 제거]를 선택한 경우

기적의TIP 휴지통의 기능과 특징, 휴지통에 보관되지 않고 완전히 삭제되는 경우에 대해 잘 기억해 두기 바랍니다.

- 개인 설정 : 바탕화면 아이콘 설정, 마우스 포인터 변경, 테마, 바탕 화면 배경, 창색, 소리, 화면 보호기
- 디스플레이 : 화면 해상도 조정, 텍스트 및 기타 항목의 크기 변경
- 시스템의 정보 : 컴퓨터 시스템 정보 확인(Windows 버전, 프로세서(CPU)의 종류, RAM 용량, 시스템 종류, 컴퓨터 이름, Windows 정품 인증 등)
- 접근성 : 사용자의 시력, 청력, 기동성에 따라 컴퓨터 설정을 조정하고 음성 인식을 사용하여 음성 명령으로 컴퓨터를 조정함

14년 3월

13 다음 중 Windows의 [개인 설정]에서 설정할 수 있는 기능으로 옳지 <u>않은</u> 것은?

① 화면 보호기

② 마우스 포인터 변경

③ 바탕 화면 배경

④ 화면 해상도 조정

16년 3월

14 다음 중 Windows의 [디스플레이]에서 설정할 수 <u>없는</u> 것은?

① 테마 기능을 이용하여 바탕화면의 배경, 창 색, 소리 및 화면 보호기 등을 한 번에 변경할 수 있다.

② 연결되어 있는 모니터의 개수를 감지한다.

③ 모니터의 방향과 해상도를 설정할 수 있다.

④ 텍스트 및 기타 항목의 크기를 변경할 수 있다.

17년 3월, 14년 6월

15 다음 중 Windows의 [설정]에서 시각 장애가 있는 사용자가 컴퓨터를 사용하기에 편리하도록 설정할 수 있는 기능은?

① 개인 설정　　　　② 계정
③ 접근성　　　　　④ 장치

기적의TIP 개인 설정, 디스플레이, 시스템의 정보 등은 자주 출제되는 항목이므로 기능과 특징에 대해 잘 숙지해 두어야 합니다. 아울러 접근성에 대해 꾸준히 출제되는 경향을 보이고 있습니다.

18년 9월, 14년 3월

18 다음 중 Windows의 [명령 프롬프트] 창에서 원격 장비의 네트워크 연결 상태 및 작동여부를 확인할 때 사용하는 명령어로 옳은 것은?

① echo　　　　　② ipconfig
③ regedit　　　　④ ping

기적의TIP 네트워크 명령들의 기능을 묻는 문제가 자주 출제되므로 명령 프롬프트 창 실습으로 각 기능에 대해 잘 이해하고 숙지해 두어야 합니다.

---

006 네트워크 명령어　　　▶ 합격 강의

- ⊞+R [실행]에서 『CMD』를 입력하여 실행
- 명령어는 대·소문자 상관없이 사용할 수 있음

명령	기능
ipconfig	사용자 자신의 컴퓨터 IP 주소를 확인하는 명령
ping	네트워크의 현재 상태나 다른 컴퓨터의 네트워크 접속 여부를 확인하는 명령
tracert	네트워크에 연결된 컴퓨터의 경로(라우팅 경로)를 추적할 때 사용하는 명령

12년 6월

16 다음 중 한글 Windows의 [명령 프롬프트] 창에서 인터넷 서버까지의 경로를 추적하기 위해 사용하는 네트워크 관련 명령어로 옳은 것은?

① telnet　　　　② winipcfg
③ tracert　　　　④ ipconfig

13년 6월

17 다음 중 한글 Windows의 [명령 프롬프트] 창에서 ping 명령을 실행한 후 확인할 수 있는 내용으로 옳지 않은 것은?

① 대상이 되는 IP 주소의 호스트 이름
② 전송 신호의 손실률
③ 전송 신호의 응답 시간
④ 게이트웨이와 DNS의 IP 주소

게이트웨이와 DNS의 IP 주소는 ipconfig 명령으로 확인할 수 있음

---

007 연산 속도 단위　　　▶ 합격 강의

연산속도(느린순 → 빠른순) : ms → μs → ns → ps → fs → as
- ms(milli second, 밀리세컨) : 10^{-3}초
- μs(micro second, 마이크로세컨) : 10^{-6}초
- ns(nano second, 나노세컨) : 10^{-9}초
- ps(pico second, 피코세컨) : 10^{-12}초
- fs(femto second, 펨토세컨) : 10^{-15}초
- as(atto second, 아토세컨) : 10^{-18}초

05년 5월

19 다음 중 컴퓨터의 처리 시간 단위가 빠른 것에서 느린 순서로 바르게 나열된 것은?

① ps−as−fs−ns−ms−μs
② as−fs−ps−ns−μs−ms
③ ms−μs−ns−ps−fs−as
④ fs−ns−ps−μs−as−ms

13년 6월

20 다음 중 처리 속도의 단위에 대한 설명으로 옳지 않은 것은?

① ps = 10^{-12} sec
② ns = 10^{-6} sec
③ ms = 10^{-3} sec
④ fs = 10^{-15} sec

18년 3월, 16년 3월, 14년 6월

21 다음 중 컴퓨터의 연산속도 단위로 가장 빠른 것은?

① 1 ms　　　　② 1 μs
③ 1 ns　　　　④ 1 ps

기적의TIP 각 연산 속도와 순서에 관해 묻는 문제가 출제됩니다. 혼돈하지 않게 정확히 암기해 두세요.

008 취급 데이터에 따른 분류

 합격 강의

분류	디지털 컴퓨터	아날로그 컴퓨터
취급 데이터	숫자, 문자 등의 셀 수 있는 데이터	전류, 온도, 속도 등의 연속적인 물리량
구성 회로	논리 회로	증폭 회로
주요 연산	사칙 연산	미적분 연산
연산 속도	느림	빠름
정밀도	필요한 한도까지	제한적(0.01%까지)
기억 장치/ 프로그램	필요함	필요 없음

하이브리드 컴퓨터 : 디지털 컴퓨터와 아날로그 컴퓨터의 장점만을 조합한 컴퓨터

14년 3월, 10년 3월

22 다음 중 디지털 컴퓨터의 특성을 설명한 것으로 옳지 않은 것은?

① 부호화된 숫자와 문자, 이산 데이터 등을 사용한다.
② 산술 논리 연산을 주로 한다.
③ 증폭 회로를 사용한다.
④ 연산 속도가 아날로그 컴퓨터보다 느리다.

15년 10월

23 다음 중 처리하는 데이터 형태에 따른 컴퓨터의 분류에 해당하지 않는 것은?

① 하이브리드 컴퓨터
② 디지털 컴퓨터
③ 슈퍼 컴퓨터
④ 아날로그 컴퓨터

17년 3월

24 다음 중 디지털 컴퓨터와 아날로그 컴퓨터의 차이점에 관한 설명으로 옳은 것은?

① 디지털 컴퓨터는 전류, 전압, 온도 등 다양한 입력 값을 처리하며, 아날로그 컴퓨터는 숫자 데이터만을 처리한다.
② 디지털 컴퓨터는 증폭 회로로 구성되며, 아날로그 컴퓨터는 논리회로로 구성된다.
③ 아날로그 컴퓨터는 미분이나 적분 연산을 주로 하며, 디지털 컴퓨터는 산술이나 논리 연산을 주로 한다.
④ 아날로그 컴퓨터는 범용이며, 디지털 컴퓨터는 특수 목적용으로 많이 사용된다.

기적의TIP 디지털 컴퓨터와 아날로그 컴퓨터의 분류별 특징과 차이점에 관해 자주 출제되고 있습니다. 정확한 암기가 요구되며 하이브리드 컴퓨터의 개념에 대해서도 파악해 두기 바랍니다.

009 자료의 단위

 합격 강의

- 자료의 크기 : 비트(Bit) < 니블(Nibble) < 바이트(Byte) < 워드(Word) < 필드(Field) < 레코드(Record) < 파일(File) < 데이터베이스(Database)
- 비트(Bit) : 정보 표현의 최소 단위로 2진수 0 또는 1을 나타냄
- 니블(Nibble) : 4개의 Bit로 구성, $2^4(=16)$개의 정보를 표현할 수 있음
- 바이트(Byte) : 문자를 표현하는 기본 단위로, 8개의 Bit로 구성됨
- 워드(Word) : 바이트의 모임으로 컴퓨터 내부의 명령 처리 단위

Half Word	2Byte
Full Word	4Byte(=1Word)
Double Word	8Byte

- 필드(Field) : 파일 구성의 최소 단위로, 아이템(Item) 또는 항목이라고 함
- 레코드(Record) : 하나 이상의 필드들이 모여서 구성된 자료 처리 단위
- 파일(File) : 여러 개의 레코드가 모여 구성되며, 디스크의 저장 단위로 사용함
- 데이터베이스(Database) : 파일들의 집합으로 중복을 제거한 통합된 상호 관련 있는 데이터의 집합

12년 6월

25 다음 중 컴퓨터에서 사용하는 자료의 표현 단위가 작은 것부터 큰 순서대로 표시한 것으로 옳은 것은?

① 바이트-워드-필드-레코드
② 바이트-필드-레코드-워드
③ 바이트-워드-레코드-필드
④ 워드-바이트-필드-레코드

16년 6월

26 다음 중 4비트로 나타낼 수 있는 정보 단위는?

① Character
② Nibble
③ Word
④ Octet

16년 10월

27 다음 중 컴퓨터에서 사용하는 자료 표현 형식에 관한 설명으로 옳지 않은 것은?

① 비트(Bit)는 자료 표현의 최소 단위이며, 8Bit가 모여 니블(Nibble)이 된다.
② 워드(Word)는 바이트 모임으로 하프워드, 풀워드, 더블워드로 분류된다.
③ 필드(Field)는 자료 처리의 최소 단위이며, 여러 개의 필드가 모여 레코드(Record)가 된다.
④ 데이터베이스(Database)는 레코드 모임인 파일(File) 들의 집합을 말한다.

기적의TIP 자료 단위별 특성에 대해 숙지해야 하며 자료 단위의 크기 순서에 대해 헷갈리지 않게 암기해 두기 바랍니다.

010 문자 표현 코드

 ▶ 합격 강의

BCD 코드 (2진화 10진)	• Zone은 2비트, Digit는 4비트로 구성됨 • 6비트로 2^6=64가지의 문자 표현이 가능함 • 영문자의 대소문자를 구별하지 못함
ASCII 코드 (미국 표준)	• Zone은 3비트, Digit는 4비트로 구성됨 • 7비트로 2^7=128가지의 표현이 가능함 • 일반 PC용 컴퓨터 및 데이터 통신용 코드 • 대소문자 구별이 가능함 • 확장 ASCII 코드는 8비트를 사용하여 256가지의 문자를 표현함
EBCDIC 코드 (확장 2진화 10진)	• Zone은 4비트, Digit는 4비트로 구성됨 • 8비트로 2^8=256가지의 표현이 가능함 • 확장된 BCD 코드로 대형 컴퓨터에서 사용되는 범용 코드
유니코드 (Unicode)	• 2바이트 코드로 세계 각 나라의 언어를 표현할 수 있는 국제 표준 코드 • 한글의 경우 조합, 완성, 옛 글자 모두 표현 가능함 • 16비트이므로 2^{16}인 65,536자까지 표현 가능함

※ 해밍 코드(Hamming Code) : 에러 검출과 교정이 가능한 코드로, 최대 2비트까지 에러를 검출하고 1비트의 에러 교정이 가능한 방식

14년 10월

28 ASCII 코드는 한 문자를 표시하는데 7개의 데이터 비트와 1개의 패리티 비트를 사용한다. 다음 중 ASCII 코드로 표현 가능한 문자 수는?

① 32
② 64
③ 128
④ 256

18년 3월, 15년 3월

29 다음 중 개인용 컴퓨터에서 정보통신용으로 가장 많이 사용되는 코드로 3개의 Zone 비트와 4개의 Digit 비트로 구성된 코드는?

① BINARY
② BCD
③ EBCDIC
④ ASCII

18년 3월, 15년 6월

30 다음 중 컴퓨터에서 사용하는 ASCII 코드에 관한 설명으로 옳은 것은?

① 패리티 비트를 이용하여 오류 검출과 오류 교정이 가능하다.
② 표준 ASCII 코드는 3개의 존 비트와 4개의 디지트 비트로 구성되며, 주로 대형 컴퓨터의 범용 코드로 사용된다.
③ 표준 ASCII 코드는 7비트를 사용하여 영문 대소문자, 숫자, 문장 부호, 특수 제어 문자 등을 표현한다.
④ 확장 ASCII 코드는 8비트를 사용하며 멀티미디어 데이터 표현에 적합하도록 확장된 코드표이다.

기적의TIP 문자 표현 코드는 매우 잘 출제되는 문제입니다. 코드별 기능과 특징에 대해 잘 기억해 두기 바랍니다.

011 제어 장치

 ▶ 합격 강의

구성 장치	기능
프로그램 카운터(Program Counter)	다음에 수행할 명령어의 번지(주소)를 기억하는 레지스터
명령 해독기(Instruction Decoder)	수행해야 할 명령어를 해석하여 부호기로 전달하는 회로
번지 해독기(Address Decoder)	명령 레지스터로부터 보내온 번지(주소)를 해석하는 회로
부호기(Encoder)	명령 해독기에서 전송된 명령어를 제어에 필요한 신호로 변환하는 회로
명령 레지스터 (IR : Instruction Register)	현재 수행 중인 명령어를 기억하는 레지스터
번지 레지스터 (MAR : Memory Address Register)	주소를 기억하는 레지스터
기억 레지스터 (MBR : Memory Buffer Register)	내용(자료)을 기억하는 레지스터

12년 3월

31 다음 중 컴퓨터 구조에서 제어 장치(Control Unit)의 구성 요소로 옳지 않은 것은?

① 부호기(Encoder)
② 프로그램 카운터(Program Counter)
③ 보수기(Complementor)
④ 명령 해독기(Instruction Decoder)

32 다음 컴퓨터의 기본 기능 중에서 제어 기능에 대한 설명으로 옳은 것은?

① 자료와 명령을 컴퓨터에 입력하는 기능
② 입출력 및 저장, 연산 장치들에 대한 지시 또는 감독 기능을 수행하는 기능
③ 입력된 자료들을 주기억 장치나 보조 기억 장치에 기억하거나 저장하는 기능
④ 산술적/논리적 연산을 수행하는 기능

15년 6월

33 다음 중 컴퓨터에 관련된 용어의 설명으로 옳지 <u>않은</u> 것은?

① GIGO : 입력 자료가 좋지 않으면 출력 자료도 좋지 않다는 것으로 컴퓨터에 불필요한 정보를 입력하면 불필요한 정보가 출력된다는 의미
② ALU : CPU 내에서 주기억 장치로부터 읽어들인 명령어를 해독하여 해당 장치에게 제어 신호를 보내 정확하게 수행하도록 지시하는 장치
③ ADPS : 자동적으로 다량의 데이터를 처리하는 시스템으로 전자정보처리시스템인 EDPS와 같이 컴퓨터를 정의하는 용어로 사용
④ CPU : 컴퓨터의 가장 중요한 부분으로 명령을 해독하고 산술논리연산이나 데이터 처리를 실행하는 장치

기적의TIP 제어 장치와 연산 장치의 구성 장치에 대한 구분과 기능에 대해 묻는 문제가 자주 출제됩니다. 장치별 기능을 반드시 암기해 두어야 합니다.

---

012 연산 장치

구성 장치	기능
가산기(Adder)	2진수 덧셈을 수행하는 회로
보수기(Complementor)	뺄셈을 수행하기 위하여 입력된 값을 보수로 변환하는 회로
누산기(ACCumulator)	중간 연산 결과를 일시적으로 기억하는 레지스터
데이터 레지스터(Data Register)	연산한 데이터를 기억하는 레지스터
프로그램 상태 워드 (PSW : Program Status Word)	명령어 실행 중에 발생하는 CPU의 상태 정보를 저장하는 상태 레지스터 (Status Register)

---

34 다음 중 산술 논리 연산 장치(Arithmetic and Logic Unit)의 구성 요소가 <u>아닌</u> 것은?

① 상태 레지스터
② 누산기
③ 프로그램 카운터
④ 보수기

12년 9월

35 다음 중 컴퓨터에서 산술 논리 연산의 결과를 일시적으로 저장하는 임시 기억 장소로 옳은 것은?

① 프로그램 카운터
② 누산기
③ 가산기
④ 스택 포인터

16년 6월, 14년 3월

36 다음 중 컴퓨터의 연산장치에 있는 누산기(Accumulator)에 관한 설명으로 옳은 것은?

① 연산 결과를 일시적으로 기억하는 장치이다.
② 명령의 순서를 기억하는 장치이다.
③ 명령어를 기억하는 장치이다.
④ 명령을 해독하는 장치이다.

기적의TIP 연산 장치의 기능과 역할에 대해 묻는 문제가 자주 출제됩니다. 장치별 기능을 반드시 암기해 두어야 합니다.

---

013 주기억 장치

• ROM(Read Only Memory)
 – 한 번 기록한 정보에 대해 오직 읽기만을 허용하도록 설계된 비휘발성 기억 장치
 – 수정이 필요 없는 기본 입출력 프로그램이나 글꼴 등의 펌웨어(Firmware)를 저장
 – EPROM : 자외선을 이용, EEPROM : 전기를 이용
• RAM(Random Access Memory)
 – 실행 중인 프로그램이나 데이터를 저장하며, 자유롭게 읽고 쓰기가 가능한 주기억 장치
 – 전원이 공급되지 않으면 기억된 내용이 사라지는 휘발성(소멸성) 메모리

종류	특징
SRAM (Static RAM)	• 정적인 램으로, 전원이 공급되는 한 내용이 그대로 유지됨 • 비싸고, 용량이 작지만 속도가 빨라 캐시(Cache) 메모리 등에 이용됨
DRAM (Dynamic RAM)	• 구조는 단순하지만 가격이 저렴하고 집적도가 높아 PC의 메모리로 이용됨 • 일정 시간이 지나면 전하가 방전되므로 재충전(Refresh) 시간이 필요함

11년 7월

37 다음 중 컴퓨터에서 사용하는 펌웨어(Firmware)에 관한 설명으로 옳은 것은?

① 컴퓨터 운영에 필수적인 하드웨어 구성 요소이다.
② 주로 RAM에 저장되어 하드웨어를 제어하거나 관리한다.
③ 내용을 변경하거나 추가 또는 삭제할 수 있다.
④ 업그레이드를 위하여 하드웨어를 교체하여야 한다.

16년 3월

38 다음 중 EPROM에 관한 설명으로 옳은 것은?

① 제조과정에서 한 번만 기록이 가능하며, 수정할 수 없다.
② 자외선을 이용하여 기록된 내용을 여러 번 수정할 수 있다.
③ 특수 프로그램을 이용하여 한 번만 기록할 수 있다.
④ 전기적 방법으로 기록된 내용을 여러 번 수정할 수 있다.

16년 6월

39 다음 중 컴퓨터의 롬(ROM)에 기록되어 하드웨어를 제어하며, 하드웨어의 성능 향상을 위해 업그레이드 할 수 있는 마이크로프로그램의 집합을 의미하는 것은?

① 프리웨어(Freeware)
② 셰어웨어(Shareware)
③ 미들웨어(Middleware)
④ 펌웨어(Firmware)

기적의TIP 주기억 장치인 ROM과 RAM은 매우 중요합니다. 장치별 특징과 역할, 종류에 대해 반드시 이해하고 암기해 두어야 합니다.

---

014 **기타 기억 장치**

▶ 합격 강의

- 캐시 메모리(Cache Memory)
  - 휘발성 메모리로, 속도가 빠른 CPU와 상대적으로 속도가 느린 주기억 장치 사이에 있는 고속의 버퍼 메모리
  - 자주 참조되는 데이터나 프로그램을 메모리에 저장
  - 컴퓨터의 처리 속도를 향상시켜 메모리 접근 시간을 감소시키는 데 목적이 있음
  - 캐시 메모리는 SRAM 등이 사용되며, 주기억 장치보다 소용량으로 구성
- 연관 메모리(Associative Memory)
  - 저장된 내용의 일부를 이용하여 기억 장치에 접근하여 데이터를 읽어오는 기억 장치
  - 캐시 메모리에서 특정 내용을 찾는 방식 중 매핑 방식에 주로 사용됨
  - CAM(Content Addressable Memory)이라고도 함
  - 메모리에 기억된 정보를 찾는데 저장된 내용에 의하여 접근함(병렬 탐색 가능)

- 가상 메모리(Virtual Memory)
  - 보조 기억 장치의 일부, 즉 하드디스크의 일부를 주기억 장치처럼 사용하는 메모리 사용 기법으로, 기억 장소를 주기억 장치의 용량으로 제한하지 않고, 보조 기억 장치까지 확대하여 사용함
  - 주기억 장치보다 큰 프로그램을 로드하여 실행할 경우에 유용함
  - 기억 공간의 확대에 목적이 있음(처리 속도 향상 아님)
  - 가상 기억 장치로는 임의 접근이 가능한 자기 디스크를 많이 사용함
- 플래시 메모리(Flash Memory)
  - RAM과 같은 ROM으로 기억된 내용은 전원이 나가도 지워지지 않고 쉽게 쓰기가 가능함
  - 읽기/쓰기가 수만 번 가능한 메모리(블록 단위로 기록됨)

14년 6월

40 다음 중 컴퓨터에서 사용하는 캐시 메모리(Cache Memory)에 대한 설명으로 옳지 않은 것은?

① 기억 용량은 적으나 속도가 빠른 버퍼 메모리이다.
② 가능한 최대 속도를 얻기 위해 소프트웨어로 구성한다.
③ 기본적인 성능은 히트율(Hit Ratio)로 표현한다.
④ CPU와 주기억 장치 사이에 위치한다.

19년 3월, 15년 6월

41 다음 중 주기억 장치의 크기보다 큰 프로그램을 실행하기 위해 디스크의 일부 영역을 주기억 장치처럼 사용하게 하는 메모리 관리 방식으로 옳은 것은?

① 캐시 메모리
② 버퍼 메모리
③ 연관 메모리
④ 가상 메모리

16년 6월

42 다음 중 컴퓨터 보조 기억 장치로 사용되는 플래시 메모리에 관한 설명으로 옳지 않은 것은?

① EEPROM의 일종이다.
② 비휘발성 메모리이다.
③ 트랙 단위로 저장된다.
④ 전력 소모가 적고 데이터 전송 속도가 빠르다.

기적의TIP 각 장치의 기능에 대한 개념을 파악하고 특징과 쓰임새에 대해 숙지하여 각 장치의 역할을 혼동하지 않도록 반드시 정리해 두어야 합니다. 특히, 캐시와 가상 메모리는 자주 출제되는 내용이므로 주의해야 합니다.

▶ 합격 강의

상용 소프트웨어 (Commercial Software)	정식 대가를 지불하고 사용하는 프로그램으로 해당 프로그램의 모든 기능을 사용할 수 있음
공개 소프트웨어 (Freeware)	개발자가 무료로 자유로운 사용을 허용한 소프트웨어
셰어웨어(Shareware)	정식 프로그램의 구매를 유도하기 위해 기능이나 사용 기간에 제한을 두어 무료로 배포하는 프로그램
애드웨어(Adware)	광고가 소프트웨어에 포함되어 이를 보는 조건으로 무료로 사용할 수 있는 소프트웨어
데모 버전 (Demo Version)	정식 프로그램의 기능을 홍보하기 위해 사용 기간이나 기능을 제한하여 배포하는 프로그램
트라이얼 버전 (Trial Version)	상용 소프트웨어를 일정 기간 동안 사용해 볼 수 있는 체험판 소프트웨어
알파 버전 (Alpha Version)	베타 테스트를 하기 전에 제작 회사 내에서 테스트할 목적으로 제작하는 프로그램
베타 버전(Beta Version)	정식 프로그램을 발표하기 전에 테스트를 목적으로 일반인에게 공개하는 프로그램
패치 프로그램 (Patch Program)	이미 제작하여 배포된 프로그램의 오류 수정이나 성능 향상을 위하여 프로그램 일부를 변경해 주는 프로그램
번들 프로그램 (Bundle Program)	특정한 하드웨어나 소프트웨어를 구매하였을 때 끼워주는 소프트웨어

12년 3월

43 다음 중 컴퓨터 소프트웨어 버전과 관련하여 패치(Patch) 프로그램에 관한 설명으로 옳은 것은?

① 정식 프로그램의 기능을 홍보하기 위하여 사용 기간이나 기능을 제한하여 배포하는 프로그램이다.

② 베타 테스트를 하기 전에 제작 회사 내에서 테스트할 목적으로 제작하는 프로그램이다.

③ 이미 제작하여 배포된 프로그램의 오류 수정이나 성능 향상을 위해 프로그램의 일부를 변경해 주는 프로그램이다.

④ 정식 프로그램을 출시하기 전에 테스트를 목적으로 일반인에게 공개하는 프로그램이다.

18년 9월, 15년 10월

44 다음 중 아래의 ㉠, ㉡, ㉢에 해당하는 소프트웨어의 종류를 올바르게 짝지어 나열한 것은?

> 홍길동은 어떤 프로그램이 좋은지 알아보기 위해 ㉠ 누구나 임의의 용도로 사용할 수 있는 프로그램과 ㉡ 주로 일정 기간 동안 일부 기능을 제한한 상태로 사용하는 프로그램을 먼저 사용해 보고, 가장 적합한 ㉢ 프로그램을 구입하여 사용하려고 한다.

① ㉠-프리웨어, ㉡-셰어웨어, ㉢-상용 소프트웨어

② ㉠-셰어웨어, ㉡-프리웨어, ㉢-상용 소프트웨어

③ ㉠-상용 소프트웨어, ㉡-셰어웨어, ㉢-프리웨어

④ ㉠-셰어웨어, ㉡-상용 소프트웨어, ㉢-프리웨어

16년 3월

45 다음 중 버전에 따른 소프트웨어에 대한 설명으로 옳지 않은 것은?

① 트라이얼 버전(Trial Version)은 특정한 하드웨어나 소프트웨어를 구매하였을 때 무료로 주는 프로그램이다.

② 베타 버전(Beta Version)은 소프트웨어의 정식 발표 전 테스트를 위하여 사용자들에게 무료로 배포하는 시험용 프로그램이다.

③ 데모 버전(Demo Version)은 정식 프로그램을 홍보하기 위해 사용기간이나 기능을 제한하여 배포하는 프로그램이다.

④ 패치 버전(Patch Version)은 이미 제작하여 배포된 프로그램의 오류 수정이나 성능 향상을 위해 프로그램의 일부 파일을 변경해 주는 프로그램이다.

> **기적의TIP** 저작권에 따른 소프트웨어는 영어 단어가 갖는 의미대로 소프트웨어의 목적과 특징을 유추하면 쉽게 이해하고 암기할 수 있습니다.

▶ 합격 강의

자바(Java)	특정 컴퓨터 구조와 무관한 가상 바이트 머신 코드를 사용하므로 플랫폼이 독립적임. 바이트 머신 코드를 생성함
ASP(Active Server Page)	• Windows 환경에서 동적인 웹 페이지를 제작할 수 있는 스크립트 언어 • HTML 문서에 명령어를 삽입하여 사용하며, 자바 스크립트와는 달리 서버측에서 실행됨
PHP(Professional Hypertext Preprocessor)	웹 서버에서 작동하는 스크립트 언어로, UNIX, Linux, Windows 등의 환경에서 작동함
JSP(Java Server Page)	ASP, PHP와 동일하게 웹 서버에서 작동하는 스크립트 언어
HTML5(Hyper Text Markup Language)	• 인터넷의 정보 검색 시스템인 월드와이드웹(WWW)의 홈페이지를 작성하는 데 사용되는 생성언어 • 액티브X나 플러그인 등의 프로그램 설치 없이 동영상이나 음악 재생을 실행할 수 있는 웹 표준 언어
DHTML(Dynamic HTML)	동적 HTML로 스타일 시트를 도입하여 텍스트의 폰트와 크기, 색상, 여백 형식 등 웹 페이지 관련 속성을 지정할 수 있음

12년 9월

46 다음 중 객체지향 프로그래밍 언어가 아닌 것은?

① COBOL   ② JAVA

③ SmallTalk   ④ C++

COBOL : 최초로 개발된 고급 언어이며 사무 처리용 언어로 사용

47 다음 중 W3C에서 제안한 표준안으로 문서 작성 중심으로 구성된 기존 표준에 비디오, 오디오 등 다양한 부가 기능과 최신 멀티미디어 콘텐츠를 액티브X 없이 브라우저에서 쉽게 볼 수 있도록 한 웹의 표준 언어는?

① XML   ② VRML
③ HTML5   ④ JSP

48 다음 중 HTML의 단점을 보완하여 이미지의 애니메이션을 지원하며, 사용자와의 상호 작용에 따른 동적인 웹페이지의 제작이 가능한 언어는?

① JAVA   ② DHTML
③ VRML   ④ WML

기적의TIP 웹 프로그래밍 언어는 언어별 특징과 차이점에 대한 정확한 이해가 중요합니다. 특히 언어의 적용 분야에 대해 정확히 알아두기 바랍니다.

---

017   IPv6 주소   ▶ 합격 강의

- 인터넷에 연결된 컴퓨터의 고유한 주소
- IPv6 주소체계는 128비트를 16비트씩 8부분으로 나누어 각 부분을 콜론(:)으로 구분함
- IPv6은 IPv4와 호환이 되며 16진수로 표기. 각 블록에서 선행되는 0은 생략할 수 있으며 연속된 0의 블록은 ::으로 한 번만 생략 가능함
- IPv6의 주소 개수는 약 43억의 네제곱임
- 주소체계는 유니캐스트(Unicast), 애니캐스트(Anycast), 멀티캐스트(Multicast) 등 세 가지로 나뉨
- 인증 서비스, 비밀성 서비스, 데이터 무결성 서비스를 제공함으로써 보안 문제를 해결할 수 있음

49 다음 중 인터넷 주소 체계에 대한 설명으로 옳지 <u>않은</u> 것은?

① 인터넷 연결을 위해서는 IP 주소 또는 도메인 네임 중 하나를 배정받아야 하며, 인터넷에 연결된 컴퓨터의 고유 주소는 도메인 네임으로 이는 IP 주소와 동일하다.
② 국제 인터넷 주소 관리 기구는 ICANN이며, 한국에서는 한국인터넷진흥원(KISA)에서 관리하고 있다.
③ 현재는 인터넷 주소 체계인 IPv4 주소와 IPv6 주소가 함께 사용되고 있으며, IPv6 주소가 점차 확대되고 있다.
④ IPv6는 IPv4와의 호환성이 뛰어나고, 128비트의 주소를 사용하여 주소 부족 문제 및 보안 문제를 해결할 수 있다.

---

50 다음 중 인터넷에서 사용하는 IPv6 주소 체계에 대한 설명으로 옳지 <u>않은</u> 것은?

① 16비트씩 8부분으로 총 128비트로 구성된다.
② 각 부분은 16진수로 표현하고, 세미콜론(;)으로 구분한다.
③ 유니캐스트, 멀티캐스트, 애니캐스트 등의 3가지 주소 체계로 나누어진다.
④ IPv4의 주소 부족 문제를 해결해 줄 수 있다.

51 다음 중 인터넷에서 사용하는 IPv6에 관한 설명으로 옳은 것은?

① IPv4의 주소 부족 문제를 해결하기 위하여 개발되었다.
② 64비트의 주소 체계를 가진다.
③ IPv4와는 호환성이 낮아 상호 전환이 어렵다.
④ IPv4에 비해 자료 전송 속도가 느리다.

기적의TIP IPv6의 주소 체계와 주소 개수, 목적 등에 대한 정확한 이해와 숙지가 필요합니다.

---

018   그래픽 데이터의 표현 방식   ▶ 합격 강의

비트맵 (Bitmap)	• 이미지를 점(Pixel, 화소)의 집합으로 표현하는 방식 • 래스터(Raster) 이미지라고도 함 • 고해상도를 표현하는 데 적합하지만 파일 크기가 커지고, 이미지를 확대하면 계단 현상이 발생함 • 다양한 색상을 이용하기 때문에 사실적 이미지 표현이 용이함 • Photoshop, Paint Shop Pro 등이 대표적인 소프트웨어임 • 비트맵 형식으로는 BMP, JPG, PCX, TIF, PNG, GIF 등이 있음
벡터 (Vector)	• 이미지를 점과 점을 연결하는 직선이나 곡선을 이용하여 표현하는 방식 • 그래픽의 확대/축소 시 계단 현상이 발생하지 않지만 고해상도 표현에는 적합하지 않음 • Illustrator, CorelDraw, 플래시 등이 대표적인 소프트웨어 • 벡터 파일 형식으로는 WMF, AI, CDR 등이 있음

52 다음 중 컴퓨터에서 그래픽 데이터 표현 방식인 비트맵 (Bitmap) 방식에 관한 설명으로 옳지 <u>않은</u> 것은?

① 점과 점을 연결하는 직선이나 곡선을 이용하여 이미지를 표현한다.
② 이미지를 확대하면 테두리가 거칠어진다.
③ 파일 형식에는 BMP, GIF, JPEG 등이 있다.
④ 다양한 색상을 사용하여 사실적 이미지를 표현할 수 있다.

11년 7월

53 다음 중 컴퓨터 그래픽과 관련하여 벡터(Vector) 이미지에 관한 설명으로 옳지 <u>않은</u> 것은?

① 점과 점을 연결하는 직선이나 곡선을 이용하여 이미지를 표현하는 방식이다.
② 픽셀을 이용하여 다양하고 사실적인 이미지를 표현할 수 있다.
③ 대표적으로 WMF 파일 형식이 있다.
④ 이미지를 확대해도 테두리가 거칠어지지 않고 매끄럽게 표현된다.

14년 10월

54 다음 중 컴퓨터에 저장되는 이미지 파일 포맷인 래스터(Raster) 방식에 대한 설명으로 옳지 <u>않은</u> 것은?

① 주로 스캐너나 디지털 카메라를 이용해서 생성된다.
② 픽셀 단위로 이미지를 저장한다.
③ WMF는 Windows에서 기본으로 사용되는 래스터 파일 형식이다.
④ 파일의 크기는 이미지의 해상도에 비례해서 커진다.

기적의TIP 비트맵과 벡터는 자주 출제되므로 각 특징과 쓰임새, 해당 소프트웨어, 파일 형식 확장자에 관해 구분하여 정확히 암기해 두어야 합니다.

---

019 그래픽 관련 용어

▶합격 강의

렌더링(Rendering)	컴퓨터 그래픽에서 3차원 질감(그림자, 색상, 농도 등)을 줌으로써 사실감을 추가하는 과정
디더링(Dithering)	표현할 수 없는 색상이 존재할 경우, 다른 색상들을 섞어서 비슷한 색상을 내는 효과
인터레이싱 (Interlacing)	화면에 이미지를 표시할 때 한 번에 표시하지 않고 천천히 표시되면서 선명해지는 효과
모핑(Morphing)	사물의 형상을 다른 모습으로 서서히 변화시키는 기법으로 영화의 특수 효과에서 많이 사용함
모델링(Modeling)	물체의 형상을 컴퓨터 내부에서 3차원 그래픽으로 어떻게 표현할 것인지를 정하는 과정
안티 앨리어싱 (Anti-Aliasing)	3D의 텍스처에서 몇 개의 샘플을 채취해서 사물의 색상을 변경하므로 계단 부분을 뭉개고 곧게 이어지는 듯한 화질을 형성하게 만드는 것

18년 3월, 15년 10월

55 다음 중 이미지 가장자리의 계단 현상을 최소화해 주는 그래픽 기법은?

① 모핑(Morphing)
② 디더링(Dithering)
③ 렌더링(Rendering)
④ 안티앨리어싱(Anti-Aliasing)

20년 7월, 16년 3월

56 다음 중 멀티미디어 기법에 대한 설명으로 옳지 <u>않은</u> 것은?

① 안티앨리어싱(Anti-Aliasing)은 2차원 그래픽에서 개체 색상과 배경 색상을 혼합하여 경계면 픽셀을 표현함으로써 경계면을 부드럽게 보이도록 하는 기법이다.
② 모델링(Modeling)은 컴퓨터 그래픽에서 명암, 색상, 농도의 변화 등과 같은 3차원 질감을 넣음으로써 사실감을 더하는 기법을 말한다.
③ 디더링(Dithering)은 제한된 색을 조합하여 음영이나 색을 나타내는 것으로 여러 컬러의 색을 최대한 나타내는 기법을 말한다.
④ 모핑(Morphing)은 한 이미지가 다른 이미지로 서서히 변화하는 과정을 나타내는 기법이다.

16년 10월

57 다음 중 애니메이션에서의 모핑(Morphing) 기법에 대한 설명으로 옳은 것은?

① 종이에 그린 그림을 셀룰로이드에 그대로 옮긴 뒤 채색하고 촬영하는 기법이다.
② 2개의 이미지나 3차원 모델 간에 부드럽게 연결하여 서서히 변하는 모습을 보여주는 기법이다.
③ 키 프레임을 이용하여 애니메이션을 만드는 기법이다.
④ 점토를 사용하여 애니메이션을 만드는 기법이다.

기적의TIP 그래픽 관련 기법에 대한 처리 기술과 쓰임새, 기법별 효과를 정확히 암기해 두기 바랍니다.

합격 강의

허브(Hub)	네트워크에서 연결된 각 회선이 모이는 집선 장치로서 각 회선을 통합적으로 관리하는 방식
라우터(Router)	데이터 전송을 위한 최적의 경로를 찾아 통신망에 연결하는 장치
브리지(Bridge)	독립된 두 개의 근거리 통신망(LAN)을 연결하는 접속 장치
리피터(Repeater)	장거리 전송을 위해 신호를 새로 재생시키거나 출력 전압을 높여 전송하는 장치
게이트웨이(Gateway)	네트워크에서 다른 네트워크로 들어가는 관문의 기능을 수행하는 지점을 말하며, 서로 다른 프로토콜을 사용하는 네트워크를 연결할 때 사용하는 장치

13년 10월

58 네트워크에서 디지털 신호를 일정한 거리 이상으로 전송시키면 신호가 감쇠되므로 디지털 신호의 장거리 전송을 위해 수신한 신호를 재생하거나 출력 전압을 높여 전송하는 네트워크 장비는?

① 라우터
② 리피터
③ 브리지
④ 게이트웨이

16년 3월

59 다음 중 네트워크 장비인 게이트웨이(Gateway)에 관한 설명으로 옳은 것은?

① 1:1 통신을 통하여 리피터(Repeater)와 동일한 역할을 하는 장비이다.
② 데이터의 효율적인 전송 속도를 제어하는 장비이다.
③ 컴퓨터와 네트워크를 연결하는 장비이다.
④ 서로 다른 네트워크 간에 데이터를 주고받기 위한 장비이다.

18년 9월, 16년 6월

60 다음 중 정보통신에서 네트워크 관련 장비에 대한 설명으로 옳지 <u>않은</u> 것은?

① 라우터 : 네트워크를 구성하기 위해 반드시 필요한 장비로 정보 전송을 위한 최적의 경로를 찾아 통신망에 연결하는 장치
② 허브 : 네트워크를 구성할 때 여러 대의 컴퓨터를 연결하고, 각 회선들을 통합 관리하는 장치
③ 브리지 : 네트워크를 구성할 때 디지털 신호를 아날로그 신호로 변환하여 전송하고 다시 수신된 신호를 원래대로 변환하기 위한 전송 장치
④ 게이트웨이 : 한 네트워크에서 다른 네트워크로 들어가는 입구 역할을 하는 장치로 근거리통신망(LAN)과 같은 하나의 네트워크를 다른 네트워크와 연결할 때 사용되는 장치

기적의TIP 네트워크 접속 장비에 대한 기능과 역할에 대해 구분하여 정확히 암기해 두기 바랍니다.

합격 강의

Enter	• 다음 행으로 셀 포인터를 이동 • [Excel 옵션]의 '고급', '편집 옵션'에서 Enter 를 누를 때 이동할 셀의 방향을 지정할 수 있음
Shift + Enter	윗 행으로 셀 포인터를 이동
Esc	입력 중인 데이터를 취소
강제로 줄 바꿈	• 데이터 입력 후 Alt + Enter 를 누르면 동일한 셀에서 줄이 바뀌며, 이 때 두 줄 이상의 데이터를 입력할 수 있음 • [셀 서식]의 [맞춤] 탭에서 [텍스트 맞춤] 확인란을 선택하면 셀 너비에 맞추어 자동으로 줄이 바뀜
동일한 데이터 입력하기	범위를 지정하고 데이터 입력 후 Ctrl + Enter 나 Ctrl + Shift + Enter 를 누르면 선택 영역에 동일한 데이터가 한꺼번에 입력됨

12년 3월

61 다음 중 셀에 데이터를 입력할 때 사용하는 Enter 에 대한 설명으로 옳지 <u>않은</u> 것은?

① [Excel 옵션]의 '고급', '편집 옵션'에서 Enter 를 누를 때 이동할 셀의 방향을 지정할 수 있다.
② 여러 셀을 선택하고 값을 입력한 후 Ctrl + Enter 를 누르면 선택된 셀에 동일한 값을 입력할 수 있다.
③ 셀에 값을 입력하고 Alt + Enter 를 누르면 해당 셀 내에서 줄을 바꿔 입력할 수 있다.
④ 셀에 값을 입력하고 Shift + Enter 를 누르면 셀을 한 번에 두 칸 씩 빨리 이동할 수 있다.

16년 3월

62 다음 중 셀에 데이터를 입력하는 방법에 대한 설명으로 옳지 <u>않은</u> 것은?

① [A1] 셀에 값을 입력하고 Esc 를 누르면 [A1] 셀에 입력한 값이 취소된다.
② [A1] 셀에 값을 입력하고 오른쪽 방향키 → 를 누르면 [A1] 셀에 값이 입력된 후 [B1] 셀로 셀 포인터가 이동한다.
③ [A1] 셀에 값을 입력하고 Enter 를 누르면 [A1] 셀에 값이 입력된 후 [A2] 셀로 셀 포인터가 이동한다.
④ [C5] 셀에 값을 입력하고 Home 를 누르면 [C5] 셀에 값이 입력된 후 [C1] 셀로 셀 포인터가 이동한다.

[C5] 셀에 값을 입력하고 Home 을 누르면 [C5] 셀에 값이 입력된 후 [A5] 셀로 셀 포인터가 이동함

63 다음 중 데이터 입력에 대한 설명으로 옳지 않은 것은?

① 셀 안에서 줄 바꿈을 하려면 [Alt]+[Enter]를 누른다.

② 한 행을 블록 설정한 상태에서 [Enter]를 누르면 블록 내의 셀이 오른쪽 방향으로 순차적으로 선택되어 행단위로 데이터를 쉽게 입력할 수 있다.

③ 여러 셀에 숫자나 문자 데이터를 한 번에 입력하려면 여러 셀이 선택된 상태에서 데이터를 입력한 후 바로 [Shift]+[Enter]를 누른다.

④ 열의 너비가 좁아 입력된 날짜 데이터 전체를 표시하지 못하는 경우 셀의 너비에 맞춰 '#'이 반복 표시된다.

기적의TIP 데이터 입력 방법은 자주 출제되는 내용이며 기본 작업에 해당하므로 실습을 통해 반드시 익혀 두기 바랍니다.

---

022 각종 데이터 입력   ▶ 합격 강의

- 한자 입력 : 한자의 음을 한글로 입력한 다음 [한자]를 누르고 목록에서 원하는 한자를 선택함
- 특수 문자 : [삽입] 탭–[기호] 그룹–[기호]를 실행하거나 한글 자음(ㄱ,ㄴ,ㄷ…,ㅎ) 중의 하나를 누르고 [한자]를 눌러 목록에서 원하는 특수 문자를 선택함
- 분수는 숫자와 공백으로 시작하여(한 칸 띄운 다음에) 입력(예 0 2/3)
- 숫자로만 된 데이터를 문자 데이터로 입력하려면 데이터 앞에 작은따옴표(')를 먼저 입력(예 '010, '007)
- 날짜 및 시간 데이터는 자동으로 오른쪽을 기준으로 정렬됨
- [Ctrl]+[;] : 시스템의 오늘 날짜, [Ctrl]+[Shift]+[;] : 현재 시간이 입력됨
- 숫자가 입력된 셀의 채우기 핸들을 [Ctrl]을 누른 채 아래쪽으로 끌면 1씩 증가함
- [Ctrl]+[R] : 왼쪽 셀의 내용과 서식을 복사
- [Ctrl]+[D] : 윗쪽 셀의 내용과 서식을 복사
- [Ctrl]+[Q] : 빠른 분석(서식, 차트, 합계, 테이블, 스파크라인)

64 다음 중 날짜 및 시간 데이터에 관한 설명으로 옳지 않은 것은?

① 날짜를 입력할 때 일을 입력하지 않으면 자동으로 해당 월의 1일로 입력된다.

② 셀에 4/9를 입력하고 [Enter]를 누르면 셀에 04월 09일로 표시된다.

③ 날짜 및 시간 데이터는 자동으로 왼쪽을 기준으로 정렬된다.

④ [Ctrl]+[;]을 누르면 시스템의 오늘 날짜, [Ctrl]+[Shift]+[;]을 누르면 현재 시간이 입력된다.

65 다음 중 워크시트의 데이터 입력에 관한 설명으로 옳지 않은 것은?

① 문자열 데이터는 셀의 왼쪽에 정렬된다.

② 수치 데이터는 셀의 오른쪽으로 정렬되며 공백과 '&' 특수문자를 사용할 수 있다.

③ 기본적으로 수식 데이터는 워크시트 상에 수식 결과 값이 표시된다.

④ 특수문자는 한글 자음(ㄱ, ㄴ, ㄷ 등)을 입력한 후 [한자]를 눌러 나타나는 목록 상자에서 원하는 문자를 선택하여 입력할 수 있다.

66 다음 중 채우기 핸들을 이용하여 데이터를 입력하는 방법으로 옳지 않은 것은?

① 인접한 셀의 내용으로 현재 셀을 빠르게 입력하려면 위쪽 셀의 내용은 [Ctrl]+[D], 왼쪽 셀의 내용은 [Ctrl]+[R]을 누른다.

② 숫자와 문자가 혼합된 문자열이 입력된 셀의 채우기 핸들을 아래쪽으로 끌면 문자는 복사되고 숫자는 1씩 증가한다.

③ 숫자가 입력된 셀의 채우기 핸들을 [Ctrl]을 누른 채 아래쪽으로 끌면 똑같은 내용이 복사되어 입력된다.

④ 날짜가 입력된 셀의 채우기 핸들을 아래쪽으로 끌면 기본적으로 1일 단위로 증가하여 자동 채우기가 된다.

기적의TIP 문자, 숫자, 날짜/시간, 수식 데이터, 한자, 특수 문자의 입력 방법을 묻는 문제는 꾸준히 출제되고 있습니다. 각 데이터의 입력 방법에 대해 정확히 숙지해 두기 바랍니다.

- 메모 입력 바로 가기 키 : Shift + F2
- 셀에 입력된 데이터를 삭제해도 메모가 삭제되지 않으므로 메모를 삭제하려면 [검토] 탭-[메모] 그룹-[삭제]를 선택하거나 바로 가기 메뉴에서 [메모 삭제]를 선택함
- 셀의 데이터를 삭제하면 윗주도 함께 삭제됨
- 숫자 데이터 위에 윗주를 입력한 경우 표시되지 않음
- 윗주에 입력된 텍스트 중 일부분의 서식을 별도로 변경할 수 없음

11년 7월

67 다음 중 윗주에 대한 설명으로 옳지 않은 것은?

① 윗주는 셀에 대한 주석을 설정하는 것으로 문자열 데이터가 입력되어 있는 셀에만 표시할 수 있다.
② 윗주는 삽입해도 바로 표시되지 않고 [글꼴]-[윗주 필드]-[표시/숨기기]를 선택해야만 표시된다.
③ 윗주에 입력된 텍스트 중 일부분의 서식을 별도로 변경할 수 있다.
④ 셀의 데이터를 삭제하면 윗주도 함께 삭제된다.

15년 10월

68 다음 중 메모에 대한 설명으로 옳지 않은 것은?

① 통합 문서에 포함된 메모를 시트에 표시된 대로 인쇄하거나 시트 끝에 인쇄할 수 있다.
② 메모에는 어떠한 문자나 숫자, 특수 문자도 입력 가능하며, 텍스트 서식도 지정할 수 있다.
③ 시트에 삽입된 모든 메모를 표시하려면 [검토] 탭의 [메모] 그룹에서 '메모 모두 표시'를 선택한다.
④ 셀에 입력된 데이터를 Delete 로 삭제한 경우 메모도 함께 삭제된다.

16년 3월

69 다음 중 메모에 관한 설명으로 옳지 않은 것은?

① 메모를 삭제하려면 메모가 삽입된 셀을 선택한 후 [검토] 탭 [메모] 그룹의 [삭제]를 선택한다.
② [서식 지우기] 기능을 이용하여 셀의 서식을 지우면 설정된 메모도 함께 삭제된다.
③ 메모가 삽입된 셀을 이동하면 메모의 위치도 셀과 함께 변경된다.
④ 작성된 메모의 내용을 수정하려면 메모가 삽입된 셀의 바로 가기 메뉴에서 [메모 편집]을 선택한다.

기적의TIP 메모와 윗주의 사용 용도와 기능, 입력 방법에 대한 문제가 출제되므로 각 내용에 대해 정확히 기억해 두기 바랍니다.

- 찾기 : Ctrl + F , Shift + F5
- 바꾸기 : Ctrl + H
- 와일드카드 문자(?, *)를 사용할 수 있음
- +, −, #, $ 등과 같은 특수 문자를 찾을 수 있음
- 영문자의 경우 대문자와 소문자를 구분함
- 찾는 위치 : 수식, 값, 메모
- 열을 선택하면 열에서 아래쪽으로, 행을 선택하면 행에서 오른쪽으로 검색함
- 열에서 위쪽으로 검색하거나 행에서 왼쪽으로 검색하려면 Shift 를 누른 채 [다음 찾기]를 클릭함
- 별표(*), 물음표(?) 및 물결표(~) 등의 문자가 포함된 내용을 찾으려면 '찾을 내용'에 물결표(~) 뒤에 해당 문자를 붙여 입력함
- 찾는 위치를 '수식', '값', '메모'로 설정할 수 있으며 '메모'로 설정한 경우 메모 안의 텍스트도 찾을 수 있음

11년 7월

70 다음 중 워크시트에 입력된 데이터 중 특정한 내용을 찾거나 바꾸는 [찾기 및 바꾸기] 기능에 대한 설명으로 옳지 않은 것은?

① 와일드카드 문자(?, *)를 사용할 수 있다.
② +, − 와 같은 특수 문자를 찾을 수 있다.
③ 와일드카드 문자(?, *) 자체를 찾을 경우는 % 기호를 와일드카드 문자 앞에 사용하면 된다.
④ 행 방향으로 먼저 검색할지, 열 방향으로 먼저 검색할지를 사용자가 설정할 수 있다.

18년 3월, 14년 10월

71 다음 중 [찾기 및 바꾸기] 대화 상자의 각 항목에 대한 설명으로 옳지 않은 것은?

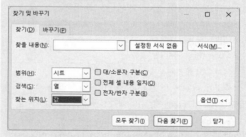

① 찾을 내용 : 검색할 내용을 입력할 곳으로 와일드카드 문자를 검색 문자열에 사용할 수 있다.
② 서식 : 숫자 셀을 제외한 특정 서식이 있는 텍스트 셀을 찾을 수 있다.
③ 범위 : 현재 워크시트에서만 검색하는 '시트'와 현재 통합 문서의 모든 시트를 검색하는 '통합 문서' 중 선택할 수 있다.
④ 모두 찾기 : 검색 조건에 맞는 모든 항목이 나열된다.

서식 : 특정 서식이 있는 텍스트나 숫자를 찾을 수 있음

72 다음 중 [찾기 및 바꾸기] 대화 상자에서 설정 가능한 기능으로 옳지 <u>않은</u> 것은?

① 대/소문자를 구분하여 찾을 수 있다.

② 수식이나 값을 찾을 수 있지만, 메모 안의 텍스트는 찾을 수 없다.

③ 이전 항목을 찾으려면 Shift 를 누른 상태에서 [다음 찾기] 단추를 클릭한다.

④ 와일드카드 문자인 '*' 기호를 이용하여 특정 글자로 시작하는 텍스트를 찾을 수 있다.

기적의TIP 찾기/바꾸기는 매우 유용한 기능으로 옵션에 대한 옳고 그름에 대한 문제가 자주 출제되는 경향을 보이고 있습니다. 옵션별 기능에 대해 정확히 숙지해 두면 됩니다.

---

025 사용자 지정 표시 형식 ▶ 합격 강의

코드	기능
:	양수, 음수, 0값을 세미콜론(:)으로 구분함
,	• 천 단위 구분 기호로 쉼표를 삽입 • ,(쉼표) 이후에 더 이상 코드를 사용하지 않으면 천 단위 배수로 표시 • 12345 → #,##0, → 12
#	• 유효 자릿수만 나타내고 유효하지 않은 0은 표시하지 않음 • 012345 → #,### → 12,345
0	• 유효하지 않은 자릿수를 0으로 표시 • 12345 → 0.00 → 12345.00
yy	• 연도를 끝 두 자리만 표시 • 2015 → yy → 15
mmm	• 월을 Jan~Dec로 표시 • 06 → mmm → Jun
dd	• 일을 01~31로 표시 • 25 → dd → 25
@	• 문자 뒤에 특정한 문자열을 함께 표시 • 컴활 → @@"**" → 컴활컴활**
[글꼴색]	각 구역의 첫 부분에 지정하며 대괄호 안에 글꼴 색을 입력함
[조건]	조건과 일치하는 숫자에만 서식을 적용하고자 할 때 사용, 조건은 대괄호로 묶어 입력하며 비교 연산자와 값으로 이루어짐

73 다음 중 원 단위로 입력된 숫자를 백만원 단위로 표시하기 위한 사용자 지정 표시 형식으로 옳은 것은?

① #,###　　　　② #,###,

③ #,###,,　　　　④ #,###,,,

---

74 다음 중 원본 데이터를 지정된 서식으로 설정하였을 때, 결과가 옳지 <u>않은</u> 것은?

① 원본 데이터 : 5054.2, 서식 : ### → 결과 데이터 : 5054

② 원본 데이터 : 대한민국, 서식 : @"화이팅" → 결과 데이터 : 대한민국화이팅

③ 원본 데이터 : 15:30:22, 서식 : hh:mm:ss AM/PM → 결과 데이터 : 3:30:22 PM

④ 원본 데이터 : 2013-02-01, 서식 : yyyy-mm-ddd → 결과 데이터 : 2013-02-Fri

• ③ 원본 데이터 : 15:30:22, 서식 : hh:mm:ss AM/PM → 결과 데이터 : 03:30:22 PM

• hh이므로 03으로 되어야 함

75 다음 중 입력 자료에 주어진 표시 형식으로 지정한 경우 그 결과가 옳지 <u>않은</u> 것은?

① 표시 형식 : #,##0, 입력 자료 : 12345 표시 결과 : 12

② 표시 형식 : 0.00 입력 자료 : 12345 표시 결과 : 12345.00

③ 표시 형식 : dd-mmm-yy 입력 자료 : 2015/06/25 표시 결과 : 25-June-15

④ 표시 형식 : @@"**" 입력 자료 : 컴활 표시 결과 : 컴활컴활**

③ 2015/06/25 → dd-mmm-yy → 25-Jun-15

기적의TIP 사용자 지정 표시 형식은 매우 자주 출제되는 내용으로 숫자 서식을 응용한 여러 문제를 통해 이해하는 반복적 학습이 필수입니다.

---

026 조건부 서식 ▶ 합격 강의

• [홈] 탭–[스타일] 그룹–[조건부 서식]에서 선택하여 적용함

• 조건부 서식은 특정한 규칙을 만족하는 셀에 대해서만 각종 서식, 테두리, 셀 배경색 등의 서식을 설정함

• 규칙을 만족하는 데이터가 있는 행 전체에 서식을 지정할 때는 규칙 입력 시 열 이름 앞에만 '$'를 붙임

• 조건부 서식은 기존의 셀 서식에 우선하여 적용됨

• 여러 개의 규칙이 모두 만족될 경우 지정한 서식이 충돌하지 않으면 규칙이 모두 적용되며, 서식이 충돌하면 우선순위가 높은 규칙의 서식이 적용됨

• 규칙의 개수에는 제한이 없음

• 서식이 적용된 규칙으로 셀 값 또는 수식을 설정할 수 있음, 규칙을 수식으로 입력할 경우 수식 앞에 등호(=)를 반드시 입력해야 함

12년 9월

76 다음 중 조건부 서식에 대한 설명으로 옳지 <u>않은</u> 것은?

① 조건부 서식에서 사용하는 수식은 등호(=)로 시작해야 한다.

② 규칙에 맞는 셀 범위는 해당 규칙에 따라 서식이 지정되고 규칙에 맞지 않는 셀 범위는 서식이 지정되지 않는다.

③ 조건부 서식이 적용된 후 셀 값이 바뀌어 규칙과 일치하지 않아도 셀 서식 설정은 해제되지 않는다.

④ 고유 또는 중복 값에 대해서만 서식을 지정할 수도 있다.

13년 10월

77 다음 중 조건부 서식에 대한 설명으로 옳지 <u>않은</u> 것은?

① 조건부 서식의 규칙별로 다른 서식을 적용할 수 있다.

② 해당 셀이 여러 개의 조건을 동시에 만족하는 경우 가장 나중에 만족된 조건부 서식이 적용된다.

③ 조건을 수식으로 입력할 경우 수식 앞에 등호(=)를 반드시 입력해야 한다.

④ 조건부 서식에 의해 서식이 설정된 셀에서 값이 변경되어 조건에 만족하지 않을 경우 적용된 서식은 바로 해제된다.

17년 3월

78 아래 워크시트와 같이 평점이 3.0 미만인 행 전체에 셀 배경색을 지정하고자 한다. 다음 중 이를 위해 조건부 서식 설정에서 사용할 수식으로 옳은 것은?

	A	B	C	D
1	학번	학년	이름	평점
2	20959446	2	강혜민	3.38
3	21159458	1	김경식	2.60
4	21059466	2	김병찬	3.67
5	21159514	1	장현정	1.29
6	20959476	2	박동현	3.50
7	21159467	1	이승현	3.75
8	20859447	4	이병훈	2.93
9	20859461	3	강수빈	3.84

① =$D2 〈 3

② =$D&2 〈 3

③ =D2 〈 3

④ =D$2 〈 3

- [홈] 탭-[스타일] 그룹-[조건부 서식]에서 [새 규칙] 선택하여 적용함
- [A2:D9] 영역을 마우스로 드래그하여 범위로 설정한 다음 [조건부 서식]-[새 규칙]-"수식을 사용하여 서식을 지정할 셀 결정"에서 수식과 서식을 설정함
- 평점이 3.0 미만인 행 전체에 셀 배경색을 지정 → =$D2〈3

기적의TIP 조건부 서식의 기능과 특징을 물어보는 문제에서 [수식을 사용하여 서식을 지정할 셀 결정]을 이용하는 문제까지 다양한 형태로 출제되는 경향을 보이고 있습니다. 실습을 병행한 학습이 필수입니다.

---

027 **수식의 오류 값**

🔊 합격 강의

####	데이터나 수식의 결과를 셀에 모두 표시할 수 없을 경우 (열의 너비를 늘려주면 정상적으로 표시됨)
#VALUE!	• 수치를 사용해야 할 장소에 다른 데이터를 사용하는 경우 • 함수의 인수로 잘못된 값을 사용한 경우
#DIV/0!	0으로 나누기 연산을 시도한 경우
#NAME?	• 함수 이름이나 정의되지 않은 셀 이름을 사용한 경우 • 수식에 잘못된 문자열을 지정하여 사용한 경우
#N/A	• 수식에서 잘못된 값으로 연산을 시도한 경우 • 찾기 함수에서 결과 값을 찾지 못한 경우
#REF!	셀 참조를 잘못 사용한 경우
#NUM!	숫자가 필요한 곳에 잘못된 값을 지정한 경우
#NULL!	교점 연산자(공백)를 사용했을 때 교차 지점을 찾지 못한 경우
순환 참조 경고	수식에서 직접 또는 간접으로 자체 셀을 참조하는 경우 발생

18년 9월, 13년 3월

79 다음 중 오류 값의 표시 내용에 대한 설명으로 옳지 <u>않은</u> 것은?

① #NUM! : 수식이나 함수에 잘못된 숫자 값을 사용할 때 발생한다.

② #VALUE : 셀에 입력된 숫자 값이 너무 커서 셀 안에 나타낼 수 없음을 의미한다.

③ #REF! : 유효하지 않은 셀 참조를 지정할 때 발생한다.

④ #NAME : 수식의 텍스트를 인식하지 못할 때 발생한다.

18년 3월, 15년 3월, 14년 10월

80 다음 중 잘못된 인수나 피연산자를 사용하였거나 수식 자동 고침 기능으로 수식을 고칠 수 없을 때 나타나는 오류 메시지는 무엇인가?

① #NAME?

② #NUM!

③ #DIV/0!

④ #VALUE!

16년 6월, 14년 3월

81 다음 중 '=SUM(A3:A9)' 수식이 '=SUM(A3A9)'와 같이 범위 참조의 콜론(:)이 생략된 경우 나타나는 오류 메시지로 옳은 것은?

① #N/A

② #NULL!

③ #REF!

④ #NAME?

기적의TIP 수식 오류의 영문 의미대로 발생 원인과 연관지어 학습하면 기억하는 데 도움이 됩니다. 아울러 순환 참조 경고에 대한 문제도 잘 출제됨에 유의하기 바랍니다.

▶ 합격 강의

ABS(수)	수의 절대값(부호 없는 수)을 구함
INT(수)	수를 가장 가까운 정수로 내린 값을 구함
SUM(수1, 수2,…)	인수로 지정한 숫자의 합계를 구함(인수는 1~255개까지 사용)
AVERAGE(수1, 수2,…)	인수로 지정한 숫자의 평균을 구함
MOD(수1, 수2)	수1을 수2로 나눈 나머지 값(수2가 0이면 #DIV/0! 오류 발생)을 구함
POWER(수1, 수2)	수1을 수2만큼 거듭 제곱한 값을 구함
ROUND(수1, 수2)	수1을 반올림하여 자릿수(수2)만큼 반환함
COUNT(인수1, 인수2 …)	인수 중에서 숫자의 개수를 구함
COUNTA(인수1, 인수2 …)	공백이 아닌 인수의 개수를 구함
MAX(수1, 수2, …)	인수 중에서 최대값을 구함
MIN(수1, 수2, …)	인수 중에서 최소값을 구함
SMALL(배열, k)	인수로 지정한 숫자 중 k번째로 작은 값을 구함
LARGE(배열, k)	인수로 지정한 숫자 중 k번째로 큰 값을 구함
MODE.SNGL(수1, 수2, …)	주어진 수들 중 가장 빈번하게 발생하는 수(최빈수)를 구함
MEDIAN(수1, 수2, …)	주어진 수들의 중간 값(중위수)을 구함
ODD(수)	주어진 수를 가장 가까운 홀수로, 양수인 경우 올림하고 음수인 경우 내림함
EVEN(수)	가장 가까운 짝수인 정수로 양수는 올림하고 음수는 내림함

13년 10월

82 다음 중 아래 시트를 이용한 수식의 실행 결과가 나머지와 다르게 나타나는 것은?

◢	A
1	3
2	7
3	5
4	3
5	0
6	2

① =MOD(A3,A6)

② =MODE.SNGL(A1:A6)

③ =MEDIAN(A1:A6)

④ =SMALL(A1:A6,3)

① =MOD(A3,A6) → 1 : 5를 2로 나눈 나머지 값

오답 피하기

• ② =MODE.SNGL(A1:A6) → 3 : 범위에서 가장 빈번하게 발생하는 수 (최빈수)
• ③ =MEDIAN(A1:A6) → 3 : 범위에서 주어진 수들의 중간값(중위수)를 구함
• ④ =SMALL(A1:A6,3) → 3 : 범위에서 3번째로 작은 값을 구함

18년 9월, 16년 3월

83 다음 중 함수의 결과가 옳은 것은?

① =COUNT(1, "참", TRUE, "1") → 1

② =COUNTA(1, "거짓", TRUE, "1") → 2

③ =MAX(TRUE, "10", 8, ,3) → 10

④ =ROUND(215.143, −2) → 215.14

③ =MAX(TRUE, "10", 8, ,3) → 10 : 인수 중 가장 큰 값을 구함

오답 피하기

• ① =COUNT(1, "참", TRUE, "1") → 3 : "참"을 제외한 숫자 인수의 개수를 구함
• ② =COUNTA(1, "거짓", TRUE, "1") → 4 : 모든 인수의 개수를 구함
• ④ =ROUND(215.143, −2) → 200 : 자릿수가 −2 음수이므로 소수점 왼쪽 2번째 자리에서 반올림 됨

18년 9월, 16년 6월

84 다음 중 함수식과 그 결과로 옳지 않은 것은?

① =ODD(4) → 5

② =EVEN(5) → 6

③ =MOD(18,−4) → −2

④ =POWER(5,3) → 15

④ =POWER(5,3) → 125 : 5를 3만큼 거듭 제곱한 값을 구함 (5X5X5)

오답 피하기

• ① =ODD(4) → 5 : 주어진 수를 가장 가까운 홀수로, 양수인 경우 올림하고 음수인 경우 내림함
• ② =EVEN(5) → 6 : 가장 가까운 짝수인 정수로 양수는 올림하고 음수는 내림함
• ③ =MOD(18,−4) → −2 : 18을 −4로 나눈 나머지 값을 구함

기적의TIP   수학/통계 함수는 실무에서도 많이 사용되고 시험에도 자주 출제되는 함수이므로 실습을 병행하여 이해를 통한 숙지가 중요합니다. 특히, 여러 함수가 중첩되어 결과를 묻는 문제에 잘 대비하기 바랍니다.

▶합격 강의

IF(조건, 참, 거짓)	조건식이 참이면 값1, 거짓이면 값2를 반환함
IFS(조건식1, 참인 경우 값1, 조건식2, 참인 경우 값2, ……)	하나 이상의 조건이 충족되는지 확인하고 첫 번째 TRUE 조건에 해당하는 값을 반환함
SWITCH(변환할 값, 일치시킬 값 1...[2-126], 일치하는 경우 반환할 값 1...[2-126], 일치하는 값이 없는 경우 반환할 값)	값의 목록에 대한 하나의 값(식이라고 함)을 계산하고 첫 번째 일치하는 값에 해당하는 결과를 반환함
AND(조건1, 조건2,…)	모든 조건이 참이면 TRUE, 나머지는 FALSE를 반환함
OR(조건1, 조건2,…)	조건중 하나 이상이 참이면 TRUE, 나머지는 FALSE를 반환함
LEFT(문자열, 개수)	문자열의 왼쪽에서 지정한 개수만큼 문자를 추출함
RIGHT(문자열, 개수)	문자열의 오른쪽에서 지정한 개수만큼 문자를 추출함
MID(문자열, 시작 위치, 개수)	문자열의 시작 위치에서부터 지정한 개수만큼 문자를 추출함
TRIM(문자열)	단어 사이에 있는 한 칸의 공백을 제외하고, 문자열의 공백을 모두 삭제함
LOWER(문자열)	문자열을 모두 소문자로 변환함
UPPER(문자열)	문자열을 모두 대문자로 변환함
PROPER(문자열)	단어 첫 글자만 대문자로, 나머지는 소문자로 변환함
SEARCH(찾을 텍스트, 문자열, 시작 위치)	문자열에서 찾을 텍스트의 시작 위치를 반환함(시작 위치 생략 시 1로 간주함)

11년 7월

85 다음 시트에서 1행의 데이터에 따라 2행처럼 표시하려고 할 때, 다음 중 [A2] 셀에 입력된 함수식으로 옳은 것은?

◢	A	B
1	1	-1
2	양	음

① =IF(A1>=0, "양", "음")

② =IF(A1>=0, THEN "양" ELSE "음")

③ =IF(A1 IS POSITIVE THEN "양" ELSE "음")

④ =IF(A1>=0 THEN "양", "음")

14년 6월

86 다음 중 아래 워크시트에서 가입일이 2000년 이전이면 회원등급을 '골드회원' 아니면 '일반회원'으로 표시하려고 할 때 [C19] 셀에 입력할 수식으로 옳은 것은?

◢	A	B	C
17	회원가입현황		
18	성명	가입일	회원등급
19	강민호	2000-01-15	골드회원
20	김보라	1996-03-07	골드회원
21	이수연	2002-06-20	일반회원
22	황정민	2006-11-23	일반회원
23	최경수	1998-10-20	골드회원
24	박정태	1999-12-05	골드회원

① =TODAY(IF(B19<=2000, "골드회원", "일반회원")

② =IF(TODAY(B19)<=2000, "일반회원", "골드회원")

③ =IF(DATE(B19)<=2000, "골드회원", "일반회원")

④ =IF(YEAR(B19)<=2000, "골드회원", "일반회원")

17년 3월

87 다음 중 각 함수식과 그 결과가 옳지 <u>않은</u> 것은?

① =TRIM(" 1/4분기 수익") → 1/4분기 수익

② =SEARCH("세", "세금 명세서", 3) → 5

③ =PROPER("republic of korea") → REPUBLIC OF KOREA

④ =LOWER("Republic of Korea") → republic of korea

=PROPER("republic of korea") → Republic Of Korea : 각 단어의 첫 글자만 대문자로, 나머지는 소문자로 변환함

오답 피하기

• ① =TRIM(" 1/4분기 수익") → 1/4분기 수익 : 단어 사이에 있는 한 칸의 공백을 제외하고, 문자열의 공백을 모두 삭제함

• ② =SEARCH("세", "세금 명세서", 3) → 5 : "세"를 3번째 공백부터 시작하여 그 위치를 찾아서 위치값(5)을 표시함

• ④ =LOWER("Republic of Korea") → republic of korea : 문자열을 모두 소문자로 변환하여 표시함

기적의 TIP 논리 함수는 여러 함수와 중첩되어 자주 출제되며 꾸준한 출제가 예상됩니다. 함수의 기능을 이해하고 정확한 숙지가 필요합니다.

- VLOOKUP(값, 범위, 열 번호, 방법) : 범위의 첫 번째 열에서 값을 찾아 지정한 열에서 대응하는 값을 반환함
- HLOOKUP(값, 범위, 행 번호, 방법) : 범위의 첫 번째 행에서 값을 찾아 지정한 행에서 대응하는 값을 반환함
- CHOOSE(인덱스 번호, 인수1, 인수2, …) : 인덱스 번호에 의해 인수를 순서대로 선택함
- INDEX(셀 범위, 행 번호, 열 번호) : 셀 범위에서 행, 열 번호 값을 산출함

17년 3월

88 다음 중 아래의 워크시트를 참조하여 작성한 수식 '=INDEX (B2:D9,2,3)'의 결과는?

▲	A	B	C	D
1	코드	정가	판매수량	판매가격
2	L-001	25,400	503	12,776,200
3	D-001	23,200	1,000	23,200,000
4	D-002	19,500	805	15,697,500
5	C-001	28,000	3,500	98,000,000
6	C-002	20,000	6,000	120,000,000
7	L-002	24,000	750	18,000,000
8	L-003	26,500	935	24,777,500
9	D-003	22,000	850	18,700,000

① 19,500   ② 23,200,000
③ 1,000   ④ 805

- 셀 범위 → B2:D9, 행 번호 → 2, 열 번호 → 3
- =INDEX(B2:D9,2,3) → 23,200,000

16년 3월

89 [A1] 셀에 '851010–1234567'과 같이 주민등록번호가 입력되어 있을 때, 이 셀의 값을 이용하여 [B1] 셀에 성별을 '남' 또는 '여'로 표시하고자 한다. 다음 중 이를 위한 수식으로 옳은 것은?(단, 주민등록번호의 8번째 글자가 1이면 남자, 2이면 여자임)

① =CHOOSE(MID(A1,8,1), "남","여")
② =HLOOKUP(A1, 8, B1)
③ =INDEX(A1, B1, 8)
④ =IF(RIGHT(A1,8)="1", "남", "여")

17년 3월

90 다음 중 아래의 워크시트에서 '박지성'의 결석 값을 찾기 위한 함수식은?

▲	A	B	C	D
1	성적표			
2	이름	중간	기말	결석
3	김남일	86	90	4
4	이천수	70	80	2
5	박지성	95	85	5

① =VLOOKUP("박지성", $A$3:$D$5, 4, 1)
② =VLOOKUP("박지성", $A$3:$D$5, 4, 0)
③ =HLOOKUP("박지성", $A$3:$D$5, 4, 0)
④ =HLOOKUP("박지성", $A$3:$D$5, 4, 1)

- 찾을 값 → 박지성, 범위 → $A$3:$D$5, 열 번호 → 4(결석), 방법 → 0(정확한 값을 찾음), 1이면 찾을 값의 아래로 근사 값
- =VLOOKUP("박지성", $A$3:$D$5, 4, 0) → 5

기적의TIP 찾기, 참조 함수는 이해하기 어렵고 까다로운 함수이므로 문제를 직접 실습해 보면서 함수의 중첩을 분리하여 결과를 확인하는 학습을 하는 것이 중요합니다.

- DSUM(데이터베이스, 필드, 조건 범위) : 조건을 만족하는 필드의 합계를 구함
- DAVERAGE(데이터베이스, 필드, 조건 범위) : 조건을 만족하는 필드의 평균을 구함
- DCOUNT(데이터베이스, 필드, 조건 범위) : 조건을 만족하는 필드의 개수(수치)를 구함
- DCOUNTA(데이터베이스, 필드, 조건 범위) : 조건을 만족하는 모든 필드의 개수를 구함
- DMAX(데이터베이스, 필드, 조건 범위) : 조건을 만족하는 필드의 최대값을 구함
- DMIN(데이터베이스, 필드, 조건 범위) : 조건을 만족하는 필드의 최소값을 구함

11년 10월

91 다음 그림과 같이 [C9] 셀에 =DSUM(A1:C7, C1, A9: A10) 함수를 입력했을 때 결과로 옳은 것은?

	A	B	C
1	이름	직급	상여금
2	장기동	과장	1,200,000
3	이승연	대리	900,000
4	김영신	차장	1,300,000
5	공경호	대리	850,000
6	한나리	사원	750,000
7	이미연	과장	950,000
8			
9	상여금		
10	>=1000000		

① 5,950,000
② 2,500,000
③ 1,000,000
④ 3,450,000

15년 6월

92 다음 중 아래의 워크시트에서 몸무게가 70Kg 이상인 사람의 수를 구하고자 할 때 [E7] 셀에 입력할 수식으로 옳지 <u>않은</u> 것은?

	A	B	C	D	E	F
1	번호	이름	키(Cm)	몸무게(Kg)		
2	12001	홍길동	165	67		몸무게(Kg)
3	12002	이대한	171	69		>=70
4	12003	한민국	177	78		
5	12004	이우리	162	80		
6						
7	몸무게가 70Kg 이상인 사람의 수?				2	

① =DCOUNT(A1:D5,2,F2:F3)
② =DCOUNTA(A1:D5,2,F2:F3)
③ =DCOUNT(A1:D5,3,F2:F3)
④ =DCOUNTA(A1:D5,3,F2:F3)

① =DCOUNT(A1:D5,2,F2:F3) → 0 : 2열의 이름 필드는 문자라 카운트를 못 함

18년 3월, 15년 10월

93 다음 중 아래의 워크시트에서 수식 '=DAVERAGE(A4: E10, "수확량", A1:C2)'의 결과로 옳은 것은?

	A	B	C	D	E
1	나무	높이	높이		
2	배	>10	<20		
3					
4	나무	높이	나이	수확량	수익
5	배	18	17	14	105
6	배	12	20	10	96
7	체리	13	14	9	105
8	사과	4	15	10	75
9	배	9	8	8	76.8
10	사과	8	9	6	45

① 15
② 12
③ 14
④ 18

배나무 높이가 11~19 사이에 있는 수확량의 평균 → 12

기적의TIP D함수는 데이터베이스에서 조건 범위에 따른 필드의 D함수 결과를 얻는 개념 파악만 하면 어렵지 않게 풀 수 있는 문제입니다.

---

032 정렬

- 오름차순 정렬은 숫자일 경우 작은 값에서 큰 값 순서로 정렬되며, 내림차순 정렬은 그 반대로 재배열됨
- 영문 대/소문자를 구분하여 정렬하는 기능을 제공하며, 오름차순 정렬 시 소문자가 우선순위를 가짐
- 오름차순 정렬 : 숫자 – 기호 문자 – 영문 소문자 – 영문 대문자 – 한글 – 빈 셀(단, 대/소문자 구분하도록 설정했을 때)
- 내림차순 정렬 : 한글 – 영문 대문자 – 영문 소문자 – 기호 문자 – 숫자 – 빈 셀(단, 대/소문자 구분하도록 설정했을 때)
- 정렬 전에 숨겨진 행 및 열 표시 : 숨겨진 열이나 행은 정렬 시 이동되지 않음
- 최대 64개의 열을 기준으로 정렬할 수 있음

18년 3월, 14년 3월

94 다음 중 오름차순 정렬에 관한 설명으로 옳지 <u>않은</u> 것은?

① 숫자는 가장 작은 음수에서 가장 큰 양수의 순서로 정렬된다.
② 영숫자 텍스트는 왼쪽에서 오른쪽으로 정렬된다. 예를 들어, 텍스트 "A100"이 들어 있는 셀은 "A1"이 있는 셀보다 뒤에, "A11"이 있는 셀보다 앞에 정렬된다.
③ 논리 값은 TRUE보다 FALSE가 앞에 정렬되며 오류 값의 순서는 모두 같다.
④ 공백(빈 셀)은 항상 가장 앞에 정렬된다.

15년 10월

95 다음 중 정렬에 관한 설명으로 옳지 <u>않은</u> 것은?

① 특정 글꼴 색이 적용된 셀을 포함한 행이 위에 표시되도록 정렬할 수 있다.
② 사용자 지정 목록을 사용하여 사용자가 정의한 순서대로 정렬할 수 있다.
③ 최대 64개의 열을 기준으로 정렬할 수 있다.
④ 위쪽에서 아래쪽으로 정렬 시 숨겨진 행도 포함하여 정렬할 수 있다.

---

96 다음 중 정렬 기능에 대한 설명으로 옳지 <u>않은</u> 것은?

① 머리글의 값이 정렬 작업에 포함되거나 제외되도록 설정할 수 있다.

② 날짜가 입력된 필드의 정렬에서 내림차순을 선택하면 이전 날짜에서 최근 날짜 순서로 정렬할 수 있다.

③ 사용자 지정 목록을 사용하여 사용자가 정의한 순서대로 정렬할 수 있다.

④ 셀 범위나 표 열의 서식을 직접 또는 조건부 서식으로 설정한 경우 셀 색 또는 글꼴 색을 기준으로 정렬할 수 있다.

기적의TIP 정렬은 매회 출제되는 매우 중요한 내용입니다. 개념과 기능을 확실히 알아두기 바랍니다.

033 필터

▶ 합격 강의

- **자동 필터** : 자동 필터를 이용하여 추출한 데이터는 항상 레코드(행) 단위로 표시, 같은 열에 여러 개의 항목을 동시에 선택하여 데이터를 추출할 수 있음
- 자동 필터는 워크시트의 다른 영역에 결과 테이블을 자동 생성할 수 없으며 고급 필터를 이용하여 다른 영역에 결과 테이블을 생성할 수 있음
- **고급 필터** : 조건 범위와 복사 위치는 고급 필터 명령을 실행하기 전에 설정해 놓아야 함. 결과를 '현재 위치에 필터'로 선택한 경우 복사 위치를 지정할 필요가 없으며, [자동 필터]처럼 현재 데이터 범위 위치에 고급 필터 결과를 표시함
- **단일 조건** : 첫 행에 필드명을 입력하고, 필드명 아래에 검색할 값을 입력
- **AND 조건** : 첫 행에 필드명을 나란히 입력하고, 동일한 행에 조건을 입력(그리고)
- **OR 조건** : 첫 행에 필드명을 나란히 입력하고, 서로 다른 행에 조건을 입력(이거나, 또는)
- **복합 조건(AND, OR 결합)** : 첫 행에 필드명을 나란히 입력하고, 동일한 행에 조건을 입력. 그리고 다음 동일한 행에 두 번째 조건을 입력
- 고급 필터에서 조건 범위를 만들 때 만능 문자(?, *)를 사용할 수 있음

97 다음 중 필터에 대한 설명으로 옳지 <u>않은</u> 것은?

① 필터 기능을 이용하면 워크시트에 입력된 자료들 중 특정한 조건에 맞는 자료들만을 워크시트에 표시할 수 있다.

② 자동 필터에서 여러 필드에 조건을 지정하는 경우 각 조건들은 AND 조건으로 설정된다.

③ 고급 필터를 실행하는 경우 조건을 만족하는 데이터를 다른 곳에 추출할 수 있다.

④ 고급 필터가 적용된 결과표를 정렬할 경우 숨겨진 레코드도 정렬에 포함된다.

98 다음 중 고급 필터를 이용하여 전기세가 '3만 원 이하'이거나 가스비가 '2만 원 이하'인 데이터 행을 추출하기 위한 조건으로 옳은 것은?

①

전기세	가스비
<=30000	<=20000

②

전기세	가스비
<=30000	
	<=20000

③

전기세	<=30000
가스비	<=20000

④

전기세	<=30000	
가스비		<=20000

99 다음 중 데이터 관리 기능인 자동 필터에 대한 설명으로 옳지 <u>않은</u> 것은?

① 필터는 데이터 목록에서 설정된 조건에 맞는 데이터만을 추출하여 나타내기 위한 기능으로 워크시트의 다른 영역으로 결과 테이블을 자동 생성할 수 있다.

② 두 개 이상의 필드(열)로 필터링할 수 있으며, 필터는 누적 적용되므로 추가하는 각 필터는 현재 필터 위에 적용된다.

③ 필터는 필요한 데이터 추출을 위해 조건을 만족하지 않는 데이터를 잠시 숨기는 것이므로 목록 자체의 내용은 변경되지 않는다.

④ 자동 필터를 사용하여 추출한 데이터는 레코드(행) 단위로 표시된다.

기적의TIP 필터는 자동 필터와 고급 필터 모두 꾸준히 출제되고 있으며 특히, 고급 필터에서 검색 조건과 만능 문자, 수식을 이용한 조건을 사용하여 검색하는 문제에 대한 학습이 필요합니다.

034 부분합

합격 강의

- 워크시트에 있는 데이터를 일정한 기준으로 요약하여 통계 처리를 수행함
- 기준이 될 필드(열)로 먼저 정렬(오름차순 또는 내림차순)해야 함
- 그룹화할 항목 : 부분합을 계산할 기준 필드
- 사용할 함수 : 합계, 개수, 평균, 최대값, 최소값, 곱, 숫자 개수, 표본 표준 편차, 표준 편차, 표본 분산, 분산 등 계산 항목에서 선택한 필드를 계산할 방식을 지정함
- 새로운 값으로 대치 : 이미 부분합이 작성된 목록에서 이전 부분합을 지우고 현재 설정대로 새로운 부분합을 작성하여 삽입함
- 모두 제거 : 목록에 삽입된 부분합이 삭제되고, 원래 데이터 상태로 돌아감

18년 3월, 11년 3월

100 다음 중 부분합에 대한 설명으로 옳지 <u>않은</u> 것은?

① 부분합의 첫 행에는 열 이름표가 있어야 하며, 그룹으로 사용할 데이터는 반드시 오름차순으로 정렬되어야 한다.
② 부분합이 실행되면 개요 기호가 표시되므로 각 수준의 데이터를 편리하게 볼 수 있다.
③ 부분합이 적용된 각 그룹을 페이지로 분리할 수 있다.
④ 부분합을 해제하고 원래의 목록으로 표시할 때는 [부분합] 대화 상자에서 [모두 제거] 단추를 클릭한다.

12년 9월, 11년 10월

101 다음 중 부분합의 계산 항목에 사용할 수 있는 함수의 종류로 옳지 <u>않은</u> 것은?

① 최대값
② 표준 편차
③ 중앙값
④ 수치 개수

14년 6월

102 다음 중 부분합에 관한 설명으로 옳지 <u>않은</u> 것은?

① 부분합을 작성할 때 기준이 되는 필드가 반드시 정렬되어 있지 않아도 제대로 된 부분합을 실행할 수 있다.
② 부분합에 특정한 데이터만 표시된 상태에서 차트를 작성하면 표시된 데이터에 대해서만 차트가 작성된다.
③ [부분합] 대화 상자에서 '새로운 값으로 대치'는 이미 작성한 부분합을 지우고, 새로운 부분합으로 실행할 경우에 설정한다.
④ 부분합 계산에 사용할 요약 함수를 두 개 이상 사용하기 위해서는 함수의 종류 수만큼 부분합을 반복 실행해야 한다.

기적의TIP 부분합은 정렬 작업이 선행되어야 하는 점에 유의하시고 부분합의 기능별 특징에 대해 정확히 숙지해 두기 바랍니다.

035 피벗 테이블/피벗 차트 보고서

합격 강의

- 피벗 테이블은 방대한 양의 자료를 빠르게 요약하여 보여 주는 대화형 테이블임
- 피벗 테이블 보고서는 각 필드에 다양한 조건을 지정할 수 있으며, 일정한 그룹별로 데이터 집계가 가능함
- 피벗 차트 작성 시 자동으로 피벗 테이블도 함께 만들어짐. 즉, 피벗 테이블을 만들지 않고는 피벗 차트를 만들 수 없음
- 피벗 테이블과 피벗 차트를 함께 만든 후에 작성된 피벗 테이블을 삭제하면 피벗 차트는 일반 차트로 변경됨
- 데이터 새로 고침 : 피벗 테이블은 원본 데이터와 연결되어 있지만 원본 데이터가 변경될 때 자동으로 피벗 테이블 내용을 변경하지 못함

13년 3월

103 다음 중 피벗 테이블에 대한 설명으로 옳지 <u>않은</u> 것은?

① 피벗 테이블 결과가 표시되는 장소는 동일한 시트 내에만 지정된다.
② 피벗 테이블로 작성된 목록에서 행 필드를 열 필드로 편집할 수 있다.
③ 피벗 테이블 작성 후에도 사용자가 새로운 수식을 추가하여 표시할 수 있다.
④ 피벗 테이블은 많은 양의 데이터를 손쉽게 요약하기 위해 사용되는 기능이다.

18년 3월/9월, 15년 3월

104 다음 중 피벗 테이블에 대한 설명으로 옳지 <u>않은</u> 것은?

① 원본의 자료가 변경되면 [모두 새로 고침] 기능을 이용하여 피벗 테이블에 반영할 수 있다.
② 작성된 피벗 테이블을 삭제하면 함께 작성한 피벗 차트도 삭제된다.
③ 피벗 테이블을 삭제하려면 피벗 테이블 전체를 범위로 지정하고 Delete 를 누른다.
④ 피벗 테이블 보고서에서는 값 영역에 표시된 데이터를 삭제하거나 수정할 수 없다.

16년 6월

105 다음 중 피벗 테이블 보고서에 대한 설명으로 옳지 <u>않은</u> 것은?

① 피벗 테이블 보고서를 작성한 후에 사용자가 새로운 수식을 추가하여 표시할 수 있다.
② 원본 데이터가 변경되면 피벗 테이블 보고서의 데이터도 자동으로 변경된다.
③ 피벗 테이블 보고서는 현재 작업 중인 워크시트나 새로운 워크시트에 작성할 수 있다.
④ 피벗 테이블을 삭제하더라도 피벗 테이블과 연결된 피벗 차트는 삭제되지 않고 일반 차트로 변경된다.

기적의TIP 피벗 테이블/피벗 차트 보고서의 개념과 구성 요소, 레이아웃, 도구 모음에 대한 전반적인 숙지가 필요합니다. 특히, 새로 고침에 대한 부분은 반드시 숙지하기 바랍니다.

---

036 목표값 찾기

▶ 합격 강의

- 수식의 결과 값은 알고 있으나 그 결과 값을 얻기 위한 입력 값을 모를 때 목표값 찾기 기능을 이용함
- 수식에서 참조한 특정 셀의 값을 계속 변화시켜 수식의 결과 값을 원하는 값으로 찾음
- [데이터] 탭 – [예측] 그룹 – [가상 분석]을 클릭한 후 [목표값 찾기] 메뉴를 선택하여 수식 셀, 찾는 값, 값을 바꿀 셀을 지정함
- 찾는 값 : 수식 셀의 결과로, 원하는 특정한 값을 숫자 상수로 입력함

10년 10월

106 다음 중 수식으로 계산된 결과 값은 알고 있지만 그 결과 값을 계산하기 위해 수식에 사용된 입력 값을 모를 경우 사용하는 기능으로 옳은 것은?

① 목표값 찾기　　　　② 피벗 테이블
③ 시나리오　　　　　④ 레코드 관리

13년 6월

107 아래 시트에서 할인율을 변경하여 "판매가격"의 목표값을 150000으로 변경하려고 할 때, [목표값 찾기] 대화 상자의 수식 셀에 입력할 값으로 옳은 것은?

	A	B	C	D	E
1					
2	할인율	10%			
3	품명	단가	수량	판매가격	
4	박스	1,000	200	180,000	

목표값 찾기 ? ×
수식 셀(E):
찾는 값(V): 150000
값을 바꿀 셀(C):
확인　취소

① D4　　　　　　　② C4
③ B2　　　　　　　④ B4

16년 10월

108 다음 중 판매관리표에서 수식으로 작성된 판매액의 총합계가 원하는 값이 되기 위한 판매수량을 예측하는데 가장 적절한 데이터 분석 도구는?(단, 판매액의 총합계를 구하는 수식은 판매수량을 참조하여 계산된다.)

① 시나리오 관리자　　② 데이터 표
③ 피벗 테이블　　　　④ 목표값 찾기

기적의TIP 목표값 찾기의 쓰임새에 대한 이해와 기능을 정확히 파악하고 찾는 값에 숫자 상수가 입력되어야 하는 점에 주의하시기 바랍니다.

---

037 시나리오

▶ 합격 강의

- 변경 요소가 많은 작업표에서 가상으로 수식이 참조하고 있는 셀의 값을 변화시켜 작업표의 결과를 예측하는 기능
- 변경 요소가 되는 값의 그룹을 '변경 셀'이라고 하며, 하나의 시나리오에 최대 32개까지 변경 셀을 지정할 수 있음
- 변경 셀로 지정한 셀에 계산식이 포함되어 있으면 자동으로 상수로 변경되어 시나리오가 작성됨
- '결과 셀'은 변경 셀 값을 참조하는 수식으로 입력되어야 함
- 병합 : 열려 있는 다른 통합 문서의 워크시트에서 시나리오를 가져와 현재 시트의 시나리오에 추가함

10년 3월

109 다음 중 시나리오에 대한 설명으로 옳지 않은 것은?

① 시나리오는 별도의 파일로 저장하고 자동으로 바꿀 수 있는 값의 집합이다.
② 시나리오를 사용하여 워크시트 모델의 결과를 예측할 수 있다.
③ 여러 시나리오를 비교하기 위해 시나리오를 한 페이지의 피벗 테이블로 요약할 수 있다.
④ 시나리오 요약 보고서는 작업 시트의 값을 참조하지 않기 때문에 원본 데이터 값이 변경되어도 자동으로 바꿀 수 없다.

18년 9월, 14년 3월

110 다음 중 시나리오에 관한 설명으로 옳지 않은 것은?

① 하나의 시나리오에 최대 32개까지 변경 셀을 지정할 수 있다.
② 시나리오의 결과는 요약 보고서나 피벗 테이블 보고서로 작성할 수 있다.
③ 시나리오 병합을 통하여 다른 통합 문서나 다른 워크시트에 저장된 시나리오를 가져올 수 있다.
④ 시나리오는 입력된 자료들을 그룹별로 분류하고 해당 그룹별로 특정한 계산을 수행하는 기능이다.

17년 3월, 14년 6월

111 다음 중 다양한 상황과 변수에 따른 여러 가지 결과 값의 변화를 가상의 상황을 통해 예측하여 분석할 수 있는 도구는?

① 시나리오 관리자　　② 목표값 찾기
③ 부분합　　　　　　④ 통합

기적의TIP 시나리오는 사용 목적에 대해 이해하고 목표값 찾기와 혼돈하지 않도록 차이점을 파악해 두기 바랍니다.

- [페이지] 탭에서 '자동 맞춤'의 용지 너비와 용지 높이를 각각 1로 지정하면 여러 페이지가 한 페이지에 인쇄됨
- 배율은 워크시트 표준 크기의 10%에서 400%까지 설정함
- 머리글/바닥글은 [머리글/바닥글] 탭에서 설정함
- 셀에 설정된 메모는 '시트에 표시된 대로' 인쇄할 수 있음

13년 3월
112 [페이지 설정] 대화 상자의 [시트] 탭에서 '반복할 행'에 [$4:$4]을 지정하고 워크시트 문서를 출력하였다. 다음 중 출력 결과에 대한 설명으로 옳은 것은?
① 첫 페이지만 1행부터 4행의 내용이 반복되어 인쇄된다.
② 모든 페이지에 4행의 내용이 반복되어 인쇄된다.
③ 모든 페이지에 4열의 내용이 반복되어 인쇄된다.
④ 모든 페이지에 4행과 4열의 내용이 반복되어 인쇄된다.

14년 10월
113 다음 중 워크시트의 [머리글/바닥글] 설정에 대한 설명으로 옳지 않은 것은?
① '페이지 레이아웃' 보기 상태에서는 워크시트 페이지 위쪽이나 아래쪽을 클릭하여 머리글/바닥글을 추가할 수 있다.
② 첫 페이지, 홀수 페이지, 짝수 페이지의 머리글/바닥글 내용을 다르게 지정할 수 있다.
③ 머리글/바닥글에 그림을 삽입하고, 그림 서식을 지정할 수 있다.
④ '페이지 나누기 미리 보기' 상태에서는 미리 정의된 머리글이나 바닥글을 선택하여 쉽게 추가할 수 있다.

16년 6월
114 다음 중 [페이지 설정] 대화 상자의 [시트] 탭에 대한 설명으로 옳지 않은 것은?
① 셀에 삽입된 메모를 시트 끝에 인쇄되도록 설정할 수 있다.
② 셀 구분선이나 그림 개체 등은 제외하고 셀에 입력된 데이터만 인쇄되도록 설정할 수 있다.
③ 워크시트의 행/열 머리글과 눈금선이 인쇄되도록 설정할 수 있다.
④ 페이지를 기준으로 가운데에 인쇄되도록 '페이지 가운데 맞춤'을 설정할 수 있다.

기적의TIP 페이지 설정의 각 탭의 기능을 묻는 문제가 자주 출제됩니다. 각 기능별 특징에 대해 정확히 숙지하기 바랍니다.

- 분산형(XY 차트) : 데이터의 불규칙한 간격이나 묶음을 보여주는 것으로, 데이터 요소 간의 차이점보다는 큰 데이터 집합 간의 유사점을 표시하려는 경우에 사용함
  - 각 항목이 값을 점으로 표시함
  - 두 개의 숫자 그룹을 XY 좌표로 이루어진 한 계열로 표시 (XY 차트라고도 함)
  - 주로 과학, 공학용 데이터 분석에서 사용함
  - 3차원 차트로 작성할 수 없음
  - 가로 축은 항목 축이 아닌 값 축 형식으로 나타남
- 주식형 차트 : 주식 가격, 온도 변화와 같은 과학 데이터를 나타내는 데 사용하며 3차원 차트로 작성할 수 없음
- 영역형 차트 : 일정한 시간에 따라 데이터의 변화 추세(데이터 세트의 차이점을 강조)를 표시, 데이터 계열값의 합계를 표시하여 전체 값에 대한 각 값의 관계를 표시함
- 방사형 차트 : 많은 데이터 계열의 합계 값을 비교할 때 사용하며 각 항목마다 가운데 요소에서 뻗어나온 값 축을 갖고, 선은 같은 계열의 모든 값을 연결, 3차원 차트로 작성할 수 없음
- 추세선 가능한 차트 : 비누적 2차원 영역형, 가로막대형, 세로막대형, 꺾은선형, 주식형, 분산형, 거품형 차트
- 추세선 불가능한 차트 : 누적 2차원 영역형, 3차원 효과의 영역형, 원형, 도넛형, 방사형, 표면형 차트

15년 3월
115 다음 중 항목 레이블이 월, 분기, 연도와 같이 일정한 간격의 값을 나타내는 경우에 적합한 차트로 일정 간격에 따라 데이터의 추세를 표시하는 데 유용한 것은?
① 분산형 차트
② 원형 차트
③ 꺾은선형 차트
④ 방사형 차트

17년 3월
116 다음 중 추세선을 추가할 수 있는 차트 종류는?
① 방사형
② 분산형
③ 원형
④ 표면형

117 다음 중 차트의 데이터 계열 서식에 대한 설명으로 옳지 <u>않은</u> 것은?

① 계열 겹치기 수치를 양수로 지정하면 데이터 계열 사이가 벌어진다.
② 차트에서 데이터 계열의 간격을 넓게 또는 좁게 지정할 수 있다.
③ 특정 데이터 계열의 값이 다른 데이터 계열 값과 차이가 많이 나거나 데이터 형식이 혼합되어 있는 경우 하나 이상의 데이터 계열을 보조 세로 (값) 축에 표시할 수 있다.
④ 보조 축에 그려지는 데이터 계열을 구분하기 위하여 보조 축의 데이터 계열만 선택하여 차트 종류를 변경할 수 있다.

계열 겹치기 수치를 양수로 지정하면 데이터 계열이 겹치게 됨

기적의TIP 차트의 기본 개념과 구성 요소, 차트 종류별 사용 용도에 대해 정확히 숙지해 두어야 합니다. 아울러 차트 선택 및 차트 도구와 추세선에 대한 부분도 자주 출제되니 반드시 기능과 특징에 대해 파악해 두기 바랍니다.

---

040 매크로 ▶ 합격 강의

- 자주 사용하는 명령, 반복적인 작업 등을 매크로로 기록하여 해당 작업이 필요할 때마다 바로 가기 키(단축 키)나 실행 단추를 클릭하여 쉽고, 빠르게 작업을 수행할 수 있음
- 매크로는 해당 작업에 대한 일련의 명령과 함수를 Microsoft Visual Basic 모듈로 저장한 것으로 Visual Basic 언어를 기반으로 함
- 매크로 이름 : 기록할 매크로 이름을 지정하는 것으로 기본적으로는 매크로1, 매크로2와 같이 붙여짐. 첫 글자는 반드시 문자이어야 하며, 나머지는 문자, 숫자, 밑줄 등을 사용하여 입력할 수 있음
- 매크로 이름에 공백이나 #, @, $, %, & 등의 기호 문자를 사용할 수 없음
- 매크로 실행 : F5
- 한 단계씩 코드 실행 : F8
- [매크로 보기]의 바로 가기 키 : Alt + F8
- 모듈 창의 커서 위치까지 실행 : Ctrl + F8
- Visual Basic Editor(Alt + F11)를 사용하여 매크로를 편집할 수 있음
- 기록한 매크로는 [보기] 탭-[매크로] 그룹-[매크로]-[매크로 보기]에서 [편집]을 클릭하여 수정할 수 있음

---

118 다음 중 새 매크로를 기록할 때의 과정에 대한 설명으로 옳지 <u>않은</u> 것은?

① Alt + F8을 눌러 매크로 기록 대화 상자를 실행시켰다.
② 매크로 이름을 '서식변경'으로 지정하였다.
③ 바로 가기 키를 Ctrl + Shift + C로 지정하였다.
④ 매크로 저장 위치를 '새 통합 문서'로 지정하였다.

119 다음 중 매크로에 관한 설명으로 옳지 <u>않은</u> 것은?

① 서로 다른 매크로에 동일한 이름을 부여할 수 없다.
② 매크로는 반복적인 작업을 자동화하여 복잡한 작업을 단순한 명령으로 실행할 수 있도록 한다.
③ 매크로 기록 시 사용자의 마우스 동작은 기록되지만 키보드 작업은 기록되지 않는다.
④ 현재 셀의 위치를 기준으로 매크로가 실행되도록 하려면 '상대 참조로 기록'을 설정한 후 매크로를 기록한다.

120 다음 중 매크로의 특징에 대한 설명으로 옳지 <u>않은</u> 것은?

① 매크로 기록을 시작한 후의 키보드나 마우스 동작은 VBA 언어로 작성된 매크로 프로그램으로 자동 생성된다.
② 기록한 매크로는 편집할 수 없으므로 기능과 조작을 추가 또는 삭제할 수 없다.
③ 매크로 실행의 바로 가기 키가 엑셀의 바로 가기 키보다 우선한다.
④ 도형을 이용하여 작성된 텍스트 상자에 매크로를 지정한 후 매크로를 실행할 수 있다.

기적의TIP 매크로는 매회 시험에 출제되는 부분입니다. 매크로 이름과 바로 가기 키, 저장 위치, 실행, 편집 등에 대한 전반적인 학습이 필요합니다.

해설과 함께 보는
상시 기출문제

CONTENTS

SELF CHECK | 제한시간 40분 | 소요시간　　　분 | 전체 문항 수 40문항 | 맞힌 문항 수　　　문항

---

1 과목 컴퓨터 일반

중요 ✓ 난이도 하 문제 진단 ○△✕

01 다음 중 컴퓨터의 연산 속도 단위가 가장 빠른 것은?

① 1ms
② 1μs
③ 1ns
④ 1ps

> 컴퓨터의 연산 속도 단위(느린 순 → 빠른 순)
> 1ms(10^{-3}) → 1μs(10^{-6}) → 1ns(10^{-9}) → 1ps(10^{-12})

난이도 중 문제 진단 ○△✕

02 다음 중 클립보드(Clipboard)에 대한 설명으로 옳지 않은 것은?

① 복사나 잘라내기(이동), 캡처 등의 작업을 저장하는 임시 기억 장소이다.
② 클립보드 기록은 25개 항목으로 제한되며, 클라우드에 동기화할 수도 있다.
③ 항목의 크기는 제한이 없으며 텍스트만 지원된다.
④ [삭제], [고정], [모두 지우기] 기능이 지원되며 [고정]은 클립보드 검색 기록을 삭제하거나 PC를 다시 시작하는 경우에도 항목을 유지한다.

> 크기 제한은 항목당 4MB이며 텍스트, HTML 및 비트맵이 지원됨

중요 ✓ 난이도 중 문제 진단 ○△✕

03 다음 중 기억 장치의 접근 속도를 빠른 순에서 느린 순으로 옳게 나열한 것은?

① 레지스터 → 캐시 메모리 → 주기억 장치 → 보조 기억 장치
② 캐시 메모리 → 주기억 장치 → 보조 기억 장치 → 레지스터
③ 주기억 장치 → 보조 기억 장치 → 레지스터 → 캐시 메모리
④ 보조 기억 장치 → 주기억 장치 → 캐시 메모리 → 레지스터

> 기억 장치의 접근 속도(빠른 순 → 느린 순)
> 레지스터 → 캐시 메모리 → 주기억 장치 → 보조 기억 장치

난이도 중 문제 진단 ○△✕

04 다음 중 아래의 설명에 해당하는 것은?

> • 국제 표준화 기구(ISO)가 규정
> • 잉크젯 프린터의 속도 측정 방식으로 일반(보통) 모드에서 출력 속도를 측정
> • 1분 동안 출력할 수 있는 흑백/컬러 인쇄의 최대 매수를 의미

① CPS
② PPM
③ LPM
④ IPM

> IPM(Images Per Minute) : ISO(국제 표준화 기구)에서 규정한 잉크젯 속도 측정 방식으로 각 프린터 업체의 자체 기준에 맞춘 고속 모드로 출력된 PPM과는 달리 일반(보통) 모드에서 ISO 규격 문서를 측정함
>
> [오답 피하기]
> • CPS(Characters Per Second) : 1초당 인쇄되는 문자 수(도트 매트릭스 프린터, 활자식 프린터 등)
> • PPM(Pages Per Minute) : 1분당 인쇄되는 페이지 수(잉크젯 프린터, 레이저 프린터 등)
> • LPM(Lines Per Minute) : 1분당 인쇄되는 라인 수(활자식 프린터, 잉크젯 프린터 등)

난이도 중 문제 진단 ○△✕

05 다음 중 컴파일러와 인터프리터에 대한 설명으로 옳지 않은 것은?

① 컴파일러는 목적 프로그램을 생성한다.
② 인터프리터의 번역 단위는 프로그램의 행 단위이다.
③ 컴파일러의 번역 속도는 인터프리터보다 빠르다.
④ 인터프리터는 컴파일러보다 실행 속도가 느리다.

> 컴파일러의 번역 속도는 프로그램 전체를 번역하므로 인터프리터보다 느림

중요 ✓ 난이도 하 문제 진단 ○△✕

06 다음 중 바로 가기 키의 기능으로 옳지 않은 것은?

① ⊞ + E : 파일 탐색기를 연다.
② ⊞ + D : 바탕 화면을 표시하거나 숨긴다.
③ ⊞ + I : 설정을 연다.
④ ⊞ + L : 모든 창을 최소화한다.

> ⊞+L : PC를 잠그거나 계정을 전환함
>
> [오답 피하기]
> ⊞+M : 모든 창을 최소화함

---

07 난이도 중 | 문제 진단 ○△✕

다음 중 인터넷 전자우편에 관한 설명으로 옳지 않은 것은?

① 한 사람이 동시에 여러 사람에게 전자우편을 보낼 수 있다.
② 기본적으로 8비트의 EBCDIC 코드를 사용하여 메시지를 보내고 받는다.
③ SMTP, POP3, MIME 등의 프로토콜이 사용된다.
④ 전자우편 주소는 '사용자 ID@호스트 주소'의 형식이 사용된다.

전자우편은 기본적으로 7비트의 ASCII 코드를 사용하여 전송함

08 난이도 상 | 문제 진단 ○△✕

다음 중 각 지역별로 발생된 자료를 분산 처리하는 방식으로 시스템의 과부하를 방지할 수 있으며 시스템의 확장성, 유연성, 안전성, 신뢰성 등에서 유리한 것은?

① 클라이언트/서버 시스템
② 다중 처리 시스템
③ 일괄 처리 시스템
④ 실시간 처리 시스템

오답 피하기
• 다중 처리 시스템 : 두 개 이상의 CPU로 동시에 여러 개의 프로그램을 처리하는 기법
• 일괄 처리 시스템 : 발생된 자료를 일정 기간 모아 두었다가 한꺼번에 처리하는 방식
• 실시간 처리 시스템 : 발생된 자료를 바로 처리하는 방식

09 난이도 상 | 문제 진단 ○△✕

다음 중 디스크 정리에 대한 설명으로 옳지 않은 것은?

① [시작]–[Windows 관리 도구]–[디스크 정리]를 클릭하여 실행할 수 있다.
② 디스크 정리는 디스크에 단편화되어 저장된 파일들을 모아서 디스크를 최적화한다.
③ 디스크 정리 대상에 해당하는 파일은 임시 파일, 휴지통에 있는 파일, 다운로드한 프로그램 파일, 임시 인터넷 파일 등이다.
④ 디스크 정리는 디스크의 사용 가능한 공간을 늘리기 위하여 불필요한 파일들을 삭제할 때 사용한다.

오답 피하기
드라이브 조각 모음 및 최적화
• 디스크에 단편화되어 저장된 파일들을 모아서 디스크를 최적화함
• 비율이 10%를 넘으면 디스크 조각 모음을 수행해야 함
• 단편화를 제거하여 디스크의 수행 속도를 높여줌
• 처리 속도면에서는 효율적이나 총 용량이 늘어나지는 않음

10 난이도 중 | 문제 진단 ○△✕

다음 중 저작권에 따른 소프트웨어의 분류에 대한 설명으로 틀린 것은?

① 트라이얼 버전(Trial Version) : 상용 소프트웨어를 일정 기간 동안 사용해 볼 수 있는 체험판 소프트웨어
② 애드웨어 : 광고를 보는 대가로 무료로 사용하는 소프트웨어
③ 번들 : 이미 제작하여 배포된 프로그램의 오류 수정이나 성능 향상을 위하여 프로그램 일부를 변경해 주는 프로그램
④ 베타 버전(Beta Version) : 정식 프로그램을 발표하기 전에 테스트를 목적으로 일반인에게 공개하는 프로그램

패치 프로그램(Patch Program) : 이미 제작하여 배포된 프로그램의 오류 수정이나 성능 향상을 위하여 프로그램 일부를 변경해 주는 프로그램

오답 피하기
번들 : 특정한 하드웨어나 소프트웨어를 구매하였을 때 끼워주는 소프트웨어

채널(Channel)
- 입출력 장치와 주기억 장치 사이의 속도 차이를 위한 장치(자체 메모리 없음)
- CPU의 간섭 없이 입출력을 수행하며 작업 완료 시 인터럽트로 알림

오답 피하기
- 포트(Port) : 컴퓨터와 주변 장치를 연결하기 위한 접속 부분
- 데드락(Deadlock) : 교착 상태로 자원은 한정되어 있으나 각 프로세스들이 서로 자원을 차지하려고 무한정 대기하는 상태로, 해당 프로세스의 진행이 중단되는 상태
- DMA : CPU의 간섭 없이 주기억 장치와 입출력 장치 사이에서 직접 전송이 이루어지는 방법

난이도 중 | 문제 진단 ○△✕

11 다음 중 아래의 내용을 수행하는 시스템은?

- 지리적으로 분산된 원거리에 있는 사람들끼리 사용한다.
- 화상 및 음성 데이터를 실시간으로 양방향 전송을 할 수 있다.
- TV 화면을 통한 화상을 통해 원격으로 회의를 할 수 있다.

① AR ② VR
③ VOD ④ VCS

VCS(Video Conference System) : 원거리에 있는 사람들끼리 TV 화면을 통한 화상을 통해 원격으로 회의를 할 수 있는 시스템

오답 피하기
- AR(Augmented Reality) : 증강 현실로 사람이 눈으로 볼 수 있는 실세계와 관련된 3차원의 부가 정보를 제공받을 수 있는 기술
- VR(Virtual Reality) : 가상 현실로 컴퓨터를 이용하여 특정 상황을 설정하고 구현하는 기술인 모의실험(Simulation)을 통해 실제 주변 상황처럼 경험하고 상호 작용하는 것처럼 느끼게 할 수 있는 인터페이스 시스템
- VOD(Video On Demand) : 주문형 비디오로 사용자의 주문에 의해 데이터베이스로 구축되어 있는 영화나 드라마, 뉴스 등의 비디오 정보를 실시간으로 즉시 전송해 주는 서비스

난이도 중 | 문제 진단 ○△✕

12 다음 중 WAVE 형식에 대한 설명으로 옳지 않은 것은?

① 자연의 음향과 사람의 음성 표현이 가능하다.
② 아날로그 신호를 디지털화하여 나타내는 것으로, 소리의 파장이 그대로 저장된다.
③ 음질이 뛰어나고 파일의 용량이 MIDI보다 작다.
④ 확장자는 *.wav이며, 직접 재생이 가능한 파일 형식이다.

음질이 뛰어나기 때문에 파일의 용량이 MIDI보다 큼

난이도 중 | 문제 진단 ○△✕

13 다음 중 데이터의 입출력을 빠르게 하여 CPU의 처리 효율을 높여주는 입출력 전용 처리기는?

① 포트
② 채널
③ 데드락
④ DMA

중요 ✓ | 난이도 하 | 문제 진단 ○△✕

14 다음 중 매크로 바이러스에 해당하는 것은?

① 웜(Worm) 바이러스
② 예루살렘 바이러스
③ CIH 바이러스
④ 멜리사 바이러스

멜리사 바이러스
- 1999년 3월 26일에 발견된 최초의 매크로 바이러스
- 전자우편을 열람하면 사용자 주소록의 50개 주소에 자동으로 전염시킴

오답 피하기
- 웜(Worm) 바이러스 : 초기의 바이러스로, 감염 능력이 없으며 자기 자신만을 복제함
- 예루살렘 바이러스 : 확장자가 COM, EXE인 파일에 감염되며, 13일의 금요일에 실행되는 파일을 삭제함
- CIH 바이러스 : 매년 4월 26일 플래시 메모리(Flash Memory)의 내용과 모든 하드디스크의 데이터를 파괴함

난이도 중 | 문제 진단 ○△✕

15 다음 중 레지스트리(Registry)에 대한 설명으로 옳지 않은 것은?

① 레지스트리를 잘못 편집하면 운영체제를 완전하게 다시 설치해야 하는 심각한 문제가 발생할 수 있으나 데이터의 손실은 방지해 준다.
② Windows에서 사용하는 환경 설정 및 각종 시스템과 관련된 정보가 저장된 계층 구조식 데이터베이스이다.
③ [시작] 단추(▣)에서 마우스 오른쪽 단추를 클릭한 후 [실행]을 선택한 다음 열기 상자에 regedit를 입력, 확인을 클릭하여 실행할 수 있다.
④ 작업 표시줄의 검색 상자에 regedit를 입력한 다음 결과에서 레지스트리 편집기를 선택하여 실행할 수 있다.

레지스트리를 잘못 편집하면 운영 체제를 완전하게 다시 설치해야 하는 심각한 문제가 발생할 수 있으며 데이터 손실이 발생할 수 있음

---

16 난이도 중 | 문제 진단 ○△×

다음 중 영상 신호와 음향 신호를 압축하지 않고 통합하여 전송하는 고선명 멀티미디어 인터페이스로 S-비디오, 컴포지트 등의 아날로그 케이블보다 고품질의 음향 및 영상을 감상할 수 있는 것은?

① HDMI
② DVI
③ USB
④ IEEE-1394

HDMI(High-Definition Multimedia Interface)
• 고선명 멀티미디어 인터페이스로 비압축 방식이므로 영상이나 음향 신호 전송 시 소프트웨어나 디코더 칩(Decoder Chip) 같은 별도의 디바이스가 필요 없음
• 기존의 아날로그 케이블보다 고품질의 음향이나 영상을 전송함

오답 피하기
• DVI : 디지털 TV를 만들기 위해 개발되었던 것을 인텔에서 인수하여 동영상 압축 기술(최대 144:1 정도)로 개발됨
• USB : 허브(Hub)를 사용하면 최대 127개의 주변기기 연결이 가능하며, 기존의 직렬, 병렬, PS/2 포트 등을 하나의 포트로 대체하기 위한 범용 직렬 버스 장치
• IEEE-1394 : 컴퓨터 주변 장치뿐만 아니라 비디오 카메라, 오디오 제품, TV, VCR 등의 가전 기기를 개인용 컴퓨터에 접속하는 인터페이스로 개발됨

17 난이도 중 | 문제 진단 ○△×

다음 중 인터넷에서 사용하는 DNS에 관한 설명으로 옳은 것은?

① 네트워크 계층에서 망을 연결하며, 다양한 전송 경로 중 가장 효율적인 최적의 경로를 선택하여 패킷을 전송하는 장치이다.
② 디지털 신호를 아날로그 신호로 변환하는 변조 과정과 아날로그 신호를 디지털 신호로 변환하는 복조 과정을 수행하는 장치이다.
③ 기억하기 쉬운 문자로 만들어진 도메인 이름을 컴퓨터가 처리할 수 있는 숫자로 된 IP 주소로 바꾸는 시스템이다.
④ 독립된 두 개의 근거리 통신망(LAN)을 연결하는 접속 장치이다.

DNS(Domain Name System) : 문자 형태로 된 도메인 네임(Domain Name)을 컴퓨터가 인식할 수 있는 숫자로 된 IP 어드레스(IP Address)로 변환해 주는 컴퓨터 체계

오답 피하기
① : 라우터(Router), ② : 모뎀(MODEM), ④ : 브리지(Bridge)

18 난이도 상 | 문제 진단 ○△×

다음 중 파일이나 폴더의 복사, 이동 방법에 대한 결과가 옳지 않은 것은?

① 파일을 마우스로 선택한 후 Ctrl 을 누른 채 같은 드라이브의 다른 폴더로 끌어서 놓으면 해당 파일이 복사된다.
② 폴더를 마우스로 선택한 후 Alt 를 누른 채 같은 드라이브의 다른 폴더로 끌어서 놓으면 해당 폴더가 이동된다.
③ USB 안에 저장된 파일을 마우스로 선택한 후 바탕 화면으로 끌어서 놓으면 해당 파일이 복사된다.
④ 폴더를 마우스로 선택한 후 같은 드라이브의 다른 폴더로 끌어서 놓으면 해당 폴더가 이동된다.

폴더를 마우스로 선택한 후 Alt 를 누른 채 같은 드라이브의 다른 폴더로 끌어서 놓으면 이동되지 않고 바로 가기 아이콘이 생성됨

19 중요 ✓ | 난이도 중 | 문제 진단 ○△×

다음 중 컴퓨터의 연산 장치에 있는 누산기(Accumulator)에 관한 설명으로 옳은 것은?

① 연산 결과를 일시적으로 기억하는 장치이다.
② 명령의 순서를 기억하는 장치이다.
③ 명령어를 기억하는 장치이다.
④ 명령을 해독하는 장치이다.

누산기(Accumulator) : 중간 연산 결과를 일시적으로 기억하는 레지스터

오답 피하기
• ② 프로그램 카운터(Program Counter) : 다음에 수행할 명령어의 번지(주소)를 기억하는 레지스터
• ③ 명령 레지스터(IR : Instruction Register) : 현재 수행 중인 명령어를 기억하는 레지스터
• ④ 명령 해독기(Instruction Decoder) : 수행해야 할 명령어를 해석하여 부호기로 전달하는 회로

20 난이도 중 문제 진단 ○△☓

다음 중 컴퓨터 프로그래밍 언어인 Java 언어에 대한 설명으로 옳지 않은 것은?

① 특정 컴퓨터 구조와 무관한 가상 바이트 머신코드를 사용하므로 플랫폼이 독립적이다.

② 네트워크 환경에서 분산 작업이 가능하도록 설계되었다.

③ 객체 지향 언어로 추상화, 상속화, 다형성과 같은 특징을 가진다.

④ 객체 지향 방법론에서 분석 및 설계를 위해 사용하는 모델링 언어이다.

④는 UML(Unified Modeling Language)에 대한 설명임

2과목 스프레드시트 일반

21 난이도 상 문제 진단 ○△☓

다음 중 함수식에 대한 결과가 옳지 않은 것은?

① =Trunc(−5.6) → −5

② =Power(2,3) → 6

③ =Int(−7.2) → −8

④ =Mod(−7,3) → 2

• =POWER(수1,수2) : 수1을 수2 만큼 거듭제곱한 값을 구함
• =POWER(2,3) → 8 : 2의 3제곱(2X2X2)

오답 피하기

• =Trunc(−5.6) → −5 : 음수에서 소수점 이하를 버리고 정수 부분(−5)을 반환함
• =Int(−7.2) → −8 : 소수점 아래를 버리고 가장 가까운 정수로 내리므로 −7.2를 내림. 음수는 0에서 먼 방향으로 내림
• =Mod(−7,3) → 2 : 나눗셈의 나머지를 구함

22 난이도 하 문제 진단 ○△☓

▶ 합격 강의

다음 아래의 시트처럼 같은 열에 이미 입력한 데이터를 다시 입력할 때 드롭다운 목록에서 선택하여 입력하는 바로 가기 키는?

▲	A	B	C
1	지점명	분기	
2	동부	1사분기	
3	서부	2사분기	
4	남부	3사분기	
5	북부	4사분기	
6			
7	남부		
8	동부		
9	북부		
10	서부		
	지점명		

① Alt + ↓

② Ctrl + ↓

③ Tab + ↓

④ Shift + ↓

드롭다운 목록에서 선택하여 입력 : Alt + ↓

오답 피하기

• Ctrl + ↓ : A열의 마지막 행인 [A1048576] 셀로 이동함
• Tab + ↓ : [B7] 셀로 이동함
• Shift + ↓ : [A6:A7] 영역이 선택됨

23 난이도 하 문제 진단 ○△☓

다음 중 부분합 기능에서 사용할 수 있는 함수 목록으로 올바르지 않은 것은?

① 곱

② 분산

③ 최빈수

④ 표준 편차

부분합에서 사용하는 함수 : 합계, 개수, 평균, 최대값, 최소값, 곱, 숫자 개수, 표본 표준 편차, 표준 편차, 표본 분산, 분산 등

150 해설과 함께 보는 상시 기출문제

ANSWER 20 ④ 21 ② 22 ① 23 ③

24 중요✓ | 난이도 상 | 문제 진단 ○△☓

다음 시트에서 함수식의 결과가 잘못된 것은?

합격강의

▲	A	B	C	D
1	5	10	15	20
2	10	0.02	0.51	0.78
3	15	0.88	0.44	2.22
4	20	4.33	1.27	3.33
5	25	1.95	2.35	4.44

① =VLOOKUP(28,A1:D5,3) → 2.35
② =VLOOKUP(22,A1:D5,3) → 2.22
③ =HLOOKUP(17,A1:D5,4) → 1.27
④ =INDEX(A1:D5,3,4) → 2.22

=VLOOKUP(22,A1:D5,3) : 셀 영역(A1:D5)에서 찾을 값인 22와 가까운 근사값을 첫 번째 열에서 찾은 후 해당 셀 위치에서 3번째 열에 있는 값을 구함 → 1.27

오답 피하기
- =VLOOKUP(찾을 값, 셀 범위 또는 배열, 열 번호, 찾을 방법) : 셀 범위나 배열의 첫 번째 열에서 찾을 값에 해당하는 행을 찾은 후 열 번호에 해당하는 셀의 값을 구함
- =HLOOKUP(찾을 값, 셀 범위 또는 배열, 행 번호, 찾을 방법) : 셀 범위나 배열의 첫 번째 행에서 찾을 값에 해당하는 열을 찾은 후 행 번호에 해당하는 셀의 값을 구함
- =INDEX(셀 범위나 배열, 행 번호, 열 번호) : 특정한 셀 범위나 배열에서 행 번호와 열 번호에 해당하는 데이터를 구함

25 중요✓ | 난이도 중 | 문제 진단 ○△☓

다음 〈보기〉에서 설명하고 있는 차트로 옳은 것은?

합격강의

- 많은 데이터 계열의 합계 값을 비교할 때 사용한다.
- 각 항목마다 가운데 요소에서 뻗어나온 값 축을 갖고, 선은 같은 계열의 모든 값을 연결한다(가로, 세로 축 없음).
- 3차원 차트로 작성할 수 없다.

① 　　②

③ 　　④

③ : 방사형 차트를 의미함

오답 피하기
- ① 거품형 차트 : 분산형 차트의 한 종류로서 세 값의 집합을 비교하는 것으로 데이터 요소당 적어도 두 개의 값이 필요함
- ② 도넛형 차트 : 원형 차트처럼 전체에 대한 부분의 관계를 보여주지만 하나 이상의 데이터 계열을 포함할 수 있는 차트
- ④ 분산형 차트 : 여러 데이터 계열 값들의 관계를 보여주고 두 개의 숫자 그룹을 XY 좌표로 이루어진 한 계열로 그려주는 차트

26 난이도 중 | 문제 진단 ○△☓

[A1] 셀에 '123'을 입력하면 다음과 같이 나타나게 하는 사용자 지정 서식으로 옳은 것은?

A1	▼	:	✕	✓	fx	123

▲	A	B	C	D
1	일백이십삼			
2				

① [DBNum1]G/표준
② [DBNum2]G/표준
③ [DBNum3]G/표준
④ [DBNum4]G/표준

사용자 지정 서식	결과
[DBNum1]G/표준	一百二十三
[DBNum2]G/표준	壹百貳拾參
[DBNum3]G/표준	百2十3
[DBNum4]G/표준	일백이십삼

27 난이도 하 | 문제 진단 ○△☓

다음 중 엑셀 창의 우측 하단에서 지원되는 페이지 보기 방식으로 옳지 않은 것은?

① 기본
② 전체 화면
③ 페이지 레이아웃
④ 페이지 나누기 미리 보기

기본, 페이지 레이아웃, 페이지 나누기 미리 보기 중에서 선택할 수 있음

28 난이도 중 | 문제 진단 ○△☓

다음 중 [매크로 기록]에 대한 설명으로 옳지 않은 것은?

① 바로 가기 키를 's'로 입력하였다.
② 매크로 이름을 '매크로 연습'으로 입력하였다.
③ 매크로 저장 위치를 '새 통합 문서'로 저장하였다.
④ 매크로 설명에 매크로 기록자의 이름, 기록한 날짜, 간단한 설명 등을 기록하였다.

매크로 이름에 공백이나 #, @, $, %, & 등의 기호 문자를 사용할 수 없음

난이도 중 문제 진단 ○△✕

29 **아래의 그림과 같이 [C] 열과 [1] 행을 틀 고정하려고 한다. 셀 포인터를 어디에 위치시킨 후 [보기]-[창]-[틀 고정]-[틀 고정]을 실행해야 하는가?**

	C	D	E	F	G
1	총점	태도	수행	중간	기말
2	90	10	30	30	20
3	99	15	20	34	30
4	100	20	25	23	32
5	96	11	15	42	28
6					

① [C1] 셀
② [D1] 셀
③ [C2] 셀
④ [D2] 셀

선택한 [D2] 셀의 왼쪽 상단 모서리를 중심으로 [틀 고정]이 설정됨

중요 ✓ 난이도 중 문제 진단 ○△✕

30 **다음 중 [A1:A2] 영역을 선택한 후 채우기 핸들을 이용하여 아래쪽으로 드래그하였을 때, [A5] 셀의 결과로 옳은 것은?**

합격 강의

	A	B
1	월요일	
2	수요일	
3		
4		
5		

① 금요일　② 일요일
③ 화요일　④ 목요일

두 개 이상의 셀을 범위로 지정하여 채우기 핸들을 끌면 데이터 사이의 차이에 의해 증가 또는 감소하면서 채워지므로 '월요일, 수요일, 금요일, 일요일, 화요일'처럼 채워짐

	A	B
1	월요일	
2	수요일	
3	금요일	
4	일요일	
5	화요일	
6		

난이도 중 문제 진단 ○△✕

31 **다음 중 워크시트에 2234543 숫자를 입력한 후 각 보기 문항처럼 사용자 지정 표시 형식을 설정하였을 때 화면에 표시되는 결과로 옳지 않은 것은?**

① (형식) #,##0.00 → 2,234,543.00
② (형식) 0.00 → 2234543.00
③ (형식) #,###,"천원" → 2,234천원
④ (형식) #% → 223454300%

2234543에 (형식) #,###,"천원"을 설정하면 (결과)는 "2,235천원"처럼 반올림되어 표시됨

난이도 중 문제 진단 ○△✕

32 **다음 중 아래의 고급 필터 조건에 대한 설명으로 옳은 것은?**

문법	회화	평균
>=80	>=80	
		>=80

① 문법이 80 이상이거나, 회화가 80 이상이거나, 평균이 80 이상인 경우
② 문법이 80 이상이거나, 회화가 80 이상이면서 평균이 80 이상인 경우
③ 문법이 80 이상이면서 회화가 80 이상이면서 평균이 80 이상인 경우
④ 문법이 80 이상이면서 회화가 80 이상이거나, 평균이 80 이상인 경우

복합 조건(AND, OR 결합)
- AND(그리고, 이면서) : 첫 행에 필드명(문법, 회화, 평균)을 나란히 입력하고, 다음 행에 첫 조건(>=80, >=80)을 나란히 입력함
- OR(또는, 이거나) : 다른 행에 두 번째 조건(>=80)을 입력함
- 따라서, 문법이 80 이상이면서(AND) 회화가 80 이상이거나(OR), 평균이 80 이상인 경우가 됨

ANSWER 29 ④ 30 ③ 31 ③ 32 ④

33 일반적으로 항목은 세로 축을 따라 구성되고 값은 가로 축을 따라 구성되는 차트로 개별 항목을 비교하여 보여 주며 축 레이블이 긴 경우나 표시되는 값이 기간인 경우에 사용되는 차트는?

① 꺾은선형 차트

② 가로 막대형 차트

③ 분산형 차트

④ 영역형 차트

가로 막대형 차트
- 세로 막대형 차트와 유사한 용도로 이용되며 값 축과 항목 축의 위치가 서로 바뀌어 표시됨
- 가로 막대형 차트는 여러 값을 가장 잘 비교할 수 있는 차트임
- 축 레이블이 긴 경우나 표시되는 값이 기간인 경우에 사용됨

오답 피하기
- 꺾은선형 차트 : 일정한 기간의 데이터 추세를 선으로 나타낼 때 사용함
- 분산형 차트 : 여러 데이터 계열 값들의 관계를 보여주고 두 개의 숫자 그룹을 XY 좌표로 이루어진 한 계열로 나타냄
- 영역형 차트 : 일정한 기간의 데이터 추세를 영역으로 표시할 때 사용함

34 다음 중 엑셀 파일의 암호 설정에 관한 설명으로 옳지 않은 것은?

① 암호는 대소문자를 구별하지 않는다.

② 암호를 분실할 경우 Excel에서 복구할 수 없다.

③ 쓰기 암호가 설정된 파일을 읽기 전용으로 열어 수정한 경우 같은 파일명으로는 저장할 수 없다.

④ 암호는 파일 저장 시 [일반 옵션]에서 열기 암호와 쓰기 암호로 구분하여 설정할 수 있다.

엑셀 파일의 암호는 대소문자를 구별함

35 다음 워크시트처럼 [D2] 셀에 평균을 구하기 위한 수식 =AVERAGE(A2:C2)에서 범위 참조의 콜론(:)이 누락된 경우 발생되는 오류는?

	A	B	C	D	E
1	정보	과학	기술	평균	
2	100	88	69	=AVERAGE(A2C2)	
3					

① #### 오류

② #NAME? 오류

③ #REF! 오류

④ #VALUE! 오류

#NAME? 오류
- 함수 이름이나 정의되지 않은 셀 이름을 사용한 경우
- 수식에 잘못된 문자열을 지정하여 사용한 경우

	A	B	C	D	E
1	정보	과학	기술	평균	
2	100	88	69	#NAME?	
3					

오답 피하기
- #### 오류 : 데이터의 수식의 결과를 셀에 모두 표시할 수 없는 경우 발생
- #REF! 오류 : 셀 참조를 잘못 사용한 경우 발생
- #VALUE! 오류 : 수치를 사용해야 할 장소에 다른 데이터를 사용한 경우 발생

36 다음 중 정렬 기능에 대한 설명으로 옳지 않은 것은?

① 선택한 데이터 범위의 첫 행을 머리글 행으로 지정할 수 있다.

② 정렬 옵션 방향은 '위쪽에서 아래쪽' 또는 '왼쪽에서 오른쪽' 중 선택하여 정렬할 수 있다.

③ 워크시트에 입력된 자료들을 특정한 순서에 따라 재배열하는 기능이다.

④ 오름차순 정렬과 내림차순 정렬에서 공백은 맨 처음에 위치하게 된다.

오름차순 정렬과 내림차순 정렬에서 공백은 맨 마지막에 위치하게 됨

37

다음은 시트 탭에서 원하는 시트를 선택하는 방법이다. 빈칸 ⓐ, ⓑ에 들어갈 키로 알맞은 것은?

▶ 합격 강의

> • 연속적인 여러 개의 시트를 선택할 경우에는 첫 번째 시트를 클릭하고, (ⓐ)을/를 누른 채 마지막 시트를 클릭한다.
> • 서로 떨어져 있는 여러 개의 시트를 선택할 경우에는 첫 번째 시트를 클릭하고, (ⓑ)을/를 누른 채 원하는 시트를 차례로 클릭한다.

① ⓐ Shift , ⓑ Ctrl
② ⓐ Ctrl , ⓑ Shift
③ ⓐ Alt , ⓑ Ctrl
④ ⓐ Ctrl , ⓑ Alt

> • 연속적인 여러 개의 시트를 선택할 경우에는 첫 번째 시트를 클릭하고, Shift 를 누른 채 마지막 시트를 클릭함
> • 서로 떨어져 있는 여러 개의 시트를 선택할 경우에는 첫 번째 시트를 클릭하고, Ctrl 을 누른 채 원하는 시트를 차례로 클릭함

38

다음 중 목표값 찾기에 대한 설명으로 옳지 않은 것은?

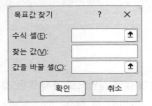

① '찾는 값'에는 셀 주소가 입력될 수 없다.
② 목표값 찾기는 여러 개의 값을 조정하여 특정한 목표값을 찾을 때 유용하다.
③ '수식 셀'은 값을 바꿀 셀을 참조하고 있는 수식이 입력된 셀을 선택해야 한다.
④ 수식의 원하는 결과만 알고 그 결과를 확인하기 위해 수식에 필요한 입력 값을 결정하고자 할 때 사용할 수 있다.

> [목표값 찾기]는 '수식 셀'로 설정할 셀의 값이 '찾는 값'이 되기 위해서 '값을 바꿀 셀'에 지정한 셀의 값을 구하는 기능으로 하나의 값만 조절할 수 있음

39

[페이지 설정]–[시트] 탭에서 '반복할 행'에 [$3:$3]을 지정하고 워크시트 서를 출력했다. 다음 중 출력 결과에 대한 설명으로 옳은 것은?

① 처음 쪽만 [1] 행부터 [3] 행의 필드명이 반복되어 인쇄된다.
② 모든 쪽마다 [3] 행의 필드명이 반복되어 인쇄된다.
③ 모든 쪽마다 [3] 열의 필드명이 반복되어 인쇄된다.
④ 모든 쪽마다 [1] 행, [2] 행, [3] 행의 필드명이 반복되어 인쇄된다.

> • '반복할 행'은 매 페이지 첫 부분에 반복해서 표시할 행 영역을 지정하는 옵션임
> • [$3:$3]은 3행을 지정하는 셀 주소임

40

다음 중 피벗 테이블에 대한 설명으로 옳지 않은 것은?

① 피벗 테이블 보고서를 넣을 위치는 기존 워크시트에서만 가능하다.
② 피벗 테이블로 작성된 목록에서 행 필드를 열 필드로 편집할 수 있다.
③ 피벗 테이블 작성 후에도 사용자가 새로운 수식을 추가하여 표시할 수 있다.
④ 피벗 테이블은 많은 양의 데이터를 손쉽게 요약하기 위해 사용되는 기능이다.

> 피벗 테이블 보고서를 넣을 위치는 기존 워크시트와 새 워크시트 중에서 선택할 수 있음

SELF CHECK | 제한시간 40분 | 소요시간　분 | 전체 문항 수 40문항 | 맞힌 문항 수　문항

1과목 컴퓨터 일반

난이도 하 | 문제 진단 ○△✕

01 다음 중 컴퓨터에서 사용되는 자료를 크기가 작은 순서부터 나열한 것으로 옳은 것은?

① Bit – Nibble – Byte – Word
② Bit – Byte – Nibble – Word
③ Bit – Nibble – Word – Byte
④ Bit – Byte – Word – Nibble

> **자료의 단위(작은 순 → 큰 순)**
> Bit → Nibble(4비트) → Byte(8비트) → Word → Field(Item) → Record → File → DataBase

중요 ✓ | 난이도 중 | 문제 진단 ○△✕

02 다음 중 컴퓨터 소프트웨어 버전과 관련하여 패치(Patch) 프로그램에 관한 설명으로 옳은 것은?

① 정식 프로그램의 기능을 홍보하기 위하여 사용 기간이나 기능을 제한하여 배포하는 프로그램이다.
② 베타 테스트를 하기 전에 제작 회사 내에서 테스트할 목적으로 제작하는 프로그램이다.
③ 이미 제작하여 배포된 프로그램의 오류 수정이나 성능 향상을 위해 프로그램의 일부를 변경해 주는 프로그램이다.
④ 정식 프로그램을 출시하기 전에 테스트를 목적으로 일반인에게 공개하는 프로그램이다.

> **오답 피하기**
> ①은 데모(Demo) 버전, ②는 알파(Alpha) 버전, ④는 베타(Beta) 버전에 대한 설명임

난이도 중 | 문제 진단 ○△✕

03 다음 중 초고속 무선 인터넷의 발달로 다운로드받지 않고도 스트리밍 방식으로 음악 파일이나 음원을 주문하여 실시간으로 들을 수 있는 주문형 음악 서비스는?

① VOD
② MOD
③ VCS
④ PACS

> MOD(Music On Demand) : 주문형 음악 서비스로 신청자들의 요구에 의해 실시간으로 재생 가능한 스트리밍 방식으로 음악을 보내주는 시스템
>
> **오답 피하기**
> • VOD(Video On Demand) : 각종 영상 정보를 데이터베이스로 구축하여 사용자의 요구에 따라 프로그램을 즉시 전송하여 가정에서 원하는 정보를 이용할 수 있도록 해 주는 서비스
> • VCS(Video Conference System) : 멀리 떨어져 있는 사람들끼리 각자의 설치된 TV 화면에 비친 화상 및 음향 등을 통하여 회의를 진행할 수 있도록 만든 시스템
> • PACS(Picture Archiving Communication System) : 원격 진료를 가능하게 실현해 주는 의학 영상 정보 시스템

중요 ✓ | 난이도 중 | 문제 진단 ○△✕

04 컴퓨터가 현재 실행하고 있는 명령을 끝낸 후 다음에 실행할 명령의 주소를 기억하고 있는 레지스터는?

▶합격 강의

① 명령 계수기(Program Counter)
② 명령 레지스터(Instruction Register)
③ 부호기(Encoder)
④ 명령 해독기(Instruction Decoder)

> **오답 피하기**
> • 명령 레지스터(Instruction Register) : 현재 수행 중인 명령어를 보관
> • 부호기(Encoder) : 명령 해독기에서 전송된 명령어를 제어에 필요한 신호로 변환하는 회로
> • 명령 해독기(Instruction Decoder) : 수행해야 할 명령어를 해석하여 부호기로 전달하는 회로

05 다음 중 전자우편(E-mail)에 대한 설명으로 옳지 않은 것은?

① 불특정 다수에게 대량으로 보내는 광고성 메일을 스팸메일이라 한다.

② 전자우편을 통해 한 사람이 동시에 여러 사람에게 동일한 전자우편을 보낼 수 있다.

③ 송신자가 작성한 메일을 수신자의 계정에 전송하는 역할을 담당하는 프로토콜은 SMTP이다.

④ 멀티미디어 파일의 내용을 확인하고 실행시켜주는 프로토콜은 POP3이다.

MIME(Multipurpose Internet Mail Extensions) : 전자우편으로 멀티미디어 정보를 전송할 수 있도록 해 주는 멀티미디어 지원 프로토콜

오답 피하기

POP3(Post Office Protocol 3) : 전자우편을 수신하기 위한 프로토콜

06 다음 중 한글 Windows 10에서 하드디스크에 저장된 파일을 다시 정렬하는 단편화 제거 과정을 통해 디스크의 파일 읽기/쓰기 성능을 향상하는 프로그램으로 옳은 것은?

① 디스크 검사

② 디스크 정리

③ 디스크 포맷

④ 드라이브 조각 모음 및 최적화

드라이브 조각 모음 및 최적화 : 디스크에 프로그램이 추가되거나 제거되고 파일들이 수정되거나 읽기, 쓰기가 반복되면서 디스크에 비연속적으로 분산 저장된 단편화된 파일들을 모아서 디스크를 최적화함

오답 피하기

• 디스크 검사 : 파일과 폴더 및 디스크의 논리적, 물리적인 오류를 검사하고 수정함

• 디스크 정리 : 디스크의 사용 가능한 공간을 늘리기 위하여 불필요한 파일들을 삭제하는 작업

• 디스크 포맷 : 하드디스크나 플로피 디스크를 초기화하는 것으로 트랙과 섹터로 구성하는 작업

07 다음 중 인터프리터 언어에 대한 설명으로 올바르지 않은 것은?

① 대화형 언어로서 컴파일러와는 다르게 목적 프로그램을 생성하지 않는다.

② 디버깅이 컴파일러보다 쉬우나 실행 속도가 느리다.

③ 전체 프로그램을 한 번에 처리하여 실행한다.

④ 인터프리터 언어에는 APL, BASIC, LISP과 같은 언어가 있다.

인터프리터는 프로그램의 행 단위로 번역하여 처리함

오답 피하기

전체 프로그램을 한 번에 처리하여 실행하는 언어는 컴파일러(Compiler)임

08 다음 중 컴퓨터 범죄와 거리가 먼 것은?

① 전자문서의 불법 복사

② 전산망을 이용한 개인 정보 유출

③ 컴퓨터 시스템 해킹을 통한 중요 정보의 위조 또는 변조

④ 인터넷 쇼핑몰의 상품 가격을 분석하여 비교표를 작성

인터넷 쇼핑몰의 상품 가격을 분석하여 비교표를 작성하는 것은 컴퓨터 범죄에 해당하지 않음

09 다음 중 한글 Windows 10의 [실행] 창에서 'cmd' 명령을 입력한 결과로 옳은 것은?

▶ 합격 강의

① 문자표가 실행된다.

② 명령 프롬프트 창이 실행된다.

③ 설정이 실행된다.

④ 파티션 설정이 실행된다.

⊞+R을 누르면 나타나는 [실행] 창에 cmd를 입력하면 명령 프롬프트 창이 실행됨

10 난이도 하 문제 진단 ○△✕
다음 중 데이터 종류에 따른 컴퓨터의 분류로 올바르지 않은 것은?

① 하이브리드 컴퓨터
② 디지털 컴퓨터
③ 슈퍼 컴퓨터
④ 아날로그 컴퓨터

> 처리 능력에 따른 분류 : 슈퍼 컴퓨터, 메인 프레임 컴퓨터, 미니 컴퓨터, 마이크로 컴퓨터
>
> **오답 피하기**
>
> 데이터 종류에 따른 분류 : 디지털 컴퓨터, 아날로그 컴퓨터, 하이브리드 컴퓨터

11 중요 ✓ 난이도 상 문제 진단 ○△✕
다음 중 [삭제] 명령 후 휴지통에서 [복원] 명령으로 되살릴 수 없는 파일은 무엇인가?

① 네트워크 드라이브에서 삭제한 파일
② 파일 탐색기에서 [삭제] 명령으로 삭제한 하드디스크 파일
③ Delete 로 삭제한 하드디스크 파일
④ 마우스를 이용하여 휴지통으로 드래그하여 삭제한 하드디스크 파일

> 플로피 디스크나 USB 메모리, DOS 모드, 네트워크 드라이브에서 삭제한 경우 휴지통에 저장되지 않고 바로 삭제됨

12 난이도 중 문제 진단 ○△✕
다음 중 인터넷 설정에 사용되는 DNS의 역할에 관한 설명으로 옳은 것은?

① 루트 도메인으로 국가를 구별해 준다.
② 최상위 도메인으로 국가 도메인을 관리한다.
③ 도메인 네임을 숫자로 된 IP 주소로 바꾸어 준다.
④ 현재 설정된 도메인의 하위 도메인을 관리해 준다.

> 도메인 네임 시스템(DNS : Domain Name System) : 문자 형태로 된 도메인 네임(Domain Name)을 컴퓨터가 인식할 수 있는 숫자로 된 IP 주소(IP Address)로 변환해 줌

13 중요 ✓ 난이도 중 문제 진단 ○△✕
다음 중 컴퓨터에서 사용하는 일반 하드디스크에 비하여 속도가 빠르고 기계적 지연이나 에러의 확률 및 발열 소음이 적으며, 소형화, 경량화할 수 있는 하드디스크 대체 저장 장치로 옳은 것은?

① DVD
② HDD
③ SSD
④ ZIP

> SSD(Solid State Drive) : 기존 HDD에서 발생하는 기계적 소음이 없는 무소음이며, 소비 전력이 저전력이고, 고효율의 속도를 보장해 주는 차세대 보조 기억 장치

14 난이도 중 문제 진단 ○△✕
다음 중 멀티미디어 자료와 관련하여 압축 기술에 관한 설명으로 옳지 않은 것은?

① JPEG은 사진과 같은 정지 영상 압축 표준 기술이다.
② PNG 포맷은 비손실 그래픽 파일 포맷의 하나로 GIF 포맷의 문제점을 개선하기 위해 고안되었다.
③ MPEG은 동영상 데이터를 압축하여 실시간 재생 가능한 동영상 표준 압축 기술이다.
④ GIF 포맷은 이미지 표현 방식으로 벡터 방식의 손실 압축 방식을 이용한다.

> GIF는 비트맵 방식의 무손실 압축 방식을 이용함

15 난이도 하 문제 진단 ○△✕
다음 중 컴퓨터에서 문자 데이터를 표현하는 방법으로 옳지 않은 것은?

① EBCDIC
② Unicode
③ ASCII
④ Parity bit

> Parity bit : 원래 데이터에 1비트를 추가하여 에러 발생 여부를 검사하는 체크 비트로 문자 데이터를 표현하는 코드는 아님
>
> **오답 피하기**
>
> • ① EBCDIC : 확장된 BCD 코드로 대형 컴퓨터에서 사용되는 범용 코드(8비트로 256가지의 표현이 가능)
> • ② Unicode : 2바이트 코드로 세계 각 나라의 언어를 표현할 수 있는 국제 표준 코드
> • ③ ASCII : 일반 PC용 컴퓨터 및 데이터 통신용 코드로 사용되는 미국 표준 코드(7비트로 128가지의 표현이 가능)

16 난이도 중 문제진단 ○△✕

모든 사물에 전자 태그를 부착하고 무선 통신을 이용하여 사물의 정보 및 주변 상황 정보를 감지하는 센서 기술은?

① RFID 서비스
② DMB 서비스
③ W-CDMA 서비스
④ 텔레매틱스 서비스

오답 피하기

- DMB 서비스 : 모바일 장비를 이용한 방송 서비스
- W-CDMA 서비스 : 휴대폰 등의 장치에 확산 대역 기술을 이용한 이동 통신 서비스
- 텔레매틱스 서비스 : 차량 무선 인터넷 서비스로 자동차 안에서 자동차를 제어하거나 무선 인터넷을 이용하여 각종 서비스를 사용함

17 난이도 중 문제진단 ○△✕

▶ 합격 강의

다음 중 컴퓨터에서 사용하는 기억 장치에 관한 설명으로 옳지 않은 것은?

① EEPROM은 기록된 내용을 전기를 이용하여 반복해서 여러 번 정보를 기록할 수 있는 ROM이다.
② 하드디스크 인터페이스 방식은 EIDE, SATA, SCSI 방식 등이 있다.
③ 연관(Associative) 메모리는 CPU와 주기억 장치 사이에 위치하여 두 장치 간의 속도 차이를 줄여 컴퓨터의 처리 속도를 빠르게 하기 위한 메모리이다.
④ 가상 메모리(Virtual Memory)는 보조 기억 장치를 마치 주기억 장치와 같이 사용하여 실제 주기억 장치 용량보다 기억 용량을 확대하여 사용하는 방법이다.

연관(Associative) 메모리는 저장된 내용의 일부를 이용하여 기억 장치에 접근하여 데이터를 읽어오는 기억 장치임

오답 피하기

캐시(Cache) 메모리 : CPU와 주기억 장치 사이에 위치하여 두 장치 간의 속도 차이를 줄여 컴퓨터의 처리 속도를 빠르게 하기 위한 메모리

18 난이도 하 문제진단 ○△✕

다음 중 인터넷 환경에서 파일을 송수신할 때 사용되는 원격 파일 전송 프로토콜로 옳은 것은?

① FTP
② DHCP
③ HTTP
④ TCP

FTP(File Transfer Protocol) : 파일 송수신 프로토콜

오답 피하기

- DHCP(Dynamic Host Configuration Protocol) : 동적 호스트 설정 통신 규약
- HTTP(HyperText Transfer Protocol) : 인터넷상에서 웹 서버와 클라이언트 브라우저 사이에서 하이퍼텍스트 문서를 교환하기 위하여 사용되는 통신 규약
- TCP/IP(Transmission Control Protocol/Internet Protocol) : 인터넷 표준 프로토콜

19 난이도 중 문제진단 ○△✕

▶ 합격 강의

다음 중 아래 내용이 설명하는 네트워크 장비는?

네트워크에서 디지털 신호를 일정한 거리 이상으로 전송시키면 신호가 감쇠되므로 디지털 신호의 장거리 전송을 위해 수신한 신호를 재생하거나 출력 전압을 높여 전송한다.

① 라우터
② 리피터
③ 브리지
④ 게이트웨이

오답 피하기

- 라우터(Router) : 데이터 전송을 위한 최적의 경로를 찾아 통신망에 연결하는 장치
- 브리지(Bridge) : 독립된 두 개의 근거리 통신망(LAN)을 연결하는 접속 장치
- 게이트웨이(Gateway) : 서로 구조가 다른 두 개의 통신 네트워크를 연결하는 데 쓰이는 장치

=IF(NOT(A2>B2),MAX(A2:C2),MIN(A2:C2))

• [A2] 셀의 값(88)이 [B2] 셀(89)보다 크지 않으면(작으면) MAX(A2:C2)를 실행하고, 그렇지 않으면 MIN(A2:C2)를 실행함
• [A2] 셀의 값(88)이 [B2] 셀(89)보다 작으므로 [A2:C2]에서 최대 값을 구함 → 89

중요 ✓ **난이도** 중 **문제 진단** ○△✕

20 다음 중 한글 Windows 10에서 프린터 설정과 관련된 설명으로 옳지 않은 것은?

① 여러 개의 프린터를 한 대의 컴퓨터에 설치할 수 있다.

② 스풀(SPOOL) 기능이 설정되면 인쇄 도중에도 다른 작업을 할 수 있는 병행 처리 기능을 갖게 되어 컴퓨터의 활용성을 높여준다.

③ 로컬 프린터와 네트워크 프린터 모두 기본 프린터로 설정이 가능하다.

④ 기본 프린터는 두 대까지 설치할 수 있으며 기본 프린터로 설정된 프린터는 삭제할 수 없다.

> 기본 프린터는 한 대만 지정할 수 있으며 기본 프린터로 설정된 프린터도 삭제할 수 있음

2과목 ｜ 스프레드시트 일반

중요 ✓ **난이도** 상 **문제 진단** ○△✕

21 다음 시트에서 [D1] 셀에 아래와 같이 함수식을 입력하고, [D2] 셀까지 자동 채우기를 했을 경우 [D2] 셀의 결과 값으로 옳은 것은?

=IF(NOT(A1>B1),MAX(A1:C1),MIN(A1:C1))

▲	A	B	C	D	E
1	100	77	66	66	
2	88	89	68		
3					

① 88
② 89
③ 68
④ 66

IF(조건,A,B)	조건이 참이면 A를 실행하고 아니면 B를 실행함
NOT(a)	a가 참이면 거짓으로, 거짓이면 참으로 논리 값을 계산함
MAX()	인수의 값 중 최대값을 출력함
MIN()	인수의 값 중 최소값을 출력함

D2	▼	:	×	✓	fx	=IF(NOT(A2>B2),MAX(A2:C2),MIN(A2:C2))		

▲	A	B	C	D	E	F	G	H
1	100	77	66	66				
2	88	89	68	89				
3								

난이도 중 **문제 진단** ○△✕

22 다음 중 필터의 기능에 대한 설명으로 옳지 않은 것은?

① 데이터에 필터를 적용하면 지정한 조건에 맞는 행만 표시되고 나머지 행은 숨겨진다.

② 자동 필터를 사용하여 데이터를 필터링하면 셀 범위나 표 열에서 원하는 데이터를 쉽고 빠르게 찾아 작업할 수 있다.

③ 자동 필터에서는 여러 열에 동시에 조건을 설정하고 '또는(OR)'으로 결합시킬 수는 없다.

④ 필터를 사용하려면 기준이 되는 필드를 반드시 오름차순이나 내림차순으로 정렬해야 한다.

> 필터를 사용할 때 기준이 되는 필드를 반드시 오름차순이나 내림차순으로 정렬하지 않아도 됨

난이도 하 **문제 진단** ○△✕

23 다음 아래의 시트처럼 비연속적인 범위를 설정할 때 사용하는 키는?

▲	A	B	C	D	E
1	제품명	단가	수량	금액	
2	스마트폰	1,000,000	2	2,000,000	
3	에어컨	2,500,000	1	2,500,000	
4	냉장고	1,550,000	3	4,650,000	
5	노트북	1,340,000	5	6,700,000	
6					

① Alt
② Tab
③ Ctrl
④ Shift

> • Ctrl : 비연속적인 범위 설정
> • Shift : 연속적인 범위 설정

난이도 중 문제 진단 ○△✕

24 다음 중 [페이지 설정]–[시트] 탭에 대한 설명으로 옳지 않은 것은?

① '행/열 머리글' 항목은 행/열 머리글이 인쇄되도록 설정하는 기능이다.

② '인쇄 제목' 항목을 이용하면 특정 부분을 매 페이지마다 반복적으로 인쇄할 수 있다.

③ '눈금선' 항목을 선택하면 작업 시트의 셀 구분선은 인쇄되지 않는다.

④ '메모' 항목에서 '없음'을 선택하면 셀에 메모가 있더라도 인쇄되지 않는다.

'눈금선' 항목을 선택하면 워크시트의 셀 구분선이 인쇄됨

난이도 하 문제 진단 ○△✕

25 통합 문서를 열 때마다 특정 작업이 자동으로 수행되는 매크로를 작성하려고 한다. 이때 사용해야 할 매크로 이름으로 옳은 것은?

① Auto_Open ② Auto_Exec

③ Auto_Macro ④ Auto_Start

매크로 이름으로 Auto_Open을 사용하면 파일을 열 때 특정 작업이 자동으로 수행됨

난이도 중 문제 진단 ○△✕

26 다음 중 엑셀의 데이터 입력에 관한 설명으로 옳지 않은 것은?

① 한 셀에 여러 줄로 데이터를 입력하려면 [Alt]+[Enter]를 누르면 된다.

② 데이터 입력 도중 입력을 취소하려면 [Esc]나 [빠른 실행 도구 모음]의 '취소' 버튼을 클릭한다.

③ 여러 셀에 동일한 내용을 입력하려면 해당 셀을 범위로 지정한 후 데이터를 입력하고 [Shift]+[Enter]를 누른다.

④ 특정 부분을 범위로 지정한 후 데이터를 입력하고 [Enter]를 누르면 셀 포인터가 지정한 범위 안에서만 이동한다.

[Ctrl]+[Enter] : 여러 셀에 동일한 내용을 입력할 때 사용함

난이도 중 문제 진단 ○△✕

27 다음 중 시나리오에 대한 설명으로 옳지 않은 것은?

① 시나리오 관리자에서 시나리오를 삭제하면 시나리오 요약 보고서의 해당 시나리오도 자동으로 삭제된다.

② 특정 셀의 변경에 따라 연결된 결과 셀의 값이 자동으로 변경되어 결과 값을 예측할 수 있다.

③ 여러 시나리오를 비교하기 위해 시나리오를 피벗 테이블로 요약할 수 있다.

④ 변경 셀과 결과 셀에 이름을 지정한 후 시나리오 요약 보고서를 작성하면 결과에 셀 주소 대신 지정한 이름이 표시된다.

시나리오 관리자에서 시나리오를 삭제하더라도 시나리오 요약 보고서의 해당 시나리오가 자동으로 삭제되지 않음

난이도 하 문제 진단 ○△✕

28 다음 중 엑셀에서 정렬 기준으로 사용할 수 없는 것은?

① 셀 색

② 조건부 서식 아이콘

③ 글꼴 색

④ 글꼴 크기

정렬 기준 : 셀 값, 셀 색, 글꼴 색, 조건부 서식 아이콘 등

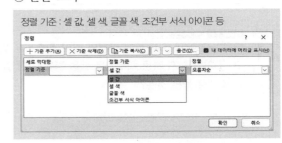

29 다음 워크시트에서 [E2] 셀에 함수식을 아래와 같이 입력했을 때의 결과로 옳은 것은?

> =CHOOSE(RANK.EQ(D2,$D$2:$D$7),"금메달","은메달","동메달",""," ","")

▲	A	B	C	D	E	F
1	성명	필기	실기	총점	수상	
2	홍범도	100	98	198		
3	이대한	85	80	165		
4	한상공	90	92	182		
5	진선미	80	90	170		
6	최정암	67	76	143		
7	김선수	89	63	152		
8						

① 공백   ② 금메달

③ 은메달   ④ 동메달

- 총점이 높은 순(내림차순)으로 석차를 구하는 수식 RANK.EQ(D2,$D$2:$D$7)에 의해 석차가 구해짐(1, 2, 3, 4, 5, 6)
- 석차 결과는 CHOOSE 함수에 의해 1등인 경우 "금메달", 2등인 경우 "은메달", 3등인 경우 "은메달", 4, 5, 6등인 경우 공백("")이 됨
- [E2] 셀의 홍범도는 총점이 제일 높으므로 석차가 1등이 되며 수상은 "금메달"이 결과 값이 됨

	성명	필기	실기	총점	수상	F	G	H	I	J
2	홍범도	100	98	198	금메달					
3	이대한	85	80	165						
4	한상공	90	92	182	은메달					
5	진선미	80	90	170	동메달					
6	최정암	67	76	143						
7	김선수	89	63	152						
8										

30 다음 중 항목 레이블이 월, 분기, 연도와 같이 일정한 간격의 값을 나타내는 경우에 적합한 차트로 일정 간격에 따라 데이터의 추세를 표시하는 데 유용한 것은?

① 분산형 차트

② 원형 차트

③ 꺾은선형 차트

④ 방사형 차트

꺾은선형 차트 : 시간이나 항목에 따라 일정한 간격으로 데이터의 추세나 변화를 표시

오답 피하기

- 분산형 차트 : 데이터의 불규칙한 간격이나 묶음을 보여주는 것으로 데이터 요소 간의 차이점보다는 큰 데이터 집합 간의 유사점을 표시하려는 경우에 사용
- 원형 차트 : 전체에 대한 각 값의 기여도를 표시할 때 사용
- 방사형 차트 : 많은 데이터 계열의 합계 값을 비교할 때 사용

31 셀의 서식은 기본 설정인 'G/표준'으로 설정되어 있다. 셀에 입력된 값을 다음과 같이 표시하고자 한다. 다음 중 사용자 지정 서식으로 옳은 것은?

> 값이 10000을 초과하면 파란색으로 표시하고, 음수이면 빨간색으로 부호는 생략하고 괄호 안에 수치 표시

① [파랑][>=10000]#,### _-;[빨강][<0](#,###);

② [파랑][>10000]#,###;[빨강][<0](#,###)

③ [빨강](#,###);[파랑][>10000]#,### _

④ [파랑][>10000]#,### _-;[빨강](#,###)

[파랑][>10000]#,###;[빨강][<0](#,###)

- '[색상][조건1]셀 서식;[색상][조건2]셀 서식'형식으로 셀 사용자 지정 서식을 설정함
- 각 구역은 세미콜론(;)으로 구분하며, 글자색과 조건은 대괄호([ ])로 묶음
- [파랑][>10000]#,### : 입력된 값이 10000을 초과하면 파란색으로 표시하고, 천 단위마다 쉼표(,)를 삽입함
- [빨강][<0](#,###) : 입력된 값이 0 미만이면 괄호( ) 안에 빨간색으로 표시하고, 천 단위마다 쉼표(,)를 삽입함

32 다음 아래의 차트에서 설정된 구성 요소로 옳지 않은 것은?

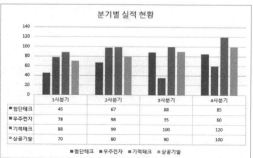

① 범례   ② 차트 제목

③ 데이터 테이블   ④ 데이터 레이블

차트에서 데이터 레이블은 설정되어 있지 않음

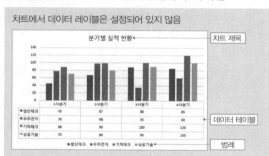

33 다음 중 조건부 서식을 이용하여 [A2:C5] 영역에 EXCEL과 ACCESS 점수의 합계가 170 이하인 행 전체에 셀 배경색을 지정하기 위한 수식으로 옳은 것은?

	A	B	C
1	이름	EXCEL	ACCESS
2	김경희	75	73
3	원은형	89	88
4	나도향	65	68
5	최은심	98	96

① =B$2+C$2<=170
② =$B2+$C2<=170
③ =$B$2+$C$2<=170
④ =B2+C2<=170

- [A2:C5] 영역을 마우스로 드래그하여 범위를 설정한 다음 [홈] 탭-[스타일] 그룹-[조건부 서식]-[새 규칙]을 선택하여 실행함
- [새 서식 규칙] 대화 상자에서 '수식을 사용하여 서식을 지정할 셀 결정'을 선택한 다음 "=$B2+$C2<=170"을 입력하고 서식을 지정한 후 [확인]을 클릭함
- 행 전체에 셀 배경색을 지정하기 위해 열(B, C)은 절대 참조($)로, 행은 상대 참조로 함

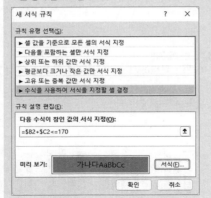

34 다음 중 작성된 매크로를 실행하는 방법으로 옳지 않은 것은?

① 매크로 대화 상자에서 매크로를 선택하여 실행한다.
② 매크로를 작성할 때 지정한 바로 가기 키를 이용하여 실행한다.
③ 매크로를 지정한 도형을 클릭하여 실행한다.
④ 매크로가 적용되는 셀의 바로 가기 메뉴를 이용하여 실행한다.

매크로가 적용되는 셀의 바로 가기 메뉴에 나타나지 않음

35 다음 중 판매관리표에서 수식으로 작성된 판매액의 총합계가 원하는 값이 되기 위한 판매 수량을 예측하는 데 가장 적절한 데이터 분석 도구는?(단, 판매액의 총합계를 구하는 수식은 판매 수량을 참조하여 계산됨)

① 데이터 표
② 목표값 찾기
③ 고급 필터
④ 데이터 통합

목표값 찾기 : 수식의 결과 값은 알고 있으나 그 결과 값을 얻기 위한 입력 값을 모를 때 이용함

오답 피하기
- 데이터 표 : 워크시트에서 특정 데이터를 변화시켜 수식의 결과가 어떻게 변하는지 보여주는 셀 범위를 데이터 표라고 함
- 고급 필터 : 보다 복잡한 조건으로 검색하거나 검색 결과를 다른 데이터로 활용함
- 데이터 통합 : 하나 이상의 원본 영역을 지정하여 하나의 표로 데이터를 요약함

36 다음 중 이미 부분합이 계산된 상태에서 새로운 부분합을 추가하고자 할 때 수행해야 할 작업으로 옳은 것은?

① [모두 제거] 단추를 클릭
② '새로운 값으로 대치' 설정을 해제
③ '그룹 사이에 페이지 나누기'를 설정
④ '데이터 아래에 요약 표시' 설정을 해제

'새로운 값으로 대치' 설정을 해제 : '새로운 값으로 대치'를 해제한 상태에서 새로운 부분합을 추가하면, 새로운 값으로 대치되지 않고 이미 부분합이 계산된 상태에서 새로운 부분합이 추가됨

오답 피하기
- ① : 목록에 삽입된 부분합이 삭제되고, 원래 데이터 상태로 돌아감
- ③ : 그룹별로 부분합 내용을 표시한 후 페이지 구분선을 삽입함
- ④ : 요약 표시를 데이터 위에 표시함

난이도 중 문제 진단 ○△✕

37 다음 중 피벗 테이블에 대한 설명으로 옳지 않은 것은?

① 예상 값을 계산하는 데 유용하다.
② 원본 데이터가 변경되어도 피벗 테이블은 자동으로 변경되지 않는다.
③ 합계, 평균, 최대값, 최소값을 구할 수 있다.
④ 원본 데이터 목록의 행이나 열의 위치를 변경하여 다양한 형태로 표시할 수 있다.

예상 값을 계산하는 데 사용하는 것은 시나리오임

중요✓ 난이도 상 문제 진단 ○△✕

38 다음 중 아래 그림에서 수식 =DMIN(A1:C6,2,E2:E3)을 실행하였을 때의 결과 값으로 옳은 것은?

합격 강의

	A	B	C	D	E
1	성명	키	몸무게		
2	이대한	165	67		몸무게
3	한상공	170	69		>=60
4	홍길동	177	78		
5	정민국	162	58		
6	이우리	180	80		

① 165 ② 170
③ 177 ④ 162

=DMIN(A1:C6,2,E2:E3)
- DMIN(데이터베이스, 필드, 조건 범위)는 조건을 만족하는 필드의 최소값을 구함
- 조건 범위 [E2:E3]에 따라 몸무게가 60 이상인 대상 중에서 키가 최소값인 165가 결과 값으로 나타남

난이도 중 문제 진단 ○△✕

39 다음 중 아래의 괄호 안에 들어갈 기능으로 옳은 것은?

> (㉠)은/는 특정 값의 변화에 따른 결과 값의 변화 과정을 한 번의 연산으로 빠르게 계산하여 표의 형태로 표시해 주는 도구이고, (㉡)은/는 비슷한 형식의 여러 데이터의 결과를 하나의 표로 통합하여 요약해 주는 도구이다.

① ㉠ : 데이터 표 ㉡ : 통합
② ㉠ : 정렬 ㉡ : 시나리오 관리자
③ ㉠ : 부분합 ㉡ : 피벗 테이블
④ ㉠ : 해 찾기 ㉡ : 데이터 유효성 검사

- 데이터 표 : 워크시트에서 특정 데이터를 변화시켜 수식의 결과가 어떻게 변하는지 보여 주는 셀 범위를 데이터 표라 하며 데이터 표의 수식은 데이터 표를 작성하기 위해 필요한 변수가 하나인지 두 개인지에 따라 수식의 작성 위치가 달라짐
- 통합 : 하나 이상의 원본 영역을 지정하여 하나의 표로 데이터를 요약하는 기능

난이도 중 문제 진단 ○△✕

40 다음 중 [페이지 나누기] 기능에 대한 설명으로 옳지 않은 것은?

합격 강의

① [보기] 탭의 [페이지 나누기 미리 보기]를 클릭하면 페이지가 나누어진 상태가 더 명확하게 구분된다.
② [페이지 나누기 미리 보기] 상태에서는 페이지 구분선을 마우스로 드래그하여 페이지 나눌 위치를 조정할 수 있다.
③ [페이지 레이아웃] 탭의 [나누기]–[페이지 나누기 모두 원래대로]를 클릭하여 페이지 나누기 전 상태로 원상 복귀할 수 있다.
④ [페이지 나누기 미리 보기] 상태에서는 데이터를 입력하거나 편집할 수 없으므로 [기본] 보기 상태로 변경해야 한다.

[페이지 나누기 미리 보기]에서도 데이터 입력 및 편집 작업이 가능함

ANSWER 37 ① 38 ① 39 ① 40 ④

SELF CHECK | 제한시간 40분 | 소요시간   분 | 전체 문항 수 40문항 | 맞힌 문항 수   문항

---

1 과목 | 컴퓨터 일반

중요 ✓   난이도 하   문제 진단 ○△✕

01 다음 중 한글 Windows 10의 [메모장]에 대한 설명으로 옳지 않은 것은?

▶ 합격 강의

① 작성한 문서를 저장할 때 확장자는 기본적으로 .txt가 부여된다.
② 특정한 문자열을 찾을 수 있는 찾기 기능이 있다.
③ 그림, 차트 등의 OLE 개체를 삽입할 수 있다.
④ 현재 시간을 삽입하는 기능이 있다.

> 그림, 차트 등의 OLE 개체를 삽입할 수 없음

난이도 중   문제 진단 ○△✕

02 다음 중 정보 보안을 위협하는 형태에 대한 설명으로 옳은 것은?

① 스니핑(Sniffing) : 검증된 사람이 네트워크를 통해 데이터를 보낸 것처럼 데이터를 변조하여 접속을 시도한다.
② 피싱(Phishing) : 적절한 사용자 동의 없이 사용자 정보를 수집하는 프로그램을 설치하여 사생활을 침해한다.
③ 스푸핑(Spoofing) : 실제로는 악성 코드로 행동하지 않으면서 겉으로는 악성 코드인 것처럼 가장한다.
④ 키로거(Key Logger) : 키보드상의 키 입력 캐치 프로그램을 이용하여 개인 정보를 빼낸다.

> 키로거(Key Logger) : 악성 코드에 감염된 시스템의 키보드 입력을 저장 및 전송하여 개인 정보를 빼내는 크래킹 행위
>
> **오답 피하기**
> • 스니핑(Sniffing) : 특정한 호스트에서 실행되어 호스트에 전송되는 정보(계정, 패스워드 등)를 엿보는 행위
> • 피싱(Phishing) : 금융기관 등을 가장해 불특정 다수에게 E-Mail을 보내 개인 정보를 몰래 불법으로 알아내어 사기에 이용하는 해킹 수법
> • 스푸핑(Spoofing) : 어떤 프로그램이 정상적으로 실행되는 것처럼 위장하는 것

중요 ✓   난이도 중   문제 진단 ○△✕

03 다음은 IPv4와 IPv6를 비교한 것이다. 다음 중 옳지 않은 것은?

▶ 합격 강의

	항목	IPv4	IPv6
①	크기	32비트 (8비트씩 4부분)	128비트 (16비트씩 8부분)
②	표현	10진수	16진수
③	주소 개수	약 43억	약 43억의 네제곱
④	구분	콜론(:)	점(.)

> IPv4는 점(.)으로, IPv6는 콜론(:)으로 구분함

난이도 중   문제 진단 ○△✕

04 다음 중 하드웨어 장치의 설치나 드라이버 확장 시 사용자의 편의를 돕기 위해 사용자가 직접 설정할 필요 없이 운영체제가 자동으로 인식하게 하는 기능은?

▶ 합격 강의

① 원격 지원
② 플러그 앤 플레이
③ 핫 플러그인
④ 멀티스레딩

> 플러그 앤 플레이(PnP, Plug & Play) : 자동 감지 설치 기능으로 컴퓨터에 장치를 연결하면 자동으로 장치를 인식하여 장치 드라이버를 설치하므로 새로운 주변 장치를 쉽게 연결함

난이도 상   문제 진단 ○△✕

05 다음 중 연결 프로그램에 대한 설명으로 옳지 않은 것은?

① 연결 프로그램을 삭제하면 연결된 데이터 파일도 함께 삭제된다.
② 서로 다른 확장명의 파일들이 하나의 연결 프로그램에 지정될 수 있고, 필요에 따라 연결 프로그램을 바꿀 수 있다.
③ 파일의 확장명에 따라 연결 프로그램이 자동으로 결정된다.
④ 연결 프로그램은 파일을 열어서 보여주는 해당 프로그램을 의미한다.

> 연결 프로그램을 삭제하더라도 연결된 데이터 파일은 삭제되지 않음

ANSWER   01 ③   02 ④   03 ④   04 ②   05 ①

난이도 중 문제 진단 ○△✕

06 다음 중 한글 Windows 10에서 작업 표시줄의 바로 가기 메뉴에서 설정할 수 있는 항목으로 옳지 않은 것은?

① 계단식 창 배열
② 창 가로 정렬 보기
③ 작업 표시줄 잠금
④ 아이콘 자동 정렬

> 작업 표시줄의 바로 가기 메뉴 : 도구 모음, 계단식 창 배열, 창 가로 정렬 보기, 창 세로 정렬 보기, 바탕 화면 보기, 작업 관리자, 작업 표시줄 잠금, 작업 표시줄 설정 등
>
> **오답 피하기**
> 아이콘 자동 정렬 : [바탕 화면]의 바로 가기 메뉴 중 [보기] 메뉴에 있는 항목임

난이도 하 문제 진단 ○△✕

07 다음 중 전자우편과 관련하여 스팸(SPAM)에 관한 설명으로 옳은 것은?

① 바이러스를 유포시키는 행위이다.
② 수신인이 원하지 않는 메시지나 정보를 일방적으로 보내는 행위이다.
③ 다른 사용자의 개인 정보를 허락없이 가져가는 행위이다.
④ 고의로 컴퓨터 프로그램 파일이나 데이터를 파괴하는 행위이다.

> 스팸(SPAM) 메일 : 수신자의 의지와 관계없이 일방적으로 전달되는 광고성 전자우편으로 발신자의 신원을 교묘하게 감춘 채 불특정 다수의 사람에게 보내기 때문에 피해를 당해도 대처하기가 쉽지 않음

중요✅ 난이도 상 문제 진단 ○△✕

08 다음 중 한글 Windows 10의 [폴더 옵션] 창에서 할 수 있는 작업으로 옳지 않은 것은?

① 선택된 폴더에 암호를 설정할 수 있다.
② 한 번 클릭해서 창 열기를 하도록 설정할 수 있다.
③ 새 창에서 폴더 열기를 할 수 있게 설정할 수 있다.
④ 알려진 파일 형식의 파일 확장명 숨기기를 설정할 수 있다.

> 한글 Windows의 [폴더 옵션] 창에서 선택된 폴더에 암호를 설정하는 기능은 지원하지 않음

난이도 중 문제 진단 ○△✕

09 다음 중 한글 Windows 10의 인쇄 기능에 대한 설명으로 옳지 않은 것은?

① 기본 프린터란 인쇄 시 특정 프린터를 지정하지 않아도 자동으로 인쇄되는 프린터를 말한다.
② 프린터 속성 창에서 공급용지의 종류, 공유, 포트 등을 설정할 수 있다.
③ 인쇄 대기 중인 작업은 취소시킬 수 있다.
④ 인쇄 중인 작업은 취소할 수는 없으나 잠시 중단시킬 수 있다.

> 인쇄 중이더라도 모든 문서의 인쇄 취소 및 인쇄 일시 중지가 가능함

난이도 하 문제 진단 ○△✕

10 다음 중 이미지를 트루컬러로 표현하기 위해서 필요한 비트(Bit) 수로 옳은 것은?

① 4   ② 8
③ 16   ④ 24

> **트루컬러(True Color)**
> • 사람의 눈으로 인식이 가능한 색상의 의미로, 풀 컬러(Full Color)라고도 함
> • 24비트의 값을 이용하며, 빛의 3원색인 빨간색(R), 녹색(G), 파란색(B)을 배합하여 나타내는 색상의 규격으로 배합할 때의 단위를 픽셀(Pixel)이라 함

난이도 중 문제 진단 ○△✕

11 다음 중 컴퓨터를 이용한 가상현실(Virtual Reality)에 관한 설명으로 옳은 것은?

① 고화질 영상을 제작하여 텔레비전에 나타내는 기술이다.
② 고도의 컴퓨터 그래픽 기술과 3차원 기법을 통하여 현실의 세계처럼 구현하는 기술이다.
③ 여러 영상을 통합하여 2차원 그래픽으로 표현하는 기술이다.
④ 복잡한 데이터를 단순화시켜 컴퓨터 화면에 나타내는 기술이다.

> 가상현실(Virtual Reality) : 컴퓨터를 이용하여 특정 상황을 설정하고 구현하는 기술인 모의실험을 통해 실제 주변 상황처럼 경험하고 상호작용하는 것처럼 느끼게 할 수 있는 인터페이스 시스템

12 다음 중 컴퓨터에서 사용하는 캐시 메모리에 관한 설명으로 옳은 것은?

① 중앙 처리 장치와 주기억 장치 사이에 위치하여 컴퓨터의 처리 속도를 향상시키는 역할을 한다.
② RAM의 종류 중 DRAM이 캐시 메모리로 사용된다.
③ 보조 기억 장치의 일부를 주기억 장치처럼 사용하는 메모리이다.
④ 주기억 장치의 용량보다 큰 프로그램을 로딩하여 실행할 경우에 사용된다.

> 캐시 메모리(Cache Memory) : CPU와 주기억 장치 사이에 있는 고속의 버퍼 메모리로 자주 참조되는 데이터나 프로그램을 메모리에 저장하고 메모리 접근 시간을 감소시키는 데 그 목적이 있음. RAM의 종류 중 SRAM이 캐시 메모리로 사용됨

13 다음 중 개인용 컴퓨터의 메인 보드의 구성 요소와 관련된 설명으로 옳지 않은 것은?

① 칩셋(Chip Set)의 종류에는 사우스 브리지와 노스 브리지 칩이 있으며, 메인 보드를 관리하기 위한 정보와 각 장치를 지원하기 위한 정보가 들어있다.
② 메인 보드의 버스(Bus)는 컴퓨터에서 데이터를 주고받는 통로로, 사용 용도에 따라 내부 버스, 외부 버스, 확장 버스가 있다.
③ 포트(Port)는 메인 보드와 주변 장치를 연결하기 위한 접속 장치로 직렬 포트, 병렬 포트, PS/2 포트, USB 포트 등이 있다.
④ 바이오스(BIOS)는 컴퓨터의 기본 입출력 장치나 메모리 등의 하드웨어 작동에 필요한 명령을 모아놓은 프로그램으로 RAM에 위치한다.

> 롬 바이오스(ROM BIOS) : 바이오스(Basic Input Output System)는 컴퓨터의 기본 입출력 시스템이며 부팅(Booting)과 운영에 대한 기본적인 정보가 들어 있음. 주변 장치와 운영 체제 간의 데이터 흐름을 관리하는 프로그램으로 펌웨어(Firmware)라고도 부름

14 다음 중 인터넷에서 제공되는 서비스로 옳지 않은 것은?

① FTP ② TELNET
③ USB ④ WWW

> USB(Universal Serial Bus) : 범용 직렬 버스
>
> **오답 피하기**
> • FTP : 파일 전송 프로토콜
> • TELNET : 멀리 있는 컴퓨터를 마치 자신의 컴퓨터처럼 사용할 수 있는 원격 접속 시스템
> • WWW : 하이퍼텍스트를 기반으로 멀티미디어 정보를 검색할 수 있는 서비스

15 다음 중 사용자의 기본 설정을 사이트가 인식하도록 하거나, 사용자가 웹 사이트로 이동할 때마다 로그인해야 하는 번거로움을 생략할 수 있도록 사용자 환경을 향상시키는 것은?

① 쿠키(Cookie)
② 즐겨찾기(Favorites)
③ 웹서비스(Web Service)
④ 히스토리(History)

> 쿠키(Cookie) : 인터넷 웹 사이트의 방문 정보를 기록하는 텍스트 파일로, 인터넷 사용자가 웹 사이트에 접속한 후 이 사이트 내에서 어떤 정보를 읽고 어떤 정보를 남겼는지에 대한 정보가 사용자의 PC에 저장되며, 고의로 사용자의 정보를 빼낼 수 있는 통로 역할을 할 수도 있음

16 다음 중 Windows에서 [디스크 정리]를 수행할 때 정리 대상 파일에 해당하지 않는 것은?

① 임시 인터넷 파일
② 사용하지 않은 폰트(*.TTF) 파일
③ 휴지통에 있는 파일
④ 다운로드한 프로그램 파일

> [디스크 정리]의 정리 대상 파일 : 임시 파일, 휴지통에 있는 파일, 다운로드한 프로그램 파일, 임시 인터넷 파일, 오프라인 웹 페이지 등

17
다음 중 컴퓨터 시스템을 안정적으로 사용하기 위한 관리 방법으로 적절하지 않은 것은?

① 컴퓨터를 이동하거나 부품을 교체할 때에는 반드시 전원을 끄고 작업하는 것이 좋다.
② 직사광선을 피하고 습기가 적으며 통풍이 잘되고 먼지 발생이 적은 곳에 설치한다.
③ 시스템 백업 기능을 자주 사용하면 시스템 바이러스 감염 가능성이 높아진다.
④ 디스크 조각 모음에 대해 예약 실행을 설정하여 정기적으로 최적화한다.

> 시스템 백업 기능을 자주 사용한다고 해서 시스템 바이러스 감염 가능성이 높아지는 것은 아님

18
다음 중 7개의 데이터 비트(Data Bit)와 1개의 패리티 비트(Parity Bit)를 사용하며, 128개의 문자를 표현할 수 있는 코드로 옳은 것은?

① BCD 코드
② ASCII 코드
③ EBCDIC 코드
④ UNI 코드

> ASCII 코드 : Zone은 3비트, Digit는 4비트로 구성되며, 7비트로 128가지의 표현이 가능한 일반 PC용 컴퓨터 및 데이터 통신용 코드
>
> **오답 피하기**
> • BCD 코드 : Zone은 2비트, Digit는 4비트로 구성되며, 6비트로 64가지의 문자 표현이 가능
> • EBCDIC 코드 : Zone은 4비트, Digit는 4비트로 구성되며, 8비트로 256가지의 표현이 가능
> • UNI 코드 : 세계 각국의 다양한 현대 언어로 작성된 텍스를 상호 교환, 처리, 표현하기 위한 코드로 16비트(2바이트) 체계로 이루어져 있음

19
다음 중 Windows의 에어로 피크(Aero Peek) 기능에 대한 설명으로 옳은 것은?

① 파일이나 폴더의 저장된 위치에 상관없이 종류별로 파일을 구성하고 파일에 액세스할 수 있게 한다.
② 모든 창을 최소화할 필요 없이 바탕 화면을 빠르게 미리 보거나 작업 표시줄의 해당 아이콘을 가리켜서 열린 창을 미리 볼 수 있게 한다.
③ 바탕 화면의 배경으로 여러 장의 사진을 선택하여 슬라이드 쇼 효과를 주면서 번갈아 표시할 수 있게 한다.
④ 작업 표시줄에서 프로그램 아이콘을 마우스 오른쪽 단추로 클릭하여 최근에 열린 파일 목록을 확인할 수 있게 한다.

> 에어로 피크(Aero Peek) : 작업 표시줄 오른쪽 끝의 [바탕 화면 보기]에 마우스를 위치시키면 바탕 화면이 나타나고 클릭하면 모든 창을 최소화하는 기능으로 바탕 화면을 일시적으로 미리 보기와 열린 창 미리 보기가 가능함

20
다음 중 USB 인터페이스에 대한 설명으로 옳지 않은 것은?

① 직렬 포트보다 USB 포트의 데이터 전송 속도가 더 빠르다.
② USB는 컨트롤러 당 최대 127개까지 포트의 확장이 가능하다.
③ 핫 플러그 인(Hot Plug In)과 플러그 앤 플레이(Plug & Play)를 지원한다.
④ USB 커넥터를 색상으로 구분하는 경우 USB 3.0은 빨간색, USB 2.0은 파란색을 사용한다.

> USB 3.0은 파란색, USB 2.0은 검정색 또는 흰색을 사용함

21 다음 중 수식으로 계산된 결과 값은 알고 있지만 그 결과 값을 계산하기 위해 수식에 사용된 입력 값을 모를 경우 사용하는 기능으로 옳은 것은?

① 목표값 찾기

② 피벗 테이블

③ 시나리오

④ 레코드 관리

> 목표값 찾기 : 수식의 결과 값은 알고 있으나 그 결과 값을 얻기 위한 입력 값을 모를 때 목표값 찾기 기능을 이용하며 수식에서 참조한 특정 셀의 값을 계속 변화시켜 수식의 결과 값을 원하는 값으로 찾아줌

중요 ✓ 난이도 중 문제 진단 ○△✕

22 다음 아래의 시트에서 채우기 핸들을 [F1] 셀까지 드래그했을 때 [F1] 셀의 결과로 옳은 것은?

▲	A	B	C	D	E	F
1	5		1			
2						

① 3

② 7

③ −3

④ −7

> 두 개 이상의 셀을 범위로 지정하여 채우기 핸들을 끌면 데이터 사이의 차이에 의해 증가 또는 감소하면서 채워짐
>
> | ▲ | A | B | C | D | E | F | G |
> |---|---|---|---|---|---|---|---|
> | 1 | 5 | | 1 | -3 | | -7 | |
> | 2 | | | | | | | |

난이도 중 문제 진단 ○△✕

23 다음 중 피벗 테이블에 대한 설명으로 옳지 않은 것은?

① 원본의 자료가 변경되면 [모두 새로 고침] 기능을 이용하여 일괄 피벗 테이블에 반영할 수 있다.

② 작성된 피벗 테이블을 삭제하는 경우 함께 작성한 피벗 차트는 자동으로 삭제된다.

③ 피벗 테이블을 삭제하려면 피벗 테이블 전체를 범위로 지정한 후 Delete 를 누른다.

④ 피벗 테이블의 삽입 위치는 새 워크시트뿐만 아니라 기존 워크시트에서 시작 위치를 선택할 수도 있다.

> 작성된 피벗 테이블을 삭제하는 경우 함께 작성한 피벗 차트는 일반 차트로 변경됨

난이도 하 문제 진단 ○△✕

24 다음 중 부분합 기능을 이용하여 구할 수 있는 각 집단의 특성 값이 아닌 것은?

① 합계

② 평균

③ 중앙값

④ 개수

> 부분합에서 사용할 수 있는 함수 : 합계, 개수, 평균, 최대값, 최소값, 곱, 숫자 개수, 표본 표준 편차, 표준 편차, 표본 분산, 분산

난이도 중 문제 진단 ○△✕

25 다음 중 데이터 유효성 검사에 대한 설명으로 옳지 않은 것은?

① 목록의 값들을 미리 지정하여 데이터 입력을 제한할 수 있다.

② 입력할 수 있는 정수의 범위를 제한할 수 있다.

③ 목록으로 값을 제한하는 경우 드롭다운 목록의 너비를 지정할 수 있다.

④ 유효성 조건 변경 시 변경 내용을 범위로 지정된 모든 셀에 적용할 수 있다.

> [데이터 유효성 검사]에서 목록으로 값을 제한하는 경우 드롭다운 목록의 너비를 지정하는 기능은 지원되지 않음

중요 ✓ 난이도 중 문제 진단 ○△✕

26 다음 중 아래의 고급 필터 조건에 대한 설명으로 옳은 것은?

국사	영어	평균
>=80	>=85	
		>=85

① 국사가 80 이상이거나, 영어가 85 이상이거나, 평균이 85 이상인 경우

② 국사가 80 이상이거나, 영어가 85 이상이면서 평균이 85 이상인 경우

③ 국사가 80 이상이면서 영어가 85 이상이거나, 평균이 85 이상인 경우

④ 국사가 80 이상이면서 영어가 85 이상이면서 평균이 85 이상인 경우

> **복합 조건(AND, OR 결합)**
> • AND(그리고, 이면서) : 첫 행에 필드명(국사, 영어, 평균)을 나란히 입력하고, 다음 행에 첫 조건(>=80, >=85)을 나란히 입력함
> • OR(또는, 이거나) : 다른 행에 두 번째 조건(>=85)을 입력함
> • 따라서, 국사가 80 이상이면서(AND) 영어가 85 이상이거나(OR), 평균이 85 이상인 경우가 됨

27 난이도 중 문제 진단 ○△✕

다음 중 오름차순 정렬에 관한 설명으로 옳지 않은 것은?

① 숫자는 가장 작은 음수에서 가장 큰 양수의 순서로 정렬된다.

② 영숫자 텍스트는 왼쪽에서 오른쪽으로 정렬된다. 예를 들어, 텍스트 "A100"이 들어 있는 셀은 "A1"이 있는 셀보다 뒤에, "A11"이 있는 셀보다 앞에 정렬된다.

③ 논리 값은 TRUE보다 FALSE가 앞에 정렬되며 오류 값의 순서는 모두 같다.

④ 공백(빈 셀)은 항상 가장 앞에 정렬된다.

공백(빈 셀)은 정렬 순서와 상관없이 항상 가장 마지막으로 정렬됨

중요 ✓ 난이도 상 문제 진단 ○△✕

28
▶합격강의

다음 중 아래의 워크시트에서 '박지성'의 결석 값을 찾기 위한 함수식은?

	A	B	C	D
1	성적표			
2	이름	중간	기말	결석
3	김남일	86	90	4
4	이천수	70	80	2
5	박지성	95	85	5

① =VLOOKUP("박지성", $A$3:$D$5, 4, 1)

② =VLOOKUP("박지성", $A$3:$D$5, 4, 0)

③ =HLOOKUP("박지성", $A$3:$D$5, 4, 0)

④ =HLOOKUP("박지성", $A$3:$D$5, 4, 1)

• =VLOOKUP(찾을 값, 범위, 열 번호, 방법) : 범위의 첫 번째 열에서 찾을 값을 찾아서 지정한 열에서 같은 행에 있는 값을 표시함

• 찾을 값 → 박지성, 범위 → $A$3:$D$5, 열 번호 → 4(결석), 방법 → 0(정확한 값을 찾음), 1이면 찾을 값의 아래로 근사값

• 따라서, =VLOOKUP("박지성", $A$3:$D$5, 4, 0)의 결과는 5가 됨

난이도 중 문제 진단 ○△✕

29
▶합격강의

다음 중 시스템의 현재 날짜에서 연도를 구하는 수식으로 가장 올바른 것은?

① =year(days( ))

② =year(day( ))

③ =year(today( ))

④ =year(date( ))

• =Year(날짜) : 날짜의 연도만 따로 추출함

• =Today( ) : 현재 컴퓨터 시스템의 날짜만 반환함

30 난이도 중 문제 진단 ○△✕

다음 중 '=SUM(A3:A9)' 수식이 '=SUM(A3A9)'와 같이 범위 참조의 콜론(:)이 생략된 경우 나타나는 오류 메시지로 옳은 것은?

① #N/A

② #NULL!

③ #REF!

④ #NAME?

#NAME? : 함수 이름이나 정의되지 않은 셀 이름을 사용한 경우, 수식에 잘못된 문자열을 지정하여 사용한 경우

오답 피하기

• #N/A : 수식에서 잘못된 값으로 연산을 시도한 경우, 찾기 함수에서 결과 값을 찾지 못한 경우

• #NULL! : 교점 연산자(공백)를 사용했을 때 교차 지점을 찾지 못한 경우

• #REF! : 셀 참조를 잘못 사용한 경우

중요 ✓ 난이도 중 문제 진단 ○△✕

31
▶합격강의

다음 중 동일한 통합 문서에서 Sheet1의 [C5] 셀, Sheet2의 [C5] 셀, Sheet3의 [C5] 셀의 합을 구하는 수식으로 옳은 것은?

① =SUM([Sheet1:Sheet3]!C5)

② =SUM(Sheet1:Sheet3![C5])

③ =SUM(Sheet1:Sheet3!C5)

④ =SUM(['Sheet1:Sheet3'!C5])

• 다른 워크시트의 셀 참조 시 워크시트 이름과 셀 주소 사이는 느낌표(!)로 구분함(예) =SUM(Sheet1:Sheet3!C5))

• 다른 통합 문서의 셀 참조 시 통합 문서의 이름을 대괄호([ ])로 묶음(예) =SUM([성적표.xlsx]Sheet1:Sheet3!C5)

난이도 하 │ 문제 진단 ○△✕

32 다음 중 셀에 입력한 자료를 숨기고자 할 때의 사용자 지정 표시 형식으로 옳은 것은?

① @@@
② ;;;
③ 000
④ ### 2

사용자 지정 표시 형식에서 세미콜론 세 개(;;;)를 연속하여 사용하면 입력 데이터가 셀에 나타나지 않음

난이도 중 │ 문제 진단 ○△✕

33 다음 중 데이터가 입력된 셀에서 [Delete]를 눌렀을 때의 상황에 대한 설명으로 옳지 않은 것은?

① 셀에 설정된 서식은 지워지지 않고 내용만 지워진다.
② 셀에 설정된 내용, 서식이 함께 모두 지워진다.
③ [홈] 탭-[편집] 그룹-[지우기]-[내용 지우기]를 실행한 것과 동일하다.
④ 마우스 오른쪽 단추를 클릭한 후 표시되는 단축 메뉴에서 [내용 지우기]를 선택해도 된다.

[Delete]를 눌러 삭제한 경우 데이터만 삭제되며 서식은 지워지지 않음

난이도 중 │ 문제 진단 ○△✕

34 다음 중 하이퍼링크에 대한 설명으로 옳지 않은 것은?

① 단추에는 하이퍼링크를 지정할 수 있지만 도형에는 하이퍼링크를 지정할 수 없다.
② 다른 통합 문서에 있는 특정 시트의 특정 셀로 하이퍼링크를 지정할 수 있다.
③ 특정 웹 사이트로 하이퍼링크를 지정할 수 있다.
④ 현재 사용 중인 통합 문서의 다른 시트로 하이퍼링크를 지정할 수 있다.

도형이나 그림 등에도 하이퍼링크를 지정할 수 있음

난이도 중 │ 문제 진단 ○△✕

35 다음 중 날짜 및 시간 데이터에 관한 설명으로 옳지 않은 것은?

① 날짜 데이터를 입력할 때 연도와 월만 입력하면 일자는 자동으로 해당 월의 1일로 입력된다.
② 셀에 '4/9'를 입력하고 [Enter]를 누르면 셀에는 '04월 09일'로 표시된다.
③ 날짜 및 시간 데이터의 텍스트 맞춤은 기본 왼쪽 맞춤으로 표시된다.
④ [Ctrl]+[;]을 누르면 시스템의 오늘 날짜, [Ctrl]+[Shift]+[;]을 누르면 현재 시간이 입력된다.

날짜 및 시간 데이터의 텍스트 맞춤은 기본 오른쪽 맞춤으로 표시됨

중요 ✓ │ 난이도 중 │ 문제 진단 ○△✕

36 다음 중 아래의 데이터를 이용하여 각 데이터 간 값을 비교하는 차트를 작성하려고 할 때 가장 적절하지 않은 차트는?

	A	B	C	D	E
1	성명	1사분기	2사분기	3사분기	4사분기
2	홍길동	83	90	95	70
3	성춘향	91	70	70	88
4	이몽룡	93	98	91	93

① 세로 막대형
② 꺾은선형
③ 원형
④ 방사형

원형 차트
• 항목의 값들이 합계의 비율로 표시되므로 중요한 요소를 강조할 때 사용함
• 항상 한 개의 데이터 계열만을 가지고 있으므로 축이 없으며 각 데이터 간 값을 비교하는 차트로 적절하지 않음

오답 피하기
• 세로 막대형 차트 : 각 항목 간의 값을 비교하는 데 사용함. 2차원, 3차원 차트로 작성할 수 있으며 누적과 비누적 형태로 구분함
• 꺾은선형 차트 : 시간이나 항목에 따라 일정한 간격으로 데이터의 추세나 변화를 표시함
• 방사형 차트 : 많은 데이터 계열의 합계 값을 비교할 때 사용함. 각 항목마다 가운데 요소에서 뻗어 나온 값 축을 갖고, 선은 같은 계열의 모든 값을 연결함

37 다음 중 다른 엑셀 통합 문서로 작업 화면을 전환할 때 사용되는 바로 가기 키로 옳은 것은?

① Ctrl + Tab
② Shift + Tab
③ Home
④ Ctrl + Enter

> Ctrl + Tab : 다른 통합 문서로 이동(= Ctrl + F6)
>
> **오답 피하기**
> • Shift + Tab : 왼쪽 셀로 이동
> • Home : 해당 행의 A열로 이동
> • Ctrl + Enter : 동일한 데이터 입력

38 다음 중 시트 관리에 대한 설명으로 옳지 않은 것은?

① Shift 를 이용하여 시트 그룹을 설정할 수 있다.
② 여러 개의 워크시트를 선택한 후 Ctrl 을 누른 채 시트 탭을 드래그하면 선택된 시트들이 복사된다.
③ 시트 이름에는 공백을 사용할 수 없으며, 최대 31 자까지 지정할 수 있다.
④ 시트 보호를 설정해도 시트의 이름 바꾸기 및 숨기기 작업을 수행할 수 있다.

> 시트 이름은 공백을 포함하여 31자까지 사용 가능하며, ₩, /, ?, *, [ ] 는 사용할 수 없음

39 [다른 이름으로 저장] 메뉴 중 [도구]–[일반 옵션] 메뉴에서 설정할 수 있는 기능이 아닌 것은?

① 백업 파일 항상 만들기
② 열기/쓰기 암호 설정
③ 읽기 전용 권장
④ 통합 문서 보호

> 통합 문서 보호는 [검토] 탭–[보호] 그룹–[통합 문서 보호]에서 설정할 수 있음

40 다음 차트에서 무, 배추, 시금치 순서를 시금치, 배추, 무 순서로 변경하려고 할 때 사용하는 것은?

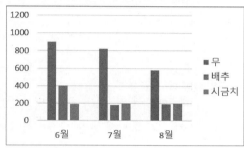

① 차트 영역 서식
② 그림 영역 서식
③ 데이터 선택
④ 축 서식

> [데이터 선택]–[데이터 원본 선택]–범례 항목(계열)의 [위로 이동] 및 [아래로 이동] 단추를 이용함

SELF CHECK | 제한시간 40분 | 소요시간   분 | 전체 문항 수 40문항 | 맞힌 문항 수   문항

---

1 과목 컴퓨터 일반

01 난이도 하 문제 진단 ○△✕

다음 중 컴퓨터를 처리 능력에 따라 분류할 때, 분류 범주에 속하지 않는 것은?

① 미니 컴퓨터(Mini Computer)
② 범용 컴퓨터(General Computer)
③ 마이크로 컴퓨터(Micro Computer)
④ 슈퍼 컴퓨터(Super Computer)

처리 능력에 따른 분류 : 개인용 컴퓨터(PC), 워크스테이션(Workstation), 소형 컴퓨터(Mini Computer), 대형 컴퓨터(Main Frame Computer), 슈퍼 컴퓨터(Super Computer) 등

오답 피하기

사용 목적에 따른 분류
• 전용 컴퓨터 : 특수 목적으로 사용되는 컴퓨터(기상 관측, 자동 제어 등에 사용)
• 범용 컴퓨터 : 다양한 분야에서 여러 가지 목적으로 사용되는 컴퓨터

02 중요 ✓ 난이도 중 문제 진단 ○△✕
▶합격 강의

다음 중 정보통신망의 네트워크 관련 장비에 대한 설명으로 옳지 않은 것은?

① 허브(Hub) : 네트워크를 구성할 때 한꺼번에 여러 대의 컴퓨터를 연결하는 장치로, 각 회선을 통합적으로 관리하는 장치
② 라우터(Router) : LAN을 연결해 주는 장치로서 정보에 담긴 수신처 주소를 읽고 가장 적절한 통신 통로를 이용하여 다른 통신망으로 전송하는 장치
③ MAN(Metropolitan Area Network) : LAN의 기능을 포함하면서 WAN보다 넓은 범위의 지역에서 고속으로 전송할 수 있는 통신망
④ 리피터(Repeater) : 디지털 방식의 통신선로에서 전송 신호를 재생하여 전달하는 전자 통신 장치

MAN(Metropolitan Area Network)
• 도시권 정보 통신망으로 대도시와 같은 넓은 지역에 데이터, 음성, 영상 등의 서비스를 제공하는 통신망
• LAN과 WAN의 중간 형태이므로 WAN보다 넓은 범위의 지역이 아님
• LAN → MAN → WAN

03 난이도 하 문제 진단 ○△✕

인터넷상에서 비디오 데이터를 전송하려고 한다. 이때 사용되는 비디오 데이터 포맷으로 옳지 않은 것은?

① AVI   ② MOV
③ JPEG   ④ MPEG

JPEG : 정지 영상 압축 기술에 관한 표준화 규격

오답 피하기
• AVI : Windows의 표준 동영상 형식의 디지털 비디오 압축 방식
• MOV : Apple사에서 만든 동영상 압축 기술
• MPEG : 동화상 전문가 그룹에서 제정한 동영상 압축 기술에 관한 국제 표준 규격으로, 동영상뿐만 아니라 오디오 데이터도 압축할 수 있음

04 중요 ✓ 난이도 하 문제 진단 ○△✕
▶합격 강의

다음은 기억 장치에서 사용하는 기억 용량 단위이다. 이 중에서 기억 용량 단위로 가장 큰 것은 무엇인가?

| ㉮ TB | ㉯ GB | ㉰ MB | ㉱ KB |

① ㉮   ② ㉯
③ ㉰   ④ ㉱

• KB(Kilo Byte) : 2^{10}(Byte) = 1,024(Byte)
• MB(Mega Byte) : 2^{20}(Byte) = 1,024(KB)
• GB(Giga Byte) : 2^{30}(Byte) = 1,024(MB)
• TB(Tera Byte) : 2^{40}(Byte) = 1,024(GB)

05 중요 ✓ 난이도 중 문제 진단 ○△✕

한글 Windows 10에서 하드웨어 장치를 추가할 때 운영체제가 이를 자동적으로 인식하여 설치 및 환경 설정을 용이하게 하는 기능 혹은 규약을 무엇이라 부르는가?

① 가상 디바이스 마법사
② 플러그인
③ 장치 관리자
④ 플러그 앤 플레이

플러그 앤 플레이(PnP; Plug & Play)의 지원 : 자동 감지 설치 기능으로 컴퓨터에 장치를 연결하면 자동으로 장치를 인식하여 설치 및 환경 설정을 용이하게 하므로 새로운 주변 장치를 쉽게 연결할 수 있음

난이도 중 | 문제 진단 ◯△☒

06 인터넷 주소(IP Address)를 물리적 하드웨어 주소 (MAC Address)로 변환하는 프로토콜은?

① SNMP　　　　　　② ARP
③ ICMP　　　　　　④ DHCP

ARP(Address Resolution Protocol) : 네트워크상에서 IP 주소를 물리적 주소(MAC)로 대응시키기 위해 사용되는 프로토콜로, 주소 결정 프로토콜이라 함

오답 피하기

• SNMP : 네트워크를 운영하기 위해 각종 기기를 관리하는 프로토콜이며 TCP/IP 프로토콜에 포함됨
• ICMP : IP와 조합하여 통신 중에 발생하는 오류의 처리와 전송 경로 변경 등을 위한 제어 메시지를 관리하는 프로토콜로, 인터넷 제어 메시지 프로토콜이라 함
• DHCP : IP 주소를 자동으로 할당해 주는 동적 호스트 설정 통신 규약

중요☑ | 난이도 중 | 문제 진단 ◯△☒

07 다음의 한글 Windows 10에서 사용하는 바로 가기 키에 대한 설명으로 가장 옳지 않은 것은?

▶합격강의

① Alt + Space Bar : 시작 메뉴를 표시한다.
② Alt + Tab : 실행 중인 앱 간에 작업 전환을 한다.
③ Alt + Print Screen : 활성 창을 갈무리(Capture) 하여 클립보드에 복사한다.
④ Alt + Enter : 선택한 항목에 대한 속성을 표시한다.

Alt + Space Bar : 활성 창의 창 조절(바로 가기) 메뉴 표시

오답 피하기

Ctrl + Esc : 시작 메뉴

난이도 중 | 문제 진단 ◯△☒

08 컴퓨터 그래픽에서 그림자나 색상과 농도의 변화 등과 같은 3차원 질감을 넣음으로써 사실감을 추가하는 과정을 의미하는 용어로 가장 적절한 것은?

① 디더링(Dithering)
② 렌더링(Rendering)
③ 블러링(Blurring)
④ 모핑(Morphing)

렌더링(Rendering) : 컴퓨터 프로그램을 이용하여 3차원 애니메이션을 만드는 과정으로 사물 모형에 명암과 색상을 추가하여 사실감을 더해 주는 작업

오답 피하기

• 디더링(Dithering) : 표현할 수 없는 색상이 존재할 경우, 다른 색상들을 섞어서 비슷한 색상을 내는 효과
• 블러링(Blurring) : 특정 부분을 흐릿하게 하는 효과로 원하는 영역을 선명하지 않게 만드는 기법
• 모핑(Morphing) : 사물의 형상을 다른 모습으로 서서히 변화시키는 기법으로 영화의 특수 효과에서 많이 사용함

난이도 중 | 문제 진단 ◯△☒

09 컴퓨터의 특징을 나타내는 다음 용어들 중 "다른 컴퓨터나 매체에서 작성한 자료도 공유하여 처리할 수 있다."는 의미로 가장 적절하게 사용될 수 있는 것은?

① 선점형 멀티태스킹(Preemptive MultiTasking)
② 범용성(General-purpose)
③ 신뢰성(Reliability)
④ 호환성(Compatibility)

호환성 : 서로 다른 컴퓨터 간에도 프로그램이나 자료의 공유가 가능함

오답 피하기

• 선점형 멀티태스킹(Preemptive MultiTasking) : 운영체제가 CPU를 미리 선점하여 각 응용 소프트웨어의 CPU 사용을 통제하고 관리하여 멀티태스킹(다중 작업)이 원활하게 이루어짐
• 범용성(General-purpose) : 일부분에 국한되지 않고 다목적(사무 처리, 과학, 교육, 게임 등)으로 사용함
• 신뢰성(Reliability) : 컴퓨터 시스템이 주어진 환경에서 아무런 고장 없이 담당 기능 및 문제 처리를 원활하게 수행할 수 있는 척도

난이도 중 | 문제 진단 ◯△☒

10 영상(Image)은 픽셀의 2차원 배열로 구성되는데 한 픽셀이 4비트를 사용한다면 한 픽셀은 몇 가지 색을 표현할 수 있는가?

① 16　　　　　　② 8
③ 4　　　　　　④ 2

픽셀(Pixel)
• 모니터 화면을 이루는 최소 단위
• 한 픽셀이 4비트를 사용하는 경우 한 픽셀은 2^4의 색을 표현함(16개)

11 난이도 중 문제 진단 ○△✕
다음 중 연산 장치에 사용되는 레지스터나 회로가 아닌 것은?

① 인덱스 레지스터(Index Register)
② 프로그램 카운터(Program Counter)
③ 누산기(Accumulator)
④ 보수기(Complementor)

프로그램 카운터(Program Counter)
• 제어 장치에서 사용됨
• 다음에 수행할 명령어의 번지(주소)를 기억하는 레지스터

오답 피하기
• 인덱스 레지스터(Index Register) : 유효 번지를 상대적으로 계산할 때 사용하는 레지스터
• 누산기(Accumulator) : 중간 연산 결과를 일시적으로 기억하는 레지스터
• 보수기(Complementor) : 뺄셈을 수행하기 위하여 입력된 값을 보수로 변환하는 회로

12 중요 ✓ 난이도 중 문제 진단 ○△✕
다음 중 삭제된 파일이 [휴지통]에 임시 보관되어 복원이 가능한 경우는?

① Shift + Delete 로 삭제한 경우
② USB 메모리에 저장된 파일을 Delete 로 삭제한 경우
③ 네트워크 드라이브의 파일을 바로 가기 메뉴의 [삭제]를 클릭하여 삭제한 경우
④ 바탕 화면에 있는 파일을 [휴지통]으로 드래그 앤 드롭하여 삭제한 경우

바탕 화면에 있는 파일을 [휴지통]으로 드래그 앤 드롭하여 삭제한 경우 [휴지통]에 임시 보관되어 복원이 가능함

오답 피하기
휴지통에 보관되지 않고 완전히 삭제되어 복원이 불가능한 경우
• Shift + Delete 로 삭제한 경우
• USB 메모리나 네트워크 드라이브에서 삭제한 경우
• [휴지통 속성]의 [파일을 휴지통에 버리지 않고 삭제할 때 바로 제거]를 선택한 경우

13 난이도 중 문제 진단 ○△✕
다음 중 Windows의 사용자 계정을 통해 사용할 수 있는 기능으로 옳지 않은 것은?

① 관리자 계정의 사용자는 다른 계정의 컴퓨터 사용 시간을 제어할 수 있다.
② 관리자 계정의 사용자는 다른 계정의 등급 및 콘텐츠, 제목별로 게임을 제어할 수 있다.
③ 표준 계정의 사용자는 컴퓨터 보안에 영향을 주는 설정을 변경할 수 있다.
④ 표준 계정의 사용자는 컴퓨터에 설치된 대부분의 프로그램을 사용할 수 있고, 자신의 계정에 대한 암호 등을 설정할 수 있다.

표준 계정의 사용자는 컴퓨터 보안에 영향을 주는 설정을 변경할 수 없음

14 난이도 중 문제 진단 ○△✕
▶ 합격 강의
다음은 외부로부터의 데이터 침입 행위에 관한 유형이다. 이 중에서 가로채기(Interception)에 관한 설명으로 옳은 것은?

① 자료가 수신측으로 전달되는 것을 방해하는 행위
② 전송한 자료가 수신지로 가는 도중에 몰래 보거나 도청하는 행위
③ 원래의 자료를 다른 내용으로 바꾸는 행위
④ 자료가 다른 송신자로부터 전송된 것처럼 꾸미는 행위

가로채기(Interception)
• 전송되는 데이터를 가는 도중에 도청 및 몰래 보는 행위
• 정보의 기밀성(Secrecy)을 저해함

오답 피하기
• ① : 가로막기(Interruption)로 정보의 가용성(Availability)을 저해함
• ③ : 변조/수정(Modification)로 정보의 무결성(Integrity)을 저해함
• ④ : 위조(Fabrication)로 정보의 무결성(Integrity)을 저해함

15 다음 중 비대칭형(Public Key) 암호화 방식의 특징이 아닌 것은?

① 암호키와 해독키가 분리되어 있다.
② RSA 방식이 많이 사용된다.
③ 공개키만으로는 암호화된 내용을 복호화할 수 없다.
④ 송신자와 수신자 사이에 동일한 키를 사용한다.

비밀키(대칭키, 단일키) 암호화 : 송신자와 수신자가 서로 동일(대칭)한 하나(단일)의 비밀키를 가짐

오답 피하기

공개키(비대칭키, 이중키) 암호화
• 암호화키와 복호화키가 서로 다른(비대칭) 두 개(이중키)의 키를 가짐
• 암호화와 복호화의 속도가 느림
• 암호화는 공개키로, 복호화는 비밀키로 함
• 이중키이므로 알고리즘이 복잡하고 파일의 크기가 큼
• 암호화가 공개키이므로 키의 분배가 쉽고, 관리할 키의 개수가 줄어듦
• 대표적인 방식으로는 RSA가 있음

16 다음 중 주기억 장치의 크기보다 큰 프로그램을 실행하기 위해 디스크의 일부 영역을 주기억 장치처럼 사용하게 하는 메모리 관리 방식으로 옳은 것은?

① 캐시 메모리
② 버퍼 메모리
③ 연관 메모리
④ 가상 메모리

가상 메모리(Virtual Memory) : 보조 기억 장치의 일부, 즉 하드디스크의 일부를 주기억 장치처럼 사용하는 메모리 사용 기법으로, 기억 장소를 주기억 장치의 용량으로 제한하지 않고, 보조 기억 장치까지 확대하여 사용함

오답 피하기

• 캐시 메모리 : 휘발성 메모리로, 속도가 빠른 CPU와 상대적으로 속도가 느린 주기억 장치 사이에 있는 고속의 버퍼 메모리
• 버퍼 메모리 : 두 개의 장치 사이에 위치하여 두 개의 장치가 데이터를 주고받을 때 생기는 속도 차이를 해결하기 위하여 중간에 데이터를 임시로 저장해 두는 공간
• 연관 메모리 : 저장된 내용의 일부를 이용하여 기억 장치에 접근하여 데이터를 읽어오는 기억 장치

17 다음 중 HTML의 단점을 보완하여 이미지의 애니메이션을 지원하며, 사용자와의 상호 작용에 따른 동적인 웹 페이지의 제작이 가능한 언어는?

① JAVA
② DHTML
③ VRML
④ WML

DHTML(Dynamic HTML) : 동적 HTML로 스타일 시트(Style Sheets)를 도입하여 텍스트의 폰트와 크기, 색상, 여백 형식 등 웹 페이지 관련 속성을 지정할 수 있음

오답 피하기

• JAVA : 미국의 선 마이크로시스템즈사가 개발한 객체 지향 프로그래밍 언어로, C++을 바탕으로 언어 규격을 규정함
• VRML : 3차원 도형 데이터의 기술 언어로, 3차원 좌표 값이나 기하학적 데이터 등을 기술한 문서(Text) 파일의 서식(Format)이 정해져 있음
• WML : 무선 애플리케이션을 위해 특별히 개발된 언어로, XML을 기반으로 함

18 다음 중 버전에 따른 소프트웨어에 대한 설명으로 옳지 않은 것은?

① 트라이얼 버전(Trial Version)은 특정한 하드웨어나 소프트웨어를 구매하였을 때 무료로 주는 프로그램이다.
② 베타 버전(Beta Version)은 소프트웨어의 정식 발표 전 테스트를 위하여 사용자들에게 무료로 배포하는 시험용 프로그램이다.
③ 데모 버전(Demo Version)은 정식 프로그램을 홍보하기 위해 사용 기간이나 기능을 제한하여 배포하는 프로그램이다.
④ 패치 버전(Patch Version)은 이미 제작하여 배포된 프로그램의 오류 수정이나 성능 향상을 위해 프로그램의 일부 파일을 변경해 주는 프로그램이다.

트라이얼 버전(Trial Version) : 상용 소프트웨어를 일정 기간 동안 사용해 볼 수 있는 체험판 소프트웨어

오답 피하기

번들 프로그램(Bundle Program) : 특정한 하드웨어나 소프트웨어를 구매하였을 때 끼워주는 소프트웨어

19 다음 중 인터넷에서 사용하는 IPv6 주소 체계에 대한 설명으로 옳지 않은 것은?

① 16비트씩 8부분으로 총 128비트로 구성된다.

② 각 부분은 16진수로 표현하고, 세미콜론(;)으로 구분한다.

③ 유니캐스트, 멀티캐스트, 애니캐스트 등의 3가지 주소 체계로 나누어진다.

④ IPv4의 주소 부족 문제를 해결해 줄 수 있다.

> 각 부분은 16진수로 표현하고, 콜론(:)으로 구분함

난이도 중 문제 진단 ○△X

20 기업 내에서 업무에 활용되는 전자결재, 전자우편, 게시판 등으로 여러 사람이 공통의 업무를 수행하는 데 있어 공동으로 사용할 수 있는 프로그램을 무엇이라고 하는가?

① 방화벽(Firewall)

② 그룹웨어(Groupware)

③ 블루투스(Bluetooth)

④ 운영체제(Operating System)

> **그룹웨어(Groupware)**
> • 여러 사람이 공통의 업무를 수행하는 데 있어 공동으로 사용할 수 있는 프로그램
> • 마이크로소프트사의 익스체인지(Exchange)나 넷미팅(Netmeet-ing) 등이 이에 해당함
>
> **오답 피하기**
> • 방화벽(Firewall) : 인터넷의 보안 문제로부터 특정 네트워크를 격리시키는 데 사용되는 시스템으로, 내부망과 외부망 사이의 상호 접속이나 데이터 전송을 안전하게 통제하기 위한 보안 기능
> • 블루투스(Bluetooth) : 무선 기기 간(무선 마우스를 PC에 연결) 정보 전송을 목적으로 하는 근거리 무선 접속 프로토콜
> • 운영체제(Operating System) : 컴퓨터 시스템의 각종 하드웨어적인 자원과 소프트웨어적인 자원을 효율적으로 운영, 관리함으로써 사용자가 시스템을 이용하는 데 편리함을 제공하는 시스템 소프트웨어

2과목 스프레드시트 일반

중요 ✓ 난이도 상 문제 진단 ○△X

21 아래의 시트에서 총무팀의 컴퓨터일반 점수의 평균을 구하는 수식으로 옳은 것은?

	A	B	C	D	E
1	이름	소속	컴퓨터일반	스프레드시트	평균
2	한상공	총무팀	70	60	65
3	이대한	영업팀	75	75	75
4	왕정보	총무팀	86	50	68
5	최첨단	영업팀	90	80	85
6	진선미	총무팀	88	90	89
7					
8	소속	평균			
9	총무팀				
10					

① =DAVERAGE(A1:E6, 3, A8:A9)

② =DAVERAGE(A1:E6, 2, A8:A9)

③ =DAVERAGE(A8:A9, 3, A1:E6)

④ =DAVERAGE(A8:A9, 2, A1:E6)

> • DAVERAGE(데이터베이스, 필드, 조건 범위) : 조건을 만족하는 필드의 평균을 구함
> • 데이터베이스 : A1:E6, 필드 : 3, 조건 범위 : A8:A9

난이도 중 문제 진단 ○△X

22 아래의 시트에서 급여총액은 기본급+기타수당으로 구할 때, 목표값 찾기를 이용하여 급여총액이 1,000,000이 되기 위해서는 기타수당이 얼마가 되어야 하는지를 알아보기 위한 설명으로 옳지 않은 것은?

	A	B	C	D
1	기본급	기타수당	급여총액	목표급여
2	800,000	35,000	835,000	1,000,000
3				
4				
5				
6				
7				
8				
9				
10				

목표값 찾기

수식 셀(E):

찾는 값(V):

값을 바꿀 셀(C):

확인   취소

① 수식 셀은 [C2] 셀을 입력한다.

② 찾는 값에는 [D2] 셀을 입력한다.

③ 값을 바꿀 셀에서는 [B2] 셀을 입력한다.

④ 목표값 찾기는 하나의 변수 입력 값에서만 작동한다.

찾는 값 : 수식 셀의 결과로, 원하는 특정한 값을 숫자 상수로 입력함

⊿	A	B	C	D
1	기본급	기타수당	급여총액	목표급여
2	800,000	35,000	835,000	1,000,000

목표값 찾기 ? ×

수식 셀(E): $C$2 ↑
찾는 값(V): 1000000
값을 바꿀 셀(C): $B$2 ↑

확인 취소

중요 ✓ 난이도 중 문제 진단 ○△✕

23 다음 중 주어진 함수식에 대한 실행 결과로 옳지 않은 것은?

① =RIGHT("COMMUNICATION",6), 실행 결과 : CATION

② =OR(4⟨5,8⟩9), 실행 결과 : FALSE

③ =INT(35.89), 실행 결과 : 35

④ =COUNT(7,8,"컴활"), 실행 결과 : 2

- OR(조건1, 조건2…) : 조건 중 하나 이상이 참이면 TRUE, 나머지는 FALSE를 반환함
- 4⟨5는 TRUE, 8⟩9는 FALSE이므로 =OR(4⟨5,8⟩9)의 결과는 TRUE 가 됨

오답 피하기

- RIGHT(문자열, 개수) : 문자열의 오른쪽에서 지정한 개수만큼 문자를 추출함
- INT(수) : 수를 가장 가까운 정수로 내린 값을 구함
- COUNT(인수1, 인수2 …) : 인수 중에서 숫자의 개수를 구함

난이도 중 문제 진단 ○△✕

24 다음 중 시트를 복사하는 방법에 대한 설명으로 올바른 것은?

① Shift를 누른 상태로 해당 시트의 탭을 클릭하여 원하는 위치까지 드래그한다.

② Ctrl을 누른 상태로 해당 시트의 탭을 클릭하여 원하는 위치까지 드래그한다.

③ Alt를 누른 상태로 해당 시트의 탭을 클릭하여 원하는 위치까지 드래그한다.

④ Tab을 누른 상태로 해당 시트의 탭을 클릭하여 원하는 위치까지 드래그한다.

시트 탭에서 Ctrl을 누른 채 시트 이름(Sheet1)을 마우스로 끌면 시트가 복사되면서 Sheet1 (2), Sheet1 (3), …이 생성됨

난이도 중 문제 진단 ○△✕

25 다음 중 원형 차트와 비슷하지만 다중 계열을 설정할 수 있는 차트 종류는?

① 원형 대 가로 막대형

② 원통형

③ 거품형

④ 도넛형

도넛형

- 전체 합계에 대한 각 항목의 구성 비율을 표시함
- 원형 차트와 비슷하지만 여러 데이터 계열을 표시할 수 있다는 점이 다름

난이도 중 문제 진단 ○△✕

26 다음 중 매크로 작성에 대한 설명으로 옳지 않은 것은?

① 매크로 이름은 공백을 포함하여 작성할 수 있으며 항상 문자로 시작하여야 한다.

② 바로 가기 키는 기본적으로 Ctrl이 지정되어 있다.

③ 매크로 이름은 첫 글자 외에는 문자, 숫자 등을 혼합하여 사용할 수 있다.

④ 바로 가기 키 지정 시 대문자를 입력하면 자동으로 Shift가 붙여진다.

매크로 이름에 공백이나 #, @, $, %, & 등의 기호 문자를 사용할 수 없음

중요 ✓ 난이도 중 문제 진단 ○△✕

27 고급 필터 기능을 활용하기 위해 다음과 같이 필터 조건을 지정하였을 때의 검색 결과에 대한 설명으로 올바른 것은?

⊿	A	B
1	거주지	연령
2	서울	<=25
3		

① 거주지가 서울이거나 연령이 25세 이하인 사람

② 거주지가 서울이면서 연령이 25세 이하인 사람

③ 거주지가 서울이거나 연령이 25세 이상인 사람

④ 거주지가 서울이면서 연령이 25세 이상인 사람

- AND 조건 : 첫 행에 필드명을 나란히 입력하고, 동일한 행에 조건을 입력함
- 거주지가 서울이면서(AND) 연령이 25세 이하(<=)인 사람

난이도 중 문제 진단 ○△✕

28

다음 중 화면 제어 방법에 대한 설명으로 옳지 않은 것은?

① 창 나누기는 워크 시트의 내용이 많은 경우 하나의 화면으로는 모두 표시하기 어려울 때 워크시트를 여러 개의 창으로 분리하는 기능으로 화면은 최대 4개로 분할할 수 있다.

② 창 나누기를 위해서는 셀 포인터를 창을 나눌 기준 위치로 옮긴 후 [창]-[나누기]를 클릭하면 셀 포인터의 위치에 따라 화면을 수평/수직으로 분할해 준다.

③ 틀 고정은 셀 포인터의 이동과 관계 없이 항상 제목 행이나 제목 열을 표시하고자 할 때 설정한다.

④ 통합 문서 창을 [창]-[숨기기]를 이용하여 숨긴 채로 엑셀을 종료하면 다음에 파일을 열 때 숨겨진 창에 대해 숨기기 취소를 할 수 없으므로 주의하여야 한다.

> 통합 문서 창을 [창]-[숨기기]를 이용하여 숨긴 채로 엑셀을 종료하더라도 다음에 파일을 열고 난 다음 숨겨진 창에 대해 숨기기 취소를 실행할 수 있음

중요 ✓ 난이도 상 문제 진단 ○△✕

29

다음 워크시트에서 아래의 [수당기준표]를 이용하여 각 직급별 근속 수당을 구하는 수식을 [C2] 셀에 작성한 후 채우기 핸들로 나머지 근속수당을 계산하기 위한 수식으로 올바른 것은?

▲	A	B	C	D
1	성명	직급	근속수당	
2	홍길동	이사		
3	김민수	부장		
4	박기철	과장		
5				
6		[수당기준표]		
7	직급	과장	부장	이사
8	식대	75,000	95,000	100,000
9	근속수당	50,000	70,000	80,000

① =VLOOKUP(B2,$B$7:$D$9,2,FALSE)

② =VLOOKUP(B2,$B$7:$D$9,3,FALSE)

③ =HLOOKUP(B2,$B$7:$D$9,2,FALSE)

④ =HLOOKUP(B2,$B$7:$D$9,3,FALSE)

HLOOKUP 함수

- 표의 가장 첫 행에서 특정 값을 찾아, 지정한 행에 해당하는 열의 셀 값을 표시함
- =HLOOKUP(찾을 값, 셀 범위, 행 번호, 찾을 방법)

찾을 값	표의 첫째 행에서 찾고자 하는 값 → B2
셀 범위	찾고자 하는 값이 있는 범위나 배열 → $B$7:$D$9
행 번호	같은 열에 있는 값을 표시할 행 → 3
찾을 방법	• 생략되거나 TRUE(=1)이면 셀 범위에 똑같은 값이 없을 때는 찾을 값의 아래로 근사 값을 찾아주며, 이때 셀 범위 또는 배열은 첫 번째 행을 기준으로 왼쪽에서 오른쪽으로 오름차순 정렬이 되어 있어야 함 • FALSE(=0)로 지정되면 정확한 값을 찾아주며, 만약 그 값이 없을 때는 #N/A 오류가 발생함

난이도 중 문제 진단 ○△✕

30

다음 중 날짜/시간 데이터를 입력하는 방법에 관한 설명으로 틀린 것은?

① 현재의 날짜를 입력하려면 Ctrl+; 을 누른다.

② 현재 시간을 입력하려면 Ctrl+Shift+; 을 누른다.

③ 시간을 입력할 때는 슬래시(/)나 하이픈(-)을 사용한다.

④ 서식에 AM이나 PM이 있으면 시간을 12시간제로 나타내는 것이다.

> 날짜 : 하이픈(-), 슬래시(/) 등으로 연, 월, 일을 구분하여 입력함
>
> 오답 피하기
>
> 시간 : 콜론(:)으로 시, 분, 초를 구분하여 입력함

난이도 중 문제 진단 ○△✕

31

다음 중 셀 범위를 선택한 후 그 범위에 이름을 정의하여 사용하는 것에 대한 설명으로 옳지 않은 것은?

① 이름은 기본적으로 상대 참조를 사용한다.

② 이름에는 공백이 없어야 한다.

③ 이름은 대소문자를 구별하지 않는다.

④ 정의된 이름은 다른 시트에서도 사용할 수 있다.

> 이름은 기본적으로 절대 참조를 사용함

중요 ✓ 난이도 하 문제 진단 ○△✕
32
▶ 합격 강의

아래 숫자의 아이콘 표시가 순서대로 바르게 연결된 것은?

㉮ ㉯ ㉰ ㉱

① ㉮ 페이지 번호 삽입, ㉯ 전체 페이지 수 삽입, ㉰ 파일 경로 삽입, ㉱ 파일 이름 삽입
② ㉮ 전체 페이지 수 삽입, ㉯ 페이지 번호 삽입, ㉰ 시트 이름 삽입, ㉱ 파일 이름 삽입
③ ㉮ 페이지 번호 삽입, ㉯ 전체 페이지 수 삽입, ㉰ 날짜 삽입, ㉱ 시간 삽입
④ ㉮ 전체 페이지 수 삽입, ㉯ 페이지 번호 삽입, ㉰ 그림 삽입, ㉱ 그림 서식

- ㉮ : 페이지 번호 삽입
- ㉯ : 전체 페이지 수 삽입
- ㉰ : 파일 경로 삽입
- ㉱ : 파일 이름 삽입

난이도 중 문제 진단 ○△✕
33
아래 워크시트에서 [A] 열에 [셀 서식]–[표시 형식]–[사용자 지정]을 이용하여 [C]열과 같이 나타내고자 한다. 다음 중 입력하여야 할 사용자 지정 형식으로 옳은 것은?

	A	B	C
1	김대일		김대일님
2	김보람	→	김보람님
3	홍길동		홍길동님
4	남일동		남일동님

① #님
② @'님'
③ #'님'
④ @님

@ : 문자 뒤에 특정한 문자열을 함께 나타나게 함

난이도 중 문제 진단 ○△✕
34
시트를 그룹화한 상태에서 [A1] 셀에 '스프레드시트' 단어를 입력하였을 때 나타나는 결과로 옳은 것은?

① 첫 번째 시트에만 입력되어 나타난다.
② 선택한 시트의 [A1] 셀에 모두 입력되어 나타난다.
③ 오류가 나타난다.
④ 마지막 시트에만 입력되어 나타난다.

여러 개의 시트를 선택하고 데이터 입력 및 편집 등 명령을 실행하면 그룹으로 설정된 모든 시트에 동일하게 명령이 실행됨

난이도 중 문제 진단 ○△✕
35
모두 10페이지 분량의 문서를 매 페이지마다 제목 행 부분을 반복하여 인쇄하려고 한다. 다음 중 설정 방법으로 옳은 것은?

① [페이지 설정]–[페이지]에서 '반복할 행'을 지정한다.
② [페이지 설정]–[여백]에서 '반복할 행'을 지정한다.
③ [페이지 설정]–[머리글/바닥글]에서 '반복할 행'을 지정한다.
④ [페이지 설정]–[시트]에서 '반복할 행'을 지정한다.

인쇄 제목
- 모든 페이지에 반복해서 인쇄할 제목 행과 제목 열을 지정함
- 반복할 행은 '$1:$3'과 같이 행 번호로 나타나며, 반복할 열은 '$A:$B'와 같이 열 문자로 나타남

난이도 상 문제 진단 ○△✕
36
다음 중 아래의 <수정 전> 차트를 <수정 후> 차트와 같이 변경하려고 할 때 사용해야 할 서식은?

〈수정 전〉

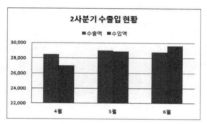

〈수정 후〉

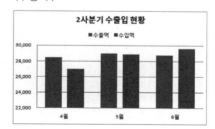

① 차트 영역 서식
② 그림 영역 서식
③ 데이터 계열 서식
④ 축 서식

[데이터 계열 서식]의 [계열 옵션]–[계열 겹치기]에서 〈수정 후〉처럼 변경 가능함

37

난이도 중   문제 진단 ○△✕

엑셀에서 오름차순과 내림차순이 아닌 사용자 지정 목록 기준으로 정렬이 가능하다. 이러한 새로운 정렬 방법은 어디서 미리 정의해 주어야 하는가?

① [Excel 옵션]-[고급]-[사용자 지정 목록 편집]
② [Excel 옵션]-[일반]-[사용자 지정 목록 편집]
③ [Excel 옵션]-[수식]-[등록 정보]
④ [Excel 옵션]-[고급]-[데이터 정렬]-[사용자 지정 목록 편집]

사용자 지정 목록 편집 : [Excel 옵션]-[고급]-[사용자 지정 목록 편집]

38

난이도 중   문제 진단 ○△✕

▶ 합격 강의

워크시트상에 천 단위 수치를 많이 다루는 회사에서, 수치 데이터를 입력할 때 5를 입력하면 셀에 5000으로 입력되게 하려고 한다. 다음 중 [Excel 옵션]-[고급]에서 어떤 항목을 선택하여야 하는가?

① 자동 % 입력 사용
② 셀에서 직접 편집
③ 소수점 자동 삽입
④ 셀 내용을 자동 완성

[소수점 자동 삽입]-[소수점 위치]를 -3으로 지정하는 경우 5를 입력하면 5000이 입력됨

39

난이도 중   문제 진단 ○△✕

아래의 시트에서 채우기 핸들을 끌었을 때 [A3] 셀에 입력되는 값으로 올바른 것은?

	A	B
1	10.3	
2	10	
3		
4		

① 10.3   ② 9.7
③ 10   ④ 11

두 개 이상의 셀을 범위로 지정하여 채우기 핸들을 끌면 데이터 사이의 차이에 의해 증가 또는 감소하면서 채워짐

	A	B
1	10.3	
2	10	
3	9.7	
4		

40

난이도 중   문제 진단 ○△✕

다음 중 통합 문서 공유에 대한 설명으로 옳지 않은 것은?

① 병합된 셀, 조건부 서식, 데이터 유효성 검사, 차트, 그림과 같은 일부 기능은 공유 통합 문서에서 추가 하거나 변경할 수 없다.
② 공유된 통합 문서는 여러 사용자가 동시에 변경할 수 없다.
③ 통합 문서를 공유하는 경우 저장 위치는 웹 서버가 아니라 공유 네트워크 폴더를 사용해야 한다.
④ 셀을 잠그고 워크시트를 보호하여 액세스를 제한하지 않으면 네트워크 공유에 액세스할 수 있는 모든 사용자가 공유 통합 문서에 대한 모든 액세스 권한을 갖게 된다.

공유 통합 문서는 여러 사용자가 동시에 편집할 수 있음

▶합격 강의

SELF CHECK | 제한시간 40분 | 소요시간　　　분 | 전체 문항 수 40문항 | 맞힌 문항 수　　　문항

1과목 컴퓨터 일반

중요 ✓ 난이도 하 문제 진단 ○△✗

01 다음 중 컴퓨터의 처리시간 단위가 빠른 것에서 느린 순서로 바르게 나열된 것은?

▶합격 강의

① ps − as − fs − ns − ms − μs
② as − fs − ps − ns − μs − ms
③ ms − μs − ns − ps − fs − as
④ fs − ns − ps − μs − as − ms

컴퓨터의 연산 속도 단위(느린 순서 → 빠른 순서)

ms	μs	ns	ps	fs	as
milli second	micro second	nano second	pico second	femto second	atto second
10^{-3}초	10^{-6}초	10^{-9}초	10^{-12}초	10^{-15}초	10^{-18}초

난이도 중 문제 진단 ○△✗

02 네트워크를 서로 물리적, 논리적으로 연결해 주기 위해서는 인터넷 워킹 기기가 필요하다. 다음 중에서 이와 관련이 없는 것은 어느 것인가?

① 리피터(Repeater)
② 라우터(Router)
③ 브리지(Bridge)
④ 패킷(Packet)

패킷(Packet) : 전송 데이터를 일정한 길이로 잘라서 전송에 필요한 정보들과 함께 보내는데, 이 데이터 묶음을 패킷이라고 함

오답 피하기

• 리피터(Repeater) : 장거리 전송을 위해 신호를 새로 재생시키거나 출력 전압을 높여 전송하는 장치
• 라우터(Router) : 데이터 전송을 위한 최적의 경로를 찾아 통신망에 연결하는 장치
• 브리지(Bridge) : 독립된 두 개의 근거리 통신망(LAN)을 연결하는 접속 장치

난이도 중 문제 진단 ○△✗

03 다음 중 컴퓨터의 Windows 환경을 최적화시켜 효과적으로 운영하는 방법으로 가장 적절하지 못한 것은?

▶합격 강의

① 바탕 화면에 불필요한 아이콘을 많이 만들지 않는다.
② 불필요한 프로그램이나 파일은 지우고 부품에 맞는 드라이버를 선택한다.
③ 레지스트리를 크게 설정하고 IP 주소가 충돌하지 않도록 신경을 쓴다.
④ 디스크를 검사하고 파일 조각을 모으는 작업을 한다.

레지스트리(Registry)
• Windows에서 사용하는 환경 설정 및 각종 시스템과 관련된 정보가 저장된 계층 구조식 데이터베이스로 [실행]에서 "regedit" 명령으로 레지스트리 편집기를 실행함
• Windows에서 레지스트리의 크기를 설정하는 기능은 지원되지 않음

난이도 하 문제 진단 ○△✗

04 다음에 제시하는 압축 기술 가운데, 프레임 중에 중복되는 정보를 삭제하여 컬러 정지 화상의 데이터를 압축하는 방식으로 대표적인 것은?

① JPEG
② MPEG
③ AVI
④ MOV

JPEG
• 정지 영상 압축 기술에 관한 표준화 규격
• 20 : 1 정도로 압축할 수 있는 형식
• 비손실 압축과 손실 압축을 모두 지원함
• 화면 중에서 중복되는 정보를 삭제하여 컬러 정지 화상의 데이터를 압축하는 방식

오답 피하기

• MPEG : 동화상 전문가 그룹에서 제정한 동영상 압축 기술에 관한 국제 표준 규격으로, 동영상뿐만 아니라 오디오 데이터도 압축할 수 있음
• AVI : Windows의 표준 동영상 형식의 디지털 비디오 압축 방식
• MOV : Apple 사에서 만든 동영상 압축 기술

05

난이도 중 문제 진단 ○△✕

중앙 처리 장치의 성능을 나타내는 단위가 아닌 것은?

① MIPS
② FLOPS
③ 클럭 속도(Hz)
④ RPM

> RPM(Revolutions Per Minute) : 하드디스크의 분당 회전수를 의미하며 중앙 처리 장치의 성능을 나타내는 단위가 아님
>
> **오답 피하기**
> • MIPS : 1초 동안 처리할 수 있는 명령의 개수를 100만 단위로 표시함
> • FLOPS : 1초 동안 처리할 수 있는 부동 소수점 연산의 횟수를 표시함
> • 클럭 속도(Hz) : CPU의 처리 속도를 나타내는 단위로, 1초를 기준으로 어느 정도의 계산을 처리하였느냐를 'Hz(헤르츠)'라는 단위로 표시함

06

난이도 하 문제 진단 ○△✕

1기가 바이트(Giga Byte)는 몇 바이트(Byte)인가?

① 1024Byte
② 1024×1024Byte
③ 1024×1024×1024Byte
④ 1024×1024×1024×1024Byte

> • 1GB(Giga Byte)는 2^{30}(Byte)이므로 1,073,741,824Byte가 됨
> • 1024×1024×1024=1,073,741,824Byte

07

중요 ✓ 난이도 중 문제 진단 ○△✕

한글 Windows 10은 다수의 프로그램을 동시에 실행시킬 수 있다. 이때 한 프로그램이 잘못 실행되어 도중에 강제 종료시킬 때 처음 사용하는 키는 어떤 것인가?

① Ctrl + Shift + Esc
② Ctrl + Alt + Shift
③ Ctrl + Alt + Space Bar
④ Ctrl + Alt + Esc

> Ctrl + Shift + Esc : 작업 관리자 열기([프로세스] 탭에서 [작업 끝내기]로 작업 종료)

08

중요 ✓ 난이도 상 문제 진단 ○△✕

일반적으로 주기억 장치로 사용하는 RAM을 보조 기억 장치로는 사용하고 있지 않다. 그 이유를 바르게 설명한 것은?

① RAM은 접근 속도가 너무 빨라 보조 기억 장치로 사용할 수 없기 때문이다.
② RAM의 제품 생산량이 수요에 미치지 못하기 때문이다.
③ RAM에 기억된 정보를 유지하려면 지속적으로 전원 공급이 필요하기 때문이다.
④ RAM의 수명이 짧기 때문이다.

> RAM(Random Access Memory) : 전원이 공급되지 않으면 기억된 내용이 사라지는 휘발성(소멸성) 메모리이므로 보조 기억 장치로 사용하지 않음

09

난이도 하 문제 진단 ○△✕

원격지에 있는 다른 시스템과의 원활한 통신이 가능하도록 상호 간에 준수해야 하는 규범을 무엇이라고 하는가?

① 프로토콜
② 데이터 통신
③ 프로그램
④ 인터페이스

> 프로토콜(Protocol) : 네트워크에서 서로 다른 기종 간의 데이터 전송 시 원활한 정보 교환이 가능하도록 절차 등을 규정해 놓은 통신 규약

10

난이도 중 문제 진단 ○△✕

다음 중 정전이 발생한 경우 사용자가 작업 중인 데이터를 잃어버리지 않도록 해 주는 장치는?

① AVR
② CVCF
③ UPS
④ 항온 항습 장치

> UPS(Uninterruptible Power Supply) : 정전 시 전원을 공급해 주는 무정전 전원 공급 장치
>
> **오답 피하기**
> • AVR : 자동 전압 조절기로 일정한 전압을 유지시켜 주는 장치
> • CVCF : 정전압 정주파 장치로 출력의 전압 및 주파수를 일정하게 유지시켜 주는 장치
> • 항온 항습 장치 : 항상 일정한 온도와 습도를 유지시켜 주는 장치

11 난이도 하 문제 진단 ○△✕

다음은 컴퓨터 세대와 주요 회로를 연결한 것이다. 잘못 연결된 것은?

① 1세대 – 진공관
② 2세대 – 트랜지스터
③ 3세대 – 자기드럼
④ 4세대 – 고밀도 집적 회로

> 3세대 : 주요 회로와 주기억 장치로 집적 회로(IC)를 사용함

12 중요 ✓ 난이도 중 문제 진단 ○△✕

디스크의 논리적, 물리적 오류를 검사하고 논리적 오류를 수정할 수 있는 것은?

① 디스크 검사
② 바이러스 검사
③ 디스크 압축
④ 디스크 포맷

> **디스크 검사**
> • 파일과 폴더 및 디스크의 논리적, 물리적인 오류를 검사하고 수정함
> • 잃어버린 클러스터, FAT, 오류 등 디스크의 논리적인 오류 및 디스크 표면을 검사하여 실제 드라이브의 오류나 불량 섹터를 검사함

13 난이도 중 문제 진단 ○△✕

정보 통신망의 범위를 기준으로 작은 것부터 큰 순서대로 옳게 나열한 것은?

① WAN – MAN – LAN
② LAN – MAN – WAN
③ MAN – LAN – WAN
④ LAN – WAN – MAN

> • LAN(Local Area Network) : 근거리 통신망
> • MAN(Metropolitan Area Network) : LAN과 WAN의 중간 형태의 도시 지역 통신망
> • WAN(Wide Area Network) : 광역 통신망

14 난이도 중 문제 진단 ○△✕

컴퓨터 장애로 인한 작업 중단을 방지하고 업무 처리의 신뢰도를 높이기 위해 2개의 CPU가 같은 업무를 동시에 처리하여 그 결과를 상호 점검하면서 운영하는 시스템을 무엇이라 부르는가?

① 듀얼 시스템
② 듀플렉스 시스템
③ 다중 처리 시스템
④ 다중 프로그래밍 시스템

> **오답 피하기**
> • 듀플렉스 시스템(Duplex System) : 2개의 CPU 중 한 CPU는 대기 상태로 가동 중인 CPU가 고장나면 복구될 때까지 대기 중인 CPU가 업무를 처리하는 시스템
> • 다중 처리 시스템(Multi-Processing System) : 두 개 이상의 CPU로 동시에 여러 개의 프로그램을 처리하는 기법
> • 다중 프로그래밍 시스템(Multi-Programming System) : 한 개의 CPU로 여러 프로그램을 처리하는 시스템

15 난이도 중 문제 진단 ○△✕

컴퓨터 주변 장치에서 CPU의 관심을 끌기 위해 발생하는 신호로서 발생한 장치 중 우선순위가 가장 높은 장치에 이것을 허용한다. 두 개 이상의 하드웨어가 동일한 이것을 사용하면 충돌이 발생하게 되는데 이때 이것을 무엇이라고 하는가?

① DMA
② I/O
③ IRQ
④ Plug & Play

> IRQ(Interrupt ReQuest) : 주변기기(마우스, 키보드, LAN 보드 등)에서 일어나는 인터럽트 신호
>
> **오답 피하기**
> • DMA(Direct Memory Access) : CPU의 간섭 없이 주기억 장치와 입출력 장치 사이에서 직접 전송이 이루어지는 방법
> • I/O(Input/Output) : 입력과 출력을 의미함
> • Plug & Play : 자동 감지 설치 기능으로 컴퓨터에 장치를 연결하면 자동으로 장치를 인식하여 설치 및 환경 설정을 용이하게 하므로 새로운 주변 장치를 쉽게 연결함

16 한글 Windows에서 [프린터 설치]에 관련된 설명 중 옳지 않은 것은?

① 로컬 프린터와 네트워크 프린터로 구분하여 설치할 수 있다.

② PC에 직접 연결되지 않고 네트워크상에 연결된 프린터도 기본 프린터로 설정할 수 있다.

③ 하나의 시스템에 여러 대의 프린터를 모두 설치할 수 있다.

④ 두 대 이상의 프린터를 기본 프린터로 지정할 수 있으며, 기본 프린터로 설정된 프린터도 삭제할 수 있다.

기본 프린터는 한 대만 지정할 수 있으며, 기본 프린터로 설정된 프린터도 제거할 수 있음

17 다음 중 일반적으로 RAID(Redundant Array of Inexpensive Disk)를 사용하는 목적으로 볼 수 없는 것은?

① 전송 속도 향상

② 한 개의 대용량 디스크를 여러 개의 디스크처럼 나누어 관리

③ 안정성 향상

④ 데이터 복구의 용이성

RAID(Redundant Array of Inexpensive Disk)
• 여러 드라이브의 집합을 하나의 저장 장치처럼 취급함
• 장애가 발생했을 때 데이터를 잃어버리지 않게 하며 각각에 대해 독립적으로 동작할 수 있도록 하는 시스템
• 여러 개의 HDD(하드디스크)를 하나의 Virtual Disk로 구성하므로 대용량 저장 장치 구축이 가능함

18 다음 중 Windows [설정]의 [접근성]에서 설정할 수 없는 기능은?

① 다중 디스플레이를 설정하여 두 대의 모니터에 화면을 확장하여 표시할 수 있다.

② 돋보기를 사용하여 화면에서 원하는 영역을 확대하여 크게 표시할 수 있다.

③ 내레이터를 사용하여 화면의 모든 텍스트를 소리 내어 읽어 주도록 설정할 수 있다.

④ 키보드가 없어도 입력 가능한 화상 키보드를 표시할 수 있다.

다중 디스플레이 설정 : [설정]-[시스템]-[디스플레이]의 '여러 디스플레이'에서 설정함

19 다음 중 시스템 보안을 위해 사용하는 방화벽(Firewall)에 대한 설명으로 적절하지 않은 것은?

① IP주소 및 포트 번호를 이용하거나 사용자 인증을 기반으로 접속을 차단하여 네트워크의 출입로를 단일화한다.

② '명백히 허용되지 않은 것은 금지한다.'라는 적극적 방어 개념을 가지고 있다.

③ 방화벽을 운영하면 바이러스와 내/외부의 새로운 위험에 효과적으로 대처할 수 있다.

④ 로그 정보를 통해 외부 침입의 흔적을 찾아 역추적할 수 있다.

• 방화벽은 외부의 침입으로부터 내부의 정보 자산을 보호함
• 외부로부터의 침입을 막을 수는 있지만 내부에서 일어나는 해킹은 막을 수 없으므로 내부의 새로운 위험에 대해서는 효과적으로 대처할 수 없음

20 다음 중 웹 프로그래밍 언어에 대한 설명으로 옳지 않은 것은?

① ASP는 서버 측에서 동적으로 수행되는 페이지를 만들기 위한 언어로 Windows 계열의 운영체제에서 실행 가능하다.
② PHP는 클라이언트 측에서 동적으로 수행되는 스크립트 언어로 Unix 운영체제에서 실행 가능하다.
③ XML은 HTML의 단점을 보완하여 웹에서 구조화된 폭넓고 다양한 문서들을 상호 교환할 수 있도록 설계된 언어이다.
④ JSP는 자바로 만들어진 서버 스크립트로 다양한 운영체제에서 사용 가능하다.

PHP : 웹 서버에서 작동하는 스크립트 언어로 Windows, Unix, Linux 등의 운영체제에서 모두 실행 가능함

2과목 스프레드시트 일반

21 다음 중 날짜 데이터의 자동 채우기 옵션에 포함되지 않는 내용은?

① 일 단위 채우기
② 주 단위 채우기
③ 월 단위 채우기
④ 평일 단위 채우기

[홈] 탭-[편집] 그룹-[채우기]-[계열]에서 지원되는 날짜 단위는 '일, 평일, 월, 년' 등이 있으며 '주' 단위는 지원되지 않음

22 다음 중 고급 필터 실행을 위한 조건 지정 방법에 대한 설명으로 옳지 않은 것은?

① 함수나 식을 사용하여 조건을 입력하면 셀에는 비교되는 현재 대상의 값에 따라 TRUE나 FALSE가 표시된다.
② 함수를 사용하여 조건을 입력하는 경우 원본 필드명과 동일한 필드명을 조건 레이블로 사용해야 한다.
③ 다양한 함수와 식을 혼합하여 조건을 지정할 수 있다.
④ 고급 필터에서 다른 필드와의 결합을 OR 조건으로 지정하려면 조건을 다른 행에 입력한다.

함수를 사용하여 조건을 입력하는 경우 원본 필드명과 다른 필드명을 조건 레이블로 사용해야 함

23 다음 중 데이터 표에 대한 설명으로 옳지 않은 것은?

① 표 기능은 특정한 값이나 수식을 입력한 후 이를 이용하여 표를 자동으로 만들어 주는 기능이다.
② 표 기능은 수식이 입력될 범위를 설정한 후 표 기능을 실행해야 한다.
③ 표 기능을 이용하여 수식을 입력하는 방법에는 [열 입력 셀]만 지정하는 경우, [행 입력 셀]만 지정하는 경우, [행 입력 셀]과 [열 입력 셀]을 모두 지정하는 경우가 있다.
④ 표 기능을 통해 입력된 셀 중에서 표 범위의 일부분만 수정할 수 있다.

데이터 표 기능을 통해 입력된 셀의 일부분만 수정하거나 삭제할 수 없음(데이터 표 범위의 전체를 수정해야 함)

24 다음 중 엑셀에서 기본 오름차순 정렬 순서에 대한 설명으로 옳지 않은 것은?

① 날짜는 가장 이전 날짜에서 가장 최근 날짜의 순서로 정렬된다.

② 논리 값의 경우 TRUE 다음 FALSE의 순서로 정렬된다.

③ 숫자는 가장 작은 음수에서 가장 큰 양수의 순서로 정렬된다.

④ 빈 셀은 오름차순과 내림차순 정렬에서 항상 마지막에 정렬된다.

논리 값의 경우 FALSE 다음 TRUE의 순서로 정렬됨

25 아래의 워크시트를 참조하여 작성된 수식에 대한 계산 결과 값이 옳지 않은 것은?

▲	A	B	C
1	2	3	324.754
2	2	7	
3		6	247
4	4	4	
5		2	

① =COUNTA(A1:A5), 결과 값 : 3

② =LARGE(B1:B5,3), 결과 값 : 4

③ =ROUNDUP(C1,2), 결과 값 : 324.76

④ =MODE.SNGL(A1:B5), 결과 값 : 4

=MODE.SNGL(A1:B5)는 [A1:B5] 범위에서 최빈수(최고로 빈도가 높은 수)를 구하므로 결과 값은 2가 됨

오답 피하기

• ① =COUNTA(A1:A5) : 공백이 아닌 인수의 개수를 구함(결과 값 : 3)

• ② =LARGE(B1:B5,3) : [B1:B5] 범위에서 3번째로 큰 값을 구함(결과 값 : 4)

• ③ =ROUNDUP(C1,2) : C1(324.754)을 무조건 올림하여 자릿수(2)만큼 반환함(결과 값 : 324.76)

26 다음 워크시트에서 [B6] 셀에 =B2*B4의 수식이 입력되어 있을 때, 목표값 찾기를 이용해서 주행거리가 450Km가 되려면 주행시간이 얼마가 되어야 하는지를 찾는 대화 상자의 '수식 셀', '찾는 값', '값을 바꿀 셀'의 내용을 순서대로 올바르게 나열한 것은 어느 것인가?

▲	A	B	C	D	E	F	G
1		주행시간	단위				
2		1	시간	목표값 찾기		?	✕
3		시속					
4		80	Km	수식 셀(E):		⬆	
5		주행거리		찾는 값(V):			
6		80	Km	값을 바꿀 셀(C):		⬆	
7							
8		목표 주행거리		확인	취소		
9		450	Km				
10							

① $B$6, 450, $B$9

② $B$6, $B$9, $B$2

③ $B$6, $B$9, $B$4

④ $B$6, 450, $B$2

• 수식 셀 : 특정 값으로 결과가 나오기를 원하는 수식이 들어 있는 셀을 지정함 → $B$6

• 찾는 값 : 수식 셀의 결과로 원하는 특정한 값을 숫자 상수로 입력함 → 450

• 값을 바꿀 셀 : 찾는 값(목표값)에 입력한 결과를 얻기 위해 데이터를 조절할 단일 셀로서, 반드시 수식에서 이 셀을 참조하고 있어야 함 → $B$2

▲	A	B	C	D	E	F	G
1		주행시간	단위				
2		1	시간	목표값 찾기		?	✕
3		시속					
4		80	Km	수식 셀(E):	$B$6	⬆	
5		주행거리		찾는 값(V):	450		
6		80	Km	값을 바꿀 셀(C):	$B$2	⬆	
7							
8		목표 주행거리		확인	취소		
9		450	Km				
10							

27 다음 중 선택 가능한 매크로 보안 설정으로 옳지 않은 것은?

① 알림이 없는 매크로 사용 안 함
② 알림이 포함된 VBA 매크로 사용 안 함
③ 디지털 서명된 매크로를 제외하고 VBA 매크로 사용 안 함
④ VBA 매크로 사용 안 함(권장, 위험한 코드가 시행되지 않음)

> • [파일]-[옵션]-[Excel 옵션]-[보안 센터]-[보안 센터 설정]-[매크로 설정]
> • VBA 매크로 사용(권장 안 함, 위험한 코드가 시행될 수 있음)
>

28 다음 중 데이터 유효성 검사에서 유효성 조건의 제한 대상으로 '목록'을 설정하였을 때의 설명으로 옳지 않은 것은?

① 목록의 원본으로 정의된 이름의 범위를 사용하려면 등호(=)와 범위의 이름을 입력한다.
② 유효하지 않은 데이터를 입력할 때 표시할 메시지 창의 내용은 [오류 메시지] 탭에서 설정한다.
③ 드롭다운 목록의 너비는 데이터 유효성 설정이 있는 셀의 너비에 의해 결정된다.
④ 목록 값을 입력하여 원본을 설정하려면 세미콜론(;)으로 구분하여 입력한다.

> 목록 값을 입력하여 원본을 설정하려면 콤마(,)로 구분하여 입력함

29 다음 중 [인쇄 미리 보기]에 관한 설명으로 옳지 않은 것은?

① [인쇄 미리 보기] 창에서 셀 너비를 조절할 수 있으나 워크시트에는 변경된 너비가 적용되지 않는다.
② [인쇄 미리 보기]를 실행한 상태에서 [페이지 설정]을 클릭하여 [여백] 탭에서 여백을 조절할 수 있다.
③ [인쇄 미리 보기] 상태에서 '확대/축소'를 누르면 화면에는 적용되지만 실제 인쇄 시에는 적용되지 않는다.
④ [인쇄 미리 보기]를 실행한 상태에서 [여백 표시]를 체크한 후 마우스 끌기를 통하여 여백을 조절할 수 있다.

> [인쇄 미리 보기] 창에서 셀 너비를 조절할 수 있으며 워크시트에 변경된 너비가 적용됨

30 왼쪽 워크시트의 성명 데이터를 오른쪽 워크시트와 같이 성과 이름 두 개의 열로 분리하기 위해 [텍스트 나누기] 기능을 사용하고자 한다. 다음 중 [텍스트 나누기]의 분리 방법으로 가장 적절한 것은?

	A
1	김철수
2	박선영
3	최영희
4	한국인

	A	B
1	김	철수
2	박	선영
3	최	영희
4	한	국인

① 열 구분선을 기준으로 내용 나누기
② 구분 기호를 기준으로 내용 나누기
③ 공백을 기준으로 내용 나누기
④ 탭을 기준으로 내용 나누기

> 필드가 일정한 너비로 정렬된 경우 '너비가 일정함'을 이용하여 열 구분선으로 내용을 나눔
>
> 오답 피하기
> 구분 기호로 분리됨 : 각 필드가 쉼표나 탭과 같은 문자로 나누어져 있는 경우

중요 ✓ 난이도 상 문제 진단 ○△✕

31

다음 중 아래의 수식을 [A7] 셀에 입력한 경우 표시되는 결과 값으로 옳은 것은?

=IFERROR(VLOOKUP(A6,$A$1:$B$4,2),"입력오류")

	A	B	C
1	0	미흡	
2	10	분발	
3	20	적정	
4	30	우수	
5			
6	-5		
7			
8			

① 미흡
② 분발
③ 입력오류
④ #N/A

- VLOOKUP(A6,$A$1:$B$4,2) : [A6] 셀의 값 −5가 [$A$1:$B$4] 범위의 첫 열에 없으므로 결과는 #N/A가 됨
- IFERROR(수식, 오류 발생 시 표시 값) : 수식의 결과가 오류 값 #N/A이므로 오류 발생 시 표시 값인 '입력오류'가 결과가 됨

난이도 하 문제 진단 ○△✕

32

다음 중 사용자가 자주 사용하거나 원하는 기능에 해당하는 명령들을 버튼으로 표시하며, 리본 메뉴의 위쪽이나 아래에 표시하는 엑셀의 화면 구성 요소는?

① [파일] 탭
② 빠른 실행 도구 모음
③ 리본 메뉴
④ 제목 표시줄

빠른 실행 도구 모음 : 실행을 빠르게 하기 위해 자주 사용하는 명령 단추를 모아놓은 곳으로, 기본적으로 [저장], [취소], [다시 실행]이 있으며, [빠른 실행 도구 모음 사용자 지정](▼) 단추를 클릭하여 등록함

중요 ✓ 난이도 중 문제 진단 ○△✕

33

다음 중 아래 차트와 같이 X축을 위쪽에 표시하기 위한 방법으로 옳은 것은?

분기별 매출 현황

1사분기   2사분기   3사분기   4사분기

350
300
250
200
150
100
50
0

━ 영업1팀   ━ 영업2팀   ━ 영업3팀

① 가로 축을 선택한 후 [축 서식]의 축 옵션에서 세로 축 교차를 '최대 항목'으로 설정한다.
② 가로 축을 선택한 후 [축 서식]의 축 옵션에서 '항목을 거꾸로'를 설정한다.
③ 세로 축을 선택한 후 [축 서식]의 축 옵션에서 가로 축 교차를 '축의 최대값'으로 설정한다.
④ 세로 축을 선택한 후 [축 서식]의 축 옵션에서 '값을 거꾸로'를 설정한다.

세로 축을 선택한 후 [축 서식]의 축 옵션에서 가로 축 교차를 '축의 최대값'으로 설정하면 가로 축 교차가 축의 최대값으로 위치하게 됨

축 서식

축 옵션 ∨   텍스트 옵션

단위
  기본(J)   50.0   자동
  보조(I)   10.0   자동
가로 축 교차
  ○ 자동(O)
  ○ 축 값(E)   350.0
  ⦿ 축의 최대값(M)
표시 단위(U)   없음 ▼
  □ 차트에 단위 레이블 표시(S)
  □ 로그 눈금 간격(L)   기준(B) 10
  □ 값을 거꾸로(V)

34 난이도 중 문제 진단 ○△×
다음 중 셀의 내용을 편집할 수 있는 셀 편집 모드로 전환하는 방법에 대한 설명으로 옳지 않은 것은?

① 편집하려는 데이터가 입력된 셀을 두 번 클릭한다.
② 편집하려는 데이터가 입력된 셀을 클릭하고 수식 입력줄을 클릭한다.
③ 편집하려는 데이터가 입력된 셀의 바로 가기 메뉴에서 [셀 편집]을 클릭한다.
④ 편집하려는 데이터가 입력된 셀을 클릭하고 F2를 누른다.

편집하려는 데이터가 입력된 셀의 바로 가기 메뉴에 [셀 편집]은 없음

35 난이도 중 문제 진단 ○△×
다음 중 [페이지 설정] 대화 상자에 대한 설명으로 옳지 않은 것은?

① [페이지] 탭 '자동 맞춤'에서 용지 너비와 용지 높이를 모두 1로 설정하면 확대/축소 배율이 항상 100%로 인쇄된다.
② [여백] 탭 '페이지 가운데 맞춤'의 가로 및 세로를 체크하면 인쇄 내용이 용지의 가운데에 맞춰 인쇄된다.
③ [머리글/바닥글] 탭의 '페이지 여백에 맞추기'를 체크하면 머리글이나 바닥글을 표시하기에 충분한 머리글 또는 바닥글 여백이 확보된다.
④ [시트] 탭 '페이지 순서'에서 행 우선을 선택하면 여러 장에 인쇄될 경우 행 방향으로 인쇄된 후 나머지 열들을 인쇄한다.

[페이지] 탭 '자동 맞춤'에서 용지 너비와 용지 높이를 모두 1로 설정하면 모든 자료가 한 장에 인쇄됨

36 난이도 중 문제 진단 ○△×
다음 중 엑셀의 바로 가기 키 및 기능 키에 대한 설명으로 옳지 않은 것은?

① Ctrl + Shift + U : 수식 입력줄이 확장되거나 축소된다.
② Ctrl + 1 : 셀 서식 대화 상자를 표시한다.
③ Ctrl + F1 : 리본 메뉴가 표시되거나 숨겨진다.
④ F12 : 새 워크시트가 삽입된다.

F12 : 현재 사용 중인 파일을 다른 이름으로 저장

오답 피하기
Shift + F11 : 새 워크시트 삽입

37 난이도 하 문제 진단 ○△×
다음 중 [셀 서식] 대화 상자의 [맞춤] 탭에 '텍스트 방향'에서 설정할 수 없는 항목은?

① 텍스트 방향대로
② 텍스트 반대 방향으로
③ 왼쪽에서 오른쪽
④ 오른쪽에서 왼쪽

텍스트 방향 : 텍스트 방향대로, 왼쪽에서 오른쪽, 오른쪽에서 왼쪽

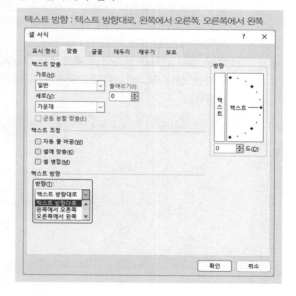

중요 ✓ 난이도 중 문제 진단 ○△X

38 다음 중 수식에 잘못된 인수나 피연산자를 사용한 경우 표시되는 오류 메시지는?

① #DIV/0!

② #NUM!

③ #NAME?

④ #VALUE!

> #VALUE! : 수치를 사용해야 할 장소에 다른 데이터를 사용하는 경우나 함수의 인수로 잘못된 값을 사용한 경우
>
> **오답 피하기**
>
> • #DIV/0! : 0으로 나누기 연산을 시도한 경우
> • #NUM! : 숫자가 필요한 곳에 잘못된 값을 지정한 경우나 숫자의 범위를 초과한 경우
> • #NAME? : 함수 이름이나 정의되지 않은 셀 이름을 사용한 경우나 수식에 잘못된 문자열을 지정하여 사용한 경우

난이도 중 문제 진단 ○△X

39 다음 중 매크로에 관한 설명으로 옳지 않은 것은?

① 서로 다른 매크로에 동일한 이름을 부여할 수 없다.

② 매크로는 반복적인 작업을 자동화하여 복잡한 작업을 단순한 명령으로 실행할 수 있도록 한다.

③ 매크로 기록 시 사용자의 마우스 동작은 기록되지만 키보드 작업은 기록되지 않는다.

④ 현재 셀의 위치를 기준으로 매크로가 실행되도록 하려면 '상대 참조로 기록'을 설정한 후 매크로를 기록한다.

> 매크로 기록 시 사용자의 마우스 동작과 키보드 작업 모두 기록됨

중요 ✓ 난이도 하 문제 진단 ○△X

40 다음 중 추세선을 추가할 수 있는 차트 종류는?

합격 강의

① 방사형

② 분산형

③ 원형

④ 표면형

> 추세선 추가가 가능한 차트 : 비누적 2차원 영역형, 가로 막대형, 세로 막대형, 꺾은선형, 주식형, 분산형, 거품형 차트
>
> **오답 피하기**
>
> 추세선 추가가 불가능한 차트 : 누적 2차원 영역형, 3차원 효과의 영역형, 원형, 도넛형, 방사형, 표면형, 원통형, 원뿔형, 피라미드형 차트

해설과 따로 보는
상시 기출문제

해설과 따로 보는 2023년 상시 기출문제 01회

자동 채점 서비스 ▶ 합격 강의

SELF CHECK 제한시간 40분 | 소요시간　　분 | 전체 문항 수 40문항 | 맞힌 문항 수　　문항

1과목 컴퓨터 일반

01 난이도 하 문제 진단 ○△✕
다음 중 웹상에서 정보를 효과적으로 나타내기 위해 문서와 문서를 연결하여 관련된 정보를 쉽게 찾아볼 수 있도록 하는 기능으로 옳은 것은?
① 멀티미디어
② 프레젠테이션
③ 하이퍼링크
④ 인덱스

02 중요✓ 난이도 중 문제 진단 ○△✕
다음 중 현재 수행 중인 명령어의 내용을 기억하는 레지스터는?
① 명령 레지스터(Instruction Register)
② 명령 해독기(Instruction Decoder)
③ 부호기(Encoder)
④ 프로그램 계수기(Program Counter)

03 난이도 하 문제 진단 ○△✕
다음 중 한글 Windows 10에서 cmd 명령의 사용 용도로 옳은 것은?
① 실행 명령 목록을 표시한다.
② 명령 프롬프트 창을 표시한다.
③ 작업 표시줄을 표시한다.
④ 하드디스크를 포맷한다.

04 난이도 중 문제 진단 ○△✕
다음 중 사물에 전자 태그를 부착하고 무선 통신을 이용하여 사물의 정보 및 주변 상황 정보를 감지하는 센서 기술로 옳은 것은?
① 텔레매틱스 서비스
② DMB 서비스
③ W-CDMA 서비스
④ RFID 서비스

05 중요✓ 난이도 중 문제 진단 ○△✕
다음 중 컴퓨터 보조 기억 장치로 자기디스크 방식의 HDD와는 달리 반도체를 이용하여 데이터를 저장, 크기가 작고 충격에 강하며, 소음 발생이 없는 대용량 저장 장치에 해당하는 것은?
① BIOS
② DVD
③ SSD
④ CD-RW

06 난이도 중 문제 진단 ○△✕
다음 중 인터넷을 이용한 전자우편에 관한 설명으로 옳지 않은 것은?
① 인터넷에 접속하여 사용자들끼리 서로 편지를 주고받을 수 있는 서비스를 말한다.
② 전자우편 주소는 '사용자ID@호스트' 주소의 형식으로 이루어진다.
③ 일반적으로 SMTP는 메일을 수신하는 용도로, MIME는 송신하는 용도로 사용되는 프로토콜이다.
④ POP3를 이용하면 전자메일 클라이언트를 통해 전자메일을 받아 볼 수 있다.

07 난이도 중 문제 진단 ○△✕
다음 중 멀티미디어의 특징에 대한 설명으로 옳지 않은 것은?
① 멀티미디어(Multimedia)는 다중 매체의 의미를 가지며 다양한 매체를 통해 정보를 전달한다는 의미이다.
② 멀티미디어 데이터는 정보량이 크기 때문에 일반적으로 압축하여 저장한다.
③ 대용량의 멀티미디어 데이터를 저장하기 위해 CD-ROM, DVD, 블루레이 디스크 등의 저장 장치가 발전하였다.
④ 멀티미디어 동영상 정보는 용량이 크고 통합 처리하기 어려워 사운드와 영상이 분리되어 전송된다.

난이도 하 **문제 진단 ○△✕**

08 다음 중 컴퓨터 바이러스의 예방법으로 적절하지 않은 것은?

① 최신 버전의 백신 프로그램을 사용한다.

② 다운로드 받은 파일은 사용하기 전에 바이러스 검사 후 사용한다.

③ 전자우편에 첨부된 파일은 파일명을 다른 이름으로 저장하여 사용한다.

④ 네트워크 공유 폴더에 있는 파일을 사용하기 전에 바이러스 검사 후 사용한다.

중요 ✓ **난이도 중** **문제 진단 ○△✕**

09 다음 중 플래시 메모리에 대한 설명으로 옳지 않은 것은?

▶ 합격 강의

① 블록 단위로 저장된다.

② 전력 소모가 적다.

③ 정보의 입출력이 자유로우며 전송 속도가 빠르다.

④ 전원이 끊어지면 그 안에 저장된 정보가 지워지는 휘발성 기억 장치이다.

난이도 중 **문제 진단 ○△✕**

10 다음 중 인터넷에 존재하는 정보나 서비스에 대해 접근 방법, 존재 위치, 자료 파일명 등의 요소를 표시하는 것은?

▶ 합격 강의

① DHCP   ② CGI

③ DNS   ④ URL

난이도 중 **문제 진단 ○△✕**

11 다음 중 한글 Windows 10에서 프린터 인쇄에 대한 설명으로 옳지 않은 것은?

① 특정한 지정 없이 문서의 인쇄를 선택하면 기본 프린터로 인쇄된다.

② 인쇄 관리자 창에서 파일의 인쇄 진행 상황을 파악할 수 있다.

③ 인쇄 관리자 창에서 인쇄 대기 중인 문서를 편집할 수 있다.

④ 인쇄 관리자 창에서 문서 파일의 인쇄 작업을 취소할 수 있다.

난이도 중 **문제 진단 ○△✕**

12 다음 중 컴퓨터에서 사용하는 유니코드(Unicode)에 대한 설명으로 옳은 것은?

① 문자를 2Byte로 표현한다.

② 표현 가능한 최대 문자수는 256자이다.

③ 영문자는 7Bit, 한글이나 한자는 16Bit로 표현한다.

④ 한글은 KS 완성형으로 표현한다.

난이도 중 **문제 진단 ○△✕**

13 다음 중 컴퓨터 내부의 디지털 신호를 전화선을 통해 전송할 수 있도록 아날로그 신호로 변조해 주고 전화선을 통해 전송된 아날로그 신호를 컴퓨터 내부에서 처리할 수 있도록 디지털 신호로 복조해 주는 역할을 담당하는 것은?

① 모뎀 장치

② 게이트웨이 장치

③ 라우터 장치

④ 허브 장치

난이도 중 **문제 진단 ○△✕**

14 다음 중 컴퓨터에서 가상 기억 장치를 사용할 때 장점으로 옳은 것은?

▶ 합격 강의

① 컴퓨터의 구조가 간편해지고 손쉽게 구현할 수 있다.

② 보조 기억 장치의 실제 용량이 증대된다.

③ 주기억 장치의 용량보다 큰 프로그램을 실행할 수 있다.

④ 명령을 수행하는 시간이 단축된다.

15 다음 중 한글 Windows의 스풀(SPOOL) 기능에 관한 설명으로 옳지 않은 것은?

① 스풀 기능을 설정하면 보다 인쇄 속도가 빨라지고 동시 작업 처리도 가능하다.

② 인쇄할 내용을 하드디스크 장치에 임시로 저장한 후에 인쇄 작업을 수행한다.

③ 컴퓨터 내부 장치에 비해 상대적으로 처리 속도가 느린 프린터 작업을 효율적으로 처리하기 위하여 사용하는 기능이다.

④ 스풀 기능을 선택하면 문서 전체 또는 일부를 스풀한 다음 인쇄를 시작할 수 있게 하는 기능을 선택할 수 있다.

16 다음 중 패치 프로그램에 대한 설명으로 옳은 것은?

① 컴퓨터 하드웨어 및 소프트웨어 성능을 비교 평가하는 프로그램이다.

② 프로그램의 오류 수정이나 성능 향상을 위해 프로그램의 일부를 변경해 주는 프로그램이다.

③ 베타 테스트를 하기 전에 프로그램 개발사 내부에서 미리 평가하고 오류를 찾아 수정하기 위해 시험해 보는 프로그램이다.

④ 정식으로 프로그램을 공개하기 전에 한정된 집단 또는 일반인에게 공개하여 기능을 시험하는 프로그램이다.

17 다음 중 디지털 컴퓨터의 특성을 설명한 것으로 옳지 않은 것은?

① 부호화된 숫자와 문자, 이산 데이터 등을 사용한다.

② 산술 논리 연산을 주로 한다.

③ 증폭 회로를 사용한다.

④ 연산 속도가 아날로그 컴퓨터보다 느리다.

18 다음 중 컴퓨터 범죄에 해당하지 않는 것은?

① 전산망을 이용하여 개인 정보를 유출한다.

② 전자문서를 불법 복사한다.

③ 인터넷 쇼핑몰에서 상품 가격을 비교하여 가격 비교표를 작성한다.

④ 해킹을 통해 중요 정보를 위조하거나 변조한다.

19 다음 중 컴퓨터 운영체제에 관한 설명으로 옳지 않은 것은?

① 운영체제는 컴퓨터가 작동하는 동안 하드디스크에 위치하여 실행된다.

② 프로세스, 기억 장치, 주변 장치, 파일 등의 관리가 주요 기능이다.

③ 운영체제의 평가 항목으로 처리 능력, 응답 시간, 사용 가능도, 신뢰도 등이 있다.

④ 사용자들 간의 하드웨어 공동 사용 및 자원의 스케줄링을 수행한다.

20 다음 중 영상의 표현과 압축 방식들에 대해서는 관여하지 않으며 특징 추출을 통해 디지털 방송과 전자도서관, 전자상거래 등에서 멀티미디어 데이터를 효과적으로 검색할 수 있는 영상 압축 기술은?

① MPEG-1

② MPEG-4

③ MPEG-7

④ MPEG-21

중요 ✓ 난이도 중 문제 진단 ○△☒
21 다음 중 시스템의 현재 날짜에서 연도를 구하는 수식으로 가장 올바른 것은?

① =year(days( ))
② =year(day( ))
③ =year(today( ))
④ =year(date( ))

난이도 중 문제 진단 ○△☒
22 다음 중 엑셀의 화면 제어에 관한 설명으로 옳지 않은 것은?

① 화면의 확대/축소는 화면에서 워크시트를 더 크게 또는 작게 표시하는 것으로 실제 인쇄할 때도 설정된 화면의 크기로 인쇄된다.
② 리본 메뉴는 화면 해상도와 엑셀 창의 크기에 따라 다른 형태로 표시될 수 있다.
③ 워크시트에서 특정 영역을 마우스로 드래그하여 블록을 설정한 후 '선택 영역 확대/축소'를 클릭하면 워크시트가 확대/축소되어 블록으로 지정한 영역이 전체 창에 맞게 보인다.
④ 리본 메뉴가 차지하는 공간 때문에 작업이 불편한 경우 리본 메뉴의 활성 탭 이름을 더블클릭하여 리본 메뉴를 최소화할 수 있다.

난이도 중 문제 진단 ○△☒
23 다음 중 매크로에 대한 설명으로 옳지 않은 것은?

① 매크로 이름의 첫 글자는 반드시 문자여야 한다.
② 매크로란 반복적인 작업을 단순화하기 위해 작업 과정을 기록하였다가 그대로 재생하는 기능이다.
③ 한 번 기록된 매크로는 수정하여 편집할 수 없다.
④ 매크로 이름에는 공백이 포함될 수 없다.

중요 ✓ 난이도 중 문제 진단 ○△☒
24 다음 중 아래의 워크시트에서 [A1:B2] 영역을 선택한 후 채우기 핸들을 이용하여 [B4] 셀까지 드래그했을 때 [A4:B4] 영역의 값으로 옳은 것은?

	A	B	C
1	일	1	
2	월	2	
3			
4			

① 월, 4
② 수, 4
③ 월, 2
④ 수, 2

난이도 중 문제 진단 ○△☒
25 다음 중 시트 보호에 관한 설명으로 옳지 않은 것은?

① 차트 시트의 경우 차트 내용만 변경하지 못하도록 보호할 수 있다.
② '셀 서식' 대화 상자의 '보호' 탭에서 '잠금'이 해제된 셀은 보호되지 않는다.
③ 시트 보호 설정 시 암호의 설정은 필수 사항이다.
④ 시트 보호가 설정된 상태에서 데이터를 수정하면 경고 메시지가 나타난다.

난이도 중 문제 진단 ○△☒
26 다음 중 정렬에 대한 설명으로 옳은 것은?

① 최대 24개의 열을 기준으로 정렬할 수 있다.
② 글꼴 색을 기준으로 정렬할 수 있다.
③ 정렬 대상 범위에 병합된 셀이 포함되어 있어도 정렬할 수 있다.
④ 숨겨진 행은 정렬 결과에 포함되나 숨겨진 열은 정렬 결과에 포함되지 않는다.

27 고급 필터에서 다음과 같은 조건을 적용하였을 때 선택되는 데이터들은 어느 것인가?

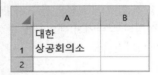

목표액	목표액
>4500	<5000
	<4000

① [목표액]이 4000 미만이거나 [목표액]이 4500 넘는 데이터를 모두 나타낸다.
② [목표액]이 4000 미만이거나 [목표액]이 5000 넘는 데이터를 모두 나타낸다.
③ [목표액]이 4500을 초과하고 5000 미만이거나 [목표액]이 4000 미만인 데이터를 모두 나타낸다.
④ [목표액]이 5000 미만인 데이터를 모두 나타낸다.

28 아래 [A1] 셀과 같이 한 셀에 두 줄 이상의 데이터를 입력하려고 할 때 사용하는 키는?

▲	A	B
1	대한 상공회의소	
2		

① Tab
② Ctrl + Enter
③ Shift + Enter
④ Alt + Enter

29 다음 중 아래 그림의 시나리오 요약 보고서에 대한 설명으로 옳지 않은 것은?

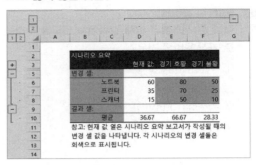

① 노트북, 프린터, 스캐너 값의 변화에 따른 평균 값을 확인할 수 있다.
② '경기 호황'과 '경기 불황' 시나리오에 대한 시나리오 요약 보고서이다.
③ 시나리오의 값을 변경하면 해당 변경 내용이 기존 요약 보고서에 자동으로 다시 계산되어 표시된다.
④ 시나리오 요약 보고서를 실행하기 전에 변경 셀과 결과 셀에 대해 이름을 정의하였다.

30 다음 중 [셀 서식] 대화 상자에서 '표시 형식'의 각 범주에 대한 설명으로 옳지 않은 것은?

① '일반' 서식은 각 자료형에 대한 특정 서식을 지정하는 데 사용된다.
② '숫자' 서식은 일반적인 숫자를 나타나는 데 사용된다.
③ '회계' 서식은 통화 기호와 소수점에 맞추어 열을 정렬하는 데 사용된다.
④ '기타' 서식은 우편번호, 전화번호, 주민등록번호 등의 형식을 설정하는 데 사용된다.

31 다음 차트는 기대수명 20년에 대한 예측을 표시한 것이다. 이때 사용한 기능으로 옳은 것은?

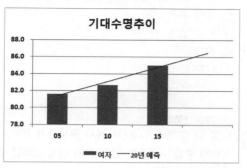

① 자동 합계
② 추세선
③ 오차 막대
④ 평균 구하기

32 다음 중 입력한 수식에서 발생한 오류 메시지와 그 발생 원인으로 옳지 않은 것은?

① #VALUE! : 잘못된 인수나 피연산자를 사용했을 때
② #DIV/0! : 특정 값(셀)을 0 또는 빈 셀로 나누었을 때
③ #NAME? : 함수 이름을 잘못 입력하거나 인식할 수 없는 텍스트를 수식에 사용했을 때
④ #REF! : 숫자 인수가 필요한 함수에 다른 인수를 지정했을 때

33 다음 중 함수식에 대한 결과가 옳지 않은 것은?

① =Trunc(-5.6) → -5
② =Power(2,3) → 6
③ =Int(-7.2) → -8
④ =Mod(-7,3) → 2

34 다음 중 원본 데이터를 지정된 서식으로 설정하였을 때 결과가 옳지 않은 것은?

	원본 데이터	서식	결과 데이터
①	314826	#,##0,	314,826,
②	281476	#,##0.0	281,476.0
③	12:00:00 AM	0	0
④	2018-03-25	yyyy-mmmm	2018-March

35 다음 중 아래의 차트와 같이 데이터를 선으로 표시하여 데이터 계열의 총값을 비교하고, 상호 관계를 살펴보고자 할 때 사용하는 차트 종류는?

① 도넛형 차트
② 방사형 차트
③ 분산형 차트
④ 주식형 차트

36 [페이지 설정] 대화 상자의 [시트] 탭에서 '반복할 행'에 [$4:$4]을 지정하고 워크시트 문서를 출력하였다. 다음 중 출력 결과에 대한 설명으로 옳은 것은?

① 첫 페이지만 1행부터 4행의 내용이 반복되어 인쇄된다.
② 모든 페이지에 4행의 내용이 반복되어 인쇄된다.
③ 모든 페이지에 4열의 내용이 반복되어 인쇄된다.
④ 모든 페이지에 4행과 4열의 내용이 반복되어 인쇄된다.

37 난이도 하 문제 진단 ○△✕

다음 중 매크로 이름으로 지정할 수 없는 것은?

① 매크로_1
② Goal2024
③ 3사분기
④ 매출평균

38 난이도 중 문제 진단 ○△✕

다음 중 틀 고정 및 창 나누기에 대한 설명으로 옳지 않은 것은?

① 화면에 나타나는 창 나누기 형태는 인쇄 시 적용되지 않는다.
② 창 나누기를 수행하면 셀 포인트의 오른쪽과 아래쪽으로 창 구분선이 표시된다.
③ 창 나누기는 셀 포인트의 위치에 따라 수직, 수평, 수직·수평 분할이 가능하다.
④ 첫 행을 고정하려면 셀 포인트의 위치에 상관없이 [틀 고정]-[첫 행 고정]을 선택한다.

39 중요 ✔ 난이도 중 문제 진단 ○△✕

다음 중 부분합 계산에서 사용할 수 없는 함수는 어느 것인가?

① 절대 표준 편차
② 표준 편차
③ 최대값
④ 평균

40 난이도 상 문제 진단 ○△✕ 합격 강의

다음 중 아래의 워크시트에서 몸무게가 70Kg 이상인 사람의 수를 구하고자 할 때 [E7] 셀에 입력할 수식으로 옳지 않은 것은?

	A	B	C	D	E	F
1	번호	이름	키(Cm)	몸무게(Kg)		
2	12001	홍길동	165	67		몸무게(Kg)
3	12002	이대한	171	69		>=70
4	12003	한민국	177	78		
5	12004	이우리	162	80		
6						
7	몸무게가 70Kg 이상인 사람의 수?				2	
8						

① =DCOUNT(A1:D5,2,F2:F3)
② =DCOUNTA(A1:D5,2,F2:F3)
③ =DCOUNT(A1:D5,3,F2:F3)
④ =DCOUNTA(A1:D5,3,F2:F3)

자동 채점 서비스   ▶ 합격 강의

SELF CHECK   제한시간 40분 | 소요시간   분 | 전체 문항 수 40문항 | 맞힌 문항 수   문항

1 과목 컴퓨터 일반

01 난이도 중 문제 진단 ○△✕
▶ 합격 강의
다음 중 네트워크 주변을 지나다니는 패킷을 엿보면서 계정과 비밀번호를 알아내는 보안 위협 행위는?
① 스푸핑(Spoofing)
② 스니핑(Sniffing)
③ 키로거(Key Logger)
④ 백도어(Back Door)

02 중요 ✓ 난이도 하 문제 진단 ○△✕
정보 통신망의 범위를 기준으로 작은 것부터 큰 순서대로 옳게 나열한 것은?
① WAN – MAN – LAN
② LAN – MAN – WAN
③ MAN – LAN – WAN
④ LAN – WAN – MAN

03 난이도 중 문제 진단 ○△✕
다음 중 USB 인터페이스에 대한 설명으로 옳지 않은 것은?
① 직렬포트보다 USB 포트의 데이터 전송 속도가 더 빠르다.
② USB는 컨트롤러당 최대 127개까지 포트의 확장이 가능하다.
③ 핫 플러그인(Hot Plug In)과 플러그 앤드 플레이(Plug & Play)를 지원한다.
④ USB 커넥터를 색상으로 구분하는 경우 USB 3.0은 빨간색, USB 2.0은 파란색을 사용한다.

04 난이도 상 문제 진단 ○△✕
다음 중 폴더의 [속성] 창에 대한 설명으로 옳지 않은 것은?
① 폴더 안 파일의 개수를 알 수 있다.
② 폴더를 만든 날짜를 알 수 있다.
③ '읽기 전용'과 '숨김' 속성을 설정하거나 해제할 수 있다.
④ 폴더의 저장 위치를 변경할 수 있다.

05 난이도 중 문제 진단 ○△✕
다음 중 컴퓨터의 처리 속도를 높이기 위한 가장 효율적인 방법은?
① EIDE 포트 확장
② 모니터 교체
③ RAM 확장
④ CD-ROM 교체

06 중요 ✓ 난이도 하 문제 진단 ○△✕
▶ 합격 강의
다음 중 처리 속도의 단위에 대한 설명으로 옳지 않은 것은?
① $ps = 10^{-12}$ sec
② $ns = 10^{-6}$ sec
③ $ms = 10^{-3}$ sec
④ $fs = 10^{-15}$ sec

07 중요 ✓ 난이도 중 문제 진단 ○△✕
다음 중 누산기(ACC)에 대한 설명으로 옳은 것은?
① 연산의 결과를 일시적으로 기억하는 장치이다.
② 명령어를 기억하는 장치이다.
③ 명령을 해독하는 장치이다.
④ 다음에 실행할 명령의 주소를 갖는 장치이다.

08 다음 중 한글 Windows의 인쇄 작업에 대한 설명으로 옳지 않은 것은?

① 프린터에서 인쇄 작업이 시작된 경우라도 잠시 중지시켰다가 다시 이어서 인쇄할 수 있다.

② 여러 개의 출력 파일들의 출력 대기 상태를 확인할 수 있다.

③ 여러 개의 출력 파일들이 출력 대기할 때 출력 순서를 임의로 조정할 수 있다.

④ 일단 프린터에서 인쇄 작업에 들어간 것은 프린터 전원을 끄기 전에는 강제로 종료시킬 수 없다.

09 다음 중 전시장이나 쇼핑 센터 등에 설치하여 방문객이 각종 안내를 받을 수 있도록 한 것으로, 터치 패널을 이용해 메뉴를 손가락으로 선택해서 정보를 얻을 수 있는 것이 특징인 것은?

① 킨들   ② 프리젠터
③ 키오스크   ④ UPS

10 다음 중 인터넷 주소 체계인 IPv6에 대한 설명으로 옳은 것은?

① 주소는 8비트씩 16개 부분으로 총 128비트로 구성되어 있다.

② 주소를 네트워크 부분의 길이에 따라 A클래스에서 E클래스까지 총 5단계로 구분한다.

③ IPv4와의 호환성은 낮으나 IPv4에 비해 품질 보장은 용이하다.

④ 주소의 단축을 위해 각 블록에서 선행되는 0은 생략할 수 있다.

11 다음 중 컴퓨터를 이용한 가상현실(Virtual Reality)에 관한 설명으로 옳은 것은?

① 고화질 영상을 제작하여 텔레비전에 나타내는 기술이다.

② 고도의 컴퓨터 그래픽 기술과 3차원 기법을 통하여 현실의 세계처럼 구현하는 기술이다.

③ 여러 영상을 통합하여 2차원 그래픽으로 표현하는 기술이다.

④ 복잡한 데이터를 단순화시켜 컴퓨터 화면에 나타내는 기술이다.

12 다음 중 한글 Windows에서 사용하는 바로 가기 키의 기능이 옳지 못한 것은?

① F2 : 이름 바꾸기

② F3 : 파일이나 폴더 검색

③ F4 : 주소 표시줄 목록 표시

④ F5 : 창이나 바탕 화면의 화면 요소들을 순환

13 다음 중 아날로그 컴퓨터와 비교하여 디지털 컴퓨터의 특징으로 옳지 않은 것은?

① 데이터의 각 자리마다 0 혹은 1의 비트로 표현한 이산적인 데이터를 처리한다.

② 데이터 처리를 위한 명령어들로 구성된 프로그램에 의해 동작된다.

③ 온도, 전압, 진동 등과 같이 연속적으로 변하는 데이터를 효율적으로 처리할 수 있다.

④ 산술 및 논리 연산을 처리하는 회로에 기반을 둔 범용 컴퓨터로 사용된다.

14 다음 중 컴퓨터에서 사용하는 데이터의 논리적 구성 단위를 작은 것에서 큰 것 순으로 바르게 나열한 것은?

① 비트 – 바이트 – 워드 – 필드
② 워드 – 필드 – 바이트 – 레코드
③ 워드 – 필드 – 파일 – 레코드
④ 필드 – 레코드 – 파일 – 데이터베이스

15 다음 중 네트워크 연결 장치와 관련하여 패킷의 헤더 정보를 보고 목적지를 파악하여 다음 목적지로 전송하기 위한 최선의 경로를 선택할 수 있는 것으로 옳은 것은?

① 허브(Hub)
② 브리지(Bridge)
③ 스위치(Switch)
④ 라우터(Router)

16 다음 중 Windows의 드라이브 최적화(디스크 조각 모음) 기능에 관한 설명으로 옳지 않은 것은?

① 하드디스크에 단편화되어 조각난 파일들을 모아준다.
② USB 플래시 드라이브와 같은 이동식 저장 장치도 조각화 될 수 있다.
③ 수행 후에는 디스크 공간의 최적화가 이루어져 디스크의 용량이 증가한다.
④ 일정을 구성하여 드라이브 최적화(디스크 조각 모음)를 예약 실행할 수 있다.

17 인터넷의 보안에 대한 해결책으로 공개키(Public Key)를 이용한 암호화 기법이 있다. 이 기법에서는 암호키(Encryption Key)와 해독키(Decryption Key) 두 개의 키를 사용하는데, 공개 여부에 대한 설명으로 맞는 것은?

① 암호키와 해독키를 모두 공개한다.
② 암호키와 해독키를 모두 비공개한다.
③ 암호키는 공개하고 해독키는 비공개한다.
④ 해독키는 공개하고 암호키는 비공개한다.

18 다음 아래의 〈보기〉에서 설명하는 기억 장치로 옳은 것은?

〈보기〉

> • 보조 기억 장치인 하드디스크의 일부를 주기억 장치처럼 사용함
> • 주기억 장치보다 큰 프로그램을 로드하여 실행할 경우에 유용함
> • 기억 공간의 확대에 목적이 있음

① 플래시 메모리(Flash Memory)
② 캐시 메모리(Cache Memory)
③ 연관 메모리(Associative Memory)
④ 가상 메모리(Virtual Memory)

19 다음 중 정보의 기밀성을 저해하는 데이터 보안 침해 형태는?

① 수정
② 가로채기
③ 위조
④ 가로막기

20 다음 중 컴퓨터에서 사용하는 ASCII 코드에 관한 설명으로 옳은 것은?

① 패리티 비트를 이용하여 오류 검출과 오류 교정이 가능하다.
② 표준 ASCII 코드는 3개의 존 비트와 4개의 디지트 비트로 구성되며, 주로 대형 컴퓨터의 범용 코드로 사용된다.
③ 표준 ASCII 코드는 7비트를 사용하여 영문 대소문자, 숫자, 문장 부호, 특수 제어 문자 등을 표현한다.
④ 확장 ASCII 코드는 8비트를 사용하며 멀티미디어 데이터 표현에 적합하도록 확장된 코드표이다.

중요 ✓ 난이도 중 문제 진단 ○△✕

21 합격강의 다음 중 엑셀의 [데이터] 탭-[데이터 도구] 그룹에 있는 [빠른 채우기]는 패턴에 대한 값을 자동으로 채워주는 기능이다. 바로 가기 키로 옳은 것은?

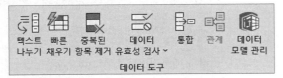

① Ctrl + E
② Ctrl + F
③ Ctrl + T
④ Ctrl + Shift + L

난이도 중 문제 진단 ○△✕

22 다음 중 자동 필터에 관한 설명으로 옳지 않은 것은?

① 날짜가 입력된 열에서 요일로 필터링하려면 '날짜 필터' 목록에서 필터링 기준으로 사용할 요일을 하나 이상 선택하거나 취소한다.
② 두 개 이상의 필드에 조건을 설정하는 경우 필드 간에는 AND 조건으로 결합하여 필터링된다.
③ 열 머리글에 표시되는 드롭다운 화살표에는 해당 열에서 가장 많이 나타나는 데이터 형식에 해당하는 필터 목록이 표시된다.
④ 검색 상자를 사용하여 텍스트와 숫자를 검색할 수 있으며, 배경 또는 텍스트에 색상 서식이 적용된 경우 셀의 색상을 기준으로 필터링할 수도 있다.

난이도 중 문제 진단 ○△✕

23 합격강의 다음 중 [찾기 및 바꾸기] 대화 상자에 대한 설명으로 옳지 않은 것은?

① [서식] 단추를 이용하면 특정 셀의 서식을 선택하여 동일한 셀 서식이 적용된 셀을 찾을 수도 있다.
② [범위]에서 행 방향을 우선하여 찾을 것인지 열 방향을 우선하여 찾을 것인지를 지정할 수 있다.
③ [찾기] 탭에서 찾는 위치는 '수식, 값, 메모'를 사용할 수 있고, [바꾸기] 탭에서는 '수식'만 사용할 수 있다.
④ [찾기]의 바로 가기 키는 Ctrl + F , [바꾸기]의 바로 가기 키는 Ctrl + H 를 사용한다.

중요 ✓ 난이도 상 문제 진단 ○△✕

24 합격강의 아래의 워크시트에서 보기의 수식을 [A3:D3] 셀에 순서대로 입력하려고 한다. 다음 중 입력된 수식의 결과가 다른 것은?

	A	B	C	D	E
1	컴퓨	터활용	컴퓨터활용		
2	컴퓨	퓨	터	활	용

① =LEFT(B1,2)&E2
② =MID(C1,3,2)
③ =RIGHT(C1,3)
④ =C2&D2&E2

난이도 중 문제 진단 ○△✕

25 다음 중 워크시트에서 계산을 원하는 셀 영역을 선택한 후 상태 표시줄의 바로 가기 메뉴인 [상태 표시줄 사용자 지정]에서 선택할 수 있는 자동 계산에 해당되지 않는 것은?

① 합계
② 평균
③ 숫자 셀 수
④ 표준 편차

난이도 중 문제 진단 ○△✕

26 다음 중 'Sheet1'에서 'Sheet1'의 [A10] 셀과 '2월 매출' 시트의 [A1] 셀을 곱하는 수식으로 옳은 것은?

① =A1*2월 매출!A1
② =A10*[2월 매출]!A1
③ =A10*'2월 매출'!A1
④ =A10*"2월 매출"!A1

27 다음 표는 어린이 비타민 한 알에 포함된 비타민의 성분 표이다. 전체 항목의 합에 대한 각 항목의 비율을 보기 위해서 다음 중 어떤 차트로 나타내는 것이 가장 적당한 가?

비타민 성분	함량(mg)
A	0.1
B1	0.35
B2	0.45
B3	4.5
B6	0.1
C	3
E	2

① 방사형 차트
② 주식형 차트
③ 원형 차트
④ 표면형 차트

28 다음 중 [페이지 설정] 대화 상자의 [시트] 탭에 대한 설명으로 옳지 않은 것은?

① [행/열 머리글] 항목은 행/열 머리글이 인쇄되도록 설정하는 기능이다.
② [인쇄 제목] 항목을 이용하면 특정 부분을 매 페이지마다 반복적으로 인쇄할 수 있다.
③ [눈금선] 항목을 선택하여 체크 표시하면 작업시트의 셀 구분선은 인쇄되지 않는다.
④ [메모] 항목에서 '(없음)'을 선택하면 셀에 메모가 있더라도 인쇄되지 않는다.

29 다음 중 데이터 입력에 대한 설명으로 옳지 않은 것은?

① 동일한 문자를 여러 개의 셀에 입력하려면 셀에 문자를 입력한 후 채우기 핸들을 드래그한다.
② 숫자 데이터의 경우 두 개의 셀을 선택하고 채우기 핸들을 선택 방향으로 드래그하면 두 값의 차이만큼 증가/감소하며 자동 입력된다.
③ 일정 범위 내에 동일한 데이터를 한 번에 입력하려면 범위를 지정하여 데이터를 입력한 후 바로 이어서 Shift + Enter 를 누른다.
④ 사용자 지정 연속 데이터 채우기를 사용하여 데이터를 입력하는 경우 사용자 지정 목록에는 텍스트나 텍스트/숫자 조합만 포함될 수 있다.

30 다음 중 가상 분석 도구인 [데이터 표]에 대한 설명으로 옳지 않은 것은?

① 테스트 할 변수의 수에 따라 변수가 한 개이거나 두개인 데이터 표를 만들 수 있다.
② 데이터 표를 이용하여 입력된 데이터는 부분적으로 수정 또는 삭제할 수 있다.
③ 워크시트가 다시 계산될 때마다 데이터 표도 변경 여부에 관계없이 다시 계산된다.
④ 데이터 표의 결과 값은 반드시 변화하는 변수를 포함한 수식으로 작성해야 한다.

31 다음 시트에서 함수식의 결과가 잘못된 것은?

	A	B	C	D
1	5	10	15	20
2	10	0.02	0.51	0.78
3	15	0.88	0.44	2.22
4	20	4.33	1.27	3.33
5	25	1.95	2.35	4.44

① =VLOOKUP(28,A1:D5,3) → 2.35
② =VLOOKUP(22,A1:D5,3) → 2.22
③ =HLOOKUP(17,A1:D5,4) → 1.27
④ =INDEX(A1:D5,3,4) → 2.22

32 다음 중 윗주에 대한 설명으로 옳은 것은?

① 윗주의 서식은 변경할 수 없다.

② 윗주는 데이터를 삭제하면 같이 삭제된다.

③ 문자, 숫자 데이터 모두 윗주를 표시할 수 있다.

④ 윗주 필드 표시는 인쇄 미리 보기에서는 표시되지만 인쇄할 때는 같이 인쇄되지 않는다.

33 다음 중 매크로와 관련된 바로 가기 키에 대한 설명으로 옳지 않은 것은?

① Alt + M 을 누르면 [매크로 기록] 대화 상자가 표시되어 매크로를 기록할 수 있다.

② Alt + F11 을 누르면 Visual Basic Editor가 실행되며, 매크로를 수정할 수 있다.

③ Alt + F8 을 누르면 [매크로] 대화 상자가 표시되어 매크로 목록에서 매크로를 선택하여 실행할 수 있다.

④ 매크로 기록 시 Ctrl 과 영문 문자를 조합하여 해당 매크로의 바로 가기 키를 지정할 수 있다.

34 다음 중 [데이터 유효성] 기능의 오류 메시지 스타일에 해당하지 않는 것은?

🔲합격강의

① 경고(⚠)

② 중지(❌)

③ 정보(ℹ)

④ 확인(✅)

35 워크시트의 [F8] 셀에 수식 "=E8/$F5"를 입력하는 중 '$'를 한글 'ㄴ'으로 잘못 입력하였다. 이 경우 [F8]셀에 나타나는 오류 메시지로 옳은 것은?(단, [E8] 셀과 [F5] 셀에는 숫자 100과 20이 입력되어 있다.)

① #N/A

② #NAME?

③ #NULL!

④ #VALUE!

36 다음 중 아래의 고급 필터 조건에 대한 설명으로 옳은 것은?

국사	영어	평균
>=80	>=85	
		>=85

① 국사가 80 이상이거나, 영어가 85 이상이거나, 평균이 85 이상인 경우

② 국사가 80 이상이거나, 영어가 85 이상이면서 평균이 85 이상인 경우

③ 국사가 80 이상이면서 영어가 85 이상이거나, 평균이 85 이상인 경우

④ 국사가 80 이상이면서 영어가 85 이상이면서 평균이 85 이상인 경우

37 다음 중 날짜 데이터의 입력에 대한 설명으로 옳은 것은?

① 날짜는 1900년 1월 1일을 1로 시작하는 일련번호로 저장된다.

② 날짜 데이터는 슬래시(/)나 점(.) 또는 하이픈(-)으로 연, 월, 일을 구분하여 입력한다.

③ 수식에서 날짜 데이터를 직접 입력할 때에는 작은따옴표(")로 묶어서 입력한다.

④ 단축키 Ctrl + Alt + ; 을 누르면 오늘 날짜가 입력된다.

중요 ✓ 난이도 상 문제 진단 ○△✕

38 다음 중 입사일이 1989년 6월 3일인 직원의 오늘 현재까지의 근속 일수를 구하려고 할 때 가장 적당한 함수 사용법은?

합격
강의

① =TODAY( )−DAY(1989,6,3)

② =TODAY( )−DATE(1989,6,3)

③ =DATE(6,3,1989)−TODAY( )

④ =DAY(6,3,1989)−TODAY( )

난이도 중 문제 진단 ○△✕

39 다음 중 차트의 데이터 계열 서식에 대한 설명으로 옳지 않은 것은?

① 계열 겹치기 수치를 양수로 지정하면 데이터 계열 사이가 벌어진다.

② 차트에서 데이터 계열의 간격을 넓게 또는 좁게 지정할 수 있다.

③ 특정 데이터 계열의 값이 다른 데이터 계열 값과 차이가 많이 나거나 데이터 형식이 혼합되어 있는 경우 하나 이상의 데이터 계열을 보조 세로(값) 축에 표시할 수 있다.

④ 보조 축에 그려지는 데이터 계열을 구분하기 위하여 보조 축의 데이터 계열만 선택하여 차트 종류를 변경할 수 있다.

난이도 중 문제 진단 ○△✕

40 다음 중 부분합에 대한 설명으로 옳지 않은 것은?

① 부분합은 SUBTOTAL 함수를 사용하여 합계나 평균 등의 요약 값을 계산한다.

② 첫 행에는 열 이름표가 있어야 하며, 데이터는 그룹화할 항목을 기준으로 정렬되어 있어야 한다.

③ 항목 및 하위 항목별로 데이터를 요약하며, 사용자 지정 계산과 수식을 만들 수 있다.

④ 부분합을 제거하면 부분합과 함께 표에 삽입된 개요 및 페이지 나누기도 제거된다.

빠른 정답표 | **확인하기**

① 모바일로 QR 코드를 스캔합니다.
② 해당 회차의 정답표를 확인합니다.
③ 빠르고 간편하게 채점해 보세요.

해설과 따로 보는 2023년 상시 기출문제 03회

자동 채점 서비스 ▶합격 강의

SELF CHECK | 제한시간 40분 | 소요시간 분 | 전체 문항 수 40문항 | 맞힌 문항 수 문항

1 과목 컴퓨터 일반

중요 ✓ 난이도 중 문제 진단 ○△✕

01 다음 중 각 소프트웨어에 대한 설명으로 옳지 않은 것은?

① 패치 버전(Patch Version) : 이미 제작하여 배포된 프로그램의 오류 수정이나 성능 향상을 위해 프로그램의 일부 파일을 변경해 주는 프로그램
② 데모 버전(Demo Version) 정식 프로그램의 기능을 홍보하기 위해 사용 기간이나 기능을 제한하여 배포하는 프로그램
③ 셰어웨어(Shareware) : 정식 프로그램의 구매를 유도하기 위해 기능이나 사용 기간에 제한을 두어 무료로 배포하는 프로그램
④ 공개 소프트웨어(Freeware) : 특정한 하드웨어나 소프트웨어를 구매하였을 때 끼워주는 소프트웨어

난이도 중 문제 진단 ○△✕

02 다음 중 아래 설명에 해당하는 네트워크 구성 장비는?

- 두 개의 근거리 통신망(LAN) 시스템을 이어주는 접속 장치이다.
- 양쪽 방향으로 데이터의 전송만 해줄 뿐 프로토콜 변환 등 복잡한 처리는 불가능하다.
- 네트워크 프로토콜과는 독립적으로 작용하므로 네트워크에 연결된 여러 단말들의 통신 프로토콜을 바꾸지 않고도 네트워크를 확장할 수 있다.

① 라우터
② 스위칭 허브
③ 브리지
④ 모뎀

난이도 중 문제 진단 ○△✕

03 다음 중 산술 논리 연산 장치(Arithmetic and Logic Unit)의 구성 요소가 아닌 것은?

① 상태 레지스터
② 누산기
③ 프로그램 카운터
④ 보수기

중요 ✓ 난이도 중 문제 진단 ○△✕

04 다음 중 개인용 컴퓨터(PC)에서 문자를 표현하기 위해 일반적으로 사용하는 코드 형식에 해당하는 것은?

① ASCII 코드
② BCD코드
③ ISO 코드
④ EBCDIC 코드

난이도 하 문제 진단 ○△✕

05 다음 중 IPv6에서 사용하는 주소의 비트 수로 옳은 것은?

① 32비트
② 64비트
③ 128비트
④ 256비트

난이도 중 문제 진단 ○△✕

06 다음 중 비트맵 이미지를 확대하였을 때 이미지의 경계선이 매끄럽지 않고 계단 형태로 나타나는 현상을 의미하는 용어는?

① 엘리어싱(Aliasing)
② 디더링(Dithering)
③ 모델링(Modeling)
④ 렌더링(Rendering)

07 난이도 중 문제 진단 ○△✕
다음 중 중앙 처리 장치와 주기억 장치 사이의 속도 차를 해결하기 위해 사용하는 기억 장치는?

① 가상 기억 장치
② 캐시 메모리
③ 플래시 메모리
④ 연상 기억 장치

08 중요 ✓ 난이도 중 문제 진단 ○△✕
다음 중 그래픽 파일 형식 중 GIF에 대한 설명으로 옳지 않은 것은?

① 비손실 압축과 손실 압축을 모두 지원한다.
② 여러 번 압축을 하여도 원본과 비교해 화질의 손상은 없다.
③ 최대 256 색상까지만 표현할 수 있다.
④ 배경을 투명하게 처리할 수 있다.

09 난이도 중 문제 진단 ○△✕
합격강의
다음 중 ⓐ와 ⓑ에 대한 답으로 옳은 것은?

> 컴퓨터의 처리 대상이 되는 것으로 어떤 조건이나 상황을 나타내는 문자, 숫자, 그림, 음성, 영상 등을 (ⓐ)(이)라고 하며, (ⓐ)를 가공한 것으로 유용하게 사용되는 것을 (ⓑ)(이)라고 한다.

① ⓐ : 파일   ⓑ : 미디어
② ⓐ : 멀티미디어   ⓑ : 미디어
③ ⓐ : 데이터베이스   ⓑ : 소프트웨어
④ ⓐ : 자료   ⓑ : 정보

10 난이도 중 문제 진단 ○△✕
다음 중 한글 Windows 10에서 사용 중인 프로그램을 닫거나 실행 중인 프로그램을 끝내기 위한 바로 가기 키는?

① Ctrl + R   ② Alt + Enter
③ Alt + Tab   ④ Alt + F4

11 난이도 하 문제 진단 ○△✕
다음 중 컴퓨터 시스템을 안정적으로 사용하기 위한 관리 방법으로 적절하지 않은 것은?

① 컴퓨터를 이동하거나 부품을 교체할 때에는 반드시 전원을 끄고 작업하는 것이 좋다.
② 직사광선을 피하고 습기가 적으며 통풍이 잘되고 먼지 발생이 적은 곳에 설치한다.
③ 시스템 백업 기능을 자주 사용하면 시스템 바이러스 감염 가능성이 높아진다.
④ 디스크 조각 모음에 대해 예약 실행을 설정하여 정기적으로 최적화시킨다.

12 난이도 중 문제 진단 ○△✕
다음은 운영 체제 구성 중 언어 번역 프로그램에 대한 설명이다. 다음 중 설명이 잘못된 것은?

① 입력되는 프로그램을 원시 프로그램이라 하고, 출력되는 프로그램을 목적 프로그램이라 한다.
② 인터프리터는 원시 프로그램을 입력으로 받아 기계어로 변환하고 이를 실행해서 그 결과를 출력하여 주는 프로그램이다.
③ 어셈블리 언어는 어셈블러라고 하는 언어 번역기에 의해서 기계어로 번역된다.
④ 여러 형태의 컴퓨터 언어에 따라 프로그램 언어는 각각의 언어 번역 프로그램을 갖고 있다.

13 중요 ✓ 난이도 중 문제 진단 ○△✕
다음 중 레지스터에 관한 설명으로 옳은 것은?

① CPU 내부에서 특정한 목적에 사용되는 일시적인 기억 장소이다.
② 메모리 중에서 가장 속도가 느리며, 플립플롭이나 래치 등으로 구성된다.
③ 컴퓨터의 유지 보수를 위한 시스템 정보를 저장한다.
④ 시스템 부팅 시 운영체제가 로딩되는 메모리이다.

14 난이도 중 문제 진단 ○△✕

다음 중 한글 Windows 10에서 휴지통에 저장되지 않는 경우로 옳은 것은?

① Shift를 누른 상태에서 삭제한 파일
② Ctrl을 누른 상태에서 삭제한 파일
③ Alt를 누른 상태에서 삭제한 파일
④ 바로 가기 메뉴에서 [삭제] 메뉴를 눌러서 삭제한 바로 가기 아이콘

15 난이도 중 문제 진단 ○△✕

다음 중 문자 형태로 된 도메인 네임을 컴퓨터가 인식할 수 있는 숫자로 된 IP 어드레스로 변환해 주는 것은?

① DHCP   ② CGI
③ DNS   ④ URL

16 난이도 중 문제 진단 ○△✕

다음 중 Windows의 [명령 프롬프트] 창에서 사용하는 PING 서비스에 대한 설명으로 옳은 것은?

① 원격으로 다른 컴퓨터를 사용할 수 있는 서비스이다.
② 인터넷이 정상적으로 연결되었는지 확인하는 서비스이다.
③ 인터넷 서버까지의 경로를 추적하는 서비스이다.
④ 특정 시스템을 사용하고 있는 사용자 정보를 알아보는 서비스이다.

17 난이도 중 문제 진단 ○△✕

다음 중 한글 Windows 10에서 재생할 수 있는 표준 동영상 파일의 형식으로 옳은 것은?

① JPG 파일
② GIF 파일
③ BMP 파일
④ AVI 파일

18 중요 ✓ 난이도 중 문제 진단 ○△✕

다음 중 한 대의 시스템을 여러 사용자가 공동으로 이용하는 경우 각 사용자들에게 CPU에 대한 사용권을 일정 시간 동안 할당하여 마치 각자가 컴퓨터를 독점하여 사용하고 있는 것처럼 느끼게 하는 시스템 운영 방식은?

① 일괄 처리 시스템
② 다중 프로그래밍 시스템
③ 다중 처리 시스템
④ 시분할 시스템

19 난이도 하 문제 진단 ○△✕

다음 중 이미지를 트루 컬러로 표현하기 위해서 필요한 비트(Bit) 수로 옳은 것은?

① 4
② 8
③ 16
④ 24

20 난이도 중 문제 진단 ○△✕

다음 중 컴퓨터의 펌웨어(Firmware)에 관한 설명으로 옳은 것은?

① 주로 하드디스크에 저장되며 부팅 시 동작한다.
② 펌웨어 업데이트만으로도 시스템의 성능을 향상시킬 수 있다.
③ 컴퓨터 바이러스 백신과 관련이 있는 프로그램이다.
④ 컴퓨터 연산 속도를 빠르게 도와주는 하드웨어이다.

2과목 스프레드시트 일반

중요✓ **난이도 상** **문제 진단 ○△☒**

21 다음 중 함수를 실행한 결과가 옳지 않은 것은?

① =ROUNDUP(3.2,0) → 3
② =MOD(3,2) → 1
③ =ABS(-2) → 2
④ =MID("2026 월드컵",6,3) → 월드컵

난이도 중 **문제 진단 ○△☒**

22 다음 중 셀 범위를 선택한 후 그 범위에 이름을 정의하여 사용하는 것에 대한 설명으로 옳지 않은 것은?

① 이름은 기본적으로 상대 참조를 사용한다.
② 이름에는 공백이 없어야 한다.
③ 이름은 대소문자를 구별하지 않는다.
④ 정의된 이름은 다른 시트에서도 사용할 수 있다.

난이도 중 **문제 진단 ○△☒**

23 다음 중 [매크로] 대화 상자에 대한 설명으로 옳지 않은 것은?

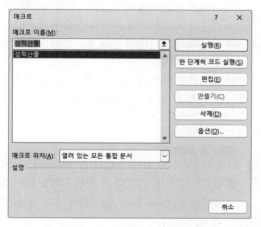

① [실행] 단추를 클릭하면 선택한 매크로를 실행한다.
② [한 단계씩 코드 실행] 단추를 클릭하면 선택한 매크로의 코드를 한 단계씩 실행할 수 있도록 Visual Basic 편집기를 실행한다.
③ [편집] 단추를 클릭하면 선택한 매크로의 명령을 수정할 수 있도록 Visual Basic 편집기를 실행한다.
④ [옵션] 단추를 클릭하면 선택한 매크로의 매크로 이름과 설명을 수정할 수 있는 [매크로 옵션] 대화 상자를 표시한다.

난이도 중 **문제 진단 ○△☒**

24 다음 중 필터에 대한 설명으로 옳지 않은 것은?

① 필터 기능을 이용하면 워크시트에 입력된 자료들 중 특정한 조건에 맞는 자료들만을 워크시트에 표시할 수 있다.
② 자동 필터에서 여러 필드에 조건을 지정하는 경우 각 조건들은 AND 조건으로 설정된다.
③ 고급 필터를 실행하는 경우 조건을 만족하는 데이터를 다른 곳에 추출할 수 있다.
④ 고급 필터가 적용된 결과 표를 정렬할 경우 숨겨진 레코드도 정렬에 포함된다.

난이도 중 **문제 진단 ○△☒**

25 다음 중 데이터 유효성 검사에 대한 설명으로 옳지 않은 것은?

① 목록의 값들을 미리 지정하여 데이터 입력을 제한할 수 있다.
② 입력할 수 있는 정수의 범위를 제한할 수 있다.
③ 목록으로 값을 제한하는 경우 드롭다운 목록의 너비를 지정할 수 있다.
④ 유효성 조건 변경 시 변경 내용을 범위로 지정된 모든 셀에 적용할 수 있다.

중요✓ **난이도 하** **문제 진단 ○△☒**

26 다음 중 엑셀에서 정렬 기준으로 사용할 수 없는 것은?

① 셀 값
② 셀 색
③ 글꼴 색
④ 글꼴 크기

난이도 중 **문제 진단 ○△☒**

27 다음 중 현재의 화면을 수평이나 수직 또는 수평/수직으로 나누어 볼 수 있는 화면 제어 기능은?

① 창 정렬
② 확대/축소
③ 창 나누기
④ 창 숨기기

28 난이도 중 문제 진단 ○△✕

다음 중 시트 전체를 범위로 선택하는 방법으로 옳지 않은 것은?

① 하나의 행이 선택된 상태에서 Shift + Space Bar 를 누른다.

② 시트의 임의의 셀에서 Ctrl + A 를 누른다.

③ 하나의 열이 선택된 상태에서 Shift + Space Bar 를 누른다.

④ 시트 전체 선택 단추를 클릭한다.

29 중요 ✓ 난이도 상 문제 진단 ○△✕

다음 시트에서 [B11] 셀에 "영업1부"의 인원수를 구하는 수식으로 옳은 것은?

	A	B	C
1	성명	부서	
2	이대한	영업3부	
3	한상공	영업1부	
4	김선	영업2부	
5	지유환	영업1부	
6	이상영	영업2부	
7	이선훈	영업1부	
8	홍범도	영업3부	
9	곽기은	영업1부	
10			
11	영업1부 인원수		
12			

① =SUM(B2:B9,"영업1부")

② =SUMIF(B2:B9,"영업1부")

③ =COUNT(B2:B9,"영업1부")

④ =COUNTIF(B2:B9,"영업1부")

30 난이도 중 문제 진단 ○△✕

다음 중 매크로 작성 시 [매크로 기록] 대화 상자에서 선택할 수 있는 매크로의 저장 위치로 옳지 않은 것은?

① 새 통합 문서

② 개인용 매크로 통합 문서

③ 현재 통합 문서

④ 작업 통합 문서

31 중요 ✓ 난이도 중 문제 진단 ○△✕

다음 중 아래의 차트에 표시되지 않은 차트의 구성 요소는?

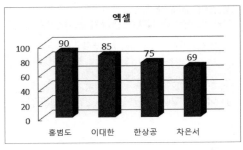

① 데이터 레이블

② 데이터 계열

③ 데이터 테이블

④ 눈금선

32 난이도 중 문제 진단 ○△✕

다음 중 시나리오에 대한 설명으로 옳지 않은 것은?

① 시나리오는 작업 시트에 입력되어 있는 데이터들에 대해 가상의 상황을 만들어서 그 결과를 분석하고 예측하는 기능이다.

② 시나리오를 사용하여 작업 시트에 입력된 값을 변경시키면 원래의 값은 되살릴 수 없다.

③ 하나의 시나리오에 최대 24개까지 변경 셀을 지정할 수 있다.

④ 시나리오 이름은 사용자가 직접 입력해야 하며, 설명은 꼭 입력하지 않아도 된다.

33 난이도 중 문제 진단 ○△✕

다음 중 [찾기 및 바꾸기] 대화 창에서 찾을 내용에 만능 문자(와일드카드)인 '?' 나 '*' 문자 자체를 찾는 방법은?

① 찾으려는 만능 문자 앞·뒤에 큰따옴표("") 기호를 입력한다.

② 찾으려는 만능 문자 앞에 퍼센트(%) 기호를 입력한다.

③ 찾으려는 만능 문자 앞에 느낌표(!) 기호를 입력한다.

④ 찾으려는 만능 문자 앞에 물결표(~) 기호를 입력한다.

34 다음 설명하는 차트의 종류로 옳은 것은?

- 가로 축의 값이 일정한 간격이 아닌 경우
- 가로 축의 데이터 요소 수가 많은 경우
- 데이터 요소 간의 차이점보다는 데이터 집합 간의 유사점을 표시하려는 경우

① 주식형 차트
② 영역형 차트
③ 분산형 차트
④ 방사형 차트

35 다음 시트에서 [A1:F3] 영역을 제목으로 설정하여 매 페이지마다 반복 인쇄하기 위한 페이지 설정 방법으로 옳은 것은?

	A	B	C	D	E	F
1		컴퓨터 활용능력 필기 상시 검정 점수 현황				
2						
3		응시자명	컴퓨터일반	스프레드시트	데이터베이스	평균
4		최영진	60	75	86	74
5		왕상공	78	88	90	85
6		성정희	37	80	72	63
7		이수정	58	69	33	53
8		허은혜	77	62	56	65

① [페이지 설정] 대화 상자의 [머리글/바닥글] 탭에서 '머리글'에 A:G를 입력한다.
② [페이지 설정] 대화 상자의 [시트] 탭에서 '반복할 행'에 $1:$3을 입력한다.
③ [페이지 설정] 대화 상자의 [머리글/바닥글] 탭에서 '머리글'에 $1:$3을 입력한다.
④ [페이지 설정] 대화 상자의 [시트] 탭에서 '인쇄 영역'에 A:G를 입력한다.

36 다음 워크시트에서 [A1] 셀에서 Ctrl을 누른 채 채우기 핸들을 이용하여 드래그했을 때 [C1] 셀에 표시되는 값은?

	A	B	C	D
1	29.5			
2				

① 29.5
② 29.7
③ 31.5
④ 32.5

37 다음 중 목표값 찾기에 관한 설명으로 옳지 않은 것은?

① 수식에서 원하는 결과를 알고 있지만 그 결과를 얻기 위해 필요한 입력 값이 확실하지 않은 경우 목표값 찾기 기능을 사용한다.
② 여러 개의 변수를 조정하여 특정한 목표값을 찾을 때 사용한다.
③ 찾는 값은 수식 셀의 결과로, 원하는 특정한 값을 숫자 상수로 입력한다.
④ 값을 바꿀 셀은 찾는 값(목표값)에 입력한 결과를 얻기 위해 데이터를 조절할 단일 셀로서, 반드시 수식에서 이 셀을 참조하고 있어야 한다.

38 다음 중 열려 있는 통합 문서의 모든 워크시트를 재계산하기 위한 기능키로 옳은 것은?

① F1
② F2
③ F4
④ F9

난이도 중 문제 진단 ○△☓

39 다음 중 아래 괄호( )에 해당하는 바로 가기 키의 연결이 옳은 것은?

> Visual Basic Editor에서 매크로를 한 단계씩 실행하기 위한 바로 가기 키는 (㉮)이고, 모듈 창의 커서 위치까지 실행하기 위한 바로 가기 키는 (㉯)이며, 매크로를 바로 실행하기 위한 바로 가기 키는 (㉰)이다.

① ㉮－F5, ㉯－Ctrl＋F5, ㉰－F8
② ㉮－F5, ㉯－Ctrl＋F8, ㉰－F8
③ ㉮－F8, ㉯－Ctrl＋F5, ㉰－F5
④ ㉮－F8, ㉯－Ctrl＋F8, ㉰－F5

난이도 중 문제 진단 ○△☓

40 다음 SmartArt의 텍스트 창에 대한 설명으로 옳지 않은 것은?

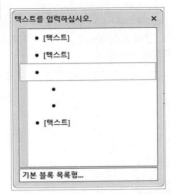

① 텍스트 창에 수식을 입력하는 경우 SmartArt에 결과 값이 계산되어 표시된다.
② 글머리 기호를 추가하여 사용할 수 있다.
③ 텍스트 창의 텍스트를 수정하면 SmartArt도 자동으로 수정된다.
④ 도형의 수가 고정되어 있는 SmartArt의 텍스트 창에서 고정된 도형보다 많은 수의 텍스트를 입력하면 SmartArt에 표시되지 못한 텍스트의 글머리 기호는 빨간색 ×로 표시된다.

빠른 정답표 **확인하기**

① 모바일로 QR 코드를 스캔합니다.
② 해당 회차의 정답표를 확인합니다.
③ 빠르고 간편하게 채점해 보세요.

해설과 따로 보는 2023년 상시 기출문제 04회

자동 채점 서비스 ▶ 합격 강의

SELF CHECK ｜ 제한시간 40분 ｜ 소요시간　분 ｜ 전체 문항 수 40문항 ｜ 맞힌 문항 수　문항

1 과목 컴퓨터 일반

01 중요✓ 난이도 중 문제 진단 ○△✕

다음 중 운영체제를 구성하는 제어 프로그램의 종류에 해당하지 않는 것은?

① 감시 프로그램
② 언어 번역 프로그램
③ 작업 관리 프로그램
④ 데이터 관리 프로그램

02 난이도 중 문제 진단 ○△✕

다음 중 컴퓨터의 특징에 관한 설명으로 옳지 않은 것은?

① 컴퓨터에서 사용되는 용어 중 'GIGO'는 입력 데이터가 옳지 않으면 출력 결과도 옳지 않다는 의미의 용어로 'Garbage In Garbage Out'의 약자이다.
② 호환성은 컴퓨터 기종에 상관없이 데이터 값을 동일하게 공유하여 처리할 수 있는 것을 의미한다.
③ 컴퓨터의 처리 속도 단위는 KB, MB, GB, TB 등으로 표현된다.
④ 컴퓨터 사용에는 사무 처리, 학습, 과학 계산 등 다양한 분야에서 이용될 수 있는 특징이 있으며, 이러한 특징을 범용성이라고 한다.

03 중요✓ 난이도 중 문제 진단 ○△✕

다음 중 멀티미디어와 관련하여 그래픽 처리 기법에 관한 설명으로 옳은 것은?

① 제한된 색상을 조합하여 복잡한 색이나 새로운 색을 만드는 작업을 필터링(Filtering)이라고 한다.
② 3차원 애니메이션을 만드는 과정 중의 하나로 물체의 모형에 명암과 색상을 입혀서 사실감을 더해 주는 작업을 렌더링(Rendering)이라고 한다.
③ 2개의 이미지를 부드럽게 연결하여 변환하거나 통합하는 작업을 모델링(Modelling)이라고 한다.
④ 이미지의 가장자리 부분에 발생한 계단 현상을 제거하는 것을 디더링(Dithering)이라고 한다.

04 중요✓ 난이도 중 문제 진단 ○△✕

다음 중 Windows의 에어로 피크(Aero Peek) 기능에 대한 설명으로 옳은 것은?

① 파일이나 폴더의 저장된 위치에 상관없이 종류별로 파일을 구성하고 액세스할 수 있게 한다.
② 모든 창을 최소화할 필요 없이 바탕 화면을 빠르게 미리 보거나 작업 표시줄의 해당 아이콘을 가리켜서 열린 창을 미리 볼 수 있게 한다.
③ 바탕 화면의 배경으로 여러 장의 사진을 선택하여 슬라이드 쇼 효과를 주면서 번갈아 표시할 수 있게 한다.
④ 작업 표시줄에서 프로그램 아이콘을 마우스 오른쪽 단추로 클릭하여 최근에 열린 파일 목록을 확인할 수 있게 한다.

05 중요✓ 난이도 중 문제 진단 ○△✕

다음 중 ASCII 코드에 대한 설명으로 옳은 것은?

① 2비트 에러를 검출하고 1비트의 에러 교정이 가능한 코드이다.
② Zone 4비트, Digit 4비트로 구성된다.
③ BCD 코드의 확장 코드로 대형 컴퓨터에서 사용된다.
④ 확장 ASCII 코드는 8비트를 사용하여 256가지의 문자를 표현한다.

06 난이도 중 문제 진단 ○△✕

다음 중 Windows의 작업 표시줄에서 열려 있는 프로그램의 미리 보기를 차례대로 표시하는 바로 가기 키는?

① ⊞+L
② ⊞+D
③ ⊞+T
④ ⊞+F

07 다음 중 Windows의 파일 탐색기에 대한 설명으로 옳지 않은 것은?

① 컴퓨터에 설치된 디스크 드라이브, 파일 및 폴더 등을 관리하는 기능을 가진다.

② 폴더와 파일을 계층 구조로 표시하며, 폴더 앞의 ▷ 기호는 하위 폴더가 있음을 의미한다.

③ 현재 폴더에서 상위 폴더로 이동하려면 바로 가기 키인 Home 을 누른다.

④ 검색 상자를 사용하여 파일이나 폴더를 찾을 수 있으며, 검색은 입력과 동시에 시작된다.

08 두 개 이상의 CPU를 가지고 동시에 여러 개의 작업을 처리하는 방식은?

① 일괄 처리 시스템(Batch Processing System)

② 다중 처리 시스템(Multiprocessing System)

③ 듀플렉스 시스템(Duplex System)

④ 다중 프로그래밍 시스템(Multiprogramming System)

09 다음 중 모든 사물을 네트워크로 연결하여 인간과 사물, 사물과 사물 간에 언제 어디서나 서로 소통할 수 있게 하는 새로운 정보통신 환경을 의미하는 것은?

① 클라우드 컴퓨팅(Cloud Computing)

② RSS(Rich Site Summary)

③ IoT(Internet of Things)

④ 빅 데이터(Big Data)

10 다음 중 정보 통신 장비와 관련하여 리피터(Repeater)에 관한 설명으로 옳은 것은?

① 적절한 전송 경로를 선택하여 데이터를 전달하는 장비이다.

② 프로토콜이 다른 네트워크를 결합하는 장비이다.

③ 감쇠된 전송 신호를 증폭하여 다음 구간으로 전달하는 장비이다.

④ 같은 프로토콜을 사용하는 독립적인 2개의 근거리 통신망에 상호 접속하는 장비이다.

11 다음 중 컴퓨터 소프트웨어에서 셰어웨어(Shareware)에 관한 설명으로 옳은 것은?

① 정상 대가를 지불하고 사용하는 소프트웨어이다.

② 특정 기능이나 사용 기간에 제한을 두고 무료로 배포하는 소프트웨어이다.

③ 개발자가 소스를 공개한 소프트웨어이다.

④ 배포 이전의 테스트 버전의 소프트웨어이다.

12 다음 중 인터넷에 존재하는 정보나 서비스에 대해 접근 방법, 존재 위치, 자료 파일명 등의 요소를 표시하는 것은?

① DHCP　　　　② CGI

③ DNS　　　　④ URL

13 다음 중 인터넷을 이용한 전자 우편에 관한 설명으로 옳지 않은 것은?

① 기본적으로 8비트의 유니코드를 사용하여 메시지를 전달한다.

② 전자 우편 주소는 '사용자ID@호스트 주소'의 형식으로 이루어진다.

③ SMTP, POP3, MIME 등의 프로토콜을 사용한다.

④ 보내기, 회신, 첨부, 전달, 답장 등의 기능이 있다.

14 다음 중 데이터 침입 행위와 관련된 '위조(Fabrication)'에 대한 옳은 설명은 무엇인가?

① 자료가 수신측으로 전달되는 것을 방해하는 행위

② 전송한 자료가 수신지로 가는 도중에 몰래 보거나 도청하는 행위

③ 원래의 자료를 다른 내용으로 바꾸는 행위

④ 자료가 다른 송신자로부터 전송된 것처럼 꾸미는 행위

15 다음 중 컴퓨터 바이러스의 특징으로 옳지 않은 것은?

① 디스크의 부트 영역이나 프로그램 영역에 숨어 있다.
② 자신을 복제할 수 있으며, 다른 프로그램을 감염시킬 수 있다.
③ 인터넷과 같은 통신 매체를 통해서만 감염된다.
④ 소프트웨어뿐만 아니라 하드웨어의 성능에도 영향을 미칠 수 있다.

16 다음 중 [개인 설정]에서 설정할 수 있는 기능으로 옳지 않은 것은?

① 테마
② 글꼴
③ 내레이터
④ 배경

17 다음 중 정보 사회의 특징으로 적절하지 않은 것은?

① 정보 자원에 의해서 주도되는 사회를 정보화 사회라고 한다.
② 획기적인 기술 혁신에 의하여 등장한 컴퓨터와 통신 기술을 원동력으로 하고 있다.
③ 정보의 생성, 가공, 유통이 종래의 물품이나 재화의 생산 활동 이상으로 가치를 지니는 새로운 사회이다.
④ 처리하고자 하는 정보의 종류와 양이 감소하였다.

18 다음 중 컴퓨터에서 사용하는 레이저 프린터에 관한 설명으로 옳지 않은 것은?

① 회전하는 드럼에 토너를 묻혀서 인쇄하는 방식이다.
② 비충격식이라 비교적 인쇄 소음이 적고 인쇄 속도가 빠르다.
③ 인쇄 방식에는 드럼식, 체인식, 밴드식 등이 있다.
④ 인쇄 해상도가 높으며 복사기와 같은 원리를 사용한다.

19 다음 중 폴더의 [속성] 창에 대한 설명으로 옳지 않은 것은?

① 폴더가 포함하고 있는 하위 폴더 및 파일의 개수를 알 수 있다.
② 폴더의 특정 하위 폴더를 삭제할 수 있다.
③ 폴더를 네트워크와 연결된 다른 컴퓨터에서 접근할 수 있도록 공유시킬 수 있다.
④ 폴더에 '읽기 전용' 속성을 설정하거나 해제할 수 있다.

20 다음 중 네트워크 연결을 위한 동배간 처리(Peer-To-Peer) 방식에 대한 설명으로 옳지 않은 것은?

[합격 강의]

① 컴퓨터와 컴퓨터가 동등하게 연결되는 방식이다.
② 각각의 컴퓨터는 클라이언트인 동시에 서버가 될 수 있다.
③ 워크스테이션이나 PC를 단말기로 사용하는 작은 규모의 네트워크에 많이 사용된다.
④ 유지보수가 쉽고 데이터의 보안이 우수하며 주로 데이터의 양이 많을 때 사용한다.

2과목 스프레드시트 일반

21 다음 중 엑셀의 화면 구성 요소를 설명한 것으로 옳지 않은 것은?

① 엑셀에서 열 수 있는 통합 문서 개수는 사용 가능한 메모리와 시스템 리소스에 의해 제한된다.
② 워크시트란 숫자, 문자와 같은 데이터를 입력하고 입력된 결과가 표시되는 작업 공간이다.
③ 각 셀에는 행 번호와 열 번호가 있으며, [A1] 셀은 A행과 1열이 만나는 셀로 그 셀의 주소가 된다.
④ 하나의 통합 문서에는 최대 255개의 워크시트를 포함할 수 있다.

22

다음 중 통합 문서 저장 시 설정할 수 있는 [일반 옵션]에 대한 설명으로 옳지 않은 것은?

① '백업 파일 항상 만들기'에 체크 표시한 경우에는 파일 저장 시 자동으로 백업 파일이 만들어진다.

② '열기 암호'를 지정한 경우에는 열기 암호를 입력해야 파일을 열 수 있고 암호를 모르면 파일을 열 수 없다.

③ '쓰기 암호'가 지정된 경우에는 파일을 수정하고 다른 이름으로 저장 시 '쓰기 암호'를 입력해야 한다.

④ '읽기 전용 권장'에 체크 표시한 경우에는 파일을 열 때 읽기 전용으로 열지를 묻는 메시지가 표시된다.

23

다음 중 워크시트에서 셀 포인터의 이동 및 범위를 설정하는 방법에 대한 설명으로 옳지 않은 것은?

① [A1] 셀로 이동할 경우에는 Alt + Home 을 누른다.

② 행이나 열 단위를 지정할 경우에는 행 번호나 열 문자를 누른다.

③ Shift 를 누른 채로 방향키를 이동하면 연속된 범위를 설정할 수 있다.

④ F5 를 누른 후 이동할 셀 주소를 입력하여 셀 포인터를 이동할 수 있다.

24

다음 중 하이퍼링크에 대한 설명으로 옳지 않은 것은?

① 단추에는 하이퍼링크를 지정할 수 있지만 도형에는 하이퍼링크를 지정할 수 없다.

② 다른 통합 문서에 있는 특정 시트의 특정 셀로 하이퍼링크를 지정할 수 있다.

③ 특정 웹사이트로 하이퍼링크를 지정할 수 있다.

④ 현재 사용 중인 통합 문서의 다른 시트로 하이퍼링크를 지정할 수 있다.

25

다음 중 수식에 잘못된 인수나 피연산자를 사용하였을 때 표시되는 오류 메시지는?

① #DIV/0!   ② #NUM!

③ #NAME?   ④ #VALUE!

26

다음 중 수식의 결과 값이 옳지 않은 것은?

① =RIGHT("Computer",5) → puter

② =ABS(-5) → 5

③ =TRUNC(5.96) → 5

④ =AND(6<5, 7>5) → TRUE

27

다음 중 아래 워크시트에서 [D4] 셀에 입력한 수식의 실행 결과로 옳은 것은?(단, [D4] 셀에 설정된 표시 형식은 '날짜'임)

PERCENT... ▾	:	✕ ✔ *fx*	=EOMONTH(D2,1)	
▲	A	B	C	D	E
1	사원번호	성명	직함	생년월일	
2	101	구민정	영업과장	1980-12-08	
3					
4				=EOMONTH(D2,1)	
5					

① 1980-11-30

② 1980-11-08

③ 1981-01-31

④ 1981-01-08

28

다음 중 매크로에 대한 설명으로 옳지 않은 것은?

① 매크로 실행을 위한 바로 가기 키는 엑셀에서 이미 사용하고 있는 바로 가기 키를 사용할 수 없다.

② 매크로 기록 도중에 선택한 셀은 절대 참조로 기록할 수도 있고 상대 참조로 기록할 수도 있다.

③ 양식 도구에 있는 명령 단추에 매크로를 지정하여 매크로를 실행할 수 있다.

④ Visual Basic Editor에서 코드 편집을 통해 매크로의 이름이나 내용을 바꿀 수 있다.

난이도 중 문제 진단 ○△☒

29

합격
강의

다음 중 3차원 원형 차트에서 '데이터 레이블'의 레이블 내용으로 옳지 않은 것은?

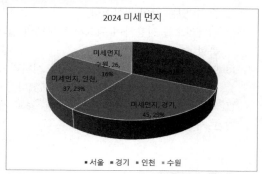

2024 미세 먼지

미세먼지, 수원, 26, 16%
미세먼지, 인천, 37, 23%
미세먼지, 경기, 45, 29%

▪ 서울 ▪ 경기 ▪ 인천 ▪ 수원

① 차트 제목
② 계열 이름
③ 항목 이름
④ 값, 백분율

중요 ✓ 난이도 중 문제 진단 ○△☒

30

다음 중 엑셀의 각종 데이터 입력에 관한 설명으로 옳지 않은 것은?

① 수식은 등호(=)로 시작해야 한다.
② 시간 데이터는 콜론(:)으로 시, 분, 초를 구분하여 입력한다.
③ 오늘 날짜를 입력하기 위해서는 TODAY() 함수나 Ctrl+ ; 을 누르면 된다.
④ 범위를 지정하고 데이터를 입력한 후 Alt + Enter 를 누르면 동일한 데이터가 한꺼번에 입력된다.

난이도 중 문제 진단 ○△☒

31

합격
강의

다음 중 [페이지 설정]에서 아래처럼 인쇄에 대한 옵션을 설정할 수 있는 탭은?

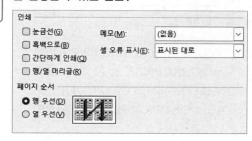

인쇄
☐ 눈금선(G)   메모(M): (없음)
☐ 흑백으로(B)   셀 오류 표시(E): 표시된 대로
☐ 간단하게 인쇄(Q)
☐ 행/열 머리글(R)

페이지 순서
⦿ 행 우선(D)
◯ 열 우선(V)

① [페이지] 탭
② [여백] 탭
③ [머리글/바닥글] 탭
④ [시트] 탭

난이도 중 문제 진단 ○△☒

32

다음 중 자동 필터에 관한 설명으로 옳지 않은 것은?

① 날짜가 입력된 열에서 요일로 필터링하려면 '날짜 필터' 목록에서 필터링 기준으로 사용할 요일을 하나 이상 선택하거나 취소한다.
② 두 개 이상의 필드에 조건을 설정하는 경우 필드 간에는 AND 조건으로 결합하여 필터링된다.
③ 열 머리글에 표시되는 드롭다운 화살표에는 해당 열에서 가장 많이 나타나는 데이터 형식에 해당하는 필터 목록이 표시된다.
④ 자동 필터를 사용하면 목록 값, 서식 또는 조건 등 세 가지 유형의 필터를 만들 수 있으며, 각 셀의 범위나 표 열에 대해 한 번에 한 가지 유형의 필터만 사용할 수 있다.

난이도 중 문제 진단 ○△☒

33

다음 중 아래에서 설명하는 엑셀의 기능으로 옳은 것은?

- 특정 항목의 구성 비율을 살펴보기 위하여 워크시트에 입력된 수치 값들을 막대나 선, 도형, 그림 등을 사용하여 시각적으로 표현한 것이다.
- 데이터의 상호 관계나 경향 또는 추세를 쉽게 분석할 수 있다.

① 피벗 테이블
② 시나리오
③ 차트
④ 매크로

난이도 중 문제 진단 ○△☒

34

합격
강의

다음 중 셀에 입력한 자료를 숨기고자 할 때의 사용자 지정 표시 형식으로 옳은 것은?

① @@@@
② ;;;
③ #0000
④ ####0

난이도 중 문제 진단 ○△×

35 다음 중 부분합에 관한 설명으로 옳지 않은 것은?

① 여러 함수를 이용하여 부분합을 작성하려면 두 번째부터 실행하는 [부분합] 대화 상자에서 '새로운 값으로 대치'가 반드시 선택되어 있어야 한다.

② 부분합을 작성한 후 개요 기호를 눌러 특정한 데이터가 표시된 상태에서 차트를 작성하면 화면에 표시된 데이터만 차트에 표시된다.

③ 부분합을 실행하기 전에 그룹시키고자 하는 필드를 기준으로 정렬되어 있어야 올바른 결과를 얻을 수 있다.

④ 그룹별로 페이지를 달리하여 인쇄하기 위해서는 [부분합] 대화 상자에서 '그룹 사이에서 페이지 나누기'를 선택한다.

난이도 중 문제 진단 ○△×

36 다음 중 셀 영역을 선택한 후 상태 표시줄의 바로 가기 메뉴인 [상태 표시줄 사용자 지정]에서 선택할 수 있는 자동 계산에 해당되지 않는 것은?

① 선택한 영역 중 숫자 데이터가 입력된 셀의 수

② 선택한 영역 중 문자 데이터가 입력된 셀의 수

③ 선택한 영역 중 데이터가 입력된 셀의 수

④ 선택한 영역의 합계, 평균, 최소값, 최대값

난이도 중 문제 진단 ○△×

37 다음 중 피벗 테이블 보고서와 피벗 차트 보고서에 대한 설명으로 옳지 않은 것은?

① 피벗 테이블 보고서에서는 값 영역에 표시된 데이터 일부를 삭제하거나 추가할 수 없다.

② 피벗 차트 보고서를 만들 때마다 동일한 데이터로 관련된 피벗 테이블 보고서가 자동으로 생성된다.

③ 피벗 차트 보고서는 분산형, 주식형, 거품형 등 다양한 차트 종류로 변경할 수 있다.

④ 행 또는 열 레이블에서의 데이터 정렬은 수동(항목을 끌어 다시 정렬), 오름차순, 내림차순 중 선택할 수 있다.

난이도 중 문제 진단 ○△×

38 다음 중 시나리오에 대한 설명으로 옳지 않은 것은?

① 시나리오는 별도의 파일로 저장하고 자동으로 바꿀 수 있는 값의 집합이다.

② 시나리오를 사용하여 워크시트 모델의 결과를 예측할 수 있다.

③ 여러 시나리오를 비교하기 위해 시나리오를 한 페이지의 피벗 테이블로 요약할 수 있다.

④ 시나리오 피벗 테이블 보고서에는 결과 셀이 반드시 있어야 한다.

난이도 중 문제 진단 ○△×

39 다음 중 정렬 기능에 대한 설명으로 옳지 않은 것은?

① 워크시트에 입력된 자료들을 특정한 순서에 따라 재배열하는 기능이다.

② 정렬 옵션 방향은 '위쪽에서 아래쪽' 또는 '왼쪽에서 오른쪽' 중 선택하여 정렬할 수 있다.

③ 오름차순 정렬과 내림차순 정렬에서 공백은 맨 처음에 위치하게 된다.

④ 선택한 데이터 범위의 첫 행을 머리글 행으로 지정할 수 있다.

난이도 상 문제 진단 ○△×

40 다음 중 아래 시트에서 [C2:G3] 영역을 참조하여 [C5] 셀의 점수 값에 해당하는 학점을 [C6] 셀에 구하기 위한 함수식으로 옳은 것은?

	A	B	C	D	E	F	G	H
1								
2		점수	0	60	70	80	90	
3		학점	F	D	C	B	A	
4								
5		점수	76					
6		학점						
7								

① =VLOOKUP(C5,C2:G3,2,TRUE)

② =VLOOKUP(C5,C2:G3,2,FALSE)

③ =HLOOKUP(C5,C2:G3,2,TRUE)

④ =HLOOKUP(C5,C2:G3,2,FALSE)

빠른 정답표 **확인하기**

① 모바일로 QR 코드를 스캔합니다.

② 해당 회차의 정답표를 확인합니다.

③ 빠르고 간편하게 채점해 보세요.

해설과 따로 보는 2023년 상시 기출문제 05회

자동 채점 서비스 ▶합격 강의

SELF CHECK 제한시간 40분 | 소요시간   분 | 전체 문항 수 40문항 | 맞힌 문항 수   문항

1 과목 컴퓨터 일반

중요✓ 난이도 중 문제 진단 ○△✕
01 다음 중 1TB(Tera Byte)에 해당하는 것은?

합격 강의

① 1024 Bytes
② 1024 × 1024 Bytes
③ 1024 × 1024 × 1024 Bytes
④ 1024 × 1024 × 1024 × 1024 Bytes

난이도 중 문제 진단 ○△✕
02 다음 중 아래의 기능이 의미하는 용어는?

> 다중 처리 시스템에서 특정 처리기에 과중한 부하가 걸리지 않도록 시간을 조정하여 부하를 골고루 분배하는 것

① Load Map
② Load Segent
③ Load Balancing
④ Loading Address

중요✓ 난이도 중 문제 진단 ○△✕
03 다음 중 컴퓨터 프로그래밍 언어인 Java 언어에 대한 설명으로 옳은 것은?

① 비객체 지향 언어로 순서적, 선택적, 반복적인 구조의 특징을 가진다.
② 수식 처리를 비롯하여 기호 처리 분야에 사용되고 있으며 특히 AI 분야에서 널리 사용되고 있다.
③ 네트워크 환경이 아닌 오프라인 상태에서 분산 작업이 가능하도록 설계되었다.
④ 특정 컴퓨터 구조와 무관한 가상 바이트 머신코드를 사용하므로 플랫폼이 독립적이다.

난이도 상 문제 진단 ○△✕
04 다음 중 컴퓨터의 기억 장치에 관한 설명으로 옳지 않은 것은?

① 캐시 메모리(Cache Memory)는 CPU와 주기억 장치 사이에 위치하여 컴퓨터의 처리 속도를 향상하는 역할을 하며 주로 동적 램(DRAM)을 사용한다.
② 가상 메모리(Virtual Memory)는 하드디스크 일부를 주기억 장치처럼 사용하는 것으로 주기억 장치보다 큰 프로그램을 실행시킬 수 있다.
③ 버퍼 메모리(Buffer Memory)는 두 개의 장치가 데이터를 주고받을 때 생기는 속도 차이를 해결하기 위하여 중간에 데이터를 임시로 저장해 두는 공간이다.
④ 연관 메모리(Associative Memory)는 저장된 내용 일부를 이용하여 기억 장치에 접근하여 데이터를 읽어오는 기억 장치이다.

난이도 하 문제 진단 ○△✕
05 다음 중 운영체제의 목적으로 가장 거리가 먼 것은?

① 처리 능력 증대
② 신뢰도 향상
③ 응답 시간 단축
④ 언어 번역 및 파일 전송

난이도 중 문제 진단 ○△✕
06 다음 중 Windows의 특징인 핫 스왑(Hot Swap)에 대한 설명으로 옳은 것은?

① 사용을 위해 요구된 만큼 프로그램의 필요한 부분을 메모리에 적재하는 것
② 전원을 끄지 않고도 컴퓨터에 장착된 장비를 제거하거나 교환할 수 있는 기능
③ 응용 프로그램이 운영체제의 서비스를 요구할 때 사용하는 기능
④ 필요한 만큼의 공간을 만들기 위해 메모리로부터 불필요한 부분을 삭제하는 것

07 다음 중 컴퓨터 통신 기술을 이용한 멀티미디어 자료 전송 방법에서 스트리밍(Streaming) 기술에 관한 설명으로 옳지 않은 것은?

① 파일을 완전히 다운로드하지 않고도 오디오 및 비디오 파일을 재생할 수 있다.
② 스트리밍 기술을 적용한 것으로는 인터넷 방송이나 원격 교육 등이 있다.
③ 스트리밍 기술로 재생 가능한 데이터 형식에는 *.ram, *.asf, *.wmv 등이 있다.
④ 스트리밍 기술을 이용하면 쌍방향 의사소통을 원활하게 할 수 있다.

---

08 다음 중 멀티미디어 콘텐츠에서 각 객체의 배치나 출력의 타이밍, 사용자의 조작에 대한 응답 방법 등을 기술하는 언어의 표준을 책정하는 ISO의 전문가 위원회의 명칭 및 그 규격 명을 의미하는 것으로 옳은 것은?

① MPEG ② ASF
③ MHEG ④ SGML

---

09 다음 중 컴퓨터를 이용한 자료 처리 방식을 발달 과정 순서대로 올바르게 나열한 것은?

① 실시간 처리 시스템 – 일괄 처리 시스템 – 분산 처리 시스템
② 일괄 처리 시스템 – 실시간 처리 시스템 – 분산 처리 시스템
③ 분산 처리 시스템 – 실시간 처리 시스템 – 일괄 처리 시스템
④ 실시간 처리 시스템 – 분산 처리 시스템 – 일괄 처리 시스템

---

10 다음 중 한글 Windows의 바탕 화면에 있는 바로 가기 아이콘에 관한 설명으로 옳지 않은 것은?

① 바로 가기 아이콘의 왼쪽 아래에는 화살표 모양의 그림이 표시된다.
② 바로 가기 아이콘의 이름, 크기, 항목 유형, 수정한 날짜 등의 순으로 정렬하여 표시할 수 있다.
③ 바로 가기 아이콘의 속성 창에서 연결된 대상 파일을 변경할 수 있다.
④ 바로 가기 아이콘을 삭제하면 연결된 실제의 대상 파일도 삭제된다.

---

11 다음 중 Windows에서 작업 표시줄의 바로 가기 메뉴에서 설정할 수 있는 항목으로 옳지 않은 것은?

① 계단식 창 배열
② 창 가로 정렬 보기
③ 작업 표시줄 잠금
④ 아이콘 자동 정렬

---

12 다음 중 사물에 전자 태그를 부착하고 무선 통신을 이용하여 사물의 정보 및 주변 상황 정보를 감지하는 센서 기술은?

① 텔레매틱스 ② DMB
③ W-CDMA ④ RFID

---

13 다음 중 디지털 컴퓨터와 아날로그 컴퓨터의 차이점에 관한 설명으로 옳은 것은?

① 디지털 컴퓨터는 전류, 전압, 온도 등 다양한 입력 값을 처리하며, 아날로그 컴퓨터는 숫자 데이터만을 처리한다.
② 디지털 컴퓨터는 증폭 회로로 구성되며, 아날로그 컴퓨터는 논리회로로 구성된다.
③ 아날로그 컴퓨터는 미분이나 적분 연산을 주로 하며, 디지털 컴퓨터는 산술이나 논리 연산을 주로 한다.
④ 아날로그 컴퓨터는 범용이며, 디지털 컴퓨터는 특수 목적용으로 많이 사용된다.

14 난이도 중 문제 진단 ○△✕

다음 중 Windows의 [휴지통]에 관한 설명으로 옳지 않은 것은?

① 휴지통에 지정된 최대 크기를 초과하면 보관된 파일 중 가장 용량이 큰 파일부터 자동 삭제된다.

② 휴지통에 보관된 실행 파일은 복원은 가능하지만 휴지통에서 실행하거나 이름을 변경할 수는 없다.

③ 휴지통 속성에서 파일이나 폴더가 삭제될 때마다 삭제 확인 대화 상자가 표시되지 않도록 설정할 수 있다.

④ 휴지통의 파일이 실제 저장된 폴더 위치는 일반적으로 C:₩$Recycle.Bin이다.

15 난이도 중 문제 진단 ○△✕

다음 중 컴퓨터와 컴퓨터 사이에서 파일을 주고받을 수 있도록 하는 원격 파일 전송 프로토콜은?

① SSL
② FTP
③ Telnet
④ Usenet

16 난이도 하 문제 진단 ○△✕

다음 파일 형식 중에서 압축 파일 형식으로 옳지 않은 것은?

① SAS
② ZIP
③ ARJ
④ RAR

17 난이도 중 문제 진단 ○△✕

다음 중 패치 프로그램에 대한 설명으로 옳은 것은?

① 컴퓨터 하드웨어 및 소프트웨어 성능을 비교 평가하는 프로그램이다.

② 프로그램의 오류 수정이나 성능 향상을 위해 프로그램의 일부를 변경해 주는 프로그램이다.

③ 베타 테스트를 하기 전에 프로그램 개발사 내부에서 미리 평가하고 오류를 찾아 수정하기 위해 시험해 보는 프로그램이다.

④ 정식으로 프로그램을 공개하기 전에 한정된 집단 또는 일반인에게 공개하여 기능을 시험하는 프로그램이다.

18 난이도 하 문제 진단 ○△✕

다음 멀티미디어 파일 형식 중에서 이미지 형식에 해당하지 않는 것은?

① BMP
② GIF
③ TIFF
④ WAV

19 난이도 하 문제 진단 ○△✕

다음 중 인터넷을 이용할 때 자주 방문하게 되는 웹사이트로 전자우편, 뉴스, 쇼핑, 게시판 등 다양한 서비스를 통합하여 제공하는 사이트는?

① 미러 사이트
② 포털 사이트
③ 커뮤니티 사이트
④ 멀티미디어 사이트

20 난이도 중 문제 진단 ○△✕

다음 중 인터넷에서 사용하는 TCP/IP 프로토콜에서 TCP에 해당하는 설명으로 옳지 않은 것은?

① TCP는 메시지를 송수신자의 주소와 정보를 묶어서 패킷(Packet) 단위로 나누어 데이터를 전송한다.

② TCP는 전송 데이터의 흐름을 제어하고 데이터의 에러 유무를 검사한다.

③ TCP는 패킷의 주소를 해석하고 경로를 결정하여 다음 호스트로 전송한다.

④ TCP는 OSI 7계층에서 전송(Transport) 계층에 해당한다.

21 난이도 하 | 문제 진단 ○△✕

다음 중 엑셀에서 사용할 수 있는 파일 형식과 그에 대한 설명이 바르게 연결된 것은?

① *.txt : 공백으로 분리된 텍스트 파일
② *.prn : 탭으로 분리된 텍스트 파일
③ *.xlsm : Excel 매크로 사용 통합 문서
④ *.xltm : Excel 추가 기능

22 중요 ✓ | 난이도 상 | 문제 진단 ○△✕

▶ 합격 강의

다음 중 아래 워크시트에서 [E2] 셀의 함수식이 '=CHOOSE(RANK.EQ(D2,$D$2:$D$5), "천하","대한", "영광","기쁨")'일 때 결과로 옳은 것은?

▲	A	B	C	D	E	F
1	성명	이론	실기	합계	수상	
2	김나래	47	45	92		
3	이석주	38	47	85		
4	박명호	46	48	94		
5	장영민	49	48	97		
6						

① 천하 　　　　② 대한
③ 영광 　　　　④ 기쁨

23 난이도 중 | 문제 진단 ○△✕

다음 중 메모에 대한 설명으로 옳지 않은 것은?

① 새 메모를 작성하려면 바로 가기 키 Shift + F2 를 누른다.
② 작성된 메모가 표시되는 위치를 자유롭게 지정할 수 있고, 메모가 항상 표시되도록 설정할 수 있다.
③ 피벗 테이블의 셀에 메모를 삽입한 경우 데이터를 정렬하면 메모도 데이터와 함께 정렬된다.
④ 메모의 텍스트 서식을 변경하거나 메모에 입력된 텍스트에 맞도록 메모 크기를 자동으로 조정할 수 있다.

24 중요 ✓ | 난이도 중 | 문제 진단 ○△✕

다음 중 아래의 워크시트에서 [A1:B2] 영역을 선택한 후 채우기 핸들을 이용하여 [B4] 셀까지 드래그했을 때 [A4:B4] 영역의 값으로 옳은 것은?

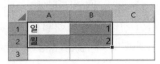

▲	A	B	C
1	일	1	
2	월	2	
3			

① 월, 4
② 수, 4
③ 월, 2
④ 수, 2

25 난이도 중 | 문제 진단 ○△✕

현재 작업하고 있는 통합 문서의 시트 'Sheet1', 'Sheet2', 'Sheet3'의 [A2] 셀의 합을 구하고자 한다. 다음 중 참조 방법이 옳지 않은 것은?

① =SUM(Sheet1:Sheet3!A2)
② =SUM(Sheet1!A2:Sheet3!A2)
③ =SUM(Sheet1!A2,Sheet2!A2,Sheet3!A2)
④ =SUM('Sheet1'!A2,'Sheet2'!A2,'Sheet3'!A2)

26 난이도 상 | 문제 진단 ○△✕

▶ 합격 강의

어떤 시트의 [D2] 셀에 문자열 '123456−1234567'이 입력되어 있을 때 수식의 결과가 다른 하나는 무엇인가?

① =IF(MOD(MID(D2,8,1),2)=1,"남","여")
② =IF(OR(MID(D2,8,1)="2",MID(D2,8,1)="4"),"여","남")
③ =IF(AND(MID(D2,8,1)=1,MID(D2,8,1)=3),"남","여")
④ =CHOOSE(MID(D2,8,1),"남","여","남","여")

27 다음 중 아래의 <수정 전> 차트를 <수정 후> 차트와 같이 변경하려고 할 때 사용해야 할 서식은?

<수정 전>

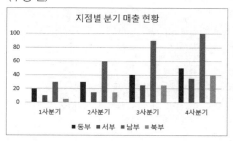

<수정 후>

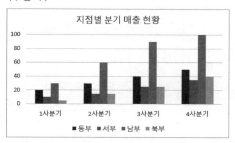

① 차트 영역 서식
② 그림 영역 서식
③ 데이터 계열 서식
④ 축 서식

28 성명 필드에 아래와 같이 [사용자 지정 자동 필터]의 조건을 설정하였다. 다음 중 결과로 표시되는 성명으로 옳지 않은 것은?

① 남이수
② 이연
③ 연지혜
④ 홍지연

29 다음 중 인쇄할 시트의 이름이 'Sheet6'인 경우 아래와 같이 머리글에 시트 이름을 표시하는 방법으로 옳은 것은?

	A	B	C	D	E	F	G	H
				Sheet6				
1	판매실적	2021년	2022년	2023년	2024년			
2	노트북	1000	2000	1500	2000			
3	냉장고	900	1000	1200	1500			
4	에어컨	500	1000	1500	2000			
5								
6								

① [페이지 설정] 대화 상자의 [시트] 탭에서 [행/열 머리글]을 선택한다.
② [페이지 설정] 대화 상자의 [머리글/바닥글] 탭에서 [머리글 편집]을 선택한다.
③ [페이지 설정] 대화 상자의 [머리글/바닥글] 탭에서 [행/열 머리글]을 선택한다.
④ [인쇄] 대화 상자에서 [시트명 포함]을 선택한다.

30 다음 워크시트에서 [A1] 셀에서 Ctrl 을 누른 채 채우기 핸들을 이용하여 드래그했을 때 [C1] 셀에 표시되는 값은?

◢	A	B	C	D
1	29.5			
2				

① 29.5
② 31.5
③ 29.7
④ 49.5

31 다음 중 매크로의 특징에 대한 설명으로 옳지 않은 것은?

① 키보드나 마우스 동작에 의해 매크로를 작성하면 VBA 언어로 작성된 매크로 프로그램이 자동으로 생성된다.
② 기록한 매크로는 편집할 수 없으므로 기능과 조작을 추가 또는 삭제할 수 없다.
③ 매크로 실행의 바로 가기 키가 엑셀의 바로 가기 키보다 우선이다.
④ 도형을 이용하여 작성된 텍스트 상자에 매크로를 지정한 후 매크로를 실행할 수 있다.

난이도 중 문제 진단 ○△✕

32 다음 중 메모에 대한 설명으로 옳지 않은 것은?

① 통합 문서에 포함된 메모를 시트에 표시된 대로 인쇄하거나 시트 끝에 인쇄할 수 있다.

② 메모에는 어떠한 문자나 숫자, 특수 문자도 지정하여 표현할 수 있다.

③ 모든 메모를 표시하려면 [검토] 탭의 [메모] 그룹에서 '메모 모두 표시'를 클릭한다.

④ 셀에 입력된 데이터를 지우면 메모도 자동으로 삭제된다.

중요 ✓ 난이도 중 문제 진단 ○△✕

33 아래 시트에서 할인율을 변경하여 "판매가격"의 목표값을 150000으로 변경하려고 할 때, [목표값 찾기] 대화 상자의 수식 셀에 입력할 값으로 옳은 것은?

▲	A	B	C	D
1				
2	할인율	10%		
3	품명	단가	수량	판매가격
4	박스	1000	200	180,000

목표값 찾기 ? ✕

수식 셀(E): [ ] ↑

찾는 값(V): 150000

값을 바꿀 셀(C): [ ] ↑

확인　취소

① D4　　　　② C4
③ B2　　　　④ B4

난이도 중 문제 진단 ○△✕

34 다음 중 시트 관리에 대한 설명으로 옳지 않은 것은?

① Shift 를 이용하여 시트 그룹을 설정할 수 있다.

② 여러 개의 워크시트를 선택한 후 Ctrl 을 누른 채 시트 탭을 드래그하면 선택된 시트들이 복사된다.

③ 시트 이름에는 공백을 사용할 수 없으며, 최대 255자까지 지정할 수 있다.

④ 시트 보호를 설정해도 시트의 이름 바꾸기 및 숨기기 작업을 수행할 수 있다.

중요 ✓ 난이도 상 문제 진단 ○△✕

35 아래 시트에서 고급 필터 기능을 이용하여 TOEIC 점수 상위 5위까지의 데이터를 추출하고자 한다. 다음 중 고급 필터의 조건식으로 옳은 것은?

▲	A	B	C	D
1	학과명	성명	**TOEIC**	
2	경영학과	김영민	790	
3	영어영문학과	박찬진	940	
4	컴퓨터학과	최우석	860	
5	물리학과	황종규	750	
6	역사교육과	서진동	880	
7	건축학과	강석우	900	
8	기계공학과	한경수	740	
9				

① TOEIC

=RANK.EQ(C2,$C$2:$C$8)<=5

② TOEIC

=LARGE($C$2:$C$8,5)

③ 점수

=RANK.EQ(C2,$C$2:$C$8)<=5

④ 점수

=LARGE($C$2:$C$8,5)

난이도 중 문제 진단 ○△✕

36 아래 시트를 이용하여 차트를 작성할 때 데이터를 제대로 표현할 수 없는 차트는 어느 것인가?

▲	A	B	C	D	E	F
1	분기	강남	강동	강서	강북	
2	1사분기	1,300	2,040	1,900	2,000	
3	2사분기	2,100	3,200	2,400	1,950	
4	3사분기	2,300	2,790	2,500	2,200	
5	4사분기	1,200	1,300	2,000	22,000	
6						

① 세로 막대 그래프
② 꺾은선형 그래프
③ 원형 차트
④ 도넛형 차트

37 다음 중 시나리오에 대한 설명으로 옳지 않은 것은?

① 시나리오 관리자에서 시나리오를 삭제하면 시나리오 요약 보고서의 해당 시나리오도 자동으로 삭제된다.

② 특정 셀의 변경에 따라 연결된 결과 셀의 값이 자동으로 변경되어 결과 값을 예측할 수 있다.

③ 여러 시나리오를 비교하기 위해 시나리오를 피벗 테이블로 요약할 수 있다.

④ 변경 셀과 결과 셀에 이름을 지정한 후 시나리오 요약 보고서를 작성하면 결과에 셀 주소 대신 지정한 이름이 표시된다.

38 다음 중 1을 넣으면 화면에 1000이 입력되는 것처럼 일정한 소수점의 위치를 지정하여 입력을 빠르게 하기 위한 방법으로 옳은 것은?

① [Excel 옵션]-[수식]-[데이터 범위의 서식과 수식을 확장]에서 소수점의 위치를 지정한다.

② [Excel 옵션]-[고급]-[소수점 자동 삽입]에서 소수점의 위치를 지정한다.

③ [Excel 옵션]-[편집]-[셀에서 직접 편집]에서 소수점의 위치를 지정한다.

④ [Excel 옵션]-[고급]-[셀 내용 자동 완성]에서 소수점의 위치를 지정한다.

39 다음 중 한자와 특수 문자 입력에 대한 설명으로 옳지 않은 것은?

① 한글 자음 중 하나를 입력한 후 [한자]를 누르면 화면 하단에 특수 문자 목록이 표시된다.

② '국'과 같이 한자의 음이 되는 글자를 한 글자를 입력한 후 [한자]를 누르면 화면 하단에 해당 글자에 대한 한자 목록이 표시된다.

③ 한글 모음을 입력한 후 [한자]를 이용하면 그리스 문자를 편리하게 사용할 수 있다.

④ 한글 자음에 따라서 화면 하단에 표시되는 특수 문자가 다르다.

40 아래 워크시트에서 코드표[E3:F6]를 참조하여 과목코드에 대한 과목명[B3:B5]을 구하되 코드표에 과목 코드가 존재하지 않으면 과목명을 공백으로 표시하고자 한다. 다음 중 [B3] 셀에 수식을 입력한 후 나머지 셀은 채우기 핸들을 이용하여 입력하고자 할 때 [B3] 셀의 수식으로 옳은 것은?

	A	B	C	D	E	F	G
1	시험 결과				코드표		
2	과목코드	과목명	점수		코드	과목명	
3	W		85		W	워드	
4	P		90		E	엑셀	
5	X		75		P	파워포인트	
6					A	액세스	
7							

① =IFERROR(VLOOKUP(A3,E3:F6,2,TRUE),"")

② =IFERROR(VLOOKUP(A3,$E$3:$F$6,2,FALSE),"")

③ =IFERROR("",VLOOKUP(A3,$E$3:$F$6,2,TRUE))

④ =IFERROR("",VLOOKUP(A3,E3:F6,2,-FALSE))

빠른 정답표 **확인하기**

① 모바일로 QR 코드를 스캔합니다.
② 해당 회차의 정답표를 확인합니다.
③ 빠르고 간편하게 채점해 보세요.

해설과 따로 보는 **2024년 상시 기출문제 01회**

자동 채점 서비스 ▶ 합격 강의

SELF CHECK 제한시간 40분 | 소요시간   분 | 전체 문항 수 40문항 | 맞힌 문항 수   문항

1과목 컴퓨터 일반

난이도 중 문제 진단 ○△✕

01 다음 중 정당한 사용자가 정상적으로 시스템을 종료하지 않고 자리를 떠났을 때 비인가된 사용자가 바로 그 자리에서 계속 작업을 수행하여 불법적 접근을 행하는 범죄 행위는?

① 스패밍(Spamming)
② 스푸핑(Spoofing)
③ 스니핑(Sniffing)
④ 피기배킹(Piggybacking)

난이도 중 문제 진단 ○△✕

02 다음 중 Windows 10에서 실행 중인 프로그램 사이의 작업 전환을 위해 사용되는 바로 가기 키로 옳은 것은?

① Alt + Tab
② Alt + Enter
③ Alt + F4
④ Shift + Delete

난이도 중 문제 진단 ○△✕

03 다음 중 컴퓨터의 인터럽트에 관한 설명으로 옳지 않은 것은?

① 프로그램 실행 중에 현재의 처리 순서를 중단시키고 다른 동작을 수행하도록 하는 것이다.
② 인터럽트 수행을 위한 인터럽트 서비스 루틴 프로그램이 따로 있다.
③ 하드웨어 결함이 생긴 경우에는 인터럽트가 발생하지 않는다.
④ 인터럽트 서브루틴이 끝나면 주프로그램으로 돌아간다.

난이도 중 ✓ 문제 진단 ○△✕

04 다음 중 IPv6 주소에 대한 설명으로 옳지 않은 것은?

① 각 부분은 세미콜론(;)으로 구분되어 있다.
② 각 부분은 16진수로 표현된다.
③ 총 128비트로 구성된다.
④ 8개 부분으로 구성된다.

난이도 중 문제 진단 ○△✕

05 다음 중 웹 서버와 사용자의 인터넷 브라우저 간에 하이퍼텍스트 문서 전송을 위해 사용되는 통신 규약으로 옳은 것은?

① FTP
② HTTP
③ SMTP
④ TCP

난이도 중 문제 진단 ○△✕

06 다음 중 가상현실(Virtual Reality)에 대한 설명으로 옳은 것은?

① 복잡한 데이터를 단순 가상화하여 컴퓨터 화면에 나타내는 기술이다.
② 여러 영상을 분해, 통합하여 2차원 그래픽으로 표현하는 기술이다.
③ 고화질 영상을 제작하여 TV로 전송하는 기술이다.
④ 고도의 컴퓨터 그래픽 기술과 3차원 기법을 통하여 현실의 세계처럼 구현하는 기술이다.

난이도 중 문제 진단 ○△✕

07 다음 중 롬(ROM)에 기록되어 하드웨어를 제어하는 기능을 수행하며, 하드웨어의 성능 향상을 위해 업그레이드할 수 있는 마이크로 프로그램의 집합은?

① 프리웨어(Freeware)
② 셰어웨어(Shareware)
③ 펌웨어(Firmware)
④ 에드웨어(Adware)

08 난이도 상 문제 진단 ○△✕

다음 중 컴퓨터의 하드웨어가 올바르게 작동하는지 확인할 수 있고, 문제가 있거나 불필요한 하드웨어 장치를 제거할 수 있는 항목으로 옳은 것은?

① 앱 및 기능
② 장치 관리자
③ 디스플레이
④ 개인 설정

09 난이도 하 문제 진단 ○△✕
▶ 합격 강의

다음 중 정보의 기밀성을 저해하는 데이터 보안 침해 형태로 옳은 것은?

① 가로채기
② 가로막기
③ 변조/수정
④ 위조

10 난이도 중 문제 진단 ○△✕

다음 중 추상화, 캡슐화, 상속성, 다형성 등의 특징을 지니고 있으며, 크고 복잡한 프로그램 구축이 어려운 절차형 언어의 문제점을 해결하기 위해 개발된 프로그래밍 기법은?

① 구조적 프로그래밍
② 객체 지향 프로그래밍
③ 하향식 프로그래밍
④ 비주얼 프로그래밍

11 난이도 하 문제 진단 ○△✕

다음 중 컴퓨터의 특징에 관한 설명으로 옳지 않은 것은?

① 컴퓨터에서 사용되는 용어 중 'GIGO'는 입력 데이터가 옳지 않으면 출력 결과도 옳지 않다는 의미의 용어로 'Garbage In Garbage Out'의 약자이다.
② 호환성은 컴퓨터 기종에 상관없이 데이터 값을 동일하게 공유하여 처리할 수 있는 것을 의미한다.
③ 컴퓨터의 처리 속도 단위는 KB, MB, GB, TB 등으로 표현된다.
④ 컴퓨터 사용에는 사무 처리, 학습, 과학 계산 등 다양한 분야에서 이용될 수 있는 특징이 있으며, 이러한 특징을 범용성이라고 한다.

12 중요✔ 난이도 중 문제 진단 ○△✕

다음 중 컴퓨터의 보조 기억 장치로 사용하는 SSD (Solid State Drive)의 특징으로 옳지 않은 것은?

① HDD보다 빠른 속도로 데이터의 읽기나 쓰기가 가능하다.
② 물리적인 외부 충격에 약하며 불량 섹터가 발생할 수 있다.
③ 작동 소음이 없으며 전력 소모가 적다.
④ 자기 디스크가 아닌 반도체를 이용하여 데이터를 저장한다.

13 중요✔ 난이도 중 문제 진단 ○△✕

다음 중 컴퓨터의 연산 장치에 있는 누산기(Accumulator)에 관한 설명으로 옳은 것은?

① 연산 결과를 일시적으로 기억하는 장치이다.
② 명령의 순서를 기억하는 장치이다.
③ 명령어를 기억하는 장치이다.
④ 명령을 해독하는 장치이다.

14 난이도 상 문제 진단 ○△✕

다음 중 운영체제의 기능에 대한 설명으로 옳지 않은 것은?

① 자원의 효율적 관리를 위해 자원의 스케줄링 기능을 지원한다.
② 데이터 및 자원을 공유할 수 있는 기능을 제공한다.
③ 컴퓨터 시스템과 사용자 간에 시각적이고 편리한 인터페이스 기능을 제공한다.
④ 운영체제는 제어 프로그램과 감시 프로그램, 응용 프로그램으로 구성된다.

15 다음 중 아래 내용이 설명하는 네트워크 장비는?

> 네트워크에서 디지털 신호를 일정한 거리 이상으로 전송시키면 신호가 감쇠하므로 디지털 신호의 장거리 전송을 위해 수신한 신호를 재생하거나 출력 전압을 높여 전송한다.

① 라우터
② 리피터
③ 브리지
④ 게이트웨이

16 다음 중 컴퓨터 바이러스의 예방법으로 가장 거리가 먼 것은?

① 최신 버전의 백신 프로그램을 사용한다.
② 다운로드 받은 파일은 작업에 사용하기 전에 바이러스 검사 후 사용한다.
③ 전자우편에 첨부된 파일은 다른 이름으로 저장하고 사용한다.
④ 네트워크 공유 폴더에 있는 파일은 읽기 전용으로 지정한다.

17 다음 중 외부로부터의 손상이나 변형을 대비할 수 있어 최근에 저작권을 보호하기 위한 기술 중 하나로 많이 사용되는 것은?

① 디지털 워터마크(Digital Watermark)
② 방화벽
③ 펌웨어
④ 트랩 도어(Trap Door)

18 다음 중 TCP/IP 프로토콜에서 IP 프로토콜의 개요 및 기능에 관한 설명으로 옳은 것은?

① 메시지를 송수신의 주소와 정보로 묶어 패킷 단위로 나눈다.
② 패킷 주소를 해석하고 경로를 결정하여 다음 호스트로 전송한다.
③ 전송 데이터의 흐름을 제어하고 데이터의 에러 유무를 검사한다.
④ OSI 7계층 중 전송(Transport) 계층에 해당한다.

19 다음 중 컴퓨터에서 사용하는 USB 장치에 대한 설명으로 옳지 않은 것은?

① 최대 127개의 주변 기기 연결이 가능하다.
② 전원이 연결된 상태에서도 연결 및 제거가 가능하다.
③ 기존의 직렬, 병렬, PS/2 포트 등을 하나의 포트로 대체하기 위한 범용 직렬 버스 장치이다.
④ 한 번에 8비트의 데이터가 동시에 전송되는 방식이다.

20 다음 중 삭제된 파일이 [휴지통]에 임시 보관되어 복원이 가능한 경우는?

① 바탕 화면에 있는 파일을 [휴지통]으로 드래그 앤 드롭하여 삭제한 경우
② USB 메모리에 저장되어 있는 파일을 Delete 로 삭제한 경우
③ 네트워크 드라이브의 파일을 바로 가기 메뉴의 [삭제]를 클릭하여 삭제한 경우
④ Shift + Delete 로 삭제한 경우

2과목 스프레드시트 일반

중요 ✓ 난이도 상 문제 진단 ○△☓

21 다음 중 함수식에 대한 결과가 옳지 않은 것은?

합격
강의

① =Trunc(−5.6) → −5

② =Power(2,3) → 6

③ =Int(−7.2) → −8

④ =Mod(−7,3) → 2

난이도 상 문제 진단 ○△☓

22 다음 중 아래의 워크시트에서 '=INDEX(B2:D11,3,3)' 수식을 실행한 결과로 옳은 것은?

합격
강의

▲	A	B	C	D
1	코드	정가	판매수량	판매가격
2	a-001	12,500	890	11,125,000
3	a-002	23,000	690	15,870,000
4	a-003	32,000	300	9,600,000
5	a-004	44,000	500	22,000,000
6	a-005	19,000	120	2,280,000
7	b-001	89,000	300	26,700,000
8	b-002	25,000	90	2,250,000
9	b-003	26,000	110	2,860,000
10	b-004	11,000	210	2,310,000
11	b-005	33,000	500	16,500,000

① 690

② 15,870,000

③ 9,600,000

④ 22,000,000

난이도 중 문제 진단 ○△☓

23 다음 중 아래의 차트에 대한 설명으로 옳지 않은 것은?

합격
강의

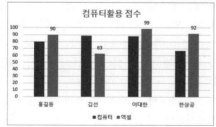

① 엑셀 계열에만 데이터 레이블이 표시되어 있다.

② '계열 겹치기' 값이 음수로 설정되어 있다.

③ [차트 디자인] 탭-[데이터] 그룹에서 '행/열 전환'을 실행하면 세로(값) 축과 가로(항목) 축이 상호 변경된다.

④ 범례는 아래쪽으로 설정되어 있다.

난이도 중 문제 진단 ○△☓

24 다음 중 정렬에 관한 설명으로 옳지 않은 것은?

① 특정 글꼴 색이 적용된 셀을 포함한 행이 위에 표시되도록 정렬할 수 있다.

② 사용자 지정 목록을 사용하여 사용자가 정의한 순서대로 정렬할 수 있다.

③ 최대 64개의 열을 기준으로 정렬할 수 있다.

④ 위쪽에서 아래쪽으로 정렬 시 숨겨진 행도 포함하여 정렬할 수 있다.

난이도 하 문제 진단 ○△☓

25 다음 중 워크시트에서 셀에 데이터를 입력하는 중에 Alt + Enter 를 누른 경우 발생하는 현상으로 옳은 것은?

① 다음 입력할 셀로 이동한다.

② 데이터의 입력이 종료된다.

③ 현재 입력하는 셀에서 줄 바꿈이 일어난다.

④ 이미 입력 중인 데이터가 삭제된다.

난이도 중 문제 진단 ○△☓

26 다음 중 3차원 차트로 작성이 가능한 차트로 옳은 것은?

① 주식형 차트

② 방사형 차트

③ 도넛형 차트

④ 표면형 차트

중요 ✓ 난이도 중 문제 진단 ○△☓

27 다음 중 피벗 테이블에 대한 설명으로 옳지 않은 것은?

① 예상 값을 계산하는 데 유용하다.

② 원본 데이터가 변경되어도 피벗 테이블은 자동으로 변경되지 않는다.

③ 합계, 평균, 최대값, 최소값을 구할 수 있다.

④ 원본 데이터 목록의 행이나 열의 위치를 변경하여 다양한 형태로 표시할 수 있다.

난이도 중 문제 진단 ○△✕

28 다음 중 자동 필터가 설정된 표에서 사용자 지정 필터를 사용하여 검색이 불가능한 조건은?

① 성별이 '남자'인 데이터
② 성별이 '남자'이고, 주소가 '서울'인 데이터
③ 나이가 '20'세 이하이거나 '60'세 이상인 데이터
④ 주소가 '서울'이거나 직업이 '학생'인 데이터

난이도 중 문제 진단 ○△✕

29 다음 중 워크시트의 [틀 고정] 기능에 관한 설명으로 옳지 않은 것은?

① 워크시트에서 화면을 스크롤할 때 행 또는 열 레이블이 계속 표시되도록 설정하는 기능이다.
② 행과 열을 모두 잠그려면 창을 고정할 위치의 오른쪽 아래 셀을 클릭한 후 '틀 고정'을 실행한다.
③ [틀 고정] 기능에는 현재 선택 영역을 기준으로 하는 '틀 고정' 외에도 '첫 행 고정', '첫 열 고정' 등의 옵션이 있다.
④ 화면에 표시되는 틀 고정 형태는 인쇄 시에도 그대로 적용되어 출력된다.

난이도 중 문제 진단 ○△✕

30 다음 중 새 매크로를 기록할 때의 과정에 대한 설명으로 옳지 않은 것은?

① Alt + F8 을 눌러 매크로 기록 대화 상자를 실행시켰다.
② 매크로 이름을 '서식변경'으로 지정하였다.
③ 바로 가기 키를 Ctrl + Shift + C 로 지정하였다.
④ 매크로 저장 위치를 '새 통합 문서'로 지정하였다.

난이도 상 문제 진단 ○△✕

31 다음 중 아래 워크시트에서 [A1:A2] 영역은 '범위1', [B1:B2] 영역은 '범위2'로 이름이 정의되어 있는 경우 각 수식의 결과로 옳지 않은 것은?

◢	A	B
1	1	2
2	3	4

① =COUNT(범위1, 범위2) → 4
② =AVERAGE(범위1, 범위2) → 2.5
③ =MODE.SNGL(범위1, 범위2) → 4
④ =SUM(범위1, 범위2) → 10

난이도 중 문제 진단 ○△✕

32 다음 중 메모에 대한 설명으로 옳지 않은 것은?

① 통합 문서에 포함된 메모를 시트에 표시된 대로 인쇄하거나 시트 끝에 인쇄할 수 있다.
② 메모에는 어떠한 문자나 숫자, 특수 문자도 지정하여 표현할 수 있다.
③ 모든 메모를 표시하려면 [검토] 탭의 [메모] 그룹에서 '메모 모두 표시'를 클릭한다.
④ 셀에 입력된 데이터를 지우면 메모도 자동으로 삭제된다.

난이도 중 문제 진단 ○△✕

33 다음 중 [페이지 설정] 대화 상자에서 실행 가능한 작업이 아닌 것은?

① [페이지] 탭에서 '자동 맞춤' 옵션을 이용하여 한 장에 모아서 인쇄할 수 있다.
② [여백] 탭에서 '페이지 나누기' 옵션을 이용하여 새 페이지가 시작되는 위치를 설정할 수 있다.
③ [머리글/바닥글] 탭에서 머리말과 꼬리말이 짝수와 홀수 페이지에 다르게 표시되도록 설정할 수 있다.
④ [시트] 탭에서 '간단하게 인쇄' 옵션을 이용하여 워크시트에 삽입된 차트나 일러스트레이션 개체 등이 인쇄되지 않도록 설정할 수 있다.

34 아래 워크시트에서 할인율을 변경하여 '판매가격'의 목표값을 800,000으로 변경하려고 할 때, [목표값 찾기] 대화 상자의 수식 셀에 입력할 값으로 옳은 것은?

	A	B	C	D
1	할인율	10%		
2	제품명	수량	단가	판매가격
3	마이크	10	100,000	900,000

목표값 찾기 ? ✕

수식 셀(E): ⬆
찾는 값(V): 800000
값을 바꿀 셀(C): ⬆

확인   취소

① D3   ② C3
③ B1   ④ B3

35 다음 중 워크시트 관리에 대한 설명으로 옳지 않은 것은?

① Shift를 이용하여 시트 그룹을 설정할 수 있다.
② 여러 개의 워크시트를 선택한 후 Ctrl을 누른 채 시트 탭을 드래그하면 선택된 시트들이 복사된다.
③ 시트 이름에는 공백을 사용할 수 없으며, 최대 256자까지 지정할 수 있다.
④ 시트 보호를 설정해도 시트의 이름 바꾸기 및 숨기기 작업을 수행할 수 있다.

36 다음 중 근무 기간이 15년 이상이면서 나이가 50세 이상인 직원의 데이터를 조회하기 위한 고급 필터의 조건으로 옳은 것은?

①

근무 기간	나이
>=15	>=50

②

근무 기간	나이
>=15	
	>=50

③

근무 기간	>=15
나이	>=50

④

근무 기간	>=50	
나이		>=50

37 다음 중 부분합에 대한 설명으로 옳지 않은 것은?

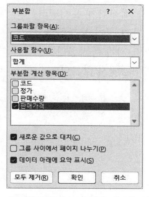

부분합 ? ✕

그룹화할 항목(A):
코드

사용할 함수(U):
합계

부분합 계산 항목(D):
☐ 코드
☐ 정가
☐ 판매수량
☑ 판매가격

☑ 새로운 값으로 대치(C)
☐ 그룹 사이에서 페이지 나누기(P)
☑ 데이터 아래에 요약 표시(S)

모두 제거(R)   확인   취소

① 부분합을 실행하면 각 부분합에 대한 정보 행을 표시하거나 숨길 수 있도록 목록에 개요가 자동으로 설정된다.
② 부분합은 한 번에 한 개의 함수만 계산할 수 있으므로 두 개 이상의 함수를 이용하려면 함수의 개수만큼 부분합을 중첩해서 삽입해야 한다.
③ '새로운 값으로 대치'를 선택하면 이전의 부분합의 결과는 제거되고 새로운 부분합의 결과로 변경된다.
④ 그룹화할 항목으로 선택된 필드는 자동으로 오름차순 정렬하여 부분합이 계산된다.

38
합격
강의

다음 중 학점 [B3:B10]을 이용하여 [E3:E7] 영역에 학점별 학생 수만큼 '♣' 기호를 표시하고자 할 때, [E3] 셀에 입력해야 할 수식으로 옳은 것은?

	A	B	C	D	E
1	엑셀 성적 분포				
2	이름	학점		학점	성적그래프
3	김현미	A		A	♣
4	조미림	B		B	♣♣♣♣
5	심기훈	F		C	♣
6	박원석	C		D	
7	이영준	B		F	♣♣
8	최세종	F			
9	김수현	B			
10	이미도	B			
11					

① =REPT("♣", COUNTIF(D3, $B$3:$B$10))

② =REPT(COUNTIF(D3, $B$3:$B$10), "♣")

③ =REPT("♣", COUNTIF($B$3:$B$10, D3))

④ =REPT(COUNTIF($B$3:$B$10, D3), "♣")

39

다음 중 엑셀에서 사용하는 바로 가기 키와 같은 키로 매크로의 바로 가기 키를 지정했을 경우, 해당 바로 가기 키를 눌렀을 때 실행되는 것은?

① 충돌하므로 오류 메시지가 표시된다.

② 매크로의 바로 가기 키가 동작한다.

③ 엑셀의 바로 가기 키가 동작한다.

④ 아무런 동작도 수행되지 않는다.

40
합격
강의

아래 표에서 원금 [C4:F4]과 이율 [B5:B8]을 각각 곱하여 수익금액 [C5:F8]을 계산하기 위해서, [C5] 셀에 수식을 입력하고 나머지 모든 셀은 [자동 채우기] 기능으로 채우려고 한다. 다음 중 [C5] 셀에 입력할 수식으로 옳은 것은?

	A	B	C	D	E	F
1	이율과 원금에 따른 수익금액					
2						
3			원금			
4			5,000,000	10,000,000	30,000,000	500,000,000
5		1.5%				
6	이	2.3%				
7	율	3.0%				
8		5.0%				

① =C4*B5

② =$C4*B5

③ =C$4*$B5

④ =$C$4*$B$5

빠른 정답표 확인하기

① 모바일로 QR 코드를 스캔합니다.
② 해당 회차의 정답표를 확인합니다.
③ 빠르고 간편하게 채점해 보세요.

232 해설과 따로 보는 상시 기출문제

해설과 따로 보는 2024년 상시 기출문제 02회

자동 채점 서비스 ▶합격 강의

SELF CHECK | 제한시간 40분 | 소요시간 　분 | 전체 문항 수 40문항 | 맞힌 문항 수 　문항

---

1 과목 | 컴퓨터 일반

중요✓ 난이도 중 문제 진단 ○△✕

01 다음 중 비정상적 접근을 탐지할 위장 서버를 의도적으로 설치하여 해커를 유인한 뒤, 추적 장치를 통해 해킹에 대비하고 사이버 테러를 방지하는 기술은?
① 방화벽
② DDoS
③ 허니팟(Honeypot)
④ 루트킷(Rootkit)

난이도 하 문제 진단 ○△✕

02 다음 중 마이크로소프트사의 엑셀이나 워드와 같은 파일을 매개로 하고 특정 응용 프로그램으로 매크로가 사용되면 감염이 확산하는 형태의 바이러스는?
① 부트(Boot) 바이러스
② 파일(File) 바이러스
③ 부트(Boot) & 파일(File) 바이러스
④ 매크로(Macro) 바이러스

난이도 중 문제 진단 ○△✕

03 다음 중 컴퓨터 내부에서 중앙 처리 장치와 메모리 사이의 데이터 전송을 위해 사용되는 버스(Bus)로 옳지 않은 것은?
① 제어 버스(Control Bus)
② 프로그램 버스(Program Bus)
③ 데이터 버스(Data Bus)
④ 주소 버스(Address Bus)

난이도 하 문제 진단 ○△✕

04 다음 중 멀티미디어 파일 형식 중에서 형식이 다른 것은?
① .wmv
② .png
③ .gif
④ .jpg

중요✓ 난이도 중 문제 진단 ○△✕

05 다음 중 플래시 메모리(Flash Memory)에 관한 설명으로 옳지 않은 것은?
① 비휘발성 메모리이다.
② 전송 속도가 빠르다.
③ 트랙 단위로 저장된다.
④ 전력 소모가 적다.

난이도 중 문제 진단 ○△✕

06 다음 중 모니터 화면의 이미지를 얼마나 세밀하게 표시할 수 있는가를 나타내는 정보로 픽셀 수에 따라 결정되는 것은?
① 재생률(Refresh Rate)
② 해상도(Resolution)
③ 색깊이(Color Depth)
④ 색공간(Color Space)

난이도 하 문제 진단 ○△✕

07 다음 중 컴퓨터 범죄에 해당하지 않는 것은?
① 인터넷 쇼핑몰 상품 가격 비교표 작성
② 전자 문서의 불법 복사
③ 전산망을 이용한 개인 정보 유출
④ 컴퓨터 시스템 해킹을 통한 중요 정보의 위조나 변조

난이도 상 문제 진단 ○△✕

08 다음 중 한글 Windows에서 하드디스크에 저장된 파일을 다시 정렬하는 단편화 제거 과정을 통해 디스크의 파일 읽기/쓰기 성능을 향상시키는 프로그램으로 옳은 것은?
① 디스크 검사
② 디스크 정리
③ 디스크 포맷
④ 드라이브 조각 모음 및 최적화

09 다음 중 디지털 컴퓨터와 아날로그 컴퓨터의 차이점에 대한 설명으로 옳은 것은?

① 아날로그 컴퓨터는 미분이나 적분 연산을 수행한다.
② 디지털 컴퓨터는 전류, 전압, 온도 등 다양한 입력 값을 처리한다.
③ 아날로그 컴퓨터는 범용이다.
④ 디지털 컴퓨터는 증폭 회로로 구성된다.

10 다음 중 컴퓨터에서 문자 데이터를 표현하는 코드로 옳지 않은 것은?

① BCD
② ASCII
③ EBCDIC
④ Hamming Code

11 다음 중 한글 Windows 10에서 하드디스크를 포맷하기 위한 [포맷] 창에서 수행 가능한 작업으로 옳지 않은 것은?

① 파일 시스템 선택
② 볼륨 레이블 입력
③ 파티션 제거
④ 빠른 포맷

12 다음 중 컴퓨터에서 사용하는 캐시 메모리에 관한 설명으로 옳은 것은?

① RAM의 종류 중 DRAM이 캐시 메모리로 사용된다.
② 주기억 장치의 용량보다 큰 프로그램을 로딩하여 실행시킬 경우에 사용된다.
③ 보조 기억 장치의 일부를 주기억 장치처럼 사용하는 메모리이다.
④ 중앙 처리 장치와 주기억 장치 사이에 위치하여 컴퓨터의 처리 속도를 향상시키는 역할을 한다.

13 다음 중 한글 Windows 10의 [설정]–[접근성]에서 설정할 수 없는 기능은?

① 다중 디스플레이 설정으로 두 대의 모니터에 화면을 확장하여 표시할 수 있다.
② 돋보기를 사용하여 화면에서 원하는 영역을 확대하여 크게 표시할 수 있다.
③ 내레이터를 사용하여 화면의 모든 텍스트를 소리 내어 읽도록 설정할 수 있다.
④ 키보드가 없어도 입력 가능한 화상 키보드를 표시할 수 있다.

14 다음 중 컴퓨터에서 사용하는 일반 하드디스크에 비하여 속도가 빠르고 기계적 지연이나 에러의 확률 및 발열 소음이 적으며, 소형화, 경량화할 수 있는 하드디스크 대체 저장 장치로 옳은 것은?

① DVD　　　　　② HDD
③ SSD　　　　　④ ZIP

15 다음 중 한글 Windows 10의 파일 탐색기에서 파일이나 폴더를 선택하는 방법으로 옳은 것은?

① 폴더 내의 모든 항목을 선택하려면 Alt + A 를 누른다.
② 선택한 항목 중에서 하나 이상의 항목을 제외하려면 Ctrl 을 누른 상태에서 제외할 항목을 클릭한다.
③ 연속되어 있지 않은 파일이나 폴더를 선택하려면 Shift 를 누른 상태에서 선택하려는 각 항목을 클릭한다.
④ 연속되는 여러 개의 파일이나 폴더 그룹을 선택하려면 첫째 항목을 클릭한 다음 Ctrl 을 누른 상태에서 마지막 항목을 클릭한다.

16 다음 중 사물인터넷(IoT)에 대한 설명으로 옳지 않은 것은?

① 전기 생산부터 소비까지 전 과정에 정보 통신 기술을 접목하여 에너지 효율성을 높인다.

② 스마트 센싱 기술과 무선통신 기술을 융합하여 실시간으로 데이터를 주고받는다.

③ 모든 사물을 네트워크로 연결하여 소통하는 정보 통신 환경을 의미한다.

④ 개방형 정보 공유에 대한 부작용을 최소화하기 위해 정보보안 기술의 적용이 필요하다.

중요 ✓ 난이도 중 문제 진단 ○△✕

17 다음 중 인터넷상에 존재하는 각종 자원들의 위치를 같은 형식으로 나타내기 위한 표준주소 체계를 뜻하는 용어로 옳은 것은?

① DNS ② URL
③ HTTP ④ NIC

난이도 중 문제 진단 ○△✕

18 다음 중 소형화, 경량화 등 음성과 동작을 인식하는 기술이 적용되어 장소에 구애받지 않고 컴퓨터를 이용할 수 있도록 몸에 착용하는 컴퓨터를 의미하는 것으로 옳은 것은?

① 인공 지능 컴퓨터

② 마이크로 컴퓨터

③ 서버 컴퓨터

④ 웨어러블 컴퓨터

난이도 중 문제 진단 ○△✕

19 다음 중 [메모장]의 기능에 대한 설명으로 옳지 않은 것은?

① 자동 줄 바꿈 기능이 지원된다.

② 머리글/바닥글을 설정할 수 있다.

③ F5 를 눌러 시간과 날짜를 입력할 수 있다.

④ 문단 정렬과 문단 여백을 설정할 수 있다.

난이도 중 문제 진단 ○△✕

20 다음 중 차세대 웹 표준으로 텍스트와 하이퍼링크를 이용한 문서 작성 중심으로 구성된 기존 표준에 비디오, 오디오 등의 다양한 부가 기능을 추가하여 최신 멀티미디어 콘텐츠를 ActiveX 없이도 웹 서비스로 제공할 수 있는 언어는?

① XML

② VRML

③ HTML5

④ JSP

2과목 스프레드시트 일반

난이도 중 문제 진단 ○△✕

21 다음 중 매크로의 바로 가기 키에 관한 설명으로 옳지 않은 것은?

① 기본적으로 조합키 Ctrl 과 함께 사용할 영문자를 지정한다.

② 바로 가기 키 지정 시 영문자를 대문자로 입력하면 조합키는 Ctrl + Shift 로 변경된다.

③ 바로 가기 키로 영문자와 숫자를 함께 지정할 때는 조합키로 Alt 를 함께 사용해야 한다.

④ 바로 가기 키를 지정하지 않아도 매크로를 기록할 수 있다.

난이도 중 문제 진단 ○△✕

22 다음 중 워크시트에 대한 설명으로 옳지 않은 것은?

① 여러 개의 시트를 한 번에 선택하면 제목 표시줄의 파일명 뒤에 [그룹]이 표시된다.

② 선택된 시트의 왼쪽에 새로운 시트를 삽입하려면 Shift + F11 을 누른다.

③ 마지막 작업이 시트 삭제인 경우 빠른 실행 도구 모음의 '실행 취소(↩)'를 클릭하여 되살릴 수 있다.

④ 동일한 통합 문서 내에서 시트를 복사하면 원래의 시트 이름에 '(일련번호)' 형식이 추가되어 시트 이름이 만들어진다.

23 다음 중 하이퍼링크에 대한 설명으로 옳지 않은 것은?

① 단추에는 하이퍼링크를 지정할 수 있지만 도형에는 하이퍼링크를 지정할 수 없다.

② 다른 통합 문서에 있는 특정 시트의 특정 셀로 하이퍼링크를 지정할 수 있다.

③ 특정 웹사이트로 하이퍼링크를 지정할 수 있다.

④ 현재 사용 중인 통합 문서의 다른 시트로 하이퍼링크를 지정할 수 있다.

24 다음 중 [A7] 셀에 수식 '=SUMIFS(D2:D6, A2:A6, "연필", B2:B6, "서울")'을 입력한 경우 그 결과 값은?

	A	B	C	D
1	품목	대리점	판매계획	판매실적
2	연필	경기	150	100
3	볼펜	서울	150	200
4	연필	서울	300	300
5	볼펜	경기	300	400
6	연필	서울	300	200

① 100   ② 500

③ 600   ④ 750

25 워크시트의 [F8] 셀에 수식 "=E8/$F5"를 입력하는 중 '$'를 한글 'ㄴ'으로 잘못 입력하였다. 이 경우 [F8]셀에 나타나는 오류 메시지로 옳은 것은?(단, [E8] 셀과 [F5] 셀에는 숫자 100과 20이 입력되어 있다.)

① #N/A

② #NAME?

③ #NULL!

④ #VALUE!

26 다음 차트는 엑셀 점수에 대한 예측을 표시한 것이다. 이때 사용한 기능으로 옳은 것은?

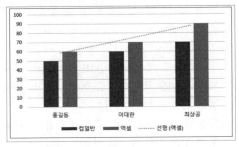

① 자동 합계

② 추세선

③ 오차 막대

④ 평균 구하기

27 다음 중 [페이지 설정] 대화 상자의 [시트] 탭에 대한 설명으로 옳지 않은 것은?

① [행/열 머리글] 항목은 행/열 머리글이 인쇄되도록 설정하는 기능이다.

② [인쇄 제목] 항목을 이용하면 특정 부분을 페이지마다 반복적으로 인쇄할 수 있다.

③ [눈금선] 항목을 선택하여 체크 표시하면 작업시트의 셀 구분선은 인쇄되지 않는다.

④ [메모] 항목에서 '(없음)'을 선택하면 셀에 메모가 있더라도 인쇄되지 않는다.

28 다음 아래의 왼쪽 시트에서 번호 열의 3행을 삭제하더라도 오른쪽 시트처럼 번호 순서가 1, 2, 3, 4, 5처럼 유지되도록 하는 방법으로 옳은 것은?

▲	A	B
1	번호	
2		1
3		2
4		3
5		4
6		5
7		6
8		

▶

▲	A	B
1	번호	
2		1
3		2
4		3
5		4
6		5
7		
8		

① [A2] 셀에 =row()를 입력하고 채우기 핸들을 [A7] 셀까지 복사한다.

② [A2] 셀에 =column()을 입력하고 채우기 핸들을 [A7] 셀까지 복사한다.

③ [A2] 셀에 =row()-1을 입력하고 채우기 핸들을 [A7] 셀까지 복사한다.

④ [A2] 셀에 =column()-1을 입력하고 채우기 핸들을 [A7] 셀까지 복사한다.

29 다음 중 정렬 기능에 대한 설명으로 옳지 않은 것은?

① 워크시트에 입력된 자료들을 특정한 순서에 따라 재배열하는 기능이다.

② 정렬 옵션 방향은 '위쪽에서 아래쪽' 또는 '왼쪽에서 오른쪽' 중 선택하여 정렬할 수 있다.

③ 오름차순 정렬과 내림차순 정렬에서 공백은 맨 처음에 위치하게 된다.

④ 선택한 데이터 범위의 첫 행을 머리글 행으로 지정할 수 있다.

30 다음 중 아래 워크시트에서 [E2] 셀의 함수식이 =CHOOSE(RANK.EQ(D2, $D$2:$D$5), "천하", "대한", "영광", "기쁨")일 때 결과 값으로 옳은 것은?

▲	A	B	C	D	E
1	성명	이론	실기	합계	수상
2	김나래	47	45	92	
3	이석주	38	47	85	
4	박명호	46	48	94	
5	장영민	49	48	97	

① 천하

② 대한

③ 영광

④ 기쁨

31 다음 중 아래의 워크시트에서 '박지성'의 결석 값을 찾기 위한 함수식은?

▲	A	B	C	D
1	성적표			
2	이름	중간	기말	결석
3	김남일	86	90	4
4	이천수	70	80	2
5	박지성	95	85	5

① =VLOOKUP("박지성", $A$3:$D$5, 4, 1)

② =VLOOKUP("박지성", $A$3:$D$5, 4, 0)

③ =HLOOKUP("박지성", $A$3:$D$5, 4, 0)

④ =HLOOKUP("박지성", $A$3:$D$5, 4, 1)

32 다음 중 입력 데이터에 주어진 표시 형식으로 지정한 경우 그 결과가 옳지 않은 것은?

	원본 데이터	표시 형식	표시 결과
①	7.5	#.00	7.50
②	4.398	???.???	044.398
③	12,200,000	#,##0,	12,200
④	상공상사	@ "귀중"	상공상사 귀중

33 다음 중 통합 문서 저장 시 설정할 수 있는 [일반 옵션]에 대한 설명으로 옳지 않은 것은?

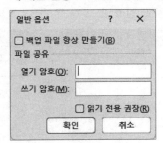

① '백업 파일 항상 만들기'에 체크 표시한 경우에는 파일 저장 시 자동으로 백업 파일이 만들어진다.
② '열기 암호'를 지정한 경우에는 열기 암호를 입력해야 파일을 열 수 있고 암호를 모르면 파일을 열 수 없다.
③ '쓰기 암호'가 지정된 경우에는 파일을 수정하고 다른 이름으로 저장 시 '쓰기 암호'를 입력해야 한다.
④ '읽기 전용 권장'에 체크 표시한 경우에는 파일을 열 때 읽기 전용으로 열지 여부를 묻는 메시지가 표시된다.

34 다음 중 [데이터 유효성] 대화 상자의 [설정] 탭에서 '제한 대상' 목록에 해당하지 않는 것은?

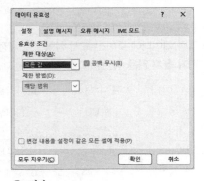

① 정수
② 소수점
③ 목록
④ 텍스트 형식

35 [페이지 설정] 대화 상자의 [시트] 탭에서 '반복할 행'에 [$4:$4]을 지정하고 워크시트 문서를 출력하였다. 다음 중 출력 결과에 대한 설명으로 옳은 것은?

① 첫 페이지만 1행부터 4행의 내용이 반복되어 인쇄된다.
② 모든 페이지에 4행의 내용이 반복되어 인쇄된다.
③ 모든 페이지에 4열의 내용이 반복되어 인쇄된다.
④ 모든 페이지에 4행과 4열의 내용이 반복되어 인쇄된다.

36 다음 중 항목의 구성비를 표현하는 데 적합한 원형 차트와 도넛형 차트에 대한 설명으로 옳지 않은 것은?

① 원형 차트는 첫째 조각의 각을 0도에서 360도 사이의 값을 이용하여 회전시킬 수 있으나 도넛형 차트는 첫째 조각의 각을 회전시킬 수 없다.
② 도넛형 차트의 도넛 구멍 크기는 0%에서 90% 사이의 값으로 변경할 수 있다.
③ 도넛형 차트는 원형 차트와 마찬가지로 전체에 대한 각 부분의 구성비를 보여 주지만 데이터 계열이 두 개 이상 포함될 수 있다는 점이 다르다.
④ 원형 차트의 모든 조각을 차트 중심에서 끌어낼 수 있다.

37 다음 중 [시트 보호] 기능에 대한 설명으로 옳지 않은 것은?

① 워크시트에 있는 셀을 보호하기 위해서는 먼저 셀의 '잠금' 속성을 해제해야 한다.
② 새 워크시트의 모든 셀은 기본적으로 '잠금' 속성이 설정되어 있다.
③ 시트 보호를 설정하면 셀에 데이터를 입력하거나 수정하려고 했을 때 경고 메시지가 나타난다.
④ 셀의 '잠금' 속성과 '숨김' 속성은 시트를 보호하기 전까지는 아무런 효과를 내지 못한다.

38 다음 중 아래 시트에서 [A1] 셀을 선택하고 채우기 핸들을 [A4] 셀까지 드래그했을 때 [A4] 셀에 입력되는 값은?

	A	B
1	1학년 1반 001번	
2		

① 1학년 1반 001번
② 1학년 1반 004번
③ 1학년 4반 001번
④ 4학년 4반 004번

39 다음 중 피벗 테이블과 피벗 차트에 대한 설명으로 옳지 않은 것은?

① 새 워크시트에 피벗 테이블을 생성하면 보고서 필터의 위치는 [A1] 셀, 행 레이블은 [A3] 셀에서 시작한다.
② 피벗 테이블과 연결된 피벗 차트가 있는 경우 피벗 테이블에서 [피벗 테이블 분석]의 [모두 지우기] 명령을 사용하면 피벗 테이블과 피벗 차트의 필드, 서식 및 필터가 제거된다.
③ 하위 데이터 집합에도 필터와 정렬을 적용하여 원하는 정보만 강조할 수 있으나 조건부 서식은 적용되지 않는다.
④ [피벗 테이블 옵션] 대화 상자에서 오류 값을 빈 셀로 표시하거나 빈 셀에 원하는 값을 지정하여 표시할 수도 있다.

40 다음 중 윗주에 대한 설명으로 옳지 않은 것은?

① 윗주에 입력된 텍스트 중 일부분의 서식을 별도로 변경할 수 있다.
② 윗주는 삽입해도 바로 표시되지 않고 [홈] 탭–[글꼴] 그룹–[윗주 필드 표시/숨기기]를 선택해야만 표시된다.
③ 윗주는 셀에 대한 주석을 설정하는 것으로 문자열 데이터가 입력되어 있는 셀에만 표시할 수 있다.
④ 셀의 데이터를 삭제하면 윗주도 함께 삭제된다.

빠른 정답표 | **확인하기**

① 모바일로 QR 코드를 스캔합니다.
② 해당 회차의 정답표를 확인합니다.
③ 빠르고 간편하게 채점해 보세요.

해설과 따로 보는 2024년 상시 기출문제 03회

자동 채점 서비스 ▶ 합격 강의

SELF CHECK | 제한시간 40분 | 소요시간 　 분 | 전체 문항 수 40문항 | 맞힌 문항 수 　 문항

1과목 컴퓨터 일반

01 난이도 하 문제 진단 ○△✕
▶ 합격 강의
다음 중 컴퓨터에서 사용하는 언어 번역 프로그램으로 옳지 않은 것은?
① 인터프리터
② 유틸리티
③ 컴파일러
④ 어셈블러

02 중요✓ 난이도 중 문제 진단 ○△✕
다음 중 프로그램이 실행될 때 발생하는 메인 메모리 부족 문제를 보완하기 위해 하드디스크의 일부를 메인 메모리처럼 사용하게 하는 메모리 관리 기법을 의미하는 것은?
① 캐시 메모리
② 디스크 캐시
③ 연관 메모리
④ 가상 메모리

03 중요✓ 난이도 중 문제 진단 ○△✕
▶ 합격 강의
다음 중 유니코드(Unicode)에 대한 설명으로 옳은 것은?
① 문자를 2Byte로 표현한다.
② 표현 가능한 문자 수는 최대 256자이다.
③ 영문자를 7비트, 한글이나 한자를 16비트로 처리한다.
④ 한글은 KB 완성형으로 표현한다.

04 난이도 중 문제 진단 ○△✕
다음 중 미디(MIDI)에 대한 설명으로 틀린 것은?
① 미디는 전자 악기와 컴퓨터 간의 상호 정보 교환을 위한 규약이다.
② 미디는 음을 어떻게 연주할 것인지에 대한 정보 즉, 음의 높이 및 음표의 길이, 음의 강약 등에 대한 정보를 표현한다.
③ 실제 음을 듣기 위해서는 그 음을 발생시켜 주는 장치(신디사이저)가 필요하다.
④ 미디 파일은 음성이나 효과음을 저장할 수 있어 재생이 빠르지만 용량이 크다는 단점이 있다.

05 난이도 중 문제 진단 ○△✕
다음 중 영상 신호와 음향 신호를 압축하지 않고 통합하여 전송하는 고선명 멀티미디어 인터페이스로 S-비디오, 컴포지트 등의 아날로그 케이블보다 고품질의 음향 및 영상을 감상할 수 있는 것은?
① DVI
② USB
③ HDMI
④ IEEE-1394

06 난이도 중 문제 진단 ○△✕
다음 중 한글 Windows 10에서 시각 장애가 있는 사용자가 컴퓨터를 사용하기에 편리하도록 설정할 수 있는 기능은?
① 동기화 센터
② 사용자 정의 문자 편집기
③ 접근성
④ 프로그램 호환성 마법사

07 유틸리티에 대한 설명 중 가장 옳지 않은 것은?

난이도 중 문제 진단 ○△✕

① 알집 프로그램은 파일을 압축하거나 압축을 풀 때 사용하는 프로그램이다.
② FTP는 파일 전송 프로토콜로 서버에 파일을 올릴 때 사용하는 프로그램이다.
③ V3 유틸리티는 파일 감염 여부를 점검은 하지만 치료는 하지 못한다.
④ PDF 뷰어는 PDF(Portable Document Format) 형식의 파일을 볼 수 있는 프로그램이다.

08 다음 중 인터넷을 이용한 전자 우편에 관한 설명으로 옳지 않은 것은?

중요 ✓ 난이도 중 문제 진단 ○△✕

① 기본적으로 8비트의 유니코드를 사용하여 메시지를 전달한다.
② 전자 우편 주소는 '사용자ID@호스트 주소'의 형식으로 이루어진다.
③ SMTP, POP3, MIME 등의 프로토콜을 사용한다.
④ 보내기, 회신, 첨부, 전달, 답장 등의 기능이 있다.

09 다음 중 한글 Windows의 [폴더 옵션] 창에서 할 수 있는 작업으로 옳지 않은 것은?

난이도 상 문제 진단 ○△✕

① 선택된 폴더에 암호를 설정할 수 있다.
② 한 번 클릭해서 창 열기를 하도록 설정할 수 있다.
③ 새 창에서 폴더 열기를 할 수 있게 설정할 수 있다.
④ 알려진 파일 형식의 파일 확장명 숨기기를 설정할 수 있다.

10 다음 중 국제 표준화 기구에서 네트워크 통신의 접속에서부터 완료까지의 과정을 구분하여 정의한 통신 규약 명칭은?

난이도 중 문제 진단 ○△✕

① Network 3계층
② Network 7계층
③ OSI 3계층
④ OSI 7계층

11 다음 중 중앙 컴퓨터와 일정 지역의 단말 장치까지는 하나의 통신 회선으로 연결시키고, 이웃하는 단말 장치는 일정 지역 내에 설치된 중간 단말 장치로부터 다시 연결시키는 형태로 분산 처리 환경에 적합한 망의 구성 형태는?

난이도 중 문제 진단 ○△✕

12 다음 중 처리할 데이터를 일정한 분량이 될 때까지 모아서 한꺼번에 처리하는 시스템으로 옳은 것은?

중요 ✓ 난이도 중 문제 진단 ○△✕

① 일괄 처리 시스템
② 실시간 처리 시스템
③ 시분할 시스템
④ 분산 처리 시스템

13 다음 중 가로 300픽셀, 세로 200픽셀 크기의 256 색상으로 표현된 정지 영상을 10:1로 압축하여 JPG 파일로 저장하였을 때 이 파일의 크기는 얼마인가?

난이도 상 문제 진단 ○△✕

① 3 KB
② 4 KB
③ 5 KB
④ 6 KB

14 TCP/IP 프로토콜의 설정에 있어 서브넷 마스크(Subnet Mask)의 역할은?

난이도 중 문제 진단 ○△✕

① 호스트의 수를 식별
② 사용자의 수를 식별
③ 네트워크 ID 부분과 호스트 ID 부분을 구별
④ 도메인명을 IP 주소로 변환해 주는 서버를 지정

15 다음 중 전시장이나 쇼핑 센터 등에 설치하여 방문객이 각종 안내를 받을 수 있도록 한 것으로, 터치 패널을 이용해 메뉴를 손가락으로 선택해서 정보를 얻을 수 있는 것이 특징인 것은?

① 킨들
② 프리젠터
③ 키오스크
④ UPS

16 다음 중 인터넷 기능을 결합한 TV로 각종 앱을 설치하여 웹 서핑, VOD 시청, 게임 등 다양한 기능을 활용할 수 있는 다기능 TV를 의미하는 용어는?

① HDTV
② Cable TV
③ IPTV
④ Smart TV

17 정보 전송 방식 중 반이중 방식(Half-Duplex)에 해당하는 것은?

① 라디오
② TV
③ 전화
④ 무전기

18 다음 중 멀티미디어와 관련된 기술인 VOD(Video On Demand)에 대한 설명으로 옳지 않은 것은?

합격
강의

① 비디오를 디지털로 압축하여 비디오 서버에 저장하고, 가입자가 원하는 콘텐츠를 제공하며 재생, 제어, 검색, 질의 등이 가능하다.
② 사용자의 요구에 따라 영화나 뉴스 등의 콘텐츠를 통신 케이블을 통하여 서비스하는 영상 서비스이다.
③ 사용자 간 커뮤니케이션을 목적으로 원거리에서 영상을 공유하며, 공간적 시간적 제약을 극복할 수 있다.
④ VCR 같은 기능의 셋톱박스는 비디오 서버로부터 압축되어 전송된 디지털 영상과 소리를 복원, 재생하는 역할을 한다.

19 다음 중 네트워크 연결 장치와 관련하여 패킷의 헤더 정보를 보고 목적지를 파악하여 다음 목적지로 전송하기 위한 최선의 경로를 선택할 수 있는 것으로 옳은 것은?

① 허브(Hub)
② 브리지(Bridge)
③ 스위치(Switch)
④ 라우터(Router)

20 다음 중 공개키 암호 기법의 설명으로 옳지 않은 것은?

① 메시지를 암호화할 때와 복호화할 때 사용되는 키가 서로 다르다.
② 복호화할 때 사용되는 키는 공개하고 암호키는 비공개한다.
③ 비대칭키 또는 이중키 암호 기법이라고도 한다.
④ 많이 사용되는 기법은 RSA 기법이다.

2과목 스프레드시트 일반

21 다음 중 다양한 상황과 변수에 따른 여러 가지 결과 값의 변화를 가상의 상황을 통해 예측하여 분석할 수 있는 도구는?

① 시나리오 관리자
② 목표값 찾기
③ 부분합
④ 통합

22 다음 중 [통합] 데이터 도구에 대한 설명으로 옳지 않은 것은?

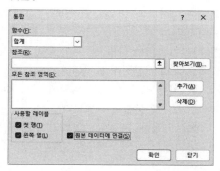

① '모든 참조 영역'에 다른 통합 문서의 워크시트를 추가하여 통합할 수 있다.

② '사용할 레이블'을 모두 선택한 경우 각 참조 영역에 결과표의 레이블과 일치하지 않은 레이블이 있으면 통합 결과표에 별도의 행이나 열이 만들어진다.

③ 지정한 영역에 계산될 요약 함수는 '함수'에서 선택하며, 요약 함수로는 합계, 개수, 평균, 최대값, 최소값 등이 있다.

④ '원본 데이터에 연결' 확인란을 선택하여 통합한 경우 통합에 참조된 영역에서의 행 또는 열이 변경될 때 통합된 데이터 결과도 자동으로 업데이트된다.

23 다음 중 아래 그림의 표에서 조건 범위로 [A9:B11] 영역을 선택하여 고급 필터를 실행한 결과의 레코드 수는 얼마인가?

	A	B	C	D
1	성명	이론	실기	합계
2	김진아	47	45	92
3	이은경	38	47	85
4	장영주	46	48	94
5	김시내	40	25	65
6	홍길동	49	48	97
7	박승수	37	43	80
8				
9	합계	합계		
10	<95	>90		
11		<70		

① 0　　　　　　② 3
③ 4　　　　　　④ 6

24 다음 중 매크로와 관련된 바로 가기 키에 대한 설명으로 옳지 않은 것은?

① Alt+M을 누르면 [매크로 기록] 대화 상자가 표시되어 매크로를 기록할 수 있다.

② Alt+F11을 누르면 Visual Basic Editor가 실행되며, 매크로를 수정할 수 있다.

③ Alt+F8을 누르면 [매크로] 대화 상자가 표시되어 매크로 목록에서 매크로를 선택하여 실행할 수 있다.

④ 매크로 기록 시 Ctrl과 영문 문자를 조합하여 해당 매크로의 바로 가기 키를 지정할 수 있다.

25 다음 중 [페이지 설정] 대화 상자의 [시트] 탭에 대한 설명으로 옳은 것은?

① '메모'는 셀에 설정된 메모의 인쇄 여부를 설정하는 것으로 '없음'과 '시트에 표시된 대로' 중 하나를 선택하여 인쇄할 수 있다.

② 워크시트의 셀 구분선을 그대로 인쇄하려면 '눈금선'에 체크하여 표시하면 된다.

③ '간단하게 인쇄'를 체크하면 설정된 글꼴색은 모두 검정으로, 도형은 테두리 색만 인쇄하여 인쇄 속도를 높인다.

④ '인쇄 영역'에 범위를 지정하면 특정 부분만 인쇄할 수 있으며, 지정한 범위에 숨겨진 행이나 열도 함께 인쇄된다.

26 다음 수식의 결과 값으로 옳은 것은?

=ROUNDDOWN(165.657,2) − ABS(POWER(−2,3))

① 156.65
② 157.65
③ 156.66
④ 157.66

난이도 상 문제 진단 ○△×

27 다음 시트에서 =SUM(INDEX(B2:C6,4,2),LARGE(B2:C6,2))의 결과 값으로 옳은 것은?

▲	A	B	C
1	지원자명	필기	실기
2	이상공	67	76
3	홍범도	90	88
4	엄지홍	50	60
5	신정미	80	100
6	김민서	69	98

① 190   ② 198

③ 200   ④ 210

중요 ✓ 난이도 중 문제 진단 ○△×

28 다음 중 괄호 안에 들어갈 바로 가기 키로 옳은 것은?

> 통합 문서 내에서 (ㄱ)키는 다음 워크시트로 이동,
> (ㄴ)키는 이전 워크시트로 이동할 때 사용된다.

① (ㄱ) [Home], (ㄴ) [Ctrl]+[Home]
② (ㄱ) [Ctrl]+[Page Down], (ㄴ) [Ctrl]+[Page Up]
③ (ㄱ) [Ctrl]+[←], (ㄴ) [Ctrl]+[→]
④ (ㄱ) [Shift]+[↑], (ㄴ) [Shift]+[↓]

난이도 중 문제 진단 ○△×

29 아래 그림과 같이 차트에서 '전기난로' 계열의 직선을 부드러운 선으로 나타내는 방법으로 옳은 것은?

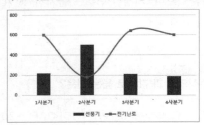

① [데이터 계열 서식] 대화 상자의 [채우기 및 선]에서 [완만한 선]을 설정한다.
② [데이터 계열 서식] 대화 상자의 [효과]에서 [완만한 선]을 설정한다.
③ [데이터 계열 서식] 대화 상자의 [계열 옵션]에서 [곡선]을 설정한다.
④ [데이터 계열 서식] 대화 상자의 [계열 옵션]에서 [부드러운 선]을 설정한다.

난이도 중 문제 진단 ○△×

30 다음 중 틀 고정 및 창 나누기에 대한 설명으로 옳지 않은 것은?

① 화면에 나타나는 창 나누기 형태는 인쇄 시 적용되지 않는다.
② 창 나누기를 수행하면 셀 포인트의 오른쪽과 아래쪽으로 창 구분선이 표시된다.
③ 창 나누기는 셀 포인트의 위치에 따라 수직, 수평, 수직/수평 분할이 가능하다.
④ 첫 행을 고정하려면 셀 포인트의 위치에 상관없이 [틀 고정]–[첫 행 고정]을 선택한다.

중요 ✓ 난이도 상 문제 진단 ○△×

31 다음 중 수식의 결과 값이 옳지 않은 것은?

① =RIGHT("Computer",5) → puter
② =POWER(2,3) → 8
③ =TRUNC(5.96) → 5
④ =AND(6〈5, 7〉5) → TRUE

난이도 중 문제 진단 ○△×

32 다음 중 셀 참조에 관한 설명으로 옳은 것은?

① 수식 작성 중 마우스로 셀을 클릭하면 기본적으로 해당 셀이 절대 참조로 처리된다.
② 수식에 셀 참조를 입력한 후 셀 참조의 이름을 정의한 경우에는 참조 에러가 발생하므로 기존 셀 참조를 정의된 이름으로 수정한다.
③ 셀 참조 앞에 워크시트 이름과 마침표(.)를 차례로 넣어서 다른 워크시트에 있는 셀을 참조할 수 있다.
④ 셀을 복사하여 붙여 넣은 다음 [붙여넣기 옵션]의 [연결하여 붙여넣기] 명령을 사용하여 셀 참조를 만들 수도 있다.

33 다음 중 목표값 찾기 기능에 대한 설명으로 옳지 않은 것은?

① 목표값 찾기는 특정한 결과를 얻기 위해 데이터가 어떻게 변하는지 알아보는 기능이다.

② 목표값 찾기에서 변하는 데이터를 여러 개 지정할 수 있다.

③ 목표값은 사용자가 원하는 데이터를 입력해야 한다.

④ 목표값은 사용자가 원하는 데이터의 셀 주소를 입력할 수 없다.

34 다음 중 데이터 입력에 대한 설명으로 옳지 않은 것은?

① 데이터를 입력하는 도중에 입력을 취소하려면 Esc 를 누른다.

② 셀 안에서 줄을 바꾸어 데이터를 입력하려면 Alt +Enter 를 누른다.

③ 텍스트, 텍스트/숫자 조합, 날짜, 시간 데이터는 셀에 입력하는 처음 몇 자가 해당 열의 기존 내용과 일치하면 자동으로 입력된다.

④ 여러 셀에 동일한 데이터를 입력하려면 해당 셀을 범위로 지정하여 데이터를 입력한 후 Ctrl + Enter 를 누른다.

35 다음 중 피벗 테이블에 대한 설명으로 옳지 않은 것은?

① 원본의 자료가 변경되면 [모두 새로 고침] 기능을 이용하여 일괄 피벗 테이블에 반영할 수 있다.

② 작성된 피벗 테이블을 삭제하는 경우 함께 작성한 피벗 차트는 자동으로 삭제된다.

③ 피벗 테이블을 삭제하려면 피벗 테이블 전체를 범위로 지정한 후 Delete 를 누른다.

④ 피벗 테이블의 삽입 위치는 새 워크시트뿐만 아니라 기존 워크시트에서 시작 위치를 선택할 수도 있다.

36 다음 중 문서를 인쇄했을 때 문서의 위쪽에 '–1 Page–' 형식으로 페이지 번호를 표시하는 방법으로 옳은 것은?

① –#[페이지 번호] Page–

② #–[페이지 번호] Page–

③ –&[페이지 번호] Page–

④ &–[페이지 번호] Page–

37 다음 중 아래 시트에서 각 수식을 실행했을 때의 결과값으로 옳은 것은?

	A	B	C	D	E
1	이름	국어	영어	수학	평균
2	홍길동	83	90	73	82
3	이대한	65	87	91	81
4	한민국	80	75	100	85
5	평균	76	84	88	82.66667

① =SUM(COUNTA(B2:D4), MAXA(B2:D4)) → 102

② =AVERAGE(SMALL(C2:C4, 2), LARGE(C2:C4, 2)) → 75

③ =SUM(LARGE(B3:D3, 2), SMALL(B3:D3, 2)) → 174

④ =SUM(COUNTA(B2,D4), MINA(B2,D4)) → 109

38 다음 중 날짜 및 시간 데이터에 관한 설명으로 옳지 않은 것은?

① 날짜 데이터를 입력할 때 연도와 월만 입력하면 일자는 자동으로 해당 월의 1일로 입력된다.

② 셀에 '4/9'를 입력하고 Enter 를 누르면 셀에는 '04월 09일'로 표시된다.

③ 날짜 및 시간 데이터의 텍스트 맞춤은 기본 왼쪽 맞춤으로 표시된다.

④ Ctrl + ; 을 누르면 시스템의 오늘 날짜, Ctrl + Shift + ; 을 누르면 현재 시간이 입력된다.

39 다음 중 [B3:E6] 영역에 대해 아래 시트와 같이 배경색을 설정하기 위한 조건부 서식의 규칙으로 옳은 것은?

▲	A	B	C	D	E
1					
2		자산코드	내용연수	경과연수	취득원가
3		YJ7C	10	8	660,000
4		S2YJ	3	9	55,000
5		TS1E	3	6	134,000
6		KS4G	8	3	58,000

① =MOD(COLUMNS($B3),2)=0
② =MOD(COLUMNS(B3),2)=0
③ =MOD(COLUMN($B3),2)=0
④ =MOD(COLUMN(B3),2)=0

40 아래 시트에서 [표1]의 할인율 [B3]을 적용한 할인가 [B4]를 이용하여 [표2]의 각 정가에 해당하는 할인가 [E3:E6]를 계산하고자 한다. 다음 중 이때 가장 적합한 데이터 도구는?

▲	A	B	C	D	E	F
1	[표1] 할인 금액			[표2] 할인 금액표		
2	정가	₩ 10,000		정가	₩ 9,500	
3	할인율	5%		₩ 10,000		
4	할인가	₩ 9,500		₩ 15,000		
5				₩ 24,000		
6				₩ 30,000		
7						

① 통합
② 데이터 표
③ 부분합
④ 시나리오 관리자

해설과 따로 보는 2024년 상시 기출문제 04회

SELF CHECK 제한시간 40분 | 소요시간   분 | 전체 문항 수 40문항 | 맞힌 문항 수   문항

1 과목 컴퓨터 일반

01 중요 ✓ 난이도 중 문제 진단 ○△✕
▶ 합격 강의

다음 중 데이터 분산 처리 기술을 이용한 '공공 거래 장부'로 비트코인, 이더리움 같은 가상 암호 화폐가 탄생한 기반 기술이며 거래할 때 발생할 수 있는 불법적인 해킹을 막는 기술로 옳은 것은?

① 핀테크(FinTech)
② 블록체인(Block Chain)
③ 전자봉투(Digital Envelope)
④ 암호화 파일 시스템(Encrypting File System)

02 난이도 중 문제 진단 ○△✕

TCP/IP는 인터넷의 기본적인 통신 프로토콜로서, 인트라넷이나 엑스트라넷과 같은 사설망에서도 사용된다. 다음 중 TCP/IP의 상위 계층 프로토콜로 볼 수 없는 것은?

① SMTP   ② HTTP
③ FTP   ④ SNA

03 중요 ✓ 난이도 하 문제 진단 ○△✕
▶ 합격 강의

다음 중 터치 스크린(Touch Screen)의 작동 방식으로 옳지 않은 것은?

① 저항식   ② 정전식
③ 광학식   ④ 래스터 방식

04 난이도 중 문제 진단 ○△✕

다음 중 한글 Windows 10에서 '하드디스크 여유 공간이 부족하다.'는 메시지가 표시되는 경우의 해결 방법으로 가장 옳지 않은 것은?

① [휴지통 비우기]를 수행하여 여유 공간을 확보한다.
② [디스크 정리]를 통해 임시 파일들을 지운다.
③ 시스템에서 사용하지 않는 응용 프로그램을 하드디스크에서 삭제하여 여유 공간을 확보한다.
④ 시스템을 완전히 종료하고 다시 부팅한다.

05 난이도 중 문제 진단 ○△✕

다음 중 컴퓨터 출력 장치인 모니터에 관한 용어의 설명으로 옳지 않은 것은?

① 픽셀(Pixel) : 화면을 이루는 최소의 단위로서 그림의 화소라는 뜻을 의미하며 픽셀 수가 많을수록 해상도가 높아진다.
② 해상도(Resolution) : 모니터 화면의 명확성을 나타내는 것으로 1인치(Inch) 사각형에 픽셀의 수가 많을수록 표시할 수 있는 색상의 수가 증가한다.
③ 점 간격(Dot Pitch) : 픽셀들 사이의 공간을 나타내는 것으로 간격이 가까울수록 영상은 선명하다.
④ 재생률(Refresh Rate) : 픽셀들이 밝게 빛나는 것을 유지하도록 하기 위한 1초당 재충전 횟수를 의미한다.

06 난이도 중 문제 진단 ○△✕

다음 중 Serial ATA 방식의 장점으로 옳지 않은 것은?

① 정교하게 Master/Slave 점퍼 설정을 할 수 있다.
② 프로토콜 전체 단계에 CRC를 적용하여 데이터의 신뢰성이 높아졌다.
③ 데이터 선이 얇아 내부에 통풍이 잘된다.
④ 핫 플러그인 기능으로 시스템 운용 도중에 자유롭게 부착이 가능하다.

07 난이도 중 문제 진단 ○△✕

다음 중 컴퓨터에서 가상 기억 장치를 사용할 때 장점으로 옳은 것은?

① 컴퓨터의 구조가 간편해지고 손쉽게 구현할 수 있다.
② 보조 기억 장치의 실제 용량이 증대된다.
③ 주기억 장치의 용량보다 큰 프로그램을 실행할 수 있다.
④ 명령을 수행하는 시간이 단축된다.

08 난이도 하 | 문제 진단 ○△✕

다음 중 기억 용량 단위가 가장 큰 것으로 옳은 것은?

① 1TB
② 1GB
③ 1PB
④ 1EB

09 난이도 중 | 문제 진단 ○△✕

다음 중 멀티미디어의 특징에 관한 설명으로 옳지 않은 것은?

① 데이터 처리의 선형성
② 데이터 전달의 쌍방향성
③ 데이터의 디지털화
④ 정보의 통합성

10 난이도 중 | 문제 진단 ○△✕

다음 중 2진수 001010011100을 8진수로 변환한 것으로 옳은 것은?

① 0123
② 3210
③ 1234
④ 4321

11 난이도 중 | 문제 진단 ○△✕

다음 중 디지털 데이터 신호를 변조하지 않고 직접 전송하는 방식으로 일반적으로 근거리통신망에 사용되는 것은?

① 단방향 전송
② 반이중 전송
③ 베이스밴드 전송
④ 브로드밴드 전송

12 난이도 상 | 문제 진단 ○△✕

다음 중 폴더의 [속성] 창에서 수행할 수 있는 기능으로 옳지 않은 것은?

① 폴더의 특성을 '읽기 전용'으로 설정하거나 해제할 수 있다.
② 폴더 안에 있는 하위 폴더 중 특정 폴더를 삭제할 수 있다.
③ 폴더 안에 있는 파일과 하위 폴더의 개수를 알 수 있다.
④ 폴더를 다른 컴퓨터에서 네트워크를 통해 접근할 수 있도록 공유시킬 수 있다.

13 난이도 하 | 문제 진단 ○△✕

다음 중 컴퓨터 보안을 위한 관련된 기술에 해당하지 않는 것은?

① 인증(Authentication)
② 브리지(Bridge)
③ 방화벽(Firewall)
④ 암호화(Encryption)

14 중요 ✓ | 난이도 중 | 문제 진단 ○△✕

공용 업무를 위한 컴퓨터에서 A 사용자와 B 사용자는 모두 계정이 등록된 상태이다. 이때 A 사용자가 공용 컴퓨터를 사용하는 도중에 잠시 B 사용자가 사용할 수 있도록 하는 방법으로 옳은 것은?

① 전원을 종료한 다음 재부팅한다.
② 로그오프를 수행한다.
③ 사용자 전환을 수행한다.
④ 시스템을 다시 시작한다.

15 중요 ✓ | 난이도 중 | 문제 진단 ○△✕

다음 중 컴퓨터에서 사용하는 운영체제의 목적으로 옳지 않은 것은?

① 반환 시간(Turnaround Time) 증가
② 처리 능력(Throughput) 증가
③ 신뢰도(Reliability) 증가
④ 사용 가능도(Availability) 증가

16 난이도 중 문제진단 ○△✕

다음 중 컴퓨터 하드웨어를 업그레이드하고자 할 때 수치가 작을수록 성능이 좋은 것은?

① RAM 접근 속도
② CPU 클릭 속도
③ 모뎀 전송 속도
④ SSD 용량

17 중요 ✓ 난이도 중 문제진단 ○△✕

다음 중 정식 프로그램의 구매를 유도하기 위해 특정 기능이나 사용 기간에 제한을 두어 무료로 공개하고 배포하는 프로그램은?

① 상용 소프트웨어(Commercial Software)
② 셰어웨어(Shareware)
③ 에드웨어(Adware)
④ 알파 버전(Alpha Version)

18 난이도 하 문제진단 ○△✕

다음 중 한글 Windows 10에서 활성 항목을 닫거나 활성 앱을 종료하는 바로 가기 키로 옳은 것은?

① Alt + Enter
② Alt + F4
③ Shift + Delete
④ Alt + Tab

19 난이도 중 문제진단 ○△✕

다음 중 전자우편에서 사용하는 POP3 프로토콜에 대한 설명으로 옳은 것은?

① 사용자의 컴퓨터에서 작성한 메일을 다른 사람의 계정이 있는 곳으로 전송해 주는 전자우편을 송신하기 위한 프로토콜이다.
② 사용자가 메일 서버에서 메일을 관리하고 수신하기 위한 프로토콜로 전자우편의 헤더(머리글) 부분만 수신한다.
③ 메일 서버에 도착한 E-mail을 사용자 컴퓨터로 가져올 수 있도록 메일 서버에서 제공하는 전자우편을 수신하기 위한 프로토콜이다.
④ 전자우편으로 멀티미디어 정보를 전송할 수 있도록 해 주는 멀티미디어 지원 프로토콜이다.

20 난이도 중 문제진단 ○△✕

인터넷 부정 행위에 대한 설명으로 옳지 않은 것은?

① 스니핑(Sniffing)은 특정한 호스트에서 실행되어 호스트에 전송되는 정보(계정, 패스워드 등)를 엿보는 행위를 의미한다.
② DDoS는 MS-DOS 운영체제를 이용하여 어떤 프로그램이 정상적으로 실행되는 것처럼 위장하는 것이다.
③ 키로거(Key Logger)는 악성 코드에 감염된 시스템의 키보드 입력을 저장 및 전송하여 개인 정보를 빼내는 크래킹 행위이다.
④ 트로이 목마는 자기 복제를 하지 않는다는 점에서 바이러스와는 구별되며, 상대방의 컴퓨터 화면을 볼 수도 있고, 입력 정보 취득, 재부팅, 파일 삭제 등을 할 수 있다.

중요 ✓ 난이도 상 문제 진단 ○△☓

21 다음 워크시트는 '부서명'을 기준으로 오름차순 정렬을 수행한 결과이다. 이후 '사원명'을 기준으로 내림차순 정렬을 수행할 경우 '일련번호'가 그대로 유지되도록 하기 위해 [A2] 셀에 입력할 수식으로 옳은 것은?(단, 수식이 입력된 [A2] 셀의 채우기 핸들을 [A7] 셀까지 드래그하여 복사함)

	A	B	C
1	일련번호	사원명	부서명
2	1	한대한	기획부
3	2	이기적	기획부
4	3	김선	상담부
5	4	나예지	상담부
6	5	홍길동	홍보부
7	6	김상공	홍보부

① =ROW()-1
② =ROWS()-1
③ =COLUMN()-1
④ =COLUMNS()-1

난이도 중 문제 진단 ○△☓

22 다음 중 아래의 기능을 수행하는 차트로 옳은 것은?

- 데이터를 시각적으로 표현하는 워크시트 셀의 작은 차트이다.
- 계절별 증감이나 경기 순환과 같은 값 계열의 추세를 표시할 수 있다.
- 최대값 및 최소값을 강조 표시할 수 있다.

① 히스토그램 차트
② 트리맵 차트
③ 스파크라인 차트
④ 선버스트 차트

중요 ✓ 난이도 중 문제 진단 ○△☓

23 다음 중 아래 워크시트의 [A] 열을 오름차순으로 정렬하는 경우 결과로 옳은 것은?

	A	B
1	TRUE	
2	1	
3	FALSE	
4	0	
5	#DIV/0!	
6	Y	
7	#	

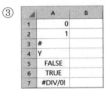

①

	A	B
1	#DIV/0!	
2	TRUE	
3	FALSE	
4	Y	
5	#	
6	1	
7	0	

②

	A	B
1	TRUE	
2	FALSE	
3	1	
4	0	
5	#DIV/0!	
6	#	
7	Y	

③

	A	B
1	0	
2	1	
3	#	
4	Y	
5	FALSE	
6	TRUE	
7	#DIV/0!	

④

	A	B
1	Y	
2	#	
3	FALSE	
4	0	
5	#DIV/0!	
6	1	
7	TRUE	

난이도 중 문제 진단 ○△☓

24 다음 중 매크로 기록에 대한 설명으로 옳지 않은 것은?

① 매크로 기록 시 매크로 이름에는 공백이 포함될 수 없다.
② 매크로는 반복적인 작업을 자동화하여 복잡한 작업을 단순하게 실행할 수 있도록 한다.
③ 바로 가기 키는 기본적으로 Ctrl과 조합하여 사용하지만 대문자를 사용하는 경우는 Shift가 자동으로 추가된다.
④ 엑셀에서 기존에 사용하는 바로 가기 키는 매크로의 바로 가기 키로 지정할 수 없다.

25 난이도 상 문제 진단 ○△✕

다음 워크시트는 문자열 형식으로 입력된 '판매입력'에서 '개수'만 따로 추출하기 위해 [C2] 셀에 '=LEFT(B2,2)' 수식을 입력하고 채우기 핸들을 이용하여 수식을 [C6] 셀까지 복사한 경우이다. '개수'의 합계를 구하기 위해 [C7] 셀에 '=SUM(C2:C6)' 수식을 입력했을 때의 결과로 옳은 것은?

C2	: × ✓ fx	=LEFT(B2,2)		
	A	B	C	D	E
1	성명	판매입력	개수		
2	이대한	60개	60		
3	한상공	70개	70		
4	김선	89개	89		
5	지혜원	90개	90		
6	이기적	88개	88		
7	합계				

① 397
② #VALUE!
③ #REF!
④ 0

26 난이도 중 문제 진단 ○△✕

다음 중 '상위 10 자동 필터'에 대한 설명으로 옳지 않은 것은?

① 숫자 데이터에서만 사용할 수 있다.
② 상위/하위 및 항목, %(백분율) 값의 방식을 지정하여 필터링할 수 있다.
③ 데이터 범위는 1부터 500까지 설정할 수 있다.
④ '상위 10 자동 필터'의 결과는 자동으로 정렬되어 표시된다.

27 난이도 중 문제 진단 ○△✕

다음 중 워크시트에서 [A1] 셀부터 아래로 각 셀에 (c), (e), (ks), (r), (tel)을 입력했을 때 결과가 아래 워크시트처럼 표시되도록 하는 기능은?

	A
1	©
2	€
3	₨
4	®
5	☎

① 자동 교정 기능
② 빠른 교정 동작 기능
③ 자동 고침 기능
④ 맞춤법 검사 기능

28 난이도 중 문제 진단 ○△✕

다음 중 시나리오에 대한 설명으로 옳지 않은 것은?

① 시나리오 결과는 요약 보고서나 피벗 테이블 보고서로 작성할 수 있다.
② 하나의 시나리오에는 최대 32개까지 변경 셀을 지정할 수 있다.
③ 입력된 데이터를 정렬하여 그룹별로 분류하고, 해당 그룹별로 지원되는 함수를 선택하여 계산 결과를 산출한다.
④ 다른 통합 문서나 다른 워크시트에 저장된 시나리오를 가져올 수 있는 기능은 시나리오 병합 기능이다.

29 난이도 상 문제 진단 ○△✕

다음 시트에서 [B2:D6] 영역이 '점수'로 이름이 정의되었을 경우 =AVERAGE(INDEX(점수,2,1),MAX(점수))의 결과 값으로 옳은 것은?

	A	B	C	D
1	성명	필기	실기	면접
2	지호영	88	90	77
3	고동기	75	90	68
4	이진아	90	80	70
5	차은서	56	78	69
6	이경아	77	100	99

① 75
② 87.5
③ 100
④ 86.5

30 다음 중 엑셀의 기능과 바로 가기 키에 대한 연결이 옳지 않은 것은?

① 찾기 : Shift + F5
② 바꾸기 : Shift + H
③ 함수 마법사 : Shift + F3
④ 이름 관리자 : Ctrl + F3

31 다음 중 [데이터 표]에 관한 설명으로 옳지 않은 것은?

① [데이터 표] 기능을 이용하여 계산된 결과는 참조하고 있는 셀의 데이터가 수정되더라도 자동으로 갱신되지 않는다.
② 수식이 입력될 범위를 반드시 먼저 설정한 후 [데이터 표] 기능을 실행해야 올바른 결과를 얻을 수 있다.
③ [데이터 표] 기능을 통해 입력된 셀의 일부분만 수정하거나 삭제할 수 없다.
④ '열 입력 셀'만 지정되는 경우는 수식에서 참조되어야 하는 데이터가 하나의 열에 입력되어 있는 경우이다.

32 다음 중 엑셀의 오차 막대에 대한 설명으로 옳지 않은 것은?

① 3차원 세로 막대형에서 사용 가능하다.
② 차트에 고정 값, 백분율, 표준 편차, 표준 및 오차, 사용자 지정 중 선택하여 오차량을 표시할 수 있다.
③ 오차 막대를 화면에 표시하는 방법에는 3가지로 모두, 음의 값, 양의 값이 있다.
④ 세로형 막대 차트는 세로 오차 막대만 사용할 수 있다.

33 다음 중 [A6] 셀에서 학과명을 입력할 때 [A2:A5] 영역에 입력된 학과명의 목록을 표시하여 입력하기 위한 바로 가기 키와 바로 가기 메뉴가 옳게 짝지어진 것은?

	A	B
1	학과명	
2	인공지능학과	
3	컴퓨터공학과	
4	전자공학과	
5	드론응용학과	
6		
7	드론응용학과	
8	인공지능학과	
	전자공학과	
9	컴퓨터공학과	
10	학과명	

① Alt + ↑, 선택하여 붙여넣기
② Alt + ↓, 드롭다운 목록에서 선택
③ Shift + ↑, 표/범위에서 데이터 가져오기
④ Shift + ↓, 윗주 필드 표시

34 서식 코드를 데이터에 사용자 지정 표시 형식으로 설정한 후 표시된 결과이다. 다음 중 결과로 옳지 않은 것은?(단, 열의 너비는 기본 값인 '8.38'로 설정되어 있음)

	서식 코드	데이터	결과
①	*-#,##0	123	-------123
②	*0#,##0	123	*******123
③	**#,##0	123	*******123
④	**#,##0	-123	-******12

35 다음 중 빠른 실행 도구 모음에 대한 설명으로 옳지 않은 것은?

① [빠른 실행 도구 모음 사용자 지정]을 클릭한 후 추가할 도구를 선택한다.
② 리본 메뉴에서 추가할 도구를 선택한 후 마우스 오른쪽 단추를 클릭하여 [빠른 실행 도구 모음에 추가]를 클릭한다.
③ [빠른 실행 도구 모음]에서 삭제할 도구를 선택한 후 마우스 오른쪽 단추를 클릭하여 [빠른 실행 도구 모음에서 제거]를 클릭한다.
④ [보기] 탭 [표시] 그룹에서 [기타] 명령을 선택하여 [빠른 실행 도구 모음]을 편집한다.

36 다음 중 엑셀에서 날짜 데이터의 입력 방법을 설명한 것으로 옳지 않은 것은?

① 날짜 데이터는 하이픈(−)이나 슬래시(/)를 이용하여 년, 월, 일을 구분한다.

② 날짜의 연도를 생략하고 월과 일만 입력하면 자동으로 올해의 연도가 추가되어 입력된다.

③ 날짜의 연도를 두 자리로 입력할 때 연도가 30이상이면 1900년대로 인식하고, 29이하면 2000년대로 인식한다.

④ 오늘의 날짜를 입력하고 싶으면 [Ctrl]+[Shift]+[;](세미콜론)을 누르면 된다.

37 다음 중 엑셀의 틀 고정에 대한 기능 설명으로 옳지 않은 것은?

① 틀 고정은 특정 행 또는 열을 고정할 때 사용하는 기능으로 주로 표의 제목 행 또는 제목 열을 고정한 후 작업할 때 유용하다.

② 선택된 셀의 왼쪽 열과 바로 위의 행이 고정된다.

③ 틀 고정 구분선을 마우스로 잡아끌어 틀 고정 구분선을 이동시킬 수 있다.

④ 틀 고정 방법으로 첫 행 고정을 실행하면 선택된 셀의 위치와 상관없이 첫 행이 고정된다.

38 다음 중 아래의 워크시트에서 지원자가 0이 아닌 셀의 평균을 구하는 [B9] 셀의 수식으로 옳지 않은 것은?

	A	B
1	지원부서	지원자
2	개발	450
3	영업	261
4	마케팅	880
5	재무	0
6	기획	592
7	생산	0
8	전체 평균	364
9	0 제외 평균	

① =SUMIF(B2:B7,"〈〉0")/COUNTIF(B2:B7,"〈〉0")

② =SUMIF(B2:B7,"〈〉0")/COUNT(B2:B7)

③ =AVERAGEIF(B2:B7,"〈〉0")

④ =AVERAGE(IF(B2:B7〈〉0,B2:B7))

39 다음 중 [인쇄 미리 보기]에 관한 설명으로 옳지 않은 것은?

① [인쇄 미리 보기] 창에서 셀 너비를 조절할 수 있으나 워크시트에는 변경된 너비가 적용되지 않는다.

② [인쇄 미리 보기]를 실행한 상태에서 [페이지 설정]을 클릭하여 [여백] 탭에서 여백을 조절할 수 있다.

③ [인쇄 미리 보기] 상태에서 '확대/축소'를 누르면 화면에는 적용되지만 실제 인쇄 시에는 적용되지 않는다.

④ [인쇄 미리 보기]를 실행한 상태에서 [여백 표시]를 체크한 후 마우스 끌기를 통하여 여백을 조절할 수 있다.

40 다음 중 동일한 통합 문서에서 Sheet1의 [C5] 셀, Sheet2의 [C5] 셀, Sheet3의 [C5] 셀의 평균을 구하는 수식으로 옳은 것은?

① =AVERAGE([Sheet1:Sheet3]!C5)

② =AVERAGE(Sheet1:Sheet3![C5])

③ =AVERAGE(Sheet1:Sheet3!C5)

④ =AVERAGE(['Sheet1:Sheet3'!C5])

빠른 정답표   **확인하기**

① 모바일로 QR 코드를 스캔합니다.
② 해당 회차의 정답표를 확인합니다.
③ 빠르고 간편하게 채점해 보세요.

자동 채점 서비스   ▶ 합격 강의

SELF CHECK   제한시간 40분 | 소요시간   분 | 전체 문항 수 40문항 | 맞힌 문항 수   문항

---

1 과목 | 컴퓨터 일반

01 난이도 중 | 문제 진단 ○△✕
▶합격강의

다음 중 인터넷 관련 기술의 실생활 사용 사례에 대한 설명으로 옳은 것은?

① RFID : 도서관에서 도서에 태그를 부착하여 도서의 대출이나 반납 등을 실시간으로 관리한다.

② NFC : 핫스팟 기능을 이용하여 노트북을 인터넷에 연결한다.

③ Bluetooth : 내장된 태그를 이용하여 회사에서 출·퇴근의 근태를 관리한다.

④ WiFi : 무선 이어폰과 스마트폰을 연결한다.

02 중요 ✓ 난이도 중 | 문제 진단 ○△✕

다음 중 한글 Windows 10의 [설정]-[시스템]-[정보]에서 확인이 가능한 내용으로 옳지 않은 것은?

① 현재 로그인한 사용자 계정 및 로그인 옵션

② 설치된 운영체제인 Windows의 사양(에디션 및 버전)

③ 장치(컴퓨터) 이름 및 프로세서의 종류와 설치된 RAM의 용량

④ Windows의 설치 날짜 및 시스템의 종류(32, 64비트 운영체제 등)

03 난이도 중 | 문제 진단 ○△✕

다음 중 보기의 네트워크 장비와 관련된 OSI 7계층으로 옳은 것은?

- 허브나 리피터 등의 전기적 신호를 재발생시키는 장비
- MODEM, CODEC 등 디지털/아날로그 신호 변환기

① 데이터 링크 계층

② 물리 계층

③ 네트워크 계층

④ 전송 계층

04 난이도 중 | 문제 진단 ○△✕

다음 중 한글 Windows 10에서 인쇄 시 지원되는 인쇄 기능에 대한 설명으로 옳은 것은?

① 인쇄 대기 중인 경우 작업을 취소할 수 없다.

② 기본 프린터는 사용자의 필요에 따라 2대 이상을 동시에 지정할 수 있다.

③ 프린터 속성 창에서 공급 용지의 종류, 공유, 포트 등을 설정할 수 있다.

④ 인쇄 중인 작업은 취소할 수는 없으나 잠시 중단시킬 수 있다.

05 난이도 하 | 문제 진단 ○△✕

다음 중 압축 파일을 사용하는 이유로 거리가 먼 것은?

① 디스크 저장 공간을 효율적으로 활용하기 위해

② 연관된 여러 파일을 하나로 묶어 관리하기 위해

③ 디스크의 논리적인 결함이나 물리적인 결함을 발견하기 위해

④ 파일 전송 시 시간 및 비용을 절약하기 위해

06 난이도 중 | 문제 진단 ○△✕

다음 중 고급 언어로 작성된 프로그램을 한 줄씩 번역하여 실행하며, 목적 프로그램을 만들지 않는 언어 번역 프로그램은?

① 컴파일러

② 어셈블러

③ 프리프로세서

④ 인터프리터

07 난이도 중 | 문제 진단 ○△✕
합격 강의

다음 중 Shift 를 이용한 작업에 대한 설명으로 옳지 않은 것은?

① Shift + F10 : 선택한 항목에 대한 바로 가기 메뉴를 표시한다.
② Shift + Delete : 삭제한 파일을 휴지통에 임시로 보관한다.
③ Ctrl + Shift + Esc : 작업 관리자를 실행한다.
④ Shift + Insert : 선택한 항목을 붙여 넣는다.

08 난이도 중 | 문제 진단 ○△✕

다음 중 감염 대상을 갖고 있지는 않으나 연속으로 자신을 복제하여 시스템의 부하를 높이는 악성 프로그램은?

① 웜(Worm)
② 해킹(Hacking)
③ 스푸핑(Spoofing)
④ 스파이웨어(Spyware)

09 중요✓ 난이도 중 | 문제 진단 ○△✕

다음 중 컴퓨터 시스템에서 사용하는 채널(Channel)에 관한 설명으로 옳지 않은 것은?

① 주변 장치에 대한 제어 권한을 CPU로부터 넘겨받아 CPU 대신 입출력을 관리한다.
② 입출력 작업이 끝나면 CPU에게 인터럽트 신호를 보낸다.
③ CPU와 주기억 장치의 속도 차이를 해결하기 위하여 사용된다.
④ 채널에는 셀렉터(Selector), 멀티플렉서(Multi-plexer), 블록 멀티플렉서(Block Multiplexer) 등이 있다.

10 난이도 중 | 문제 진단 ○△✕

다음 중 한글 Windows 10에서 설치된 모든 하드웨어와 소프트웨어의 실행 정보를 모아 관리하는 계층적인 시스템 데이터베이스를 의미하는 것은?

① Registry
② File System
③ Zip Drive
④ Partition

11 난이도 중 | 문제 진단 ○△✕

다음 중 애니메이션의 모핑(Morphing)에 대한 설명으로 옳은 것은?

① 찰흙 및 지점토를 사용하는 애니메이션 기법이다.
② 키 프레임을 사용하는 애니메이션 기법이다.
③ 사물의 형상을 다른 모습으로 서서히 변화시키는 기법으로 영화의 특수 효과에서 많이 사용한다.
④ 종이에 그린 그림에 셀룰로이드를 이용하여 수작업으로 채색하고 촬영하는 기법이다.

12 난이도 중 | 문제 진단 ○△✕
합격 강의

다음 중 [파일 탐색기]에서 파일을 선택한 다음 Ctrl + Shift 를 누른 채 다른 위치로 드래그 앤 드롭한 결과로 옳은 것은?

① 선택한 파일의 바로 가기 아이콘이 만들어진다.
② 선택한 파일이 휴지통으로 보내진다.
③ 선택한 파일이 이동된다.
④ 선택한 파일이 복사된다.

13 다음 중 네트워크를 통해 전송되는 멀티미디어 데이터 파일의 용량이 크기 때문에 생겨난 기술로, 사용자가 전체 파일을 다운로드 받을 때까지 기다릴 필요 없이 전송되는 대로 재생시키는 기술을 무엇이라고 하는가?

① MPEG 기술
② 디더링(Dithering) 기술
③ VOD(Video On Demand) 기술
④ 스트리밍(Streaming) 기술

14 다음 중 레지스터에 관한 설명으로 옳은 것은?

① CPU 내부에서 특정한 목적에 사용되는 일시적인 기억 장소이다.
② 메모리 중에서 가장 속도가 느리며, 플립플롭이나 래치 등으로 구성된다.
③ 컴퓨터의 유지 보수를 위한 시스템 정보를 저장한다.
④ 시스템 부팅 시 운영체제가 로딩되는 메모리이다.

15 다음 중 컴퓨터에서 사용되는 바이트(Byte)에 대한 설명으로 옳지 않은 것은?

① 1바이트는 8비트로 구성된다.
② 일반적으로 영문자나 숫자는 1Byte로 한 글자를 표현하고, 한글 및 한자는 2Byte로 한 글자를 표현한다.
③ 1바이트는 컴퓨터에서 각종 명령을 처리하는 기본 단위이다.
④ 1바이트로는 256가지의 정보를 표현할 수 있다.

16 다음 중 시퀀싱(Sequencing)에 대한 설명으로 옳은 것은?

① 컴퓨터를 이용하여 오디오 파일이나 여러 연주, 악기 소리 등을 프로그램에 입력하여 녹음하는 방법으로 음악을 제작, 녹음, 편집하는 작업을 의미한다.
② 전자 악기 사이의 데이터 교환을 위한 규약으로 음의 강도, 악기 종류 등과 같은 정보를 기호화하여 코드화한 방식이다.
③ 아날로그 신호를 디지털화하여 나타내는 것으로, 소리의 파장이 그대로 저장되며, 자연의 음향과 사람의 음성 표현이 가능하다.
④ 오디오 데이터 압축 파일 형식으로 무손실 압축 포맷이며 원본 오디오의 음원 손실이 없다.

17 다음 중 LAN(Local Area Network)에 대한 설명으로 옳지 않은 것은?

① 근거리 통신망으로 비교적 전송 거리가 짧아 에러 발생률이 낮다.
② 자원 공유를 목적으로 컴퓨터들을 상호 연결하여 사용한다.
③ 프린터나 보조 기억 장치 등의 주변 장치들을 공유하여 사용할 수 있다.
④ 전송 방식으로 반이중 방식을 사용하여 상호 동시에 통신할 수 있다.

256 해설과 따로 보는 상시 기출문제

난이도 상 문제 진단 ○△✕

18 다음 중 실감 미디어에 대한 설명으로 옳지 않은 것은?

① 가상현실(VR) : 컴퓨터를 이용하여 특정 상황을 설정하고 구현하는 기술인 모의실험(Simulation)을 통해 실제 주변 상황처럼 경험하고 상호 작용하는 것처럼 느끼게 할 수 있는 인터페이스 시스템이다.

② 혼합현실(MR) : 현실 세계에 가상현실(VR)을 접목한 것으로 현실적인 물리적 객체와 가상 객체가 상호 작용할 수 있는 환경을 구현한다.

③ 증강현실(AR) : 가상 세계에서 현실 세계와 같은 사회적, 경제적, 문화적 활동 및 일상생활이 이뤄지는 가상 온라인 시공간을 의미한다.

④ 홀로그램(Hologram) : 빛의 간섭 원리를 이용하는 기술로 레이저와 같이 간섭성이 있는 광원을 이용, 간섭 패턴을 기록한 결과물로 3차원 이미지를 만들거나 광원을 이용하여 재생하면 3차원 영상으로 표현이 가능한 기술이다.

난이도 중 문제 진단 ○△✕

19 다음 중 컴퓨터나 정보기기, 스마트폰 등을 사용하기 위해서 반드시 설치되어야 하는 프로그램으로 가장 대표적인 시스템 소프트웨어는?

① 유틸리티
② 운영체제
③ 컴파일러
④ 라이브러리

중요 ✓ 난이도 중 문제 진단 ○△✕

20 다음 중 사용자의 기본 설정을 사이트가 인식하도록 하거나, 사용자가 웹 사이트로 이동할 때마다 로그인해야 하는 번거로움을 생략할 수 있도록 사용자 환경을 향상시키는 것은?

① 쿠키
② 즐겨찾기
③ 웹 서비스
④ 히스토리

2과목 스프레드시트 일반

난이도 중 문제 진단 ○△✕

21 다음 중 차트의 기능에 대한 설명으로 옳은 것은?

① 차트는 데이터가 입력되어 있는 같은 워크시트나 별도의 차트 시트에 만들 수 있다.

② 3차원 차트에 추세선을 추가하여 데이터의 흐름을 쉽게 파악할 수 있다.

③ 차트 작성 후에 원본 데이터가 변경되더라도 이미 작성된 차트의 모양은 변경되지 않는다.

④ Ctrl 을 누른 상태에서 차트의 크기를 변경하면 워크시트의 셀에 맞춰서 조절된다.

난이도 중 문제 진단 ○△✕

22 다음 중 부분합에 대한 설명 중 옳지 않은 것은?

① 부분합에서는 합계, 평균, 개수 등의 함수 이외에도 다양한 함수를 선택할 수 있다.

② 부분합에서 그룹으로 사용할 데이터는 반드시 오름차순으로 정렬되어 있어야 한다.

③ 부분합에서 데이터 아래에 요약을 표시할 수 있다.

④ 부분합에서 그룹 사이에 페이지를 나눌 수 있다.

중요 ✓ 난이도 상 문제 진단 ○△✕

23 아래 워크시트에서 [D2] 셀에 사원의 실적에 따른 평가를 구하고자 한다. 각 사원의 실적이 전체 실적의 평균 이상이면 평가는 "실적우수", 그렇지 않으면 "실적미달"로 표시할 경우 [D2] 셀에 입력할 수식으로 옳은 것은?(단, [D2] 셀에 수식을 입력한 후 [D6] 셀까지 채우기 핸들을 이용하여 수식을 복사함)

▲	A	B	C	D
1	사원번호	사원명	실적	평가
2	11a	홍길동	89	
3	22b	이대한	70	
4	33c	한상공	65	
5	44d	지호영	90	
6	55e	안예지	100	

① =IF(C2>=AVERAGE(C2:C6),"실적우수","실적미달")

② =AVERAGEIF(C2:C6, ">=", "실적우수","실적미달")

③ =IF(C2>=AVERAGE($C$2:$C$6),"실적우수","실적미달")

④ =AVERAGEIF($C$2:$C$6, ">=", "실적우수","실적미달")

난이도 중 문제 진단 ○△✕

24 다음 중 조건부 서식에 대한 설명으로 옳지 않은 것은?

① 조건부 서식은 기존에 적용된 셀 서식보다 우선하여 적용된다.

② 조건에 맞는 경우와 조건에 맞지 않는 경우에 대한 서식을 함께 지정할 수 있다.

③ 조건을 수식으로 입력할 경우 수식 앞에는 반드시 등호(=)를 입력해야 한다.

④ 조건부 서식이 적용된 후에 셀의 값이 변경되어 규칙에 맞지 않으면 적용된 서식이 해제된다.

중요 ✓ 난이도 상 문제 진단 ○△✕

25 다음 중 함수식에 대한 결과가 옳지 않은 것은?

합격
강의

① =TRUNC(8.79) → 8

② =MOD(11, 2) → 1

③ =POWER(5, 3) → 15

④ =COLUMN(C6) → 3

난이도 하 문제 진단 ○△✕

26 매크로 기록 시 매크로 실행을 위한 바로 가기 키를 [Y]로 지정하고자 한다. 다음 중 사용되는 키로 옳지 않은 것은?

① [Y]   ② [Ctrl]

③ [Shift]   ④ [Alt]

난이도 중 문제 진단 ○△✕

27 다음 중 '=SUM(A3:A9)' 수식이 '=SUM(A3A9)'와 같이 범위 참조의 콜론(:)이 생략된 경우 나타나는 오류 메시지로 옳은 것은?

① #N/A   ② #NULL!

③ #REF!   ④ #NAME?

난이도 중 문제 진단 ○△✕

28 다음 중 [페이지 설정] 대화 상자의 [시트] 탭에 대한 설명으로 옳지 않은 것은?

① 인쇄 영역을 지정하지 않으면 기본적으로 워크시트의 모든 내용을 인쇄한다.

② 반복할 행은 "$1:$3"과 같이 행 번호로 나타낸다.

③ 메모의 인쇄 방법을 '시트 끝'으로 선택하면 원래 메모가 속한 각 페이지의 끝에 모아 인쇄된다.

④ 여러 페이지가 인쇄될 경우 열 우선을 선택하면 오른쪽 방향으로 인쇄를 마친 후에 아래쪽 방향으로 진행된다.

난이도 상 문제 진단 ○△✕

29 다음 중 아래의 워크시트에서 연수점수와 고과점수가 각각 90점 이상인 평균의 최대값을 구하는 수식으로 옳은 것은?

합격
강의

	A	B	C	D
1	사원명	연수점수	고과점수	평균
2	김선	89	63	76
3	지혜원	98	100	99
4	한상공	77	79	78
5	이대한	95	90	93
6				
7	연수점수	고과점수		
8	>=90	>=90		
9				

① =MIN(A1:D5,4,A7:B8)

② =MAX(A1:D5,4,A7:B8)

③ =DMIN(A1:D5,4,A7:B8)

④ =DMAX(A1:D5,4,A7:B8)

난이도 중 문제 진단 ○△✕

30 다음 중 하나의 계열만 표시할 수 있는 차트로 옳은 것은?

① 원형

② 분산형

③ 영역형

④ 방사형

31 난이도 중 문제 진단 ○△✕

다음과 같은 셀 서식이 지정된 셀에 −23456을 입력하였을 때 셀에 나타나는 결과 값으로 옳은 것은?

0.0,

① −23456.0
② −23.0
③ −23.4
④ −23.5

32 중요 ✓ 난이도 하 문제 진단 ○△✕

다음 워크시트처럼 셀 값을 입력하기 위해서 [A1] 셀에 숫자 1.5를 입력하고, [A1] 셀에서 채우기 핸들을 아래로 드래그하려고 한다. 이때 숫자가 증가하여 입력되도록 하기 위해 함께 눌러줘야 하는 키로 옳은 것은?

▲	A	B
1	1.5	
2	2.5	
3	3.5	
4	4.5	
5	5.5	
6	6.5	
7	7.5	
8	8.5	
9	9.5	
10	10.5	

① Alt
② Ctrl
③ Shift
④ Tab

33 난이도 상 문제 진단 ○△✕ ▶합격강의

다음 중 워크시트에서 함수식 '=COUNTIFS(B2:B8,B3, C2:C8,C3)'을 사용한 결과 값으로 옳은 것은?

▲	A	B	C
1	성명	부서	직급
2	김선	상담부	실장
3	홍길동	홍보부	과장
4	이대한	상담부	대리
5	한상공	기획부	부장
6	지호영	홍보부	대리
7	박정영	상담부	과장
8	차은서	홍보부	과장

① 1
② 2
③ 3
④ 4

34 난이도 중 문제 진단 ○△✕

다음 중 데이터 입력 및 바로 가기 키 기능에 대한 설명으로 옳은 것은?

① 시트를 실수로 삭제하더라도 Ctrl+Z를 눌러서 취소하면 복원시킬 수 있다.
② 숫자는 입력 시 기본적으로 오른쪽으로 정렬되지만 숫자 데이터를 문자로 취급하도록 하려면 숫자 앞에 큰따옴표(")를 입력해야 한다.
③ Alt+Enter를 누르면 빠른 채우기가 수행된다.
④ Ctrl+;(세미콜론)을 누르면 시스템의 오늘 날짜가 입력된다.

35 중요 ✓ 난이도 중 문제 진단 ○△✕

다음 중 아래의 괄호 안에 들어갈 기능으로 옳게 짝지어진 것은?

- (㉠)은/는 특정 값의 변화에 따른 결과 값의 변화 과정을 한 번의 연산으로 빠르게 계산하여 표의 형태로 표시해 주는 도구이다.
- (㉡)은/는 비슷한 형식의 여러 데이터의 결과를 하나의 표로 통합하여 요약해 주는 도구이다.

① ㉠ : 데이터 표 ㉡ : 통합
② ㉠ : 정렬 ㉡ : 시나리오 관리자
③ ㉠ : 부분합 ㉡ : 피벗 테이블
④ ㉠ : 해 찾기 ㉡ : 데이터 유효성 검사

36 난이도 중 문제 진단 ○△✕ ▶합격강의

인쇄할 때 페이지의 바닥글로 1/5과 같이 '페이지 번호/전체 페이지 수'가 표시되도록 하기 위해 바닥글 편집에서 "/"의 앞뒤에 선택해야 할 아이콘을 순서대로 나열한 것은?

㉮ ㉯   ㉰ ㉱

① ㉮, ㉯
② ㉰, ㉱
③ ㉯, ㉮
④ ㉱, ㉰

37 다음 중 카메라 기능에 대한 설명으로 옳지 않은 것은?

① 카메라는 특정 셀 범위를 그림으로 복사하여 붙여 넣는 기능이다.

② 카메라를 이용한 경우, 원본 셀 내용이 변경되어도 그림은 변하지 않는다.

③ 카메라 기능은 기본적으로 메뉴 또는 도구 모음에 표시되지 않는다.

④ 복사하려는 셀 범위를 선택하고, [카메라] 도구 단추를 누르면 자동으로 붙여넣기 된다.

38 다음 중 워크시트에 숫자 데이터 24600을 입력한 후 아래의 표시 형식을 적용했을 때 표시되는 결과로 옳은 것은?

> #0.0,"천원";(#0.0,"천원");0.0;@"님"

① 24.6천원

② 24,600

③ 25,000천원

④ (25.0천원)

39 다음 중 열려 있는 통합 문서의 모든 워크시트를 재계산하기 위한 바로 가기 키로 옳은 것은?

① F1

② F2

③ F4

④ F9

40 인쇄해야 할 범위가 2페이지 이상이 되는 표를 인쇄하고자 한다. 첫 페이지에 있는 표의 제목줄 [A1:H1] 셀을 2쪽 이후에도 인쇄하려면, 다음 중 어떠한 순서로 작업을 해야 하는가?

① [페이지 설정]-[시트] 탭의 '반복할 행'에서 제목줄의 범위 지정

② [페이지 설정]-[시트] 탭의 '반복할 열'에서 제목줄의 범위 지정

③ [페이지 설정]-[시트] 탭의 '인쇄 영역'에서 제목줄의 범위 지정

④ [페이지 설정]-[시트] 탭의 '행/열 머리글'에서 체크 표시

빠른 정답표 확인하기

① 모바일로 QR 코드를 스캔합니다.
② 해당 회차의 정답표를 확인합니다.
③ 빠르고 간편하게 채점해 보세요.

정답 & 해설

CONTENTS

정답 & 해설

01 ③	02 ①	03 ②	04 ④	05 ③
06 ③	07 ④	08 ③	09 ④	10 ④
11 ③	12 ①	13 ①	14 ③	15 ①
16 ②	17 ③	18 ③	19 ①	20 ③
21 ③	22 ①	23 ③	24 ②	25 ③
26 ②	27 ①	28 ④	29 ③	30 ①
31 ②	32 ④	33 ②	34 ①	35 ②
36 ②	37 ③	38 ②	39 ①	40 ①

1 과목 컴퓨터 일반

01 ③
하이퍼링크(HyperLink) : 문서와 문서 간에 연결(링크)점을 가지고 있어서 관련 정보를 쉽게 찾을 수 있게 하는 기능

02 ①
오답 피하기
• 명령 해독기(Instruction Decoder) : 명령 레지스터에 있는 명령어를 해독하는 회로
• 부호기(Encoder) : 명령 레지스터에 있는 명령어를 암호화하는 회로
• 프로그램 계수기(Program Counter) : 현재 실행하고 있는 명령을 끝낸 후 다음에 실행할 명령의 주소를 기억하고 있는 레지스터

03 ②
cmd : 명령 프롬프트 창을 표시하기 위한 명령

04 ④
RFID(Radio Frequency IDentification) 서비스 : 모든 사물에 센싱, 컴퓨터 및 통신 기능을 탑재하여 언제 어디서나 정보를 처리, 제공할 수 있도록 지원하는 유비쿼터스 서비스(비접촉 ID 시스템)

오답 피하기
• 텔레매틱스 서비스 : 통신망을 통해 확보된 위치 정보를 기반으로 교통 안내, 긴급 구난, 물류 정보 등을 제공하는 이동형 정보 활용 서비스
• DMB 서비스 : 고속 이동 시청, 초고화질 방송 등 기존 방송의 한계를 극복하고 통신망과 연계된 멀티미디어 서비스
• W-CDMA 서비스 : 광대역의 디지털 이동 통신 시스템 방식으로 코드를 분할하여 다중 접속하는 기법

05 ③
SSD(Solid State Drive) : 반도체를 이용하여 정보를 저장하는 장치이며 기존의 하드디스크 드라이브에 비하여 속도가 빠르고 기계적 지연이나 실패율, 발열이나 소음도 적어, 소형화 · 경량화할 수 있는 장점이 있는 저장 장치

오답 피하기
• BIOS(Basic Input Output System) : 컴퓨터의 기본 입출력 시스템을 부팅과 컴퓨터 운영에 대한 정보를 보유하고 있으며 펌웨어(Firmware)라고도 함
• DVD(Digital Versatile Disk) : 광디스크의 일종으로 기존의 다른 매체와는 달리 4.7GB의 기본 용량(최대 17GB)을 가짐
• CD-RW(Compact Disc Rewritable) : 여러 번에 걸쳐 기록과 삭제를 할 수 있는 CD

06 ③
• SMTP : 전자우편을 송신하기 위한 프로토콜
• MIME : 전자우편으로 멀티미디어 정보를 전송할 수 있도록 해 주는 멀티미디어 지원 프로토콜임

07 ④
멀티미디어 동영상 정보는 사운드와 영상이 통합되어 전송됨

08 ③
전자우편에 첨부된 파일을 다른 이름으로 저장하여도 바이러스가 예방되지 않으며 반드시 최신 버전의 백신 프로그램으로 바이러스 검사를 한 후 사용해야 함

09 ④
전원이 끊어져도 그 안에 저장된 정보가 지워지지 않는 비휘발성 기억 장치임

10 ④

URL(Uniform Resource Locator) : 인터넷에서 정보의 위치를 알려 주는 표준 주소 체계, 인터넷의 정보에 대한 접근 방법, 위치, 파일명 등으로 구성됨

오답 피하기

- DHCP(Dynamic Host Configuration Protocol) : IP 주소를 자동으로 할당해 주는 동적 호스트 설정 통신 규약
- CGI(Common Gateway Interface) : 웹 서버에 있어 사용자의 요구를 응용 프로그램에 전달하고 그 결과를 사용자에게 되돌려 주기 위한 표준적인 방법
- DNS(Domain Name System) : 문자 형태로 된 도메인 네임을 컴퓨터가 인식할 수 있는 숫자로 된 IP 주소로 변환해 주는 시스템

11 ③

인쇄 관리자 창에서 인쇄 대기 중인 문서는 편집할 수 없음

12 ①

유니코드(Unicode)

- 2바이트 코드로 세계 각 나라의 언어를 표현할 수 있는 국제 표준 코드
- 한글의 경우 조합, 완성, 옛 글자 모두 표현 가능함
- 16비트이므로 2의 16제곱인 65,536자까지 표현 가능함
- 한글은 초성 19개, 중성 21개, 종성 28개가 조합된 총 11,172개의 코드로 모든 한글을 표현함

13 ①

오답 피하기

- 게이트웨이(Gateway) : 서로 다른 네트워크를 상호 접속하거나 다른 프로토콜을 사용하는 경우에 변환 작업을 수행하는 장치
- 라우터(Router) : 랜을 연결하여 정보를 주고받을 때 송신 정보에 포함된 수신처의 주소를 읽고 가장 적절한 통신 통로를 이용하여 다른 통신망으로 전송하는 장치
- 허브(Hub) : 여러 대의 컴퓨터를 연결하여 네트워크를 구성하게 해 주는 장치

14 ③

가상 기억 장치 : 보조 기억 장치를 주기억 장치처럼 사용하여 주기억 장치 용량의 기억 용량을 확대하여 사용하는 방법

오답 피하기

- 가상 기억 장치는 주기억 장치보다 컴퓨터 구조가 복잡해지고 수행 시간은 길어짐
- 가상 기억 장치를 사용하여 주기억 장치를 확장하는 것이지, 보조 기억 장치의 용량이 늘어나지는 않음

15 ①

스풀 기능을 설정하면 인쇄 속도가 스풀 설정 이전보다 느려짐

16 ②

패치 프로그램(Patch Program) : 이미 제작하여 배포된 프로그램의 오류 수정이나 성능 향상을 위하여 프로그램 일부를 변경해 주는 프로그램

오답 피하기

- ① : 벤치마크 프로그램(Benchmark Program)
- ③ : 알파 테스트(Alpha Test) 버전
- ④ : 베타 테스트(Beta Test) 버전

17 ③

디지털 컴퓨터는 논리 회로를 사용하고 아날로그 컴퓨터는 증폭 회로를 사용함

18 ③

인터넷 쇼핑몰에서 상품 가격을 비교하여 가격 비교표를 작성하는 것은 컴퓨터 범죄에 해당하지 않음

19 ①

운영체제는 컴퓨터가 작동하는 동안 주기억 장치인 RAM에 위치하여 실행됨

20 ③

MPEG-7 : 인터넷상에서 멀티미디어 동영상의 정보 검색이 가능, 정보 검색 등을 효율적으로 사용하기 위한 콘텐츠 저장 및 검색을 위한 표준

오답 피하기

- MPEG-1 : 비디오 CD나 CD-I의 규격, 저장 매체나 CD 재생의 용도로 이용함
- MPEG-4 : 멀티미디어 통신을 위해 만들어진 영상 압축 기술, 동영상의 압축 표준안 중에서 IMT-2000 멀티미디어 서비스, 차세대 대화형 인터넷 방송의 핵심 압축 방식으로 비디오/오디오를 압축하기 위한 표준
- MPEG-21 : MPEG 기술을 통합한 디지털 콘텐츠의 제작, 유통, 보안 등 모든 과정을 관리할 수 있는 규격

21 ③
• =Year(날짜) : 날짜의 연도만 따로 추출함
• =Today( ) : 현재 컴퓨터 시스템의 날짜만 반환함

22 ①
실제 인쇄할 때는 설정된 화면의 크기대로 인쇄되지 않음

23 ③
[개발 도구] 탭-[코드] 그룹-[매크로]를 실행하면 나타나는 [매크로] 대화 상자에서 등록된 매크로를 편집, 수정할 수 있음

24 ②
두 개 이상의 셀을 범위로 지정하여 채우기 핸들을 끌면 데이터 사이의 차이에 의해 증가 또는 감소하면서 채워지므로 [B4] 셀까지 드래그했을 때 "일, 월, 화, 수", "1, 2, 3, 4"처럼 값이 변경됨

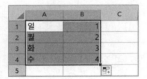

25 ③
암호는 선택 사항이므로 암호를 지정하지 않으면 누구든지 시트 보호를 해제하고 보호된 요소를 변경할 수 있음

26 ②
• 셀 값, 셀 색, 글꼴 색 또는 조건부 서식 아이콘을 기준으로 정렬할 수 있음
• 글꼴 색 또는 셀 색, 조건부 서식 아이콘의 기본 정렬 순서는 없으나 각 정렬에 대해 원하는 순서를 정의하여 정렬할 수 있음

오답 피하기
• ① : 최대 64개의 열을 기준으로 정렬할 수 있음
• ③ : 정렬 대상 범위에 병합된 셀이 포함되어 있으면 정렬할 수 없음
• ④ : 숨겨진 열이나 행은 정렬 시 이동되지 않음. 따라서 데이터를 정렬하기 전에 숨겨진 열과 행을 표시함

27 ③
• 같은 행끼리 있는 조건은 그리고(AND), 다른 행끼리 있는 조건은 또는(OR) 조건으로 계산함
• [A2]와 [B2] 셀에 있는 조건은 '그리고' 조건으로 계산하고 [A3] 셀은 '또는' 조건으로 계산

28 ④
강제로 줄 바꿈 : 데이터 입력 후 Alt + Enter 를 누르면 동일한 셀에서 줄이 바뀌며 이때 두 줄 이상의 데이터를 입력할 수 있음

오답 피하기
• Tab : 현재 셀의 오른쪽으로 셀 포인터를 이동함
• Ctrl + Enter : 범위를 지정하고 데이터 입력 후 Ctrl + Enter 를 누르면 선택 영역에 동일한 데이터가 한꺼번에 입력됨
• Shift + Enter : 현재 셀의 위쪽으로 셀 포인터를 이동함

29 ③
시나리오의 값을 변경하면 해당 변경 내용이 기존 요약 보고서에 자동으로 다시 계산되어 표시되지 않으므로 시나리오 요약 보고서를 다시 작성해야 함

30 ①
일반 : 설정된 표시 형식을 엑셀의 기본 값으로 되돌리며, 특정 서식을 지정하지 않음

31 ②
• 추세선은 계열의 추세에 대한 예측 가능한 흐름을 표시한 것
• 추세선의 종류에는 지수, 선형, 로그, 다항식, 거듭제곱, 이동 평균 등 6가지 종류로 구성됨
• 방사형, 원형, 도넛형 차트에는 추세선을 사용할 수 없음
• 하나의 데이터 계열에 두 개 이상의 추세선을 동시에 사용할 수 있음

32 ④
#REF! : 셀 참조를 잘못 사용한 경우에 발생함

오답 피하기
#NUM! : 숫자 인수가 필요한 함수에 다른 인수를 지정했을 때

33 ②
• =POWER(수1,수2) : 수1을 수2만큼 거듭 제곱한 값을 구함
• =POWER(2,3) → 2의 3제곱(2×2×2) = 8

오답 피하기
• =Trunc(−5.6) → −5 : 음수에서 소수점 이하를 버리고 정수 부분(−5)을 반환함
• =Int(−7.2) → −8 : 소수점 아래를 버리고 가장 가까운 정수로 내리므로 −7.2를 내림, 음수는 0에서 먼 방향으로 내림
• =Mod(−7,3) → 2 : 나눗셈의 나머지를 구함

34 ①

314826에 #,##0,를 적용하는 경우 마지막 콤마(,) 뒤에 더 이상 코드가 없으므로 천 단위 배수로 나타나며 8에 의해 반올림되어 315가 됨(만약 원본 데이터가 314426인 경우는 반올림이 되지 않으므로 314가 됨)

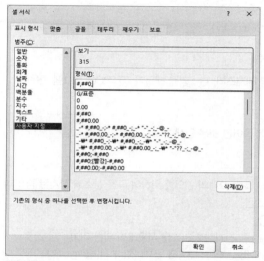

오답 피하기

- # : 유효 자릿수만 나타내고 유효하지 않은 0은 표시하지 않음
- 0 : 유효하지 않은 자릿수를 0으로 표시함
- , : 천 단위 구분 기호로 콤마를 삽입. 콤마 이후에 더 이상 코드를 사용하지 않으면 천 단위 배수로 표시함
- yyyy : 연도를 네 자리로 표시함
- mmmm : 월을 January, February, March, …, December처럼 표시함

35 ②

방사형 차트 : 많은 데이터 계열의 합계 값을 비교할 때 사용하며 항목마다 가운데 요소에서 뻗어 나온 값 축을 갖고, 선은 같은 계열의 모든 값을 연결, 3차원 차트로 작성할 수 없음

오답 피하기

- 도넛형 차트 : 전체 합계에 대한 각 항목의 구성 비율을 표시. 원형 차트와 비슷하지만 여러 데이터 계열을 표시할 수 있음
- 분산형 차트 : 데이터의 불규칙한 간격이나 묶음을 보여주는 것으로 데이터 요소 간의 차이점보다는 큰 데이터 집합 간의 유사점을 표시하려는 경우에 사용
- 주식형 차트 : 주식 가격을 표시할 때 사용하며, 온도 변화와 같은 과학 데이터를 나타내는 데 사용하기도 함

36 ②

[시트] 탭에서 '반복할 행'에 [$4:$4]을 지정한 경우 모든 페이지에 4행의 내용이 반복되어 인쇄됨

37 ③

매크로 이름 : 첫 글자는 반드시 문자이어야 하며 나머지는 문자, 숫자, 밑줄 등을 사용함

38 ②

창 나누기를 수행하면 셀 포인트의 왼쪽과 위쪽으로 창 구분선이 표시됨

39 ①

부분합에서 사용할 수 있는 함수 : 합계, 개수, 평균, 최대, 최소, 곱, 숫자 개수, 표본 표준 편차, 표준 편차, 표본 분산, 분산

40 ①

- =DCOUNT(데이터베이스, 필드, 조건 범위) : 조건을 만족하는 필드의 수치의 개수를 구함
- =DCOUNT(A1:D5,2,F2:F3) : 필드가 2이므로 "이름" 필드이며 "이름" 필드는 수치가 아니므로 0이 됨

E7	▼	:	× ✓ f_x	=DCOUNT(A1:D5,2,F2:F3)		
▲	A	B	C	D	E	F	G
1	번호	이름	키(Cm)	몸무게(Kg)		
2	12001	홍길동	165	67		몸무게(Kg)
3	12002	이대한	171	69		>=70
4	12003	한민국	177	78		
5	12004	이우리	162	80		
6						
7	몸무게가 70Kg 이상인 사람의 수?				0	

오답 피하기

- =DCOUNTA(데이터베이스, 필드, 조건 범위) : 조건을 만족하는 모든 필드의 개수를 구함
- =DCOUNTA(A1:D5,2,F2:F3) : DCOUNTA이므로 필드가 2인 "이름" 필드이더라도 조건에 만족하는 모든 필드의 개수를 구함(결과는 2가 됨)

01 ②	02 ②	03 ④	04 ④	05 ③
06 ②	07 ①	08 ④	09 ③	10 ④
11 ②	12 ④	13 ③	14 ④	15 ④
16 ③	17 ③	18 ④	19 ②	20 ③
21 ①	22 ①	23 ②	24 ②	25 ④
26 ③	27 ③	28 ②	29 ③	30 ②
31 ②	32 ②	33 ①	34 ④	35 ②
36 ③	37 ①	38 ②	39 ①	40 ③

1 과목 컴퓨터 일반

01 ②

오답 피하기

• 스푸핑(Spoofing) : '속임수'의 의미로 어떤 프로그램이 정상적으로 실행되는 것처럼 위장하는 것
• 키로거(Key Logger) : 악성 코드에 감염된 시스템의 키보드 입력을 저장 및 전송하여 개인 정보를 빼내는 크래킹 행위
• 백도어(Back Door) : 시스템 관리자의 편의를 위한 경우나 설계상 버그로 인해 시스템의 보안이 제거된 통로를 말하며, 트랩 도어(Trap Door)라고도 함

02 ②

• LAN(Local Area Network) : 근거리 통신망
• MAN(Metropolitan Area Network) : LAN과 WAN의 중간 형태의 도시 지역 통신망
• WAN(Wide Area Network) : 광역 통신망

03 ④

USB 3.0은 파란색, USB 2.0은 검정색 또는 흰색을 사용함

04 ④

폴더의 저장 위치의 확인은 가능하나 변경할 수는 없음

05 ③

컴퓨터의 처리 속도를 높이기 위해서는 RAM(주기억 장치)의 용량을 늘려 주는 것이 가장 효율적임

오답 피하기

EIDE는 하드디스크에 연결하기 위한 방식이며, 모니터 교체나 CD-ROM의 교체로 컴퓨터의 처리 속도가 효율적으로 높아지는 것은 아님

06 ②

$ns = 10^{-9}$ sec

오답 피하기

$\mu s = 10^{-6}$ sec

07 ①

누산기(ACCumulator) : 중간 연산 결과를 일시적으로 기억하는 레지스터

오답 피하기

② : IR(명령 레지스터), ③ : 명령 해독기, ④ : PC(프로그램 카운터)

08 ④

인쇄 작업에 들어간 것은 인쇄 취소로 종료시킬 수 있음

09 ③

키오스크(Kiosk) : 고객의 편의를 위하여 공공 장소에 설치된 컴퓨터 자동화 시스템

오답 피하기

• 킨들(Kindle) : 전자책 서비스를 사용하기 위한 기기
• 프리젠터(Presenter) : 내용을 발표하거나 설명하는 사람
• UPS : 무정전 전원 공급 장치

10 ④

각 블록에서 선행되는 0은 생략할 수 있으며, 연속된 0의 블록은 ::으로 한 번만 생략 가능함

오답 피하기

• ① : 총 128비트를 16비트씩 8개 부분으로 나눔
• ② : IPv4에 대한 설명임
• ③ : IPv4와 호환성이 높음

11 ②

가상현실(Virtual Reality) : 컴퓨터를 이용하여 특정 상황을 설정하고 구현하는 기술인 모의실험을 통해 실제 주변 상황처럼 경험하고 상호 작용하는 것처럼 느끼게 할 수 있는 인터페이스 시스템

12 ④

F5 : 새로 고침

오답 피하기

F6 : 창이나 바탕 화면의 화면 요소들을 순환

13 ③

아날로그 컴퓨터 : 온도, 전압, 진동 등과 같이 연속적으로 변하는 데이터를 효율적으로 처리

14 ④

데이터의 논리적 구성 단위 : 필드 – 레코드 – 파일 – 데이터베이스

15 ④

라우터(Router) : 데이터 전송을 위한 최적의 경로를 선택함

오답 피하기
- 허브(Hub) : 집선 장치로서 각 회선을 통합적으로 관리함
- 브리지(Bridge) : 독립된 두 개의 근거리 통신망을 연결하는 접속 장치
- 스위치(Switch) : 연결된 각각의 단말기에 할당된 속도를 최대화해 주는 장치

16 ③

수행 후에 처리 속도 면에서는 효율적이나 디스크의 총용량이 늘어나지는 않음

17 ③

공개키(비 대칭키, 이중키) 암호화 : 암호키(암호화)는 공개키로, 해독키(복호화)는 비밀키로 함

오답 피하기
비밀키(대칭키, 단일키) 암호화 : 송신자와 수신자가 서로 동일(대칭)한 하나(단일)의 비밀키를 가짐

18 ④

가상 메모리(Virtual Memory) : 보조 기억 장치의 일부 즉, 하드 디스크의 일부를 주기억 장치처럼 사용하는 메모리 사용 기법으로 기억 장소를 주기억 장치의 용량으로 제한하지 않고, 보조 기억 장치까지 확대하여 사용함

오답 피하기
- 플래시 메모리(Flash Memory) : EEPROM의 일종으로, PROM 플래시라고도 하며, 전기적으로 내용을 변경하거나 일괄 소거도 가능
- 캐시 메모리(Cache Memory) : 휘발성 메모리로, 속도가 빠른 CPU와 상대적으로 속도가 느린 주기억 장치 사이에 있는 고속의 버퍼 메모리
- 연관 메모리(Associative Memory) : 저장된 내용의 일부를 이용하여 기억 장치에 접근하여 데이터를 읽어오는 기억 장치

19 ②

가로채기(Interception) : 전송되는 데이터를 가는 도중에 도청 및 몰래 보는 행위, 정보의 기밀성(Secrecy)을 저해함

오답 피하기
- 수정(Modification) : 원래의 데이터가 아닌 다른 내용으로 수정하여 변조시키는 행위, 정보의 무결성(Integrity)을 저해함
- 가로막기(Interruption) : 데이터의 전달을 가로막아 수신자 측으로 정보가 전달되는 것을 방해하는 행위, 정보의 가용성(Availability)을 저해함
- 위조(Fabrication) : 사용자 인증과 관계되어 다른 송신자로부터 데이터가 온 것처럼 꾸미는 행위, 정보의 무결성(Integrity)을 저해함

20 ③

ASCII 코드
- 미국 표준 코드로 3개의 존 비트와 4개의 디지트 비트로 구성되며 128가지의 표현이 가능함
- 일반 PC용 컴퓨터 및 데이터 통신용 코드로 사용되며 대소문자 구별이 가능함

2과목 **스프레드시트 일반**

21 ①

Ctrl + E : 빠른 채우기

오답 피하기
- Ctrl + F : 찾기
- Ctrl + T : 표 만들기
- Ctrl + Shift + L : 자동 필터

22 ①

'날짜 필터' 목록에서 필터링 기준으로 사용할 요일은 지원되지 않음

23 ②

[검색]에서 행 방향을 우선하여 찾을 것인지 열 방향을 우선하여 찾을 것인지를 지정할 수 있음

오답 피하기
[범위]에서는 찾을 범위를 '시트, 통합 문서' 중에서 선택할 수 있음

24 ②

- ①, ③, ④의 값은 '터활용', ②의 값은 '터활'이라고 표시됨
- MID(C1,3,2) : [C1] 셀의 내용('컴퓨터활용')에서 왼쪽에서 세 번째('터')부터 두 개의 문자('터활')를 표시함

오답 피하기
- ① : [B1] 셀의 내용('터활용')에서 왼쪽에서 두 자리('터활')를 가져온 후 [E2] 셀('용')을 결합
- ③ : [C1] 셀의 내용('컴퓨터활용')에서 오른쪽에서 세 자리('터활용')를 추출함
- ④ : [C2] 셀의 내용('터'), [D2] 셀의 내용('활'), [E2] 셀의 내용('용')을 결합

25 ④

평균, 개수, 숫자 셀 수, 최소값, 최대값, 합계를 구해 주며 표준 편차는 지원되지 않음

✓ 평균(A)	5.5
✓ 개수(C)	10
✓ 숫자 셀 수(T)	10
✓ 최소값(I)	1
✓ 최대값(X)	10
✓ 합계(S)	55

26 ③

다른 시트의 셀 주소를 참조할 때 시트 이름은 따옴표(')로 표시하고 시트 이름과 셀 주소는 ! 기호로 구분해서 표시함

27 ③

원형 차트 : 데이터 계열을 구성하는 항목을 항목 합계에 대한 크기 비율로 표시하는 차트

- 방사형 : 계열별로 선으로 이어서 표시하는 차트
- 주식형 : 고가, 저가, 종가를 표시하는 차트
- 표면형 : 두 데이터 집합에서 최적의 조합을 찾을 때 사용하는 차트

28 ③

[눈금선] 항목을 선택하여 체크 표시하면 작업 시트의 셀 구분선이 인쇄됨

29 ③

일정 범위 내에 동일한 데이터를 한 번에 입력하려면 범위를 지정하여 데이터를 입력한 후 바로 이어서 [Ctrl]+[Enter]를 누름

[Shift]+[Enter] : 윗 행으로 이동

30 ②

데이터 표
- 워크시트에서 특정 데이터를 변화시켜 수식의 결과가 어떻게 변하는지 보여주는 셀 범위를 데이터 표라고 함
- 데이터 표 기능을 통해 입력된 셀의 일부분만 수정하거나 삭제할 수 없음

31 ②

=VLOOKUP(22,A1:D5,3) : 셀 영역(A1:D5)에서 찾을 값인 22와 가까운 근사값을 찾은 후 해당 셀 위치에서 3번째 열에 있는 값을 구함 → 1.27

- =VLOOKUP(찾을 값, 셀 범위 또는 배열, 열 번호, 찾을 방법) : 셀 범위나 배열에서 찾을 값에 해당하는 행을 찾은 후 열 번호에 해당하는 셀의 값을 구함
- =HLOOKUP(찾을 값, 셀 범위 또는 배열, 행 번호, 찾을 방법) : 셀 범위나 배열에서 찾을 값에 해당하는 열을 찾은 후 행 번호에 해당하는 셀의 값을 구함
- =INDEX(셀 범위나 배열, 행 번호, 열 번호) : 특정한 셀 범위나 배열에서 행 번호와 열 번호에 해당하는 데이터를 구함

32 ②

셀의 데이터를 삭제하면 윗주도 함께 사라짐

- ① : 윗주의 서식은 내용 전체에 대해 서식을 변경할 수 있음
- ③ : 문자 데이터에만 윗주를 표시할 수 있음
- ④ : 윗주 필드 표시는 인쇄 미리 보기에서 표시되고 인쇄할 때도 같이 인쇄됨

33 ①

[Alt]+[M]를 누르면 [수식] 탭이 선택됨

34 ④

[데이터 유효성] 기능의 오류 메시지 스타일에는 [경고], [중지], [정보]처럼 세 가지 스타일만 지원됨

35 ②

#NAME? : 함수 이름이나 정의되지 않은 셀 이름을 사용한 경우, 수식에 잘못된 문자열을 지정하여 사용한 경우

- #N/A : 수식에서 잘못된 값으로 연산을 시도한 경우, 찾기 함수에서 결과 값을 찾지 못한 경우
- #NULL! : 교점 연산자(공백)를 사용했을 때 교차 지점을 찾지 못한 경우
- #VALUE! : 수치를 사용해야 할 장소에 다른 데이터를 사용하거나 함수의 인수로 잘못된 값을 사용한 경우

36 ③

복합 조건(AND, OR 결합)
- AND(그리고, 이면서) : 첫 행에 필드명(국사, 영어, 평균)을 나란히 입력하고, 다음 행에 첫 조건()>=80, >=85)을 나란히 입력함
- OR(또는, 이거나) : 다른 행에 두 번째 조건()>=85)을 입력함
- 따라서, 국사가 80 이상이면서(AND) 영어가 85 이상이거나(OR), 평균이 85 이상인 경우가 됨

37 ①

Microsoft Excel은 기본적으로 1900 날짜 체계를 사용하며 1900년 1월 1일이 일련번호 1이 됨

- ② : 슬래시(/)나 하이픈(–)으로 구분하며 점(.)은 해당하지 않음
- ③ : 수식에서 날짜 데이터를 직접 입력할 때에는 큰따옴표("")로 묶어서 입력함
- ④ : [Ctrl]+[;]을 누르면 오늘 날짜가 입력됨

38 ②

- TODAY( ) : 현재 컴퓨터 시스템의 날짜를 반환
- DATE(연,월,일) : 연, 월, 일에 해당하는 날짜 데이터 반환
- ② =TODAY( )−DATE(1989,6,3) : 오늘 날짜까지의 근속 일수를 구함

39 ①

계열 겹치기 수치를 양수로 지정하면 데이터 계열 사이가 겹쳐짐

40 ③

사용자 지정 계산과 수식을 만들 수 없음

01 ④	02 ③	03 ③	04 ①	05 ③
06 ①	07 ②	08 ①	09 ④	10 ④
11 ③	12 ②	13 ①	14 ①	15 ③
16 ②	17 ④	18 ④	19 ④	20 ②
21 ①	22 ①	23 ④	24 ④	25 ③
26 ④	27 ③	28 ①	29 ④	30 ④
31 ③	32 ③	33 ④	34 ③	35 ④
36 ③	37 ②	38 ④	39 ④	40 ①

1 과목 컴퓨터 일반

01 ④

공개 소프트웨어(Freeware) : 개발자가 무료로 자유로운 사용을 허용한 소프트웨어

오답 피하기

번들 프로그램(Bundle Program) : 특정한 하드웨어나 소프트웨어를 구매하였을 때 끼워주는 소프트웨어

02 ③

브리지(Bridge) : 데이터 링크 계층에서 망을 연결하며, 패킷을 적절히 중계하고 필터링하는 장치

오답 피하기

- 라우터(Router) : 네트워크 계층에서 망을 연결하며, 다양한 전송 경로 중 가장 효율적인 경로를 선택하여 패킷을 전송하는 장치
- 스위칭 허브(Switching Hub) : 네트워크에서 연결된 각 회선이 모이는 집선 장치로서 각 회선을 통합적으로 관리하는 방식으로 집선 장치가 많아져도 그 속도가 일정하게 유지됨
- 모뎀 (MODEM) : 변복조 장치

03 ③

산술 논리 연산 장치에는 누산기, 가산기, 보수기, 상태 레지스터가 있음. 프로그램 카운터는 다음에 수행할 명령어의 번지를 기억하는 레지스터로 제어 장치에 속함

04 ①

ASCII 코드 : 미국에서 추진된 7비트로 구성된 정보 교환용 코드로 데이터 통신과 개인용 컴퓨터에 주로 사용되는 코드

오답 피하기

- BCD 코드 : 제2세대 컴퓨터에서 대부분 사용하는 기본 코드로 6비트로 구성
- ISO 코드 : 국제표준화기구(ISO)가 규정한 정보 교환을 위한 코드로 7비트로 구성
- EBCDIC 코드 : 표준 2진화 10진 코드를 확장한 코드로 8비트로 구성

05 ③

IPv6 체계는 32비트의 IPv4 체계를 4배 확장한 128비트의 프로토콜로 주소의 개수를 큰 폭으로 증가시켜 보안성 및 확장성 등이 향상됨

06 ①

오답 피하기

- 디더링(Dithering) : 표현할 수 없는 색상이 존재할 경우, 다른 색상들을 섞어서 비슷한 색상을 내는 효과
- 모델링(Modeling) : 물체의 형상을 컴퓨터 내부에서 3차원 그래픽으로 어떻게 표현할 것인지를 정하는 과정
- 렌더링(Rendering) : 컴퓨터 그래픽에서 3차원 질감(그림자, 색상, 농도 등)을 줌으로써 사실감을 추가하는 과정

07 ②

캐시 메모리 : 휘발성 메모리로, 속도가 빠른 CPU와 상대적으로 속도가 느린 주기억 장치 사이에 있는 고속의 버퍼 메모리

오답 피하기

- 가상 기억 장치 : 보조 기억 장치의 일부 즉, 하드디스크의 일부를 주기억 장치처럼 사용하는 메모리 사용 기법으로 기억 장소를 주기억 장치의 용량으로 제한하지 않고, 보조 기억 장치까지 확대하여 사용함
- 플래시 메모리 : RAM 같은 ROM으로 기억된 내용은 전원이 나가도 지워지지 않고 쉽게 쓰기가 가능함
- 연상 기억 장치 : 저장된 내용의 일부를 이용하여 기억 장치에 접근하여 데이터를 읽어오는 기억 장치

08 ①

GIF는 대표적인 비손실 압축 방식 그래픽 파일 형식임

09 ④

- 자료(Data) : 처리 이전 상태의 문자나 수치, 그림 등 컴퓨터에 입력되는 기초 자료
- 정보(Information) : 어떤 목적에 의해 유용하게 활용될 수 있는 상태로, 자료를 처리한 결과

10 ④

Alt + F4 : 활성 항목을 닫거나 활성 앱을 종료

오답 피하기

- Ctrl + R : 활성창 새로 고침(= F5)
- Alt + Enter : 선택한 항목에 대해 속성 표시
- Alt + Tab : 열려 있는 앱 간 전환

11 ③

시스템 백업 기능을 자주 사용한다고 해서 시스템 바이러스 감염 가능성이 높아지는 것은 아님

12 ②

인터프리터는 목적 프로그램을 생성하지 않고 필요할 때마다 기계어로 번역하여 실행하는 방식임

13 ①

레지스터(Register) : CPU에서 명령이나 연산 결과 값을 일시적으로 저장하는 임시 기억 장소로 기본 소자인 플립플롭(Flip-Flop)이나 래치(Latch) 등으로 구성되며 메모리 중에서 가장 속도가 빠름

14 ①

Shift 를 누른 상태에서 파일을 삭제하면 휴지통에 저장되지 않고 영구히 삭제됨

15 ③

오답 피하기

- DHCP(Dynamic Host Configuration Protocol) : IP주소를 자동으로 할당해 주는 동적 호스트 설정 통신 규약
- CGI(Common Gateway Interface) : 웹 서버에 있어 사용자의 요구를 응용 프로그램에 전달하고 그 결과를 사용자에게 되돌려 주기 위한 표준적인 방법
- URL(Uniform Resource Locator) : 인터넷에서 정보의 위치를 알려 주는 표준 주소 체계, 인터넷의 정보에 대한 접근 방법, 위치, 파일명 등으로 구성됨

16 ②

PING : 네트워크의 현재 상태나 다른 컴퓨터의 네트워크 접속 여부를 확인하는 명령

오답 피하기

- ① TELNET : 원격지의 컴퓨터에 접속하기 위해서 지원되는 인터넷 표준 프로토콜 중 하나로, 원격지에 있는 컴퓨터에 접속하여 프로그램을 실행시키거나 시스템 관리 작업 등을 할 수 있는 서비스
- ③ TRACERT : 네트워크에 연결된 컴퓨터의 경로(라우팅 경로)를 추적할 때 사용하는 명령
- ④ FINGER : 특정 네트워크에 접속된 사용자의 정보를 확인할 때 사용하는 명령

17 ④

AVI 파일 : Windows의 표준 동영상 파일 형식으로 디지털 비디오 압축 방식임

<u>오답 피하기</u>

- JPG 파일 : 정지 영상 압축 기술에 관한 표준화 규격
- GIF 파일 : 비손실 압축 방식으로 이미지 손상은 없지만 압축률이 좋지 않고 256색까지 표현함
- BMP 파일 : 이미지를 비트맵 방식으로 표현, 압축을 하지 않으므로 고해상도이며 용량이 큼

18 ④

시분할 시스템(Time Sharing System) : 다수의 이용자가 여러 개의 입, 출력 장치를 동시에 사용이 가능한 방식

<u>오답 피하기</u>

- 일괄 처리 시스템 : 발생된 자료를 일정 기간 데이터를 모아 두었다가 한꺼번에 일정량을 처리하는 방식
- 다중 프로그래밍 시스템 : 하나의 CPU로 여러 개의 프로그램을 처리하는 기법
- 다중 처리 시스템 : 두 개 이상의 CPU로 여러 개의 프로그램을 처리하는 기법

19 ④

트루 컬러(True color)

- 사람의 눈으로 인식이 가능한 색상의 의미로, 풀 컬러(Full Color)라고도 함
- 24비트의 값을 이용하며, 빛의 3원색인 빨간색(R), 녹색(G), 파란색(B)을 배합하여 나타내는 색상의 규격으로 배합할 때의 단위를 픽셀(Pixel)이라 함

20 ②

펌웨어(Firmware) : 비휘발성 메모리인 ROM에 저장된 프로그램으로 하드웨어의 교체 없이 소프트웨어의 업그레이드만으로 시스템의 성능을 향상시킬 수 있음

2과목 스프레드시트 일반

21 ①

- ROUNDUP(숫자,자릿수)은 올림 함수로 숫자를 지정한 자릿수에서 올림을 실행함
- ROUNDUP(3,2,0) : 3.2를 0자리에서 올림하여 4의 결과가 표시됨

<u>오답 피하기</u>

- ② =MOD(3,2) → 1 : 3을 2로 나눈 나머지를 구함
- ③ =ABS(-2) → 2 : -2의 절대값을 구함
- ④ =MID("2026 월드컵",6,3) → 월드컵 : 6번째 '월'부터 3글자를 추출함

22 ①

이름은 기본적으로 절대 참조를 사용함

<u>오답 피하기</u>

- 이름의 첫 글자는 문자나 밑줄(_), ₩만 사용할 수 있음
- 나머지 글자는 문자, 숫자, 마침표(.), 밑줄(_)을 사용함
- 셀 주소와 같은 형태의 이름은 사용할 수 없음
- 최대 255자까지 지정할 수 있음

23 ④

[옵션] 단추

- 매크로의 바로 가기 키와 설명을 편집할 수 있음
- 매크로 이름은 이 대화 상자에서 수정할 수 없으며 Visual Basic Editor를 열고 수정해야 함

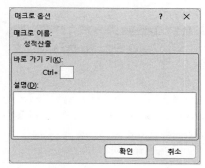

24 ④

고급 필터가 적용된 결과 표를 정렬할 경우 숨겨진 레코드는 정렬에 포함되지 않음

25 ③

[데이터 유효성 검사]에서 목록으로 값을 제한하는 경우 드롭 다운 목록의 너비를 지정하는 기능은 지원되지 않음

26 ④

정렬 기준 : 셀 값, 셀 색, 글꼴 색, 조건부 서식 아이콘 등

27 ③

창 나누기

- 워크시트의 내용이 많아 하나의 화면으로는 모두 표시하기가 어려워 불편할 때 멀리 떨어져 있는 데이터를 한 화면에 표시할 수 있도록 분할하는 기능
- [보기] 탭─[창] 그룹─[나누기]를 실행하여 현재 화면을 수평이나 수직 또는 수평/수직으로 나눔

<오답 피하기>
- 창 정렬 : 여러 개의 통합 문서를 배열하여 비교하면서 작업할 수 있는 기능
- 확대/축소 : 현재 워크시트를 확대 또는 축소시켜 표시하는 기능
- 창 숨기기 : 현재 통합 문서를 보이지 않게 숨기는 기능

28 ①

임의의 셀을 선택한 다음 Shift + Space Bar 를 누르면 선택한 셀의 행이 모두 선택되지만, 행을 선택한 다음 Shift + Space Bar 를 누르면 아무 변화도 생기지 않음

29 ④

=COUNTIF(B2:B9, "영업1부") : COUNTIF 함수에 의해 조건인 "영업1부"만 계산하므로 그 결과는 4가 됨

30 ④

매크로 저장 위치 : 개인용 매크로 통합 문서, 새 통합 문서, 현재 통합 문서

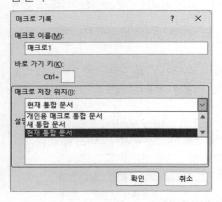

31 ③

❸ 데이터 테이블 : 차트 작성 시 사용된 원본 데이터를 표 형태로 아래에 표시함

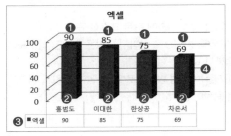

<오답 피하기>
- ❶ 데이터 레이블 : 그려진 막대나 선이 나타내는 표식에 대한 데이터 요소 또는 값을 의미
- ❷ 데이터 계열 : 차트로 나타낼 값을 가진 항목들을 의미
- ❹ 눈금선 : 가로(항목) 축과 세로(값) 축의 눈금을 그림 영역 부분에 표시

32 ③

시나리오는 최대 32개까지 변경 셀을 지정할 수 있음

33 ④

만능 문자(*, ?) 자체를 찾을 경우는 ~ 기호를 만능 문자 앞에 사용함

34 ③

분산형 차트 : 데이터의 불규칙한 간격이나 묶음을 보여 주는 것으로 주로 과학, 공학용 데이터 분석에 사용, 3차원 차트로 작성할 수 없음, 데이터 요소 간의 차이점보다는 큰 데이터 집합 간의 유사점을 표시하려는 경우에 사용됨

<오답 피하기>
- 주식형 차트 : 주가 변동을 나타내는 데 사용(과학 데이터도 사용 가능)함
- 영역형 차트 : 시간의 흐름에 대한 변동의 크기를 강조하여 표시, 합계 값을 추세와 함께 분석할 때 사용함
- 방사형 차트 : 여러 열이나 행에 있는 데이터를 차트로 표시, 여러 데이터 계열의 집계 값을 비교함

35 ②

'반복할 행'은 매 페이지마다 반복해서 인쇄될 행을 지정하는 기능으로, [페이지 설정] 대화 상자의 [시트] 탭에서 '반복할 행'에 $1:$3을 입력하면 1행부터 3행까지의 내용이 매 페이지마다 반복되어 인쇄됨

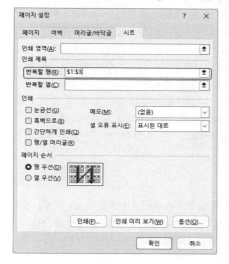

36 ③

채우기 핸들을 드래그하면 선택한 셀 내용과 같은 값을 반복해서 붙여주지만 Ctrl 을 누른 채 채우면 1씩 증가된 값이 채워짐

	A	B	C	D
1	29.5	30.5	31.5	
2				

37 ②

목표값 찾기는 하나의 변수 입력 값만 사용함

38 ④

통합 문서 계산에서 '수동'인 경우 F9 를 누르면 재계산(지금 계산)이 실행됨

오답 피하기
- F1 : 도움말
- F2 : 수정
- F4 : 참조 변환

39 ④

- 한 단계씩 코드 실행 : F8
- 모듈 창의 커서 위치까지 실행 : Ctrl + F8
- 매크로 실행 : F5

40 ①

텍스트 창에 수식을 입력하는 경우 SmartArt에 결과 값이 계산되어 표시되지 않고 수식 그대로 표시됨

213P

01 ②	02 ③	03 ②	04 ②	05 ④
06 ③	07 ③	08 ②	09 ③	10 ③
11 ②	12 ④	13 ①	14 ④	15 ③
16 ③	17 ④	18 ③	19 ②	20 ④
21 ③	22 ③	23 ①	24 ①	25 ④
26 ④	27 ③	28 ①	29 ①	30 ④
31 ④	32 ①	33 ③	34 ④	35 ①
36 ②	37 ③	38 ①	39 ③	40 ③

1과목 컴퓨터 일반

01 ②

제어 프로그램의 종류 : 감시 프로그램, 작업 관리 프로그램, 데이터 관리 프로그램

오답 피하기
처리 프로그램의 종류 : 언어 번역 프로그램, 서비스 프로그램, 문제 처리 프로그램

02 ③

KB, MB, GB, TB 등은 기억 용량 단위임

오답 피하기
컴퓨터의 처리 속도 단위 : ms(milli second) → μs(micro second) → ns(nano second) → ps(pico second) → fs(femto second) → as(atto second)

03 ②

오답 피하기
① : 디더링(Dithering), ③ : 모핑(Morphing), ④ : 안티앨리어스에 대한 설명임

04 ②

에어로 피크(Aero Peek)
- 작업 표시줄에서 실행 중인 프로그램의 아이콘에 마우스 포인터를 위치시키면 축소 형태의 미리 보기가 나타남
- 작업 표시줄 오른쪽 끝의 [바탕 화면 보기]에 마우스 포인터를 위치시키면 바탕 화면이 일시적으로 나타남
- [바탕 화면 보기]를 클릭하면 모든 창이 최소화되면서 바탕 화면이 표시되고 다시 클릭하면 모든 창이 나타남

- ① : 라이브러리에 대한 설명으로 [파일 탐색기]의 [보기] 탭–[창] 그룹–[탐색 창]에서 '라이브러리 표시'를 클릭하여 설정하면 폴더 탐색 창에 표시됨
- ③ : [설정]–[개인 설정]–[배경]에서 배경을 '슬라이드 쇼'로 설정함
- ④ : 점프 목록에 대한 설명으로 [설정]–[개인 설정]–[시작]에서 '시작 메뉴의 점프 목록, 작업 표시줄 또는 파일 탐색기 즐겨찾기에서 최근에 연 항목 표시'가 '켬'으로 설정되어 있어야 함

05 ④

ASCII 코드(미국 표준)
- Zone은 3비트, Digit는 4비트로 구성됨
- 7비트로 2^7=128가지의 표현이 가능함
- 일반 PC용 컴퓨터 및 데이터 통신용 코드
- 대소문자 구별이 가능함
- 확장된 ASCII 코드는 8비트를 사용하여 256가지 문자를 표현함
- ① : 해밍 코드에 대한 설명임
- ②, ③ : EBCDIC 코드에 대한 설명임

06 ③

⊞+T : 작업 표시줄에 있는 프로그램의 미리 보기 창이 순서대로 이동됨
⊞+L : PC 잠금 또는 계정 전환
⊞+D : 열린 모든 창을 최소화하거나 이전 크기로 열기
⊞+F : 피드백 허브 열기

07 ③

Back Space : 현재 폴더에서 상위 폴더로 이동
Home : 현재 창의 맨 위를 표시

08 ②

다중 처리 시스템 : 두 개 이상의 CPU로 동시에 여러 개의 프로그램을 처리하는 기법
- 일괄 처리 시스템(Batch Processing System) : 발생한 자료를 일정 기간 모아 두었다가 한꺼번에 처리하는 방식
- 듀플렉스 시스템(Duplex System) : 두 개의 CPU 중 한 CPU가 작업 중일 때 다른 하나는 예비로 대기하는 시스템
- 다중 프로그래밍 시스템(Multiprogramming System) : 하나의 CPU로 동시에 여러 개의 프로그램을 처리하는 기법

09 ③

IoT(Internet of Things) : 인간 대 사물, 사물 대 사물 간에 인터넷으로 연결되어 정보의 소통이 가능한 기술
- 클라우드 컴퓨팅(Cloud Computing) : 언제 어디서나 인터넷이 연결된 장소에서 정보의 저장 및 처리가 가능한 컴퓨터 환경
- RSS(Rich Site Summary) : 자동 수집 기능으로 사이트의 방문 없이도 원하는 최신 정보를 볼 수 있으며 주로 블로그 사이트나 뉴스 등에서 콘텐츠를 표현할 때 사용함
- 빅 데이터(Big Data) : 다양한 종류의 대규모 데이터를 분석, 처리하는 과정을 통해 원하는 결과를 도출하여 효율적으로 이용하기 위한 것으로 빅 데이터의 크기는 수십 테라바이트에서 페타바이트까지 존재함

10 ③

리피터(Repeater) : 네트워크에서 디지털 신호를 일정한 거리 이상으로 전송시키면 신호가 감쇠가 발생하므로 장거리 전송을 위해 신호를 새로 재생하거나 출력 전압을 높여 전송하는 장치
① : 라우터(Router), ② : 게이트웨이(Gateway), ④ : 브리지(Bridge)

11 ②

셰어웨어(Shareware) : 정식 프로그램의 구매를 유도하기 위해 기능이나 사용 기간에 제한을 두고 무료로 배포하는 프로그램
① : 상용 소프트웨어, ③ : 오픈 소스 프로그램, ④ : 베타 버전

12 ④

URL(Uniform Resource Locator) : 인터넷에서 정보의 위치를 알려주는 표준 주소 체계, 인터넷의 정보에 대한 접근 방법, 위치, 파일명 등으로 구성됨
- DHCP(Dynamic Host Configuration Protocol) : IP 주소를 자동으로 할당해 주는 동적 호스트 설정 통신 규약
- CGI(Common Gateway Interface) : 웹 서버에 있어 사용자의 요구를 응용 프로그램에 전달하고 그 결과를 사용자에게 되돌려 주기 위한 표준적인 방법
- DNS(Domain Name System) : 문자 형태로 된 도메인 네임을 컴퓨터가 인식할 수 있는 숫자로 된 IP 주소로 변환해 주는 컴퓨터 체계

13 ①

전자 우편은 기본적으로 7비트의 ASCII 코드를 사용하여 전송함

14 ④

① : 가로막기, ② : 가로채기, ③ : 변조/수정

15 ③

인터넷과 같은 통신 매체를 이용하는 전자 우편이나 파일 다운로드 등을 통한 감염 외에도 USB 메모리 등을 통해서도 감염됨

16 ③

[개인 설정] : 배경, 색, 잠금 화면, 테마, 글꼴, 시작, 작업 표시줄 등을 설정함

내레이터는 [접근성]에서 설정함

17 ④

처리하고자 하는 정보의 종류와 양이 증가하였음

18 ③

드럼식, 체인식, 밴드식은 잉크 리본에 활자 충격을 이용하는 활자식 라인 프린터의 인쇄 방식임

19 ②

- [속성] 창에서 폴더의 특정 하위 폴더를 삭제할 수 없음
- 폴더의 특정 하위 폴더를 삭제하려면 해당 폴더를 선택한 다음 마우스 오른쪽 단추를 누르고 [삭제]를 클릭하여 삭제함
- [속성] 창 표시 : 해당 폴더를 선택한 다음 마우스 오른쪽 단추를 누른 후 [속성]을 클릭하여 실행하거나 Alt + Enter 를 눌러서 실행함

- ① : [속성] 창–[일반] 탭의 [내용]에서 폴더가 포함하고 있는 하위 폴더 및 파일의 개수를 알 수 있음
- ③ : [속성] 창–[공유] 탭에서 폴더를 네트워크와 연결된 다른 컴퓨터에서 접근할 수 있도록 공유시킬 수 있음
- ④ : [속성] 창–[일반] 탭의 [특성]에서 폴더에 '읽기 전용' 속성을 설정하거나 해제할 수 있음

20 ④

보안이 취약하며 개인 PC 등의 작은 규모의 네트워크에서 주로 사용되므로 데이터의 양이 적을 때 적합함

2과목 스프레드시트 일반

21 ③

[A1] 셀에서 A는 열을 의미하며 1은 행을 의미하므로 A열 1행이 됨

22 ③

'쓰기 암호'가 지정된 경우라도, 파일을 수정하고 다른 이름으로 저장하는 경우는 '쓰기 암호'를 입력하지 않아도 됨

23 ①

Ctrl + Home : 워크시트의 시작 위치([A1] 셀)로 이동함

24 ①

도형이나 그림 등에 하이퍼링크를 지정할 수 있음

25 ④

#VALUE! : 수치를 사용해야 할 장소에 다른 데이터를 사용하는 경우나 함수의 인수로 잘못된 값을 사용한 경우

- #DIV/0! : 0으로 나누기 연산을 시도한 경우
- #NUM! : 숫자가 필요한 곳에 잘못된 값을 지정한 경우나 숫자의 범위를 초과한 경우
- #NAME? : 함수 이름이나 정의되지 않은 셀 이름을 사용한 경우 또는 수식에 잘못된 문자열을 지정하여 사용한 경우

26 ④

=AND(6〈5, 7〉5) → FALSE : AND 함수는 두 조건이 모두 만족할 때만 TRUE가 됨

- =RIGHT("Computer",5) → puter : 오른쪽에서 5개를 추출
- =ABS(−5) → 5 : 절대값을 구함
- =TRUNC(5.96) → 5 : =TRUNC(수1, 수2)는 수1을 무조건 내림하여 수2만큼 반환함. 수2 생략 시 0으로 처리되므로 5가 됨

27 ③

- =EOMONTH(시작 날짜, 전후 개월 수) : 시작 날짜를 기준으로 전후 개월의 마지막 날을 반환함
- =EOMONTH(D2,1) : 1980-12-08부터 1개월 후 마지막 날이므로 1981-01-31이 결과로 산출됨
- 셀 서식을 [날짜]로 설정하면 "1981-01-31"처럼 표시됨

D4	▼	:	×	✓	fx	=EOMONTH(D2,1)	
◢	A	B	C	D	E		
1	사원번호	성명	직함	생년월일			
2	101	구민정	영업과장	1980-12-08			
3							
4				1981-01-31			
5							

28 ①

매크로의 바로 가기 키는 엑셀에서 사용하는 바로 가기 키를 사용할 수 있으며, 다른 바로 가기 키보다 우선으로 실행됨

29 ①

레이블 내용에 '차트 제목'은 지원되지 않음

오답 피하기

레이블 내용은 '계열 이름(미세먼지)', '항목 이름(서울, 경기, 인천, 수원)', '값(50, 45, 37, 26)', '백분율(32%, 29%, 23%, 16%)'이 설정되어 있음

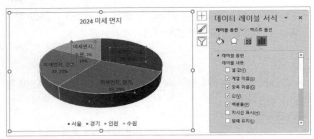

30 ④

[Alt]+[Enter] : 자동 줄 바꿈

오답 피하기

범위를 지정하고 데이터를 입력한 후 [Ctrl]+[Enter]를 누르면 동일한 데이터가 한꺼번에 입력됨

31 ④

[시트] 탭 : 인쇄 영역, 인쇄 제목(반복할 행, 반복할 열), 인쇄(눈금선, 메모, 흑백으로, 셀 오류 표시, 간단하게 인쇄, 행/열 머리글), 페이지 순서(행 우선, 열 우선) 등을 설정할 수 있음

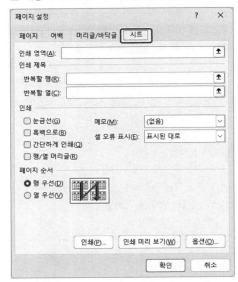

32 ①

'날짜 필터' 목록에서 필터링 기준으로 사용할 요일은 지원되지 않음

33 ③

오답 피하기

- 피벗 테이블 : 많은 양의 자료를 효율적으로 분석하고 요약하는 기능
- 시나리오 : 워크시트에 입력된 자료들에 대해 자료 값이 변함에 따라 그 결과를 분석하고 예측하는 기능
- 매크로 : 자주 사용하는 명령이나 반복적인 작업을 일련의 순서대로 기록해 두었다가 필요할 때마다 바로 가기 키(단축키)나 실행 단추를 클릭하여 쉽고, 빠르게 작업을 수행되도록 하는 기능

34 ②

세미콜론 세 개(;;;)를 연속하여 사용하면 입력 데이터가 셀에 나타나지 않음

35 ①

'새로운 값으로 대치'는 이미 부분합이 작성된 목록에서 이전 부분합을 지우고 현재 설정대로 새로운 부분합을 작성하여 삽입하므로, 여러 함수를 이용하여 부분합을 작성하려면 두 번째부터 실행하는 [부분합] 대화 상자에서 '새로운 값으로 대치'의 선택을 해제해야 함

36 ②

선택한 영역 중 문자 데이터가 입력된 셀의 수를 구하는 기능은 지원되지 않음

오답 피하기

- ① : 선택한 영역 중 숫자 데이터가 입력된 셀의 수 → 숫자 셀 수
- ③ : 선택한 영역 중 데이터가 입력된 셀의 수 → 개수
- ④ : 선택한 영역의 합계, 평균, 최소값, 최대값 → 합계, 평균, 최소값, 최대값

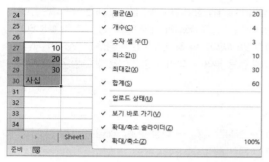

37 ③

분산형, 주식형, 거품형 차트로 변경할 수 없음

38 ①

시나리오는 변경 셀로 지정한 셀에 계산식이 포함되어 있으면 자동으로 상수로 변경되어 시나리오가 작성되지만, 별도의 파일로 저장되지는 않음

39 ③

오름차순 정렬과 내림차순 정렬에서 공백은 맨 마지막에 위치하게 됨

40 ③

- HLOOKUP : 표의 가장 첫 행에서 특정 값을 찾아, 지정한 행에 해당하는 열의 셀 값을 표시함
- 형식 : =HLOOKUP(찾을 값, 셀 범위 또는 배열, 행 번호, 찾을 방법)
- 찾을 값 : 표의 첫째 행에서 찾고자 하는 값 → [C5]
- 셀 범위 또는 배열 : 찾고자 하는 값이 있는 범위나 배열 → [C2 : G3]
- 행 번호 : 같은 열에 있는 값을 표시할 행 → 2
- 찾을 방법 → TRUE
  - 생략되거나 TRUE(=1)이면 셀 범위에 똑같은 값이 없을 때는 찾을 값의 아래로 근사 값을 찾아주며, 이때 셀 범위 또는 배열은 첫 번째 행을 기준으로 왼쪽에서 오른쪽으로 오름차순 정렬이 되어 있어야 함
  - FALSE(=0)로 지정되면 정확한 값을 찾아주며, 만약 그 값이 없을 때는 #N/A 오류가 발생함

C6	▼	:	×	✓	fx	=HLOOKUP(C5,C2:G3,TRUE)	
▲	A	B	C	D	E	F	G	H
1								
2		점수	0	60	70	80	90	
3		학점	F	D	C	B	A	
4								
5		점수	76					
6		학점	C					
7								

오답 피하기

VLOOKUP : 표의 가장 왼쪽 열에서 특정 값을 찾아, 지정한 열에서 같은 행에 있는 셀의 값을 표시함

2023년 상시 기출문제 05회

01 ④	02 ③	03 ④	04 ①	05 ④
06 ②	07 ④	08 ③	09 ②	10 ④
11 ④	12 ④	13 ③	14 ①	15 ②
16 ①	17 ②	18 ④	19 ②	20 ③
21 ③	22 ③	23 ③	24 ②	25 ②
26 ③	27 ③	28 ①	29 ②	30 ②
31 ②	32 ④	33 ①	34 ③	35 ③
36 ③	37 ①	38 ②	39 ③	40 ②

1 과목 컴퓨터 일반

01 ④

1TB(Tera Byte) : 2^{40}(Byte) = 1,024GB = 1024 × 1024 × 1024 × 1024 Bytes

02 ③

부하 분산(Load Balancing) : 병렬로 운영되는 기기에서 부하가 균등하도록 작업을 분산하는 역할을 함

03 ④

오답 피하기

- ① : 객체 지향 언어로 추상화, 상속화, 다형성과 같은 특징을 가짐
- ② : LISP 언어에 대한 설명임
- ③ : 네트워크 환경에서 분산 작업이 가능하도록 설계되었음

04 ①

캐시 메모리는 SRAM을 사용함

05 ④

운영체제의 목적
- 처리 능력 증대
- 신뢰도 향상
- 응답 시간 단축
- 사용 가능도

06 ②

핫 스왑(Hot Swap) 지원 : 컴퓨터의 전원이 켜져 있는 상태에서 시스템에 장치를 연결하거나 분리하는 기능

07 ④

스트리밍(Streaming) 기술
- 동영상 파일 및 음악 파일을 다운로드하면서 동시에 재생할 수 있는 기술
- 쌍방향 의사소통을 원활하게 하는 기능은 지원되지 않음

08 ③

MHEG(Multimedia and Hypermedia information coding Experts Group) : 멀티미디어와 하이퍼미디어 정보에 대한 ISO 표준 부호화 방식으로 MPEG, JPEG, JBIG과 더불어 정보 암호화의 4대 ISO 표준임. 다양한 멀티미디어를 하나의 파일에 담을 수 있으며 게임, 전자 출판, 의료 응용 분야 등 다양한 정보 이용 및 교환용으로 제작되었음

09 ②

일괄 처리 → 실시간 처리 → 다중 프로그래밍 → 시분할 처리 → 다중 처리 → 분산 처리

10 ④

바로 가기 아이콘을 삭제하더라도 연결된 실제의 대상 파일은 삭제되지 않음

11 ④

아이콘 자동 정렬은 [바탕 화면]의 바로 가기 메뉴 [보기]에 있음

12 ④

RFID(Radio Frequency IDentification)
- 무선 주파수(Radio Frequency)를 이용하는 것으로 사물에 안테나와 칩으로 구성된 전자 태그를 부착하여 사물의 정보 등을 RFID 리더로 식별(IDentification)할 수 있도록 해 주는 센서 기술
- 비접촉식이며 이동 중에서 인식이 가능하고 멀티 태그 인식 기능, 재사용(Read/Write) 가능, 반영구적 사용, 알고리즘을 이용한 높은 보안과 신뢰성 등의 특징이 있음

13 ③

오답 피하기

- ① : 디지털 컴퓨터–셀 수 있는 데이터(숫자, 문자 등), 아날로그 컴퓨터–연속적인 물리량(전류, 전압, 온도, 속도 등)
- ② : 디지털 컴퓨터–논리 회로, 아날로그 컴퓨터–증폭 회로
- ④ : 아날로그 컴퓨터–특수 목적용, 디지털 컴퓨터–범용

14 ①

휴지통에 지정된 최대 크기를 초과하면 보관된 파일 중 가장 오래된 파일부터 자동 삭제됨

278 정답 & 해설

15 ②

FTP(File Transfer Protocol) : 파일 전송 프로토콜로 파일을 전송하거나 받을 때 사용하는 서비스

오답 피하기

- SSL(Secure Socket Layer) : 넷스케이프 브라우저에 사용한 암호화 프로토콜
- Telnet : 원격지의 컴퓨터에 접속하기 위해서 지원되는 인터넷 표준 프로토콜
- Usenet : 관심이 있는 분야끼리 그룹을 지어 자신의 의견을 주고받을 수 있는 서비스

16 ①

압축 프로그램 : 사용자가 컴퓨터를 보다 효율적으로 사용할 수 있게 도와주는 유틸리티 프로그램의 한 종류로 파일을 압축함으로써 디스크 공간을 절약할 수 있으며 데이터 통신망을 이용하여 자료를 송수신할 때 빠르게 처리할 수 있어 전송 시간이 단축됨(ZIP, ARJ, RAR, 알집 등)

오답 피하기

SAS(Statistical Analysis System) : 통계적 분석 시스템

17 ②

패치 프로그램(Patch Program) : 이미 제작하여 배포된 프로그램의 오류 수정이나 성능 향상을 위하여 프로그램 일부를 변경해 주는 프로그램

오답 피하기

① : 벤치마크 프로그램, ③ : 알파 테스트 버전 ④ : 베타 테스트 버전

18 ④

WAV : WAVE 형식의 파일로 아날로그 신호를 디지털화하여 나타내는 것으로, 소리의 파장이 그대로 저장되며 음질이 뛰어나기 때문에 파일의 용량이 큼, 자연의 음향과 사람의 음성 표현이 가능함

오답 피하기

- BMP : 이미지를 비트맵 방식을 표현하며 압축하지 않기 때문에 고해상도의 이미지를 표현할 수 있음
- GIF : 비 손실 압축 방법을 사용하기 때문에 이미지의 손상은 없지만, 압축률이 높지 않음
- TIFF : 호환성이 좋아 매킨토시와 개인용 컴퓨터 간의 그래픽 데이터를 교환하기 위해 사용하는 비트맵 파일 형식

19 ②

포털 사이트(Portal Site) : 인터넷 이용 시 반드시 거쳐야 한다는 의미의 '관문 사이트'로 한 사이트에서 '정보 검색, 전자우편, 쇼핑, 채팅, 게시판' 등의 다양한 인터넷 서비스를 제공하는 사이트

오답 피하기

미러 사이트(Mirror Site) : 같은 내용을 여러 사이트에 복사하여 사용자가 분산되게 하고, 보다 빨리 자료를 찾을 수 있도록 하는 사이트

20 ③

③은 IP에 대한 설명임

2과목 스프레드시트 일반

21 ③

Excel 매크로 사용 통합 문서 : *.xlsm

오답 피하기

- ① *.txt : 탭으로 분리된 텍스트 파일
- ② *.prn : 공백으로 분리된 텍스트 파일
- ④ *.xltm : Excel 매크로 사용 서식 파일
- Excel 추가 기능 : *.xlam

22 ③

- =RANK.EQ(순위 구할 수, 참조 범위, 순위 결정 방법) : 참조 범위에서 순위 구할 수의 석차를 구함(순위 결정 방법이 0이거나 생략되면 참조 범위가 내림차순으로 정렬된 목록처럼 순위를 부여함)
- =CHOOSE(검색값, 값1, 값2, …) : 검색값이 1이면 값1, 2이면 값2, 순서로 값을 반환함
- RANK.EQ(D2,$D$2:$D$5) : [D2] 셀, 김나래의 합계 92점의 석차를 구함 → 3
- =CHOOSE(3,"천하","대한","영광","기쁨") : 3번째 값인 "영광"을 선택하여 결과로 산출함

E2		× ✓ fx	=CHOOSE(RANK.EQ(D2, $D$2:$D$5),"천하","대한","영광","기쁨")						
	A	B	C	D	E	F	G	H	I	J
1	성명	이론	실기	합계	수상					
2	김나래	47	45	92	영광					
3	이서주	38	47	85	기쁨					
4	박명호	46	48	94	대한					
5	장영민	49	48	97	천하					
6										

23 ③

피벗 테이블의 셀에 메모를 삽입한 경우 데이터를 정렬하더라도 메모는 데이터와 함께 정렬되지 않음

24 ②

두 개 이상의 셀을 범위로 지정하여 채우기 핸들을 끌면 데이터 사이의 차이에 의해 증가하면서 채워지므로 [B4] 셀까지 드래그했을 때 "일, 월, 화, 수", "1, 2, 3, 4"처럼 값이 변경됨

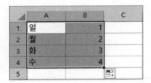

25 ②

• 워크시트 이름과 셀 주소 사이는 느낌표(!)로, 워크시트 이름과 워크시트 이름 사이는 콜론(:)으로 구분함
• ② =SUM(Sheet1!A2:Sheet3!A2) : 셀 주소와 시트 이름이 콜론으로 연결되어 있기 때문에 #VALUE! 오류가 발생함

26 ③

③ =IF(AND(MID(D2, 8, 1)=1,MID(D2, 8, 1)=3),"남","여") : AND(그리고)로 인해 1과 3 모두 만족해야 하므로 잘못된 수식임(결과는 "여")

오답 피하기

• ① : 8번째 한 자리가 1이고 1을 2로 나눈 나머지(MOD)가 1과 같으므로 참이 되어 결과는 "남"이 됨
• ② : 8번째 한 자리가 1이고 2 또는(OR) 4인 경우가 참, 아니면 거짓이므로 결과는 "남"이 됨
• ④ : 8번째 한 자리가 1이고 순번(CHOOSE)대로 결과는 첫 번째 "남"이 됨

27 ③

[데이터 계열 서식]의 [계열 옵션]-[계열 겹치기]를 '0%'로 설정하면 〈수정 후〉처럼 변경됨

28 ①

찾을 조건이 이(이*)로 시작하는 성명이거나(또는) 연이 포함된(*연*) 성명이므로 "남이수"는 결과로 표시되지 않음

29 ②

• [페이지 설정] 대화 상자의 [머리글/바닥글] 탭에서 머리글을 입력하려면 [머리글 편집] 버튼을 클릭하고 바닥글을 입력하려면 [바닥글 편집] 버튼을 클릭함
• 가운데 구역에서 [시트 이름 삽입] 단추를 클릭하면 &[탭]이 생성됨

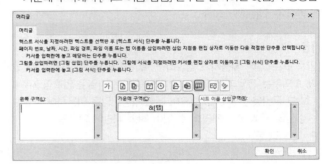

30 ②

채우기 핸들을 드래그하면 선택한 셀 내용과 같은 값을 반복해서 붙여 주지만 Ctrl을 누르고 채우면 1씩 증가된 값이 채워짐

	A	B	C	D
1	29.5	30.5	31.5	
2				

31 ②

Visual Basic Editor(Alt+F11)를 이용하여 매크로 편집이 가능함

32 ④

• 메모 입력 : Shift+F2
• 메모는 셀에 입력된 데이터를 지울 경우 자동으로 삭제되지 않음
• [검토] 탭-[메모] 그룹-[삭제]에서 삭제할 수 있음
• [홈] 탭-[편집] 그룹-[지우기]-[메모 지우기]에서도 삭제할 수 있음

33 ①

수식 셀은 '단가'와 '수량'의 곱에 '할인율'이 적용된 '판매가격'이므로 [D4] 셀이 수식 셀에 입력되어야 함

34 ③

시트 이름은 공백을 포함하여 31자까지 사용 가능하며 : ₩, /, ?, *, [ ] 는 사용할 수 없음

35 ③

=RANK.EQ(C2,$C$2:$C$8)<=5

- TOEIC 점수 상위 5위까지 데이터를 추출하기 위한 조건식
- 조건식이 들어가는 고급 필터의 항목명은 입력되어 있는 TOEIC 과 다르게 입력해야 됨

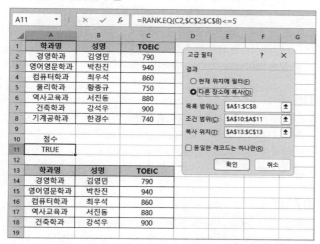

36 ③

원형 차트는 한 열이나 행에 있는 데이터만 차트로 작성하므로 각 분기별 지점 모두를 표현하기에 부적합함

37 ①

시나리오 관리자에서 시나리오를 삭제하더라도 시나리오 요약 보고 서의 해당 시나리오가 자동으로 삭제되지 않음

38 ②

[Excel 옵션]–[고급]–[소수점 자동 삽입]에서 소수점의 위치를 –3 으로 지정함

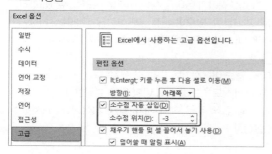

39 ③

한글 모음을 입력한 후 한짜를 누르면 아무것도 나타나지 않음

40 ②

=IFERROR(VLOOKUP(A3,$E$3:$F$6,2,FALSE),"")

- =IFERROR(수식, 오류 발생 시 표시 값)
- VLOOKUP(A3,$E$3:$F$6,2,FALSE) : A3 셀의 값인 "W"를 $E$3:$F$6의 첫 열에서 반드시 똑같은 값(FALSE에 의해)을 찾아 서 같은 행의 2열 값인 "워드"를 검색
- 오류 발생 시 표시 값 : " "(과목코드 X의 경우)

	B3		× ✓ fx	=IFERROR(VLOOKUP(A3,$E$3:$F$6,2,FALSE),"")			
▲	A	B	C	D	E	F	G	H
1	시험 결과				코드표			
2	과목코드	과목명	점수		코드	과목명		
3	W	워드	85		W	워드		
4	P	파워포인트	90		E	엑셀		
5	X		75		P	파워포인트		
6					A	액세스		
7								

2024년 상시 기출문제 01회

226P

01 ④	02 ①	03 ③	04 ①	05 ②
06 ④	07 ③	08 ②	09 ①	10 ②
11 ③	12 ②	13 ①	14 ④	15 ②
16 ③	17 ①	18 ②	19 ④	20 ①
21 ②	22 ④	23 ③	24 ④	25 ③
26 ④	27 ③	28 ④	29 ④	30 ①
31 ③	32 ④	33 ②	34 ①	35 ③
36 ①	37 ④	38 ③	39 ②	40 ③

1 과목 컴퓨터 일반

01 ④

피기배킹(Piggybacking) : 정상 계정을 비인가된 사용자가 불법적으로 접근하여 정보를 빼내는 편승식 불법적 공격 방법으로 주로 PC방이나 도서관, 사무실 등에서 정상적으로 시스템을 종료하지 않고 자리를 떠난 경우 타인이 그 시스템으로 불법적 접근을 행하는 범죄 행위를 의미함

오답 피하기
- 스패밍(Spamming) : 불특정 다수에게 스팸 메일을 보내는 행위
- 스푸핑(Spoofing) : '속임수'의 의미로 어떤 프로그램이 정상적으로 실행되는 것처럼 위장하는 것
- 스니핑(Sniffing) : 특정한 호스트에서 실행되어 호스트에 전송되는 정보(계정, 패스워드 등)를 엿보는 행위

02 ①

Alt + Tab : 열려 있는 앱 간 전환

오답 피하기
- Alt + Enter : 선택한 항목에 대해 속성 표시
- Alt + F4 : 활성 항목을 닫거나 활성 앱을 종료
- Shift + Delete : 휴지통을 사용하지 않고 완전 삭제

03 ③

하드웨어의 결함이 생긴 경우라도 인터럽트가 발생하며 기계가 고장인 경우도 해당

04 ①

IPv6 주소 체계 : 128비트를 16비트씩 8부분으로 나누어 각 부분을 콜론(:)으로 구분하며 16진수로 표기함

05 ②

HTTP(HyperText Transfer Protocol) : 인터넷상에서 하이퍼텍스트를 주고받기 위한 프로토콜

오답 피하기
- FTP : 파일을 송수신하는 서비스
- SMTP : 사용자의 컴퓨터에서 작성한 메일을 다른 사람의 계정이 있는 곳으로 전송해 주는 전자우편을 송신하기 위한 프로토콜
- TCP : 메시지를 송수신의 주소와 정보로 묶어 패킷 단위로 나누고 전송 데이터의 흐름을 제어하고 데이터의 에러 유무를 검사함

06 ④

가상현실(VR : Virtual Reality) : 컴퓨터를 이용하여 특정 상황을 설정하고 구현하는 기술인 모의실험(Simulation)을 통해 실제 주변 상황처럼 경험하고 상호 작용하는 것처럼 느끼게 할 수 있는 인터페이스 시스템

07 ③

펌웨어(Firmware) : 비휘발성 메모리인 ROM에 저장된 프로그램으로, 하드웨어의 교체 없이 소프트웨어의 업그레이드만으로 시스템의 성능을 높일 수 있으며, 내용을 변경하거나 추가 또는 삭제할 수 있음

오답 피하기
- 프리웨어(Freeware) : 개발자가 무료로 자유로운 사용을 허용한 소프트웨어
- 셰어웨어(Shareware) : 정식 프로그램의 구매를 유도하기 위해 기능이나 사용 기간에 제한을 두어 무료로 배포하는 프로그램
- 에드웨어(Adware) : 광고가 소프트웨어에 포함되어 이를 보는 조건으로 무료로 사용할 수 있는 소프트웨어

08 ②

장치 관리자 : 하드웨어의 올바른 작동 여부를 확인할 수 있고, 하드웨어 장치를 제거할 수 있으며 컴퓨터에 설치된 디바이스 하드웨어 설정 및 드라이버 소프트웨어를 관리함

오답 피하기
- 앱 및 기능 : 앱을 이동하거나 수정 및 제거함
- 디스플레이 : 해상도, 디스플레이 방향 등을 설정함
- 개인 설정 : 배경, 색, 잠금 화면, 테마, 글꼴, 시작, 작업 표시줄 등에 대해 설정함

09 ①

가로채기 : 전송되는 데이터를 가는 도중에 도청 및 몰래 보는 행위로 정보의 기밀성을 저해함

오답 피하기

- 가로막기 : 데이터의 전달을 가로막아 수신자 측으로 정보가 전달되는 것을 방해하는 행위로 정보의 가용성을 저해함
- 변조/수정 : 원래의 데이터가 아닌 다른 내용으로 수정하여 변조시키는 행위로 정보의 무결성을 저해함
- 위조 : 사용자 인증과 관계되어 다른 송신자로부터 데이터가 온 것처럼 꾸미는 행위로 정보의 무결성을 저해함

10 ②

객체 지향 프로그래밍 : 프로그램에서 사용하는 데이터 구조의 데이터형과 사용하는 함수까지 정의하는 프로그래밍 기법으로 C++, Actor, SmallTalk, JAVA 등이 있음

오답 피하기

- 구조적 프로그래밍 : 하나의 입력과 출력을 갖는 구조로 GOTO문을 사용하지 않는 기법
- 하향식 프로그래밍 : 프로그램을 작성할 때 상위에서 하위 모듈순으로 작성해 나가는 기법
- 비주얼 프로그래밍 : GUI 환경에서 아이콘과 마우스를 이용하여 대화 형식으로 효율적이고 쉽게 프로그래밍하는 기법

11 ③

KB, MB, GB, TB 등은 기억 용량 단위임

오답 피하기

컴퓨터의 처리 속도 단위 : ms(Milli Second) → μs(Micro Second) → ns(Nano Second) → ps(Pico Second) → fs(Femto Second) → as(Atto Second)

12 ②

HDD보다 외부로부터의 충격에 강하며 불량 섹터가 발생하지 않음

13 ①

누산기(Accumulator) : 중간 연산 결과를 일시적으로 기억하는 레지스터

오답 피하기

- ② : 프로그램 카운터(Program Counter) → 다음에 수행할 명령어의 번지(주소)를 기억하는 레지스터
- ③ : 명령 레지스터(IR : Instruction Register) → 현재 수행 중인 명령어를 기억하는 레지스터
- ④ : 명령 해독기(Instruction Decoder) → 수행해야 할 명령어를 해석하여 부호기로 전달하는 회로

14 ④

운영체제는 제어 프로그램(Control Program)과 처리 프로그램(Process Program)으로 구성됨

15 ②

오답 피하기

- 라우터(Router) : 데이터 전송을 위한 최적의 경로를 찾아 통신망에 연결하는 장치
- 브리지(Bridge) : 독립된 두 개의 근거리 통신망(LAN)을 연결하는 접속 장치
- 게이트웨이(Gateway) : 서로 구조가 다른 두 개의 통신 네트워크를 연결하는 데 쓰이는 장치

16 ③

전자우편에 첨부된 파일을 다른 이름으로 저장하더라도 컴퓨터 바이러스가 예방되지 않음

17 ①

디지털 워터마크(Digital Watermark) : 이미지(Image), 사운드(Sound), 영상, MP3, 텍스트(Text) 등의 디지털 콘텐츠에 사람이 식별할 수 없게 삽입해 놓은 비트 패턴 등을 말함

오답 피하기

- 방화벽 : 외부 네트워크에서 내부로 들어오는 패킷을 체크하여 인증된 패킷만 통과시킴
- 펌웨어 : 비휘발성 메모리인 ROM에 저장된 프로그램으로, 하드웨어의 교체 없이 소프트웨어의 업그레이드만으로 시스템의 성능을 높일 수 있으며, 내용을 변경하거나 추가 또는 삭제할 수 있음
- 트랩 도어(Trap Door) : 백도어(Back Door)라고도 부르며, 시스템에서 보안이 제거되어 있는 통로

18 ②

IP 프로토콜 : 패킷 주소를 해석하고 경로를 결정하여 다음 호스트로 전송하며 OSI 7계층 중 네트워크(Network) 계층에 해당함

오답 피하기

①, ③, ④ : TCP 프로토콜의 기능

19 ④

병렬 포트 : 한 번에 8비트의 데이터가 동시에 전송되는 방식으로, 주로 프린터 등의 연결에 사용함

20 ①

휴지통에 보관되지 않고 완전히 삭제되어 복원이 불가능한 경우

- USB 메모리나 네트워크 드라이브에서 삭제한 경우
- 휴지통 비우기를 한 경우
- Shift + Delete 로 삭제한 경우
- [휴지통 속성]의 [파일을 휴지통에 버리지 않고 삭제할 때 바로 제거]를 선택한 경우
- 같은 이름의 항목을 복사/이동 작업으로 덮어쓴 경우

21 ②
- =POWER(수1,수2) : 수1을 수2만큼 거듭 제곱한 값을 구함
- =POWER(2,3) → 2^3(= 2×2×2) = 8

오답 피하기
- =Trunc(-5,6) → -5 : 음수에서 소수점 이하를 버리고 정수 부분 (-5)을 반환함
- =Int(-7,2) → -8 : 소수점 아래를 버리고 가장 가까운 정수로 내리므로 -7.2를 내림, 음수는 0에서 먼 방향으로 내림
- =Mod(-7,3) → 2 : 나눗셈의 나머지를 구함

22 ③
- INDEX(범위, 행, 열) : 범위에서 지정한 행, 열에 있는 값을 반환함
- [B2:D11] 범위에서 3행 3열의 값을 반환하므로 결과는 9,600,000이 됨

23 ③
[차트 디자인] 탭-[데이터] 그룹에서 '행/열 전환'을 실행하면 아래와 같이 가로(항목) 축 레이블과 범례 항목(계열)이 상호 변경됨

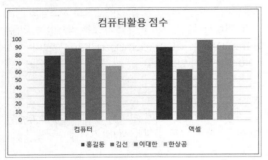

24 ④
숨겨진 열이나 행은 정렬 시 이동되지 않으므로 데이터를 정렬하기 전에 숨겨진 열과 행을 표시해야 됨

25 ③
Alt + Enter : 자동 줄 바꿈

26 ④
표면형 차트
- 두 개의 데이터 집합에서 최적의 조합을 찾을 때 사용함
- 표면형 차트는 데이터 계열이 두 개 이상일 때만 작성 가능함
- 3차원 표면형(골격형)으로 작성 가능함

오답 피하기
3차원 모양이 불가능한 차트 : 분산형, 도넛형, 방사형, 주식형 차트

27 ①
예상 값을 계산하는 데 사용하는 것은 시나리오임

28 ④
④ : 자동 필터가 설정된 표에서 사용자 지정 필터를 사용하여 검색할 때 서로 다른 열(주소, 직업)의 경우 '이거나'에 해당하는 데이터는 검색이 불가능함

29 ④
화면에 표시되는 틀 고정 형태는 인쇄 시에 나타나지 않음

30 ①
- 새 매크로 기록 : [개발 도구] 탭-[코드] 그룹-[매크로 기록]을 선택하여 매크로를 기록함
- Alt + F8 : [매크로] 대화 상자 실행

31 ③
=MODE.SNGL(범위1, 범위2) → #N/A : 최빈수가 존재하지 않으므로 #N/A가 발생함

오답 피하기
- =COUNT(범위1, 범위2) → 4 : 범위1, 범위2의 숫자의 개수를 구함
- =AVERAGE(범위1, 범위2) → 2.5 : 범위1, 범위2의 산술평균을 구함
- =SUM(범위1, 범위2) → 10 : 범위1, 범위2의 합을 구함

32 ④
- 메모 입력 : Shift + F2
- 메모는 셀에 입력된 데이터를 지울 경우 자동으로 삭제되지 않음
- [검토]-[메모]-[삭제]에서 삭제할 수 있음
- [홈]-[편집]-[지우기]-[메모 지우기]에서도 삭제할 수 있음

33 ②
[여백] 탭에서는 위쪽, 아래쪽, 왼쪽, 오른쪽, 머리글, 바닥글, 페이지 가운데 맞춤 등의 설정 작업을 수행함

34 ①
수식 셀은 수량과 단가의 곱에 할인율이 적용된 판매가격이므로 [D3] 셀이 수식 셀에 입력되어야 함

35 ③
시트 이름은 공백을 포함하여 31자까지 사용 가능하며 :, ₩, /, ?, *, [ ]는 사용할 수 없음

36 ①

고급 필터의 AND(이고, 이면서) 조건

- 첫 행에 필드명을 나란히 입력하고 다음 동일한 행에 조건을 입력함
- 따라서, 근무 기간이 15년 이상()=)이면서 나이가 50세 이상()=)인 조건은 다음과 같이 작성됨

근무 기간	나이
)=15	)=50

오답 피하기

- ② : 근무 기간이 15년 이상이거나(또는) 나이가 50세 이상인 경우 (OR 조건)
- ③, ④ : 첫 행에 필드명을 나란히 입력하고 다음 동일한 행에 조건을 입력해야 함

37 ④

그룹화할 항목은 부분합을 실행하기 전에 오름차순이나 내림차순으로 정렬되어 있어야 함

38 ③

③ =REPT("♣", COUNTIF($B$3:$B$10, D3)) → ♣

- COUNTIF(검색 범위, 조건) : 검색 범위에서 조건을 만족하는 셀의 개수를 구함
- COUNTIF($B$3:$B$10, D3) : [$B$3:$B$10] 범위에서 [D3] 셀의 값인 "A"의 개수를 구하므로 결과는 1이 됨
- REPT(반복할 텍스트, 반복 횟수) : 반복 횟수만큼 반복할 텍스트를 표시함
- REPT("♣", 1) : "♣" 기호를 1번 나타냄

39 ②

매크로 실행 바로 가기 키가 엑셀의 바로 가기 키보다 우선함

40 ③

- 원금이 [C4], [D4], [E4], [F4] 셀에 입력되어 있으므로 C, D, E, F 열은 상대참조로 하고 공통인 4행을 절대참조($4)로 함 → C$4
- 이율이 [B5], [B6], [B7], [B8] 셀에 입력되어 있으므로 공통인 B열을 절대참조($B)로 하고 5, 6, 7, 8행은 상대참조로 함 → $B5
- 따라서, [C5] 셀에 입력할 수식은 =C$4*$B5가 됨

	A	B	C	D	E	F
1			이율과 원금에 따른 수익금액			
2						
3			원금			
4			5000000	10000000	30000000	500000000
5	이율	0.015	=C$4*$B5	=D$4*$B5	=E$4*$B5	=F$4*$B5
6		0.023	=C$4*$B6	=D$4*$B6	=E$4*$B6	=F$4*$B6
7		0.03	=C$4*$B7	=D$4*$B7	=E$4*$B7	=F$4*$B7
8		0.05	=C$4*$B8	=D$4*$B8	=E$4*$B8	=F$4*$B8

01 ③	02 ④	03 ②	04 ①	05 ③
06 ②	07 ①	08 ④	09 ①	10 ④
11 ③	12 ④	13 ①	14 ③	15 ②
16 ①	17 ②	18 ④	19 ④	20 ③
21 ③	22 ③	23 ①	24 ②	25 ②
26 ②	27 ③	28 ③	29 ①	30 ③
31 ③	32 ②	33 ③	34 ④	35 ④
36 ①	37 ①	38 ②	39 ③	40 ①

1과목 컴퓨터 일반

01 ③

오답 피하기

- 방화벽 : 외부로부터의 불법적인 침입을 막을 수는 있으나 내부의 해킹 행위에는 무방비하다는 단점이 있음
- DDoS : 분산 서비스 거부 공격
- 루트킷(Rootkit) : 해커가 시스템의 해킹 여부를 사용자가 알 수 없도록 하기 위해 사용하는 프로그램

02 ④

매크로(Macro) 바이러스 : Microsoft 사에서 개발된 엑셀과 워드 프로그램에서 사용하는 문서 파일에 감염되는 바이러스로, 일반 응용 프로그램에서 사용하는 매크로를 통하여 문서를 읽을 때 감염됨(예 Laroux, Extras)

오답 피하기

- 부트(Boot) 바이러스 : 메모리 상주형 바이러스로, 컴퓨터가 처음 가동될 때 하드디스크의 가장 처음 부분인 부트 섹터에 감염되는 바이러스(예 브레인, 미켈란젤로 등)
- 파일(File) 바이러스 : 실행 가능한 프로그램에 감염되는 바이러스를 말하며, COM, EXE, SYS 등의 확장자를 가진 파일에 감염됨(예 CIH, 예루살렘 등)
- 부트(Boot) & 파일(File) 바이러스 : 부트 섹터와 파일에 모두 감염되는 바이러스로, 스스로 복제가 가능하게 설계된 바이러스(예 Ebola, 데킬라)

03 ②

버스는 컴퓨터 내에서 중앙 처리 장치와 주기억 장치, 입출력 장치 간에 정보를 전송하는 데 사용되는 전기적 공통 선로이며 사용 용도에 따라 내부, 외부(시스템), 확장 버스로 분류되며 외부(시스템)버스는 주소 버스(Address Bus), 데이터 버스(Data Bus), 제어 버스(Control Bus)로 나누어 짐

04 ①

WMV(Windows Media Video) : MS 사가 개발한 스트리밍이 가능한 오디오 및 비디오 포맷

오답 피하기

②, ③, ④ : 그래픽 파일 형식

05 ③

플래시 메모리(Flash Memory) : 비휘발성 EEPROM의 일종으로 PROM 플래시라고도 하며 전기적으로 내용을 변경하거나 일괄 소거도 가능함. 전력 소모가 적고 데이터 전송 속도가 빨라 디지털카메라, MP3 Player와 같은 디지털 기기에서 사용됨. 데이터를 저장하는 최소 단위는 셀(Cell)이며 블록 단위로 기록되므로 수정이 쉬움

06 ②

해상도(Resolution)

• 디스플레이 모니터 내에 포함되어 있는 픽셀(Pixel)의 숫자
• 일반적으로 그래픽 화면의 선명도를 나타내는 것으로, 픽셀의 수가 많아질수록 해상도는 높아짐

07 ①

인터넷 쇼핑몰 상품 가격 비교표 작성은 컴퓨터 범죄에 해당하지 않음

08 ④

드라이브 조각 모음 및 최적화 : 디스크에 프로그램이 추가되거나 제거되고 파일들이 수정되거나 읽기, 쓰기가 반복되면서 디스크에 비연속적으로 분산 저장된 단편화된 파일들을 모아서 디스크를 최적화함

오답 피하기

• 디스크 검사 : 파일과 폴더 및 디스크의 논리적, 물리적인 오류를 검사하고 수정함
• 디스크 정리 : 디스크의 사용 가능한 공간을 늘리기 위하여 불필요한 파일들을 삭제하는 작업
• 디스크 포맷 : 하드디스크나 플로피 디스크를 초기화하는 것으로 트랙과 섹터로 구성하는 작업

09 ①

• 아날로그 컴퓨터의 특징 : 연속적인 물리량(전류, 온도, 속도 등), 증폭 회로, 미적분 연산, 특수 목적용 등
• 디지털 컴퓨터의 특징 : 숫자, 문자 등의 셀 수 있는 데이터를 취급, 구성 회로는 논리 회로, 주요 연산은 사칙 연산 등을 수행, 기억 장치와 프로그램이 필요, 범용 등

10 ④

Hamming Code : 에러 검출과 교정이 가능한 코드로, 최대 2비트까지 에러를 검출하고 1비트의 에러 교정이 가능한 방식

오답 피하기

• BCD : Zone은 2비트, Digit는 4비트로 구성됨, 6비트로 64가지의 문자 표현이 가능함
• ASCII : Zone은 3비트, Digit는 4비트로 구성됨, 7비트로 128가지의 표현이 가능함
• EBCDIC : Zone은 4비트, Digit는 4비트로 구성됨, 8비트로 256가지의 표현이 가능함

11 ③

[포맷] 창에서 파티션 제거 기능은 지원되지 않음

오답 피하기

용량, 파일 시스템, 할당 단위 크기, 장치 기본 값 복원, 볼륨 레이블, 빠른 포맷 등이 지원됨

12 ④

캐시 메모리(Cache Memory) : CPU와 주기억 장치 사이에 있는 고속의 버퍼 메모리, 자주 참조되는 데이터나 프로그램을 메모리에 저장, 메모리 접근 시간을 감소시키는 데 그 목적이 있음

오답 피하기

RAM의 종류 중 SRAM이 캐시 메모리로 사용됨

13 ①

다중 디스플레이 설정 : [설정]-[시스템]-[디스플레이]의 '여러 디스플레이'에서 설정함

14 ③

SSD(Solid State Drive) : 기존 HDD에서 발생하는 기계적 소음이 없는 무소음이며, 소비 전력이 저전력이고, 고효율의 속도를 보장해주는 보조 기억 장치

15 ②

오답 피하기

• 폴더 내의 모든 항목을 선택하려면 Ctrl+A를 누름
• 연속되어 있지 않은 파일이나 폴더를 선택하려면 Ctrl을 누른 상태에서 선택하려는 각 항목을 클릭함
• 연속되는 여러 개의 파일이나 폴더 그룹을 선택하려면 첫째 항목을 클릭한 다음 Shift를 누른 상태에서 마지막 항목을 클릭함

16 ①

스마트 그리드(Smart Grid) : 전기 생산부터 소비까지 전 과정에 정보통신기술(ICT)을 결합한 지능형 전력망으로 공급자와 소비자가 쌍방 간 실시간으로 정보를 교환하여 고품질의 전력을 제공받고 에너지 효율을 최적화하는 차세대 지능형 전력망 시스템

오답 피하기

사물인터넷(IoT) : Internet Of. Things의 약어로 인간 대 사물, 사물 대 사물 간에 인터넷으로 연결되어 정보의 소통이 가능한 기술

17 ②

URL(Uniform Resource Locator) : 인터넷에서 정보의 위치를 알려주는 표준 주소 체계

오답 피하기

- DNS : 문자 형태로 된 도메인 네임을 컴퓨터가 인식할 수 있는 숫자로 된 IP 어드레스로 변환해 주는 컴퓨터 체계
- HTTP : 인터넷상에서 하이퍼텍스트를 주고받기 위한 프로토콜
- NIC : 인터넷 정보 센터(Network Information Center)

18 ④

웨어러블 디바이스(Wearable Device) : 컴퓨터 칩이 내장되어 있는 입거나 몸에 착용 가능한 형태의 기기나 액세서리(시계, 안경 등)로 인터넷이 가능하며 스마트기기와의 정보 공유가 가능한 서비스

19 ④

문단 정렬과 문단 여백 설정 기능은 지원되지 않음

20 ③

HTML5(HyperText Markup Language 5) : 액티브X나 플러그인 등의 프로그램 설치 없이 동영상이나 음악 재생을 실행할 수 있는 웹 표준 언어

오답 피하기

- XML(eXtensible Markup Language) : 기존 HTML의 단점을 보완하고 문서의 구조적인 특성들을 고려하여 문서들을 상호 교환할 수 있도록 설계된 프로그래밍 언어
- VRML(Virtual Reality Modeling Language) : 입체적인 이미지를 갖는 3차원의 가상적 세계를 인터넷상에 구축하는 언어
- JSP(Java Server Page) : ASP, PHP와 동일하게 웹 서버에서 작동하는 스크립트 언어로 작성된 프로그램은 자바 서블릿 코드로 변환되어서 실행됨

2과목 스프레드시트 일반

21 ③

바로 가기 키는 기본적으로 Ctrl 이 지정되며 영문자만 가능함

22 ③

삭제한 시트는 실행 취소 명령으로 되살릴 수 없음

23 ①

도형이나 그림 등에 하이퍼링크를 지정할 수 있음

24 ②

- =SUMIFS(합계구할 범위, 셀범위1, 조건1, 셀범위2, 조건2) : 셀범위1에서 조건1이 만족하고, 셀범위2에서 조건2가 만족되는 경우 합계를 구할 범위에서 합을 구함
- =SUMIFS(D2:D6, A2:A6, "연필", B2:B6, "서울") → 500

	A	B	C	D	E	F	G	H
	품목	대리점	판매계획	판매실적				
1								
2	연필	경기	150	100				
3	볼펜	서울	150	200				
4	연필	서울	300	300				
5	볼펜	경기	300	400				
6	연필	서울	300	200				
7	500							

A7 셀 수식 : =SUMIFS(D2:D6, A2:A6, "연필", B2:B6, "서울")

25 ②

#NAME? : 함수 이름이나 정의되지 않은 셀 이름을 사용한 경우, 수식에 잘못된 문자열을 지정하여 사용한 경우

오답 피하기

- #N/A : 수식에서 잘못된 값으로 연산을 시도한 경우나 찾기 함수에서 결과 값을 찾지 못한 경우
- #NULL! : 교점 연산자(공백)를 사용했을 때 교차 지점을 찾지 못한 경우
- #VALUE! : 수치를 사용해야 할 장소에 다른 데이터를 사용하는 경우

26 ②

- 추세선은 계열의 추세에 대한 예측 가능한 흐름을 표시한 것
- 추세선의 종류에는 지수, 선형, 로그, 다항식, 거듭제곱, 이동 평균 등 6가지 종류로 구성됨
- 방사형, 원형, 도넛형 차트에는 추세선을 사용할 수 없음
- 하나의 데이터 계열에 두 개 이상의 추세선을 동시에 사용할 수 있음

27 ③

[눈금선] 항목을 선택하여 체크 표시하면 작업시트의 셀 구분선이
인쇄됨

28 ③

- ROW(행 번호를 구할 셀) : 참조의 행 번호를 반환함
- [A2] 셀에 =row()−1을 입력하고 채우기 핸들을 [A7] 셀까지 복사
하면 해당 행 번호에서 1을 뺀 결과가 번호가 되므로 3행을 삭제
하더라도 번호 1, 2, 3, 4, 5가 유지됨

29 ③

오름차순 정렬과 내림차순 정렬에서 공백은 맨 마지막에 위치하게 됨

30 ③

성적이 높은 순(내림차순)으로 석차를 구하는 수식 RANK.EQ(D2,
$D$2:$D$5)에 의해 1, 2, 3, 4가 결과로 나오게 되면 CHOOSE 함수
에 의해 1등인 경우 "천하", 2등인 경우 "대한", 3등인 경우 "영광", 4
등인 경우 "기쁨"이 되므로 [E2] 셀의 김나래는 석차가 3등, 즉 "영
광"이 결과 값이 됨

E2	▼	⑤	×	✓	fx	=CHOOSE(RANK.EQ(D2, $D$2:$D$5), "천하", "대한", "영광", "기쁨")		
▲	A	B	C	D	E	F	G	H	I	J
1	성명	이론	실기	합계	수상					
2	김나래	47	45	92	영광					
3	이석주	38	47	85	기쁨					
4	박명호	46	48	94	대한					
5	장영민	49	48	97	천하					

31 ②

- =VLOOKUP(찾을 값, 범위, 열 번호, 방법) : 범위의 첫 번째 열에
서 찾을 값을 찾아서 지정한 열에서 같은 행에 있는 값을 표시함
- 찾을 값 → 박지성, 범위 → $A$3:$D$5, 열 번호 → 4(결석), 방법
→ 0(정확한 값을 찾음), 1이면 찾을 값의 아래로 근사 값
- =VLOOKUP("박지성", $A$3:$D$5, 4, 0) → 5

32 ②

- ? : 소수점 왼쪽 또는 오른쪽에 있는 유효하지 않은 0 대신 공백
을 추가하여 소수점을 맞춤
- 따라서, 입력 데이터 44.398에 표시 형식 ???.???을 지정하면 표
시 결과는 44.398이 됨

오답 피하기

- ①

7.5	#.00	7.50

  - # : 유효 자릿수만 나타내고 유효하지 않은 0은 표시하지 않음
  - 0 : 유효하지 않은 자릿수를 0으로 표시함
- ③

12,200,000	#,##0,	12,200

  - , : 천 단위 구분 기호로 쉼표를 삽입하거나 쉼표 이후 더 이상
코드를 사용하지 않으면 천 단위 배수로 표시함
- ④

상공상사	@ "귀중"	상공상사 귀중

  - @ : 문자 뒤에 특정한 문자열을 함께 나타나게 함

33 ③

'쓰기 암호'가 지정된 경우라도 파일을 수정하고 다른 이름으로 저
장하는 경우는 '쓰기 암호'를 입력하지 않아도 됨

34 ④

제한 대상 : 모든 값, 정수, 소수점, 목록, 날짜, 시간, 텍스트 길이, 사
용자 지정 등

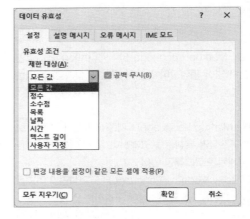

35 ②

[시트] 탭에서 '반복할 행'에 [$4:$4]을 지정한 경우 모든 페이지에
4행의 내용이 반복되어 인쇄됨

36 ①

도넛형 차트 : 첫째 조각의 각 0~360도 회전 가능

37 ①

셀 잠금 또는 수식 숨기기를 적용하려면 워크시트를 보호해야 하며, 워크시트를 보호하려면 [검토] 탭에서 [변경 내용] 그룹을 선택한 다음 [시트 보호] 단추를 클릭함

38 ②

1학년 1반은 복사되며 마지막의 001번이 1씩 증가함

	A	B
1	1학년 1반 001번	
2	1학년 1반 002번	
3	1학년 1반 003번	
4	1학년 1반 004번	
5		

39 ③

하위 데이터 집합에도 필터와 정렬을 적용하여 원하는 정보만 강조할 수 있으며 조건부 서식 역시 적용 가능하므로 데이터를 시각적으로 탐색 및 분석할 수 있음

40 ①

윗주에 입력된 텍스트 중 일부분의 서식을 별도로 변경할 수 없음

---

01 ②	02 ④	03 ①	04 ④	05 ③
06 ③	07 ③	08 ①	09 ①	10 ④
11 ④	12 ①	13 ④	14 ③	15 ③
16 ④	17 ④	18 ③	19 ④	20 ②
21 ①	22 ④	23 ②	24 ①	25 ②
26 ②	27 ②	28 ②	29 ①	30 ②
31 ④	32 ④	33 ②	34 ③	35 ③
36 ③	37 ③	38 ③	39 ④	40 ②

1 과목 컴퓨터 일반

01 ②

유틸리티(Utility) : 컴퓨터를 더 효율적으로 사용하기 위한 프로그램 (예 압축 소프트웨어)

오답 피하기

• 인터프리터(Interpreter) : 대화식 언어로 작성된 프로그램을 필요할 때마다 매번 기계어로 번역하여 실행하는 프로그램
• 컴파일러(Compiler) : 고급 언어를 기계어로 번역하는 프로그램
• 어셈블러(Assembler) : 어셈블리 언어를 기계어로 번역하는 프로그램

02 ④

가상 메모리(Virtual Memory) : 보조 기억 장치의 일부 즉, 하드디스크의 일부를 주기억 장치처럼 사용하는 메모리 사용 기법으로 기억 장소를 주기억 장치의 용량으로 제한하지 않고, 보조 기억 장치까지 확대하여 사용함

03 ①

유니코드(Unicode)

• 2바이트 코드로 세계 각 나라의 언어를 표현할 수 있는 국제 표준 코드
• 한글의 경우 조합, 완성, 옛 글자 모두 표현 가능함
• 16비트이므로 2^{16}인 65,536자까지 표현 가능함
• 한글은 초성 19개, 중성 21개, 종성 28개가 조합된 총 11,172개의 코드로 모든 한글을 표현함

04 ④

MIDI(Musical Instrument Digital Interface) : 용량이 작으며 사람의 목소리나 자연음을 재생할 수 없음

오답 피하기

WAVE : 자연의 음향과 사람의 음성 표현이 가능하며 음질이 뛰어나기 때문에 파일의 용량이 큼

05 ③

HDMI(High-Definition Multimedia Interface)
- 고선명 멀티미디어 인터페이스로 비압축 방식이므로 영상이나 음향 신호 전송 시 소프트웨어나 디코더 칩(Decoder Chip) 같은 별도의 디바이스가 필요 없음
- 기존의 아날로그 케이블보다 고품질의 음향이나 영상을 전송함

오답 피하기
- DVI(Digital Video Interactive) : 디지털 TV를 만들기 위해 개발되었던 것을 인텔에서 인수하여 동영상 압축 기술(최대 144:1정도)로 개발함
- USB(Universal Serial Bus) : 허브(Hub)를 사용하면 최대 127개의 주변 기기 연결이 가능한 범용 직렬 버스 장치
- IEEE-1394 : 미국전기전자학회(IEEE)가 표준화한 직렬 인터페이스 규격의 포트

06 ③

접근성 : 사용자의 시력, 청력, 기동성에 따라 컴퓨터 설정을 조정하고 음성 인식을 사용하여 음성 명령으로 컴퓨터를 조정함

오답 피하기
- 동기화 센터 : 컴퓨터의 파일이 네트워크 서버의 파일(오프라인 파일)과 동기화되도록 설정한 경우 동기화 센터를 사용하여 최신 동기화 작업의 결과를 확인할 수 있음
- 사용자 정의 문자 편집기 : 문자를 직접 만들어서 문자표로 문서에 삽입할 수 있음
- 프로그램 호환성 관리자 : 이전 프로그램에서 알려진 호환성 문제를 검색, 이 Windows 버전에서 이전 프로그램을 실행하면 프로그램 호환성 관리자는 문제가 있는지 알려주고 다음에 프로그램을 실행할 때 문제를 해결할 수 있게 해 줌

07 ③

V3 유틸리티는 파일 감염 여부의 점검과 치료를 담당함

08 ①

전자 우편은 기본적으로 7비트의 ASCII 코드를 사용하여 전송함

09 ①

한글 Windows의 [폴더 옵션] 창에서 선택된 폴더에 암호를 설정하는 기능은 지원되지 않음

10 ④

OSI 7 계층 : 물리 계층, 데이터 링크 계층, 네트워크 계층, 전송 계층, 세션 계층, 표현 계층, 응용 계층

11 ④

④ 트리(Tree)형 : 중앙의 컴퓨터와 일정 지역의 단말기까지는 하나의 통신 회선으로 연결되어 이웃 단말기는 이 단말기로부터 근처의 다른 단말기로 회선이 연장되는 형태. 분선 처리 시스템이 가능하고 통신 선로가 가장 짧음. 단방향 전송에 적합. CATV망 등에 사용. 성(Star)형이 아님에 주의해야 함

오답 피하기
① : 링(Ring)형, ② : 망(Mesh)형, ③ : 버스(Bus)형

12 ①

일괄 처리 시스템(Batch Processing System) : 발생한 자료를 일정 기간 모아 두었다가 한꺼번에 처리하는 방식

오답 피하기
- 실시간 처리 시스템 : 발생한 자료를 바로 처리하는 시스템
- 시분할 시스템 : 다수의 이용자가 여러 개의 입출력 장치를 동시에 사용할 수 있는 방식
- 분산 처리 시스템 : 각 지역별로 발생한 자료를 분산 처리하는 방식

13 ④

- $(300 \times 200 \times 1)/10 = 6{,}000 Byte = 6KB$
- 256색상은 8비트(2^8)로 표현이 가능하며, 8비트는 1바이트이므로 픽셀당 저장 용량은 1이 됨

14 ③

서브넷 마스크(Subnet Mask)
- 네트워크 ID와 호스트 ID를 구분해 주는 역할을 함
- Subnet은 여러 개의 LAN에 접속하는 경우 하나의 LAN을 의미함
- Subnet Mask는 IP 수신자에게 제공하는 32비트 주소
- 대부분 255.255.255.0의 C 클래스(Class)로 정의함

15 ③

키오스크(Kiosk) : 고객의 편의를 위하여 공공장소에 설치된 컴퓨터 자동화 시스템

16 ④

Smart TV : TV 안에 중앙 처리 장치(CPU)가 설치되고 운영체제(OS)에 의해 구동되며 TV 방송뿐만 아니라 PC처럼 인터넷이 가능하여 검색 기능과 게임, VOD 등이 가능한 TV로 '쌍방향 TV, 인터넷 TV 또는 커넥티드 TV'라고도 함

오답 피하기
- HDTV(High Definition TeleVision) : 고화질 텔레비전
- Cable TV : 유선 방송 텔레비전
- IPTV(Internet Protocol TV) : 초고속 인터넷을 이용한 TV로 방송 등 다양한 콘텐츠를 제공받는 TV

17 ④

반이중(Half Duplex) 방식 : 양쪽 방향에서 데이터 전송은 가능하지만 동시 전송은 불가능한 방식(예 무전기)

오답 피하기

- 단방향(Simplex) 방식 : 한쪽 방향으로만 데이터 전송이 가능한 방식(예 라디오, TV 방송)
- 전이중(Full Duplex) 방식 : 양쪽 방향에서 동시에 데이터 전송이 가능한 방식(예 전화)

18 ③

VOD(Video On Demand)는 사용자의 주문에 의해 데이터베이스로 구축되어 있는 영화나 드라마, 뉴스 등의 비디오 정보를 실시간으로 즉시 전송해 주는 서비스로 사용자 간의 커뮤니케이션을 목적으로 하지 않음

19 ④

라우터(Router) : 데이터 전송을 위한 최적의 경로를 선택함

오답 피하기

- 허브(Hub) : 집선 장치로서 각 회선을 통합적으로 관리함
- 브리지(Bridge) : 독립된 두 개의 근거리 통신망을 연결하는 접속 장치

20 ②

복호화는 비밀키로 하고 암호화는 공개키로 함

2과목 스프레드시트 일반

21 ①

시나리오 관리자 : 변경 요소가 많은 작업표에서 가상으로 수식이 참조하고 있는 셀의 값을 변화시켜 작업표의 결과를 예측하는 기능

오답 피하기

- 목표값 찾기 : 수식의 결과 값은 알고 있으나 그 결과 값을 얻기 위한 입력 값을 모를 때 사용함
- 부분합 : 워크시트에 있는 데이터를 일정한 기준으로 요약하여 통계 처리를 수행하며 정렬 작업이 선행되어야 함
- 통합 : 데이터 통합은 하나 이상의 원본 영역을 지정하여 하나의 표로 데이터를 요약함

22 ④

원본 데이터에 연결 : 원본 데이터가 변경될 때 통합된 데이터 결과가 자동으로 업데이트됨

오답 피하기

- 범위의 범위를 변경해야 하는 경우(또는 범위를 바꾸려면) 통합 팝업에서 범위를 클릭하고 통합 단계를 사용하여 업데이트하며, 이 경우 새 범위 참조가 만들어지므로 다시 통합하기 전에 이전 참조를 삭제해야 함(이전 참조를 선택하고 Delete 를 누름)
- 원본 및 대상 영역이 동일한 시트에 있는 경우에는 연결을 만들 수 없음

23 ②

- AND 조건 : 첫 행에 필드명을 나란히 입력하고, 동일한 행에 조건을 입력함
- OR 조건 : 첫 행에 필드명을 나란히 입력하고, 서로 다른 행에 조건을 입력함
- 조건 범위 [A9:B11]에 의해 합계가 '90보다 크고 95보다 작은' 김진아(합계 92), 장영주(합계 94)와 '70보다 작은' 김시내(합계 65)가 필터링되므로 결과의 레코드 수는 3이 됨

성명	이론	실기	합계
김진아	47	45	92
장영주	46	48	94
김시내	40	25	65

24 ①

Alt + M 을 누르면 [수식] 탭이 선택됨

25 ②

눈금선

- 워크시트 눈금선을 인쇄에 포함하려면 눈금선 확인란을 선택함
- 눈금선은 워크시트에 표시할지 여부에 관계 없이 기본적으로 인쇄되지 않음

오답 피하기

- ① 메모 : '(없음)', '시트 끝', '시트에 표시된 대로' 중 하나를 선택하여 인쇄할 수 있음
- ③ 간단하게 인쇄 : 인쇄 시 테두리나 그래픽 등을 생략하고 데이터만 인쇄함
- ④ 인쇄 영역 : 숨겨진 행이나 열은 인쇄되지 않음

26 ②

- ROUNDDOWN(수1, 수2) : 수1을 무조건 내림하여 자릿수(수2)만 큼 반환함
- ROUNDDOWN(165.657, 2) : 165.657을 무조건 내림하여 2자릿 수만큼 반환함 → 165.65
- POWER(−2, 3) : −2의 3제곱을 구함 → −8
- ABS(−8) : −8의 절대값을 구함 → 8
- 따라서 165.65 − 8 = 157.65가 됨

27 ②

- INDEX(B2:C6,4,2) : [B2:C6] 범위에서 4행 2열의 값 → 100
- LARGE(B2:C6,2) : [B2:C6] 범위에서 2번째로 큰 값 → 98
- =SUM(100,98) : 합을 구함 → 198

28 ②

Ctrl + Page Up / Ctrl + Page Down : 활성 시트의 앞/뒤 시트로 이동함

오답 피하기

- ① (ㄱ) Home : 해당 행의 A열로 이동함 , (ㄴ) Ctrl + Home : 워크 시트의 시작 셀(A1)로 이동함
- ③ (ㄱ) Ctrl + ← : 현재 영역의 좌측 마지막 셀로 이동함, (ㄴ) Ctrl + → : 현재 영역의 우측 마지막 셀로 이동함
- ④ (ㄱ) Shift + ↑ : 위쪽으로 범위가 설정됨, (ㄴ) Shift + ↓ : 아래 쪽으로 범위가 설정됨

29 ①

[계열 차트 종류 변경]을 이용하여 꺾은선형으로 변경한 다음 [데이 터 계열 서식] 대화 상자의 [채우기 및 선]에서 [완만한 선]을 설정함

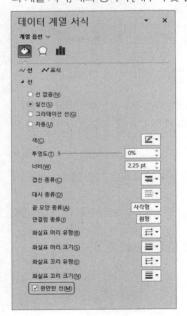

30 ②

창 나누기를 수행하면 셀 포인트의 왼쪽과 위쪽으로 창 구분선이 표시됨

31 ④

=AND(6<5, 7)5) → FALSE(AND함수는 두 조건이 모두 만족할 때 만 TRUE가 됨)

오답 피하기

- =RIGHT("Computer",5) → puter(오른쪽에서 5개를 추출)
- =POWER(2,3) → 8(2의 세제곱)
- =TRUNC(5.96) → 5(=TRUNC(수1, 수2)는 수1을 무조건 내림하여 수2만큼 반환함. 수2 생략 시 0으로 처리되므로 5가 됨)

32 ④

오답 피하기

- ① : 수식 작성 중 마우스로 셀을 클릭하면 기본적으로 해당 셀이 상대 참조로 처리됨
- ② : 수식에 셀 참조를 입력한 후 셀 참조의 이름을 정의한 경우에 는 참조 에러가 발생하지 않음
- ③ : 셀 참조 앞에 워크시트 이름과 느낌표(!)를 차례로 넣어서 다 른 워크시트에 있는 셀을 참조함

33 ②

목표값 찾기에서 변하는 데이터는 한 개만 지정해야 함

오답 피하기

목표값 찾기 : 수식의 결과 값은 알고 있으나 그 결과 값을 얻기 위 한 입력 값을 모를 때 이용하는 기능

34 ③

텍스트, 텍스트/숫자 조합은 셀에 입력하는 처음 몇 자가 해당 열의 기존 내용과 일치하면 자동으로 입력되지만 날짜, 시간 데이터는 자 동으로 입력되지 않음

35 ②

작성된 피벗 테이블을 삭제하는 경우 함께 작성한 피벗 차트는 일 반 차트로 변경됨

36 ③

- [페이지 설정]-[머리글/바닥글] 탭-[머리글 편집]에서 설정함
- &[페이지 번호] : 현재 페이지 번호를 자동으로 삽입함
- -&[페이지 번호] Page-의 결과는 '-1 Page-'처럼 표시됨

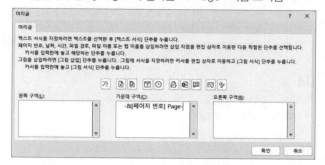

37 ③

③ =SUM(LARGE(B3:D3, 2), SMALL(B3:D3, 2)) → 174
- LARGE(B3:D3, 2) → 87(B3:D3 범위에서 2번째로 큰 수를 구함)
- SMALL(B3:D3, 2) → 87(B3:D3 범위에서 2번째로 작은 수를 구함)
- SUM(87,87) → 174(인수로 지정한 숫자의 합계를 구함)

【오답 피하기】

① =SUM(COUNTA(B2:D4), MAXA(B2:D4)) → 109
- COUNTA(B2:D4) → 9(B2:D4 범위에서 공백이 아닌 인수의 개수를 구함)
- MAXA(B2:D4) → 100(B2:D4 범위의 인수 중에서 최대값을 구함)
- SUM(9,100) → 109(인수로 지정한 숫자의 합계를 구함)

② =AVERAGE(SMALL(C2:C4, 2), LARGE(C2:C4, 2)) → 87
- SMALL(C2:C4, 2) → 87(C2:C4 범위에서 2번째로 작은 수를 구함)
- LARGE(C2:C4, 2) → 87(C2:C4 범위에서 2번째로 큰 수를 구함)
- AVERAGE(87,87) → 87(인수로 지정한 숫자의 평균을 구함)

④ =SUM(COUNTA(B2,D4), MINA(B2,D4)) → 85
- COUNTA(B2,D4) → 2(B2와 D4, 2개의 인수 개수를 구함)
- MINA(B2,D4) → 83(B2셀의 값 83, D4셀의 값 100에서 작은 값을 구함)
- SUM(2,83) → 85(인수로 지정한 숫자의 합계를 구함)

38 ③

날짜 및 시간 데이터의 텍스트 맞춤은 기본 오른쪽 맞춤으로 표시됨

39 ④

- MOD(수1, 수2) : 수1을 수2로 나눈 나머지 값을 구함
- COLUMN(열 번호를 구하려는 셀) : 참조의 열 번호를 반환함
- =MOD(COLUMN(B3),2)=0 : COLUMN(B3)에 의해 B열의 열 번호 2를 가지고 2로 나눈 나머지가 0이면 참이 되므로 조건부 서식이 적용됨, 따라서 B열과 D열(열 번호 4)은 나머지가 0이 되어 조건부 서식이 적용됨

【오답 피하기】

COLUMNS(배열이나 배열 수식 또는 열 수를 구할 셀 범위에 대한 참조) : 배열이나 참조에 들어 있는 열의 수를 반환함

40 ②

데이터 표 : 워크시트에서 특정 데이터를 변화시켜 수식의 결과가 어떻게 변하는지 보여주는 셀 범위를 데이터 표라고 함

【오답 피하기】

- 통합 : 하나 이상의 원본 영역을 지정하여 하나의 표로 데이터를 요약
- 부분합 : 워크시트에 있는 데이터를 일정한 기준으로 요약하여 통계 처리를 수행
- 시나리오 관리자 : 변경 요소가 많은 작업표에서 가상으로 수식이 참조하고 있는 셀의 값을 변화시켜 작업표의 결과를 예측하는 기능

01 ②	02 ④	03 ④	04 ④	05 ②
06 ①	07 ③	08 ④	09 ①	10 ③
11 ③	12 ②	13 ②	14 ③	15 ①
16 ①	17 ②	18 ②	19 ③	20 ②
21 ①	22 ③	23 ③	24 ④	25 ④
26 ④	27 ③	28 ③	29 ②	30 ②
31 ①	32 ①	33 ②	34 ②	35 ④
36 ④	37 ③	38 ②	39 ①	40 ③

---

1 과목 컴퓨터 일반

01 ②

블록체인(Block Chain) : '공공 거래 장부'로 불리며 데이터를 블록이라는 형태로 분산시켜 저장하고 각 블록을 체인으로 묶는 방식으로 임의로 수정이 불가능한 분산 컴퓨터 기반의 기술

[오답 피하기]

• 핀테크(FinTech) : '금융(Finance)'과 '기술(Technology)'의 합성어로 기존 정보기술을 금융업에 도입 및 융합시킨 것으로 핀테크에는 단순 결제 서비스나 송금, 대출 및 주식 업무, 모바일 자산 관리 등 다양한 종류가 있음

• 전자봉투(Digital Envelope) : 전자서명의 확장 개념으로 데이터를 비밀키로 암호화하고 비밀키를 수신자의 공개키로 암호화하여 전달하는 방식으로 기밀성(Confidentiality)까지 보장함

• 암호화 파일 시스템(Encrypting File System) : NTFS 버전 3.0부터 지원되는 파일 시스템 암호화 기능으로 파일이나 폴더를 암호화하여 보호할 수 있음

02 ④

SNA(System Network Architecture) : IBM Host와 Terminal 간의 통신을 위한 네트워크 구조로 OSI 7계층과는 대응되는 형태이므로 TCP/IP의 상위 계층 프로토콜과는 상관 없음

[오답 피하기]

• SMTP(Simple Mail Transfer Protocol) : 인터넷에서 전자 우편을 송신하기 위한 표준 프로토콜

• HTTP(HyperText Transfer Protocol) : WWW에서 사용하며 하이퍼텍스트 문서를 송수신하기 위한 프로토콜

• FTP(File Transfer Protocol) : 인터넷에서 파일을 전송하기 위한 파일 전송 규약

03 ④

래스터 방식(Raster Method) : 전자빔을 주사하여 미세한 점으로 분해하는 방법으로 음극선관(CRT) 등에서 화상을 만들 때 사용함

[오답 피하기]

• 저항식 : 투명한 전극 사이에 압력을 가하여 터치를 감지하는 방식

• 정전식 : 몸의 정전기를 이용하여 터치를 감지하는 방식

• 광학식 : 빛을 이용하여 터치를 감지하는 방식

04 ④

시스템을 완전히 종료하고 다시 부팅하여도 하드디스크의 여유 공간 부족을 해결할 수 없음

05 ②

해상도는 모니터 등 출력 장치의 선명도를 나타내는 것으로, 픽셀 수에 따라 그 정밀도와 선명도가 결정되며 색상의 수가 증가하는 것이 아님

06 ①

직렬 ATA(Serial AT Attachment)는 한 개의 케이블에 하나의 하드디스크만 연결하므로 마스터/슬레이브의 점퍼 설정을 할 필요가 없음

[오답 피하기]

직렬 ATA(Serial AT Attachment)는 에러 체크 기능(CRC), 냉각 효과, 핫 플러그(Hot Plug)의 기능이 있음

07 ③

가상 기억 장치 : 보조 기억 장치를 주기억 장치처럼 사용하여 주기억 장치 용량의 기억 용량을 확대하여 사용하는 방식으로 주기억 장치의 용량보다 큰 프로그램을 실행할 수 있음

08 ④

KB(Kilo Byte) → MB(Mega Byte) → GB(Giga Byte) → TB(Tera Byte) → PB(Peta Byte) → EB(Exa Byte)

09 ①

선형성이 아니라 비선형성이 멀티미디어의 특징임

10 ③

2진수를 001010011100을 오른쪽부터 3자리씩 묶어서 가중치 421을 적용하면 1234가 됨

2진수	001	010	011	100
가중치	421	421	421	421
8진수	1	2	3	4

11 ③

베이스밴드(Baseband) 전송 : 디지털 신호를 직접 전송하는 방식

오답 피하기

- 단방향 전송 : 한쪽 방향으로만 데이터를 전송함(예 라디오, TV 방송)
- 반이중 전송 : 양쪽 방향에서 데이터를 전송하지만 동시 전송은 불가능함(예 무전기)
- 브로드밴드(Broadband) 전송 : 통신 경로를 여러 개의 주파수 대역으로 나누어 쓰는 방식

12 ②

폴더 안에 있는 하위 폴더 중 특정 폴더를 삭제하는 기능은 지원되지 않음

13 ②

브리지(Bridge) : 독립된 두 개의 근거리 통신망(LAN)을 연결하는 접속 장치로 컴퓨터 보안을 위한 관련된 기술에 해당하지 않음

오답 피하기

- 인증(Authentication) : 네트워크 보안 기술로 전송된 메시지가 확실히 보내졌는지 확인하는 것과 사용자 또는 발신자가 본인인지 확인하는 것
- 방화벽(Firewall) : 인터넷의 보안 문제로부터 특정 네트워크를 격리하는 데 사용되는 시스템으로 내부망과 외부망 사이의 상호 접속이나 데이터 전송을 안전하게 통제하기 위한 보안 기능
- 암호화(Encryption) : 데이터에 암호 알고리즘을 적용하여 허가받지 않은 사람들이 정보를 쉽게 이해할 수 없도록 데이터를 암호문이라고 불리는 형태로 변환하는 기법

14 ③

사용자 전환 : 실행 중인 앱을 닫지 않고 사용자를 전환함

15 ①

반환 시간(Turnaround Time)은 작업을 완료하는 데 걸리는 시간을 의미하며, 반환 시간은 짧을수록 좋음

16 ①

RAM 접근 속도(ns)는 수치가 작을수록 성능이 좋음

오답 피하기

- CPU 클럭 속도 : MHz, GHz
- 모뎀 전송 속도 : bps
- SSD 용량 : GB, TB

17 ②

오답 피하기

- 상용 소프트웨어(Commercial Software) : 정식 대가를 지불하고 사용하는 프로그램으로 해당 프로그램의 모든 기능을 사용할 수 있음
- 에드웨어(Adware) : 광고가 소프트웨어에 포함되어 이를 보는 조건으로 무료로 사용할 수 있는 소프트웨어
- 알파 버전(Alpha Version) : 베타 테스트를 하기 전에 제작 회사 내에서 테스트할 목적으로 제작하는 프로그램

18 ②

오답 피하기

- Alt + Enter : 선택한 항목에 대해 속성 표시
- Shift + Delete : 휴지통을 사용하지 않고 완전 삭제
- Alt + Tab : 열려 있는 앱 간 전환

19 ③

오답 피하기

① : SMTP, ② : IMAP, ④ : MIME

20 ②

DDoS(Distributed Denial of Service, 분산 서비스 거부 공격) : 여러 분산된 형태로 동시에 DoS(서비스 거부) 공격을 하는 기법으로 공격의 근원지를 색출하기가 어려움

오답 피하기

스푸핑(Spoofing) : '속임수'의 의미로 어떤 프로그램이 정상적으로 실행되는 것처럼 위장하는 것

---

2 과목 스프레드시트 일반

21 ①

=ROW()-1 : ROW() 함수는 행 번호를 구하므로 [A2] 셀의 행 번호 2에서 1을 빼면 1이 되고 수식을 복사하면 각 행 번호에서 1을 뺀 결과가 일련번호가 되므로 정렬을 수행하더라도 일련번호는 그대로 유지됨

오답 피하기

- ROWS() : 참조 영역이나 배열에 있는 행 수를 구함
- COLUMN() : 참조 영역의 열 번호를 구함
- COLUMNS() : 참조 영역이나 배열에 있는 열 수를 구함

22 ③

- 히스토그램 차트 : 히스토그램 차트에 그려진 데이터는 분포 내의 빈도를 나타내며, 계급구간이라고 하는 차트의 각 열을 변경하여 데이터를 더 세부적으로 분석할 수 있음
- 트리맵 차트 : 색과 근접성을 기준으로 범주를 표시하며 다른 차트 유형으로 표시하기 어려운 많은 양의 데이터를 쉽게 표시할 수 있음
- 선버스트 차트 : 계층적 데이터를 표시하는 데 적합하며, 하나의 고리 또는 원이 계층 구조의 각 수준을 나타내며 가장 안쪽에 있는 원이 계층 구조의 가장 높은 수준을 나타냄

23 ③

오름차순으로 정렬하는 경우 '숫자(0, 1) → 특수문자(#) → 영문(Y) → 한글 → 논리 값(FALSE, TRUE) → 오류 값(#DIV/0!) → 빈 셀(공백)' 순으로 정렬되므로 ③처럼 정렬됨

① : 내림차순으로 정렬한 경우의 결과임

24 ④

엑셀에서 기존에 사용하는 바로 가기 키를 매크로의 바로 가기 키로 지정할 수 있으며 지정된 매크로 기능이 우선함

25 ④

LEFT 함수는 텍스트 함수이므로 추출된 개수는 문자 데이터로 취급되어 합계의 결과는 0이 됨

[C2] 셀에 텍스트 문자열 인수를 숫자로 바꿔주는 VALUE 함수를 사용하여 '=VALUE(LEFT(B2,2))'처럼 입력하는 경우 합계의 결과는 397이 됨

26 ④

'상위 10 자동 필터'의 결과는 자동으로 정렬되어 표시되지 않음

27 ③

[Excel 옵션]-[언어 교정]-[자동 고침 옵션]-[자동 고침] 기능

28 ③

③ : 부분합에 대한 기능임

29 ②

- AVERAGE는 평균, INDEX는 행과 열이 교차하는 곳의 값, MAX는 최대값을 반환함
- '=평균(점수의 2행 1열, 점수의 최대값)'이므로 =AVERAGE(75,100)이 됨
- 결과 값은 (75+100)/2=87.5가 됨

30 ②

바꾸기의 바로 가기 키는 [Ctrl]+[H]임

31 ①

[데이터 표] 기능을 이용하여 계산된 결과는 참조하고 있는 셀의 데이터가 수정되면 자동으로 갱신됨

32 ①

3차원 차트는 오차 막대를 표시할 수 없음

33 ②

드롭다운 목록에서 선택하여 입력
- 같은 열에 이미 입력한 데이터를 다시 입력할 때 드롭다운 목록에서 선택하여 입력함
- 바로 가기 키 : [Alt]+[↓]
- 마우스 오른쪽 단추를 클릭하고 [드롭다운 목록에서 선택]을 선택한 후 입력할 데이터를 선택함

34 ②

123에 *0#,##0 서식 코드를 설정하면 * 다음의 0이 반복되므로 결과는 00000 1230이 됨

35 ④

- [보기] 탭 [표시] 그룹에는 [기타] 명령이 없음
- [파일]-[옵션]-[빠른 실행 도구 모음] 탭에서 [빠른 실행 도구 모음]을 편집함

36 ④

오늘의 날짜를 입력하고 싶으면 Ctrl + ; (세미콜론)을 누르면 됨

오답 피하기

Ctrl + Shift + ; (세미콜론) : 시간 입력

37 ③

틀 고정 구분선을 마우스로 잡아끌어 틀 고정 구분선을 이동시킬 수 없음

38 ②

=SUMIF(B2:B7,"〈〉0")/COUNT(B2:B7) → COUNT 함수는 숫자가 포함된 셀의 개수를 구하므로 0도 포함되어 전체 평균과 같은 결과가 나오게 됨

39 ①

[인쇄 미리 보기] 창에서 셀 너비를 조절하는 경우 워크시트에 변경된 너비가 적용됨

40 ③

- 다른 워크시트의 셀 참조 시 워크시트 이름과 셀 주소 사이는 느낌표(!)로 구분함(예 =AVERAGE(Sheet1:Sheet3!C5))
- 다른 통합 문서의 셀 참조 시 통합 문서의 이름은 대괄호([ ])로 묶음(예 =AVERAGE([성적표.xlsx]Sheet1:Sheet3!C5))

01 ①	02 ①	03 ②	04 ③	05 ③
06 ④	07 ②	08 ①	09 ③	10 ①
11 ③	12 ①	13 ④	14 ①	15 ③
16 ①	17 ④	18 ③	19 ②	20 ①
21 ①	22 ②	23 ③	24 ②	25 ③
26 ④	27 ④	28 ③	29 ④	30 ①
31 ④	32 ①	33 ②	34 ④	35 ③
36 ①	37 ②	38 ①	39 ④	40 ①

1 과목 컴퓨터 일반

01 ①

RFID(Radio Frequency IDentification) : 무선 인식이라고도 하며 모든 사물에 반도체 칩이 내장된 태그(Tag)를 부착하여 언제 어디서나 정보를 처리, 제공할 수 있도록 지원하는 유비쿼터스 서비스로 서점이나 도서관에서 재고 및 도서 관리 등에 사용됨

오답 피하기

- NFC(Near Field Communication) : 근거리 무선 통신 기술로 스마트폰을 이용하여 신용카드나 교통카드 대용으로 사용할 수 있으며 다른 기기와 데이터를 주고 받을 수 있는 기술
- 블루투스(Bluetooth) : 무선 기기(이동 전화, 컴퓨터, PDA 등) 간 정보 전송을 목적으로 하는 근거리 무선 접속 프로토콜로 IEEE 802,15,1 규격을 사용하는 PANs(Personal Area Networks)의 산업 표준
- WiFi(Wireless Fidelity) : 일정 영역의 공간에서 무선 인터넷의 사용이 가능한 근거리 무선 통신 기술

02 ①

현재 로그인한 사용자 계정 및 로그인 옵션은 [설정]-[계정]에서 확인이 가능

03 ②

물리 계층은 OSI 7계층에서 최하위 계층으로 데이터 전송을 위하여 물리적인 링크를 설정하고 유지 등과 관련된 층으로 트랜시버, DSU, CSU, 리피터, 허브, 모뎀 등이 있음

04 ③

오답 피하기

- ① : 인쇄 대기 중인 경우 작업을 취소할 수 있음
- ② : 기본 프린터는 1대만 지정할 수 있음
- ④ : 인쇄 중인 작업도 취소할 수 있으며 잠시 중단시킬 수 있음

05 ③

압축 파일을 사용하더라도 디스크의 논리적인 결함이나 물리적인 결함을 발견하지 못함

오답 피하기

디스크 검사 : 파일과 폴더 및 디스크의 논리적, 물리적인 오류를 검사하고 수정함

06 ④

인터프리터(Interpreter) : 대화식 언어로 작성된 프로그램을 필요할 때마다 매번 기계어로 번역하여 실행하는 프로그램

오답 피하기

• 컴파일러 : 고급 언어로 작성된 프로그램을 기계어로 번역하는 언어 번역기로 목적프로그램 생성함
• 어셈블러 : 어셈블리 언어로 작성된 프로그램을 기계어로 번역하는 언어 번역기
• 프리프로세서 : 프로그램을 컴파일하기 전에 필요한 작업을 수행해 주는 전처리기

07 ②

Shift + Delete : 휴지통을 사용하지 않고 완전 삭제

08 ①

오답 피하기

• 해킹(Hacking) : 컴퓨터 시스템에 불법적으로 접근, 침투하여 정보를 유출하거나 파괴하는 행위
• 스푸핑(Spoofing) : '속임수'의 의미로 어떤 프로그램이 정상적으로 실행되는 것처럼 위장하는 것
• 스파이웨어(Spyware) : 사용자의 동의 없이 광고 등을 목적으로 무분별하게 배포되는 것

09 ③

③은 캐시 메모리(Cache Memory)에 대한 설명임

10 ①

레지스트리(Registry) : 운영체제에서 환경 설정 및 각종 시스템 구성 정보를 모아 관리하는 계층적인 시스템 데이터베이스

오답 피하기

• 파일 시스템(File System) : 파일에 이름을 붙이고, 저장이나 검색을 위해 파일을 어디에 배치해야 할 것인지 등을 나타내는 방법
• 집 드라이브(Zip Drive) : 파일을 백업하거나 보관할 때 사용하는 휴대용 디스크 드라이브
• 파티션(Partition) : 하드디스크 한 개의 공간을 여러 개로 나눠 사용하는 것을 말하며, 분할된 파티션은 포맷해야 사용할 수 있고 운영체제에서는 파티션이 하나의 드라이브로 인식됨

11 ③

오답 피하기

• ① : 클레이 애니메이션
• ② : 키 프레임 애니메이션
• ④ : 셀 애니메이션

12 ①

Ctrl + Shift 를 누른 채 다른 위치로 드래그 앤 드롭하면 선택한 파일의 바로 가기 아이콘이 생성됨

13 ④

스트리밍(Streaming) : 오디오 및 비디오 파일을 모두 다운로드 받기 전이라도 다운을 받으면서 파일을 재생할 수 있는 기술로, 멀티미디어의 실시간 처리가 가능함

오답 피하기

• MPEG 기술 : 동화상 전문가 그룹에서 제정한 동영상 압축 기술에 관한 국제 표준 규격으로, 동영상뿐만 아니라 오디오 데이터도 압축할 수 있음
• 디더링(Dithering) 기술 : 표현할 수 없는 색상이 존재할 경우, 다른 색상들을 섞어서 비슷하거나 새로운 색상을 내는 효과
• VOD(Video On Demand) 기술 : 사용자의 주문에 의해 데이터베이스로 구축된 영화나 드라마, 뉴스 등의 비디오 정보를 실시간으로 즉시 전송해 주는 서비스

14 ①

레지스터(Register) : CPU에서 명령이나 연산 결과 값을 일시적으로 저장하는 임시 기억 장소로 기본 소자인 플립플롭(Flip-Flop)이나 래치(Latch) 등으로 구성되며 메모리 중에서 가장 속도가 빠름

15 ③

컴퓨터에서 각종 명령을 처리하는 기본 단위는 워드(Word)임

오답 피하기

바이트(Byte) : 문자를 표현하는 기본 단위로 8개의 비트로 구성되며 256개의 정보를 표현함

16 ①

시퀀싱(Sequencing) : 오디오 파일이나 여러 연주, 악기 소리 등을 프로그램에 입력하여 녹음하는 방법으로 음의 수정이나 리듬 변형 등의 여러 편집 작업이 가능함

오답 피하기

② : MIDI 형식, ③ : WAVE 형식, ④ : FLAC(Free Lossless Audio Codec)

17 ④

근거리 통신망(LAN)은 상호 동시에 통신이 가능한 전이중 방식을 사용함

18 ③

③은 메타버스(Metaverse)를 의미하며 '초월(Meta)'과 '우주'를 뜻하는 유니버스(Universe)의 합성어로, VR(가상현실)이나 AR(증강현실)의 상위 개념으로서 가상 자아인 아바타를 통해 사회 경제적 활동 등이 가능한 4차원의 가상 온라인 시공간을 의미함

오답 피하기

증강현실(AR : Augmented Reality) : 사람이 눈으로 볼 수 있는 실세계와 관련된 3차원의 부가 정보를 제공받을 수 있는 기술

19 ②

운영체제(Operating System) : 컴퓨터 시스템의 각종 하드웨어적인 자원과 소프트웨어적인 자원을 효율적으로 운영, 관리함으로써 사용자가 시스템을 이용하는 데 편리함을 제공하는 시스템 소프트웨어

오답 피하기

- 유틸리티 : 사용자가 컴퓨터를 쉽고 편리하게 사용할 수 있도록 유용한 기능을 제공하는 프로그램
- 컴파일러 : 고급 언어를 기계어로 번역하는 프로그램으로 목적 프로그램을 생성함
- 라이브러리 : 컴퓨터 프로그램에서 자주 사용되는 부분들을 모아 놓은 관련된 파일의 집합

20 ①

쿠키(Cookie) : 인터넷 웹 사이트의 방문 정보를 기록하는 텍스트 파일로, 인터넷 사용자가 웹 사이트에 접속한 후 이 사이트 내에서 어떤 정보를 읽고 어떤 정보를 남겼는지에 대한 정보가 사용자의 PC에 저장되며, 고의로 사용자의 정보를 빼낼 수 있는 통로 역할을 할 수도 있음

2과목 스프레드시트 일반

21 ①

- Alt + F1 : 데이터가 입력되어 있는 같은 워크시트에 차트를 생성함
- F11 : 별도의 차트 시트에 차트를 생성함

오답 피하기

- ② : 3차원 차트에는 추세선을 추가할 수 없음
- ③ : 원본 데이터가 변경되면 작성된 차트의 모양이 자동으로 변경됨
- ④ : Alt 를 누른 상태에서 차트의 크기를 변경하면 워크시트의 셀에 맞춰서 조절됨

22 ②

부분합을 실행하기 전에 오름차순 또는 내림차순 관계없이 정렬해야 함

23 ③

- 형식 : =IF(조건, 참, 거짓)
- 조건은 C2>=AVERAGE($C$2:$C$6), 참일 경우 "실적우수", 거짓일 경우는 "실적미달"이므로 [D2] 셀에 입력될 수식은 =IF(C2>=AVERAGE($C$2:$C$6),"실적우수","실적미달")이 되며 수식을 채우기 핸들로 복사하기 위해서 각 사원의 실적은 상대참조(C2)로, 평균을 구하는 범위는 절대참조($C$2:$C$6)로 작성함

D2		▼		×	✓	fx	=IF(C2>=AVERAGE($C$2:$C$6),"실적우수","실적미달")		
	A	B	C	D	E	F	G	H	I
1	사원번호	사원명	실적	평가					
2	11a	홍길동	89	실적우수					
3	22b	이대한	70	실적미달					
4	33c	한상공	65	실적미달					
5	44d	지호영	90	실적우수					
6	55e	안예지	100	실적우수					

24 ②

조건에 맞지 않는 경우에 대한 서식은 지정할 수 없음

25 ③

- POWER(수1, 수2) : 수1을 수2만큼 거듭제곱한 값을 구함
- =POWER(5, 3) → 5×5×5=125가 됨

오답 피하기

- TRUNC(수1, 수2) : 수1의 소수점 이하(수2)를 버리고 정수로 변환 (수2를 생략하면 0으로 처리)함
- =TRUNC(8.79, 0)이 되어 소수점 이하를 모두 버리므로 결과는 8 이 됨
- MOD(수1, 수2) : 수1을 수2로 나눈 나머지 값(수2가 0이면 #DIV/0! 오류 발생)을 구함
- =MOD(11, 2)는 11을 2로 나눠서 몫은 5가 되고 나머지는 1이므로 결과는 1이 됨
- COLUMN(열 번호를 구하려는 셀이나 셀 범위) : 참조의 열 번호를 반환함
- =COLUMN(C6)의 결과는 C열이므로 3이 됨

26 ④

바로 가기 키가 Y처럼 대문자인 경우는 Ctrl + Shift + Y 가 되므로 Alt 는 해당되지 않음

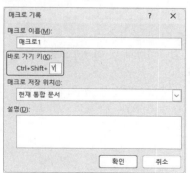

27 ④

#NAME? : 잘못된 함수명이나 정의되지 않은 셀 이름을 사용한 경우, 수식에 잘못된 문자열을 지정하여 사용한 경우

오답 피하기
- #N/A : 수식에서 잘못된 값으로 연산을 시도한 경우, 찾기 함수에서 결과 값을 찾지 못한 경우
- #NULL! : 교점 연산자(공백)를 사용했을 때 교차 지점을 찾지 못한 경우
- #REF! : 셀 참조를 잘못 사용한 경우

28 ③

'시트 끝'을 선택하면 각 페이지의 메모가 문서의 마지막에 한꺼번에 인쇄됨

29 ④

- =DMAX(범위, 열 번호, 조건) : 범위에서 조건에 맞는 데이터 중 지정된 열에서 숫자가 있는 셀의 최대값을 구함
- =DMAX(A1:D5,4,A7:B8) → 결과는 99가 산출됨
- 범위 : 데이터가 있는 범위 → [A1:D5]
- 열 번호 : '평균'이 있는 열 번호 → 4
- 조건 : 조건이 있는 범위 → [A7:B8]

30 ①

원형 차트
- 항상 한 개의 데이터 계열만을 가지고 있으므로 축이 없음
- 전체에 대한 각 값의 기여도를 표시함
- 항목의 값들이 합계의 비율로 표시되므로 중요한 요소를 강조할 때 사용함

오답 피하기
- 분산형 : 데이터의 불규칙적인 간격이나 묶음을 보여주는 것으로, 데이터 요소 간의 차이점보다는 큰 데이터 집합 간의 유사점을 표시하려는 경우에 사용함
- 영역형 : 데이터 계열 값의 합계를 표시하여 전체 값에 대한 각 값의 관계를 표시함
- 방사형 : 많은 데이터 계열의 합계 값을 비교할 때 사용함

31 ④

- 0 : 유효하지 않은 자릿수를 0으로 표시
- , : 천 단위 구분 기호로 .(쉼표) 이후에 더 이상 코드를 사용하지 않으면 천 단위 배수로 표시

- 0.0,을 적용한 경우 : −23.5

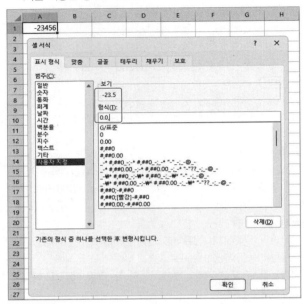

오답 피하기
0.0을 적용한 경우 : −23456.0

32 ②

채우기 핸들을 사용할 때 Ctrl을 함께 누르면 숫자가 증가하면서 입력됨

오답 피하기
Ctrl을 누르지 않고 채우기 핸들을 드래그하면 숫자가 복사됨

33 ②

- =COUNTIFS(범위1, 조건1, 범위2, 조건2) : 범위1에서 조건1을 만족하고 범위2에서 조건2를 만족하는 경우의 개수를 구함
- =COUNTIFS(B2:B8,B3,C2:C8,C3) : 부서([B2:B8])에서 홍보부([B3])이고 직급([C2:C8])에서 과장([C3])인 경우의 인원수를 구함 → 2(홍길동, 차은서)

34 ④

Ctrl + ; (세미콜론) : 시스템의 오늘 날짜가 입력됨

오답 피하기
- ① : 삭제된 시트는 Ctrl + Z 를 눌러서 취소할 수 없음
- ② : 작은따옴표(')를 입력해야 됨
- ③ : Alt + Enter 를 누르면 자동 줄 바꿈이 실행됨

35 ①

- 데이터 표 : 워크시트에서 특정 데이터를 변화시켜 수식의 결과가 어떻게 변하는지 보여 주는 셀 범위를 데이터 표라 하며 데이터 표의 수식은 데이터 표를 작성하기 위해 필요한 변수가 하나인지 두 개인지에 따라 수식의 작성 위치가 달라짐
- 통합 : 하나 이상의 원본 영역을 지정하여 하나의 표로 데이터를 요약하는 기능

36 ①

- 가 : &[페이지 번호] → 현재 페이지 번호를 자동으로 삽입
- 나 : &[전체 페이지 수] → 인쇄 범위의 전체 페이지 수를 삽입

오답 피하기

- 다 : &[파일] → 통합 문서 파일의 이름을 삽입
- 라 : &[탭] → 해당 워크시트의 이름을 삽입

37 ②

카메라는 원본 셀 범위에 입력한 값이 변경되면 함께 변경됨

38 ①

- 양수 서식;음수 서식;0 서식;텍스트 서식
- # : 하나의 자릿수를 의미하며 해당 자릿수에 숫자가 없을 경우 표시하지 않음
- 0 : 하나의 자릿수를 의미하여 해당 자릿수에 숫자가 없을 경우 0을 표시함
- . : 소수점의 자리 표시에 사용
- , : 천 단위 구분 기호로 쉼표를 삽입하거나 ,(쉼표) 이후 더 이상 코드를 사용하지 않으면 천 단위 배수로 표시함
- 24600은 양수이므로 #0.0,"천원"이 적용되고 ,(쉼표)에 의해 24600.0이 24.6으로 되며 텍스트 "천원"이 붙어서 24.6천원이 됨

39 ④

F9 : 열려 있는 통합 문서의 모든 워크시트를 재계산함

40 ①

첫 페이지에 있는 표의 제목줄 [A1:H1] 셀을 2쪽 이후에도 인쇄하려면 [페이지 설정]-[시트] 탭의 '반복할 행'에서 제목줄의 범위를 지정하면 됨

MEMO

자격증은 이기적!

합격입니다.

용기란 두려움에 대한 저항이고,
두려움의 정복이다.
두려움이 없는 게 아니다.

마크 트웨인(Mark Twain)